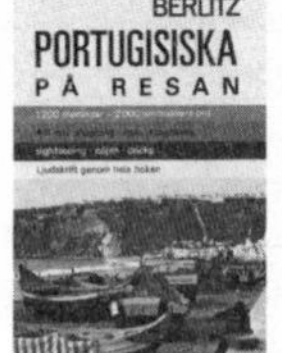

BERLITZ PARLÖRER

Berlitz parlörer innehåller alla ord och fraser man kan tänkas behöva på resan, men också ljudskrift boken igenom, resetips och värdefulla upplysningar. Behändiga och användbara i alla situationer.

Engelska	Portugisiska
Finska	Ryska
Franska	Serbokroatiska
Grekiska	Spanska
Italienska	Tyska

BERLITZ KASSETTPAKET

De flesta parlörerna ingår också i ett paket med en tvåspråkig hifi-kassett och ett 32-sidigt häfte med hela den intalade texten. En genväg till rätt uttal.

Berlitz Dictionaries

Dansk	Engelsk, Fransk, Italiensk, Spansk, Tysk
Deutsch	Dänisch, Englisch, Finnisch, Französisch, Italienisch, Niederländisch, Norwegisch, Portugiesisch, Schwedisch, Spanisch
English	Danish, Dutch, Finnish, French, German, Italian, Norwegian, Portuguese, Spanish, Swedish
Espãnol	Alemán, Danés, Finlandés, Francés, Holandés, Inglés, Noruego, Sueco
Français	Allemand, Anglais, Danois, Espagnol, Finnois, Italien, Néerlandais, Norvégien, Portugais, Suédois
Italiano	Danese, Finlandese, Francese, Inglese, Norvegese, Olandese, Svedese, Tedesco
Nederlands	Duits, Engels, Frans, Italiaans, Portugees, Spaans
Norsk	Engelsk, Fransk, Italiensk, Spansk, Tysk
Português	Alemão, Francês, Holandês, Inglês, Sueco
Suomi	Englanti, Espanja, Italia, Ranska, Ruotsi, Saksa
Svenska	Engelska, Finska, Franska, Italienska, Portugisiska, Spanska, Tyska

BERLITZ®

engelsk-svensk
svensk-engelsk
ordbok

---

english-swedish
swedish-english
dictionary

By the Staff of Editions Berlitz

Revised edition 1981
Library of Congress Catalog Card Number: 78-78087

4th printing 1984
Printed in Great Britain

Innehållsförteckning

Contents

Förord

När vi på Berlitz valt ut 12 500 ord och uttryck för varje språk har vi framför allt tänkt på resenärens behov. Ordboken blir säkert ovärderlig för alla tusentals resenärer, turister och affärsfolk som uppskattar en liten, tillförlitlig och praktisk bok. Men inte bara resenärer utan även de som studerar och nybörjare kan ha nytta av det basordförråd som ordboken erbjuder.

Vi hoppas att den här boken - som har utarbetats med hjälp av en databank - liksom våra parlörer och guideböcker genom sitt behändiga format skall tilltala dagens resenär.

Utöver det ni vanligen hittar i ordböcker kan Berlitz erbjuda:

- en ljudskrift som följer det internationella fonetiska alfabetet (IPA)
- en gastronomisk ordlista som gör det lättare för er att tolka matsedeln på restauranger utomlands
- praktiska upplysningar om hur man anger klockslag, räkneord, oregelbundna verb, vanliga förkortningar och några användbara uttryck.

Ingen ordbok i detta format kan anses vara fullständig, men vi hoppas ändå att ni känner er väl rustad att göra en resa utomlands. Vi vill gärna höra av er om ni har någon kommentar, kritik eller ett förslag som ni tror kan hjälpa oss när vi förbereder framtida upplagor.

Preface

In selecting the 12.500 word-concepts in each language for this dictionary, the editors have had the traveller's needs foremost in mind. This book will prove invaluable to all the millions of travellers, tourists and business people who appreciate the reassurance a small and practical dictionary can provide. It offers them—as it does beginners and students—all the basic vocabulary they are going to encounter and to have to use, giving the key words and expressions to allow them to cope in everyday situations.

Like our successful phrase books and travel guides, these dictionaries—created with the help of a computer data bank—are designed to slip into pocket or purse, and thus have a role as handy companions at all times.

Besides just about everything you normally find in dictionaries, there are these Berlitz bonuses:

- imitated pronunciation next to each foreign-word entry, making it easy to read and enunciate words whose spelling may look forbidding
- a unique, practical glossary to simplify reading a foreign restaurant menu and to take the mystery out of complicated dishes and indecipherable names on bills of fare
- useful information on how to tell the time and how to count, on conjugating irregular verbs, commonly seen abbreviations and converting to the metric system, in addition to basic phrases.

While no dictionary of this size can pretend to completeness, we expect the user of this book will feel well armed to affront foreign travel with confidence. We should, however, be very pleased to receive comments, criticism and suggestions that you think may be of help in preparing future editions.

engelsk-svensk

---

english-swedish

Inledning

Vid utarbetandet av denna ordbok har vi framför allt strävat efter att göra den så praktisk och användbar som möjligt. Mindre viktiga språkliga upplysningar har utelämnats. Uppslagsorden står i alfabetisk ordning oavsett om uppslagsordet skrivs i ett, två eller flera ord eller med bindestreck. Det enda undantaget från denna regel är några få idiomatiska uttryck som i stället står under huvudordet i uttrycket. När ett uppslagsord följs av flera sammansättningar och uttryck har dessa också satts i alfabetisk ordning.

Varje huvuduppslagsord följs av ljudskrift (se Uttal) och i de flesta fall av ordklass. Då uppslagsordet kan tillhöra mer än en ordklass står de olika betydelserna efter respektive ordklass. Oregelbundna pluralformer av substantiv har angivits och vi har också satt ut pluralformen i en del fall där tvekan kan uppstå. I stället för att upprepa uppslagsordet vid oregelbundna pluralformer eller i sammansättningar och uttryck används en symbol (~) som står för hela uppslagsordet i fråga.

Vid oregelbundna pluralformer av sammansatta ord skrivs endast den del ut som förändras, medan den oförändrade delen ersätts med ett streck (–).

En asterisk (*) före ett verb anger att detta är oregelbundet och att dess böjningsmönster återfinns i listan över oregelbundna verb. Ordboken är baserad på brittisk engelska. Amerikanska ord och uttryck har markerats med *Am*.

Förkortningar

adj	adjektiv	*pl*	pluralis
adv	adverb	*plAm*	pluralis (amerikanska)
Am	amerikanska		
art	artikel	*pp*	perfekt particip
c	realgenus	*pr*	presens
conj	konjunktion	*pref*	prefix (förstavelse)
n	substantiv	*prep*	preposition
nAm	substantiv (amerikanska)	*pron*	pronomen
nt	neutrum	*suf*	suffix (ändelse)
num	räkneord	*v*	verb
p	imperfektum	*vAm*	verb (amerikanska)

Uttal

I denna del av ordboken anges uttalet av huvuduppslagsorden med internationell ljudskrift (IPA). Varje tecken i ljudskriften står för ett bestämt ljud. De tecken som inte närmare förklaras här uttalas ungefär som motsvarande svenska ljud.

Konsonanter

ð	tonande läspljud, dvs. med tungspetsen mot övre framtändernas baksida
g	alltid som i **g**å
k	alltid som i **k**all
ŋ	som **ng** i lå**ng**
r	som slappt **r** i **r**a**r** (ung. som **r** uttalas i Stockholmstrakten)
ʃ	tonlöst **sje**-ljud (ung. som i mellansvenskt uttal av **rs** i fo**rs**)
θ	tonlöst läspljud, dvs. med tungspetsen mot övre framtändernas baksida
w	mycket kort **o**-ljud (ung. som **oä** i **oä**ndlig)
z	tonande **s**-ljud
ʒ	som **g** i **g**elé, men tonande

Obs! [sj] skall läsas som [s] följt av ett [j]-ljud och *inte* som **sj** i **sj**ö.

Vokaler

ɑ:	som **a** i d**a**g
æ	som **ä** i sm**ä**rre
ʌ	ung. som **a** i k**a**tt
e	som i b**e**tt
ɛ	som **ä** i k**ä**lla
ə	som **e** i goss**e** (med dragning åt **ö**)
i	som i s**i**tt
ɔ	som **å** i f**å**tt
u	som **o** i b**o**tt

1) Kolon [:] efter vokalljudstecknet anger lång vokal.

2) Ett fåtal franska låneord innehåller nasala vokaler, vilket anges med en til [˜] över vokalen (t. ex. [ɑ̃]). Nasala vokaler uttalas samtidigt genom munnen och näsan.

Diftonger

En diftong är en förening av två vokaler, varav en är starkare (betonad) och en svagare (obetonad). De uttalas tillsammans "glidande", ung. som **au** i mj**au**. I engelska språket är alltid andra vokalen svagare.

Betoning

Tecknet [ˈ] står framför betonad stavelse och [ˌ] framför stavelse med biaccent.

Amerikanskt uttal

Vår ljudskrift återger brittiskt-engelskt riksspråk. Det amerikanska uttalet skiljer sig från engelska på några punkter (det finns även en mängd lokala variationer, som vi inte tar upp här).

1) I motsats till brittiskt-engelskt uttal uttalas **r** även före en konsonant och i slutet av ett ord.

2) I många ord som t.ex. *ask, castle, laugh* osv. blir [ɑ:] till [æ:].

3) En amerikan uttalar [ɔ]-ljudet som [ɑ] eller också ofta som [ɔ:].

4) I ord som *duty, tune, new* osv. bortfaller ofta [j]-ljudet framför [u:].

5) Många ord betonas annorlunda.

A

a [ei,ə] *art* (an) en *art*
abbey ['æbi] *n* kloster *nt*
abbreviation [ə,bri:vi'eiʃən] *n* förkortning *c*
aberration [,æbə'reiʃən] *n* avvikelse *c*
ability [ə'biləti] *n* skicklighet *c;* förmåga *c*
able ['eibəl] *adj* i stånd att; duglig; ***be ~ to** *vara i stånd till; *kunna
abnormal [æb'nɔ:məl] *adj* onaturlig, abnorm
aboard [ə'bɔ:d] *adv* ombord
abolish [ə'bɔliʃ] *v* avskaffa
abortion [ə'bɔ:ʃən] *n* abort *c*
about [ə'baut] *prep* om; beträffande, angående; *adv* ungefär, omkring
above [ə'bʌv] *prep* ovanför; *adv* ovan
abroad [ə'brɔ:d] *adv* utomlands
abscess ['æbses] *n* böld *c*
absence ['æbsəns] *n* frånvaro *c*
absent ['æbsənt] *adj* frånvarande
absolutely ['æbsəlu:tli] *adv* absolut
abstain from [əb'stein] *avstå från, *avhålla sig från
abstract ['æbstrækt] *adj* abstrakt
absurd [əb'sə:d] *adj* orimlig, absurd
abundance [ə'bʌndəns] *n* överflöd *nt*
abundant [ə'bʌndənt] *adj* riklig
abuse [ə'bju:s] *n* missbruk *nt*
abyss [ə'bis] *n* avgrund *c*
academy [ə'kædəmi] *n* akademi *c*
accelerate [ək'seləreit] *v* öka farten
accelerator [ək'seləreitə] *n* gaspedal *c*
accent ['æksənt] *n* accent *c;* tonvikt *c*
accept [ək'sept] *v* acceptera, *motta
access ['ækses] *n* tillträde *nt*
accessary [ək'sesəri] *n* medbrottsling *c*
accessible [ək'sesəbəl] *adj* tillgänglig
accessories [ək'sesəriz] *pl* tillbehör *pl*
accident ['æksidənt] *n* olycksfall *nt,* olycka *c*
accidental [,æksi'dentəl] *adj* slumpartad
accommodate [ə'kɔmədeit] *v* härbärgera, logera
accommodation [ə,kɔmə'deiʃən] *n* husrum *nt,* logi *nt*
accompany [ə'kʌmpəni] *v* åtfölja; följa; ackompanjera
accomplish [ə'kʌmpliʃ] *v* fullborda
in accordance with [in ə'kɔ:dəns wið] i enlighet med
according to [ə'kɔ:diŋ tu:] enligt
account [ə'kaunt] *n* konto *nt;* redogörelse *c;* **~ for** redovisa; **on ~ of** på grund av
accountable [ə'kauntəbəl] *adj* ansvarig
accurate ['ækjurət] *adj* noggrann

accuse [ə'kju:z] *v* beskylla; anklaga
accused [ə'kju:zd] *n* anklagad person
accustom [ə'kʌstəm] *v* *vänja; **accustomed** van
ache [eik] *v* värka; *n* värk *c*
achieve [ə'tʃi:v] *v* uppnå; prestera
achievement [ə'tʃi:vmənt] *n* prestation *c*
acid ['æsid] *n* syra *c*
acknowledge [ək'nɔlidʒ] *v* erkänna; bekräfta
acne ['ækni] *n* finnar
acorn ['eikɔ:n] *n* ekollon *nt*
acquaintance [ə'kweintəns] *n* bekant *c*
acquire [ə'kwaiə] *v* skaffa sig
acquisition [ˌækwi'ziʃən] *n* förvärv *nt*
acquittal [ə'kwitəl] *n* frikännande *nt*
across [ə'krɔs] *prep* över; *adv* på andra sidan
act [ækt] *n* handling *c;* akt *c;* nummer *nt;* *v* handla, uppträda; uppföra sig; spela
action ['ækʃən] *n* handling *c*
active ['æktiv] *adj* aktiv
activity [æk'tivəti] *n* aktivitet *c*
actor ['æktə] *n* aktör *c*, skådespelare *c*
actress ['æktris] *n* skådespelerska *c*, aktris *c*
actual ['æktʃuəl] *adj* faktisk, verklig
actually ['æktʃuəli] *adv* faktiskt
acute [ə'kju:t] *adj* akut
adapt [ə'dæpt] *v* anpassa
add [æd] *v* addera; *lägga till
adding-machine ['ædiŋməˌʃi:n] *n* räknemaskin *c*
addition [ə'diʃən] *n* addition *c;* tillägg *nt*
additional [ə'diʃənəl] *adj* extra; ytterligare
address [ə'dres] *n* adress *c;* *v* adressera; vända sig till
addressee [ˌædre'si:] *n* adressat *c*
adequate ['ædikwət] *adj* tillräcklig; passande, adekvat
adjective ['ædʒiktiv] *n* adjektiv *nt*
adjourn [ə'dʒə:n] *v* *uppskjuta
adjust [ə'dʒʌst] *v* justera; anpassa
administer [əd'ministə] *v* dela ut
administration [ədˌmini'streiʃən] *n* administration *c;* förvaltning *c*
administrative [əd'ministrətiv] *adj* administrativ; förvaltande; ~ **law** förvaltningsrätt *c*
admiral ['ædmərəl] *n* amiral *c*
admiration [ˌædmə'reiʃən] *n* beundran *c*
admire [əd'maiə] *v* beundra
admission [əd'miʃən] *n* inträde *nt;* intagning *c*
admit [əd'mit] *v* *ta in, släppa in; erkänna, *medge; rymma
admittance [əd'mitəns] *n* tillträde *nt;* **no** ~ tillträde förbjudet
adopt [ə'dɔpt] *v* adoptera
adorable [ə'dɔ:rəbəl] *adj* bedårande
adult ['ædʌlt] *n* vuxen *c;* *adj* vuxen
advance [əd'vɑ:ns] *n* framsteg *nt;* förskott *nt;* *v* *göra framsteg; förskottera; **in** ~ i förväg, på förhand
advanced [əd'vɑ:nst] *adj* avancerad
advantage [əd'vɑ:ntidʒ] *n* fördel *c*
advantageous [ˌædvən'teidʒəs] *adj* fördelaktig
adventure [əd'ventʃə] *n* äventyr *nt*
adverb ['ædvə:b] *n* adverb *nt*
advertisement [əd'və:tismənt] *n* annons *c*
advertising ['ædvətaiziŋ] *n* reklam *c*
advice [əd'vais] *n* råd *nt*
advise [əd'vaiz] *v* råda
advocate ['ædvəkət] *n* försvarare *c*, förespråkare *c*
aerial ['ɛəriəl] *n* antenn *c*
aeroplane ['ɛərəplein] *n* flygplan *nt*
affair [ə'fɛə] *n* angelägenhet *c;* för-

hållande *nt*, kärleksaffär *c*
affect [ə'fekt] *v* påverka; beröra
affected [ə'fektid] *adj* tillgjord
affection [ə'fekʃən] *n* tillgivenhet *c*
affectionate [ə'fekʃənit] *adj* kärleksfull, tillgiven
affiliated [ə'filieitid] *adj* ansluten
affirmative [ə'fə:mətiv] *adj* jakande
affliction [ə'flikʃən] *n* lidande *nt*
afford [ə'fɔ:d] *v* *ha råd med
afraid [ə'freid] *adj* rädd, ängslig; ***be** ~ *vara rädd
Africa ['æfrikə] Afrika
African ['æfrikən] *adj* afrikansk; *n* afrikan *c*
after ['ɑ:ftə] *prep* efter; *conj* sedan
afternoon [ˌɑ:ftə'nu:n] *n* eftermiddag *c*; **this** ~ i eftermiddag
afterwards ['ɑ:ftəwədz] *adv* sedan; efteråt
again [ə'gen] *adv* igen; åter; ~ **and again** gång på gång
against [ə'genst] *prep* mot
age [eidʒ] *n* ålder *c*; ålderdom *c*; **of** ~ myndig; **under** ~ minderårig
aged ['eidʒid] *adj* åldrig; gammal
agency ['eidʒənsi] *n* agentur *c*; byrå *c*
agenda [ə'dʒendə] *n* dagordning *c*
agent ['eidʒənt] *n* agent *c*, representant *c*
aggressive [ə'gresiv] *adj* aggressiv
ago [ə'gou] *adv* för ... sedan
agrarian [ə'grɛəriən] *adj* jord-, lantbruks-
agree [ə'gri:] *v* *vara enig; instämma; stämma överens
agreeable [ə'gri:əbəl] *adj* angenäm
agreement [ə'gri:mənt] *n* kontrakt *nt*; avtal *nt*, överenskommelse *c*
agriculture ['ægrikʌltʃə] *n* jordbruk *nt*
ahead [ə'hed] *adv* framför; ~ **of** före; ***go** ~ *fortsätta; **straight** ~ rakt fram
aid [eid] *n* hjälp *c*; *v* *bistå, hjälpa
ailment ['eilmənt] *n* lidande *nt*; krämpa *c*
aim [eim] *n* syfte *nt*; ~ **at** sikta, sikta på; sträva efter
air [ɛə] *n* luft *c*; *v* lufta
air-conditioning ['ɛəkənˌdiʃəniŋ] *n* luftkonditionering *c*; **air-conditioned** *adj* luftkonditionerad
aircraft ['ɛəkrɑ:ft] *n* (pl ~) flygplan *nt*; flygmaskin *c*
airfield ['ɛəfi:ld] *n* flygfält *nt*
air-filter ['ɛəˌfiltə] *n* luftfilter *nt*
airline ['ɛəlain] *n* flygbolag *nt*
airmail ['ɛəmeil] *n* flygpost *c*
airplane ['ɛəplein] *nAm* flygplan *nt*
airport ['ɛəpɔ:t] *n* flygplats *c*
air-sickness ['ɛəˌsiknəs] *n* flygsjuka *c*
airtight ['ɛətait] *adj* lufttät
airy ['ɛəri] *adj* luftig
aisle [ail] *n* sidoskepp *nt*; gång *c*
alarm [ə'lɑ:m] *n* alarm *nt*; *v* larma, oroa
alarm-clock [ə'lɑ:mklɔk] *n* väckarklocka *c*
album ['ælbəm] *n* album *nt*
alcohol ['ælkəhɔl] *n* alkohol *c*
alcoholic [ˌælkə'hɔlik] *adj* alkoholhaltig
ale [eil] *n* öl *nt*
algebra ['ældʒibrə] *n* algebra *c*
Algeria [æl'dʒiəriə] Algeriet
Algerian [æl'dʒiəriən] *adj* algerisk; *n* algerier *c*
alien ['eiliən] *n* utlänning *c*; främling *c*; *adj* utländsk
alike [ə'laik] *adj* likadan, lik; *adv* på samma sätt
alimony ['æliməni] *n* underhåll *nt*
alive [ə'laiv] *adj* levande
all [ɔ:l] *adj* all; ~ **in** allt inkluderat; ~ **right!** fint!; **at** ~ överhuvudtaget
allergy ['ælədʒi] *n* allergi *c*
alley ['æli] *n* gränd *c*

alliance [ə'laiəns] *n* allians *c*
Allies ['ælaiz] *pl* (de) allierade
allot [ə'lɔt] *v* tilldela
allow [ə'lau] *v* *tillåta, bevilja; ~ **to** *låta; ***be allowed** *vara tillåten; ***be allowed to** *få
allowance [ə'lauəns] *n* fickpengar *pl*, underhåll *nt*
all-round [ˌɔ:l'raund] *adj* mångsidig
almanac ['ɔ:lmənæk] *n* almanacka *c*
almond ['ɑ:mənd] *n* mandel *c*
almost ['ɔ:lmoust] *adv* nästan
alone [ə'loun] *adv* endast; *adj* ensam, för sig själv
along [ə'lɔŋ] *prep* längs
aloud [ə'laud] *adv* högt
alphabet ['ælfəbet] *n* alfabet *nt*
already [ɔ:l'redi] *adv* redan
also ['ɔ:lsou] *adv* också; dessutom, även
altar ['ɔ:ltə] *n* altare *nt*
alter ['ɔ:ltə] *v* förändra, ändra
alteration [ˌɔ:ltə'reiʃən] *n* ändring *c*, förändring *c*
alternate [ɔ:l'tə:nət] *adj* alternerande
alternative [ɔ:l'tə:nətiv] *n* alternativ *nt*
although [ɔ:l'ðou] *conj* fastän, även om
altitude ['æltitju:d] *n* höjd *c*
alto ['æltou] *n* (pl ~s) alt *c*
altogether [ˌɔ:ltə'geðə] *adv* helt och hållet
always ['ɔ:lweiz] *adv* alltid
am [æm] *v* (pr be)
amaze [ə'meiz] *v* förbluffa, förvåna
amazement [ə'meizmənt] *n* förvåning *c*
ambassador [æm'bæsədə] *n* ambassadör *c*
amber ['æmbə] *n* bärnsten *c*
ambiguous [æm'bigjuəs] *adj* tvetydig
ambitious [æm'biʃəs] *adj* ambitiös; ärelysten
ambulance ['æmbjuləns] *n* ambulans *c*
ambush ['æmbuʃ] *n* bakhåll *nt*
America [ə'merikə] Amerika
American [ə'merikən] *adj* amerikansk; *n* amerikan *c*
amethyst ['æmiθist] *n* ametist *c*
amid [ə'mid] *prep* bland; mitt ibland, mitt i
ammonia [ə'mouniə] *n* ammoniak *c*
amnesty ['æmnisti] *n* amnesti *c*
among [ə'mʌŋ] *prep* bland; mellan, ibland; ~ **other things** bland annat
amount [ə'maunt] *n* mängd *c;* summa *c*, belopp *nt;* ~ **to** *uppgå till
amuse [ə'mju:z] *v* roa, *underhålla
amusement [ə'mju:zmənt] *n* nöje *nt*, förströelse *c*
amusing [ə'mju:ziŋ] *adj* lustig
anaemia [ə'ni:miə] *n* blodbrist *c*
anaesthesia [ˌænis'θi:ziə] *n* bedövning *c*
anaesthetic [ˌænis'θetik] *n* bedövningsmedel *nt*
analyse ['ænəlaiz] *v* analysera
analysis [ə'næləsis] *n* (pl -ses) analys *c*
analyst ['ænəlist] *n* analytiker *c;* psykoanalytiker *c*
anarchy ['ænəki] *n* anarki *c*
anatomy [ə'nætəmi] *n* anatomi *c*
ancestor ['ænsestə] *n* förfader *c*
anchor ['æŋkə] *n* ankare *nt*
anchovy ['æntʃəvi] *n* sardell *c*, ansjovis *c*
ancient ['einʃənt] *adj* gammal; forntida
and [ænd, ənd] *conj* och
angel ['eindʒəl] *n* ängel *c*
anger ['æŋgə] *n* ilska *c*, vrede *c*
angle ['æŋgəl] *v* meta; *n* vinkel *c*
angry ['æŋgri] *adj* vred, arg
animal ['æniməl] *n* djur *nt*
ankle ['æŋkəl] *n* ankel *c*

annex[1] [ˈæneks] *n* annex *nt;* bilaga *c*
annex[2] [əˈneks] *v* annektera
anniversary [ˌæniˈvə:səri] *n* årsdag *c*
announce [əˈnauns] *v* *tillkännage, *offentliggöra
announcement [əˈnaunsmənt] *n* tillkännagivande *nt,* kungörelse *c*
annoy [əˈnɔi] *v* förarga, irritera; reta
annoyance [əˈnɔiəns] *n* förargelse *c*
annoying [əˈnɔiiŋ] *adj* förarglig, retsam
annual [ˈænjuəl] *adj* årlig; *n* årsbok *c*
per annum [pər ˈænəm] per år
anonymous [əˈnɔniməs] *adj* anonym
another [əˈnʌðə] *adj* en till; en annan
answer [ˈɑ:nsə] *v* svara; besvara; *n* svar *nt*
ant [ænt] *n* myra *c*
anthology [ænˈθɔlədʒi] *n* antologi *c*
antibiotic [ˌæntibaiˈɔtik] *n* antibiotikum *nt*
anticipate [ænˈtisipeit] *v* *förutse, *föregripa; *förekomma
antifreeze [ˈæntifri:z] *n* frostskyddsvätska *c*
antipathy [ænˈtipəθi] *n* motvilja *c*
antique [ænˈti:k] *adj* antik; *n* antikvitet *c;* ~ **dealer** antikvitetshandlare *c*
antiquity [ænˈtikwəti] *n* Antiken; **antiquities** *pl* antikviteter
antiseptic [ˌæntiˈseptik] *n* antiseptiskt medel
antlers [ˈæntləz] *pl* hjortdjurshorn *nt*
anxiety [æŋˈzaiəti] *n* bekymmer *nt*
anxious [ˈæŋkʃəs] *adj* ivrig; orolig
any [ˈeni] *adj* någon
anybody [ˈenibɔdi] *pron* vem som helst
anyhow [ˈenihau] *adv* hur som helst
anyone [ˈeniwʌn] *pron* varje
anything [ˈeniθiŋ] *pron* vad som helst
anyway [ˈeniwei] *adv* i varje fall
anywhere [ˈeniwεə] *adv* var som helst
apart [əˈpɑ:t] *adv* isär, var för sig; ~ **from** bortsett från
apartment [əˈpɑ:tmənt] *nAm* våning *c,* lägenhet *c;* ~ **house** *Am* hyreshus *nt*
aperitif [əˈperətiv] *n* aperitif *c*
apologize [əˈpɔlədʒaiz] *v* *be om ursäkt
apology [əˈpɔlədʒi] *n* ursäkt *c*
apparatus [ˌæpəˈreitəs] *n* anordning *c,* apparat *c*
apparent [əˈpærənt] *adj* uppenbar; tydlig
apparently [əˈpærəntli] *adv* tydligen
apparition [ˌæpəˈriʃən] *n* uppenbarelse *c*
appeal [əˈpi:l] *n* vädjan *c*
appear [əˈpiə] *v* verka, tyckas; *framgå; synas; framträda
appearance [əˈpiərəns] *n* utseende *nt;* framträdande *nt*
appendicitis [əˌpendiˈsaitis] *n* blindtarmsinflammation *c*
appendix [əˈpendiks] *n* (pl -dices, -dixes) blindtarm *c*
appetite [ˈæpətait] *n* aptit *c,* matlust *c*
appetizer [ˈæpətaizə] *n* aptitretare *c*
appetizing [ˈæpətaiziŋ] *adj* aptitlig
applause [əˈplɔ:z] *n* applåd *c*
apple [ˈæpəl] *n* äpple *nt*
appliance [əˈplaiəns] *n* apparat *c,* anordning *c*
application [ˌæpliˈkeiʃən] *n* användning *c;* ansökan *c*
apply [əˈplai] *v* tillämpa, *lägga på; använda; ansöka; gälla
appoint [əˈpɔint] *v* anställa, utnämna
appointment [əˈpɔintmənt] *n* avtalat möte, avtal *nt;* utnämning *c*
appreciate [əˈpri:ʃieit] *v* uppskatta, *värdesätta
appreciation [əˌpri:ʃiˈeiʃən] *n* värdestegring *c;* uppskattning *c*

approach [ə'proutʃ] *v* närma sig; *n* tillvägagångssätt *nt;* närmande *nt*
appropriate [ə'proupriət] *adj* rätt, lämplig, ändamålsenlig
approval [ə'pru:vəl] *n* gillande *nt;* bifall *nt;* **on** ~ till påseende
approve [ə'pru:v] *v* gilla; ~ **of** godkänna
approximate [ə'prɔksimət] *adj* ungefärlig
approximately [ə'prɔksimətli] *adv* ungefär, cirka
apricot ['eiprikɔt] *n* aprikos *c*
April ['eiprəl] april
apron ['eiprən] *n* förkläde *nt*
Arab ['ærəb] *adj* arabisk; *n* arab *c*
arbitrary ['ɑ:bitrəri] *adj* godtycklig
arcade [ɑ:'keid] *n* pelargång *c*, arkad *c*
arch [ɑ:tʃ] *n* valvbåge *c;* valv *nt*
archaeologist [ˌɑ:ki'ɔlədʒist] *n* arkeolog *c*
archaeology [ˌɑ:ki'ɔlədʒi] *n* arkeologi *c*
archbishop [ˌɑ:tʃ'biʃəp] *n* ärkebiskop *c*
arched [ɑ:tʃt] *adj* bågformig
architect ['ɑ:kitekt] *n* arkitekt *c*
architecture ['ɑ:kitektʃə] *n* byggnadskonst *c*, arkitektur *c*
archives ['ɑ:kaivz] *pl* arkiv *nt*
are [ɑ:] *v* (pr be)
area ['ɛəriə] *n* område *nt;* yta *c;* ~ **code** riktnummer *nt*
Argentina [ˌɑ:dʒən'ti:nə] Argentina
Argentinian [ˌɑ:dʒən'tiniən] *adj* argentinsk; *n* argentinare *c*
argue ['ɑ:gju:] *v* argumentera, diskutera, debattera; gräla
argument ['ɑ:gjumənt] *n* argument *nt;* diskussion *c;* ordväxling *c*
arid ['ærid] *adj* torr
***arise** [ə'raiz] *v* *uppstå
arithmetic [ə'riθmətik] *n* räkning *c*
arm [ɑ:m] *n* arm *c;* vapen *nt;* armstöd *nt; v* beväpna
armchair ['ɑ:mtʃɛə] *n* fåtölj *c*
armed [ɑ:md] *adj* beväpnad; ~ **forces** beväpnade styrkor
armour ['ɑ:mə] *n* rustning *c*
army ['ɑ:mi] *n* armé *c*
aroma [ə'roumə] *n* arom *c*
around [ə'raund] *prep* omkring; *adv* runt
arrange [ə'reindʒ] *v* ordna; arrangera
arrangement [ə'reindʒmənt] *n* arrangemang *nt;* avtal *nt;* åtgärd *c*
arrest [ə'rest] *v* arrestera; *n* arrestering *c*
arrival [ə'raivəl] *n* ankomst *c*
arrive [ə'raiv] *v* anlända
arrow ['ærou] *n* pil *c*
art [ɑ:t] *n* konst *c;* skicklighet *c;* list *c;* ~ **collection** konstsamling *c;* ~ **exhibition** konstutställning *c;* ~ **gallery** konstgalleri *nt;* ~ **history** konsthistoria *c;* **arts and crafts** konstindustri *c;* ~ **school** konstakademi *c*
artery ['ɑ:təri] *n* pulsåder *c*
artichoke ['ɑ:titʃouk] *n* kronärtskocka *c*
article ['ɑ:tikəl] *n* artikel *c*
artifice ['ɑ:tifis] *n* knep *nt*
artificial [ˌɑ:ti'fiʃəl] *adj* konstgjord
artist ['ɑ:tist] *n* konstnär *c;* konstnärinna *c*
artistic [ɑ:'tistik] *adj* artistisk, konstnärlig
as [æz] *conj* liksom, som; lika; därför att, eftersom; ~ **from** från; från och med; ~ **if** som om
asbestos [æz'bestɔs] *n* asbest *c*
ascend [ə'send] *v* *stiga; *stiga uppåt; *bestiga
ascent [ə'sent] *n* stigning *c;* bestigning *c*
ascertain [ˌæsə'tein] *v* konstatera; förvissa sig om, fastställa

ash [æʃ] *n* aska *c*
ashamed [ə'ʃeimd] *adj* skamsen; ***be ~** skämmas
ashore [ə'ʃɔ:] *adv* i land
ashtray ['æʃtrei] *n* askkopp *c*
Asia ['eiʃə] Asien
Asian ['eiʃən] *adj* asiatisk; *n* asiat *c*
aside [ə'said] *adv* åt sidan
ask [ɑ:sk] *v* fråga; *be; *inbjuda
asleep [ə'sli:p] *adj* sovande
asparagus [ə'spærəgəs] *n* sparris *c*
aspect ['æspekt] *n* aspekt *c*
asphalt ['æsfælt] *n* asfalt *c*
aspire [ə'spaiə] *v* sträva
aspirin ['æspərin] *n* aspirin *nt*
ass [æs] *n* åsna *c*
assassination [əˌsæsi'neiʃən] *n* mord *nt*
assault [ə'sɔ:lt] *v* *angripa; *våldta
assemble [ə'sembəl] *v* samla; *sätta ihop, montera
assembly [ə'sembli] *n* församling *c*, sammankomst *c*
assignment [ə'sainmənt] *n* uppdrag *nt*
assign to [ə'sain] tilldela; *överlåta
assist [ə'sist] *v* hjälpa, *bistå; **~ at** *vara närvarande vid
assistance [ə'sistəns] *n* hjälp *c;* bistånd *nt*, understöd *nt*
assistant [ə'sistənt] *n* assistent *c*
associate[1] [ə'souʃiət] *n* kompanjon *c*, delägare *c;* kollega *c;* medlem *c*
associate[2] [ə'souʃieit] *v* associera; **~ with** *umgås med
association [əˌsousi'eiʃən] *n* förening *c*, sammanslutning *c*
assort [ə'sɔ:t] *v* sortera
assortment [ə'sɔ:tmənt] *n* urval *nt*, sortiment *nt*
assume [ə'sju:m] *v* *anta, förmoda
assure [ə'ʃuə] *v* försäkra
asthma ['æsmə] *n* astma *c*
astonish [ə'stɔniʃ] *v* förvåna
astonishing [ə'stɔniʃiŋ] *adj* förvånansvärd
astonishment [ə'stɔniʃmənt] *n* förvåning *c*
astronomy [ə'strɔnəmi] *n* astronomi *c*
asylum [ə'sailəm] *n* asyl *c;* mentalsjukhus *nt*, vårdanstalt *c*
at [æt] *prep* på, hos, i
ate [et] *v* (p eat)
atheist ['eiθiist] *n* ateist *c*
athlete ['æθli:t] *n* atlet *c*
athletics [æθ'letiks] *pl* friidrott *c*
Atlantic [ət'læntik] Atlanten
atmosphere ['ætməsfiə] *n* atmosfär *c;* stämning *c*
atom ['ætəm] *n* atom *c*
atomic [ə'tɔmik] *adj* atom-; kärn-
atomizer ['ætəmaizə] *n* sprayflaska *c;* spray *c*
attach [ə'tætʃ] *v* fästa; bifoga; **attached to** fäst vid
attack [ə'tæk] *v* *anfalla; *n* anfall *nt*
attain [ə'tein] *v* uppnå
attainable [ə'teinəbəl] *adj* uppnåelig; åtkomlig
attempt [ə'tempt] *v* försöka, pröva; *n* försök *nt*
attend [ə'tend] *v* *vara närvarande vid; **~ on** uppassa; **~ to** *ta hand om, *se till; beakta, uppmärksamma
attendance [ə'tendəns] *n* deltagande *nt*
attendant [ə'tendənt] *n* vaktmästare *c*
attention [ə'tenʃən] *n* uppmärksamhet *c*
attentive [ə'tentiv] *adj* uppmärksam
attic ['ætik] *n* vindsrum *nt*
attitude ['ætitju:d] *n* inställning *c*
attorney [ə'tə:ni] *n* advokat *c*
attract [ə'trækt] *v* *tilldra sig
attraction [ə'trækʃən] *n* attraktion *c;* lockelse *c*
attractive [ə'træktiv] *adj* tilldragande
auburn ['ɔ:bən] *adj* kastanjebrun

auction [ˈɔ:kʃən] *n* auktion *c*
audible [ˈɔ:dibəl] *adj* hörbar
audience [ˈɔ:diəns] *n* publik *c*
auditor [ˈɔ:ditə] *n* åhörare *c*
auditorium [ˌɔ:diˈtɔ:riəm] *n* hörsal *c*
August [ˈɔ:gəst] augusti
aunt [ɑ:nt] *n* tant *c*, moster *c*, faster *c*
Australia [ɔˈstreiliə] Australien
Australian [ɔˈstreiliən] *adj* australisk; *n* australier *c*
Austria [ˈɔstriə] Österrike
Austrian [ˈɔstriən] *adj* österrikisk; *n* österrikare *c*
authentic [ɔ:ˈθentik] *adj* autentisk; äkta
author [ˈɔ:θə] *n* författare *c*
authoritarian [ɔ:ˌθɔriˈtɛəriən] *adj* auktoritär
authority [ɔ:ˈθɔrəti] *n* auktoritet *c*; maktbefogenhet *c*; **authorities** *pl* myndigheter *pl*
authorization [ˌɔ:θəraiˈzeiʃən] *n* tillåtelse *c*
automatic [ˌɔ:təˈmætik] *adj* automatisk
automation [ˌɔ:təˈmeiʃən] *n* automatisering *c*
automobile [ˈɔ:təməbi:l] *n* bil *c*; ~ **club** automobilklubb *c*
autonomous [ɔ:ˈtɔnəməs] *adj* autonom
autopsy [ˈɔ:tɔpsi] *n* obduktion *c*
autumn [ˈɔ:təm] *n* höst *c*
available [əˈveiləbəl] *adj* disponibel, tillgänglig, i lager
avalanche [ˈævəlɑ:nʃ] *n* lavin *c*
avenue [ˈævənju:] *n* aveny *c*
average [ˈævəridʒ] *adj* genomsnittlig; *n* genomsnitt *nt*; **on the** ~ i genomsnitt
averse [əˈvə:s] *adj* obenägen, ovillig
aversion [əˈvə:ʃən] *n* motvilja *c*
avert [əˈvə:t] *v* vända bort
avoid [əˈvɔid] *v* *undgå; *undvika
await [əˈweit] *v* vänta på, vänta sig
awake [əˈweik] *adj* vaken
***awake** [əˈweik] *v* väcka
award [əˈwɔ:d] *n* pris *nt*; *v* tilldela
aware [əˈwɛə] *adj* medveten
away [əˈwei] *adv* bort; ***go** ~ åka bort
awful [ˈɔ:fəl] *adj* fruktansvärd, ryslig
awkward [ˈɔ:kwəd] *adj* brydsam; tafatt, klumpig
awning [ˈɔ:niŋ] *n* markis *c*
axe [æks] *n* yxa *c*
axle [ˈæksəl] *n* hjulaxel *c*

B

baby [ˈbeibi] *n* baby *c*; ~ **carriage** *Am* barnvagn *c*
babysitter [ˈbeibiˌsitə] *n* barnvakt *c*
bachelor [ˈbætʃələ] *n* ungkarl *c*
back [bæk] *n* rygg *c*; *adv* tillbaka; ***go** ~ åka tillbaka
backache [ˈbækeik] *n* ryggvärk *c*
backbone [ˈbækboun] *n* ryggrad *c*
background [ˈbækgraund] *n* bakgrund *c*; utbildning *c*
backwards [ˈbækwədz] *adv* bakåt
bacon [ˈbeikən] *n* bacon *nt*
bacterium [bækˈti:riəm] *n* (pl -ria) bakterie *c*
bad [bæd] *adj* dålig, allvarlig; stygg
bag [bæg] *n* påse *c*; väska *c*, handväska *c*; resväska *c*
baggage [ˈbægidʒ] *n* bagage *nt*; ~ **deposit office** *Am* bagageinlämning *c*; **hand** ~ handbagage *nt*
bail [beil] *n* borgen *c*
bailiff [ˈbeilif] *n* fogde *c*
bait [beit] *n* bete *nt*
bake [beik] *v* baka
baker [ˈbeikə] *n* bagare *c*

bakery ['beikəri] *n* bageri *nt*
balance ['bæləns] *n* jämvikt *c;* våg *c;* saldo *nt*
balcony ['bælkəni] *n* balkong *c*
bald [bɔ:ld] *adj* flintskallig
ball [bɔ:l] *n* boll *c;* bal *c*
ballet ['bælei] *n* balett *c*
balloon [bə'lu:n] *n* ballong *c*
ballpoint-pen ['bɔ:lpɔintpen] *n* kulspetspenna *c*
ballroom ['bɔ:lru:m] *n* balsal *c*
bamboo [bæm'bu:] *n* (pl ~s) bambu *c*
banana [bə'nɑ:nə] *n* banan *c*
band [bænd] *n* band *nt*
bandage ['bændidʒ] *n* förband *nt*
bandit ['bændit] *n* bandit *c*
bangle ['bæŋgəl] *n* armband *nt*
banisters ['bænistəz] *pl* trappräcke *nt*
bank [bæŋk] *n* flodbank *c;* bank *c; v* deponera, *sätta in; ~ **account** bankkonto *nt*
banknote ['bæŋknout] *n* sedel *c*
bank-rate ['bæŋkreit] *n* diskonto *nt*
bankrupt ['bæŋkrʌpt] *adj* konkursmässig, bankrutt
banner ['bænə] *n* baner *nt*
banquet ['bæŋkwit] *n* bankett *c*
banqueting-hall ['bæŋkwitiŋhɔ:l] *n* bankettsal *c*
baptism ['bæptizəm] *n* dop *nt*
baptize [bæp'taiz] *v* döpa
bar [bɑ:] *n* bar *c;* stång *c;* fönstergaller *nt*
barber ['bɑ:bə] *n* herrfrisör *c*
bare [bɛə] *adj* naken, bar; kal
barely ['bɛəli] *adv* nätt och jämt
bargain ['bɑ:gin] *n* fynd *nt; v* *köpslå, pruta
baritone ['bæritoun] *n* baryton *c*
bark [bɑ:k] *n* bark *c; v* skälla
barley ['bɑ:li] *n* korn *nt*
barmaid ['bɑ:meid] *n* kvinnlig bartender
barman ['bɑ:mən] *n* (pl -men) bartender *c*
barn [bɑ:n] *n* lada *c*
barometer [bə'rɔmitə] *n* barometer *c*
baroque [bə'rɔk] *adj* barock
barracks ['bærəks] *pl* kasern *c*
barrel ['bærəl] *n* tunna *c,* fat *nt*
barrier ['bæriə] *n* barriär *c;* bom *c*
barrister ['bæristə] *n* advokat *c*
bartender ['bɑ:ˌtendə] *n* bartender *c*
base [beis] *n* bas *c;* grundval *c; v* basera
baseball ['beisbɔ:l] *n* baseboll *c*
basement ['beismənt] *n* källarvåning *c*
basic ['beisik] *adj* grundläggande
basilica [bə'zilikə] *n* basilika *c*
basin ['beisən] *n* balja *c,* skål *c*
basis ['beisis] *n* (pl bases) basis *c,* grundprincip *c*
basket ['bɑ:skit] *n* korg *c*
bass¹ [beis] *n* bas *c*
bass² [bæs] *n* (pl ~) abborre *c*
bastard ['bɑ:stəd] *n* bastard *c;* tölp *c*
batch [bætʃ] *n* parti *nt;* hop *c*
bath [bɑ:θ] *n* bad *nt;* ~ **salts** badsalt *nt;* ~ **towel** badhandduk *c*
bathe [beið] *v* bada
bathing-cap ['beiðiŋkæp] *n* badmössa *c*
bathing-suit ['beiðiŋsu:t] *n* baddräkt *c;* badbyxor *pl*
bathrobe ['bɑ:θroub] *n* badrock *c*
bathroom ['bɑ:θru:m] *n* badrum *nt;* toalett *c*
batter ['bætə] *n* smet *c*
battery ['bætəri] *n* batteri *nt*
battle ['bætəl] *n* slag *nt;* kamp *c,* strid *c; v* kämpa
bay [bei] *n* vik *c; v* skälla
***be** [bi:] *v* *vara
beach [bi:tʃ] *n* strand *c;* **nudist** ~ nudistbadstrand *c*
bead [bi:d] *n* pärla *c;* **beads** *pl* pärl-

halsband *nt;* radband *nt*
beak [bi:k] *n* näbb *c*
beam [bi:m] *n* stråle *c;* bjälke *c*
bean [bi:n] *n* böna *c*
bear [bɛə] *n* björn *c*
***bear** [bɛə] *v* *bära; tåla; *utstå
beard [biəd] *n* skägg *nt*
beast [bi:st] *n* djur *nt;* ~ **of prey** rovdjur *nt*
***beat** [bi:t] *v* *slå; besegra
beautiful [ˈbju:tifəl] *adj* vacker
beauty [ˈbju:ti] *n* skönhet *c;* ~ **parlour** skönhetssalong *c;* ~ **salon** skönhetssalong *c;* ~ **treatment** skönhetsvård *c*
beaver [ˈbi:və] *n* bäver *c*
because [biˈkɔz] *conj* därför att; eftersom; ~ **of** på grund av
***become** [biˈkʌm] *v* *bli; klä
bed [bed] *n* säng *c;* ~ **and board** helpension *c,* mat och logi; ~ **and breakfast** rum med frukost
bedding [ˈbediŋ] *n* sängkläder *pl*
bedroom [ˈbedru:m] *n* sovrum *nt*
bee [bi:] *n* bi *nt*
beech [bi:tʃ] *n* bok *c*
beef [bi:f] *n* oxkött *nt*
beehive [ˈbi:haiv] *n* bikupa *c*
been [bi:n] *v* (pp be)
beer [biə] *n* öl *nt*
beet [bi:t] *n* beta *c*
beetle [ˈbi:təl] *n* skalbagge *c*
beetroot [ˈbi:tru:t] *n* rödbeta *c*
before [biˈfɔ:] *prep* före; framför; *conj* innan; *adv* förut; innan
beg [beg] *v* tigga; *bönfalla; *be
beggar [ˈbegə] *n* tiggare *c*
***begin** [biˈgin] *v* begynna, börja
beginner [biˈginə] *n* nybörjare *c*
beginning [biˈginiŋ] *n* begynnelse *c;* början *c*
on behalf of [biˈhɑ:f] på ... vägnar
behave [biˈheiv] *v* uppföra sig
behaviour [biˈheivjə] *n* uppförande *nt*
behind [biˈhaind] *prep* bakom; *adv* bakom
beige [beiʒ] *adj* beige
being [ˈbi:iŋ] *n* varelse *c*
Belgian [ˈbeldʒən] *adj* belgisk; *n* belgare *c*
Belgium [ˈbeldʒəm] Belgien
belief [biˈli:f] *n* tro *c*
believe [biˈli:v] *v* tro
bell [bel] *n* klocka *c;* ringklocka *c*
bellboy [ˈbelbɔi] *n* hotellpojke *c*
belly [ˈbeli] *n* buk *c*
belong [biˈlɔŋ] *v* tillhöra
belongings [biˈlɔŋiŋz] *pl* tillhörighe-ˈter *pl*
beloved [biˈlʌvd] *adj* älskad
below [biˈlou] *prep* nedanför; under; *adv* nedan
belt [belt] *n* bälte *nt;* **garter** ~ *Am* strumpebandshållare *c*
bench [bentʃ] *n* bänk *c*
bend [bend] *n* kurva *c,* böjning *c;* krök *c*
***bend** [bend] *v* böja; ~ **down** böja sig
beneath [biˈni:θ] *prep* under; *adv* nedanför
benefit [ˈbenifit] *n* vinst *c,* nytta *c;* förmån *c; v* *dra nytta
bent [bent] *adj* (pp bend) böjd
beret [ˈberei] *n* basker *c*
berry [ˈberi] *n* bär *nt*
berth [bə:θ] *n* sovbrits *c;* koj *c*
beside [biˈsaid] *prep* bredvid
besides [biˈsaidz] *adv* dessutom; förresten; *prep* utom
best [best] *adj* bäst
bet [bet] *n* vad *nt;* insats *c*
***bet** [bet] *v* *slå vad
betray [biˈtrei] *v* förråda
better [ˈbetə] *adj* bättre
between [biˈtwi:n] *prep* mellan
beverage [ˈbevəridʒ] *n* dryck *c*
beware [biˈwɛə] *v* akta sig

bewitch [bi'witʃ] *v* förhäxa
beyond [bi'jɔnd] *prep* bortom; på andra sidan om; utöver; *adv* bortom
bible ['baibəl] *n* bibel *c*
bicycle ['baisikəl] *n* cykel *c*
big [big] *adj* stor; omfångsrik; tjock; viktig
bile [bail] *n* galla *c*
bilingual [bai'liŋgwəl] *adj* tvåspråkig
bill [bil] *n* räkning *c;* nota *c;* *v* fakturera
billiards ['biljədz] *pl* biljard *c*
***bind** [baind] *v* *binda
binding ['baindiŋ] *n* band *nt;* bård *c*
binoculars [bi'nɔkjələz] *pl* kikare *c*
biology [bai'ɔlədʒi] *n* biologi *c*
birch [bə:tʃ] *n* björk *c*
bird [bə:d] *n* fågel *c*
birth [bə:θ] *n* födelse *c*
birthday ['bə:θdei] *n* födelsedag *c*
biscuit ['biskit] *n* kex *nt*
bishop ['biʃəp] *n* biskop *c*
bit [bit] *n* bit *c;* smula *c*
bitch [bitʃ] *n* tik *c*
bite [bait] *n* munsbit *c;* bett *nt*
***bite** [bait] *v* *bita
bitter ['bitə] *adj* bitter
black [blæk] *adj* svart; ~ **market** svarta börsen
blackberry ['blækbəri] *n* björnbär *nt*
blackbird ['blækbə:d] *n* koltrast *c*
blackboard ['blækbɔ:d] *n* svarta tavlan
black-currant [ˌblæk'kʌrənt] *n* svarta vinbär
blackmail ['blækmeil] *n* utpressning *c;* *v* utpressa pengar
blacksmith ['blæksmiθ] *n* smed *c*
bladder ['blædə] *n* urinblåsa *c*
blade [bleid] *n* knivblad *nt;* ~ **of grass** grässtrå *nt*
blame [bleim] *n* klander *nt;* *v* förebrå, klandra
blank [blæŋk] *adj* blank
blanket ['blæŋkit] *n* filt *c*
blast [blɑ:st] *n* explosion *c*
blazer ['bleizə] *n* blazer *c*
bleach [bli:tʃ] *v* bleka
bleak [bli:k] *adj* karg, kal
***bleed** [bli:d] *v* blöda
bless [bles] *v* välsigna
blessing ['blesiŋ] *n* välsignelse *c*
blind [blaind] *n* persienn *c,* rullgardin *c;* *adj* blind; *v* blända
blister ['blistə] *n* blåsa *c,* vattenblåsa *c*
blizzard ['blizəd] *n* snöstorm *c*
block [blɔk] *v* blockera, spärra; *n* kloss *c;* ~ **of flats** hyreshus *nt*
blonde [blɔnd] *n* blondin *c*
blood [blʌd] *n* blod *nt;* ~ **pressure** blodtryck *nt*
blood-poisoning ['blʌdˌpɔizəniŋ] *n* blodförgiftning *c*
blood-vessel ['blʌdˌvesəl] *n* blodkärl *nt*
blot [blɔt] *n* fläck *c;* **blotting paper** läskpapper *nt*
blouse [blauz] *n* blus *c*
blow [blou] *n* örfil *c,* slag *nt;* vindpust *c*
***blow** [blou] *v* blåsa
blow-out ['blouaut] *n* punktering *c*
blue [blu:] *adj* blå; nedstämd
blunt [blʌnt] *adj* slö; trubbig
blush [blʌʃ] *v* rodna
board [bɔ:d] *n* bräda *c;* tavla *c;* pension *c;* styrelse *c;* ~ **and lodging** mat och logi, helpension *c*
boarder ['bɔ:də] *n* internatselev *c,* inackordering *c*
boarding-house ['bɔ:diŋhaus] *n* pensionat *nt*
boarding-school ['bɔ:diŋsku:l] *n* internatskola *c*
boast [boust] *v* *skryta
boat [bout] *n* båt *c,* skepp *nt*

body ['bɔdi] *n* kropp *c*
bodyguard ['bɔdigɑ:d] *n* livvakt *c*
bog [bɔg] *n* träsk *nt*
boil [bɔil] *v* koka; *n* spikböld *c*
bold [bould] *adj* djärv, fräck
Bolivia [bə'liviə] Bolivia
Bolivian [bə'liviən] *adj* boliviansk; *n* bolivian *c*
bolt [boult] *n* regel *c;* bult *c*
bomb [bɔm] *n* bomb *c; v* bombardera
bond [bɔnd] *n* obligation *c*
bone [boun] *n* ben *nt;* fiskben *nt; v* urbena
bonnet ['bɔnit] *n* motorhuv *c*
book [buk] *n* bok *c; v* boka, reservera; bokföra, *skriva in
booking ['bukiŋ] *n* beställning *c,* reservation *c*
bookmaker ['buk,meikə] *n* vadhållningsagent *c*
bookseller ['buk,selə] *n* bokhandlare *c*
bookstand ['bukstænd] *n* bokstånd *nt*
bookstore ['bukstɔ:] *n* bokhandel *c,* boklåda *c*
boot [bu:t] *n* stövel *c;* bagageutrymme *nt*
booth [bu:ð] *n* bod *c;* hytt *c*
border ['bɔ:də] *n* gräns *c;* kant *c*
bore[1] [bɔ:] *v* tråka ut; borra; *n* tråkmåns *c*
bore[2] [bɔ:] *v* (p bear)
boring ['bɔ:riŋ] *adj* tråkig, långtråkig
born [bɔ:n] *adj* född
borrow ['bɔrou] *v* låna
bosom ['buzəm] *n* barm *c;* bröst *nt*
boss [bɔs] *n* chef *c*
botany ['bɔtəni] *n* botanik *c*
both [bouθ] *adj* båda; **both ... and** både ... och
bother ['bɔðə] *v* besvära, störa; *göra sig besvär; *n* besvär *nt*
bottle ['bɔtəl] *n* flaska *c;* ~ **opener** flasköppnare *c;* **hot-water** ~ varmvattensflaska *c*
bottleneck ['bɔtəlnek] *n* flaskhals *c*
bottom ['bɔtəm] *n* botten *c;* bakdel *c,* stjärt *c; adj* nedersta
bough [bau] *n* gren *c*
bought [bɔ:t] *v* (p, pp buy)
boulder ['bouldə] *n* stenblock *nt*
bound [baund] *n* gräns *c;* ***be** ~ **to** *måste; ~ **for** på väg till
boundary ['baundəri] *n* gränslinje *c;* landgräns *c*
bouquet [bu'kei] *n* bukett *c*
bourgeois ['buəʒwɑ:] *adj* kälkborgerlig
boutique [bu'ti:k] *n* boutique *c*
bow[1] [bau] *v* bocka
bow[2] [bou] *n* båge *c;* ~ **tie** fluga *c*
bowels [bauəlz] *pl* inälvor *pl,* tarmar *pl*
bowl [boul] *n* skål *c*
bowling ['bouliŋ] *n* kägelspel *nt,* bowling *c;* ~ **alley** bowlingbana *c*
box[1] [bɔks] *v* boxas; **boxing match** boxningsmatch *c*
box[2] [bɔks] *n* ask *c*
box-office ['bɔks,ɔfis] *n* biljettlucka *c,* biljettkassa *c*
boy [bɔi] *n* pojke *c;* tjänare *c;* ~ **scout** scout *c*
bra [brɑ:] *n* behå *c*
bracelet ['breislit] *n* armband *nt*
braces ['breisiz] *pl* hängslen *pl*
brain [brein] *n* hjärna *c;* förstånd *nt*
brain-wave ['breinweiv] *n* snilleblixt *c*
brake [breik] *n* broms *c;* ~ **drum** bromstrumma *c;* ~ **lights** bromsljus *nt*
branch [brɑ:ntʃ] *n* gren *c;* filial *c*
brand [brænd] *n* märke *nt;* brännmärke *nt*
brand-new [,brænd'nju:] *adj* splitter ny
brass [brɑ:s] *n* mässing *c;* ~ **band** mässingsorkester *c*

brassiere ['bræziə] *n* bysthållare *c*
brassware ['bra:swɛə] *n* mässingsföremål *nt*
brave [breiv] *adj* tapper, modig
Brazil [brə'zil] Brasilien
Brazilian [brə'ziljən] *adj* brasiliansk; *n* brasilianare *c*
breach [bri:tʃ] *n* rämna *c;* brott *nt*
bread [bred] *n* bröd *nt;* **wholemeal** ~ fullkornsbröd *nt*
breadth [bredθ] *n* bredd *c*
break [breik] *n* brytning *c;* rast *c*
***break** [breik] *v* *bryta; ~ **down** *gå sönder; *bryta samman; analysera
breakdown ['breikdaun] *n* sammanbrott *nt,* motorstopp *nt*
breakfast ['brekfəst] *n* frukost *c*
bream [bri:m] *n* (pl ~) braxen *c*
breast [brest] *n* bröst *nt*
breaststroke ['breststrouk] *n* bröstsim *nt*
breath [breθ] *n* anda *c*
breathe [bri:ð] *v* andas
breathing ['bri:ðiŋ] *n* andning *c*
breed [bri:d] *n* ras *c;* art *c*
***breed** [bri:d] *v* uppföda
breeze [bri:z] *n* bris *c*
brew [bru:] *v* brygga
brewery ['bru:əri] *n* bryggeri *nt*
bribe [braib] *v* muta
bribery ['braibəri] *n* mutning *c*
brick [brik] *n* tegelsten *c*
bricklayer ['brikleiə] *n* murare *c*
bride [braid] *n* brud *c*
bridegroom ['braidgru:m] *n* brudgum *c*
bridge [bridʒ] *n* bro *c;* bridge *c*
brief [bri:f] *adj* kort; kortfattad
briefcase ['bri:fkeis] *n* portfölj *c*
briefs [bri:fs] *pl* trosor *pl,* kalsonger *pl*
bright [brait] *adj* glänsande; strålande: kvicktänkt, skärpt
brill [bril] *n* slätvar *c*
brilliant ['briljənt] *adj* briljant; begåvad
brim [brim] *n* brädd *c*
***bring** [briŋ] *v* *ta med, medföra; *ha med sig; ~ **back** återföra; ~ **up** uppfostra; *ta upp
brisk [brisk] *adj* pigg
British ['britiʃ] *adj* brittisk
Briton ['britən] *n* britt *c*
broad [brɔ:d] *adj* bred; utsträckt, vidsträckt; allmän
broadcast ['brɔ:dka:st] *n* utsändning *c*
***broadcast** ['brɔ:dka:st] *v* utsända
brochure ['brouʃuə] *n* broschyr *c*
broke¹ [brouk] *v* (p break)
broke² [brouk] *adj* pank
broken ['broukən] *adj* (pp break) sönder; trasig
broker ['broukə] *n* mäklare *c*
bronchitis [brɔŋ'kaitis] *n* luftrörskatarr *c*
bronze [brɔnz] *n* brons *c; adj* brons-
brooch [broutʃ] *n* brosch *c*
brook [bruk] *n* bäck *c*
broom [bru:m] *n* kvast *c*
brothel ['brɔθəl] *n* bordell *c*
brother ['brʌðə] *n* bror *c;* broder *c*
brother-in-law ['brʌðərinlɔ:] *n* (pl brothers-) svåger *c*
brought [brɔ:t] *v* (p, pp bring)
brown [braun] *adj* brun
bruise [bru:z] *n* blodutgjutning *c,* blåmärke *nt; v* *slå gul och blå
brunette [bru:'net] *n* brunett *c*
brush [brʌʃ] *n* borste *c;* pensel *c; v* borsta
brutal ['bru:təl] *adj* brutal
bubble ['bʌbəl] *n* bubbla *c*
bucket ['bʌkit] *n* hink *c*
buckle ['bʌkəl] *n* spänne *nt*
bud [bʌd] *n* knopp *c*
budget ['bʌdʒit] *n* budget *c*

buffet [ˈbufei] *n* gående bord
bug [bʌg] *n* vägglus *c;* skalbagge *c; nAm* insekt *c*
***build** [bild] *v* bygga
building [ˈbildiŋ] *n* byggnad *c*
bulb [bʌlb] *n* blomlök *c;* **light** ~ glödlampa *c*
Bulgaria [bʌlˈgɛəriə] Bulgarien
Bulgarian [bʌlˈgɛəriən] *adj* bulgarisk; *n* bulgar *c*
bulk [bʌlk] *n* volym *c;* massa *c;* största delen
bulky [ˈbʌlki] *adj* omfångsrik, skrymmande
bull [bul] *n* tjur *c*
bullet [ˈbulit] *n* kula *c*
bullfight [ˈbulfait] *n* tjurfäktning *c*
bullring [ˈbulriŋ] *n* tjurfäktningsarena *c*
bump [bʌmp] *v* stöta; sammanstöta; dunka; *n* duns *c,* slag *nt,* stöt *c*
bumper [ˈbʌmpə] *n* kofångare *c*
bumpy [ˈbʌmpi] *adj* gropig
bun [bʌn] *n* bulle *c*
bunch [bʌntʃ] *n* bukett *c;* hop *c*
bundle [ˈbʌndəl] *n* bunt *c; v* bunta ihop
bunk [bʌŋk] *n* koj *c*
buoy [bɔi] *n* boj *c*
burden [ˈbə:dən] *n* börda *c*
bureau [ˈbjuərou] *n* (pl ~x, ~s) skrivbord *nt; nAm* byrå *c*
bureaucracy [bjuəˈrɔkrəsi] *n* byråkrati *c*
burglar [ˈbə:glə] *n* inbrottstjuv *c*
burgle [ˈbə:gəl] *v* *göra inbrott
burial [ˈberiəl] *n* begravning *c,* gravsättning *c*
burn [bə:n] *n* brännsår *nt*
***burn** [bə:n] *v* *brinna; bränna; vidbränna
***burst** [bə:st] *v* *spricka; *brista
bury [ˈberi] *v* begrava
bus [bʌs] *n* buss *c*
bush [buʃ] *n* buske *c*
business [ˈbiznəs] *n* affärer *pl,* handel *c;* affär *c,* affärsverksamhet *c;* sysselsättning *c;* ~ **hours** kontorstid *c,* affärstid *c;* ~ **trip** affärsresa *c;* **on** ~ i affärer
business-like [ˈbiznislaik] *adj* affärsmässig
businessman [ˈbiznəsmən] *n* (pl -men) affärsman *c*
bust [bʌst] *n* byst *c*
bustle [ˈbʌsəl] *n* jäkt *nt*
busy [ˈbizi] *adj* upptagen; livlig
but [bʌt] *conj* men; dock; *prep* utom
butcher [ˈbutʃə] *n* slaktare *c*
butter [ˈbʌtə] *n* smör *nt*
butterfly [ˈbʌtəflai] *n* fjäril *c;* ~ **stroke** fjärilsim *nt*
buttock [ˈbʌtək] *n* skinka *c*
button [ˈbʌtən] *n* knapp *c; v* knäppa
buttonhole [ˈbʌtənhoul] *n* knapphål *nt*
***buy** [bai] *v* köpa; anskaffa
buyer [ˈbaiə] *n* köpare *c*
by [bai] *prep* av; med; vid
by-pass [ˈbaipɑ:s] *n* omfartsled *c; v* *fara förbi; *undvika

C

cab [kæb] *n* taxi *c*
cabaret [ˈkæbərei] *n* kabaré *c;* nattklubb *c*
cabbage [ˈkæbidʒ] *n* kål *c*
cab-driver [ˈkæbˌdraivə] *n* taxichaufför *c*
cabin [ˈkæbin] *n* kabin *c;* hydda *c;* hytt *c;* kajuta *c*
cabinet [ˈkæbinət] *n* skåp *nt;* regering *c*
cable [ˈkeibəl] *n* kabel *c;* telegram *nt; v* telegrafera

cadre ['ka:də] *n* stamanställd *c;* stamtrupp *c*
café ['kæfei] *n* kafé *nt*
cafeteria [ˌkæfə'tiəriə] *n* kafeteria *c*
caffeine ['kæfi:n] *n* koffein *nt*
cage [keidʒ] *n* bur *c*
cake [keik] *n* kaka *c;* bakverk *nt,* tårta *c*
calamity [kə'læməti] *n* katastrof *c,* olycka *c*
calcium ['kælsiəm] *n* kalcium *nt*
calculate ['kælkjuleit] *v* räkna ut, beräkna
calculation [ˌkælkju'leiʃən] *n* beräkning *c*
calendar ['kæləndə] *n* kalender *c*
calf [ka:f] *n* (pl calves) kalv *c;* vad *c;* ~ **skin** kalvskinn *nt*
call [kɔ:l] *v* ropa; kalla; ringa; *n* rop *nt;* besök *nt;* påringning *c;* ***be called** heta; ~ **names** skymfa; ~ **on** besöka; ~ **up** *Am* ringa upp
callus ['kæləs] *n* valk *c*
calm [ka:m] *adj* stilla, lugn; ~ **down** lugna
calorie ['kæləri] *n* kalori *c*
Calvinism ['kælvinizəm] *n* kalvinism *c*
came [keim] *v* (p come)
camel ['kæməl] *n* kamel *c*
cameo ['kæmiou] *n* (pl ~s) kamé *c*
camera ['kæmərə] *n* kamera *c;* filmkamera *c;* ~ **shop** fotoaffär *c*
camp [kæmp] *n* läger *nt; v* kampa
campaign [kæm'pein] *n* kampanj *c*
camp-bed [ˌkæmp'bed] *n* tältsäng *c,* fältsäng *c*
camper ['kæmpə] *n* kampare *c*
camping ['kæmpiŋ] *n* kamping *c;* ~ **site** kampingplats *c*
camshaft ['kæmʃa:ft] *n* kamaxel *c*
can [kæn] *n* konservburk *c;* ~ **opener** konservöppnare *c*
***can** [kæn] *v* *kunna
Canada ['kænədə] Kanada
Canadian [kə'neidiən] *adj* kanadensisk; *n* kanadensare *c*
canal [kə'næl] *n* kanal *c*
canary [kə'nɛəri] *n* kanariefågel *c*
cancel ['kænsəl] *v* annullera; avbeställa
cancellation [ˌkænsə'leiʃən] *n* annullering *c*
cancer ['kænsə] *n* cancer *c*
candelabrum [ˌkændə'la:brəm] *n* (pl -bra) kandelaber *c*
candidate ['kændidət] *n* kandidat *c*
candle ['kændəl] *n* stearinljus *nt*
candy ['kændi] *nAm* karamell *c;* snask *nt,* godis *nt;* ~ **store** *Am* gottaffär *c*
cane [kein] *n* rör *nt;* käpp *c*
canister ['kænistə] *n* bleckburk *c*
canoe [kə'nu:] *n* kanot *c*
canteen [kæn'ti:n] *n* kantin *c*
canvas ['kænvəs] *n* smärting *c*
cap [kæp] *n* skärmmössa *c,* mössa *c*
capable ['keipəbəl] *adj* kapabel, duglig
capacity [kə'pæsəti] *n* kapacitet *c;* förmåga *c*
cape [keip] *n* cape *c;* udde *c*
capital ['kæpitəl] *n* huvudstad *c;* kapital *nt; adj* huvudsaklig, huvud-; ~ **letter** stor bokstav
capitalism ['kæpitəlizəm] *n* kapitalism *c*
capitulation [kəˌpitju'leiʃən] *n* kapitulation *c*
capsule ['kæpsju:l] *n* kapsyl *c*
captain ['kæptin] *n* kapten *c*
capture ['kæptʃə] *v* *tillfångata; *inta; *n* tillfångatagande *nt;* erövring *c*
car [ka:] *n* bil *c;* ~ **hire** biluthyrning *c;* ~ **park** parkeringsplats *c;* ~ **rental** *Am* biluthyrning *c*
carafe [kə'ræf] *n* karaff *c*
caramel ['kærəməl] *n* karamell *c*

carat [ˈkærət] *n* karat *c*
caravan [ˈkærəvæn] *n* husvagn *c*
carburettor [ˌkɑːbjuˈretə] *n* förgasare *c*
card [kɑːd] *n* kort *nt;* brevkort *nt*
cardboard [ˈkɑːdbɔːd] *n* papp *c; adj* papp-
cardigan [ˈkɑːdigən] *n* kofta *c*
cardinal [ˈkɑːdinəl] *n* kardinal *c; adj* huvudsaklig, huvud-
care [kɛə] *n* vård *c;* bekymmer *nt;* ~ **about** bry sig om; ~ **for** *vilja ha; tycka om; ***take** ~ **of** sköta om, *ta hand om
career [kəˈriə] *n* karriär *c*
carefree [ˈkɛəfriː] *adj* sorglös
careful [ˈkɛəfəl] *adj* försiktig; omsorgsfull
careless [ˈkɛələs] *adj* vårdslös, slarvig
caretaker [ˈkɛəˌteikə] *n* vaktmästare *c*
cargo [ˈkɑːgou] *n* (pl ~es) last *c,* laddning *c*
carnival [ˈkɑːnivəl] *n* karneval *c*
carp [kɑːp] *n* (pl ~) karp *c*
carpenter [ˈkɑːpintə] *n* snickare *c*
carpet [ˈkɑːpit] *n* matta *c*
carriage [ˈkæridʒ] *n* järnvägsvagn *c;* vagn *c,* ekipage *nt*
carriageway [ˈkæridʒwei] *n* körbana *c*
carrot [ˈkærət] *n* morot *c*
carry [ˈkæri] *v* *bära; föra; ~ **on** *fortsätta; ~ **out** genomföra
carry-cot [ˈkærikɔt] *n* babykorg *c*
cart [kɑːt] *n* kärra *c*
cartilage [ˈkɑːtilidʒ] *n* brosk *nt*
carton [ˈkɑːtən] *n* kartong *c;* cigarrettlimpa *c*
cartoon [kɑːˈtuːn] *n* tecknad film
cartridge [ˈkɑːtridʒ] *n* patron *c*
carve [kɑːv] *v* *skära; *utskära, snida
carving [ˈkɑːviŋ] *n* sniderі *nt*
case [keis] *n* fall *nt;* resväska *c;* etui *nt;* **attaché** ~ dokumentportfölj *c;* **in** ~ ifall; **in** ~ **of** i händelse av
cash [kæʃ] *n* kontanter *pl; v* lösa in, inkassera
cashier [kæˈʃiə] *n* kassör *c;* kassörska *c*
cashmere [ˈkæʃmiə] *n* kaschmir *c*
casino [kəˈsiːnou] *n* (pl ~s) kasino *nt*
cask [kɑːsk] *n* tunna *c*
cast [kɑːst] *n* kast *nt*
***cast** [kɑːst] *v* kasta; **cast iron** gjutjärn *nt*
castle [ˈkɑːsəl] *n* slott *nt,* borg *c*
casual [ˈkæʒuəl] *adj* informell; flyktig, oförmodad, tillfällig
casualty [ˈkæʒuəlti] *n* offer *nt;* olycksfall *nt*
cat [kæt] *n* katt *c*
catacomb [ˈkætəkoum] *n* katakomb *c*
catalogue [ˈkætəlɔg] *n* katalog *c*
catarrh [kəˈtɑː] *n* katarr *c*
catastrophe [kəˈtæstrəfi] *n* katastrof *c*
***catch** [kætʃ] *v* fånga; *gripa; överrumpla; *hinna
category [ˈkætigəri] *n* kategori *c*
cathedral [kəˈθiːdrəl] *n* domkyrka *c,* katedral *c*
catholic [ˈkæθəlik] *adj* katolsk
cattle [ˈkætəl] *pl* boskap *c*
caught [kɔːt] *v* (p, pp catch)
cauliflower [ˈkɔliflauə] *n* blomkål *c*
cause [kɔːz] *v* orsaka; vålla; *n* orsak *c;* grund *c,* anledning *c;* sak *c;* ~ **to** förmå att
caution [ˈkɔːʃən] *n* försiktighet *c; v* varna
cautious [ˈkɔːʃəs] *adj* försiktig
cave [keiv] *n* grotta *c*
cavern [ˈkævən] *n* håla *c*
caviar [ˈkæviɑː] *n* kaviar *c*
cavity [ˈkævəti] *n* hålighet *c*
cease [siːs] *v* upphöra
ceiling [ˈsiːliŋ] *n* innertak *nt*

celebrate ['selibreit] *v* fira
celebration [ˌseli'breiʃən] *n* firande *nt*
celebrity [si'lebrəti] *n* berömdhet *c*
celery ['seləri] *n* selleri *nt*
celibacy ['selibəsi] *n* celibat *nt*
cell [sel] *n* cell *c*
cellar ['selə] *n* källare *c*
cellophane ['seləfein] *n* cellofan *nt*
cement [si'ment] *n* cement *nt*
cemetery ['semitri] *n* kyrkogård *c*, begravningsplats *c*
censorship ['sensəʃip] *n* censur *c*
centimetre ['sentimi:tə] *n* centimeter *c*
central ['sentrəl] *adj* central; ~ **heating** centralvärme *c*; ~ **station** centralstation *c*
centralize ['sentrəlaiz] *v* centralisera
centre ['sentə] *n* centrum *nt*; medelpunkt *c*
century ['sentʃəri] *n* århundrade *nt*
ceramics [si'ræmiks] *pl* keramik *c*, lergods *nt*
ceremony ['serəməni] *n* ceremoni *c*
certain ['sə:tən] *adj* säker; viss
certificate [sə'tifikət] *n* certifikat *nt*; intyg *nt*, handling *c*, diplom *nt*, attest *c*
chain [tʃein] *n* kedja *c*
chair [tʃɛə] *n* stol *c*
chairman ['tʃɛəmən] *n* (pl -men) ordförande *c*
chalet ['ʃælei] *n* alpstuga *c*
chalk [tʃɔ:k] *n* krita *c*
challenge ['tʃæləndʒ] *v* utmana; *n* utmaning *c*
chamber ['tʃeimbə] *n* kammare *c*
chambermaid ['tʃeimbəmeid] *n* städerska *c*
champagne [ʃæm'pein] *n* champagne *c*
champion ['tʃæmpjən] *n* mästare *c*; förkämpe *c*
chance [tʃɑ:ns] *n* slump *c*; chans *c*, tillfällighet *c*; risk *c*; **by** ~ av en slump
change [tʃeindʒ] *v* förändra, ändra; växla; klä om sig; byta; *n* förändring *c*; småpengar *pl*
channel ['tʃænəl] *n* kanal *c*; **English Channel** Engelska kanalen
chaos ['keiɔs] *n* kaos *nt*
chaotic [kei'ɔtik] *adj* kaotisk
chap [tʃæp] *n* karl *c*
chapel ['tʃæpəl] *n* kapell *nt*
chaplain ['tʃæplin] *n* kaplan *c*
character ['kærəktə] *n* karaktär *c*
characteristic [ˌkærəktə'ristik] *adj* betecknande, karakteristisk; *n* kännetecken *nt*; karaktärsdrag *nt*
characterize ['kærəktəraiz] *v* karakterisera
charcoal ['tʃɑ:koul] *n* träkol *nt*
charge [tʃɑ:dʒ] *v* *ta betalt; *ålägga; anklaga; lasta; *n* avgift *c*; laddning *c*, börda *c*, belastning *c*; anklagelse *c*; ~ **plate** *Am* kreditkort *nt*; **free of** ~ kostnadsfri; **in** ~ **of** ansvarig för; ***take** ~ **of** *ta hand om
charity ['tʃærəti] *n* välgörenhet *c*
charm [tʃɑ:m] *n* tjusning *c*, charm *c*; amulett *c*
charming ['tʃɑ:miŋ] *adj* charmerande
chart [tʃɑ:t] *n* tabell *c*; diagram *nt*; sjökort *nt*; **conversion** ~ omräkningstabell *c*
chase [tʃeis] *v* förfölja; *fördriva, jaga bort; *n* jakt *c*
chasm ['kæzəm] *n* klyfta *c*
chassis ['ʃæsi] *n* (pl ~) chassi *nt*
chaste [tʃeist] *adj* kysk
chat [tʃæt] *v* prata, småprata; *n* pratstund *c*, prat *nt*, småprat *nt*
chatterbox ['tʃætəbɔks] *n* pratmakare *c*
chauffeur ['ʃoufə] *n* chaufför *c*
cheap [tʃi:p] *adj* billig; förmånlig
cheat [tʃi:t] *v* lura, fuska; *bedra

check [tʃek] *v* kolla, kontrollera; *n* rutigt mönster; nota *c; nAm* check *c;* **check!** schack!; ~ **in** checka in, *skriva in sig; ~ **out** lämna
check-book [ˈtʃekbuk] *nAm* checkhäfte *nt*
checkerboard [ˈtʃekəbɔ:d] *nAm* schackbräde *nt*
checkers [ˈtʃekəz] *plAm* damspel *nt*
checkroom [ˈtʃekru:m] *nAm* garderob *c*
check-up [ˈtʃekʌp] *n* undersökning *c*
cheek [tʃi:k] *n* kind *c*
cheek-bone [ˈtʃi:kboun] *n* kindben *nt*
cheer [tʃiə] *v* heja, hälsa med jubel; ~ **up** muntra upp
cheerful [ˈtʃiəfəl] *adj* munter, glad
cheese [tʃi:z] *n* ost *c*
chef [ʃef] *n* kökschef *c*
chemical [ˈkemikəl] *adj* kemisk
chemist [ˈkemist] *n* apotekare *c;* **chemist's** apotek *nt;* kemikalieaffär *c*
chemistry [ˈkemistri] *n* kemi *c*
cheque [tʃek] *n* check *c*
cheque-book [ˈtʃekbuk] *n* checkhäfte *nt*
chequered [ˈtʃekəd] *adj* rutig
cherry [ˈtʃeri] *n* körsbär *nt*
chess [tʃes] *n* schack *nt*
chest [tʃest] *n* bröst *nt;* bröstkorg *c;* kista *c;* ~ **of drawers** byrå *c*
chestnut [ˈtʃesnʌt] *n* kastanj *c*
chew [tʃu:] *v* tugga
chewing-gum [ˈtʃu:iŋgʌm] *n* tuggummi *nt*
chicken [ˈtʃikin] *n* kyckling *c*
chickenpox [ˈtʃikinpɔks] *n* vattkoppor *pl*
chief [tʃi:f] *n* chef *c; adj* huvud-, över-
chieftain [ˈtʃi:ftən] *n* hövding *c*
chilblain [ˈtʃilblein] *n* frostknöl *c*
child [tʃaild] *n* (pl children) barn *nt*
childbirth [ˈtʃaildbə:θ] *n* förlossning *c*
childhood [ˈtʃaildhud] *n* barndom *c*
Chile [ˈtʃili] Chile
Chilean [ˈtʃiliən] *adj* chilensk; *n* chilenare *c*
chill [tʃil] *n* rysning *nt*
chilly [ˈtʃili] *adj* kylig
chimes [tʃaimz] *pl* klockspel *nt*
chimney [ˈtʃimni] *n* skorsten *c*
chin [tʃin] *n* haka *c*
China [ˈtʃainə] Kina
china [ˈtʃainə] *n* porslin *nt*
Chinese [tʃaiˈni:z] *adj* kinesisk; *n* kines *c*
chink [tʃiŋk] *n* spricka *c*
chip [tʃip] *n* flisa *c;* spelmark *c; v* kantstöta, tälja; **chips** pommes frites
chiropodist [kiˈrɔpədist] *n* fotspecialist *c*
chisel [ˈtʃizəl] *n* mejsel *c*
chives [tʃaivz] *pl* gräslök *c*
chlorine [ˈklɔ:ri:n] *n* klor *c*
chock-full [tʃɔkˈful] *adj* fullpackad, proppfull
chocolate [ˈtʃɔklət] *n* choklad *c;* chokladpralin *c*
choice [tʃɔis] *n* val *nt;* urval *nt*
choir [kwaiə] *n* kör *c*
choke [tʃouk] *v* kvävas; *strypa, kväva; *n* choke *c*
***choose** [tʃu:z] *v* *välja
chop [tʃɔp] *n* kotlett *c; v* hacka
Christ [kraist] Kristus
christen [ˈkrisən] *v* döpa
christening [ˈkrisəniŋ] *n* dop *nt*
Christian [ˈkristʃən] *adj* kristen; ~ **name** förnamn *nt*
Christmas [ˈkrisməs] jul *c*
chromium [ˈkroumiəm] *n* krom *c*
chronic [ˈkrɔnik] *adj* kronisk
chronological [ˌkrɔnəˈlɔdʒikəl] *adj* kronologisk
chuckle [ˈtʃʌkəl] *v* småskratta

chunk [tʃʌŋk] *n* stycke *nt*
church [tʃə:tʃ] *n* kyrka *c*
churchyard ['tʃə:tʃja:d] *n* kyrkogård *c*
cigar [si'ga:] *n* cigarr *c;* ~ **shop** cigarraffär *c*
cigarette [ˌsigə'ret] *n* cigarrett *c*
cigarette-case [ˌsigə'retkeis] *n* cigarrettetui *nt*
cigarette-holder [ˌsigə'retˌhouldə] *n* cigarrettmunstycke *nt*
cigarette-lighter [ˌsigə'retˌlaitə] *n* cigarrettändare *c*
cinema ['sinəmə] *n* biograf *c*
cinnamon ['sinəmən] *n* kanel *c*
circle ['sə:kəl] *n* cirkel *c;* krets *c;* balkong *c; v* *omge, *omsluta
circulation [ˌsə:kju'leiʃən] *n* cirkulation *c;* blodcirkulation *c;* omlopp *nt*
circumstance ['sə:kəmstæns] *n* omständighet *c*
circus ['sə:kəs] *n* cirkus *c*
citizen ['sitizən] *n* stadsbo *c*
citizenship ['sitizənʃip] *n* medborgarskap *nt*
city ['siti] *n* stad *c*
civic ['sivik] *adj* medborgar-
civil ['sivəl] *adj* medborgerlig; hövlig; ~ **law** civilrätt *c;* ~ **servant** statstjänsteman *c*
civilian [si'viljən] *adj* civil; *n* civilist *c*
civilization [ˌsivəlai'zeiʃən] *n* civilisation *c*
civilized ['sivəlaizd] *adj* civiliserad
claim [kleim] *v* kräva, fordra; *påstå; *n* anspråk *nt,* fordran *c*
clamp [klæmp] *n* klämma *c;* krampa *c*
clap [klæp] *v* applådera
clarify ['klærifai] *v* *klargöra
class [kla:s] *n* klass *c*
classical ['klæsikəl] *adj* klassisk
classify ['klæsifai] *v* indela
class-mate ['kla:smeit] *n* klasskamrat *c*
classroom ['kla:sru:m] *n* klassrum *nt*
clause [klɔ:z] *n* klausul *c*
claw [klɔ:] *n* klo *c*
clay [klei] *n* lera *c*
clean [kli:n] *adj* ren; *v* städa, *rengöra
cleaning ['kli:niŋ] *n* rengöring *c;* ~ **fluid** rengöringsmedel *nt*
clear [kliə] *adj* klar; tydlig; *v* röja
clearing ['kliəriŋ] *n* uthuggning *c*
cleft [kleft] *n* skreva *c*
clergyman ['klə:dʒimən] *n* (pl -men) präst *c*
clerk [kla:k] *n* kontorist *c;* bokhållare *c;* sekreterare *c*
clever ['klevə] *adj* intelligent; skicklig, klok
client ['klaiənt] *n* kund *c;* klient *c*
cliff [klif] *n* klippa *c*
climate ['klaimit] *n* klimat *nt*
climb [klaim] *v* klättra; *n* klättring *c*
clinic ['klinik] *n* klinik *c*
cloak [klouk] *n* cape *c*
cloakroom ['kloukru:m] *n* kapprum *nt*
clock [klɔk] *n* ur *nt;* **at ... o'clock** klockan ...
cloister ['klɔistə] *n* kloster *nt*
close[1] [klouz] *v* stänga, *sluta; **closed** *adj* stängd, sluten
close[2] [klous] *adj* nära
closet ['klɔzit] *n* skåp *nt;* garderob *c*
cloth [klɔθ] *n* tyg *nt;* trasa *c*
clothes [klouðz] *pl* kläder *pl*
clothes-brush ['klouðzbrʌʃ] *n* klädborste *c*
clothing ['klouðiŋ] *n* beklädnad *c*
cloud [klaud] *n* moln *nt*
cloud-burst ['klaudbə:st] *n* skyfall *nt*
cloudy ['klaudi] *adj* mulen, molnig
clover ['klouvə] *n* klöver *c*
clown [klaun] *n* clown *c*
club [klʌb] *n* klubb *c,* förening *c;* påk *c,* klubba *c*
clumsy ['klʌmzi] *adj* klumpig

clutch [klʌtʃ] *n* koppling *c;* grepp *nt*
coach [koutʃ] *n* buss *c;* vagn *c;* kaross *c;* tränare *c*
coachwork [ˈkoutʃwəːk] *n* karosseri *nt*
coagulate [kouˈægjuleit] *v* koagulera
coal [koul] *n* kol *nt*
coarse [kɔːs] *adj* grov
coast [koust] *n* kust *c*
coat [kout] *n* överrock *c,* kappa *c*
coat-hanger [ˈkoutˌhæŋə] *n* galge *c*
cobweb [ˈkɔbweb] *n* spindelnät *nt*
cocaine [kouˈkein] *n* kokain *nt*
cock [kɔk] *n* tupp *c*
cocktail [ˈkɔkteil] *n* cocktail *c*
coconut [ˈkoukənʌt] *n* kokosnöt *c*
cod [kɔd] *n* (pl ~) torsk *c*
code [koud] *n* kod *c*
coffee [ˈkɔfi] *n* kaffe *nt*
cognac [ˈkɔnjæk] *n* konjak *c*
coherence [kouˈhiərəns] *n* sammanhang *nt*
coin [kɔin] *n* mynt *nt;* slant *c*
coincide [ˌkouinˈsaid] *v* *sammanfalla
cold [kould] *adj* kall; *n* kyla *c;* förkylning *c;* ***catch a ~** *bli förkyld
collapse [kəˈlæps] *v* kollapsa, *bryta samman
collar [ˈkɔlə] *n* halsband *nt;* krage *c;* **~ stud** kragknapp *c*
collarbone [ˈkɔləboun] *n* nyckelben *nt*
colleague [ˈkɔliːg] *n* kollega *c*
collect [kəˈlekt] *v* samla; hämta; samla in
collection [kəˈlekʃən] *n* samling *c;* brevlådstömning *c;* kollekt *c,* insamling *c*
collective [kəˈlektiv] *adj* kollektiv
collector [kəˈlektə] *n* samlare *c;* insamlare *c*
college [ˈkɔlidʒ] *n* högre läroanstalt; högskola *c*
collide [kəˈlaid] *v* kollidera
collision [kəˈliʒən] *n* sammanstötning *c,* kollision *c;* ombordläggning *c*
Colombia [kəˈlɔmbiə] Colombia
Colombian [kəˈlɔmbiən] *adj* colombiansk; *n* colombian *c*
colonel [ˈkəːnəl] *n* överste *c*
colony [ˈkɔləni] *n* koloni *c*
colour [ˈkʌlə] *n* färg *c;* *v* färga; **~ film** färgfilm *c*
colourant [ˈkʌlərənt] *n* färgämne *nt*
colour-blind [ˈkʌləblaind] *adj* färgblind
coloured [ˈkʌləd] *adj* färgad
colourful [ˈkʌləfəl] *adj* färgrik, färgstark
column [ˈkɔləm] *n* pelare *c;* kolumn *c;* rubrik *c*
coma [ˈkoumə] *n* koma *c*
comb [koum] *v* kamma; *n* kam *c*
combat [ˈkɔmbæt] *n* kamp *c,* strid *c;* *v* bekämpa, kämpa
combination [ˌkɔmbiˈneiʃən] *n* kombination *c*
combine [kəmˈbain] *v* kombinera
***come** [kʌm] *v* *komma; **~ across** råka träffa, stöta på; *få tag i
comedian [kəˈmiːdiən] *n* skådespelare *c;* komiker *c*
comedy [ˈkɔmədi] *n* lustspel *nt,* komedi *c;* **musical ~** musikalisk komedi
comfort [ˈkʌmfət] *n* komfort *c,* bekvämlighet *c;* tröst *c;* *v* trösta
comfortable [ˈkʌmfətəbəl] *adj* bekväm, komfortabel
comic [ˈkɔmik] *adj* komisk
comics [ˈkɔmiks] *pl* tecknad serie
coming [ˈkʌmiŋ] *n* ankomst *c*
comma [ˈkɔmə] *n* kommatecken *nt*
command [kəˈmɑːnd] *v* befalla; *n* befallning *c*
commander [kəˈmɑːndə] *n* befälhavare *c*
commemoration [kəˌmeməˈreiʃən] *n* minnesfest *c*
commence [kəˈmens] *v* börja

comment [ˈkɔment] *n* kommentar *c;* *v* kommentera
commerce [ˈkɔmə:s] *n* handel *c*
commercial [kəˈmə:ʃəl] *adj* kommersiell, handels-; *n* reklamsändning *c;* ~ **law** handelsrätt *c*
commission [kəˈmiʃən] *n* kommission *c*
commit [kəˈmit] *v* anförtro, överlämna; *begå, föröva
committee [kəˈmiti] *n* kommitté *c*, utskott *nt*
common [ˈkɔmən] *adj* gemensam; allmän, vanlig; simpel
commune [ˈkɔmju:n] *n* kommun *c*
communicate [kəˈmju:nikeit] *v* meddela
communication [kəˌmju:niˈkeiʃən] *n* kommunikation *c;* meddelande *nt*
communiqué [kəˈmju:nikei] *n* kommuniké *c*
communism [ˈkɔmjunizəm] *n* kommunism *c*
communist [ˈkɔmjunist] *n* kommunist *c*
community [kəˈmju:nəti] *n* gemenskap *c*, samhälle *nt*
commuter [kəˈmju:tə] *n* pendlare *c*
compact [ˈkɔmpækt] *adj* kompakt
companion [kəmˈpænjən] *n* följeslagare *c*
company [ˈkʌmpəni] *n* sällskap *nt;* bolag *nt;* företag *nt*, firma *c*
comparative [kəmˈpærətiv] *adj* relativ
compare [kəmˈpɛə] *v* jämföra
comparison [kəmˈpærisən] *n* jämförelse *c*
compartment [kəmˈpɑ:tmənt] *n* kupé *c;* fack *nt*
compass [ˈkʌmpəs] *n* kompass *c*
compel [kəmˈpel] *v* tvinga
compensate [ˈkɔmpənseit] *v* kompensera
compensation [ˌkɔmpənˈseiʃən] *n* kompensation *c;* skadeersättning *c*
compete [kəmˈpi:t] *v* tävla
competition [ˌkɔmpəˈtiʃən] *n* tävlan *c;* tävling *c*
competitor [kəmˈpetitər] *n* medtävlare *c*
compile [kəmˈpail] *v* sammanställa, samla ihop
complain [kəmˈplein] *v* klaga
complaint [kəmˈpleint] *n* reklamation *c*, klagomål *nt;* **complaints book** reklamationsbok *c*
complete [kəmˈpli:t] *adj* fullkomlig, komplett; *v* avsluta
completely [kəmˈpli:tli] *adv* fullkomligt, totalt, fullständigt
complex [ˈkɔmpleks] *n* komplex *nt;* *adj* invecklad
complexion [kəmˈplekʃən] *n* hy *c*
complicated [ˈkɔmplikeitid] *adj* komplicerad, invecklad
compliment [ˈkɔmplimənt] *n* komplimang *c;* *v* komplimentera, gratulera
compose [kəmˈpouz] *v* sammanställa
composer [kəmˈpouzə] *n* kompositör *c*
composition [ˌkɔmpəˈziʃən] *n* komposition *c;* sammansättning *c*
comprehensive [ˌkɔmpriˈhensiv] *adj* omfattande, innehållsrik
comprise [kəmˈpraiz] *v* *inbegripa, omfatta
compromise [ˈkɔmprəmaiz] *n* kompromiss *c*
compulsory [kəmˈpʌlsəri] *adj* obligatorisk
comrade [ˈkɔmreid] *n* kamrat *c*
conceal [kənˈsi:l] *v* *dölja
conceited [kənˈsi:tid] *adj* egenkär
conceive [kənˈsi:v] *v* avla; tänka ut; fatta
concentrate [ˈkɔnsəntreit] *v* koncentrera

concentration [ˌkɔnsən'treiʃən] *n* koncentration *c*
conception [kən'sepʃən] *n* uppfattning *c;* befruktning *c*
concern [kən'sə:n] *v* beträffa, *angå; *n* oro *c;* angelägenhet *c;* koncern *c,* företag *nt*
concerned [kən'sə:nd] *adj* bekymrad; inblandad
concerning [kən'sə:niŋ] *prep* angående, beträffande
concert ['kɔnsət] *n* konsert *c;* ~ **hall** konsertsal *c*
concession [kən'seʃən] *n* koncession *c;* beviljande *nt*
concierge [ˌkɔ̃si'ɛəʒ] *n* portvakt *c*
concise [kən'sais] *adj* kortfattad, koncis
conclusion [kəŋ'klu:ʒən] *n* slut *nt,* slutsats *c*
concrete ['kɔŋkri:t] *adj* konkret; *n* betong *c*
concurrence [kəŋ'kʌrəns] *n* sammanträffande *nt*
concussion [kəŋ'kʌʃən] *n* hjärnskakning *c*
condition [kən'diʃən] *n* villkor *nt;* tillstånd *nt,* kondition *c;* omständighet *c*
conditional [kən'diʃənəl] *adj* villkorlig
conduct¹ ['kɔndʌkt] *n* uppförande *nt*
conduct² [kən'dʌkt] *v* ledsaga; dirigera
conductor [kən'dʌktə] *n* förare *c;* dirigent *c*
confectioner [kən'fekʃənə] *n* konditor *c*
conference ['kɔnfərəns] *n* konferens *c*
confess [kən'fes] *v* erkänna; bikta sig; bekänna
confession [kən'feʃən] *n* bekännelse *c;* bikt *c*
confidence ['kɔnfidəns] *n* förtroende *nt*
confident ['kɔnfidənt] *adj* tillitsfull
confidential [ˌkɔnfi'denʃəl] *adj* konfidentiell
confirm [kən'fə:m] *v* bekräfta
confirmation [ˌkɔnfə'meiʃən] *n* bekräftelse *c*
confiscate ['kɔnfiskeit] *v* konfiskera
conflict ['kɔnflikt] *n* konflikt *c*
confuse [kən'fju:z] *v* förvirra
confusion [kən'fju:ʒən] *n* förvirring *c*
congratulate [kəŋ'grætʃuleit] *v* lyckönska, gratulera
congratulation [kəŋˌgrætʃu'leiʃən] *n* lyckönskning *c,* gratulation *c*
congregation [ˌkɔŋgri'geiʃən] *n* församling *c;* kongregation *c*
congress ['kɔŋgres] *n* kongress *c*
connect [kə'nekt] *v* *förbinda, koppla; koppla till, *anknyta; *ansluta
connection [kə'nekʃən] *n* förbindelse *c;* sammanhang *nt,* anknytning *c*
connoisseur [ˌkɔnə'sə:] *n* kännare *c*
connotation [ˌkɔnə'teiʃən] *n* bibetydelse *c*
conquer ['kɔŋkə] *v* erövra; besegra
conqueror ['kɔŋkərə] *n* erövrare *c*
conquest ['kɔŋkwest] *n* erövring *c*
conscience ['kɔnʃəns] *n* samvete *nt*
conscious ['kɔnʃəs] *adj* medveten
consciousness ['kɔnʃəsnəs] *n* medvetande *nt*
conscript ['kɔnskript] *n* värnpliktig *c*
consent [kən'sent] *v* samtycka; *n* samtycke *nt,* bifall *nt*
consequence ['kɔnsikwəns] *n* verkan *c,* följd *c*
consequently ['kɔnsikwəntli] *adv* följaktligen
conservative [kən'sə:vətiv] *adj* samhällsbevarande, konservativ
consider [kən'sidə] *v* betrakta; överväga; *anse
considerable [kən'sidərəbəl] *adj* betydlig; avsevärd, betydande

considerate [kən'sidərət] *adj* hänsynsfull
consideration [kən,sidə'reiʃən] *n* övervägande *nt;* hänsyn *c,* hänsynsfullhet *c*
considering [kən'sidəriŋ] *prep* med hänsyn till
consignment [kən'sainmənt] *n* försändelse *c*
consist of [kən'sist] *bestå av
conspire [kən'spaiə] *v* *sammansvärja sig
constant ['kɔnstənt] *adj* ständig
constipated ['kɔnstipeitid] *adj* förstoppad
constipation [,kɔnsti'peiʃən] *n* förstoppning *c*
constituency [kən'stitʃuənsi] *n* valkrets *c*
constitution [,kɔnsti'tju:ʃən] *n* grundlag *c;* sammansättning *c*
construct [kən'strʌkt] *v* konstruera; bygga, uppföra
construction [kən'strʌkʃən] *n* konstruktion *c;* uppförande *nt;* bygge *nt,* byggnad *c*
consul ['kɔnsəl] *n* konsul *c*
consulate ['kɔnsjulət] *n* konsulat *nt*
consult [kən'sʌlt] *v* rådfråga
consultation [,kɔnsəl'teiʃən] *n* konsultation *c;* ~ **hours** mottagningstid *c*
consumer [kən'sju:mə] *n* konsument *c*
contact ['kɔntækt] *n* kontakt *c,* beröring *c; v* kontakta; ~ **lenses** kontaktlinser *pl*
contagious [kən'teidʒəs] *adj* smittosam, smittande
contain [kən'tein] *v* *innehålla; rymma
container [kən'teinə] *n* behållare *c;* container *c*
contemporary [kən'tempərəri] *adj* samtida; nutida; *n* samtida person
contempt [kən'tempt] *n* förakt *nt,* ringaktning *c*
content [kən'tent] *adj* nöjd
contents ['kɔntents] *pl* innehåll *nt*
contest ['kɔntest] *n* strid *c;* tävling *c*
continent ['kɔntinənt] *n* kontinent *c,* världsdel *c*
continental [,kɔnti'nentəl] *adj* kontinental
continual [kən'tinjuəl] *adj* ständig; **continually** *adv* oupphörligen
continue [kən'tinju:] *v* *fortsätta, *fortgå
continuous [kən'tinjuəs] *adj* oavbruten, kontinuerlig
contour ['kɔntuə] *n* kontur *c*
contraceptive [,kɔntrə'septiv] *n* preventivmedel *nt*
contract[1] ['kɔntrækt] *n* kontrakt *nt*
contract[2] [kən'trækt] *v* *ådraga sig
contractor [kən'træktə] *n* entreprenör *c*
contradict [,kɔntrə'dikt] *v* *motsäga
contradictory [,kɔntrə'diktəri] *adj* motsägande
contrary ['kɔntrəri] *n* motsats *c; adj* motsatt; **on the** ~ däremot
contrast ['kɔntrɑ:st] *n* kontrast *c*
contribution [,kɔntri'bju:ʃən] *n* bidrag *nt*
control [kən'troul] *n* kontroll *c; v* kontrollera
controversial [,kɔntrə'və:ʃəl] *adj* omtvistad, omstridd
convenience [kən'vi:njəns] *n* bekvämlighet *c*
convenient [kən'vi:njənt] *adj* bekväm; lämplig, passande
convent ['kɔnvənt] *n* kloster *nt*
conversation [,kɔnvə'seiʃən] *n* konversation *c,* samtal *nt*
convert [kən'və:t] *v* omvända; omräkna
convict[1] [kən'vikt] *v* förklara skyldig
convict[2] ['kɔnvikt] *n* brottsling *c*

conviction [kən'vikʃən] *n* övertygelse *c;* fällande dom
convince [kən'vins] *v* övertyga
convulsion [kən'vʌlʃən] *n* kramp *c*
cook [kuk] *n* kock *c; v* laga mat; tillaga
cookbook ['kukbuk] *nAm* kokbok *c*
cooker ['kukə] *n* spis *c;* **gas ~** gasspis *c*
cookery-book ['kukəribuk] *n* kokbok *c*
cookie ['kuki] *nAm* kex *nt*
cool [ku:l] *adj* kylig; **cooling system** kylsystem *nt*
co-operation [kou,ɔpə'reiʃən] *n* samarbete *nt;* samverkan *c*
co-operative [kou'ɔpərətiv] *adj* kooperativ; samarbetsvillig; *n* kooperation *c*
co-ordinate [kou'ɔ:dineit] *v* samordna
co-ordination [kou,ɔ:di'neiʃən] *n* samordning *c*
copper ['kɔpə] *n* koppar *c*
copy ['kɔpi] *n* kopia *c;* avskrift *c;* exemplar *nt; v* kopiera; härma; **carbon ~** karbonkopia *c*
coral ['kɔrəl] *n* korall *c*
cord [kɔ:d] *n* rep *nt;* lina *c*
cordial ['kɔ:diəl] *adj* hjärtlig
corduroy ['kɔ:dərɔi] *n* manchester *c*
core [kɔ:] *n* kärna *c;* kärnhus *nt*
cork [kɔ:k] *n* kork *c*
corkscrew ['kɔ:kskru:] *n* korkskruv *c*
corn [kɔ:n] *n* korn *nt;* spannmål *c,* säd *c;* liktorn *c;* **~ on the cob** majskolv *c*
corner ['kɔ:nə] *n* hörn *nt*
cornfield ['kɔ:nfi:ld] *n* sädesfält *nt*
corpse [kɔ:ps] *n* lik *nt*
corpulent ['kɔ:pjulənt] *adj* korpulent; tjock
correct [kə'rekt] *adj* riktig, korrekt, rätt; *v* rätta, rätta till
correction [kə'rekʃən] *n* rättelse *c*
correctness [kə'rektnəs] *n* riktighet *c*
correspond [,kɔri'spɔnd] *v* korrespondera; överensstämma, motsvara
correspondence [,kɔri'spɔndəns] *n* överensstämmelse *c,* brevväxling *c*
correspondent [,kɔri'spɔndənt] *n* korrespondent *c*
corridor ['kɔridɔ:] *n* korridor *c*
corrupt [kə'rʌpt] *adj* korrumperad; *v* korrumpera
corruption [kə'rʌpʃən] *n* korruption *c*
corset ['kɔ:sit] *n* korsett *c*
cosmetics [kɔz'metiks] *pl* skönhetsmedel *pl,* kosmetika *pl*
cost [kɔst] *n* kostnad *c;* pris *nt*
***cost** [kɔst] *v* kosta
cosy ['kouzi] *adj* mysig, hemtrevlig
cot [kɔt] *nAm* turistsäng *c*
cottage ['kɔtidʒ] *n* stuga *c*
cotton ['kɔtən] *n* bomull *c*
cotton-wool ['kɔtənwul] *n* bomull *c*
couch [kautʃ] *n* soffa *c*
cough [kɔf] *n* hosta *c; v* hosta
could [kud] *v* (p can)
council ['kaunsəl] *n* rådsförsamling *c*
councillor ['kaunsələ] *n* rådsmedlem *c*
counsel ['kaunsəl] *n* överläggning *c,* råd *nt*
counsellor ['kaunsələ] *n* rådgivare *c*
count [kaunt] *v* räkna; räkna ihop; medräkna; *anse; *n* greve *c*
counter ['kauntə] *n* disk *c*
counterfeit ['kauntəfi:t] *v* förfalska
counterfoil ['kauntəfɔil] *n* talong *c*
counterpane ['kauntəpein] *n* sängöverkast *nt*
countess ['kauntis] *n* grevinna *c*
country ['kʌntri] *n* land *nt;* landsbygd *c;* **~ house** lantställe *nt*
countryman ['kʌntrimən] *n* (pl -men) landsman *c*
countryside ['kʌntrisaid] *n* landsbygd *c*
county ['kaunti] *n* grevskap *nt*

couple ['kʌpəl] *n* par *nt*
coupon ['ku:pɔn] *n* kupong *c*, biljett *c*
courage ['kʌridʒ] *n* tapperhet *c*, mod *nt*
courageous [kə'reidʒəs] *adj* modig, tapper
course [kɔ:s] *n* kurs *c;* rätt *c;* lopp *nt;* **intensive** ~ snabbkurs *c;* **of** ~ givetvis, naturligtvis
court [kɔ:t] *n* domstol *c;* hov *nt*
courteous ['kə:tiəs] *adj* artig
cousin ['kʌzən] *n* kusin *c*
cover ['kʌvə] *v* täcka; *n* skydd *nt;* lock *nt;* pärm *c;* ~ **charge** kuvertavgift *c*
cow [kau] *n* ko *c*
coward ['kauəd] *n* ynkrygg *c*
cowardly ['kauədli] *adj* feg
crab [kræb] *n* krabba *c*
crack [kræk] *n* smäll *c;* spricka *c; v* smälla; *spricka, spräcka
cracker ['krækə] *nAm* kex *nt*
cradle ['kreidəl] *n* vagga *c*
cramp [kræmp] *n* kramp *c*
crane [krein] *n* lyftkran *c*
crankcase ['kræŋkkeis] *n* vevhus *nt*
crankshaft ['kræŋkʃɑ:ft] *n* vevaxel *c*
crash [kræʃ] *n* kollision *c; v* kollidera; störta; ~ **barrier** vägräcke *nt*
crate [kreit] *n* spjällåda *c*
crater ['kreitə] *n* krater *c*
crawl [krɔ:l] *v* *krypa; *n* crawlsim *nt*
craze [kreiz] *n* mani *c*
crazy ['kreizi] *adj* galen; vansinnig, tokig
creak [kri:k] *v* gnissla
cream [kri:m] *n* kräm *c;* grädde *c; adj* gräddfärgad
creamy ['kri:mi] *adj* grädd-
crease [kri:s] *v* skrynkla; *n* veck *nt;* skrynkla *c*
create [kri'eit] *v* skapa
creature ['kri:tʃə] *n* varelse *c*
credible ['kredibəl] *adj* trovärdig
credit ['kredit] *n* kredit *c; v* kreditera; ~ **card** kreditkort *nt*
creditor ['kreditə] *n* fordringsägare *c*
credulous ['kredjuləs] *adj* godtrogen
creek [kri:k] *n* vik *c*
***creep** [kri:p] *v* *krypa
creepy ['kri:pi] *adj* kuslig
cremate [kri'meit] *v* kremera
cremation [kri'meiʃən] *n* kremering *c*
crew [kru:] *n* besättning *c*
cricket ['krikit] *n* kricket *nt;* syrsa *c*
crime [kraim] *n* brott *nt*
criminal ['kriminəl] *n* förbrytare *c*, brottsling *c; adj* kriminell, brottslig; ~ **law** strafflag *c*
criminality [ˌkrimi'næləti] *n* brottslighet *c*
crimson ['krimzən] *adj* karmosinröd
crippled ['kripəld] *adj* invalidiserad
crisis ['kraisis] *n* (pl crises) kris *c*
crisp [krisp] *adj* knaprig, frasig
critic ['kritik] *n* kritiker *c*
critical ['kritikəl] *adj* kritisk, farlig
criticism ['kritisizəm] *n* kritik *c*
criticize ['kritisaiz] *v* kritisera
crochet ['krouʃei] *v* virka
crockery ['krɔkəri] *n* lergods *nt*, porslin *nt*
crocodile ['krɔkədail] *n* krokodil *c*
crooked ['krukid] *adj* krokig, vriden; oärlig
crop [krɔp] *n* skörd *c*
cross [krɔs] *v* *gå över; *adj* vresig, arg; *n* kors *nt*
cross-eyed ['krɔsaid] *adj* skelögd
crossing ['krɔsiŋ] *n* överfart *c;* korsning *c;* övergångsställe *nt*
crossroads ['krɔsroudz] *n* gatukorsning *c*
crosswalk ['krɔswɔ:k] *nAm* övergångsställe *nt*
crow [krou] *n* kråka *c*
crowbar ['kroubɑ:] *n* bräckjärn *nt*
crowd [kraud] *n* folkmassa *c*, hop *c*

crowded ['kraudid] *adj* fullpackad; överfull
crown [kraun] *n* krona *c; v* kröna
crucifix ['kru:sifiks] *n* krucifix *nt*
crucifixion [ˌkru:si'fikʃən] *n* korsfästelse *c*
crucify ['kru:sifai] *v* korsfästa
cruel [kruəl] *adj* grym
cruise [kru:z] *n* kryssning *c*
crumb [krʌm] *n* smula *c*
crusade [kru:'seid] *n* korståg *nt*
crust [krʌst] *n* skorpa *c*
crutch [krʌtʃ] *n* krycka *c*
cry [krai] *v* *gråta; *skrika; ropa; *n* skrik *nt;* rop *nt*
crystal ['kristəl] *n* kristall *c; adj* kristall-
Cuba ['kju:bə] Kuba
Cuban ['kju:bən] *adj* kubansk; *n* kuban *c*
cube [kju:b] *n* kub *c;* tärning *c*
cuckoo ['kuku:] *n* gök *c*
cucumber ['kju:kəmbə] *n* gurka *c*
cuddle ['kʌdəl] *v* krama, kela med
cudgel ['kʌdʒəl] *n* påk *c*
cuff [kʌf] *n* manschett *c*
cuff-links ['kʌfliŋks] *pl* manschettknappar *pl*
cul-de-sac ['kʌldəsæk] *n* återvändsgränd *c*
cultivate ['kʌltiveit] *v* odla
culture ['kʌltʃə] *n* kultur *c*
cultured ['kʌltʃəd] *adj* kultiverad
cunning ['kʌniŋ] *adj* listig
cup [kʌp] *n* kopp *c;* pokal *c*
cupboard ['kʌbəd] *n* skåp *nt*
curb [kə:b] *n* trottoarkant *c; v* tygla, kuva
cure [kjuə] *v* bota; *n* kur *c;* tillfrisknande *nt*
curio ['kjuəriou] *n* (pl ~s) raritet *c*
curiosity [ˌkjuəri'ɔsəti] *n* nyfikenhet *c*
curious ['kjuəriəs] *adj* vetgirig, nyfiken; märkvärdig
curl [kə:l] *v* locka; krusa; *n* lock *c*
curler ['kə:lə] *n* papiljott *c*
curling-tongs ['kə:liŋtɔŋz] *pl* locktång *c*
curly ['kə:li] *adj* lockig
currant ['kʌrənt] *n* korint *c;* vinbär *nt*
currency ['kʌrənsi] *n* valuta *c;* **foreign** ~ utländsk valuta
current ['kʌrənt] *n* ström *c; adj* nuvarande, gällande; **alternating** ~ växelström *c;* **direct** ~ likström *c*
curry ['kʌri] *n* curry *c*
curse [kə:s] *v* *svära; förbanna; *n* svordom *c*
curtain ['kə:tən] *n* gardin *c;* ridå *c*
curve [kə:v] *n* kurva *c;* krökning *c*
curved [kə:vd] *adj* böjd
cushion ['kuʃən] *n* kudde *c*
custodian [kʌ'stoudiən] *n* vaktmästare *c*
custody ['kʌstədi] *n* häkte *nt;* förvaring *c;* förmynderskap *nt*
custom ['kʌstəm] *n* vana *c;* bruk *nt*
customary ['kʌstəməri] *adj* vanlig, sedvanlig, bruklig
customer ['kʌstəmə] *n* kund *c;* klient *c*
Customs ['kʌstəmz] *pl* tull *c;* ~ **duty** tull *c;* ~ **officer** tulltjänsteman *c*
cut [kʌt] *n* snitt *nt;* skärsår *nt*
***cut** [kʌt] *v* *skära; klippa; *skära ned; ~ **off** *skära av; klippa av; stänga av
cutlery ['kʌtləri] *n* bestick *nt*
cutlet ['kʌtlət] *n* kotlett *c*
cycle ['saikəl] *n* cykel *c;* kretslopp *nt*
cyclist ['saiklist] *n* cyklist *c*
cylinder ['silində] *n* cylinder *c;* ~ **head** topplock *nt*
cystitis [si'staitis] *n* blåskatarr *c*
Czech [tʃek] *adj* tjeckoslovakisk; *n* tjeckoslovak *c*
Czechoslovakia [ˌtʃekəslə'va:kiə] Tjeckoslovakien

D

dad [dæd] *n* pappa *c*
daddy ['dædi] *n* pappa *c*
daffodil ['dæfədil] *n* påsklilja *c*
daily ['deili] *adj* daglig; *n* dagstidning *c*
dairy ['dɛəri] *n* mejeri *nt*
dam [dæm] *n* damm *c;* jordvall *c*
damage ['dæmidʒ] *n* skada *c;* *v* förstöra
damp [dæmp] *adj* fuktig; *n* fukt *c;* *v* fukta
dance [dɑ:ns] *v* dansa; *n* dans *c*
dandelion ['dændilaiən] *n* maskros *c*
dandruff ['dændrəf] *n* mjäll *nt*
Dane [dein] *n* dansk *c*
danger ['deindʒə] *n* fara *c*
dangerous ['deindʒərəs] *adj* farlig
Danish ['deiniʃ] *adj* dansk
dare [dɛə] *v* våga; utmana
daring ['dɛəriŋ] *adj* djärv, oförskräckt
dark [dɑ:k] *adj* mörk; *n* mörker *nt*
darling ['dɑ:liŋ] *n* älskling *c*
darn [dɑ:n] *v* stoppa
dash [dæʃ] *v* rusa; *n* tankstreck *nt*
dashboard ['dæʃbɔ:d] *n* instrumentbräda *c*
data ['deitə] *pl* data *pl*
date[1] [deit] *n* datum *nt;* träff *c;* *v* datera; **out of ~** omodern
date[2] [deit] *n* dadel *c*
daughter ['dɔ:tə] *n* dotter *c*
dawn [dɔ:n] *n* gryning *c;* dagning *c*
day [dei] *n* dag *c;* **by ~** om dagen; **~ trip** dagsutflykt *c;* **per ~** per dag; **the ~ before yesterday** i förrgår
daybreak ['deibreik] *n* dagbräckning *c*
daylight ['deilait] *n* dagsljus *nt*
dead [ded] *adj* död
deaf [def] *adj* döv
deal [di:l] *n* affärsuppgörelse *c,* affärstransaktion *c*
***deal** [di:l] *v* dela ut; **~ with** befatta sig med; *göra affärer med
dealer ['di:lə] *n* agent *c,* -handlare
dear [diə] *adj* kär; dyr; dyrbar
death [deθ] *n* död *c;* **~ penalty** dödsstraff *nt*
debate [di'beit] *n* debatt *c*
debit ['debit] *n* debet *c*
debt [det] *n* skuld *c*
decaffeinated [di:'kæfineitid] *adj* koffeinfri
deceit [di'si:t] *n* bedrägeri *nt*
deceive [di'si:v] *v* *bedra
December [di'sembə] december
decency ['di:sənsi] *n* anständighet *c*
decent ['di:sənt] *adj* anständig
decide [di'said] *v* *besluta, bestämma, *avgöra
decision [di'siʒən] *n* avgörande *nt,* beslut *nt*
deck [dek] *n* däck *nt;* **~ cabin** däckshytt *c;* **~ chair** vilstol *c*
declaration [ˌdeklə'reiʃən] *n* förklaring *c;* deklaration *c*
declare [di'klɛə] *v* förklara; *uppge; förtulla
decoration [ˌdekə'reiʃən] *n* dekoration *c*
decrease [di:'kri:s] *v* *skära ned, minska; *avta; *n* minskning *c*
dedicate ['dedikeit] *v* ägna
deduce [di'dju:s] *v* härleda
deduct [di'dʌkt] *v* *dra av
deed [di:d] *n* handling *c,* gärning *c*
deep [di:p] *adj* djup
deep-freeze [ˌdi:p'fri:z] *n* frys *c*
deer [diə] *n* (pl ~) hjort *c*
defeat [di'fi:t] *v* besegra; *n* nederlag *nt*
defective [di'fektiv] *adj* bristfällig
defence [di'fens] *n* försvar *nt*
defend [di'fend] *v* försvara

deficiency [di'fiʃənsi] *n* brist *c*
deficit ['defisit] *n* underskott *nt*
define [di'fain] *v* definiera, bestämma
definite ['definit] *adj* bestämd
definition [ˌdefi'niʃən] *n* definition *c*
deformed [di'fɔ:md] *adj* vanskapt, vanställd
degree [di'gri:] *n* grad *c*
delay [di'lei] *v* försena, *uppskjuta; *n* försening *c;* uppskov *nt*
delegate ['deligət] *n* delegat *c*
delegation [ˌdeli'geiʃən] *n* deputation *c,* delegation *c*
deliberate[1] [di'libəreit] *v* *överlägga, överväga
deliberate[2] [di'libərət] *adj* överlagd
deliberation [diˌlibə'reiʃən] *n* överläggning *c*
delicacy ['delikəsi] *n* delikatess *c*
delicate ['delikət] *adj* fin; ömtålig; känslig
delicatessen [ˌdelikə'tesən] *n* delikatessaffär *c*
delicious [di'liʃəs] *adj* utsökt, läcker
delight [di'lait] *n* förtjusning *c,* njutning *c; v* *glädja; **delighted** förtjust
delightful [di'laitfəl] *adj* härlig, förtjusande
deliver [di'livə] *v* leverera, avlämna; frälsa
delivery [di'livəri] *n* leverans *c;* förlossning *c;* frälsning *c;* ~ **van** varubil *c*
demand [di'mɑ:nd] *v* fordra, kräva; *n* begäran *c;* efterfrågan *c*
democracy [di'mɔkrəsi] *n* demokrati *c*
democratic [ˌdemə'krætik] *adj* demokratisk
demolish [di'mɔliʃ] *v* *riva
demolition [ˌdemə'liʃən] *n* rivning *c*
demonstrate ['demənstreit] *v* bevisa; demonstrera
demonstration [ˌdemən'streiʃən] *n* demonstration *c*
den [den] *n* lya *c*
Denmark ['denmɑ:k] Danmark
denomination [diˌnɔmi'neiʃən] *n* benämning *c*
dense [dens] *adj* tät
dent [dent] *n* buckla *c*
dentist ['dentist] *n* tandläkare *c*
denture ['dentʃə] *n* tandprotes *c*
deny [di'nai] *v* förneka; neka, *bestrida, vägra
deodorant [di:'oudərənt] *n* deodorant *c*
depart [di'pɑ:t] *v* avresa, avlägsna sig; *avlida
department [di'pɑ:tmənt] *n* avdelning *c,* departement *nt;* ~ **store** varuhus *nt*
departure [di'pɑ:tʃə] *n* avgång *c,* avresa *c*
dependant [di'pendənt] *adj* beroende
depend on [di'pend] bero på; *vara beroende av
deposit [di'pɔzit] *n* inbetalning *c;* handpenning *c,* pant *c;* avlagring *c,* sediment *nt; v* deponera
depository [di'pɔzitəri] *n* förvaringsrum *nt*
depot ['depou] *n* depå *c; nAm* station *c*
depressed [di'prest] *adj* deprimerad
depressing [di'presiŋ] *adj* nedslående
depression [di'preʃən] *n* depression *c;* lågtryck *nt*
deprive of [di'praiv] beröva
depth [depθ] *n* djup *nt*
deputy ['depjuti] *n* deputerad *c;* ställföreträdare *c*
descend [di'send] *v* *stiga ned
descendant [di'sendənt] *n* ättling *c*
descent [di'sent] *n* nedstigning *c*
describe [di'skraib] *v* *beskriva
description [di'skripʃən] *n* beskrivning

c; signalement *nt*
desert[1] ['dezət] *n* öken *c; adj* öde
desert[2] [di'zə:t] *v* desertera; *överge
deserve [di'zə:v] *v* förtjäna
design [di'zain] *v* *planlägga; *n* utkast *nt;* mönster *nt*
designate ['dezigneit] *v* bestämma
desirable [di'zaiərəbəl] *adj* önskvärd, åtråvärd
desire [di'zaiə] *n* önskan *c;* lust *c,* begär *nt; v* önska, längta
desk [desk] *n* skrivbord *nt;* talarstol *c;* skolbänk *c*
despair [di'spɛə] *n* förtvivlan *c; v* förtvivla
despatch [di'spætʃ] *v* avsända
desperate ['despərət] *adj* desperat
despise [di'spaiz] *v* förakta
despite [di'spait] *prep* trots
dessert [di'zə:t] *n* dessert *c*
destination [ˌdesti'neiʃən] *n* bestämmelseort *c*
destine ['destin] *v* *avse, bestämma
destiny ['destini] *n* öde *nt*
destroy [di'strɔi] *v* förstöra
destruction [di'strʌkʃən] *n* förstörelse *c;* undergång *c*
detach [di'tætʃ] *v* avskilja
detail ['di:teil] *n* detalj *c*
detailed ['di:teild] *adj* detaljerad, utförlig
detect [di'tekt] *v* upptäcka
detective [di'tektiv] *n* detektiv *c;* ~ **story** detektivroman *c*
detergent [di'tə:dʒənt] *n* rengöringsmedel *nt*
determine [di'tə:min] *v* bestämma, fastställa
determined [di'tə:mind] *adj* beslutsam
detour ['di:tuə] *n* omväg *c*
devaluation [ˌdi:vælju'eiʃən] *n* devalvering *c*
devalue [ˌdi:'vælju:] *v* devalvera
develop [di'veləp] *v* utveckla; framkalla
development [di'veləpmənt] *n* utveckling *c;* framkallning *c*
deviate ['di:vieit] *v* *avvika
devil ['devəl] *n* djävul *c*
devise [di'vaiz] *v* uttänka
devote [di'vout] *v* ägna, offra
dew [dju:] *n* dagg *c*
diabetes [ˌdaiə'bi:ti:z] *n* sockersjuka *c,* diabetes *c*
diabetic [ˌdaiə'betik] *n* diabetiker *c,* sockersjuk *c*
diagnose [ˌdaiəg'nouz] *v* ställa en diagnos
diagnosis [ˌdaiəg'nousis] *n* (pl -ses) diagnos *c*
diagonal [dai'ægənəl] *n* diagonal *c; adj* diagonal
diagram ['daiəgræm] *n* diagram *nt;* grafisk framställning
dialect ['daiəlekt] *n* dialekt *c*
diamond ['daiəmənd] *n* diamant *c*
diaper ['daiəpə] *nAm* blöja *c*
diaphragm ['daiəfræm] *n* diafragma *c;* bländare *c*
diarrhoea [daiə'riə] *n* diarré *c*
diary ['daiəri] *n* fickalmanacka *c;* dagbok *c*
dictaphone ['diktəfoun] *n* diktafon *c*
dictate [dik'teit] *v* diktera
dictation [dik'teiʃən] *n* diktamen *c;* rättskrivning *c*
dictator [dik'teitə] *n* diktator *c*
dictionary ['dikʃənəri] *n* ordbok *c*
did [did] *v* (p do)
die [dai] *v* *dö
diesel ['di:zəl] *n* diesel *c*
diet ['daiət] *n* diet *c*
differ ['difə] *v* *vara olik
difference ['difərəns] *n* skillnad *c*
different ['difərənt] *adj* olik; annan
difficult ['difikəlt] *adj* svår; kinkig
difficulty ['difikəlti] *n* svårighet *c*

***dig** [dig] *v* gräva
digest [di'dʒest] *v* smälta maten
digestible [di'dʒestəbəl] *adj* lättsmält
digestion [di'dʒestʃən] *n* matsmältning *c*
digit ['didʒit] *n* siffra *c*
dignified ['dignifaid] *adj* värdig
dike [daik] *n* fördämning *c*
dilapidated [di'læpideitid] *adj* förfallen
diligence ['dilidʒəns] *n* nit *nt*, flit *c*
diligent ['dilidʒənt] *adj* ihärdig, flitig, arbetsam
dilute [dai'lju:t] *v* förtunna, utspäda
dim [dim] *adj* matt, dunkel; vag, oklar
dine [dain] *v* *äta middag
dinghy ['diŋgi] *n* jolle *c*
dining-car ['dainiŋkɑ:] *n* restaurangvagn *c*
dining-room ['dainiŋru:m] *n* matsal *c*
dinner ['dinə] *n* middag *c*, lunch *c*
dinner-jacket ['dinəˌdʒækit] *n* smoking *c*
dinner-service ['dinəˌsə:vis] *n* matservis *c*
diphtheria [dif'θiəriə] *n* difteri *c*
diploma [di'ploumə] *n* diplom *nt*
diplomat ['dipləmæt] *n* diplomat *c*
direct [di'rekt] *adj* direkt; *v* rikta; vägleda; leda; regissera
direction [di'rekʃən] *n* riktning *c*; instruktion *c*; regi *c*; styrelse *c*, direktion *c*; **directional signal** *Am* körriktningsvisare *c*; **directions for use** bruksanvisning *c*
directive [di'rektiv] *n* direktiv *nt*
director [di'rektə] *n* direktör *c*; regissör *c*
dirt [də:t] *n* smuts *c*
dirty ['də:ti] *adj* smutsig
disabled [di'seibəld] *adj* invalidiserad, handikappad
disadvantage [ˌdisəd'vɑ:ntidʒ] *n* nackdel *c*
disagree [ˌdisə'gri:] *v* *vara oenig, *vara oense
disagreeable [ˌdisə'gri:əbəl] *adj* obehaglig
disappear [ˌdisə'piə] *v* *försvinna
disappoint [ˌdisə'pɔint] *v* *göra besviken; ***be disappointing** *vara en besvikelse
disappointment [ˌdisə'pɔintmənt] *n* besvikelse *c*
disapprove [ˌdisə'pru:v] *v* ogilla
disaster [di'zɑ:stə] *n* katastrof *c*, olycka *c*
disastrous [di'zɑ:strəs] *adj* katastrofal
disc [disk] *n* kota *c*, skiva *c*; grammofonskiva *c*; **slipped** ~ diskbråck *nt*
discard [di'skɑ:d] *v* kassera
discharge [dis'tʃɑ:dʒ] *v* lossa; urladda; ~ **of** *frita från
discipline ['disiplin] *n* disciplin *c*
discolour [di'skʌlə] *v* urbleka, avfärga; **discoloured** missfärgad
disconnect [ˌdiskə'nekt] *v* åtskilja; stänga av; *ta loss
discontented [ˌdiskən'tentid] *adj* missbelåten
discontinue [ˌdiskən'tinju:] *v* sluta, *avbryta
discount ['diskaunt] *n* rabatt *c*, avdrag *nt*
discover [di'skʌvə] *v* upptäcka
discovery [di'skʌvəri] *n* upptäckt *c*
discuss [di'skʌs] *v* diskutera; debattera
discussion [di'skʌʃən] *n* diskussion *c*; överläggning *c*, debatt *c*, samtal *nt*
disease [di'zi:z] *n* sjukdom *c*
disembark [ˌdisim'bɑ:k] *v* *landstiga, *gå i land
disgrace [dis'greis] *n* skam *c*
disguise [dis'gaiz] *v* förklä sig; *n* förklädnad *c*

disgusting [dis'gʌstiŋ] *adj* äcklig, vidrig
dish [diʃ] *n* tallrik *c;* serveringsfat *nt,* fat *nt;* maträtt *c*
dishonest [di'sɔnist] *adj* oärlig
disinfect [ˌdisin'fekt] *v* desinfektera
disinfectant [ˌdisin'fektənt] *n* desinfektionsmedel *nt*
dislike [di'slaik] *v* inte tycka om, tycka illa om; *n* antipati *c,* motvilja *c*
dislocated ['disləkeitid] *adj* ur led
dismiss [dis'mis] *v* skicka bort; avskeda
disorder [di'sɔ:də] *n* oreda *c*
dispatch [di'spætʃ] *v* avsända
display [di'splei] *v* utställa; visa; *n* utställning *c*
displease [di'spli:z] *v* misshaga, förarga
disposable [di'spouzəbəl] *adj* engångs-
disposal [di'spouzəl] *n* förfogande *nt*
dispose of [di'spouz] *göra sig av med
dispute [di'spju:t] *n* dispyt *c;* gräl *nt,* tvist *c; v* tvista, *bestrida
dissatisfied [di'sætisfaid] *adj* missnöjd
dissolve [di'zɔlv] *v* upplösa
dissuade from [di'sweid] avråda
distance ['distəns] *n* avstånd *nt;* ~ **in kilometres** kilometeravstånd *nt*
distant ['distənt] *adj* avlägsen
distinct [di'stiŋkt] *adj* tydlig; olik
distinction [di'stiŋkʃən] *n* skillnad *c*
distinguish [di'stiŋgwiʃ] *v* urskilja, *göra skillnad
distinguished [di'stiŋgwiʃt] *adj* framstående
distress [di'stres] *n* nöd *c;* ~ **signal** nödsignal *c*
distribute [di'stribju:t] *v* utdela
distributor [di'stribjutə] *n* distributör *c;* strömfördelare *c*
district ['distrikt] *n* distrikt *nt;* område *nt;* stadsdel *c*
disturb [di'stə:b] *v* störa
disturbance [di'stə:bəns] *n* störning *c;* oro *c*
ditch [ditʃ] *n* dike *nt*
dive [daiv] *v* *dyka
diversion [dai'və:ʃən] *n* trafikomläggning *c;* förströelse *c*
divide [di'vaid] *v* dela; indela; åtskilja
divine [di'vain] *adj* gudomlig
division [di'viʒən] *n* delning *c;* avdelning *c*
divorce [di'vɔ:s] *n* skilsmässa *c; v* skiljas, skilja sig
dizziness ['dizinəs] *n* yrsel *c*
dizzy ['dizi] *adj* yr
***do** [du:] *v* *göra; *vara nog
dock [dɔk] *n* docka *c;* kaj *c; v* docka
docker ['dɔkə] *n* hamnarbetare *c*
doctor ['dɔktə] *n* doktor *c,* läkare *c*
document ['dɔkjumənt] *n* handling *c,* intyg *nt*
dog [dɔg] *n* hund *c*
dogged ['dɔgid] *adj* envis
doll [dɔl] *n* docka *c*
dome [doum] *n* kupol *c*
domestic [də'mestik] *adj* hem-; inhemsk; *n* tjänare *c*
domicile ['dɔmisail] *n* hemort *c*
domination [ˌdɔmi'neiʃən] *n* herravälde *nt*
dominion [də'minjən] *n* makt *c*
donate [dou'neit] *v* donera
donation [dou'neiʃən] *n* donation *c*
done [dʌn] *v* (pp do)
donkey ['dɔŋki] *n* åsna *c*
donor ['dounə] *n* donator *c*
door [dɔ:] *n* dörr *c;* **revolving** ~ svängdörr *c;* **sliding** ~ skjutdörr *c*
doorbell ['dɔ:bel] *n* dörrklocka *c*
door-keeper ['dɔ:ˌki:pə] *n* dörrvaktmästare *c*
doorman ['dɔ:mən] *n* (pl -men) dörrvaktmästare *c*

dormitory ['dɔ:mitri] *n* sovsal *c*
dose [dous] *n* dos *c*
dot [dɔt] *n* punkt *c*
double ['dʌbəl] *adj* dubbel
doubt [daut] *v* tvivla, betvivla; *n* tvivel *nt;* **without** ~ utan tvivel
doubtful ['dautfəl] *adj* tvivelaktig; oviss
dough [dou] *n* deg *c*
down[1] [daun] *adv* ned; omkull, ner, nedåt; *adj* nedstämd; *prep* nedåt, nedför; ~ **payment** handpenning *c*
down[2] [daun] *n* dun *nt*
downpour ['daunpɔ:] *n* störtregn *nt*
downstairs [ˌdaun'stɛəz] *adv* där nere, ner
downstream [ˌdaun'stri:m] *adv* medströms
down-to-earth [ˌdauntu'ə:θ] *adj* omdömesgill
downwards ['daunwədz] *adv* nedåt
dozen ['dʌzən] *n* (pl ~, ~s) dussin *nt*
draft [drɑ:ft] *n* växel *c*
drag [dræg] *v* släpa
dragon ['drægən] *n* drake *c*
drain [drein] *v* dränera, *torrlägga; *n* avlopp *nt*
drama ['drɑ:mə] *n* drama *nt;* skådespel *nt*
dramatic [drə'mætik] *adj* dramatisk
dramatist ['dræmətist] *n* dramatiker *c*
drank [dræŋk] *v* (p drink)
draper ['dreipə] *n* manufakturhandlare *c*
draught [drɑ:ft] *n* drag *nt;* **draughts** damspel *nt*
draught-board ['drɑ:ftbɔ:d] *n* damspelsbräde *nt*
draw [drɔ:] *n* dragplåster *nt*, oavgjord match; dragning *c*
***draw** [drɔ:] *v* rita; *dra; *ta ut; ~ **up** avfatta, redigera
drawbridge ['drɔ:bridʒ] *n* vindbrygga *c*
drawer ['drɔ:ə] *n* låda *c*, byrålåda *c;* **drawers** kalsonger *pl*
drawing ['drɔ:iŋ] *n* teckning *c*
drawing-pin ['drɔ:iŋpin] *n* häftstift *nt*
drawing-room ['drɔ:iŋru:m] *n* salong *c*
dread [dred] *v* frukta; *n* fruktan *c*
dreadful ['dredfəl] *adj* förskräcklig, förfärlig
dream [dri:m] *n* dröm *c*
***dream** [dri:m] *v* drömma
dress [dres] *v* klä på, klä sig; *förbinda; *n* klänning *c*
dressing-gown ['dresiŋgaun] *n* morgonrock *c*
dressing-room ['dresiŋru:m] *n* påklädningsrum *nt*
dressing-table ['dresiŋˌteibəl] *n* toalettbord *nt*
dressmaker ['dresˌmeikə] *n* sömmerska *c*
drill [dril] *v* borra; träna; *n* borr *c*
drink [driŋk] *n* drink *c*, dryck *c*
***drink** [driŋk] *v* *dricka
drinking-water ['driŋkiŋˌwɔ:tə] *n* dricksvatten *nt*
drip-dry [ˌdrip'drai] *adj* strykfri
drive [draiv] *n* väg *c;* biltur *c*
***drive** [draiv] *v* köra
driver ['draivə] *n* förare *c*
drizzle ['drizəl] *n* duggregn *nt*
drop [drɔp] *v* tappa; *n* droppe *c*
drought [draut] *n* torka *c*
drown [draun] *v* dränka; ***be drowned** drunkna
drug [drʌg] *n* drog *c;* medicin *c*
drugstore ['drʌgstɔ:] *nAm* apotek *nt*, kemikalieaffär *c;* varuhus *nt*
drum [drʌm] *n* trumma *c*
drunk [drʌŋk] *adj* (pp drink) berusad, full
dry [drai] *adj* torr; *v* torka
dry-clean [ˌdrai'kli:n] *v* kemtvätta

dry-cleaner's [ˌdraiˈkli:nəz] *n* kemtvätt *c*
dryer [ˈdraiə] *n* torktumlare *c*
duchess [dʌtʃis] *n* hertiginna *c*
duck [dʌk] *n* anka *c*
due [dju:] *adj* väntad; *bör betalas; betalbar
dues [dju:z] *pl* avgifter
dug [dʌg] *v* (p, pp dig)
duke [dju:k] *n* hertig *c*
dull [dʌl] *adj* tråkig, långtråkig; matt, dov; slö
dumb [dʌm] *adj* stum; dum
dune [dju:n] *n* dyn *c*
dung [dʌŋ] *n* dynga *c*
dunghill [ˈdʌŋhil] *n* gödselstack *c*
duration [djuˈreiʃən] *n* varaktighet *c*
during [ˈdjuəriŋ] *prep* under
dusk [dʌsk] *n* skymning *c*
dust [dʌst] *n* damm *nt*
dustbin [ˈdʌstbin] *n* soptunna *c*
dusty [ˈdʌsti] *adj* dammig
Dutch [dʌtʃ] *adj* holländsk, nederländsk
Dutchman [ˈdʌtʃmən] *n* (pl -men) holländare *c*, nederländare *c*
dutiable [ˈdju:tiəbəl] *adj* tullpliktig
duty [ˈdju:ti] *n* plikt *c;* tullavgift *c;* **Customs** ~ tullavgift *c*
duty-free [ˌdju:tiˈfri:] *adj* tullfri
dwarf [dwɔ:f] *n* dvärg *c*
dye [dai] *v* färga; *n* färg *c*
dynamo [ˈdainəmou] *n* (pl ~s) dynamo *c*
dysentery [ˈdisəntri] *n* dysenteri *c*

E

each [i:tʃ] *adj* varje, var; ~ **other** varandra
eager [ˈi:gə] *adj* ivrig, otålig
eagle [ˈi:gəl] *n* örn *c*
ear [iə] *n* öra *nt*
earache [ˈiəreik] *n* örsprång *nt*
ear-drum [ˈiədrʌm] *n* trumhinna *c*
earl [ə:l] *n* greve *c*
early [ˈə:li] *adj* tidig
earn [ə:n] *v* tjäna, förtjäna
earnest [ˈə:nist] *n* allvar *nt*
earnings [ˈə:niŋz] *pl* inkomster, intäkter *pl*
earring [ˈiəriŋ] *n* örhänge *nt*
earth [ə:θ] *n* jord *c;* mark *c*
earthenware [ˈə:θənwεə] *n* lergods *nt*
earthquake [ˈə:θkweik] *n* jordbävning *c*
ease [i:z] *n* lätthet *c;* välbefinnande *nt*
east [i:st] *n* öster *c*, öst
Easter [ˈi:stə] påsk *c*
easterly [ˈi:stəli] *adj* ostlig
eastern [ˈi:stən] *adj* ostlig, östra
easy [ˈi:zi] *adj* lätt; bekväm; ~ **chair** fåtölj *c*
easy-going [ˈi:ziˌgouiŋ] *adj* avspänd, sorglös
***eat** [i:t] *v* *äta
eavesdrop [ˈi:vzdrɔp] *v* tjuvlyssna
ebony [ˈebəni] *n* ebenholts *c*
eccentric [ikˈsentrik] *adj* excentrisk
echo [ˈekou] *n* (pl ~es) genljud *nt*, eko *nt*
eclipse [iˈklips] *n* förmörkelse *c*
economic [ˌi:kəˈnɔmik] *adj* ekonomisk
economical [ˌi:kəˈnɔmikəl] *adj* sparsam, ekonomisk
economist [iˈkɔnəmist] *n* ekonom *c*
economize [iˈkɔnəmaiz] *v* spara
economy [iˈkɔnəmi] *n* ekonomi *c*
ecstasy [ˈekstəzi] *n* extas *c*
Ecuador [ˈekwədɔ:] Ecuador
Ecuadorian [ˌekwəˈdɔ:riən] *n* ecuadorian *c*
eczema [ˈeksimə] *n* eksem *nt*
edge [edʒ] *n* kant *c*
edible [ˈedibəl] *adj* ätbar

edition [i'difən] *n* upplaga *c;* **morning** ~ morgonupplaga *c*
editor ['editə] *n* redaktör *c*
educate ['edʒukeit] *v* uppfostra, utbilda
education [ˌedʒu'keiʃən] *n* uppfostran *c;* utbildning *c*
eel [i:l] *n* ål *c*
effect [i'fekt] *n* verkan *c; v* *åstadkomma; **in** ~ faktiskt
effective [i'fektiv] *adj* verksam, effektiv
efficient [i'fiʃənt] *adj* effektiv, duglig, verksam
effort ['efət] *n* ansträngning *c*
egg [eg] *n* ägg *nt*
egg-cup ['egkʌp] *n* äggkopp *c*
eggplant ['egplɑ:nt] *n* äggplanta *c*
egg-yolk ['egjouk] *n* äggula *c*
egoistic [ˌegou'istik] *adj* egoistisk
Egypt ['i:dʒipt] Egypten
Egyptian [i'dʒipʃən] *adj* egyptisk; *n* egypter *c*
eiderdown ['aidədaun] *n* duntäcke *nt*
eight [eit] *num* åtta
eighteen [ˌei'ti:n] *num* arton
eighteenth [ˌei'ti:nθ] *num* artonde
eighth [eitθ] *num* åttonde
eighty ['eiti] *num* åttio
either ['aiðə] *pron* endera; **either ... or** antingen ... eller
elaborate [i'læbəreit] *v* utarbeta
elastic [i'læstik] *adj* elastisk; tänjbar; ~ **band** resårband *nt*
elasticity [ˌelæ'stisəti] *n* elasticitet *c*
elbow ['elbou] *n* armbåge *c*
elder ['eldə] *adj* äldre
elderly ['eldəli] *adj* äldre
eldest ['eldist] *adj* äldst
elect [i'lekt] *v* *välja
election [i'lekʃən] *n* val *nt*
electric [i'lektrik] *adj* elektrisk; ~ **cord** sladd *c;* ~ **razor** rakapparat *c*
electrician [ˌilek'triʃən] *n* elektriker *c*
electricity [ˌilek'trisəti] *n* elektricitet *c*
electronic [ilek'trɔnik] *adj* elektronisk
elegance ['eligəns] *n* elegans *c*
elegant ['eligənt] *adj* elegant
element ['elimənt] *n* element *nt,* beståndsdel *c*
elephant ['elifənt] *n* elefant *c*
elevator ['eliveitə] *nAm* hiss *c*
eleven [i'levən] *num* elva
eleventh [i'levənθ] *num* elfte
elf [elf] *n* (pl elves) älva *c,* alf *c*
eliminate [i'limineit] *v* eliminera
elm [elm] *n* alm *c*
else [els] *adv* annars
elsewhere [ˌel'swɛə] *adv* någon annanstans
elucidate [i'lu:sideit] *v* belysa, förklara
emancipation [iˌmænsi'peiʃən] *n* frigörelse *c*
embankment [im'bæŋkmənt] *n* vägbank *c*
embargo [em'bɑ:gou] *n* (pl ~es) embargo *nt*
embark [im'bɑ:k] *v* *gå ombord
embarkation [ˌembɑ:'keiʃən] *n* embarkering *c*
embarrass [im'bærəs] *v* genera, *göra förlägen; hindra; **embarrassed** förlägen; **embarrassing** pinsam
embassy ['embəsi] *n* ambassad *c*
emblem ['embləm] *n* emblem *nt*
embrace [im'breis] *v* krama, omfamna; *n* omfamning *c*
embroider [im'brɔidə] *v* brodera
embroidery [im'brɔidəri] *n* broderi *nt*
emerald ['emərəld] *n* smaragd *c*
emergency [i'mə:dʒənsi] *n* nödsituation *c;* nödläge *nt;* ~ **exit** nödutgång *c*
emigrant ['emigrənt] *n* utvandrare *c*
emigrate ['emigreit] *v* utvandra
emigration [ˌemi'greiʃən] *n* utvandring *c*

emotion [iˈmouʃən] *n* sinnesrörelse *c*, känsla *c*
emperor [ˈempərə] *n* kejsare *c*
emphasize [ˈemfəsaiz] *v* betona
empire [ˈempaiə] *n* imperium *nt*, kejsardöme *nt*
employ [imˈplɔi] *v* *sysselsätta, anställa; använda
employee [ˌemplɔiˈiː] *n* anställd *c*, löntagare *c*
employer [imˈplɔiə] *n* arbetsgivare *c*
employment [imˈplɔimənt] *n* anställning *c*, arbete *nt*; ~ **exchange** arbetsförmedling *c*
empress [ˈempris] *n* kejsarinna *c*
empty [ˈempti] *adj* tom; *v* tömma
enable [iˈneibəl] *v* *möjliggöra
enamel [iˈnæməl] *n* emalj *c*
enamelled [iˈnæməld] *adj* emaljerad
enchanting [inˈtʃɑːntiŋ] *adj* förtrollande, bedårande
encircle [inˈsəːkəl] *v* inringa, omringa; *innesluta
enclose [iŋˈklouz] *v* bifoga
enclosure [iŋˈklouʒə] *n* bilaga *c*
encounter [iŋˈkauntə] *v* möta, träffa; *n* sammanträffande *nt*
encourage [iŋˈkʌridʒ] *v* uppmuntra
encyclopaedia [enˌsaikləˈpiːdiə] *n* uppslagsbok *c*
end [end] *n* ände *c*, slut *nt*; *v* sluta
ending [ˈendiŋ] *n* slut *nt*
endless [ˈendləs] *adj* oändlig
endorse [inˈdɔːs] *v* endossera
endure [inˈdjuə] *v* *stå ut med
enemy [ˈenəmi] *n* fiende *c*
energetic [ˌenəˈdʒetik] *adj* energisk
energy [ˈenədʒi] *n* energi *c*; kraft *c*
engage [iŋˈgeidʒ] *v* anställa; förplikta sig; **engaged** förlovad; upptagen
engagement [iŋˈgeidʒmənt] *n* förlovning *c*; förpliktelse *c*; avtalat möte; ~ **ring** förlovningsring *c*
engine [ˈendʒin] *n* maskin *c*, motor *c*; lokomotiv *nt*
engineer [ˌendʒiˈniə] *n* ingenjör *c*
England [ˈiŋglənd] England
English [ˈiŋgliʃ] *adj* engelsk
Englishman [ˈiŋgliʃmən] *n* (pl -men) engelsman *c*
engrave [iŋˈgreiv] *v* gravera
engraver [iŋˈgreivə] *n* gravör *c*
engraving [iŋˈgreiviŋ] *n* gravyr *c*
enigma [iˈnigmə] *n* gåta *c*
enjoy [inˈdʒɔi] *v* *njuta, *njuta av
enjoyable [inˈdʒɔiəbəl] *adj* rolig, trevlig
enjoyment [inˈdʒɔimənt] *n* nöje *nt*
enlarge [inˈlɑːdʒ] *v* förstora; utvidga
enlargement [inˈlɑːdʒmənt] *n* förstoring *c*
enormous [iˈnɔːməs] *adj* väldig, enorm
enough [iˈnʌf] *adv* nog; *adj* tillräcklig
enquire [iŋˈkwaiə] *v* underrätta sig, förhöra sig; undersöka
enquiry [iŋˈkwaiəri] *n* undersökning *c*; förfrågan *c*
enter [ˈentə] *v* *gå in, inträda; *skriva in
enterprise [ˈentəpraiz] *n* företag *nt*
entertain [ˌentəˈtein] *v* *underhålla, roa; *mottaga som gäst
entertainer [ˌentəˈteinə] *n* underhållare *c*
entertaining [ˌentəˈteiniŋ] *adj* underhållande, roande
entertainment [ˌentəˈteinmənt] *n* underhållning *c*
enthusiasm [inˈθjuːziæzəm] *n* entusiasm *c*
enthusiastic [inˌθjuːziˈæstik] *adj* entusiastisk
entire [inˈtaiə] *adj* hel
entirely [inˈtaiəli] *adv* helt
entrance [ˈentrəns] *n* ingång *c*; tillträde *nt*; inträde *nt*
entrance-fee [ˈentrənsfiː] *n* inträdes-

avgift *c*
entry ['entri] *n* ingång *c;* tillträde *nt;* anteckning *c;* **no ~** tillträde förbjudet
envelope ['envəloup] *n* kuvert *nt*
envious ['enviəs] *adj* avundsjuk, avundsam
environment [in'vaiərənmənt] *n* miljö *c;* omgivning *c*
envoy ['envɔi] *n* envoyé *c*
envy ['envi] *n* avundsjuka *c; v* avundas
epic ['epik] *n* epos *nt; adj* episk
epidemic [ˌepi'demik] *n* epidemi *c*
epilepsy ['epilepsi] *n* epilepsi *c*
epilogue ['epilɔg] *n* epilog *c*
episode ['episoud] *n* episod *c*
equal ['i:kwəl] *adj* lika; *v* *vara likvärdig
equality [i'kwɔləti] *n* jämlikhet *c*
equalize ['i:kwəlaiz] *v* utjämna
equally ['i:kwəli] *adv* lika
equator [i'kweitə] *n* ekvatorn
equip [i'kwip] *v* utrusta, ekipera
equipment [i'kwipmənt] *n* utrustning *c*
equivalent [i'kwivələnt] *adj* motsvarande, likvärdig
eraser [i'reizə] *n* radergummi *nt*
erect [i'rekt] *v* uppbygga, upprätta; *adj* upprättstående, upprätt
err [ə:] *v* *ta fel, *missta; irra
errand ['erənd] *n* ärende *nt*
error ['erə] *n* misstag *nt*, fel *nt*
escalator ['eskəleitə] *n* rulltrappa *c*
escape [i'skeip] *v* *undslippa; *undgå, fly; *n* flykt *c*
escort[1] ['eskɔ:t] *n* eskort *c*
escort[2] [i'skɔ:t] *v* eskortera
especially [i'speʃəli] *adv* särskilt, i synnerhet
esplanade [ˌesplə'neid] *n* esplanad *c*
essay ['esei] *n* essä *c;* uppsats *c*
essence ['esəns] *n* essens *c;* väsen *nt,*
kärna *c*
essential [i'senʃəl] *adj* oumbärlig; väsentlig
essentially [i'senʃəli] *adv* väsentligen
establish [i'stæbliʃ] *v* etablera; fastställa
estate [i'steit] *n* lantegendom *c*
esteem [i'sti:m] *n* aktning *c*, respekt *c; v* uppskatta
estimate[1] ['estimeit] *v* värdera
estimate[2] ['estimət] *n* beräkning *c*
estuary ['estʃuəri] *n* flodmynning *c*
etcetera [et'setərə] och så vidare
etching ['etʃiŋ] *n* etsning *c*
eternal [i'tə:nəl] *adj* evig
eternity [i'tə:nəti] *n* evighet *c*
ether ['i:θə] *n* eter *c*
Ethiopia [iθi'oupiə] Etiopien
Ethiopian [iθi'oupiən] *adj* etiopisk; *n* etiopier *c*
Europe ['juərəp] Europa
European [ˌjuərə'pi:ən] *adj* europeisk; *n* europé *c*
evacuate [i'vækjueit] *v* evakuera
evaluate [i'væljueit] *v* värdera
evaporate [i'væpəreit] *v* avdunsta
even ['i:vən] *adj* jämn, plan, lika; *adv* till och med
evening ['i:vniŋ] *n* kväll *c;* **~ dress** aftonklädsel *c*
event [i'vent] *n* händelse *c*
eventual [i'ventʃuəl] *adj* slutlig
ever ['evə] *adv* någonsin; alltid
every ['evri] *adj* varje
everybody ['evriˌbɔdi] *pron* var och en
everyday ['evridei] *adj* daglig
everyone ['evriwʌn] *pron* envar, var och en
everything ['evriθiŋ] *pron* allting
everywhere ['evriwɛə] *adv* överallt
evidence ['evidəns] *n* bevis *nt*
evident ['evidənt] *adj* tydlig
evil ['i:vəl] *n* ondska *c; adj* ond, elak
evolution [ˌi:və'lu:ʃən] *n* utveckling *c*

exact [ig'zækt] *adj* exakt
exactly [ig'zæktli] *adv* exakt
exaggerate [ig'zædʒəreit] *v* *överdriva
examination [igˌzæmi'neiʃən] *n* examen *c;* undersökning *c;* förhör *nt*
examine [ig'zæmin] *v* undersöka
example [ig'zɑ:mpəl] *n* exempel *nt;* **for ~** till exempel
excavation [ˌekskə'veiʃən] *n* utgrävning *c*
exceed [ik'si:d] *v* *överskrida; överträffa
excel [ik'sel] *v* utmärka sig
excellent ['eksələnt] *adj* förträfflig
except [ik'sept] *prep* med undantag av, utom
exception [ik'sepʃən] *n* undantag *nt*
exceptional [ik'sepʃənəl] *adj* enastående, ovanlig
excerpt ['eksə:pt] *n* utdrag *nt*
excess [ik'ses] *n* överdrift *c*
excessive [ik'sesiv] *adj* överdriven
exchange [iks'tʃeindʒ] *v* växla, utbyta, byta ut; *n* byte *nt;* börs *c;* **~ office** växelkontor *nt;* **~ rate** växelkurs *c*
excite [ik'sait] *v* upphetsa
excitement [ik'saitmənt] *n* uppståndelse *c,* spänning *c*
exciting [ik'saitiŋ] *adj* spännande
exclaim [ik'skleim] *v* utropa
exclamation [ˌekskla'meiʃən] *n* utrop *nt*
exclude [ik'sklu:d] *v* *utesluta
exclusive [ik'sklu:siv] *adj* exklusiv
exclusively [ik'sklu:sivli] *adv* enbart, uteslutande
excursion [ik'skə:ʃən] *n* utflykt *c*
excuse¹ [ik'skju:s] *n* ursäkt *c*
excuse² [ik'skju:z] *v* ursäkta
execute ['eksikju:t] *v* utföra
execution [ˌeksi'kju:ʃən] *n* avrättning *c;* utförande *nt*
executioner [ˌeksi'kju:ʃənə] *n* bödel *c*
executive [ig'zekjutiv] *adj* verkställande; *n* verkställande myndighet; direktör *c*
exempt [ig'ʒempt] *v* *frita, frikalla, befria; *adj* befriad
exemption [ig'zempʃən] *n* befrielse *c*
exercise ['eksəsaiz] *n* övning *c;* skriftligt prov; *v* öva; utöva
exhale [eks'heil] *v* utandas
exhaust [ig'zɔ:st] *n* avgas *c;* *v* utmatta; **~ gases** avgaser *pl*
exhibit [ig'zibit] *v* ställa ut; förevisa, uppvisa
exhibition [ˌeksi'biʃən] *n* utställning *c*
exile ['eksail] *n* landsflykt *c;* landsflykting *c*
exist [ig'zist] *v* existera
existence [ig'zistəns] *n* existens *c*
exit ['eksit] *n* utgång *c;* utfart *c*
exotic [ig'zɔtik] *adj* exotisk
expand [ik'spænd] *v* utvidga; utbreda
expect [ik'spekt] *v* vänta sig
expectation [ˌekspek'teiʃən] *n* förväntan *c*
expedition [ˌekspə'diʃən] *n* expedition *c;* snabbhet *c*
expel [ik'spel] *v* utvisa
expenditure [ik'spenditʃə] *n* utgifter, åtgång *c*
expense [ik'spens] *n* utgift *c;* **expenses** *pl* omkostnader *pl*
expensive [ik'spensiv] *adj* dyrbar, dyr; kostsam
experience [ik'spiəriəns] *n* erfarenhet *c;* *v* *erfara, uppleva; **experienced** erfaren
experiment [ik'sperimənt] *n* experiment *nt,* försök *nt;* *v* experimentera
expert ['ekspə:t] *n* fackman *c,* expert *c;* *adj* sakkunnig
expire [ik'spaiə] *v* utlöpa, *förfalla; utandas; **expired** ogiltig

expiry [ik'spaiəri] *n* förfallodag *c,* utgång *c*
explain [ik'splein] *v* förklara
explanation [,ekspla'neiʃən] *n* förklaring *c*
explicit [ik'splisit] *adj* tydlig, uttrycklig
explode [ik'sploud] *v* explodera
exploit [ik'sploit] *v* *utsuga, utnyttja
explore [ik'splɔ:] *v* utforska
explosion [ik'splouʒən] *n* explosion *c*
explosive [ik'splousiv] *adj* explosiv; *n* sprängämne *nt*
export[1] [ik'spɔ:t] *v* exportera
export[2] ['ekspɔ:t] *n* export *c*
exportation [,ekspɔ:'teiʃən] *n* utförsel *c*
exports ['ekspɔ:ts] *pl* export *c*
exposition [,ekspə'ziʃən] *n* utställning *c*
exposure [ik'spouʒə] *n* utsättande *nt;* exponering *c;* ~ **meter** exponeringsmätare *c*
express [ik'spres] *v* uttrycka; *ge uttryck åt; *adj* snabbgående; uttrycklig; ~ **train** expresståg *nt*
expression [ik'spreʃən] *n* uttryck *nt;* yttrande *nt*
exquisite [ik'skwizit] *adj* utsökt
extend [ik'stend] *v* förlänga; utvidga; bevilja
extension [ik'stenʃən] *n* förlängning *c;* utvidgande *nt;* anknytningslinje *c;* ~ **cord** förlängningssladd *c*
extensive [ik'stensiv] *adj* omfångsrik; vidsträckt, omfattande
extent [ik'stent] *n* utsträckning *c,* omfång *nt*
exterior [ek'stiəriə] *adj* yttre; *n* yttre *nt*
external [ek'stə:nəl] *adj* utvändig
extinguish [ik'stiŋgwiʃ] *v* släcka
extort [ik'stɔ:t] *v* utpressa
extortion [ik'stɔ:ʃən] *n* utpressning *c*
extra ['ekstrə] *adj* extra
extract[1] [ik'strækt] *v* *utdra
extract[2] ['ekstrækt] *n* utdrag *nt*
extradite ['ekstrədait] *v* utlämna
extraordinary [ik'strɔ:dənri] *adj* utomordentlig
extravagant [ik'strævəgənt] *adj* överdriven, extravagant, slösaktig
extreme [ik'stri:m] *adj* extrem; ytterlig, yttersta; *n* ytterlighet *c*
exuberant [ig'zju:bərənt] *adj* översvallande
eye [ai] *n* öga *nt*
eyebrow ['aibrau] *n* ögonbryn *nt*
eyelash ['ailæʃ] *n* ögonfrans *c*
eyelid ['ailid] *n* ögonlock *nt*
eye-pencil ['ai,pensəl] *n* ögonbrynspenna *c*
eye-shadow ['ai,ʃædou] *n* ögonskugga *c*
eye-witness ['ai,witnəs] *n* ögonvittne *nt*

F

fable ['feibəl] *n* fabel *c*
fabric ['fæbrik] *n* tyg *nt;* struktur *c*
façade [fə'sɑ:d] *n* fasad *c*
face [feis] *n* ansikte *nt; v* konfrontera, *vara vänd mot; ~ **massage** ansiktsmassage *c;* **facing** mittemot
face-cream ['feiskri:m] *n* ansiktskräm *c*
face-pack ['feispæk] *n* ansiktsmask *c*
face-powder ['feis,paudə] *n* ansiktspuder *nt*
facility [fə'siləti] *n* lätthet *c*
fact [fækt] *n* faktum *nt;* **in** ~ i själva verket
factor ['fæktə] *n* faktor *c*
factory ['fæktəri] *n* fabrik *c*
factual ['fæktʃuəl] *adj* faktisk

faculty ['fækəlti] *n* förmåga *c;* fallenhet *c,* talang *c;* fakultet *c*
fad [fæd] *n* infall *nt;* mani *c*
fade [feid] *v* blekna
faience [fai'ɑ̃:s] *n* fajans *c*
fail [feil] *v* misslyckas; fattas; försumma; kuggas; **without ~** helt säkert
failure ['feiljə] *n* misslyckande *nt*
faint [feint] *v* svimma; *adj* vag, svag
fair [fɛə] *n* marknad *c;* varumässa *c; adj* just, rättvis; ljushårig, blond; fager
fairly ['fɛəli] *adv* tämligen, ganska
fairy ['fɛəri] *n* fe *c*
fairytale ['fɛəriteil] *n* saga *c*
faith [feiθ] *n* tro *c;* tillit *c*
faithful ['feiθful] *adj* trogen
fake [feik] *n* förfalskning *c*
fall [fɔ:l] *n* fall *nt; nAm* höst *c*
***fall** [fɔ:l] *v* *falla
false [fɔ:ls] *adj* falsk; fel, oäkta; **~ teeth** löständer *pl*
falter ['fɔ:ltə] *v* vackla; stamma
fame [feim] *n* ryktbarhet *c,* berömmelse *c;* rykte *nt*
familiar [fə'miljə] *adj* välkänd; familjär
family ['fæməli] *n* familj *c;* släkt *c;* **~ name** efternamn *nt*
famous ['feiməs] *adj* berömd
fan [fæn] *n* fläkt *c;* solfjäder *c;* beundrare *c;* **~ belt** fläktrem *c*
fanatical [fə'nætikəl] *adj* fanatisk
fancy ['fænsi] *v* *ha lust att, tycka om; tänka sig, föreställa sig; *n* nyck *c;* fantasi *c*
fantastic [fæn'tæstik] *adj* fantastisk
fantasy ['fæntəzi] *n* fantasi *c*
far [fɑ:] *adj* långt; *adv* mycket; **by ~** på långt när; **so ~** hittills
far-away ['fɑ:rəwei] *adj* långt bort
farce [fɑ:s] *n* fars *c*
fare [fɛə] *n* biljettpris *nt;* mat *c,* kost *c*
farm [fɑ:m] *n* lantbruk *nt*
farmer ['fɑ:mə] *n* lantbrukare *c;* **farmer's wife** lantbrukarhustru *c*
farmhouse ['fɑ:mhaus] *n* lantgård *c*
far-off ['fɑ:rɔf] *adj* avlägsen
fascinate ['fæsineit] *v* fascinera
fascism ['fæʃizəm] *n* fascism *c*
fascist ['fæʃist] *adj* fascistisk; *n* fascist *c*
fashion ['fæʃən] *n* mode *nt;* sätt *nt*
fashionable ['fæʃənəbəl] *adj* modern
fast [fɑ:st] *adj* snabb, hastig
fast-dyed [ˌfɑ:st'daid] *adj* tvättäkta, färgäkta
fasten ['fɑ:sən] *v* fästa, spänna fast; stänga
fastener ['fɑ:sənə] *n* spänne *nt*
fat [fæt] *adj* tjock, fet; *n* fett *nt*
fatal ['feitəl] *adj* ödesdiger, fatal, dödlig
fate [feit] *n* öde *nt*
father ['fɑ:ðə] *n* far *c;* pater *c*
father-in-law ['fɑ:ðərinlɔ:] *n* (pl fathers-) svärfar *c*
fatherland ['fɑ:ðələnd] *n* fosterland *nt*
fatness ['fætnəs] *n* fetma *c*
fatty ['fæti] *adj* fet
faucet ['fɔ:sit] *nAm* vattenkran *c*
fault [fɔ:lt] *n* fel *nt;* defekt *c*
faultless ['fɔ:ltləs] *adj* felfri; oklanderlig
faulty ['fɔ:lti] *adj* bristfällig
favour ['feivə] *n* välvilja *c,* tjänst *c; v* favorisera, gynna
favourable ['feivərəbəl] *adj* gynnsam
favourite ['feivərit] *n* favorit *c,* gunstling *c; adj* älsklings-
fawn [fɔ:n] *adj* gulbrun; *n* rådjurskalv *c,* hjortkalv *c*
fear [fiə] *n* rädsla *c,* oro *c; v* frukta
feasible ['fi:zəbəl] *adj* utförbar
feast [fi:st] *n* fest *c*
feat [fi:t] *n* bragd *c,* prestation *c*

feather ['feðə] *n* fjäder *c*
feature ['fi:tʃə] *n* kännemärke *nt;* ansiktsdrag *nt*
February ['februəri] februari
federal ['fedərəl] *adj* förbunds-
federation [ˌfedə'reiʃən] *n* federation *c;* förbundsstat *c*
fee [fi:] *n* arvode *nt*
feeble ['fi:bəl] *adj* svag
***feed** [fi:d] *v* mata; **fed up with** utled på
***feel** [fi:l] *v* känna; känna på; ~ **like** *ha lust att
feeling ['fi:liŋ] *n* känsla *c;* känsel *c*
fell [fel] *v* (p fall)
fellow ['felou] *n* karl *c*
felt[1] [felt] *n* filt *c*
felt[2] [felt] *v* (p, pp feel)
female ['fi:meil] *adj* hon- *pref*
feminine ['feminin] *adj* feminin
fence [fens] *n* stängsel *nt;* staket *nt; v* fäkta
fender ['fendə] *n* stötfångare *c*
ferment [fə:'ment] *v* jäsa
ferry-boat ['feribout] *n* färja *c*
fertile ['fə:tail] *adj* fruktbar
festival ['festivəl] *n* festival *c*
festive ['festiv] *adj* festlig
fetch [fetʃ] *v* hämta
feudal ['fju:dəl] *adj* feodal
fever ['fi:və] *n* feber *c*
feverish ['fi:vəriʃ] *adj* febrig
few [fju:] *adj* få
fiancé [fi'ɑ̃:sei] *n* fästman *c*
fiancée [fi'ɑ̃:sei] *n* fästmö *c*
fibre ['faibə] *n* fiber *c*
fiction ['fikʃən] *n* skönlitteratur *c,* fiktion *c*
field [fi:ld] *n* fält *nt,* åker *c;* ~ **glasses** fältkikare *c*
fierce [fiəs] *adj* vild, häftig
fifteen [ˌfif'ti:n] *num* femton
fifteenth [ˌfif'ti:nθ] *num* femtonde
fifth [fifθ] *num* femte
fifty ['fifti] *num* femtio
fig [fig] *n* fikon *nt*
fight [fait] *n* slagsmål *nt;* kamp *c,* strid *c*
***fight** [fait] *v* *strida, *slåss, kämpa
figure ['figə] *n* figur *c;* siffra *c*
file [fail] *n* fil *c;* brevpärm *c,* dossié *c;* rad *c*
Filipino [ˌfili'pi:nou] *n* filippinare *c*
fill [fil] *v* fylla; ~ **in** fylla i; **filling station** bensinstation *c;* ~ **out** *Am* fylla i; ~ **up** tanka
filling ['filiŋ] *n* plomb *c;* fyllning *c*
film [film] *n* film *c; v* filma
filter ['filtə] *n* filter *nt*
filthy ['filθi] *adj* lortig, smutsig
final ['fainəl] *adj* slutlig
finance [fai'næns] *v* finansiera
finances [fai'nænsiz] *pl* finanser *pl*
financial [fai'nænʃəl] *adj* finansiell
finch [fintʃ] *n* bofink *c*
***find** [faind] *v* hitta, *finna
fine [fain] *n* böter *pl; adj* fin; skön; härlig, utmärkt; ~ **arts** de sköna konsterna
finger ['fiŋgə] *n* finger *nt;* **little** ~ lillfinger *nt*
fingerprint ['fiŋgəprint] *n* fingeravtryck *nt*
finish ['finiʃ] *v* avsluta, sluta; fullborda; *n* slut *nt;* mållinje *c;* **finished** färdig
Finland ['finlənd] Finland
Finn [fin] *n* finländare *c*
Finnish ['finiʃ] *adj* finsk
fire [faiə] *n* eld *c;* eldsvåda *c; v* *skjuta; avskeda
fire-alarm ['faiərəˌlɑ:m] *n* brandalarm *c*
fire-brigade ['faiəbriˌgeid] *n* brandkår *c*
fire-escape ['faiəriˌskeip] *n* brandstege *c*
fire-extinguisher ['faiərikˌstiŋgwiʃə] *n*

brandsläckare *c*
fireplace ['faiəpleis] *n* öppen spis
fireproof ['faiəpru:f] *adj* brandsäker; eldfast
firm [fə:m] *adj* fast; solid; *n* firma *c*
first [fə:st] *num* första; **at** ~ först; i början; ~ **name** förnamn *nt*
first-aid [ˌfə:st'eid] *n* första hjälpen; ~ **kit** förbandslåda *c;* ~ **post** hjälpstation *c*
first-class [ˌfə:st'klɑ:s] *adj* förstklassig
first-rate [ˌfə:st'reit] *adj* förstklassig
fir-tree ['fə:tri:] *n* gran *c,* barrträd *nt*
fish[1] [fiʃ] *n* (pl ~, ~es) fisk *c;* ~ **shop** fiskaffär *c*
fish[2] [fiʃ] *v* fiska; meta; **fishing gear** fiskredskap *nt;* **fishing hook** metkrok *c;* **fishing industry** fiskerinäring *c;* **fishing licence** fiskekort *nt;* **fishing line** metrev *c;* **fishing net** fisknät *nt;* **fishing rod** metspö *nt;* **fishing tackle** fiskedon *nt*
fishbone ['fiʃboun] *n* fiskben *nt*
fisherman ['fiʃəmən] *n* (pl -men) fiskare *c*
fist [fist] *n* knytnäve *c*
fit [fit] *adj* lämplig; *n* anfall *nt; v* passa; **fitting room** provrum *nt*
five [faiv] *num* fem
fix [fiks] *v* laga
fixed [fikst] *adj* fästad, orörlig
fizz [fiz] *n* brus *nt*
fjord [fjɔ:d] *n* fjord *c*
flag [flæg] *n* flagga *c*
flame [fleim] *n* låga *c*
flamingo [flə'miŋgou] *n* (pl ~s, ~es) flamingo *c*
flannel ['flænəl] *n* flanell *c*
flash [flæʃ] *n* blixt *c,* glimt *c*
flash-bulb ['flæʃbʌlb] *n* blixtlampa *c*
flash-light ['flæʃlait] *n* ficklampa *c*
flask [flɑ:sk] *n* plunta *c;* **thermos** ~ termos *c*
flat [flæt] *adj* flat, platt; *n* lägenhet *c;* ~ **tyre** punktering *c*
flavour ['fleivə] *n* smak *c; v* smaksätta, krydda
fleet [fli:t] *n* flotta *c*
flesh [fleʃ] *n* kött *nt*
flew [flu:] *v* (p fly)
flex [fleks] *n* sladd *c*
flexible ['fleksibəl] *adj* böjlig; smidig
flight [flait] *n* flygresa *c;* **charter** ~ charterflyg *nt*
flint [flint] *n* flintsten *c*
float [flout] *v* *flyta; *n* flöte *nt,* flottör *c*
flock [flɔk] *n* hjord *c*
flood [flʌd] *n* översvämning *c;* flod *c*
floor [flɔ:] *n* golv *nt;* våning *c*
florist ['flɔrist] *n* blomsterhandlare *c*
flour [flauə] *n* mjöl *nt,* vetemjöl *nt*
flow [flou] *v* *flyta, strömma
flower [flauə] *n* blomma *c*
flowerbed ['flauəbed] *n* rabatt *c*
flower-shop ['flauəʃɔp] *n* blomsterhandel *c*
flown [floun] *v* (pp fly)
flu [flu:] *n* influensa *c*
fluent ['flu:ənt] *adj* flytande
fluid ['flu:id] *adj* flytande; *n* vätska *c*
flute [flu:t] *n* flöjt *c*
fly [flai] *n* fluga *c;* gylf *c*
***fly** [flai] *v* *flyga
foam [foum] *n* skum *nt; v* skumma
foam-rubber ['foumˌrʌbə] *n* skumgummi *nt*
focus ['foukəs] *n* brännpunkt *c*
fog [fɔg] *n* dimma *c*
foggy ['fɔgi] *adj* dimmig
foglamp ['fɔglæmp] *n* dimlykta *c*
fold [fould] *v* *vika; *n* veck *nt*
folk [fouk] *n* folk *nt;* ~ **song** folkvisa *c*
folk-dance ['foukdɑ:ns] *n* folkdans *c*
folklore ['fouklɔ:] *n* folklore *c*
follow ['fɔlou] *v* följa efter; **following**

adj nästa, följande
***be fond of** [bi: fɔnd ɔv] tycka om
food [fu:d] *n* mat *c;* föda *c;* ~ **poisoning** matförgiftning *c*
foodstuffs ['fu:dstʌfs] *pl* matvaror *pl*
fool [fu:l] *n* dumbom *c,* dåre *c; v* skoja, lura
foolish ['fu:liʃ] *adj* löjlig, dåraktig; dum
foot [fut] *n* (pl feet) fot *c;* ~ **powder** fotpuder *nt;* **on** ~ till fots
football ['futbɔ:l] *n* fotboll *c;* ~ **match** fotbollsmatch *c*
foot-brake ['futbreik] *n* fotbroms *c*
footpath ['futpɑ:θ] *n* gångstig *c*
footwear ['futwεə] *n* skodon *nt*
for [fɔ:, fə] *prep* till; i; av, på grund av, för; *conj* för
***forbid** [fə'bid] *v* *förbjuda
force [fɔ:s] *v* tvinga; forcera; *n* makt *c,* kraft *c;* våld *nt;* **by** ~ med tvång; **driving** ~ drivkraft *c*
ford [fɔ:d] *n* vadställe *nt*
forecast ['fɔ:kɑ:st] *n* förutsägelse *c; v* *förutsäga
foreground ['fɔ:graund] *n* förgrund *c*
forehead ['fɔred] *n* panna *c*
foreign ['fɔrin] *adj* utländsk; främmande
foreigner ['fɔrinə] *n* utlänning *c*
foreman ['fɔ:mən] *n* (pl -men) förman *c*
foremost ['fɔ:moust] *adj* förnämst
foresail ['fɔ:seil] *n* fock *c*
forest ['fɔrist] *n* skog *c*
forester ['fɔristə] *n* skogvaktare *c*
forge [fɔ:dʒ] *v* förfalska
***forget** [fə'get] *v* glömma
forgetful [fə'getfəl] *adj* glömsk
***forgive** [fə'giv] *v* *förlåta
fork [fɔ:k] *n* gaffel *c;* vägskäl *nt; v* förgrenas, dela sig
form [fɔ:m] *n* form *c;* formulär *nt;* klass *c; v* forma
formal ['fɔ:məl] *adj* formell
formality [fɔ:'mæləti] *n* formalitet *c*
former ['fɔ:mə] *adj* förutvarande; före detta; **formerly** förr, förut
formula ['fɔ:mjulə] *n* (pl ~e, ~s) formel *c*
fort [fɔ:t] *n* fort *nt*
fortnight ['fɔ:tnait] *n* fjorton dagar
fortress ['fɔ:tris] *n* fästning *c*
fortunate ['fɔ:tʃənət] *adj* lycklig
fortune ['fɔ:tʃu:n] *n* förmögenhet *c;* öde *nt,* lycka *c*
forty ['fɔ:ti] *num* fyrtio
forward ['fɔ:wəd] *adv* fram, framåt; *v* eftersända
foster-parents ['fɔstə,pεərənts] *pl* fosterföräldrar *pl*
fought [fɔ:t] *v* (p, pp fight)
foul [faul] *adj* osnygg; gemen
found[1] [faund] *v* (p, pp find)
found[2] [faund] *v* grunda, stifta
foundation [faun'deiʃən] *n* stiftelse *c;* ~ **cream** underlagskräm *c*
fountain ['fauntin] *n* fontän *c;* källa *c*
fountain-pen ['fauntinpen] *n* reservoarpenna *c*
four [fɔ:] *num* fyra
fourteen [,fɔ:'ti:n] *num* fjorton
fourteenth [,fɔ:'ti:nθ] *num* fjortonde
fourth [fɔ:θ] *num* fjärde
fowl [faul] *n* (pl ~s, ~) fjäderfä *nt*
fox [fɔks] *n* räv *c*
foyer ['fɔiei] *n* foajé *c*
fraction ['frækʃən] *n* bråkdel *c*
fracture ['fræktʃə] *v* *bryta; *n* brott *nt*
fragile ['frædʒail] *adj* skör; bräcklig
fragment ['frægmənt] *n* brottstycke *nt*
frame [freim] *n* ram *c;* montering *c*
France [frɑ:ns] Frankrike
franchise ['fræntʃaiz] *n* koncession *c,* rösträtt *c*
fraternity [frə'tə:nəti] *n* broderlighet *c*

fraud [frɔ:d] *n* bedrägeri *nt*
fray [frei] *v* fransa sig
free [fri:] *adj* fri; gratis; ~ **of charge** kostnadsfri; ~ **ticket** fribiljett *c*
freedom ['fri:dəm] *n* frihet *c*
***freeze** [fri:z] *v* *frysa
freezing ['fri:ziŋ] *adj* iskall
freezing-point ['fri:ziŋpɔint] *n* fryspunkt *c*
freight [freit] *n* frakt *c*, last *c*
freight-train ['freittrein] *nAm* godståg *nt*
French [frentʃ] *adj* fransk
Frenchman ['frentʃmən] *n* (pl -men) fransman *m*
frequency ['fri:kwənsi] *n* frekvens *c;* förekomst *c*
frequent ['fri:kwənt] *adj* ofta förekommande, vanlig; **frequently** ofta
fresh [freʃ] *adj* färsk; ny; uppfriskande; ~ **water** sötvatten *nt*
friction ['frikʃən] *n* friktion *c*
Friday ['fraidi] fredag *c*
fridge [fridʒ] *n* kylskåp *nt*
friend [frend] *n* vän *c;* väninna *c*
friendly ['frendli] *adj* vänlig, vänskaplig
friendship ['frendʃip] *n* vänskap *c*
fright [frait] *n* fruktan *c*, skräck *c*
frighten ['fraitən] *v* skrämma
frightened ['fraitənd] *adj* skrämd; ***be** ~ *bli förskräckt
frightful ['fraitfəl] *adj* förskräcklig, förfärlig
fringe [frindʒ] *n* frans *c*
frock [frɔk] *n* klänning *c*
frog [frɔg] *n* groda *c*
from [frɔm] *prep* från; av; från och med
front [frʌnt] *n* framsida *c;* **in** ~ **of** framför
frontier ['frʌntiə] *n* gräns *c*
frost [frɔst] *n* frost *c*
froth [frɔθ] *n* skum *nt*
frozen ['frouzən] *adj* frusen; ~ **food** djupfryst mat
fruit [fru:t] *n* frukt *c*
fry [frai] *v* steka
frying-pan ['fraiiŋpæn] *n* stekpanna *c*
fuel ['fju:əl] *n* bränsle *nt;* bensin *c;* ~ **pump** *Am* bensinpump *c*
full [ful] *adj* full; ~ **board** helpension *c;* ~ **stop** punkt *c;* ~ **up** fullsatt
fun [fʌn] *n* nöje *nt;* skoj *nt*
function ['fʌŋkʃən] *n* funktion *c*
fund [fʌnd] *n* fond *c*
fundamental [ˌfʌndə'mentəl] *adj* grundläggande
funeral ['fju:nərəl] *n* begravning *c*
funnel ['fʌnəl] *n* tratt *c*
funny ['fʌni] *adj* rolig, lustig; konstig
fur [fə:] *n* päls *c;* ~ **coat** päls *c;* **furs** pälsverk *nt*
furious ['fjuəriəs] *adj* ursinnig, rasande
furnace ['fə:nis] *n* ugn *c*
furnish ['fə:niʃ] *v* leverera, *förse; möblera; ~ **with** *förse med
furniture ['fə:nitʃə] *n* möbler *pl*
furrier ['fʌriə] *n* körsnär *c*
further ['fə:ðə] *adj* avlägsnare; ytterligare
furthermore ['fə:ðəmɔ:] *adv* dessutom
furthest ['fə:ðist] *adj* längst bort
fuse [fju:z] *n* propp *c;* stubintråd *c*
fuss [fʌs] *n* bråk *nt*, väsen *nt*
future ['fju:tʃə] *n* framtid *c; adj* framtida

G

gable ['geibəl] *n* gavel *c*
gadget ['gædʒit] *n* grej *c*
gaiety ['geiəti] *n* munterhet *c*, glädje *c*

gain [gein] *v* *vinna; *n* förvärv *nt*, förtjänst *c*
gait [geit] *n* gångart *c*, hållning *c*
gale [geil] *n* storm *c*
gall [gɔːl] *n* galla *c*; ~ **bladder** gallblåsa *c*
gallery ['gæləri] *n* galleri *nt*; konstgalleri *nt*
gallop ['gæləp] *n* galopp *c*
gallows ['gælouz] *pl* galge *c*
gallstone ['gɔːlstoun] *n* gallsten *c*
game [geim] *n* spel *nt*; villebråd *nt*; ~ **reserve** djurreservat *nt*
gang [gæŋ] *n* gäng *nt*; skift *nt*
gangway ['gæŋwei] *n* landgång *c*
gaol [dʒeil] *n* fängelse *nt*
gap [gæp] *n* öppning *c*
garage ['gærɑːʒ] *n* garage *nt*; *v* ställa in i garaget
garbage ['gɑːbidʒ] *n* avfall *nt*, sopor *pl*
garden ['gɑːdən] *n* trädgård *c*; **public** ~ offentlig park; **zoological gardens** djurpark *c*
gardener ['gɑːdənə] *n* trädgårdsmästare *c*
gargle ['gɑːgəl] *v* gurgla
garlic ['gɑːlik] *n* vitlök *c*
gas [gæs] *n* gas *c*; *nAm* bensin *c*; ~ **cooker** gaskök *nt*; ~ **pump** *Am* bensinpump *c*; ~ **station** bensinstation *c*; ~ **stove** gasspis *c*
gasoline ['gæsəliːn] *nAm* bensin *c*
gastric ['gæstrik] *adj* mag-; ~ **ulcer** magsår *nt*
gasworks ['gæswəːks] *n* gasverk *nt*
gate [geit] *n* port *c*; grind *c*
gather ['gæðə] *v* samla; samlas; skörda
gauge [geidʒ] *n* mätare *c*
gauze [gɔːz] *n* gasväv *c*
gave [geiv] *v* (p give)
gay [gei] *adj* munter; brokig
gaze [geiz] *v* stirra
gazetteer [ˌgæzə'tiə] *n* geografiskt lexikon
gear [giə] *n* växel *c*; utrustning *c*; **change** ~ växla; ~ **lever** växelspak *c*
gear-box ['giəbɔks] *n* växellåda *c*
gem [dʒem] *n* juvel *c*, ädelsten *c*; klenod *c*
gender ['dʒendə] *n* genus *nt*
general ['dʒenərəl] *adj* allmän; *n* general *c*; ~ **practitioner** allmänpraktiserande läkare; **in** ~ i allmänhet
generate ['dʒenəreit] *v* alstra
generation [ˌdʒenə'reiʃən] *n* generation *c*
generator ['dʒenəreitər] *n* generator *c*
generosity [ˌdʒenə'rɔsəti] *n* givmildhet *c*
generous ['dʒenərəs] *adj* generös, givmild
genital ['dʒenitəl] *adj* köns-
genius ['dʒiːniəs] *n* geni *nt*
gentle ['dʒentəl] *adj* mild; blid; varsam
gentleman ['dʒentəlmən] *n* (pl -men) herre *c*
genuine ['dʒenjuin] *adj* äkta
geography [dʒi'ɔgrəfi] *n* geografi *c*
geology [dʒi'ɔlədʒi] *n* geologi *c*
geometry [dʒi'ɔmətri] *n* geometri *c*
germ [dʒəːm] *n* bacill *c*; grodd *c*
German ['dʒəːmən] *adj* tysk; *n* tysk *c*
Germany ['dʒəːməni] Tyskland
gesticulate [dʒi'stikjuleit] *v* gestikulera
***get** [get] *v* *få; hämta; *bli; ~ **back** *gå tillbaka, *komma tillbaka; ~ **off** *stiga av; ~ **on** *stiga på; *göra framsteg; ~ **up** resa sig, *stiga upp
ghost [goust] *n* spöke *nt*; ande *c*
giant ['dʒaiənt] *n* jätte *c*
giddiness ['gidinəs] *n* yrsel *c*

giddy ['gidi] *adj* yr
gift [gift] *n* gåva *c;* talang *c*
gifted ['giftid] *adj* begåvad
gigantic [dʒai'gæntik] *adj* väldig
giggle ['gigəl] *v* fnittra
gill [gil] *n* gäl *c*
gilt [gilt] *adj* förgylld
ginger ['dʒindʒə] *n* ingefära *c*
gipsy ['dʒipsi] *n* zigenare *c*
girdle ['gə:dəl] *n* gördel *c*
girl [gə:l] *n* flicka *c;* ~ **guide** flickscout *c*
***give** [giv] *v* *ge; överräcka; ~ **away** förråda; ~ **in** *ge efter; ~ **up** *ge upp
glacier ['glæsiə] *n* glaciär *c*
glad [glæd] *adj* glad; **gladly** gärna, med glädje
gladness ['glædnəs] *n* glädje *c*
glamorous ['glæmərəs] *adj* charmerande, förtrollande
glance [glɑ:ns] *n* blick *c; v* kasta en blick
gland [glænd] *n* körtel *c*
glare [glɛə] *n* skarpt sken; sken *nt*
glaring ['glɛəriŋ] *adj* bländande; påfallande; gräll
glass [glɑ:s] *n* glas *nt;* glas-; **glasses** glasögon *pl;* **magnifying** ~ förstoringsglas *nt*
glaze [gleiz] *v* glasa; glasera
glen [glen] *n* dalgång *c*
glide [glaid] *v* *glida
glider ['glaidə] *n* segelflygplan *nt*
glimpse [glimps] *n* skymt *c;* glimt *c; v* skymta
global ['gloubəl] *adj* världsomfattande
globe [gloub] *n* jordklot *nt,* glob *c*
gloom [glu:m] *n* dunkelhet *c*
gloomy ['glu:mi] *adj* dyster
glorious ['glɔ:riəs] *adj* praktfull
glory ['glɔ:ri] *n* berömmelse *c,* ära *c,* lovord *nt*
gloss [glɔs] *n* glans *c*
glossy ['glɔsi] *adj* blank
glove [glʌv] *n* handske *c*
glow [glou] *v* glöda; *n* glöd *c*
glue [glu:] *n* lim *nt*
***go** [gou] *v* *gå; *bli; ~ **ahead** *fortsätta; ~ **away** *fara; ~ **back** *gå tillbaka; ~ **home** *gå hem; ~ **in** *gå in; ~ **on** *fortsätta; ~ **out** *gå ut; ~ **through** *genomgå
goal [goul] *n* mål *nt*
goalkeeper ['goul,ki:pə] *n* målvakt *c*
goat [gout] *n* get *c*
god [gɔd] *n* gud *c*
goddess ['gɔdis] *n* gudinna *c*
godfather ['gɔd,fɑ:ðə] *n* gudfar *c*
goggles ['gɔgəlz] *pl* skyddsglasögon *pl*
gold [gould] *n* guld *nt;* ~ **leaf** bladguld *nt*
golden ['gouldən] *adj* gyllene
goldmine ['gouldmain] *n* guldgruva *c*
goldsmith ['gouldsmiθ] *n* guldsmed *c*
golf [gɔlf] *n* golf *c*
golf-club ['gɔlfklʌb] *n* golfklubb *c*
golf-course ['gɔlfkɔ:s] *n* golfbana *c*
golf-links ['gɔlfliŋks] *n* golfbana *c*
gondola ['gɔndələ] *n* gondol *c*
gone [gɔn] *adv* (pp go) borta
good [gud] *adj* bra, god; snäll
good-bye! [,gud'bai] adjö!
good-humoured [,gud'hju:məd] *adj* gladlynt
good-looking [,gud'lukiŋ] *adj* snygg
good-natured [,gud'neitʃəd] *adj* godmodig
goods [gudz] *pl* varor *pl;* ~ **train** godståg *nt*
good-tempered [,gud'tempəd] *adj* godlynt
goodwill [,gud'wil] *n* välvilja *c*
goose [gu:s] *n* (pl geese) gås *c*
gooseberry ['guzbəri] *n* krusbär *nt*
goose-flesh ['gu:sfleʃ] *n* gåshud *c*

gorge [gɔ:dʒ] *n* bergsklyfta *c*
gorgeous ['gɔ:dʒəs] *adj* praktfull
gospel ['gɔspəl] *n* evangelium *nt*
gossip ['gɔsip] *n* skvaller *nt; v* skvallra
got [gɔt] *v* (p, pp get)
gourmet ['guəmei] *n* gastronom *c*
gout [gaut] *n* gikt *c*
govern ['gʌvən] *v* regera
governess ['gʌvənis] *n* guvernant *c*
government ['gʌvənmənt] *n* regering *c*, styrelse *c*
governor ['gʌvənə] *n* guvernör *c*
gown [gaun] *n* klänning *c*
grace [greis] *n* grace *c;* nåd *c*
graceful ['greisfəl] *adj* graciös; intagande; behaglig
grade [greid] *n* grad *c; v* klassificera
gradient ['greidiənt] *n* stigning *c*
gradual ['grædʒuəl] *adj* gradvis
graduate ['grædʒueit] *v* *ta examen
grain [grein] *n* korn *nt*, sädeskorn *nt*
gram [græm] *n* gram *nt*
grammar ['græmə] *n* grammatik *c*
grammatical [grə'mætikəl] *adj* grammatisk
gramophone ['græməfoun] *n* grammofon *c*
grand [grænd] *adj* storslagen
granddaughter ['græn,dɔ:tə] *n* sondotter *c*, dotterdotter *c*
grandfather ['græn,fɑ:ðə] *n* farfar *c*, morfar *c*
grandmother ['græn,mʌðə] *n* farmor *c;* mormor *c*
grandparents ['græn,pɛərənts] *pl* morföräldrar *pl*, farföräldrar *pl*
grandson ['grænsʌn] *n* sonson *c*, dotterson *c*
granite ['grænit] *n* granit *c*
grant [grɑ:nt] *v* bevilja, *medge; *n* bidrag *nt*, stipendium *nt*
grapefruit ['greipfru:t] *n* grapefrukt *c*
grapes [greips] *pl* vindruvor *pl*
graph [græf] *n* diagram *nt*
graphic ['græfik] *adj* grafisk
grasp [grɑ:sp] *v* *gripa; *n* grepp *nt*
grass [grɑ:s] *n* gräs *nt*
grasshopper ['grɑ:s,hɔpə] *n* gräshoppa *c*
grate [greit] *n* spisgaller *c; v* *riva
grateful ['greitfəl] *adj* tacksam
grater ['greitə] *n* rivjärn *nt*
gratis ['grætis] *adj* gratis
gratitude ['grætitju:d] *n* tacksamhet *c*
gratuity [grə'tju:əti] *n* gratifikation *c*
grave [greiv] *n* grav *c; adj* allvarlig
gravel ['grævəl] *n* grus *nt*
gravestone ['greivstoun] *n* gravsten *c*
graveyard ['greivjɑ:d] *n* begravningsplats *c*
gravity ['grævəti] *n* tyngdkraft *c;* allvar *nt*
gravy ['greivi] *n* sky *c*
graze [greiz] *v* beta; *n* skrubbsår *nt*
grease [gri:s] *n* fett *nt; v* *smörja
greasy ['gri:si] *adj* flottig, oljig
great [greit] *adj* stor; **Great Britain** Storbritannien
Greece [gri:s] Grekland
greed [gri:d] *n* habegär *nt*
greedy ['gri:di] *adj* hagalen; glupsk
Greek [gri:k] *adj* grekisk; *n* grek *c*
green [gri:n] *adj* grön; ~ **card** grönt kort
greengrocer ['gri:n,grousə] *n* grönsakshandlare *c*
greenhouse ['gri:nhaus] *n* drivhus *nt*, växthus *nt*
greens [gri:nz] *pl* grönsaker *pl*
greet [gri:t] *v* hälsa
greeting ['gri:tiŋ] *n* hälsning *c*
grey [grei] *adj* grå
greyhound ['greihaund] *n* vinthund *c*
grief [gri:f] *n* sorg *c*, bedrövelse *c*
grieve [gri:v] *v* sörja
grill [gril] *n* grill *c; v* grilla
grill-room ['grilru:m] *n* grillrestau-

rang *c*
grin [grin] *v* flina; *n* flin *nt*
***grind** [graind] *v* mala; finmala
grip [grip] *v* *gripa; *n* grepp *nt; nAm* kappsäck *c*
grit [grit] *n* grus *nt*
groan [groun] *v* stöna
grocer ['grousə] *n* specerihandlare *c;* **grocer's** speceriaffär *c*
groceries ['grousəriz] *pl* specerier *pl*
groin [grɔin] *n* ljumske *c*
groove [gru:v] *n* skåra *c,* fåra *c*
gross[1] [grous] *n* (pl ~) gross *nt*
gross[2] [grous] *adj* grov; brutto-
grotto ['grɔtou] *n* (pl ~es, ~s) grotta *c*
ground[1] [graund] *n* grund *c,* mark *c;* ~ **floor** bottenvåning *c;* **grounds** mark *c*
ground[2] [graund] *v* (p, pp grind)
group [gru:p] *n* grupp *c*
grouse [graus] *n* (pl ~) vildhönsfågel *c,* ripa *c*
grove [grouv] *n* skogsdunge *c*
***grow** [grou] *v* växa; odla; *bli
growl [graul] *v* morra
grown-up ['grounʌp] *adj* vuxen; *n* vuxen *c*
growth [grouθ] *n* växt *c;* svulst *c*
grudge [grʌdʒ] *v* missunna
grumble ['grʌmbəl] *v* knorra
guarantee [ˌgærən'ti:] *n* garanti *c;* säkerhet *c; v* garantera
guarantor [ˌgærən'tɔ:] *n* borgensman *c*
guard [gɑ:d] *n* vakt *c; v* bevaka
guardian ['gɑ:diən] *n* förmyndare *c*
guess [ges] *v* gissa; förmoda; *n* förmodan *c*
guest [gest] *n* gäst *c*
guest-house ['gesthaus] *n* pensionat *nt*
guest-room ['gestru:m] *n* gästrum *nt*
guide [gaid] *n* reseledare *c;* guide *c; v* vägleda; guida
guidebook ['gaidbuk] *n* resehandbok *c*
guide-dog ['gaiddɔg] *n* ledarhund *c*
guilt [gilt] *n* skuld *c*
guilty ['gilti] *adj* skyldig
guinea-pig ['ginipig] *n* marsvin *nt*
guitar [gi'tɑ:] *n* gitarr *c*
gulf [gʌlf] *n* bukt *c*
gull [gʌl] *n* mås *c*
gum [gʌm] *n* tandkött *nt;* gummi *nt;* klister *nt*
gun [gʌn] *n* gevär *nt;* kanon *c*
gunpowder ['gʌnˌpaudə] *n* krut *nt*
gust [gʌst] *n* kastby *c*
gusty ['gʌsti] *adj* stormig
gut [gʌt] *n* tarm *c;* **guts** mod *nt*
gutter ['gʌtə] *n* rännsten *c*
guy [gai] *n* karl *c*
gymnasium [dʒim'neiziəm] *n* (pl ~s, -sia) gymnastiksal *c*
gymnast ['dʒimnæst] *n* gymnast *c*
gymnastics [dʒim'næstiks] *pl* gymnastik *c*
gynaecologist [ˌgainə'kɔlədʒist] *n* gynekolog *c*

H

haberdashery ['hæbədæʃəri] *n* sybehörsaffär *c*
habit ['hæbit] *n* vana *c*
habitable ['hæbitəbəl] *adj* beboelig
habitual [hə'bitʃuəl] *adj* invand
had [hæd] *v* (p, pp have)
haddock ['hædək] *n* (pl ~) kolja *c*
haemorrhage ['hemərid3] *n* blödning *c*
haemorrhoids ['hemərɔidz] *pl* hemorrojder *pl*
hail [heil] *n* hagel *nt*
hair [hɛə] *n* hår *nt;* ~ **cream** hår-

kräm *c;* ~ **piece** löshår *nt;* ~ **rollers** hårrullar *pl;* ~ **tonic** hårvatten *nt*
hairbrush ['hɛəbrʌʃ] *n* hårborste *c*
haircut ['hɛəkʌt] *n* hårklippning *c*
hair-do ['hɛədu:] *n* frisyr *c*
hairdresser ['hɛə,dresə] *n* damfrisör *c*
hair-dryer ['hɛədraiə] *n* hårtork *c*
hair-grip ['hɛəgrip] *n* hårspänne *nt*
hair-net ['hɛənet] *n* hårnät *nt*
hair-oil ['hɛərɔil] *n* hårolja *c*
hairpin ['hɛəpin] *n* hårnål *c*
hair-spray ['hɛəsprei] *n* hårspray *nt*
hairy ['hɛəri] *adj* hårig
half[1] [ha:f] *adj* halv; *adv* till hälften
half[2] [ha:f] *n* (pl halves) hälft *c*
half-time [,ha:f'taim] *n* halvlek *c*
halfway [,ha:f'wei] *adv* halvvägs
halibut ['hælibət] *n* (pl ~) helgeflundra *c*
hall [hɔ:l] *n* hall *c;* sal *c*
halt [hɔ:lt] *v* stanna
halve [ha:v] *v* halvera
ham [hæm] *n* skinka *c*
hamlet ['hæmlət] *n* liten by
hammer ['hæmə] *n* hammare *c*
hammock ['hæmək] *n* hängmatta *c*
hamper ['hæmpə] *n* matkorg *c*
hand [hænd] *n* hand *c; v* överlämna; ~ **cream** handkräm *c*
handbag ['hændbæg] *n* handväska *c*
handbook ['hændbuk] *n* handbok *c*
hand-brake ['hændbreik] *n* handbroms *c*
handcuffs ['hændkʌfs] *pl* handbojor *pl*
handful ['hændful] *n* handfull *c*
handicraft ['hændikra:ft] *n* hantverk *nt;* konsthantverk *nt*
handkerchief ['hæŋkətʃif] *n* näsduk *c*
handle ['hændəl] *n* skaft *nt,* handtag *nt; v* hantera; behandla
hand-made [,hænd'meid] *adj* handgjord
handshake ['hændʃeik] *n* handslag *nt*
handsome ['hænsəm] *adj* snygg
handwork ['hændwə:k] *n* hantverk *nt*
handwriting ['hænd,raitiŋ] *n* handstil *c*
***hang** [hæŋ] *v* hänga
hanger ['hæŋə] *n* klädhängare *c*
hangover ['hæŋ,ouvə] *n* baksmälla *c*
happen ['hæpən] *v* hända, ske
happening ['hæpəniŋ] *n* händelse *c*
happiness ['hæpinəs] *n* lycka *c*
happy ['hæpi] *adj* belåten, lycklig
harbour ['ha:bə] *n* hamn *c*
hard [ha:d] *adj* hård; svår; **hardly** knappt
hardware ['ha:dwɛə] *n* järnvaror *pl;* ~ **store** järnhandel *c*
hare [hɛə] *n* hare *c*
harm [ha:m] *n* skada *c;* ont *nt; v* skada, *göra illa
harmful ['ha:mfəl] *adj* skadlig
harmless ['ha:mləs] *adj* oförarglig
harmony ['ha:məni] *n* harmoni *c*
harp [ha:p] *n* harpa *c*
harpsichord ['ha:psikɔ:d] *n* cembalo *c*
harsh [ha:ʃ] *adj* sträv; sträng; grym
harvest ['ha:vist] *n* skörd *c*
has [hæz] *v* (pr have)
haste [heist] *n* brådska *c,* hast *c*
hasten ['heisən] *v* skynda sig
hasty ['heisti] *adj* hastig
hat [hæt] *n* hatt *c;* ~ **rack** hatthylla *c*
hatch [hætʃ] *n* lucka *c*
hate [heit] *v* hata; *n* hat *nt*
hatred ['heitrid] *n* hat *nt*
haughty ['hɔ:ti] *adj* högdragen
haul [hɔ:l] *v* släpa
***have** [hæv] *v* *ha; *få; ~ **to** *måste
haversack ['hævəsæk] *n* ränsel *c*
hawk [hɔ:k] *n* hök *c;* falk *c*
hay [hei] *n* hö *nt;* ~ **fever** hösnuva *c*
hazard ['hæzəd] *n* risk *c*
haze [heiz] *n* dis *nt*
hazelnut ['heizəlnʌt] *n* hasselnöt *c*

hazy ['heizi] *adj* disig
he [hi:] *pron* han
head [hed] *n* huvud *nt; v* leda; ~ **of state** statsöverhuvud *nt;* ~ **teacher** överlärare *c*
headache ['hedeik] *n* huvudvärk *c*
heading ['hediŋ] *n* överskrift *c*
headlamp ['hedlæmp] *n* strålkastare *c*
headland ['hedlənd] *n* udde *c*
headlight ['hedlait] *n* strålkastare *c*
headline ['hedlain] *n* rubrik *c*
headmaster [ˌhed'mɑ:stə] *n* rektor *c*
headquarters [ˌhed'kwɔ:təz] *pl* högkvarter *nt*
head-strong ['hedstrɔŋ] *adj* envis
head-waiter [ˌhed'weitə] *n* hovmästare *c*
heal [hi:l] *v* läka
health [helθ] *n* hälsa *c;* ~ **centre** hälsovårdscentral *c;* ~ **certificate** friskintyg *nt*
healthy ['helθi] *adj* frisk
heap [hi:p] *n* hög *c*
***hear** [hiə] *v* höra
hearing ['hiəriŋ] *n* hörsel *c*
heart [hɑ:t] *n* hjärta *nt;* innersta *nt;* **by** ~ utantill; ~ **attack** hjärtattack *c*
heartburn ['hɑ:tbə:n] *n* halsbränna *c*
hearth [hɑ:θ] *n* eldstad *c*
heartless ['hɑ:tləs] *adj* hjärtlös
hearty ['hɑ:ti] *adj* hjärtlig
heat [hi:t] *n* hetta *c,* värme *c; v* uppvärma; **heating pad** värmedyna *c*
heater ['hi:tə] *n* kamin *c;* **immersion** ~ doppvärmare *c*
heath [hi:θ] *n* hed *c*
heathen ['hi:ðən] *n* hedning *c; adj* hednisk
heather ['heðə] *n* ljung *c*
heating ['hi:tiŋ] *n* uppvärmning *c*
heaven ['hevən] *n* himmel *c*
heavy ['hevi] *adj* tung
Hebrew ['hi:bru:] *n* hebreiska *c*
hedge [hedʒ] *n* häck *c*
hedgehog ['hedʒhɔg] *n* igelkott *c*
heel [hi:l] *n* häl *c;* klack *c*
height [hait] *n* höjd *c;* höjdpunkt *c*
hell [hel] *n* helvete *nt*
hello! [he'lou] hej!; goddag!
helm [helm] *n* rorkult *c*
helmet ['helmit] *n* hjälm *c*
helmsman ['helmzmən] *n* rorsman *c*
help [help] *v* hjälpa; *n* hjälp *c*
helper ['helpə] *n* hjälp *c*
helpful ['helpfəl] *adj* hjälpsam
helping ['helpiŋ] *n* portion *c*
hem [hem] *n* fåll *c*
hemp [hemp] *n* hampa *c*
hen [hen] *n* höna *c*
henceforth [ˌhens'fɔ:θ] *adv* hädanefter
her [hə:] *pron* henne; *adj* hennes
herb [hə:b] *n* ört *c*
herd [hə:d] *n* hjord *c*
here [hiə] *adv* här; ~ **you are** var så god
hereditary [hi'reditəri] *adj* ärftlig
hernia ['hə:niə] *n* brock *nt*
hero ['hiərou] *n* (pl ~es) hjälte *c*
heron ['herən] *n* häger *c*
herring ['heriŋ] *n* (pl ~, ~s) sill *c*
herself [hə:'self] *pron* sig; själv
hesitate ['heziteit] *v* tveka
heterosexual [ˌhetərə'sekʃuəl] *adj* heterosexuell
hiccup ['hikʌp] *n* hicka *c*
hide [haid] *n* djurhud *c,* skinn *nt*
***hide** [haid] *v* gömma; *dölja
hideous ['hidiəs] *adj* avskyvärd
hierarchy ['haiərɑ:ki] *n* hierarki *c*
high [hai] *adj* hög
highway ['haiwei] *n* landsväg *c; nAm* motorväg *c*
hijack ['haidʒæk] *v* kapa
hijacker ['haidʒækə] *n* kapare *c*
hike [haik] *v* vandra
hill [hil] *n* kulle *c;* backe *c*

hillside ['hilsaid] *n* sluttning *c*
hilltop ['hiltɔp] *n* backkrön *nt*
hilly ['hili] *adj* backig, kuperad
him [him] *pron* honom
himself [him'self] *pron* sig; själv
hinder ['hində] *v* hindra
hinge [hindʒ] *n* gångjärn *nt*
hip [hip] *n* höft *c*
hire [haiə] *v* hyra; **for ~** till uthyrning
hire-purchase [ˌhaiə'pə:tʃəs] *n* avbetalningsköp *nt*
his [hiz] *adj* hans
historian [hi'stɔ:riən] *n* historiker *c*
historic [hi'stɔrik] *adj* historisk
historical [hi'stɔrikəl] *adj* historisk
history ['histəri] *n* historia *c*
hit [hit] *n* schlager *c*
***hit** [hit] *v* *slå; träffa
hitchhike ['hitʃhaik] *v* lifta
hitchhiker ['hitʃˌhaikə] *n* liftare *c*
hoarse [hɔ:s] *adj* skrovlig, hes
hobby ['hɔbi] *n* hobby *c*
hobby-horse ['hɔbihɔ:s] *n* käpphäst *c*
hockey ['hɔki] *n* hockey *c*
hoist [hɔist] *v* hissa
hold [hould] *n* lastrum *nt*
***hold** [hould] *v* *hålla fast, *hålla; *bibehålla; **~ on** *hålla sig fast; **~ up** stötta, *hålla uppe
hold-up ['houldʌp] *n* väpnat rån
hole [houl] *n* hål *nt*
holiday ['hɔlədi] *n* semester *c;* helgdag *c;* **~ camp** ferieläger *nt;* **~ resort** semesterort *c;* **on ~** på semester
Holland ['hɔlənd] Holland
hollow ['hɔlou] *adj* ihålig
holy ['houli] *adj* helig
homage ['hɔmidʒ] *n* hyllning *c*
home [houm] *n* hem *nt;* hus *nt,* vårdhem *nt; adv* hemma, hem; **at ~** hemma
home-made [ˌhoum'meid] *adj* hemgjord
homesickness ['houmˌsiknəs] *n* hemlängtan *c*
homosexual [ˌhoumə'sekʃuəl] *adj* homosexuell
honest ['ɔnist] *adj* ärlig; uppriktig
honesty ['ɔnisti] *n* ärlighet *c*
honey ['hʌni] *n* honung *c*
honeymoon ['hʌnimu:n] *n* smekmånad *c,* bröllopsresa *c*
honk [hʌŋk] *vAm* tuta
honour ['ɔnə] *n* heder *c; v* hedra, ära
honourable ['ɔnərəbəl] *adj* ärofull; rättskaffens
hood [hud] *n* kapuschong *c; nAm* motorhuv *c*
hoof [hu:f] *n* hov *c*
hook [huk] *n* krok *c*
hoot [hu:t] *v* tuta
hooter ['hu:tə] *n* signalhorn *nt*
hoover ['hu:və] *v* *dammsuga
hop[1] [hɔp] *v* hoppa; *n* hopp *nt*
hop[2] [hɔp] *n* humle *nt*
hope [houp] *n* hopp *nt; v* hoppas
hopeful ['houpfəl] *adj* hoppfull
hopeless ['houpləs] *adj* hopplös
horizon [hə'raizən] *n* horisont *c*
horizontal [ˌhɔri'zɔntəl] *adj* horisontal
horn [hɔ:n] *n* horn *nt;* blåsinstrument *nt;* signalhorn *nt*
horrible ['hɔribəl] *adj* förskräcklig; ryslig, avskyvärd, gräslig
horror ['hɔrə] *n* skräck *c,* fasa *c*
hors-d'œuvre [ɔ:'də:vr] *n* förrätt *c*
horse [hɔ:s] *n* häst *c*
horseman ['hɔ:smən] *n* (pl -men) ryttare *c*
horsepower ['hɔ:sˌpauə] *n* hästkraft *c*
horserace ['hɔ:sreis] *n* hästkapplöpning *c*
horseradish ['hɔ:sˌrædiʃ] *n* pepparrot *c*
horseshoe ['hɔ:sʃu:] *n* hästsko *c*
horticulture ['hɔ:tikʌltʃə] *n* trädgårds-

odling *c*
hosiery ['houʒəri] *n* trikåvaror *pl*
hospitable ['hɔspitəbəl] *adj* gästfri
hospital ['hɔspitəl] *n* sjukhus *nt*, lasarett *nt*
hospitality [ˌhɔspi'tæləti] *n* gästfrihet *c*
host [houst] *n* värd *c*
hostage ['hɔstidʒ] *n* gisslan *c*
hostel ['hɔstəl] *n* härbärge *nt*
hostess ['houstis] *n* värdinna *c*
hostile ['hɔstail] *adj* fientlig
hot [hɔt] *adj* varm, het
hotel [hou'tel] *n* hotell *nt*
hot-tempered [ˌhɔt'tempəd] *adj* hetlevrad
hour [auə] *n* timme *c*
hourly ['auəli] *adj* varje timme
house [haus] *n* hus *nt*; bostad *c*; ~ **agent** fastighetsmäklare *c*; ~ **block** *Am* husblock *nt*; **public** ~ restaurang *c*
houseboat ['hausbout] *n* husbåt *c*
household ['haushould] *n* hushåll *nt*
housekeeper ['hausˌki:pə] *n* hushållerska *c*
housekeeping ['hausˌki:piŋ] *n* hushållning *c*, hushållssysslor *pl*
housemaid ['hausmeid] *n* hembiträde *nt*
housewife ['hauswaif] *n* hemmafru *c*
housework ['hauswə:k] *n* hushållsarbete *nt*
how [hau] *adv* hur; så; ~ **many** hur många; ~ **much** hur mycket
however [hau'evə] *conj* likväl, emellertid
hug [hʌg] *v* omfamna; *n* kram *c*
huge [hju:dʒ] *adj* kolossal, jättestor, väldig
hum [hʌm] *v* nynna
human ['hju:mən] *adj* mänsklig; ~ **being** människa *c*
humanity [hju'mænəti] *n* mänsklighet *c*
humble ['hʌmbəl] *adj* ödmjuk
humid ['hju:mid] *adj* fuktig
humidity [hju'midəti] *n* fuktighet *c*
humorous ['hju:mərəs] *adj* skämtsam, humoristisk, lustig
humour ['hju:mə] *n* humor *c*
hundred ['hʌndrəd] *n* hundra
Hungarian [hʌŋ'gɛəriən] *adj* ungersk; *n* ungrare *c*
Hungary ['hʌŋgəri] Ungern
hunger ['hʌŋgə] *n* hunger *c*
hungry ['hʌŋgri] *adj* hungrig
hunt [hʌnt] *v* jaga; *n* jakt *c*
hunter ['hʌntə] *n* jägare *c*
hurricane ['hʌrikən] *n* orkan *c*; ~ **lamp** stormlykta *c*
hurry ['hʌri] *v* skynda sig; *n* brådska *c*; **in a** ~ fort
***hurt** [hə:t] *v* värka, skada; såra
hurtful ['hə:tfəl] *adj* skadlig
husband ['hʌzbənd] *n* äkta man, make *c*
hut [hʌt] *n* hydda *c*
hydrogen ['haidrədʒən] *n* väte *nt*
hygiene ['haidʒi:n] *n* hygien *c*
hygienic [hai'dʒi:nik] *adj* hygienisk
hymn [him] *n* hymn *c*, psalm *c*
hyphen ['haifən] *n* bindestreck *nt*
hypocrisy [hi'pɔkrəsi] *n* hyckleri *nt*
hypocrite ['hipəkrit] *n* hycklare *c*
hypocritical [ˌhipə'kritikəl] *adj* hycklande, skenhelig
hysterical [hi'sterikəl] *adj* hysterisk

I

I [ai] *pron* jag
ice [ais] *n* is *c*
ice-bag ['aisbæg] *n* isblåsa *c*
ice-cream ['aiskri:m] *n* glass *c*
Iceland ['aislənd] Island

Icelander ['aisləndə] *n* islänning *c*
Icelandic [ais'lændik] *adj* isländsk
icon ['aikɔn] *n* ikon *c*
idea [ai'diə] *n* idé *c;* tanke *c,* infall *nt;* begrepp *nt,* föreställning *c*
ideal [ai'diəl] *adj* idealisk; *n* ideal *nt*
identical [ai'dentikəl] *adj* identisk
identification [ai,dentifi'keiʃən] *n* identifiering *c;* legitimation *c*
identify [ai'dentifai] *v* identifiera
identity [ai'dentəti] *n* identitet *c;* ~ **card** identitetskort *nt*
idiom ['idiəm] *n* idiom *nt*
idiomatic [,idiə'mætik] *adj* idiomatisk
idiot ['idiət] *n* idiot *c*
idiotic [,idi'ɔtik] *adj* idiotisk
idle ['aidəl] *adj* overksam; lat; gagnlös, tom
idol ['aidəl] *n* avgud *c;* idol *c*
if [if] *conj* om; ifall
ignition [ig'niʃən] *n* tändning *c;* ~ **coil** tändspole *c*
ignorant ['ignərənt] *adj* okunnig
ignore [ig'nɔ:] *v* ignorera
ill [il] *adj* sjuk; dålig; elak
illegal [i'li:gəl] *adj* olaglig, illegal
illegible [i'ledʒəbəl] *adj* oläslig
illiterate [i'litərət] *n* analfabet *c*
illness ['ilnəs] *n* sjukdom *c*
illuminate [i'lu:mineit] *v* lysa upp
illumination [i,lu:mi'neiʃən] *n* belysning *c*
illusion [i'lu:ʒən] *n* illusion *c;* villfarelse *c*
illustrate ['iləstreit] *v* illustrera
illustration [,ilə'streiʃən] *n* illustration *c*
image ['imidʒ] *n* bild *c*
imaginary [i'mædʒinəri] *adj* inbillad
imagination [i,mædʒi'neiʃən] *n* fantasi *c,* inbillning *c*
imagine [i'mædʒin] *v* föreställa sig; inbilla sig; tänka sig
imitate ['imiteit] *v* imitera, efterlikna
imitation [,imi'teiʃən] *n* imitation *c*
immediate [i'mi:djət] *adj* omedelbar
immediately [i'mi:djətli] *adv* genast, omedelbart
immense [i'mens] *adj* enorm, oerhörd, oändlig
immigrant ['imigrənt] *n* invandrare *c*
immigrate ['imigreit] *v* immigrera
immigration [,imi'greiʃən] *n* invandring *c*
immodest [i'mɔdist] *adj* oblyg
immunity [i'mju:nəti] *n* immunitet *c*
immunize ['imjunaiz] *v* immunisera
impartial [im'pɑ:ʃəl] *adj* opartisk
impassable [im'pɑ:səbəl] *adj* oframkomlig
impatient [im'peiʃənt] *adj* otålig
impede [im'pi:d] *v* hindra
impediment [im'pedimənt] *n* hinder *nt*
imperfect [im'pə:fikt] *adj* ofullkomlig
imperial [im'piəriəl] *adj* kejserlig; imperial-
impersonal [im'pə:sənəl] *adj* opersonlig
impertinence [im'pə:tinəns] *n* näsvishet *c*
impertinent [im'pə:tinənt] *adj* oförskämd, fräck, näsvis
implement[1] ['implimənt] *n* redskap *nt,* verktyg *nt*
implement[2] ['impliment] *v* utföra, *fullgöra
imply [im'plai] *v* antyda; *innebära
impolite [,impə'lait] *adj* ohövlig
import[1] [im'pɔ:t] *v* införa, importera
import[2] ['impɔ:t] *n* import *c,* införsel *c,* importvara *c;* ~ **duty** importtull *c*
importance [im'pɔ:təns] *n* betydelse *c*
important [im'pɔ:tənt] *adj* viktig, betydelsefull
importer [im'pɔ:tə] *n* importör *c*
imposing [im'pouziŋ] *adj* imponerande

impossible [im'pɔsəbəl] *adj* omöjlig
impotence ['impətəns] *n* impotens *c*
impotent ['impətənt] *adj* impotent
impound [im'paund] *v* *beslagta
impress [im'pres] *v* *göra intryck på, imponera
impression [im'preʃən] *n* intryck *nt*
impressive [im'presiv] *adj* imponerande
imprison [im'prizən] *v* fängsla
imprisonment [im'prizənmənt] *n* fångenskap *c*
improbable [im'prɔbəbəl] *adj* otrolig
improper [im'prɔpə] *adj* opassande, felaktig
improve [im'pru:v] *v* förbättra
improvement [im'pru:vmənt] *n* förbättring *c*
improvise ['imprəvaiz] *v* improvisera
impudent ['impjudənt] *adj* oförskämd
impulse ['impʌls] *n* impuls *c;* stimulans *c*
impulsive [im'pʌlsiv] *adj* impulsiv
in [in] *prep* i; om, på; *adv* in
inaccessible [i,næk'sesəbəl] *adj* otillgänglig
inaccurate [i'nækjurət] *adj* oriktig
inadequate [i'nædikwət] *adj* otillräcklig
incapable [iŋ'keipəbəl] *adj* oduglig
incense ['insens] *n* rökelse *c*
incident ['insidənt] *n* händelse *c*
incidental [,insi'dentəl] *adj* tillfällig
incite [in'sait] *v* sporra
inclination [,iŋkli'neiʃən] *n* benägenhet *c*
incline [iŋ'klain] *n* sluttning *c*
inclined [iŋ'klaind] *adj* benägen; lutande; ***be ~ to** *vara benägen att
include [iŋ'klu:d] *v* innefatta, omfatta; **included** inberäknad
inclusive [iŋ'klu:siv] *adj* inklusive
income ['iŋkəm] *n* inkomst *c*
income-tax ['iŋkəmtæks] *n* inkomstskatt *c*
incompetent [iŋ'kɔmpətənt] *adj* inkompetent
incomplete [,iŋkəm'pli:t] *adj* ofullständig
inconceivable [,iŋkən'si:vəbəl] *adj* ofattbar
inconspicuous [,iŋkən'spikjuəs] *adj* oansenlig, försynt
inconvenience [,iŋkən'vi:njəns] *n* olägenhet *c*, besvär *nt*
inconvenient [,iŋkən'vi:njənt] *adj* olämplig; besvärlig
incorrect [,iŋkə'rekt] *adj* felaktig, oriktig
increase[1] [iŋ'kri:s] *v* öka; *tillta
increase[2] ['iŋkri:s] *n* ökning *c*
incredible [iŋ'kredəbəl] *adj* otrolig
incurable [iŋ'kjuərəbəl] *adj* obotlig
indecent [in'di:sənt] *adj* opassande
indeed [in'di:d] *adv* verkligen
indefinite [in'definit] *adj* obestämd
indemnity [in'demnəti] *n* skadeersättning *c*, gottgörelse *c*
independence [,indi'pendəns] *n* självständighet *c*
independent [,indi'pendənt] *adj* självständig; oberoende
index ['indeks] *n* register *nt*, förteckning *c;* **~ finger** pekfinger *nt*
India ['indiə] Indien
Indian ['indiən] *adj* indisk; indiansk; *n* indier *c;* indian *c*
indicate ['indikeit] *v* påpeka, antyda, visa
indication [,indi'keiʃən] *n* tecken *nt*, antydan *c*
indicator ['indikeitə] *n* indikator *c*, blinker *c*
indifferent [in'difərənt] *adj* likgiltig
indigestion [,indi'dʒestʃən] *n* matsmältningsbesvär *nt*
indignation [,indig'neiʃən] *n* harm *c*, upprördhet *c*

indirect [ˌindiˈrekt] *adj* indirekt
individual [ˌindiˈvidʒuəl] *adj* enskild, individuell; *n* individ *c*, enskild person
Indonesia [ˌindəˈni:ziə] Indonesien
Indonesian [ˌindəˈni:ziən] *adj* indonesisk; *n* indones *c*
indoor [ˈindɔ:] *adj* inomhus-
indoors [ˌinˈdɔ:z] *adv* inomhus
indulge [inˈdʌldʒ] *v* *ge efter
industrial [inˈdʌstriəl] *adj* industriell; ~ **area** industriområde *nt*
industrious [inˈdʌstriəs] *adj* flitig
industry [ˈindəstri] *n* industri *c*
inedible [iˈnedibəl] *adj* oätbar
inefficient [ˌiniˈfiʃənt] *adj* ineffektiv; oduglig
inevitable [iˈnevitəbəl] *adj* oundviklig
inexpensive [ˌinikˈspensiv] *adj* billig
inexperienced [ˌinikˈspiəriənst] *adj* oerfaren
infant [ˈinfənt] *n* spädbarn *nt*
infantry [ˈinfəntri] *n* infanteri *nt*
infect [inˈfekt] *v* infektera, smitta
infection [inˈfekʃən] *n* infektion *c*
infectious [inˈfekʃəs] *adj* smittosam
infer [inˈfə:] *v* *innebära, *dra en slutsats
inferior [inˈfiəriə] *adj* underlägsen, sämre; mindervärdig; nedre
infinite [ˈinfinət] *adj* oändlig
infinitive [inˈfinitiv] *n* infinitiv *c*
infirmary [inˈfə:məri] *n* sjukvårdsrum *nt*
inflammable [inˈflæməbəl] *adj* eldfarlig
inflammation [ˌinfləˈmeiʃən] *n* inflammation *c*
inflatable [inˈfleitəbəl] *adj* uppblåsbar
inflate [inˈfleit] *v* blåsa upp
inflation [inˈfleiʃən] *n* inflation *c*
influence [ˈinfluəns] *n* påverkan *c*; *v* påverka
influential [ˌinfluˈenʃəl] *adj* inflytelserik
influenza [ˌinfluˈenzə] *n* influensa *c*
inform [inˈfɔ:m] *v* informera; meddela, underrätta
informal [inˈfɔ:məl] *adj* informell
information [ˌinfəˈmeiʃən] *n* uppgift *c*; upplysning *c*, meddelande *nt*; ~ **bureau** upplysningsbyrå *c*
infra-red [ˌinfrəˈred] *adj* infraröd
infrequent [inˈfri:kwənt] *adj* sällsynt
ingredient [iŋˈgri:diənt] *n* ingrediens *c*
inhabit [inˈhæbit] *v* bebo
inhabitable [inˈhæbitəbəl] *adj* beboelig
inhabitant [inˈhæbitənt] *n* invånare *c*
inhale [inˈheil] *v* inandas
inherit [inˈherit] *v* ärva
inheritance [inˈheritəns] *n* arv *nt*
initial [iˈniʃəl] *adj* ursprunglig, första; *n* initial *c*; *v* parafera
initiative [iˈniʃətiv] *n* initiativ *nt*
inject [inˈdʒekt] *v* inspruta
injection [inˈdʒekʃən] *n* injektion *c*
injure [ˈindʒə] *v* skada, såra
injury [ˈindʒəri] *n* skada *c*, oförrätt *c*
injustice [inˈdʒʌstis] *n* orättvisa *c*
ink [iŋk] *n* bläck *nt*
inlet [ˈinlet] *n* sund *nt*, inlopp *nt*
inn [in] *n* värdshus *nt*
inner [ˈinə] *adj* inre; ~ **tube** innerslang *c*
inn-keeper [ˈinˌki:pə] *n* värdshusvärd *c*
innocence [ˈinəsəns] *n* oskuld *c*
innocent [ˈinəsənt] *adj* oskyldig
inoculate [iˈnɔkjuleit] *v* ympa
inoculation [iˌnɔkjuˈleiʃən] *n* ympning *c*
inquire [iŋˈkwaiə] *v* *ta reda på, förhöra sig, förfråga sig
inquiry [iŋˈkwaiəri] *n* förfrågan *c*; undersökning *c*; ~ **office** upplysningsbyrå *c*
inquisitive [iŋˈkwizətiv] *adj* frågvis
insane [inˈsein] *adj* sinnessjuk

inscription [in'skripʃən] *n* inskription *c*
insect ['insekt] *n* insekt *c;* ~ **repellent** insektsmedel *nt*
insecticide [in'sektisaid] *n* insektsgift *nt*
insensitive [in'sensətiv] *adj* känslolös
insert [in'sə:t] *v* infoga, stoppa in
inside [ˌin'said] *n* insida *c; adj* inre; *adv* inne; inuti; *prep* innanför, in i; ~ **out** ut och in
insight ['insait] *n* insikt *c*
insignificant [ˌinsig'nifikənt] *adj* obetydlig; oansenlig, intetsägande; oviktig
insist [in'sist] *v* insistera; *vidhålla
insolence ['insələns] *n* oförskämdhet *c*
insolent ['insələnt] *adj* oförskämd, fräck
insomnia [in'sɔmniə] *n* sömnlöshet *c*
inspect [in'spekt] *v* inspektera, undersöka, granska
inspection [in'spekʃən] *n* inspektion *c;* kontroll *c*
inspector [in'spektə] *n* inspektor *c*, inspektör *c*
inspire [in'spaiə] *v* inspirera
install [in'stɔ:l] *v* installera
installation [ˌinstə'leiʃən] *n* installation *c*
instalment [in'stɔ:lmənt] *n* avbetalning *c*
instance ['instəns] *n* exempel *nt;* fall *nt;* **for** ~ till exempel
instant ['instənt] *n* ögonblick *nt*
instantly ['instəntli] *adv* ögonblickligen, omedelbart
instead of [in'sted ɔv] i stället för
instinct ['instiŋkt] *n* instinkt *c*
institute ['institju:t] *n* institut *nt;* anstalt *c; v* stifta, inrätta
institution [ˌinsti'tju:ʃən] *n* institution *c*, grundande *nt*
instruct [in'strʌkt] *v* instruera
instruction [in'strʌkʃən] *n* undervisning *c*
instructive [in'strʌktiv] *adj* lärorik
instructor [in'strʌktə] *n* lärare *c*, instruktör *c*
instrument ['instrumənt] *n* instrument *nt;* **musical** ~ musikinstrument *nt*
insufficient [ˌinsə'fiʃənt] *adj* otillräcklig
insulate ['insjuleit] *v* isolera
insulation [ˌinsju'leiʃən] *n* isolering *c*
insulator ['insjuleitə] *n* isolator *c*
insult[1] [in'sʌlt] *v* förolämpa
insult[2] ['insʌlt] *n* förolämpning *c*
insurance [in'ʃuərəns] *n* försäkring *c;* ~ **policy** försäkringsbrev *nt*
insure [in'ʃuə] *v* försäkra
intact [in'tækt] *adj* intakt
intellect ['intəlekt] *n* förstånd *nt*, intellekt *nt*
intellectual [ˌintə'lektʃuəl] *adj* intellektuell
intelligence [in'telidʒəns] *n* intelligens *c*
intelligent [in'telidʒənt] *adj* intelligent
intend [in'tend] *v* ämna
intense [in'tens] *adj* intensiv; häftig
intention [in'tenʃən] *n* avsikt *c*
intentional [in'tenʃənəl] *adj* avsiktlig
intercourse ['intəkɔ:s] *n* umgänge *nt*
interest ['intrəst] *n* intresse *nt;* ränta *c; v* intressera
interesting ['intrəstiŋ] *adj* intressant
interfere [ˌintə'fiə] *v* *ingripa; ~ **with** blanda sig i
interference [ˌintə'fiərəns] *n* inblandning *c*
interim ['intərim] *n* mellantid *c*
interior [in'tiəriə] *n* insida *c;* interiör *c;* inrikesärenden
interlude ['intəlu:d] *n* mellanspel *nt*
intermediary [ˌintə'mi:djəri] *n* för-

medlare *c*
intermission [ˌintəˈmiʃən] *n* paus *c*
internal [inˈtə:nəl] *adj* inre; invärtes; inhemsk, invändig
international [ˌintəˈnæʃənəl] *adj* internationell
interpret [inˈtə:prit] *v* tolka
interpreter [inˈtə:pritə] *n* tolk *c*
interrogate [inˈterəgeit] *v* förhöra
interrogation [inˌterəˈgeiʃən] *n* förhör *nt*
interrogative [ˌintəˈrɔgətiv] *adj* interrogativ
interrupt [ˌintəˈrʌpt] *v* *avbryta
interruption [ˌintəˈrʌpʃən] *n* avbrott *nt*
intersection [ˌintəˈsekʃən] *n* skärning *c*, vägkorsning *c*
interval [ˈintəvəl] *n* paus *c*; intervall *c*
intervene [ˌintəˈvi:n] *v* *ingripa
interview [ˈintəvju:] *n* intervju *c*
intestine [inˈtestin] *n* tarm *c*
intimate [ˈintimət] *adj* förtrolig
into [ˈintu] *prep* in i
intolerable [inˈtɔlərəbəl] *adj* outhärdlig
intoxicated [inˈtɔksikeitid] *adj* berusad
intrigue [inˈtri:g] *n* intrig *c*
introduce [ˌintrəˈdju:s] *v* presentera, introducera; införa
introduction [ˌintrəˈdʌkʃən] *n* presentation *c*; inledning *c*
invade [inˈveid] *v* invadera
invalid[1] [ˈinvəli:d] *n* invalid *c*; *adj* invalidiserad
invalid[2] [inˈvælid] *adj* ogiltig
invasion [inˈveiʒən] *n* invasion *c*
invent [inˈvent] *v* *uppfinna; uppdikta
invention [inˈvenʃən] *n* uppfinning *c*
inventive [inˈventiv] *adj* uppfinningsrik
inventor [inˈventə] *n* uppfinnare *c*
inventory [ˈinvəntri] *n* inventering *c*
invert [inˈvə:t] *v* kasta om, vända upp och ner
invest [inˈvest] *v* investera; placera pengar
investigate [inˈvestigeit] *v* efterforska, utreda
investigation [inˌvestiˈgeiʃən] *n* utredning *c*
investment [inˈvestmənt] *n* investering *c*, kapitalplacering *c*
investor [inˈvestə] *n* aktieägare *c*, investerare *c*
invisible [inˈvizəbəl] *adj* osynlig
invitation [ˌinviˈteiʃən] *n* inbjudan *c*
invite [inˈvait] *v* *inbjuda
invoice [ˈinvɔis] *n* faktura *c*
involve [inˈvɔlv] *v* inblanda
inwards [ˈinwədz] *adv* inåt
iodine [ˈaiədi:n] *n* jod *c*
Iran [iˈrɑ:n] Iran
Iranian [iˈreiniən] *adj* iransk; *n* iranier *c*
Iraq [iˈrɑ:k] Irak
Iraqi [iˈrɑ:ki] *adj* irakisk; *n* irakier *c*
irascible [iˈræsibəl] *adj* lättretlig
Ireland [ˈaiələnd] Irland
Irish [ˈaiəriʃ] *adj* irländsk
Irishman [ˈaiəriʃmən] *n* (pl -men) irländare *c*
iron [ˈaiən] *n* järn *nt*; strykjärn *nt*; järn-; *v* *stryka
ironical [aiˈrɔnikəl] *adj* ironisk
ironworks [ˈaiənwə:ks] *n* järnverk *nt*
irony [ˈaiərəni] *n* ironi *c*
irregular [iˈregjulə] *adj* oregelbunden
irreparable [iˈrepərəbəl] *adj* oreparerbar
irrevocable [iˈrevəkəbəl] *adj* oåterkallelig
irritable [ˈiritəbəl] *adj* lättretad
irritate [ˈiriteit] *v* irritera, reta
is [iz] *v* (pr be)
island [ˈailənd] *n* ö *c*
isolate [ˈaisəleit] *v* isolera

isolation [ˌaisəˈleiʃən] *n* isolering *c*
Israel [ˈizreil] Israel
Israeli [izˈreili] *adj* israelisk; *n* israelier *c*
issue [ˈiʃuː] *v* *utge; *n* utgivning *c*, upplaga *c;* fråga *c*, tvisteämne *nt;* resultat *nt*, utgång *c*, följd *c*, konsekvens *c*
isthmus [ˈisməs] *n* näs *nt*
it [it] *pron* den, det
Italian [iˈtæljən] *adj* italiensk; *n* italienare *c*
italics [iˈtæliks] *pl* kursivering *c*
Italy [ˈitəli] Italien
itch [itʃ] *n* klåda *c; v* klia
item [ˈaitəm] *n* post *c;* punkt *c*
itinerant [aiˈtinərənt] *adj* kringresande
itinerary [aiˈtinərəri] *n* resrutt *c*, resplan *c*
ivory [ˈaivəri] *n* elfenben *nt*
ivy [ˈaivi] *n* murgröna *c*

J

jack [dʒæk] *n* domkraft *c*
jacket [ˈdʒækit] *n* kavaj *c*, jacka *c;* bokomslag *nt*
jade [dʒeid] *n* jade *c*
jail [dʒeil] *n* fängelse *nt*
jailer [ˈdʒeilə] *n* fångvaktare *c*
jam [dʒæm] *n* sylt *c;* trafikstockning *c*
janitor [ˈdʒænitə] *n* portvakt *c*
January [ˈdʒænjuəri] januari
Japan [dʒəˈpæn] Japan
Japanese [ˌdʒæpəˈniːz] *adj* japansk; *n* japan *c*
jar [dʒɑː] *n* kruka *c;* skakning *c*
jaundice [ˈdʒɔːndis] *n* gulsot *c*
jaw [dʒɔː] *n* käke *c*
jealous [ˈdʒeləs] *adj* svartsjuk
jealousy [ˈdʒeləsi] *n* svartsjuka *c*
jeans [dʒiːnz] *pl* jeans *pl*
jelly [ˈdʒeli] *n* gelé *c*
jelly-fish [ˈdʒelifiʃ] *n* manet *c*
jersey [ˈdʒəːzi] *n* jerseytyg *nt;* ylletröja *c*
jet [dʒet] *n* stråle *c;* jetplan *nt*
jetty [ˈdʒeti] *n* hamnpir *c*
Jew [dʒuː] *n* jude *c*
jewel [ˈdʒuːəl] *n* smycke *nt*
jeweller [ˈdʒuːələ] *n* juvelerare *c*
jewellery [ˈdʒuːəlri] *n* smycken; juveler
Jewish [ˈdʒuːiʃ] *adj* judisk
job [dʒɔb] *n* jobb *nt;* plats *c*, arbete *nt*
jockey [ˈdʒɔki] *n* jockey *c*
join [dʒɔin] *v* *förbinda; *ansluta sig till; förena, sammanfoga
joint [dʒɔint] *n* led *c;* sammanfogning *c; adj* gemensam, förenad
jointly [ˈdʒɔintli] *adv* gemensamt
joke [dʒouk] *n* vits *c*, skämt *nt*
jolly [ˈdʒɔli] *adj* lustig
Jordan [ˈdʒɔːdən] Jordanien
Jordanian [dʒɔːˈdeiniən] *adj* jordansk; *n* jordanier *c*
journal [ˈdʒəːnəl] *n* journal *c*, tidskrift *c*
journalism [ˈdʒəːnəlizəm] *n* journalism *c*
journalist [ˈdʒəːnəlist] *n* journalist *c*
journey [ˈdʒəːni] *n* resa *c*
joy [dʒɔi] *n* fröjd *c*, glädje *c*
joyful [ˈdʒɔifəl] *adj* förtjust, glad
jubilee [ˈdʒuːbiliː] *n* jubileum *nt*
judge [dʒʌdʒ] *n* domare; *v* döma; bedöma
judgment [ˈdʒʌdʒmənt] *n* dom *c*
jug [dʒʌg] *n* tillbringare *c*
Jugoslav [ˌjuːgəˈslɑːv] *adj* jugoslavisk; *n* jugoslav *c*
Jugoslavia [ˌjuːgəˈslɑːviə] Jugoslavien
juice [dʒuːs] *n* saft *c*, juice *c*
juicy [ˈdʒuːsi] *adj* saftig

July [dʒu'lai] juli
jump [dʒʌmp] *v* hoppa; *n* språng *nt,* hopp *nt*
jumper ['dʒʌmpə] *n* jumper *c*
junction ['dʒʌŋkʃən] *n* vägkorsning *c;* knutpunkt *c*
June [dʒu:n] juni
jungle ['dʒʌŋgəl] *n* djungel *c,* urskog *c*
junior ['dʒu:njə] *adj* junior
junk [dʒʌŋk] *n* skräp *nt;* djonk *c*
jury ['dʒuəri] *n* jury *c*
just [dʒʌst] *adj* rättvis, berättigad; riktig; *adv* just; precis
justice ['dʒʌstis] *n* rätt *c;* rättvisa *c*
juvenile ['dʒu:vənail] *adj* ungdomlig

K

kangaroo [ˌkæŋgə'ru:] *n* känguru *c*
keel [ki:l] *n* köl *c*
keen [ki:n] *adj* livlig, angelägen; skarp
***keep** [ki:p] *v* *hålla; bevara; *fortsätta; ~ **away from** hålla sig på avstånd från; ~ **off** *låta vara; ~ **on** *fortsätta; ~ **quiet** *tiga; ~ **up** *hålla ut; ~ **up with** hänga med
keg [keg] *n* kagge *c*
kennel ['kenəl] *n* hundkoja *c;* kennel *c*
Kenya ['kenjə] Kenya
kerosene ['kerəsi:n] *n* fotogen *c*
kettle ['ketəl] *n* kittel *c*
key [ki:] *n* nyckel *c*
keyhole ['ki:houl] *n* nyckelhål *nt*
khaki ['ka:ki] *n* kaki *c*
kick [kik] *v* sparka; *n* spark *c*
kick-off [ˌki'kɔf] *n* avspark *c*
kid [kid] *n* barn *nt,* unge *c;* getskinn *nt; v* *driva med
kidney ['kidni] *n* njure *c*
kill [kil] *v* *slå ihjäl, döda
kilogram ['kiləgræm] *n* kilo *nt*
kilometre ['kiləˌmi:tə] *n* kilometer *c*
kind [kaind] *adj* snäll, vänlig; god; *n* sort *c*
kindergarten ['kindəˌga:tən] *n* lekskola *c*
king [kiŋ] *n* kung *c*
kingdom ['kiŋdəm] *n* kungarike *nt;* rike *nt*
kiosk ['ki:ɔsk] *n* kiosk *c*
kiss [kis] *n* kyss *c,* puss *c; v* kyssa
kit [kit] *n* utrustning *c*
kitchen ['kitʃin] *n* kök *nt;* ~ **garden** köksträdgård *c*
knapsack ['næpsæk] *n* ryggsäck *c*
knave [neiv] *n* knekt *c*
knee [ni:] *n* knä *nt*
kneecap ['ni:kæp] *n* knäskål *c*
***kneel** [ni:l] *v* knäböja
knew [nju:] *v* (p know)
knickers ['nikəz] *pl* underbyxor *pl*
knife [naif] *n* (pl knives) kniv *c*
knight [nait] *n* riddare *c*
***knit** [nit] *v* sticka
knob [nɔb] *n* handtag *nt*
knock [nɔk] *v* knacka; *n* knackning *c;* ~ **against** stöta emot; ~ **down** *slå omkull
knot [nɔt] *n* knut *c; v* *knyta
***know** [nou] *v* *veta, känna
knowledge ['nɔlidʒ] *n* kunskap *c*
knuckle ['nʌkəl] *n* knoge *c*

L

label ['leibəl] *n* etikett *c; v* etikettera
laboratory [lə'bɔrətəri] *n* laboratorium *nt*
labour ['leibə] *n* arbete *nt;* förlossningsarbete *nt; v* anstränga sig; **labor permit** *Am* arbetstillstånd *nt*

labourer ['leibərə] *n* arbetare *c*
labour-saving ['leibəˌseiviŋ] *adj* arbetsbesparande
labyrinth ['læbərinθ] *n* labyrint *c*
lace [leis] *n* spets *c;* skosnöre *nt*
lack [læk] *n* saknad *c,* brist *c; v* sakna
lacquer ['lækə] *n* lack *nt*
lad [læd] *n* pojke *c,* gosse *c*
ladder ['lædə] *n* stege *c*
lady ['leidi] *n* dam *c;* **ladies' room** damtoalett *c*
lagoon [lə'gu:n] *n* lagun *c*
lake [leik] *n* sjö *c*
lamb [læm] *n* lamm *nt;* lammkött *nt*
lame [leim] *adj* ofärdig, halt, förlamad
lamentable ['læməntəbəl] *adj* bedrövlig
lamp [læmp] *n* lampa *c*
lamp-post ['læmppoust] *n* lyktstolpe *c*
lampshade ['læmpʃeid] *n* lampskärm *c*
land [lænd] *n* land *nt; v* landa; *gå i land
landlady ['lændˌleidi] *n* hyresvärdinna *c*
landlord ['lændlɔ:d] *n* hyresvärd *c*
landmark ['lændmɑ:k] *n* landmärke *nt*
landscape ['lændskeip] *n* landskap *nt*
lane [lein] *n* gränd *c,* smal gata; körfil *c*
language ['læŋgwidʒ] *n* språk *nt;* ~ **laboratory** språklaboratorium *nt*
lantern ['læntən] *n* lykta *c*
lapel [lə'pel] *n* rockslag *nt*
larder ['lɑ:də] *n* skafferi *nt*
large [lɑ:dʒ] *adj* stor; rymlig
lark [lɑ:k] *n* lärka *c*
laryngitis [ˌlærin'dʒaitis] *n* strupkatarr *c*
last [lɑ:st] *adj* sist; förra; *v* vara; **at** ~ till sist; till slut
lasting ['lɑ:stiŋ] *adj* varaktig
latchkey ['lætʃki:] *n* portnyckel *c*
late [leit] *adj* sen; för sent
lately ['leitli] *adv* på sista tiden, nyligen
lather ['lɑ:ðə] *n* lödder *nt*
Latin America ['lætin ə'merikə] Latinamerika
Latin-American [ˌlætinə'merikən] *adj* latinamerikansk
latitude ['lætitju:d] *n* breddgrad *c*
laugh [lɑ:f] *v* skratta; *n* skratt *nt*
laughter ['lɑ:ftə] *n* skratt *nt*
launch [lɔ:ntʃ] *v* lansera; *sjösätta; *avskjuta; *n* slup *c*
launching ['lɔ:ntʃiŋ] *n* sjösättning *c*
launderette [ˌlɔ:ndə'ret] *n* tvättomat *c*
laundry ['lɔ:ndri] *n* tvättinrättning *c;* tvätt *c*
lavatory ['lævətəri] *n* toalett *c*
lavish ['læviʃ] *adj* slösaktig
law [lɔ:] *n* lag *c;* juridik *c;* ~ **court** domstol *c*
lawful ['lɔ:fəl] *adj* laglig
lawn [lɔ:n] *n* gräsmatta *c*
lawsuit ['lɔ:su:t] *n* rättegång *c,* process *c*
lawyer ['lɔ:jə] *n* advokat *c;* jurist *c*
laxative ['læksətiv] *n* avföringsmedel *nt*
***lay** [lei] *v* placera, *lägga, *sätta; ~ **bricks** mura
layer [leiə] *n* lager *nt*
layman ['leimən] *n* lekman *c*
lazy ['leizi] *adj* lat
***lead** [li:d] *v* leda
lead¹ [li:d] *n* försprång *nt;* ledning *c;* koppel *nt*
lead² [led] *n* bly *nt*
leader ['li:də] *n* ledare *c*
leadership ['li:dəʃip] *n* ledarskap *nt*
leading ['li:diŋ] *adj* förnämst, ledande
leaf [li:f] *n* (pl leaves) löv *nt,* blad *nt*
league [li:g] *n* förbund *nt*
leak [li:k] *v* läcka; *n* läcka *c*

leaky [ˈli:ki] *adj* otät
lean [li:n] *adj* mager
***lean** [li:n] *v* luta sig
leap [li:p] *n* hopp *nt*
***leap** [li:p] *v* skutta, hoppa
leap-year [ˈli:pjiə] *n* skottår *nt*
***learn** [lə:n] *v* lära sig
learner [ˈlə:nə] *n* nybörjare *c*
lease [li:s] *n* hyreskontrakt *nt;* arrende *nt; v* hyra, arrendera ut; arrendera
leash [li:ʃ] *n* koppel *nt*
least [li:st] *adj* minst; **at ~** åtminstone
leather [ˈleðə] *n* läder *nt;* läder-, skinn-
leave [li:v] *n* ledighet *c*
***leave** [li:v] *v* lämna, *ge sig av, resa bort, *låta; **~ behind** efterlämna; **~ out** utelämna
Lebanese [ˌlebəˈni:z] *adj* libanesisk; *n* libanes *c*
Lebanon [ˈlebənən] Libanon
lecture [ˈlektʃə] *n* föreläsning *c,* föredrag *nt*
left[1] [left] *adj* vänster
left[2] [left] *v* (p, pp leave)
left-hand [ˈlefthænd] *adj* vänster
left-handed [ˌleftˈhændid] *adj* vänsterhänt
leg [leg] *n* ben *nt*
legacy [ˈlegəsi] *n* legat *nt*
legal [ˈli:gəl] *adj* legal, laglig; juridisk
legalization [ˌli:gəlaiˈzeiʃən] *n* legalisering *c*
legation [liˈgeiʃən] *n* legation *c*
legible [ˈledʒibəl] *adj* läslig
legitimate [liˈdʒitimət] *adj* rättmätig, legitim
leisure [ˈleʒə] *n* ledighet *c*
lemon [ˈlemən] *n* citron *c*
lemonade [ˌleməˈneid] *n* läskedryck *c*
***lend** [lend] *v* låna ut
length [leŋθ] *n* längd *c*
lengthen [ˈleŋθən] *v* förlänga
lengthways [ˈleŋθweiz] *adv* på längden
lens [lenz] *n* lins *c;* **telephoto ~** teleobjektiv *nt;* **zoom ~** zoomlins *c*
leprosy [ˈleprəsi] *n* spetälska *c*
less [les] *adv* mindre
lessen [ˈlesən] *v* förminska
lesson [ˈlesən] *n* läxa *c,* lektion *c*
***let** [let] *v* *låta; hyra ut; **~ down** *svika
letter [ˈletə] *n* brev *nt;* bokstav *c;* **~ of credit** kreditiv *nt;* **~ of recommendation** rekommendationsbrev *nt*
letter-box [ˈletəbɔks] *n* brevlåda *c*
lettuce [ˈletis] *n* grönsallad *c*
level [ˈlevəl] *adj* slät; plan, jämn; *n* plan *nt,* nivå *c;* vattenpass *nt; v* jämna, utjämna; **~ crossing** järnvägsövergång *c*
lever [ˈli:və] *n* hävstång *c,* spak *c*
liability [ˌlaiəˈbiləti] *n* skyldighet *c*
liable [ˈlaiəbəl] *adj* ansvarig, benägen; **~ to** utsatt för
liberal [ˈlibərəl] *adj* liberal; frikostig, rundhänt, givmild
liberation [ˌlibəˈreiʃən] *n* frigörelse *c,* befrielse *c;* frigivande *nt*
Liberia [laiˈbiəriə] Liberia
Liberian [laiˈbiəriən] *adj* liberiansk; *n* liberian *c*
liberty [ˈlibəti] *n* frihet *c*
library [ˈlaibrəri] *n* bibliotek *nt*
licence [ˈlaisəns] *n* licens *c;* tillståndsbevis *nt;* **driving ~** körkort *nt;* **~ number** *Am* registreringsnummer *nt;* **~ plate** nummerplåt *c*
license [ˈlaisəns] *v* *ge rättighet, auktorisera
lick [lik] *v* slicka; övertrumfa
lid [lid] *n* lock *nt*
lie [lai] *v* *ljuga; *n* lögn *c*
***lie** [lai] *v* *ligga; **~ down** *lägga

sig
life [laif] *n* (pl lives) liv *nt;* ~ **insurance** livförsäkring *c*
lifebelt ['laifbelt] *n* livbälte *nt*
lifetime ['laiftaim] *n* livstid *c*
lift [lift] *v* lyfta, höja; *n* hiss *c;* skjuts *c*
light [lait] *n* ljus *nt; adj* lätt; ljus; ~ **bulb** glödlampa *c*
***light** [lait] *v* tända
lighter ['laitə] *n* tändare *c*
lighthouse ['laithaus] *n* fyr *c*
lighting ['laitiŋ] *n* belysning *c*
lightning ['laitniŋ] *n* blixt *c*
like [laik] *v* tycka om; *adj* lik; *conj* såsom; *prep* liksom
likely ['laikli] *adj* sannolik
like-minded [ˌlaik'maindid] *adj* likasinnad
likewise ['laikwaiz] *adv* likaså, likaledes
lily ['lili] *n* lilja *c*
limb [lim] *n* lem *c*
lime [laim] *n* kalk *c;* lind *c;* grön citron
limetree ['laimtri:] *n* lind *c*
limit ['limit] *n* gräns *c; v* begränsa
limp [limp] *v* halta; *adj* slapp
line [lain] *n* rad *c;* streck *nt;* lina *c;* linje *c;* **stand in** ~ *Am* köa
linen ['linin] *n* linne *nt*
liner ['lainə] *n* linjefartyg *nt*
lingerie ['lɔ̃ʒəri:] *n* damunderkläder *pl*
lining ['lainiŋ] *n* foder *nt*
link [liŋk] *v* *sammanbinda; *n* länk *c*
lion ['laiən] *n* lejon *nt*
lip [lip] *n* läpp *c*
lipsalve ['lipsɑ:v] *n* cerat *nt*
lipstick ['lipstik] *n* läppstift *nt*
liqueur [li'kjuə] *n* likör *c*
liquid ['likwid] *adj* flytande; *n* vätska *c*
liquor ['likə] *n* sprit *c*
liquorice ['likəris] *n* lakrits *c*
list [list] *n* lista *c; v* *inskriva
listen ['lisən] *v* lyssna
listener ['lisnə] *n* lyssnare *c*
literary ['litrəri] *adj* litterär, litteratur-
literature ['litrətʃə] *n* litteratur *c*
litre ['li:tə] *n* liter *c*
litter ['litə] *n* avfall *nt;* kull *c*
little ['litəl] *adj* liten; föga
live[1] [liv] *v* leva; bo
live[2] [laiv] *adj* levande
livelihood ['laivlihud] *n* uppehälle *nt*
lively ['laivli] *adj* livfull
liver ['livə] *n* lever *c*
living-room ['liviŋru:m] *n* vardagsrum *nt*
load [loud] *n* last *c;* börda *c; v* lasta
loaf [louf] *n* (pl loaves) limpa *c*
loan [loun] *n* lån *nt*
lobby ['lɔbi] *n* vestibul *c;* foajé *c*
lobster ['lɔbstə] *n* hummer *c*
local ['loukəl] *adj* lokal-, lokal; ~ **call** lokalsamtal *nt;* ~ **train** lokaltåg *nt*
locality [lou'kæləti] *n* samhälle *nt*
locate [lou'keit] *v* lokalisera
location [lou'keiʃən] *n* läge *nt*
lock [lɔk] *v* låsa; *n* lås *nt;* sluss *c;* ~ **up** låsa in
locomotive [ˌloukə'moutiv] *n* lok *nt*
lodge [lɔdʒ] *v* inkvartera; *n* jaktstuga *c*
lodger ['lɔdʒə] *n* inackordering *c*
lodgings ['lɔdʒiŋz] *pl* inkvartering *c*
log [lɔg] *n* vedträ *nt;* stock *c*
logic ['lɔdʒik] *n* logik *c*
logical ['lɔdʒikəl] *adj* logisk
lonely ['lounli] *adj* ensam
long [lɔŋ] *adj* lång; långvarig; ~ **for** längta efter; **no longer** inte längre
longing ['lɔŋiŋ] *n* längtan *c*
longitude ['lɔndʒitju:d] *n* längdgrad *c*
look [luk] *v* titta; tyckas, *se ut; *n* blick *c;* utseende *nt;* ~ **after** sköta,

passa, *ta hand om; ~ **at** *se på, titta på; ~ **for** leta efter; ~ **out** *se upp; ~ **up** *slå upp
looking-glass ['lukiŋgla:s] *n* spegel *c*
loop [lu:p] *n* ögla *c*
loose [lu:s] *adj* lös
loosen ['lu:sən] *v* lossa
lord [lɔ:d] *n* lord *c*
lorry ['lɔri] *n* lastbil *c*
***lose** [lu:z] *v* mista, förlora
loss [lɔs] *n* förlust *c*
lost [lɔst] *adj* vilsegången; försvunnen; ~ **and found** hittegods *nt;* ~ **property office** hittegodsmagasin *nt*
lot [lɔt] *n* lott *c;* mängd *c,* hög *c*
lottery ['lɔtəri] *n* lotteri *nt*
loud [laud] *adj* högljudd, gäll
loud-speaker [ˌlaud'spi:kə] *n* högtalare *c*
lounge [laundʒ] *n* sällskapsrum *nt*
louse [laus] *n* (pl lice) lus *c*
love [lʌv] *v* älska, *hålla av; *n* kärlek *c;* **in** ~ förälskad
lovely ['lʌvli] *adj* söt, förtjusande, ljuvlig
lover ['lʌvə] *n* älskare *c*
love-story ['lʌvˌstɔ:ri] *n* kärlekshistoria *c*
low [lou] *adj* låg; djup; nedstämd; ~ **tide** ebb *c*
lower ['louə] *v* sänka; minska; *adj* lägre, undre
lowlands ['louləndz] *pl* lågland *nt*
loyal ['lɔiəl] *adj* lojal
lubricate ['lu:brikeit] *v* *smörja, olja
lubrication [ˌlu:bri'keiʃən] *n* smörjning *c;* ~ **oil** smörjolja *c;* ~ **system** smörjsystem *nt*
luck [lʌk] *n* lycka *c,* tur *c;* slump *c;* **bad** ~ otur *c*
lucky ['lʌki] *adj* lyckosam, tursam; ~ **charm** amulett *c*
ludicrous ['lu:dikrəs] *adj* löjeväckande, löjlig
luggage ['lʌgidʒ] *n* bagage *nt;* **hand** ~ handbagage *nt;* **left** ~ **office** bagageinlämning *c;* ~ **rack** bagagehylla *c;* ~ **van** resgodsfinka *c*
lukewarm ['lu:kwɔ:m] *adj* ljum
lumbago [lʌm'beigou] *n* ryggskott *nt*
luminous ['lu:minəs] *adj* lysande
lump [lʌmp] *n* klump *c,* bit *c;* bula *c;* ~ **of sugar** sockerbit *c;* ~ **sum** klumpsumma *c*
lumpy ['lʌmpi] *adj* klimpig
lunacy ['lu:nəsi] *n* vansinne *nt*
lunatic ['lu:nətik] *adj* vansinnig; *n* sinnessjuk *c*
lunch [lʌntʃ] *n* lunch *c*
luncheon ['lʌntʃən] *n* lunch *c*
lung [lʌŋ] *n* lunga *c*
lust [lʌst] *n* åtrå *c*
luxurious [lʌg'ʒuəriəs] *adj* luxuös
luxury ['lʌkʃəri] *n* lyx *c*

M

machine [mə'ʃi:n] *n* maskin *c,* apparat *c*
machinery [mə'ʃi:nəri] *n* maskineri *nt*
mackerel ['mækrəl] *n* (pl ~) makrill *c*
mackintosh ['mækintɔʃ] *n* regnrock *c*
mad [mæd] *adj* sinnesförvirrad, vanvettig, tokig; rasande
madness ['mædnəs] *n* vansinne *nt*
magazine [ˌmægə'zi:n] *n* tidskrift *c;* magasin *nt*
magic ['mædʒik] *n* magi *c,* trollkonst *c; adj* magisk
magician [mə'dʒiʃən] *n* trollkarl *c*
magistrate ['mædʒistreit] *n* rådman *c*
magnetic [mæg'netik] *adj* magnetisk
magneto [mæg'ni:tou] *n* (pl ~s) magnetapparat *c*

magnificent [mæg'nifisənt] *adj* ståtlig; magnifik, praktfull
magpie ['mægpai] *n* skata *c*
maid [meid] *n* hembiträde *nt*
maiden name ['meidən neim] flicknamn *nt*
mail [meil] *n* post *c;* *v* posta; ~ **order** *Am* postanvisning *c*
mailbox ['meilbɔks] *nAm* brevlåda *c*
main [mein] *adj* huvud-; störst; ~ **deck** överdäck *nt;* ~ **line** huvudlinje *c;* ~ **road** huvudväg *c;* ~ **street** huvudgata *c*
mainland ['meinlənd] *n* fastland *nt*
mainly ['meinli] *adv* huvudsakligen
mains [meinz] *pl* huvudledning *c*
maintain [mein'tein] *v* *upprätthålla
maintenance ['meintənəns] *n* underhåll *nt*
maize [meiz] *n* majs *c*
major ['meidʒə] *adj* större; störst; *n* major *c*
majority [mə'dʒɔrəti] *n* majoritet *c*
***make** [meik] *v* *göra; tjäna; *hinna med; ~ **do with** klara sig med; ~ **good** *gottgöra; ~ **up** *sätta upp, *göra upp
make-up ['meikʌp] *n* smink *c*
malaria [mə'lεəriə] *n* malaria *c*
Malay [mə'lei] *n* malaysier *c*
Malaysia [mə'leiziə] Malaysia
Malaysian [mə'leiziən] *adj* malaysisk
male [meil] *adj* han-, mans-, manlig
malicious [mə'liʃəs] *adj* illvillig
malignant [mə'lignənt] *adj* elakartad
mallet ['mælit] *n* klubba *c*
malnutrition [ˌmælnju'triʃən] *n* undernäring *c*
mammal ['mæməl] *n* däggdjur *nt*
mammoth ['mæməθ] *n* mammut *c*
man [mæn] *n* (pl men) man *c;* människa *c;* **men's room** herrtoalett *c*
manage ['mænidʒ] *v* styra; lyckas
manageable ['mænidʒəbəl] *adj* hanterlig
management ['mænidʒmənt] *n* styrelse *c;* direktion *c*
manager ['mænidʒə] *n* direktör *c,* chef *c*
mandarin ['mændərin] *n* mandarin *c*
mandate ['mændeit] *n* mandat *nt*
manger ['meindʒə] *n* foderbehållare *c*
manicure ['mænikjuə] *n* manikyr *c;* *v* manikyrera
mankind [mæn'kaind] *n* mänsklighet *c*
mannequin ['mænəkin] *n* skyltdocka *c*
manner ['mænə] *n* sätt *nt,* vis *nt;* **manners** *pl* uppförande *nt*
man-of-war [ˌmænəv'wɔ:] *n* örlogsfartyg *nt*
manor-house ['mænəhaus] *n* herrgård *c*
mansion ['mænʃən] *n* patricierhus *nt*
manual ['mænjuəl] *adj* hand-
manufacture [ˌmænju'fæktʃə] *v* tillverka
manufacturer [ˌmænju'fæktʃərə] *n* fabrikant *c*
manure [mə'njuə] *n* gödsel *c*
manuscript ['mænjuskript] *n* manuskript *nt*
many ['meni] *adj* många
map [mæp] *n* karta *c;* plan *c*
maple ['meipəl] *n* lönn *c*
marble ['mɑ:bəl] *n* marmor *c;* spelkula *c*
March [mɑ:tʃ] mars
march [mɑ:tʃ] *v* marschera; *n* marsch *c*
mare [mεə] *n* sto *nt*
margarine [ˌmɑ:dʒə'ri:n] *n* margarin *nt*
margin ['mɑ:dʒin] *n* marginal *c*
maritime ['mæritaim] *adj* maritim
mark [mɑ:k] *v* märka; markera; utmärka; *n* märke *nt;* betyg *nt;* skottavla *c*
market ['mɑ:kit] *n* marknad *c,* salu-

hall *c*
market-place ['ma:kitpleis] *n* torg *nt;* marknadsplats *c*
marmalade ['ma:məleid] *n* marmelad *c*
marriage ['mæridʒ] *n* äktenskap *nt*
marrow ['mærou] *n* märg *c*
marry ['mæri] *v* gifta sig
marsh [ma:ʃ] *n* sumpmark *c*
marshy ['ma:ʃi] *adj* sumpig
martyr ['ma:tə] *n* martyr *c*
marvel ['ma:vəl] *n* under *nt; v* förundra sig
marvellous ['ma:vələs] *adj* underbar
mascara [mæ'ska:rə] *n* maskara *c*
masculine ['mæskjulin] *adj* manlig
mash [mæʃ] *v* mosa
mask [ma:sk] *n* mask *c*
Mass [mæs] *n* mässa *c*
mass [mæs] *n* mängd *c*, massa *c;* klump *c;* ~ **production** massproduktion *c*
massage ['mæsa:ʒ] *n* massage *c; v* massera
masseur [mæ'sə:] *n* massör *c*
massive ['mæsiv] *adj* massiv
mast [ma:st] *n* mast *c*
master ['ma:stə] *n* mästare *c;* arbetsgivare *c;* lektor *c*, lärare *c; v* bemästra
masterpiece ['ma:stəpi:s] *n* mästerverk *nt*
mat [mæt] *n* matta *c; adj* matt
match [mætʃ] *n* tändsticka *c;* jämlike *c*, match *c*, parti *nt; v* passa ihop
match-box ['mætʃbɔks] *n* tändsticksask *c*
material [mə'tiəriəl] *n* material *nt;* tyg *nt; adj* materiell
mathematical [ˌmæθə'mætikəl] *adj* matematisk
mathematics [ˌmæθə'mætiks] *n* matematik *c*
matrimonial [ˌmætri'mouniəl] *adj* äktenskaplig
matrimony ['mætriməni] *n* äktenskap *nt*
matter ['mætə] *n* materia *c*, ämne *nt;* angelägenhet *c*, fråga *c; v* *vara viktigt; **as a ~ of fact** faktiskt, i själva verket
matter-of-fact [ˌmætərəv'fækt] *adj* torr och saklig
mattress ['mætrəs] *n* madrass *c*
mature [mə'tjuə] *adj* mogen
maturity [mə'tjuərəti] *n* mogen ålder, mognad *c*
mausoleum [ˌmɔ:sə'li:əm] *n* mausoleum *nt*
mauve [mouv] *adj* rödlila
May [mei] maj
***may** [mei] *v* *kunna; *få
maybe ['meibi:] *adv* kanske
mayor [mɛə] *n* borgmästare *c*
maze [meiz] *n* labyrint *c;* virrvarr *nt*
me [mi:] *pron* mig
meadow ['medou] *n* äng *c*
meal [mi:l] *n* måltid *c*, mål *nt*
mean [mi:n] *adj* gemen; medel-; *n* genomsnitt *nt*
***mean** [mi:n] *v* betyda; mena
meaning ['mi:niŋ] *n* mening *c*
meaningless ['mi:niŋləs] *adj* meningslös
means [mi:nz] *n* medel *nt;* **by no ~** inte alls
in the meantime [in ðə 'mi:ntaim] under tiden
meanwhile ['mi:nwail] *adv* under tiden
measles ['mi:zəlz] *n* mässling *c*
measure ['meʒə] *v* mäta; *n* mått *nt;* åtgärd *c*
meat [mi:t] *n* kött *nt*
mechanic [mi'kænik] *n* mekaniker *c*, montör *c*
mechanical [mi'kænikəl] *adj* mekanisk

mechanism ['mekənizəm] *n* mekanism *c*
medal ['medəl] *n* medalj *c*
mediaeval [ˌmedi'i:vəl] *adj* medeltida
mediate ['mi:dieit] *v* medla
mediator ['mi:dieitə] *n* medlare *c*
medical ['medikəl] *adj* medicinsk
medicine ['medsin] *n* medicin *c;* läkarvetenskap *c*
meditate ['mediteit] *v* meditera
Mediterranean [ˌmeditə'reiniən] Medelhavet
medium ['mi:diəm] *adj* genomsnittlig, medel-, medelmåttig
***meet** [mi:t] *v* träffa, möta
meeting ['mi:tiŋ] *n* sammanträde *nt;* möte *nt*
meeting-place ['mi:tiŋpleis] *n* mötesplats *c*
melancholy ['meləŋkəli] *n* vemod *nt*
mellow ['melou] *adj* mjuk, fyllig
melodrama ['meləˌdrɑ:mə] *n* melodrama *nt*
melody ['melədi] *n* melodi *c*
melon ['melən] *n* melon *c*
melt [melt] *v* smälta
member ['membə] *n* medlem *c;* **Member of Parliament** riksdagsman *c*
membership ['membəʃip] *n* medlemskap *nt*
memo ['memou] *n* (pl ~s) memorandum *nt*
memorable ['memərəbəl] *adj* minnesvärd
memorial [mə'mɔ:riəl] *n* minnesmärke *nt*
memorize ['meməraiz] *v* lära sig utantill
memory ['meməri] *n* minne *nt*
mend [mend] *v* laga, reparera
menstruation [ˌmenstru'eiʃən] *n* menstruation *c*
mental ['mentəl] *adj* mental
mention ['menʃən] *v* nämna, omnämna; *n* omnämnande *nt*
menu ['menju:] *n* matsedel *c*, meny *c*
merchandise ['mə:tʃəndaiz] *n* handelsvaror *pl*
merchant ['mə:tʃənt] *n* köpman *c*
merciful ['mə:sifəl] *adj* barmhärtig
mercury ['mə:kjuri] *n* kvicksilver *nt*
mercy ['mə:si] *n* barmhärtighet *c*
mere [miə] *adj* blott och bar
merely ['miəli] *adv* endast
merger ['mə:dʒə] *n* sammanslagning *c*
merit ['merit] *v* förtjäna; *n* förtjänst *c*
mermaid ['mə:meid] *n* sjöjungfru *c*
merry ['meri] *adj* munter
merry-go-round ['merigouˌraund] *n* karusell *c*
mesh [meʃ] *n* maska *c*
mess [mes] *n* oordning *c*, oreda *c;* ~ **up** spoliera
message ['mesidʒ] *n* meddelande *nt*
messenger ['mesindʒə] *n* bud *nt*
metal ['metəl] *n* metall *c;* metall-
meter ['mi:tə] *n* mätare *c*
method ['meθəd] *n* metod *c*, förfaringssätt *nt;* ordning *c*
methodical [mə'θɔdikəl] *adj* metodisk
methylated spirits ['meθəleitid 'spirits] denaturerad sprit
metre ['mi:tə] *n* meter *c*
metric ['metrik] *adj* metrisk
Mexican ['meksikən] *adj* mexikansk; *n* mexikanare *c*
Mexico ['meksikou] Mexiko
mezzanine ['mezəni:n] *n* mellanvåning *c*
microphone ['maikrəfoun] *n* mikrofon *c*
midday ['middei] *n* mitt på dagen
middle ['midəl] *n* mitt *c;* *adj* mellersta; **Middle Ages** Medeltiden; ~ **class** medelklass *c;* **middle-class** *adj* borgerlig

midnight ['midnait] *n* midnatt *c*
midst [midst] *n* mitt *c*
midsummer ['mid,sʌmə] *n* midsommar *c*
midwife ['midwaif] *n* (pl -wives) barnmorska *c*
might [mait] *n* makt *c*
***might** [mait] *v* *kunna
mighty ['maiti] *adj* mäktig
migraine ['migrein] *n* migrän *c*
mild [maild] *adj* mild
mildew ['mildju] *n* mögel *nt*
milestone ['mailstoun] *n* milstolpe *c*
milieu ['mi:ljə:] *n* miljö *c*
military ['militəri] *adj* militär-; ~ **force** krigsmakt *c*
milk [milk] *n* mjölk *c*
milkman ['milkmən] *n* (pl -men) mjölkbud *nt*
milk-shake ['milkʃeik] *n* milkshake *c*
milky ['milki] *adj* mjölkig
mill [mil] *n* kvarn *c;* fabrik *c*
miller ['milə] *n* mjölnare *c*
milliner ['milinə] *n* modist *c*
million ['miljən] *n* miljon *c*
millionaire [,miljə'nɛə] *n* miljonär *c*
mince [mins] *v* finhacka
mind [maind] *n* begåvning *c; v* *ha något emot; bry sig om, akta, akta sig för
mine [main] *n* gruva *c*
miner ['mainə] *n* gruvarbetare *c*
mineral ['minərəl] *n* mineral *nt;* ~ **water** mineralvatten *nt*
miniature ['minjətʃə] *n* miniatyr *c*
minimum ['minimәm] *n* minimum *nt*
mining ['mainiŋ] *n* gruvdrift *c*
minister ['ministə] *n* minister *c;* präst *c;* **Prime Minister** statsminister *c*
ministry ['ministri] *n* departement *nt*
mink [miŋk] *n* mink *c*
minor ['mainə] *adj* liten, mindre; underordnad; *n* minderårig *c*
minority [mai'nɔrəti] *n* minoritet *c*
mint [mint] *n* mynta *c*
minus ['mainəs] *prep* minus
minute[1] ['minit] *n* minut *c;* **minutes** protokoll *nt*
minute[2] [mai'nju:t] *adj* ytterst liten
miracle ['mirəkəl] *n* mirakel *nt*
miraculous [mi'rækjuləs] *adj* otrolig
mirror ['mirə] *n* spegel *c*
misbehave [,misbi'heiv] *v* uppföra sig illa
miscarriage [mis'kæridʒ] *n* missfall *nt*
miscellaneous [,misə'leiniəs] *adj* blandad
mischief ['mistʃif] *n* ofog *nt;* skada *c,* förtret *c,* åverkan *c*
mischievous ['mistʃivəs] *adj* odygdig, skadlig
miserable ['mizərəbəl] *adj* olycklig, eländig
misery ['mizəri] *n* elände *nt;* nöd *c*
misfortune [mis'fɔ:tʃən] *n* otur *c,* olycka *c*
***mislay** [mis'lei] *v* *förlägga
misplaced [mis'pleist] *adj* malplacerad
mispronounce [,misprə'nauns] *v* uttala fel
miss[1] [mis] fröken *c*
miss[2] [mis] *v* missa
missing ['misiŋ] *adj* försvunnen; ~ **person** försvunnen person
mist [mist] *n* dimma *c*
mistake [mi'steik] *n* fel *nt,* misstag *nt*
***mistake** [mi'steik] *v* förväxla, *missförstå
mistaken [mi'steikən] *adj* felaktig; ***be** ~ *missta sig
mister ['mistə] herr
mistress ['mistrəs] *n* husmor *c;* föreståndarinna *c;* älskarinna *c*
mistrust [mis'trʌst] *v* misstro
misty ['misti] *adj* disig
***misunderstand** [,misʌndə'stænd] *v* *missförstå

misunderstanding [ˌmisʌndəˈstændiŋ] *n* missförstånd *nt*
misuse [misˈju:s] *n* missbruk *nt*
mittens [ˈmitənz] *pl* tumvantar *pl*
mix [miks] *v* blanda; ~ **with** *umgås med
mixed [mikst] *adj* blandad
mixer [ˈmiksə] *n* mixer *c*
mixture [ˈmikstʃə] *n* blandning *c*
moan [moun] *v* jämra sig
moat [mout] *n* vallgrav *c*
mobile [ˈmoubail] *adj* rörlig
mock [mɔk] *v* håna
mockery [ˈmɔkəri] *n* hån *nt*
model [ˈmɔdəl] *n* modell *c;* mannekäng *c; v* modellera, forma
moderate [ˈmɔdərət] *adj* måttlig, moderat; medelmåttig
modern [ˈmɔdən] *adj* modern
modest [ˈmɔdist] *adj* blygsam, anspråkslös
modesty [ˈmɔdisti] *n* blygsamhet *c*
modify [ˈmɔdifai] *v* ändra
mohair [ˈmouhɛə] *n* mohair *c*
moist [mɔist] *adj* fuktig
moisten [ˈmɔisən] *v* fukta
moisture [ˈmɔistʃə] *n* fuktighet *c;* **moisturizing cream** fuktighetsbevarande kräm
molar [ˈmoulə] *n* kindtand *c*
moment [ˈmoumənt] *n* ögonblick *nt*
momentary [ˈmouməntəri] *adj* tillfällig
monarch [ˈmɔnək] *n* monark *c*
monarchy [ˈmɔnəki] *n* monarki *c*
monastery [ˈmɔnəstri] *n* kloster *nt*
Monday [ˈmʌndi] måndag *c*
monetary [ˈmʌnitəri] *adj* monetär; ~ **unit** myntenhet *c*
money [ˈmʌni] *n* pengar *pl;* ~ **exchange** växelkontor *nt;* ~ **order** postanvisning *c*
monk [mʌŋk] *n* munk *c*
monkey [ˈmʌŋki] *n* apa *c*
monologue [ˈmɔnəlɔg] *n* monolog *c*
monopoly [məˈnɔpəli] *n* monopol *nt*
monotonous [məˈnɔtənəs] *adj* monoton
month [mʌnθ] *n* månad *c*
monthly [ˈmʌnθli] *adj* månatlig; ~ **magazine** månadstidning *c*
monument [ˈmɔnjumənt] *n* monument *nt,* minnesmärke *nt*
mood [mu:d] *n* humör *nt*
moon [mu:n] *n* måne *c*
moonlight [ˈmu:nlait] *n* månsken *nt*
moor [muə] *n* ljunghed *c,* hed *c*
moose [mu:s] *n* (pl ~, ~s) älg *c*
moped [ˈmouped] *n* moped *c*
moral [ˈmɔrəl] *n* moral *c; adj* sedlig, moralisk
morality [məˈræləti] *n* morallära *c*
more [mɔ:] *adj* fler; **once** ~ en gång till
moreover [mɔ:ˈrouvə] *adv* dessutom, för övrigt
morning [ˈmɔ:niŋ] *n* morgon *c,* förmiddag *c;* ~ **paper** morgontidning *c;* **this** ~ i morse
Moroccan [məˈrɔkən] *adj* marockansk; *n* marockan *c*
Morocco [məˈrɔkou] Marocko
morphia [ˈmɔ:fiə] *n* morfin *nt*
morphine [ˈmɔ:fi:n] *n* morfin *nt*
morsel [ˈmɔ:səl] *n* bit *c*
mortal [ˈmɔ:təl] *adj* dödlig
mortgage [ˈmɔ:gidʒ] *n* hypotek *nt,* inteckning *c*
mosaic [məˈzeiik] *n* mosaik *c*
mosque [mɔsk] *n* moské *c*
mosquito [məˈski:tou] *n* (pl ~es) mygga *c;* moskit *c*
mosquito-net [məˈski:tounet] *n* myggnät *nt*
moss [mɔs] *n* mossa *c*
most [moust] *adj* (de) flesta; **at** ~ på sin höjd; ~ **of all** mest av allt
mostly [ˈmoustli] *adv* för det mesta

motel [mou'tel] *n* motell *nt*
moth [mɔθ] *n* mal *c*
mother ['mʌðə] *n* mor *c;* ~ **tongue** modersmål *nt*
mother-in-law ['mʌðərinlɔ:] *n* (pl mothers-) svärmor *c*
mother-of-pearl [ˌmʌðərəv'pə:l] *n* pärlemor *c*
motion ['mouʃən] *n* rörelse *c;* motion *c*
motive ['moutiv] *n* motiv *nt*
motor ['moutə] *n* motor *c; v* bila; ~ **body** *Am* karosseri *nt;* **starter** ~ startmotor *c*
motorbike ['moutəbaik] *nAm* moped *c*
motor-boat ['moutəbout] *n* motorbåt *c*
motor-car ['moutəka:] *n* bil *c*
motor-cycle ['moutəˌsaikəl] *n* motorcykel *c*
motorist ['moutərist] *n* bilist *c*
motorway ['moutəwei] *n* motorväg *c*
motto ['mɔtou] *n* (pl ~es, ~s) motto *nt*
mouldy ['mouldi] *adj* möglig
mound [maund] *n* kulle *c*
mount [maunt] *v* *bestiga; montera; *n* berg *nt;* montering *c*
mountain ['mauntin] *n* berg *nt;* ~ **pass** bergspass *nt;* ~ **range** bergskedja *c*
mountaineering [ˌmaunti'niəriŋ] *n* bergsbestigning *c*
mountainous ['mauntinəs] *adj* bergig
mourning ['mɔ:niŋ] *n* sorg *c*
mouse [maus] *n* (pl mice) mus *c*
moustache [mə'sta:ʃ] *n* mustasch *c*
mouth [mauθ] *n* mun *c;* gap *nt,* käft *c;* mynning *c*
mouthwash ['mauθwɔʃ] *n* munvatten *nt*
movable ['mu:vəbəl] *adj* flyttbar
move [mu:v] *v* *sätta i rörelse; flytta; röra sig; röra; *n* drag *nt,* steg *nt;* flyttning *c*
movement ['mu:vmənt] *n* rörelse *c*
movie ['mu:vi] *n* film *c;* **movies** *Am* bio *c;* ~ **theater** bio *c*
much [mʌtʃ] *adj* många; *adv* mycket; **as** ~ lika mycket; likaså
muck [mʌk] *n* dynga *c*
mud [mʌd] *n* gyttja *c*
muddle ['mʌdəl] *n* oreda *c,* röra *c,* virrvarr *nt; v* förvirra
muddy ['mʌdi] *adj* lerig
mud-guard ['mʌdga:d] *n* stänkskärm *c*
muffler ['mʌflə] *nAm* ljuddämpare *c*
mug [mʌg] *n* mugg *c*
mulberry ['mʌlbəri] *n* mullbär *nt*
mule [mju:l] *n* mulåsna *c*
mullet ['mʌlit] *n* multe *c*
multiplication [ˌmʌltipli'keiʃən] *n* multiplikation *c*
multiply ['mʌltiplai] *v* multiplicera
mumps [mʌmps] *n* påssjuka *c*
municipal [mju:'nisipəl] *adj* kommunal-
municipality [mju:ˌnisi'pæləti] *n* kommun *c*
murder ['mə:də] *n* mord *nt; v* mörda
murderer ['mə:dərə] *n* mördare *c*
muscle ['mʌsəl] *n* muskel *c*
muscular ['mʌskjulə] *adj* muskulös
museum [mju:'zi:əm] *n* museum *nt*
mushroom ['mʌʃru:m] *n* svamp *c*
music ['mju:zik] *n* musik *c;* ~ **academy** konservatorium *nt*
musical ['mju:zikəl] *adj* musikalisk; *n* musikal *c*
music-hall ['mju:zikhɔ:l] *n* revyteater *c*
musician [mju:'ziʃən] *n* musiker *c*
muslin ['mʌzlin] *n* muslin *nt*
mussel ['mʌsəl] *n* blåmussla *c*
***must** [mʌst] *v* *måste
mustard ['mʌstəd] *n* senap *c*

mute [mju:t] *adj* stum
mutiny ['mju:tini] *n* myteri *nt*
mutton ['mʌtən] *n* fårkött *nt*
mutual ['mju:tʃuəl] *adj* inbördes, ömsesidig
my [mai] *adj* min
myself [mai'self] *pron* mig; själv
mysterious [mi'stiəriəs] *adj* gåtfull, mystisk
mystery ['mistəri] *n* mysterium *nt*
myth [miθ] *n* myt *c*

N

nag [næg] *v* tjata
nail [neil] *n* nagel *c;* spik *c*
nailbrush ['neilbrʌʃ] *n* nagelborste *c*
nail-file ['neilfail] *n* nagelfil *c*
nail-polish ['neil,pɔliʃ] *n* nagellack *nt*
nail-scissors ['neil,sizəz] *pl* nagelsax *c*
naïve [nɑ:'i:v] *adj* naiv
naked ['neikid] *adj* naken; kal
name [neim] *n* namn *nt; v* uppkalla; **in the ~ of** i ... namn
namely ['neimli] *adv* nämligen
nap [næp] *n* tupplur *c*
napkin ['næpkin] *n* servett *c*
nappy ['næpi] *n* blöja *c*
narcosis [nɑ:'kousis] *n* (pl -ses) narkos *c*
narcotic [nɑ:'kɔtik] *n* narkotika *c;* narkoman *c*
narrow ['nærou] *adj* trång, snäv, smal
narrow-minded [,nærou'maindid] *adj* inskränkt
nasty ['nɑ:sti] *adj* smutsig, obehaglig; otäck
nation ['neiʃən] *n* nation *c;* folk *nt*
national ['næʃənəl] *adj* nationell; folk-; stats-; **~ anthem** nationalsång *c;* **~ dress** nationaldräkt *c;* **~ park** nationalpark *c*
nationality [,næʃə'næləti] *n* nationalitet *c*
nationalize ['næʃənəlaiz] *v* nationalisera
native ['neitiv] *n* inföding *c; adj* infödd, inhemsk; **~ country** fosterland *nt*, hemland *nt;* **~ language** modersmål *nt*
natural ['nætʃərəl] *adj* naturlig; medfödd
naturally ['nætʃərəli] *adv* naturligtvis
nature ['neitʃə] *n* natur *c*
naughty ['nɔ:ti] *adj* odygdig, stygg
nausea ['nɔ:siə] *n* illamående *nt*
naval ['neivəl] *adj* flott-
navel ['neivəl] *n* navel *c*
navigable ['nævigəbəl] *adj* segelbar
navigate ['nævigeit] *v* navigera; segla
navigation [,nævi'geiʃən] *n* navigation *c;* sjöfart *c*
navy ['neivi] *n* flotta *c*
near [niə] *adj* nära, närbelägen
nearby ['niəbai] *adj* närliggande
nearly ['niəli] *adv* närapå, nästan
neat [ni:t] *adj* prydlig; oblandad, ren; klar, koncis
necessary ['nesəsəri] *adj* nödvändig
necessity [nə'sesəti] *n* nödvändighet *c*
neck [nek] *n* hals *c;* **nape of the ~** nacke *c*
necklace ['nekləs] *n* halsband *nt*
necktie ['nektai] *n* slips *c*
need [ni:d] *v* behöva, *måste; *n* behov *nt;* nödvändighet *c;* **~ to** *måste
needle ['ni:dəl] *n* nål *c*
needlework ['ni:dəlwə:k] *n* handarbete *nt*
negative ['negətiv] *adj* nekande, negativ; *n* negativ *nt*
neglect [ni'glekt] *v* försumma; *n* slarv *nt*
neglectful [ni'glektfəl] *adj* försumlig

negligee ['negliʒei] *n* negligé *c*
negotiate [ni'gouʃieit] *v* förhandla
negotiation [ni,gouʃi'eiʃən] *n* förhandling *c*
Negro ['ni:grou] *n* (pl ~es) neger *c*
neighbour ['neibə] *n* granne *c*
neighbourhood ['neibəhud] *n* grannskap *nt*
neighbouring ['neibəriŋ] *adj* angränsande
neither ['naiðə] *pron* ingendera; **neither ... nor** varken ... eller
neon ['ni:ɔn] *n* neon *nt*
nephew ['nefju:] *n* systerson *c*, brorson *c*
nerve [nə:v] *n* nerv *c;* fräckhet *c*
nervous ['nə:vəs] *adj* nervös
nest [nest] *n* bo *nt*
net [net] *n* nät *nt; adj* netto-
the Netherlands ['neðələndz] Nederländerna
network ['netwə:k] *n* nätverk *nt*
neuralgia [njuə'rældʒə] *n* neuralgi *c*
neurosis [njuə'rousis] *n* neuros *c*
neuter ['nju:tə] *adj* neutrum
neutral ['nju:trəl] *adj* neutral
never ['nevə] *adv* aldrig
nevertheless [,nevəðə'les] *adv* inte desto mindre
new [nju:] *adj* ny; **New Year** nyår *nt*
news [nju:z] *n* nyhet *c*, dagsnyheter *pl*
newsagent ['nju:,zeidʒənt] *n* tidningsförsäljare *c*
newspaper ['nju:z,peipə] *n* dagstidning *c*
newsreel ['nju:zri:l] *n* journalfilm *c*
newsstand ['nju:zstænd] *n* tidningskiosk *c*
New Zealand [nju: 'zi:lənd] Nya Zeeland
next [nekst] *adj* nästa, följande; ~ **to** bredvid
next-door [,nekst'dɔ:] *adv* näst intill
nice [nais] *adj* snäll, söt, trevlig; god; sympatisk
nickel ['nikəl] *n* nickel *c*
nickname ['nikneim] *n* smeknamn *nt*
nicotine ['nikəti:n] *n* nikotin *nt*
niece [ni:s] *n* systerdotter *c*, brorsdotter *c*
Nigeria [nai'dʒiəriə] Nigeria
Nigerian [nai'dʒiəriən] *adj* nigeriansk; *n* nigerian *c*
night [nait] *n* natt *c;* kväll *c;* **by** ~ om natten; ~ **flight** nattflyg *nt;* ~ **rate** nattaxa *c;* ~ **train** nattåg *nt*
nightclub ['naitklʌb] *n* nattklubb *c*
night-cream ['naitkri:m] *n* nattkräm *c*
nightdress ['naitdres] *n* nattlinne *nt*
nightingale ['naitiŋgeil] *n* näktergal *c*
nightly ['naitli] *adj* nattlig
nightmare ['naitmɛə] *n* mardröm *c*
nil [nil] ingenting, noll
nine [nain] *num* nio
nineteen [,nain'ti:n] *num* nitton
nineteenth [,nain'ti:nθ] *num* nittonde
ninety ['nainti] *num* nittio
ninth [nainθ] *num* nionde
nitrogen ['naitrədʒən] *n* kväve *nt*
no [nou] nej; *adj* ingen; ~ **one** ingen
nobility [nou'biləti] *n* adel *c*
noble ['noubəl] *adj* adlig; ädel
nobody ['noubɔdi] *pron* ingen
nod [nɔd] *n* nick *c; v* nicka
noise [nɔiz] *n* ljud *nt;* oväsen *nt*, buller *nt*
noisy ['nɔizi] *adj* bullrig; högljudd
nominal ['nɔminəl] *adj* nominell, obetydlig
nominate ['nɔmineit] *v* nominera, utnämna
nomination [,nɔmi'neiʃən] *n* nominering *c;* utnämning *c*
none [nʌn] *pron* ingen
nonsense ['nɔnsəns] *n* dumheter *pl*
noon [nu:n] *n* klockan tolv
normal ['nɔ:məl] *adj* vanlig, normal

north [nɔ:θ] *n* nord *c; adj* nordlig; **North Pole** Nordpolen
north-east [ˌnɔ:θˈi:st] *n* nordost *c*
northerly [ˈnɔ:ðəli] *adj* nordlig
northern [ˈnɔ:ðən] *adj* norra
north-west [ˌnɔ:θˈwest] *n* nordväst *c*
Norway [ˈnɔ:wei] Norge
Norwegian [nɔ:ˈwi:dʒən] *adj* norsk; *n* norrman *c*
nose [nouz] *n* näsa *c*
nosebleed [ˈnouzbli:d] *n* näsblod *nt*
nostril [ˈnɔstril] *n* näsborre *c*
not [nɔt] *adv* inte
notary [ˈnoutəri] *n* juridiskt ombud
note [nout] *n* anteckning *c;* fotnot *c;* ton *c; v* anteckna; observera, notera
notebook [ˈnoutbuk] *n* anteckningsbok *c*
noted [ˈnoutid] *adj* välkänd
notepaper [ˈnoutˌpeipə] *n* brevpapper *nt*
nothing [ˈnʌθiŋ] *n* ingenting, intet *nt*
notice [ˈnoutis] *v* *lägga märke till, uppmärksamma, märka; *se; *n* meddelande *nt*, uppsägning *c;* uppmärksamhet *c*
noticeable [ˈnoutisəbəl] *adj* märkbar; anmärkningsvärd
notify [ˈnoutifai] *v* meddela; underrätta
notion [ˈnouʃən] *n* aning *c*, begrepp *nt*
notorious [nouˈtɔ:riəs] *adj* beryktad
nougat [ˈnu:gɑ:] *n* nougat *c*
nought [nɔ:t] *n* nolla *c*
noun [naun] *n* substantiv *nt*
nourishing [ˈnʌriʃiŋ] *adj* närande
novel [ˈnɔvəl] *n* roman *c*
novelist [ˈnɔvəlist] *n* romanförfattare *c*
November [nouˈvembə] november
now [nau] *adv* nu; ~ **and then** då och då
nowadays [ˈnauədeiz] *adv* nuförtiden
nowhere [ˈnouwɛə] *adv* ingenstans
nozzle [ˈnɔzəl] *n* munstycke *nt*
nuance [nju:ˈɑ̃:s] *n* nyans *c*
nuclear [ˈnju:kliə] *adj* kärn-; ~ **energy** kärnkraft *c*
nucleus [ˈnju:kliəs] *n* kärna *c*
nude [nju:d] *adj* naken; *n* akt *c*
nuisance [ˈnju:səns] *n* besvär *nt*
numb [nʌm] *adj* utan känsel; domnad, förlamad
number [ˈnʌmbə] *n* nummer *nt;* tal *nt*, antal *nt*
numeral [ˈnju:mərəl] *n* räkneord *nt*
numerous [ˈnju:mərəs] *adj* talrik
nun [nʌn] *n* nunna *c*
nunnery [ˈnʌnəri] *n* nunnekloster *nt*
nurse [nə:s] *n* sjuksköterska *c;* barnsköterska *c; v* vårda; amma
nursery [ˈnə:səri] *n* barnkammare *c;* daghem *nt;* plantskola *c*
nut [nʌt] *n* nöt *c;* mutter *c*
nutcrackers [ˈnʌtˌkrækəz] *pl* nötknäppare *c*
nutmeg [ˈnʌtmeg] *n* muskotnöt *c*
nutritious [nju:ˈtriʃəs] *adj* närande
nutshell [ˈnʌtʃel] *n* nötskal *nt*
nylon [ˈnailɔn] *n* nylon *nt*

O

oak [ouk] *n* ek *c*
oar [ɔ:] *n* åra *c*
oasis [ouˈeisis] *n* (pl oases) oas *c*
oath [ouθ] *n* ed *c*
oats [outs] *pl* havre *c*
obedience [əˈbi:diəns] *n* lydnad *c*
obedient [əˈbi:diənt] *adj* lydig
obey [əˈbei] *v* lyda
object[1] [ˈɔbdʒikt] *n* objekt *nt;* föremål *nt;* syfte *nt*
object[2] [əbˈdʒekt] *v* invända, protestera

objection [əbˈdʒekʃən] *n* invändning *c*
objective [əbˈdʒektiv] *adj* objektiv; *n* mål *nt*
obligatory [əˈbligətəri] *adj* obligatorisk
oblige [əˈblaidʒ] *v* förplikta; ***be obliged to** *vara tvungen att; *måste
obliging [əˈblaidʒiŋ] *adj* tillmötesgående
oblong [ˈɔblɔŋ] *adj* avlång, rektangulär; *n* rektangel *c*
obscene [əbˈsi:n] *adj* oanständig
obscure [əbˈskjuə] *adj* dunkel, skum, oklar, mörk
observation [ˌɔbzəˈveiʃən] *n* iakttagelse *c*, observation *c*
observatory [əbˈzə:vətri] *n* observatorium *nt*
observe [əbˈzə:v] *v* observera, *iaktta
obsession [əbˈseʃən] *n* besatthet *c*
obstacle [ˈɔbstəkəl] *n* hinder *nt*
obstinate [ˈɔbstinət] *adj* envis; hårdnackad
obtain [əbˈtein] *v* *erhålla, skaffa sig
obtainable [əbˈteinəbəl] *adj* anskaffbar
obvious [ˈɔbviəs] *adj* tydlig
occasion [əˈkeiʒən] *n* tillfälle *nt;* anledning *c*
occasionally [əˈkeiʒənəli] *adv* då och då
occupant [ˈɔkjupənt] *n* innehavare *c*
occupation [ˌɔkjuˈpeiʃən] *n* sysselsättning *c;* ockupation *c*
occupy [ˈɔkjupai] *v* ockupera, *uppta, *besätta; **occupied** *adj* ockuperad, upptagen
occur [əˈkə:] *v* ske, hända, *förekomma
occurrence [əˈkʌrəns] *n* händelse *c*
ocean [ˈouʃən] *n* världshav *nt*
October [ɔkˈtoubə] oktober
octopus [ˈɔktəpəs] *n* bläckfisk *c*
oculist [ˈɔkjulist] *n* ögonläkare *c*
odd [ɔd] *adj* underlig, konstig; udda
odour [ˈoudə] *n* lukt *c*
of [ɔv, əv] *prep* av
off [ɔf] *adv* av; iväg; *prep* från
offence [əˈfens] *n* förseelse *c;* kränkning *c*, anstöt *c*
offend [əˈfend] *v* såra, kränka; *förgå sig
offensive [əˈfensiv] *adj* offensiv; anstötlig, kränkande; *n* offensiv *c*
offer [ˈɔfə] *v* *erbjuda; *bjuda; *n* erbjudande *nt*
office [ˈɔfis] *n* kontor *nt;* ämbete *nt;* ~ **hours** kontorstid *c*
officer [ˈɔfisə] *n* officer *c*
official [əˈfiʃəl] *adj* officiell
off-licence [ˈɔfˌlaisəns] *n* systembolag *nt*
often [ˈɔfən] *adv* ofta
oil [ɔil] *n* olja *c;* **fuel** ~ brännolja *c;* ~ **filter** oljefilter *nt;* ~ **pressure** oljetryck *nt*
oil-painting [ˌɔilˈpeintiŋ] *n* oljemålning *c*
oil-refinery [ˈɔilriˌfainəri] *n* oljeraffinaderi *nt*
oil-well [ˈɔilwel] *n* oljekälla *c*, oljefyndighet *c*
oily [ˈɔili] *adj* oljig
ointment [ˈɔintmənt] *n* salva *c*
okay! [ˌouˈkei] fint!
old [ould] *adj* gammal; ~ **age** ålderdom *c*
old-fashioned [ˌouldˈfæʃənd] *adj* gammaldags, gammalmodig
olive [ˈɔliv] *n* oliv *c;* ~ **oil** olivolja *c*
omelette [ˈɔmlət] *n* omelett *c*
ominous [ˈɔminəs] *adj* olycksbådande
omit [əˈmit] *v* utelämna
omnipotent [ɔmˈnipətənt] *adj* allsmäktig
on [ɔn] *prep* på; vid
once [wʌns] *adv* en gång; **at** ~ genast; ~ **more** ännu en gång

oncoming [ˈɔnˌkʌmiŋ] *adj* förestående, mötande
one [wʌn] *num* en; *pron* man
oneself [wʌnˈself] *pron* själv
onion [ˈʌnjən] *n* lök *c*
only [ˈounli] *adj* enda; *adv* endast, bara, blott; *conj* men
onwards [ˈɔnwədz] *adv* framåt, vidare
onyx [ˈɔniks] *n* onyx *c*
opal [ˈoupəl] *n* opal *c*
open [ˈoupən] *v* öppna; *adj* öppen; öppenhjärtig
opening [ˈoupəniŋ] *n* öppning *c*
opera [ˈɔpərə] *n* opera *c;* ~ **house** operahus *nt*
operate [ˈɔpəreit] *v* fungera; operera
operation [ˌɔpəˈreiʃən] *n* funktion *c;* operation *c*
operator [ˈɔpəreitə] *n* telefonist *c*
operetta [ˌɔpəˈretə] *n* operett *c*
opinion [əˈpinjən] *n* uppfattning *c*, åsikt *c*
opponent [əˈpounənt] *n* motståndare *c*
opportunity [ˌɔpəˈtju:nəti] *n* tillfälle *nt*
oppose [əˈpouz] *v* opponera sig
opposite [ˈɔpəzit] *prep* mittemot; *adj* motstående, motsatt
opposition [ˌɔpəˈziʃən] *n* opposition *c*
oppress [əˈpres] *v* förtrycka, tynga
optician [ɔpˈtiʃən] *n* optiker *c*
optimism [ˈɔptimizəm] *n* optimism *c*
optimist [ˈɔptimist] *n* optimist *c*
optimistic [ˌɔptiˈmistik] *adj* optimistisk
optional [ˈɔpʃənəl] *adj* valfri
or [ɔ:] *conj* eller
oral [ˈɔ:rəl] *adj* muntlig
orange [ˈɔrindʒ] *n* apelsin *c; adj* brandgul
orchard [ˈɔ:tʃəd] *n* fruktträdgård *c*
orchestra [ˈɔ:kistrə] *n* orkester *c;* ~ **seat** *Am* parkett *c*
order [ˈɔ:də] *v* befalla; beställa; *n* ordningsföljd *c*, ordning *c;* befallning *c*, order *c;* beställning *c;* **in** ~ i ordning; **in** ~ **to** för att; **made to** ~ gjord på beställning; **out of** ~ funktionsoduglig; **postal** ~ postanvisning *c*
order-form [ˈɔ:dəfɔ:m] *n* orderblankett *c*
ordinary [ˈɔ:dənri] *adj* vanlig, alldaglig
ore [ɔ:] *n* malm *c*
organ [ˈɔ:gən] *n* organ *nt;* orgel *c*
organic [ɔ:ˈgænik] *adj* organisk
organization [ˌɔ:gənaiˈzeiʃən] *n* organisation *c*
organize [ˈɔ:gənaiz] *v* organisera
Orient [ˈɔ:riənt] *n* Orienten
oriental [ˌɔ:riˈentəl] *adj* orientalisk
orientate [ˈɔ:riənteit] *v* orientera sig
origin [ˈɔridʒin] *n* ursprung *nt;* härstamning *c*, härkomst *c*
original [əˈridʒinəl] *adj* ursprunglig, originell
originally [əˈridʒinəli] *adv* ursprungligen
ornament [ˈɔ:nəmənt] *n* utsmyckning *c*
ornamental [ˌɔ:nəˈmentəl] *adj* prydnads-, dekorativ
orphan [ˈɔ:fən] *n* föräldralöst barn
orthodox [ˈɔ:θədɔks] *adj* ortodox
ostrich [ˈɔstritʃ] *n* struts *c*
other [ˈʌðə] *adj* annan
otherwise [ˈʌðəwaiz] *conj* annars; *adv* annorlunda
***ought to** [ɔ:t] *böra
our [auə] *adj* vår
ourselves [auəˈselvz] *pron* oss; själva
out [aut] *adv* ute, ut; ~ **of** utanför, från
outbreak [ˈautbreik] *n* utbrott *nt*
outcome [ˈautkʌm] *n* följd *c*, resultat *nt*

***outdo** [ˌaut'du:] *v* överträffa
outdoors [ˌaut'dɔ:z] *adv* utomhus
outer ['autə] *adj* yttre
outfit ['autfit] *n* utrustning *c*
outline ['autlain] *n* ytterlinje *c; v* teckna konturerna av, skissera
outlook ['autluk] *n* utsikt *c;* syn *c*
output ['autput] *n* produktion *c*
outrage ['autreidʒ] *n* illgärning *c,* våldsdåd *nt*
outside [ˌaut'said] *adv* utomhus; *prep* utanför; *n* utsida *c*
outsize ['autsaiz] *n* extrastorlek *c*
outskirts ['autskə:ts] *pl* utkant *c*
outstanding [ˌaut'stændiŋ] *adj* framstående, framträdande, utestående
outward ['autwəd] *adj* yttre
outwards ['autwədz] *adv* utåt
oval ['ouvəl] *adj* oval
oven ['ʌvən] *n* ugn *c*
over ['ouvə] *prep* över, ovanför; *adv* över; *adj* över; ~ **there** där borta
overall ['ouvərɔ:l] *adj* sammanlagd
overalls ['ouvərɔ:lz] *pl* overall *c*
overcast ['ouvəka:st] *adj* mulen
overcoat ['ouvəkout] *n* överrock *c*
***overcome** [ˌouvə'kʌm] *v* *övervinna
overdue [ˌouvə'dju:] *adj* försenad; förfallen till betalning
overgrown [ˌouvə'groun] *adj* igenvuxen
overhaul [ˌouvə'hɔ:l] *v* undersöka, *genomgå; *hinna ifatt
overhead [ˌouvə'hed] *adv* ovan
overlook [ˌouvə'luk] *v* *förbise
overnight [ˌouvə'nait] *adv* över natten
overseas [ˌouvə'si:z] *adj* över haven
oversight ['ouvəsait] *n* förbiseende *nt;* uppsikt *c*
***oversleep** [ˌouvə'sli:p] *v* *försova sig
overstrung [ˌouvə'strʌŋ] *adj* överspänd
***overtake** [ˌouvə'teik] *v* köra om; **no overtaking** omkörning förbjuden
over-tired [ˌouvə'taiəd] *adj* uttröttad
overture ['ouvətʃə] *n* ouvertyr *c*
overweight ['ouvəweit] *n* övervikt *c*
overwhelm [ˌouvə'welm] *v* överväldiga
overwork [ˌouvə'wə:k] *v* överanstränga sig
owe [ou] *v* *vara skyldig; *ha att tacka för; **owing to** med anledning av
owl [aul] *n* uggla *c*
own [oun] *v* äga; *adj* egen
owner ['ounə] *n* ägare *c,* innehavare *c*
ox [ɔks] *n* (pl oxen) oxe *c*
oxygen ['ɔksidʒən] *n* syre *nt*
oyster ['ɔistə] *n* ostron *nt*

P

pace [peis] *n* sätt att *gå; steg *nt;* tempo *nt*
Pacific Ocean [pə'sifik 'ouʃən] Stilla havet
pacifism ['pæsifizəm] *n* pacifism *c*
pacifist ['pæsifist] *n* pacifist *c;* pacifistisk
pack [pæk] *v* packa; ~ **up** packa in
package ['pækidʒ] *n* paket *nt*
packet ['pækit] *n* paket *nt*
packing ['pækiŋ] *n* packning *c,* förpackning *c*
pad [pæd] *n* dyna *c;* anteckningsblock *nt*
paddle ['pædəl] *n* paddel *c*
padlock ['pædlɔk] *n* hänglås *nt*
pagan ['peigən] *adj* hednisk; *n* hedning *c*
page [peidʒ] *n* sida *c*
page-boy ['peidʒbɔi] *n* hotellpojke *c*
pail [peil] *n* ämbar *nt*
pain [pein] *n* smärta *c;* **pains** möda *c*

painful ['peinfəl] *adj* smärtsam
painless ['peinləs] *adj* smärtfri
paint [peint] *n* målarfärg *c; v* måla
paint-box ['peintbɔks] *n* färglåda *c*
paint-brush ['peintbrʌʃ] *n* pensel *c*
painter ['peintə] *n* målare *c*
painting ['peintiŋ] *n* målning *c*
pair [pɛə] *n* par *nt*
Pakistan [ˌpɑ:ki'stɑ:n] Pakistan
Pakistani [ˌpɑ:ki'stɑ:ni] *adj* pakistansk; *n* pakistanier *c*
palace ['pæləs] *n* palats *nt*
pale [peil] *adj* blek; ljus-
palm [pɑ:m] *n* palm *c;* handflata *c*
palpable ['pælpəbəl] *adj* kännbar, påtaglig
palpitation [ˌpælpi'teiʃən] *n* hjärtklappning *c*
pan [pæn] *n* panna *c*
pane [pein] *n* ruta *c*
panel ['pænəl] *n* panel *c*
panelling ['pænəliŋ] *n* panel *c*
panic ['pænik] *n* panik *c*
pant [pænt] *v* flämta
panties ['pæntiz] *pl* trosor *pl*
pants [pænts] *pl* underbyxor *pl; plAm* byxor *pl*
pant-suit ['pæntsu:t] *n* byxdräkt *c*
panty-hose ['pæntihouz] *n* strumpbyxor *pl*
paper ['peipə] *n* papper *nt;* tidning *c;* pappers-; **carbon** ~ karbonpapper *nt;* ~ **bag** papperspåse *c;* ~ **napkin** pappersservett *c;* **typing** ~ skrivmaskinspapper *nt;* **wrapping** ~ omslagspapper *nt*
paperback ['peipəbæk] *n* pocketbok *c*
paper-knife ['peipənaif] *n* papperskniv *c*
parade [pə'reid] *n* parad *c*
paraffin ['pærəfin] *n* fotogen *c*
paragraph ['pærəgrɑ:f] *n* paragraf *c*
parakeet ['pærəki:t] *n* papegoja *c*
paralise ['pærəlaiz] *v* paralysera
parallel ['pærəlel] *adj* jämlöpande, parallell; *n* parallell *c*
parcel ['pɑ:səl] *n* paket *nt*
pardon ['pɑ:dən] *n* förlåtelse *c;* benådning *c*
parents ['pɛərənts] *pl* föräldrar *pl*
parents-in-law ['pɛərəntsinlɔ:] *pl* svärföräldrar *pl*
parish ['pæriʃ] *n* församling *c*
park [pɑ:k] *n* park *c; v* parkera
parking ['pɑ:kiŋ] *n* parkering *c;* **no** ~ parkering förbjuden; ~ **fee** parkeringsavgift *c;* ~ **light** parkeringsljus *nt;* ~ **lot** *Am* parkeringsplats *c;* ~ **meter** parkeringsmätare *c;* ~ **zone** parkeringszon *c*
parliament ['pɑ:ləmənt] *n* riksdag *c,* parlament *nt*
parliamentary [ˌpɑ:lə'mentəri] *adj* parlamentarisk
parrot ['pærət] *n* papegoja *c*
parsley ['pɑ:sli] *n* persilja *c*
parson ['pɑ:sən] *n* präst *c*
parsonage ['pɑ:sənidʒ] *n* prästgård *c*
part [pɑ:t] *n* del *c;* stycke *nt; v* skilja; **spare** ~ reservdel *c*
partial ['pɑ:ʃəl] *adj* ofullständig; partisk
participant [pɑ:'tisipənt] *n* deltagare *c*
participate [pɑ:'tisipeit] *v* *delta
particular [pə'tikjulə] *adj* särskild; noga; **in** ~ särskilt
partition [pɑ:'tiʃən] *n* skiljevägg *c;* delning *c,* del *c*
partly ['pɑ:tli] *adv* delvis
partner ['pɑ:tnə] *n* partner *c;* kompanjon *c*
partridge ['pɑ:tridʒ] *n* rapphöna *c*
party ['pɑ:ti] *n* parti *nt;* kalas *nt,* fest *c;* sällskap *nt*
pass [pɑ:s] *v* *förflyta, passera; *ge; *bli godkänd; *vAm* köra om; *n* bergspass *nt;* pass *nt;* **no passing** *Am* omkörning förbjuden; ~ **by**

*gå förbi; ~ **through** *gå igenom
passage ['pæsidʒ] *n* passage *c;* överfart *c;* avsnitt *nt;* genomresa *c*
passenger ['pæsəndʒə] *n* passagerare *c;* ~ **car** *Am* järnvägsvagn *c*
passer-by [ˌpɑ:sə'bai] *n* förbipasserande *c*
passion ['pæʃən] *n* lidelse *c,* passion *c;* raseri *nt*
passionate ['pæʃənət] *adj* lidelsefull
passive ['pæsiv] *adj* passiv
passport ['pɑ:spɔ:t] *n* pass *nt;* ~ **control** passkontroll *c;* ~ **photograph** passfoto *nt*
password ['pɑ:swə:d] *n* lösenord *nt*
past [pɑ:st] *n* det förflutna; *adj* förfluten, förra; *prep* förbi
paste [peist] *n* pasta *c; v* klistra
pastry ['peistri] *n* bakelser *pl;* ~ **shop** konditori *nt*
pasture ['pɑ:stʃə] *n* betesmark *c*
patch [pætʃ] *v* lappa
patent ['peitənt] *n* patent *nt,* patentbrev *nt*
path [pɑ:θ] *n* stig *c*
patience ['peiʃəns] *n* tålamod *nt*
patient ['peiʃənt] *adj* tålmodig; *n* patient *c*
patriot ['peitriət] *n* patriot *c*
patrol [pə'troul] *n* patrull *c; v* patrullera; övervaka
pattern ['pætən] *n* mönster *nt*
pause [pɔ:z] *n* paus *c; v* pausa
pave [peiv] *v* *stenlägga
pavement ['peivmənt] *n* trottoar *c;* gatubeläggning *c*
pavilion [pə'viljən] *n* paviljong *c*
paw [pɔ:] *n* tass *c*
pawn [pɔ:n] *v* *pantsätta; *n* schackbonde
pawnbroker ['pɔ:nˌbroukə] *n* pantlånare *c*
pay [pei] *n* avlöning *c,* lön *c*
***pay** [pei] *v* betala; löna sig; ~ **attention to** uppmärksamma; **paying** lönande; ~ **off** slutbetala; ~ **on account** avbetala
pay-desk ['peidesk] *n* kassa *c*
payee [pei'i:] *n* betalningsmottagare *c*
payment ['peimənt] *n* betalning *c*
pea [pi:] *n* ärta *c*
peace [pi:s] *n* fred *c*
peaceful ['pi:sfəl] *adj* fridfull
peach [pi:tʃ] *n* persika *c*
peacock ['pi:kɔk] *n* påfågel *c*
peak [pi:k] *n* topp *c;* höjdpunkt *c;* ~ **hour** rusningstid *c;* ~ **season** högsäsong *c*
peanut ['pi:nʌt] *n* jordnöt *c*
pear [pɛə] *n* päron *nt*
pearl [pə:l] *n* pärla *c*
peasant ['pezənt] *n* bonde *c*
pebble ['pebəl] *n* strandsten *c*
peculiar [pi'kju:ljə] *adj* egendomlig, säregen
peculiarity [piˌkju:li'ærəti] *n* egendomlighet *c*
pedal ['pedəl] *n* pedal *c*
pedestrian [pi'destriən] *n* fotgängare *c;* **no pedestrians** förbjudet för fotgängare; ~ **crossing** övergångsställe för fotgängare
pedicure ['pedikjuə] *n* fotvård *c*
peel [pi:l] *v* skala; *n* skal *nt*
peep [pi:p] *v* kika
peg [peg] *n* pinne *c,* hängare *c,* sprint *c*
pelican ['pelikən] *n* pelikan *c*
pelvis ['pelvis] *n* bäcken *nt*
pen [pen] *n* penna *c*
penalty ['penəlti] *n* böter *pl;* straff *nt;* ~ **kick** straffspark *c*
pencil ['pensəl] *n* blyertspenna *c*
pencil-sharpener ['pensəlˌʃɑ:pnə] *n* pennvässare *c*
pendant ['pendənt] *n* hängsmycke *nt*
penetrate ['penitreit] *v* genomtränga

penguin ['peŋgwin] *n* pingvin *c*
penicillin [ˌpeni'silin] *n* penicillin *nt*
peninsula [pə'ninsjulə] *n* halvö *c*
penknife ['pennaif] *n* (pl -knives) pennkniv *c*
pension[1] ['pɑ̃:siɔ̃:] *n* pensionat *nt*
pension[2] ['penʃən] *n* pension *c*
people ['pi:pəl] *pl* folk *pl; n* folk *nt*
pepper ['pepə] *n* peppar *c*
peppermint ['pepəmint] *n* pepparmint *nt*
perceive [pə'si:v] *v* *förnimma
percent [pə'sent] *n* procent *c*
percentage [pə'sentidʒ] *n* procent *c*
perceptible [pə'septibəl] *adj* märkbar
perception [pə'sepʃən] *n* förnimmelse *c*
perch [pə:tʃ] (pl ~) abborre *c*
percolator ['pə:kəleitə] *n* kaffebryggare *c*
perfect ['pə:fikt] *adj* perfekt, fullkomlig
perfection [pə'fekʃən] *n* fullkomlighet *c*
perform [pə'fɔ:m] *v* utföra
performance [pə'fɔ:məns] *n* föreställning *c*
perfume ['pə:fju:m] *n* parfym *c*
perhaps [pə'hæps] *adv* kanske; kanhända
peril ['peril] *n* fara *c*
perilous ['periləs] *adj* livsfarlig
period ['piəriəd] *n* period *c;* punkt *c*
periodical [ˌpiəri'ɔdikəl] *n* tidskrift *c; adj* periodisk
perish ['periʃ] *v* *omkomma
perishable ['periʃəbəl] *adj* ömtålig
perjury ['pə:dʒəri] *n* mened *c*
permanent ['pə:mənənt] *adj* varaktig, beständig, ständig; fast, stadigvarande; ~ **wave** permanent *c*
permission [pə'miʃən] *n* tillåtelse *c,* tillstånd *nt;* lov *nt,* tillståndsbevis *nt*
permit[1] [pə'mit] *v* *tillåta
permit[2] ['pə:mit] *n* tillståndsbevis *nt,* tillstånd *nt*
peroxide [pə'rɔksaid] *n* vätesuperoxid *c*
perpendicular [ˌpə:pən'dikjulə] *adj* lodrät
Persia ['pə:ʃə] Persien
Persian ['pə:ʃən] *adj* persisk; *n* perser *c*
person ['pə:sən] *n* person *c;* **per** ~ per person
personal ['pə:sənəl] *adj* personlig
personality [ˌpə:sə'næləti] *n* personlighet *c*
personnel [ˌpə:sə'nel] *n* personal *c*
perspective [pə'spektiv] *n* perspektiv *nt*
perspiration [ˌpə:spə'reiʃən] *n* transpiration *c,* svettning *c,* svett *c*
perspire [pə'spaiə] *v* transpirera, svettas
persuade [pə'sweid] *v* övertala; övertyga
persuasion [pə'sweiʒən] *n* övertygelse *c*
pessimism ['pesimizəm] *n* pessimism *c*
pessimist ['pesimist] *n* pessimist *c*
pessimistic [ˌpesi'mistik] *adj* pessimistisk
pet [pet] *n* sällskapsdjur *nt;* kelgris *c;* älsklings-
petal ['petəl] *n* kronblad *nt*
petition [pi'tiʃən] *n* petition *c*
petrol ['petrəl] *n* bensin *c;* ~ **pump** bensinpump *c;* ~ **station** bensinmack *c;* ~ **tank** bensintank *c*
petroleum [pi'trouliəm] *n* råolja *c*
petty ['peti] *adj* oväsentlig, obetydlig, liten; ~ **cash** kontorskassa *c*
pewit ['pi:wit] *n* tofsvipa *c*
pewter ['pju:tə] *n* tennlegering *c*
phantom ['fæntəm] *n* fantom *c*

pharmacology [ˌfɑːməˈkɔlədʒi] *n* farmakologi *c*
pharmacy [ˈfɑːməsi] *n* apotek *nt*
phase [feiz] *n* fas *c*
pheasant [ˈfezənt] *n* fasan *c*
Philippine [ˈfilipain] *adj* filippinsk
Philippines [ˈfilipiːnz] *pl* Filippinerna
philosopher [fiˈlɔsəfə] *n* filosof *c*
philosophy [fiˈlɔsəfi] *n* filosofi *c*
phone [foun] *n* telefon *c; v* telefonera, ringa upp
phonetic [fəˈnetik] *adj* fonetisk
photo [ˈfoutou] *n* (pl ~s) foto *nt*
photograph [ˈfoutəgrɑːf] *n* fotografi *nt; v* fotografera
photographer [fəˈtɔgrəfə] *n* fotograf *c*
photography [fəˈtɔgrəfi] *n* fotografering *c*
photostat [ˈfoutəstæt] *n* fotostatkopia *c*
phrase [freiz] *n* fras *c*
phrase-book [ˈfreizbuk] *n* parlör *c*
physical [ˈfizikəl] *adj* fysisk
physician [fiˈziʃən] *n* läkare *c*
physicist [ˈfizisist] *n* fysiker *c*
physics [ˈfiziks] *n* fysik *c*, naturvetenskap *c*
physiology [ˌfiziˈɔlədʒi] *n* fysiologi *c*
pianist [ˈpiːənist] *n* pianist *c*
piano [piˈænou] *n* piano *nt;* **grand** ~ flygel *c*
pick [pik] *v* plocka; *välja; *n* val *nt;* ~ **up** plocka upp; hämta; **pick-up van** skåpvagn *c*
pick-axe [ˈpikæks] *n* hacka *c*
pickles [ˈpikəlz] *pl* pickels *pl*
picnic [ˈpiknik] *n* picknick *c; v* picknicka
picture [ˈpiktʃə] *n* tavla *c;* film *c*, illustration *c;* bild *c;* ~ **postcard** vykort *nt;* **pictures** bio *c*
picturesque [ˌpiktʃəˈresk] *adj* pittoresk
piece [piːs] *n* bit *c*, stycke *nt*
pier [piə] *n* pir *c*
pierce [piəs] *v* *göra hål, genomborra
pig [pig] *n* gris *c*
pigeon [ˈpidʒən] *n* duva *c*
pig-headed [ˌpigˈhedid] *adj* tjurskallig
piglet [ˈpiglət] *n* spädgris *c*
pigskin [ˈpigskin] *n* svinläder *nt*
pike [paik] (pl ~) gädda *c*
pile [pail] *n* hög *c; v* stapla; **piles** *pl* hemorrojder *pl*
pilgrim [ˈpilgrim] *n* pilgrim *c*
pilgrimage [ˈpilgrimidʒ] *n* pilgrimsfärd *c*
pill [pil] *n* piller *nt*
pillar [ˈpilə] *n* pelare *c*, stolpe *c*
pillar-box [ˈpiləbɔks] *n* brevlåda *c*
pillow [ˈpilou] *n* huvudkudde *c*, kudde *c*
pillow-case [ˈpiloukeis] *n* örngott *nt*
pilot [ˈpailət] *n* pilot *c;* lots *c*
pimple [ˈpimpəl] *n* finne *c*
pin [pin] *n* knappnål *c; v* fästa med nål; **bobby** ~ *Am* hårklämma *c*
pincers [ˈpinsəz] *pl* kniptång *c*
pinch [pintʃ] *v* *nypa
pine [pain] *n* tall *c;* furu *c*
pineapple [ˈpaiˌnæpəl] *n* ananas *c*
ping-pong [ˈpiŋpɔŋ] *n* bordtennis *c*
pink [piŋk] *adj* skär
pioneer [ˌpaiəˈniə] *n* pionjär *c*
pious [ˈpaiəs] *adj* from
pip [pip] *n* kärna *c*
pipe [paip] *n* pipa *c;* rör *nt;* ~ **cleaner** piprensare *c;* ~ **tobacco** piptobak *c*
pirate [ˈpaiərət] *n* sjörövare *c*
pistol [ˈpistəl] *n* pistol *c*
piston [ˈpistən] *n* kolv *c;* ~ **ring** kolvring *c*
piston-rod [ˈpistənrɔd] *n* kolvstång *c*
pit [pit] *n* grop *c;* gruva *c*
pitcher [ˈpitʃə] *n* krus *nt*
pity [ˈpiti] *n* medlidande *nt; v* *ha

medlidande med, beklaga; **what a pity!** så synd!
placard ['plækɑ:d] *n* plakat *nt*
place [pleis] *n* ställe *nt; v* placera, *sätta; ~ **of birth** födelseort *c;* ***take** ~ äga rum
plague [pleig] *n* plåga *c*
plaice [pleis] (pl ~) rödspätta *c*
plain [plein] *adj* tydlig; enkel, vanlig; *n* slätt *c*
plan [plæn] *n* plan *c; v* planera
plane [plein] *adj* plan; *n* flygplan *nt;* ~ **crash** flygolycka *c*
planet ['plænit] *n* planet *c*
planetarium [ˌplæni'tɛəriəm] *n* planetarium *nt*
plank [plæŋk] *n* planka *c*
plant [plɑ:nt] *n* planta *c;* fabrik *c; v* plantera
plantation [plæn'teiʃən] *n* plantage *c*
plaster ['plɑ:stə] *n* rappning *c,* gips *c;* plåster *nt*
plastic ['plæstik] *adj* plast-; *n* plast *c*
plate [pleit] *n* tallrik *c;* platta *c*
plateau ['plætou] *n* (pl ~x, ~s) platå *c*
platform ['plætfɔ:m] *n* plattform *c;* ~ **ticket** perrongbiljett *c*
platinum ['plætinəm] *n* platina *c*
play [plei] *v* leka; spela; *n* lek *c;* pjäs *c;* **one-act** ~ enaktare *c;* ~ **truant** skolka
player [pleiə] *n* spelare *c*
playground ['pleigraund] *n* lekplats *c*
playing-card ['pleiiŋkɑ:d] *n* spelkort *nt*
playwright ['pleirait] *n* skådespelsförfattare *c*
plea [pli:] *n* svaromål *nt;* anhållan *c;* ursäkt *c*
plead [pli:d] *v* plädera
pleasant ['plezənt] *adj* angenäm, trevlig
please [pli:z] var god; *v* *glädja; **pleased** nöjd; **pleasing** angenäm
pleasure ['pleʒə] *n* nöje *nt,* glädje *c*
plentiful ['plentifəl] *adj* riklig
plenty ['plenti] *n* rikligheт *c;* överflöd *nt*
pliers [plaiəz] *pl* tång *c*
plimsolls ['plimsəlz] *pl* gymnastikskor *pl*
plot [plɔt] *n* komplott *c,* sammansvärjning *c;* handling *c;* jordlott *c*
plough [plau] *n* plog *c; v* plöja
plucky ['plʌki] *adj* käck
plug [plʌg] *n* plugg *c,* stickkontakt *c;* ~ **in** *sticka in, *ansluta
plum [plʌm] *n* plommon *nt*
plumber ['plʌmə] *n* rörmokare *c*
plump [plʌmp] *adj* knubbig
plural ['pluərəl] *n* plural *c*
plus [plʌs] *prep* plus
pneumatic [nju:'mætik] *adj* luft-
pneumonia [nju:'mouniə] *n* lunginflammation *c*
poach [poutʃ] *v* *tjuvskjuta
pocket ['pɔkit] *n* ficka *c*
pocket-book ['pɔkitbuk] *n* plånbok *c;* anteckningsbok *c*
pocket-comb ['pɔkitkoum] *n* fickkam *c*
pocket-knife ['pɔkitnaif] *n* (pl -knives) fickkniv *c*
pocket-watch ['pɔkitwɔtʃ] *n* fickur *nt*
poem ['pouim] *n* dikt *c*
poet ['pouit] *n* skald *c*
poetry ['pouitri] *n* poesi *c*
point [pɔint] *n* punkt *c;* spets *c; v* peka; ~ **of view** synpunkt *c;* ~ **out** visa, utpeka
pointed ['pɔintid] *adj* spetsig
poison ['pɔizən] *n* gift *nt; v* förgifta
poisonous ['pɔizənəs] *adj* giftig
Poland ['poulənd] Polen
Pole [poul] *n* polack *c*
pole [poul] *n* påle *c;* pol *c*
police [pə'li:s] *pl* polis *c*

policeman [pə'li:smən] *n* (pl -men) poliskonstapel *c*, polis *c*
police-station [pə'li:s,steiʃən] *n* polisstation *c*
policy ['pɔlisi] *n* politik *c;* försäkringsbrev *nt*
polio ['pouliou] *n* polio *c*, barnförlamning *c*
Polish ['pouliʃ] *adj* polsk
polish ['pɔliʃ] *v* polera
polite [pə'lait] *adj* artig
political [pə'litikəl] *adj* politisk
politician [,pɔli'tiʃən] *n* politiker *c*
politics ['pɔlitiks] *n* politik *c*
pollution [pə'lu:ʃən] *n* förorening *c*
pond [pɔnd] *n* damm *c*
pony ['pouni] *n* ponny *c*
poor [puə] *adj* fattig; usel
pope [poup] *n* påve *c*
poplin ['pɔplin] *n* poplin *nt*
pop music [pɔp 'mju:zik] popmusik *c*
poppy ['pɔpi] *n* vallmo *c*
popular ['pɔpjulə] *adj* populär; folk-
population [,pɔpju'leiʃən] *n* befolkning *c*
populous ['pɔpjuləs] *adj* folkrik
porcelain ['pɔ:səlin] *n* porslin *nt*
porcupine ['pɔ:kjupain] *n* piggsvin *nt*
pork [pɔ:k] *n* griskött *nt*
port [pɔ:t] *n* hamn *c;* babord
portable ['pɔ:təbəl] *adj* bärbar
porter ['pɔ:tə] *n* bärare *c;* dörrvaktmästare *c*
porthole ['pɔ:thoul] *n* hyttventil *c*
portion ['pɔ:ʃən] *n* portion *c*
portrait ['pɔ:trit] *n* porträtt *nt*
Portugal ['pɔ:tjugəl] Portugal
Portuguese [,pɔ:tju'gi:z] *adj* portugisisk; *n* portugis *c*
position [pə'ziʃən] *n* position *c;* läge *nt;* inställning *c;* ställning *c*
positive ['pɔzətiv] *adj* positiv
possess [pə'zes] *v* äga; **possessed** *adj* besatt
possession [pə'zeʃən] *n* ägo, innehav *nt;* **possessions** ägodelar *pl*
possibility [,pɔsə'biləti] *n* möjlighet *c*
possible ['pɔsəbəl] *adj* möjlig; eventuell
post [poust] *n* stolpe *c;* tjänst *c;* post *c; v* posta; **post-office** postkontor *nt*
postage ['poustidʒ] *n* porto *nt;* ~ **paid** portofri; ~ **stamp** frimärke *nt*
postcard ['poustka:d] *n* brevkort *nt;* vykort *nt*
poster ['poustə] *n* affisch *c*
poste restante [poust re'stã:t] poste restante
postman ['poustmən] *n* (pl -men) brevbärare *c*
post-paid [,poust'peid] *adj* franko
postpone [pə'spoun] *v* *uppskjuta
pot [pɔt] *n* gryta *c*
potato [pə'teitou] *n* (pl ~es) potatis *c*
pottery ['pɔtəri] *n* keramik *c;* lergods *nt*
pouch [pautʃ] *n* pung *c*
poulterer ['poultərə] *n* vilthandlare *c*
poultry ['poultri] *n* fjäderfä *nt*
pound [paund] *n* pund *nt*
pour [pɔ:] *v* hälla
poverty ['pɔvəti] *n* fattigdom *c*
powder ['paudə] *n* puder *nt;* ~ **compact** puderdosa *c;* **talc** ~ talk *c*
powder-puff ['paudəpʌf] *n* pudervippa *c*
powder-room ['paudəru:m] *n* damtoalett *c*
power [pauə] *n* styrka *c*, kraft *c;* energi *c;* makt *c*
powerful ['pauəfəl] *adj* mäktig; stark
powerless ['pauələs] *adj* maktlös
power-station ['pauə,steiʃən] *n* kraftverk *nt*
practical ['præktikəl] *adj* praktisk
practically ['præktikli] *adv* nästan

practice ['præktis] *n* utövande *nt*, praktik *c*
practise ['præktis] *v* praktisera; öva sig
praise [preiz] *v* berömma; *n* beröm *nt*
pram [præm] *n* barnvagn *c*
prawn [prɔ:n] *n* räka *c*
pray [prei] *v* *bedja
prayer [prɛə] *n* bön *c*
preach [pri:tʃ] *v* predika
precarious [pri'kɛəriəs] *adj* vansklig
precaution [pri'kɔ:ʃən] *n* försiktighet *c*; försiktighetsåtgärd *c*
precede [pri'si:d] *v* *föregå
preceding [pri'si:diŋ] *adj* föregående
precious ['preʃəs] *adj* dyrbar
precipice ['presipis] *n* stup *nt*
precipitation [pri,sipi'teiʃən] *n* nederbörd *c*
precise [pri'sais] *adj* precis, noga; noggrann
predecessor ['pri:disesə] *n* föregångare *c*
predict [pri'dikt] *v* förutspå
prefer [pri'fə:] *v* *föredra
preferable ['prefərəbəl] *adj* att föredra
preference ['prefərəns] *n* förkärlek *c*
prefix ['pri:fiks] *n* förstavelse *c*
pregnant ['pregnənt] *adj* havande, gravid
prejudice ['predʒədis] *n* fördom *c*
preliminary [pri'liminəri] *adj* inledande; preliminär
premature ['premətʃuə] *adj* förhastad, förtidig
premier ['premiə] *n* premiärminister *c*
premises ['premisiz] *pl* fastighet *c*
premium ['pri:miəm] *n* försäkringspremie *c*; belöning *c*
prepaid [,pri:'peid] *adj* betald i förskott
preparation [,prepə'reiʃən] *n* förberedelse *c*
prepare [pri'pɛə] *v* förbereda; *göra i ordning
prepared [pri'pɛəd] *adj* beredd
preposition [,prepə'ziʃən] *n* preposition *c*
prescribe [pri'skraib] *v* ordinera
prescription [pri'skripʃən] *n* recept *nt*
presence ['prezəns] *n* närvaro *c*
present[1] ['prezənt] *n* gåva *c*, present *c*; nutid *c*; *adj* nuvarande; närvarande
present[2] [pri'zent] *v* presentera; *framlägga
presently ['prezəntli] *adv* snart, strax
preservation [,prezə'veiʃən] *n* bevarande *nt*, konservering *c*
preserve [pri'zə:v] *v* bevara; konservera
president ['prezidənt] *n* president *c*; ordförande *c*
press [pres] *n* trängsel *c*, press *c*; *v* trycka; pressa; ~ **conference** presskonferens *c*
pressing ['presiŋ] *adj* brådskande, trängande
pressure ['preʃə] *n* tryck *nt*; påtryckning *c*; **atmospheric** ~ lufttryck *nt*
pressure-cooker ['preʃə,kukə] *n* tryckkokare *c*
prestige [pre'sti:ʒ] *n* prestige *c*
presumable [pri'zju:məbəl] *adj* trolig
presumptuous [pri'zʌmpʃəs] *adj* övermodig; anspråksfull
pretence [pri'tens] *n* förevändning *c*
pretend [pri'tend] *v* låtsa, simulera
pretext ['pri:tekst] *n* svepskäl *nt*
pretty ['priti] *adj* söt, vacker; *adv* ganska, tämligen
prevent [pri'vent] *v* förhindra; förebygga
preventive [pri'ventiv] *adj* förebyggande

previous ['pri:viəs] *adj* föregående, tidigare
pre-war [ˌpri:'wɔ:] *adj* förkrigs-
price [prais] *n* pris *nt; v* *prissätta
priceless ['praisləs] *adj* ovärderlig
price-list ['praisˌlist] *n* prislista *c*
prick [prik] *v* *sticka
pride [praid] *n* stolthet *c*
priest [pri:st] *n* katolsk präst
primary ['praiməri] *adj* primär; huvudsaklig; elementär
prince [prins] *n* prins *c*
princess [prin'ses] *n* prinsessa *c*
principal ['prinsəpəl] *adj* huvud-; *n* rektor *c*
principle ['prinsəpəl] *n* princip *c*, grundsats *c*
print [print] *v* trycka; *n* avtryck *nt;* tryck *nt;* **printed matter** trycksak *c*
prior [praiə] *adj* föregående
priority [prai'ɔrəti] *n* företräde *nt*, prioritet *c*
prison ['prizən] *n* fängelse *nt*
prisoner ['prizənə] *n* intern *c*, fånge *c;* ~ **of war** krigsfånge *c*
privacy ['praivəsi] *n* avskildhet *c*, privatliv *nt*
private ['praivit] *adj* privat; personlig
privilege ['privilidʒ] *n* privilegium *nt*
prize [praiz] *n* pris *nt;* belöning *c*
probable ['prɔbəbəl] *adj* sannolik, trolig
probably ['prɔbəbli] *adv* sannolikt
problem ['prɔbləm] *n* problem *nt;* spörsmål *nt*
procedure [prə'si:dʒə] *n* procedur *c*
proceed [prə'si:d] *v* *fortsätta; *gå tillväga
process ['prouses] *n* process *c*, förlopp *nt*
procession [prə'seʃən] *n* procession *c*
proclaim [prə'kleim] *v* *kungöra, utropa
produce¹ [prə'dju:s] *v* framställa
produce² ['prɔdju:s] *n* produkt *c*
producer [prə'dju:sə] *n* producent *c*
product ['prɔdʌkt] *n* produkt *c*
production [prə'dʌkʃən] *n* produktion *c*
profession [prə'feʃən] *n* yrke *nt*
professional [prə'feʃənəl] *adj* yrkes-, yrkesskicklig
professor [prə'fesə] *n* professor *c*
profit ['prɔfit] *n* vinst *c*, behållning *c;* nytta *c; v* *ha nytta; *dra fördel
profitable ['prɔfitəbəl] *adj* vinstbringande
profound [prə'faund] *adj* djup, djupsinnig
programme ['prougræm] *n* program *nt*
progress¹ ['prougres] *n* framsteg *nt*
progress² [prə'gres] *v* *göra framsteg
progressive [prə'gresiv] *adj* framstegsvänlig, progressiv; tilltagande
prohibit [prə'hibit] *v* *förbjuda
prohibition [ˌproui'biʃən] *n* förbud *nt*
prohibitive [prə'hibitiv] *adj* oöverkomlig
project ['prɔdʒekt] *n* projekt *nt*, plan *c*
promenade [ˌprɔmə'nɑ:d] *n* promenad *c*
promise ['prɔmis] *n* löfte *nt; v* lova
promote [prə'mout] *v* befordra, främja
promotion [prə'mouʃən] *n* befordran *c*
prompt [prɔmpt] *adj* omgående
pronoun ['prounaun] *n* pronomen *nt*
pronounce [prə'nauns] *v* uttala
pronunciation [ˌprənʌnsi'eiʃən] *n* uttal *nt*
proof [pru:f] *n* bevis *nt;* provtryck *nt*
propaganda [ˌprɔpə'gændə] *n* propaganda *c*
propel [prə'pel] *v* *driva framåt
propeller [prə'pelə] *n* propeller *c*
proper ['prɔpə] *adj* passande; riktig,

lämplig, anständig, tillbörlig
property [ˈprɔpəti] *n* egendom *c*, ägodelar *pl;* egenskap *c*
prophet [ˈprɔfit] *n* profet *c*
proportion [prəˈpɔːʃən] *n* proportion *c*
proportional [prəˈpɔːʃənəl] *adj* proportionell
proposal [prəˈpouzəl] *n* förslag *nt*
propose [prəˈpouz] *v* *föreslå
proposition [ˌprɔpəˈziʃən] *n* förslag *nt*
proprietor [prəˈpraiətə] *n* ägare *c*
prospect [ˈprɔspekt] *n* utsikt *c*
prospectus [prəˈspektəs] *n* prospekt *nt*
prosperity [prɔˈsperəti] *n* framgång *c*, välstånd *nt;* välgång *c*
prosperous [ˈprɔspərəs] *adj* blomstrande, framgångsrik
prostitute [ˈprɔstitjuːt] *n* prostituerad *c*
protect [prəˈtekt] *v* skydda
protection [prəˈtekʃən] *n* skydd *nt*
protein [ˈproutiːn] *n* protein *nt*
protest¹ [ˈproutest] *n* protest *c*
protest² [prəˈtest] *v* protestera
Protestant [ˈprɔtistənt] *adj* protestantisk
proud [praud] *adj* stolt; högmodig
prove [pruːv] *v* bevisa; visa sig vara
proverb [ˈprɔvəːb] *n* ordspråk *nt*
provide [prəˈvaid] *v* *förse, skaffa; **provided that** förutsatt att
province [ˈprɔvins] *n* län *nt;* landskap *nt*
provincial [prəˈvinʃəl] *adj* provinsiell
provisional [prəˈviʒənəl] *adj* provisorisk
provisions [prəˈviʒənz] *pl* proviant *c*
prune [pruːn] *n* katrinplommon *nt*
psychiatrist [saiˈkaiətrist] *n* psykiater *c*
psychic [ˈsaikik] *adj* psykisk
psychoanalyst [ˌsaikouˈænəlist] *n* psykoanalytiker *c*
psychological [ˌsaikɔˈlɔdʒikəl] *adj* psykologisk
psychologist [saiˈkɔlədʒist] *n* psykolog *c*
psychology [saiˈkɔlədʒi] *n* psykologi *c*
public [ˈpʌblik] *adj* offentlig; allmän; *n* publik *c;* ~ **garden** offentlig park; ~ **house** pub *c*
publication [ˌpʌbliˈkeiʃən] *n* offentliggörande *nt;* publikation *c*
publicity [pʌˈblisəti] *n* publicitet *c*
publish [ˈpʌbliʃ] *v* *offentliggöra, *ge ut, publicera
publisher [ˈpʌbliʃə] *n* förläggare *c*
puddle [ˈpʌdəl] *n* pöl *c*
pull [pul] *v* *dra; ~ **out** *ta fram, *dra upp, *avgå; ~ **up** stanna
pulley [ˈpuli] *n* (pl ~s) block *nt*
Pullman [ˈpulmən] *n* sovvagn *c*
pullover [ˈpuˌlouvə] *n* pullover *c*
pulpit [ˈpulpit] *n* predikstol *c*, talarstol *c*
pulse [pʌls] *n* puls *c*
pump [pʌmp] *n* pump *c;* *v* pumpa
punch [pʌntʃ] *v* *slå; *n* knytnävsslag *nt*
punctual [ˈpʌŋktʃuəl] *adj* punktlig
puncture [ˈpʌŋktʃə] *n* punktering *c*
punctured [ˈpʌŋktʃəd] *adj* punkterad
punish [ˈpʌniʃ] *v* straffa
punishment [ˈpʌniʃmənt] *n* straff *nt*
pupil [ˈpjuːpəl] *n* elev *c*
puppet-show [ˈpʌpitʃou] *n* dockteater *c*
purchase [ˈpəːtʃəs] *v* köpa; *n* köp *nt*, uppköp *nt;* ~ **price** köpesumma *c*
purchaser [ˈpəːtʃəsə] *n* köpare *c*
pure [pjuə] *adj* ren
purple [ˈpəːpəl] *adj* purpur
purpose [ˈpəːpəs] *n* ändamål *nt*, avsikt *c*, syfte *nt;* **on** ~ med vilja
purse [pəːs] *n* portmonnä *c*, kassa *c*
pursue [pəˈsjuː] *v* förfölja; eftersträva
pus [pʌs] *n* var *nt*

push [puʃ] *n* knuff *c; v* *skjuta; knuffa, *driva på
push-button ['puʃˌbʌtən] *n* knapp *c*, strömbrytare *c*
***put** [put] *v* *lägga, ställa, placera; stoppa; ~ **away** ställa på plats; ~ **off** *uppskjuta; ~ **on** klä på sig; ~ **out** släcka
puzzle ['pʌzəl] *n* pussel *nt;* huvudbry *nt; v* förbrylla; **jigsaw** ~ pussel *nt*
puzzling ['pʌzliŋ] *adj* förbryllande
pyjamas [pə'dʒɑ:məz] *pl* pyjamas *c*

Q

quack [kwæk] *n* charlatan *c*, kvacksalvare *c*
quail [kweil] *n* (pl ~, ~s) vaktel *c*
quaint [kweint] *adj* egendomlig; gammaldags
qualification [ˌkwɔlifi'keiʃən] *n* kvalifikation *c;* inskränkning *c*, förbehåll *nt*
qualified ['kwɔlifaid] *adj* kvalificerad; kompetent
qualify ['kwɔlifai] *v* kvalificera sig
quality ['kwɔləti] *n* kvalitet *c;* egenskap *c*
quantity ['kwɔntəti] *n* kvantitet *c;* antal *nt*
quarantine ['kwɔrənti:n] *n* karantän *c*
quarrel ['kwɔrəl] *v* kivas, gräla; *n* gräl *nt*, kiv *nt*
quarry ['kwɔri] *n* stenbrott *nt*
quarter ['kwɔ:tə] *n* kvart *c;* kvartal *nt;* kvarter *nt;* ~ **of an hour** kvart *c*
quarterly ['kwɔ:təli] *adj* kvartals-
quay [ki:] *n* kaj *c*
queen [kwi:n] *n* drottning *c*
queer [kwiə] *adj* underlig, konstig; besynnerlig
query ['kwiəri] *n* förfrågan *c; v* betvivla
question ['kwestʃən] *n* fråga *c;* problem *nt*, spörsmål *nt; v* fråga ut; ifrågasätta; ~ **mark** frågetecken *nt*
queue [kju:] *n* kö *c; v* köa
quick [kwik] *adj* kvick
quick-tempered [ˌkwik'tempəd] *adj* lättretlig
quiet ['kwaiət] *adj* stillsam, stilla, lugn; *n* ro *c*, stillhet *c*
quilt [kwilt] *n* täcke *nt*
quinine [kwi'ni:n] *n* kinin *nt*
quit [kwit] *v* upphöra, *ge upp
quite [kwait] *adv* fullkomligt, helt; någorlunda, ganska, alldeles
quiz [kwiz] *n* (pl ~zes) frågesport *c*
quota ['kwoutə] *n* kvot *c*
quotation [kwou'teiʃən] *n* citat *nt;* ~ **marks** citationstecken *pl*
quote [kwout] *v* citera

R

rabbit ['ræbit] *n* kanin *c*
rabies ['reibiz] *n* rabies *c*
race [reis] *n* kapplöpning *c*, lopp *nt;* ras *c*
race-course ['reiskɔ:s] *n* hästkapplöpningsbana *c*
race-horse ['reishɔ:s] *n* kapplöpningshäst *c*
race-track ['reistræk] *n* tävlingsbana *c*
racial ['reiʃəl] *adj* ras-
racket ['rækit] *n* oväsen *nt*
racquet ['rækit] *n* racket *c*
radiator ['reidieitə] *n* värmeelement *nt*
radical ['rædikəl] *adj* radikal
radio ['reidiou] *n* radio *c*
radish ['rædiʃ] *n* rädisa *c*

radius [ˈreidiəs] *n* (pl radii) radie *c*
raft [rɑːft] *n* flotte *c*
rag [ræg] *n* trasa *c*
rage [reidʒ] *n* ursinne *nt*, raseri *nt; v* rasa, *vara rasande
raid [reid] *n* räd *c*
rail [reil] *n* ledstång *c*, räcke *nt*
railing [ˈreiliŋ] *n* räcke *nt*
railroad [ˈreilroud] *nAm* järnväg *c*
railway [ˈreilwei] *n* järnväg *c*
rain [rein] *n* regn *nt; v* regna
rainbow [ˈreinbou] *n* regnbåge *c*
raincoat [ˈreinkout] *n* regnrock *c*
rainproof [ˈreinpruːf] *adj* impregnerad
rainy [ˈreini] *adj* regnig
raise [reiz] *v* höja; öka; uppfostra, uppföda, odla; *pålägga; *nAm* löneförhöjning *c*
raisin [ˈreizən] *n* russin *nt*
rake [reik] *n* kratta *c*
rally [ˈræli] *n* massmöte *nt*
ramp [ræmp] *n* ramp *c*
ramshackle [ˈræmˌʃækəl] *adj* fallfärdig
rancid [ˈrænsid] *adj* härsken
rang [ræŋ] *v* (p ring)
range [reindʒ] *n* räckvidd *c*
range-finder [ˈreindʒˌfaində] *n* avståndsmätare *c*
rank [ræŋk] *n* rang *c;* rad *c*
ransom [ˈrænsəm] *n* lösen *c*
rape [reip] *v* *våldta
rapid [ˈræpid] *adj* snabb, hastig
rapids [ˈræpidz] *pl* fors *c*
rare [rɛə] *adj* sällsynt
rarely [ˈrɛəli] *adv* sällan
rascal [ˈrɑːskəl] *n* lymmel *c*, skälm *c*
rash [ræʃ] *n* hudutslag *nt; adj* obetänksam, förhastad
raspberry [ˈrɑːzbəri] *n* hallon *nt*
rat [ræt] *n* råtta *c*
rate [reit] *n* taxa *c*, pris *nt;* fart *c;* **at any** ~ i varje fall; ~ **of exchange** valutakurs *c*
rather [ˈrɑːðə] *adv* ganska, någorlunda, rätt; hellre, snarare
ration [ˈræʃən] *n* ranson *c*
rattan [ræˈtæn] *n* rotting *c*
raven [ˈreivən] *n* korp *c*
raw [rɔː] *adj* rå; ~ **material** råmaterial *nt*
ray [rei] *n* stråle *c*
rayon [ˈreiɔn] *n* konstsiden *c*
razor [ˈreizə] *n* rakkniv *c*
razor-blade [ˈreizəbleid] *n* rakblad *nt*
reach [riːtʃ] *v* nå; *n* räckhåll *nt*
reaction [riˈækʃən] *n* reaktion *c*
***read** [riːd] *v* läsa
reading [ˈriːdiŋ] *n* läsning *c*
reading-lamp [ˈriːdiŋlæmp] *n* läslampa *c*
reading-room [ˈriːdiŋruːm] *n* läsesal *c*
ready [ˈredi] *adj* klar, färdig
ready-made [ˌrediˈmeid] *adj* konfektionssydd
real [riəl] *adj* verklig
reality [riˈæləti] *n* verklighet *c*
realizable [ˈriəlaizəbəl] *adj* utförbar
realize [ˈriəlaiz] *v* *inse; realisera, förverkliga
really [ˈriəli] *adv* verkligen, faktiskt; egentligen
rear [riə] *n* baksida *c; v* uppfostra, uppföda
rear-light [riəˈlait] *n* baklykta *c*
reason [ˈriːzən] *n* orsak *c*, skäl *nt;* förnuft *nt*, förstånd *nt; v* resonera
reasonable [ˈriːzənəbəl] *adj* förnuftig; rimlig
reassure [ˌriːəˈʃuə] *v* lugna
rebate [ˈriːbeit] *n* rabatt *c*
rebellion [riˈbeljən] *n* uppror *nt*
recall [riˈkɔːl] *v* erinra sig; återkalla; upphäva
receipt [riˈsiːt] *n* kvitto *nt*, mottagningsbevis *nt;* mottagande *nt*
receive [riˈsiːv] *v* *motta

receiver [ri'si:və] *n* telefonlur *c;* hälare *c*
recent ['ri:sənt] *adj* ny, färsk
recently ['ri:səntli] *adv* häromdagen, nyligen
reception [ri'sepʃən] *n* mottagande *nt;* mottagning *c;* ~ **office** reception *c*
receptionist [ri'sepʃənist] *n* receptionist *c*
recession [ri'seʃən] *n* tillbakagång *c*
recipe ['resipi] *n* recept *nt*
recital [ri'saitəl] *n* solistframträdande *nt*
reckon ['rekən] *v* räkna; *anse; förmoda
recognition [ˌrekəg'niʃən] *n* erkännande *nt*
recognize ['rekəgnaiz] *v* känna igen; erkänna
recollect [ˌrekə'lekt] *v* minnas
recommence [ˌri:kə'mens] *v* börja om
recommend [ˌrekə'mend] *v* rekommendera, förorda; tillråda
recommendation [ˌrekəmen'deiʃən] *n* rekommendation *c*
reconciliation [ˌrekənsili'eiʃən] *n* försoning *c*
record[1] ['rekɔ:d] *n* grammofonskiva *c;* rekord *nt;* protokoll *nt;* **long-playing** ~ LP-skiva *c*
record[2] [ri'kɔ:d] *v* anteckna, inregistrera; inspela
recorder [ri'kɔ:də] *n* bandspelare *c*
recording [ri'kɔ:diŋ] *n* inspelning *c*
record-player ['rekɔ:dˌpleiə] *n* skivspelare *c,* grammofon *c*
recover [ri'kʌvə] *v* *återfå; tillfriskna
recovery [ri'kʌvəri] *n* tillfrisknande *nt*
recreation [ˌrekri'eiʃən] *n* förströelse *c,* avkoppling *c;* ~ **centre** fritidscenter *nt;* ~ **ground** bollplan *c*
recruit [ri'kru:t] *n* rekryt *c*
rectangle ['rektæŋgəl] *n* rektangel *c*
rectangular [rek'tæŋgjulə] *adj* rektangulär
rector ['rektə] *n* rektor *c,* kyrkoherde *c*
rectory ['rektəri] *n* prästgård *c*
rectum ['rektəm] *n* ändtarm *c*
red [red] *adj* röd
redeem [ri'di:m] *v* frälsa, återköpa, befria
reduce [ri'dju:s] *v* reducera, minska, förvandla, *skära ned
reduction [ri'dʌkʃən] *n* prisnedsättning *c,* reduktion *c*
redundant [ri'dʌndənt] *adj* överflödig
reed [ri:d] *n* vass *c*
reef [ri:f] *n* rev *nt*
reference ['refrəns] *n* hänvisning *c,* referens *c;* sammanhang *nt;* **with** ~ **to** beträffande
refer to [ri'fə:] hänvisa till
refill ['ri:fil] *n* påfyllningsförpackning *c*
refinery [ri'fainəri] *n* raffinaderi *nt*
reflect [ri'flekt] *v* reflektera
reflection [ri'flekʃən] *n* reflex *c;* spegelbild *c*
reflector [ri'flektə] *n* reflektor *c*
reformation [ˌrefə'meiʃən] *n* Reformationen
refresh [ri'freʃ] *v* fräscha upp, svalka
refreshment [ri'freʃmənt] *n* förfriskning *c*
refrigerator [ri'fridʒəreitə] *n* kylskåp *nt*
refund[1] [ri'fʌnd] *v* återbetala
refund[2] ['ri:fʌnd] *n* återbetalning *c*
refusal [ri'fju:zəl] *n* vägran *c*
refuse[1] [ri'fju:z] *v* vägra
refuse[2] ['refju:s] *n* avfall *nt*
regard [ri'gɑ:d] *v* *anse; betrakta; *n* hänsyn *c;* **as regards** med hänsyn till, angående
regarding [ri'gɑ:diŋ] *prep* angående,

beträffande; rörande
regatta [ri'gætə] *n* kappsegling *c*
régime [rei'ʒi:m] *n* regim *c*
region ['ri:dʒən] *n* region *c;* område *nt*
regional ['ri:dʒənəl] *adj* regional
register ['redʒistə] *v* *inskriva sig; rekommendera; **registered letter** rekommenderat brev
registration [ˌredʒi'streiʃən] *n* registrering *c;* ~ **form** inskrivningsblankett *c;* ~ **number** registreringsnummer *nt;* ~ **plate** nummerplåt *c*
regret [ri'gret] *v* beklaga; ångra; *n* beklagande *nt*
regular ['regjulə] *adj* regelbunden, regelmässig; normal, reguljär
regulate ['regjuleit] *v* reglera
regulation [ˌregju'leiʃən] *n* regel *c,* reglemente *nt;* reglering *c*
rehabilitation [ˌri:həˌbili'teiʃən] *n* rehabilitering *c*
rehearsal [ri'hə:səl] *n* repetition *c*
rehearse [ri'hə:s] *v* repetera
reign [rein] *n* regeringstid *c; v* regera
reimburse [ˌri:im'bə:s] *v* återbetala
reindeer ['reindiə] *n* (pl ~) ren *c*
reject [ri'dʒekt] *v* *avslå, avvisa; förkasta
relate [ri'leit] *v* berätta
related [ri'leitid] *adj* besläktad
relation [ri'leiʃən] *n* förhållande *nt,* relation *c;* släkting *c*
relative ['relətiv] *n* släkting *c; adj* relativ
relax [ri'læks] *v* koppla av, slappna av
relaxation [ˌrilæk'seiʃən] *n* avkoppling *c*
reliable [ri'laiəbəl] *adj* pålitlig
relic ['relik] *n* relik *c*
relief [ri'li:f] *n* lättnad *c;* hjälp *c;* relief *c*
relieve [ri'li:v] *v* lätta, lindra; avlösa
religion [ri'lidʒən] *n* religion *c*
religious [ri'lidʒəs] *adj* religiös
rely on [ri'lai] lita på
remain [ri'mein] *v* *förbli; *återstå
remainder [ri'meində] *n* rest *c,* återstod *c*
remaining [ri'meiniŋ] *adj* övrig, resterande
remark [ri'mɑ:k] *n* anmärkning *c; v* påpeka, anmärka
remarkable [ri'mɑ:kəbəl] *adj* anmärkningsvärd
remedy ['remədi] *n* läkemedel *nt;* botemedel *nt*
remember [ri'membə] *v* *komma ihåg; minnas
remembrance [ri'membrəns] *n* hågkomst *c,* minne *nt*
remind [ri'maind] *v* påminna
remit [ri'mit] *v* översända
remittance [ri'mitəns] *n* penningförsändelse *c*
remnant ['remnənt] *n* rest *c,* kvarleva *c*
remote [ri'mout] *adj* avsides, avlägsen
removal [ri'mu:vəl] *n* undanröjning *c*
remove [ri'mu:v] *v* avlägsna
remunerate [ri'mju:nəreit] *v* belöna; *ersätta
remuneration [riˌmju:nə'reiʃən] *n* belöning *c*
renew [ri'nju:] *v* förnya; förlänga
rent [rent] *v* hyra; *n* hyra *c*
repair [ri'pɛə] *v* reparera; *n* reparation *c*
reparation [ˌrepə'reiʃən] *n* reparation *c*
***repay** [ri'pei] *v* återbetala
repayment [ri'peimənt] *n* återbetalning *c*
repeat [ri'pi:t] *v* upprepa
repellent [ri'pelənt] *adj* frånstötande, motbjudande

repentance [ri'pentəns] *n* ånger *c*
repertory ['repətəri] *n* repertoar *c*
repetition [ˌrepə'tiʃən] *n* upprepning *c*
replace [ri'pleis] *v* *ersätta
reply [ri'plai] *v* svara; *n* svar *nt;* **in** ~ som svar
report [ri'pɔ:t] *v* rapportera; meddela; anmäla sig; *n* redogörelse *c*, rapport *c*
reporter [ri'pɔ:tə] *n* reporter *c*
represent [ˌrepri'zent] *v* representera; föreställa
representation [ˌreprizen'teiʃən] *n* representation *c;* framställning *c*
representative [ˌrepri'zentətiv] *adj* representativ
reprimand ['reprimɑ:nd] *v* tillrättavisa
reproach [ri'proutʃ] *n* förebråelse *c; v* förebrå
reproduce [ˌri:prə'dju:s] *v* *återge
reproduction [ˌri:prə'dʌkʃən] *n* återgivning *c*, reproduktion *c;* fortplantning *c*
reptile ['reptail] *n* kräldjur *nt*
republic [ri'pʌblik] *n* republik *c*
republican [ri'pʌblikən] *adj* republikansk
repulsive [ri'pʌlsiv] *adj* frånstötande
reputation [ˌrepju'teiʃən] *n* renommé *nt;* anseende *nt*
request [ri'kwest] *n* begäran *c;* förfrågan *c; v* begära
require [ri'kwaiə] *v* kräva
requirement [ri'kwaiəmənt] *n* krav *nt*
requisite ['rekwizit] *adj* erforderlig
rescue ['reskju:] *v* rädda; *n* räddning *c*
research [ri'sə:tʃ] *n* forskning *c*
resemblance [ri'zembləns] *n* likhet *c*
resemble [ri'zembəl] *v* likna
resent [ri'zent] *v* *ta illa upp
reservation [ˌrezə'veiʃən] *n* reservation *c*
reserve [ri'zə:v] *v* reservera; beställa; *n* reserv *c*
reserved [ri'zə:vd] *adj* reserverad
reservoir ['rezəvwɑ:] *n* reservoar *c*
reside [ri'zaid] *v* bo
residence ['rezidəns] *n* bostad *c;* ~ **permit** uppehållstillstånd *nt*
resident ['rezidənt] *n* invånare *c; adj* bofast; inneboende
resign [ri'zain] *v* *avgå
resignation [ˌrezig'neiʃən] *n* avsked *nt*, avskedsansökan *c*
resin ['rezin] *n* kåda *c*
resist [ri'zist] *v* *göra motstånd mot
resistance [ri'zistəns] *n* motstånd *nt*
resolute ['rezəlu:t] *adj* resolut, beslutsam
respect [ri'spekt] *n* respekt *c;* aktning *c*, vördnad *c; v* respektera
respectable [ri'spektəbəl] *adj* respektabel, aktningsvärd
respectful [ri'spektfəl] *adj* respektfull
respective [ri'spektiv] *adj* respektive
respiration [ˌrespə'reiʃən] *n* andning *c*
respite ['respait] *n* uppskov *nt*
responsibility [riˌspɔnsə'biləti] *n* ansvar *nt*
responsible [ri'spɔnsəbəl] *adj* ansvarig
rest [rest] *n* vila *c;* rest *c; v* vila
restaurant ['restərɔ̃:] *n* restaurang *c*
restful ['restfəl] *adj* lugn
rest-home ['resthoum] *n* vilohem *nt*
restless ['restləs] *adj* rastlös
restrain [ri'strein] *v* *hålla tillbaka, tygla
restriction [ri'strikʃən] *n* inskränkning *c*, begränsning *c*
result [ri'zʌlt] *n* resultat *nt;* följd *c;* utgång *c; v* resultera
resume [ri'zju:m] *v* *återuppta
résumé ['rezjumei] *n* sammanfattning *c*
retail ['ri:teil] *v* *sälja i detalj
retailer ['ri:teilə] *n* detaljist *c*

retina ['retinə] *n* näthinna *c*
retired [ri'taiəd] *adj* pensionerad
return [ri'tə:n] *v* återvända, *komma tillbaka; *n* återkomst *c;* ~ **flight** returflyg *nt;* ~ **journey** återresa *c*
reunite [ˌri:ju:'nait] *v* återförena
reveal [ri'vi:l] *v* uppenbara, avslöja
revelation [ˌrevə'leiʃən] *n* avslöjande *nt;* uppenbarelse *c*
revenge [ri'vendʒ] *n* hämnd *c*
revenue ['revənju:] *n* inkomst *c*
reverse [ri'və:s] *n* motsats *c;* avigsida *c;* backväxel *c;* motgång *c; adj* omvänd; *v* backa
review [ri'vju:] *n* recension *c;* tidskrift *c*
revise [ri'vaiz] *v* revidera
revision [ri'viʒən] *n* revision *c*
revival [ri'vaivəl] *n* återupplivande *nt;* förnyelse *c*
revolt [ri'voult] *v* *göra uppror; *n* revolt *c*
revolting [ri'voultiŋ] *adj* motbjudande, upprörande, äcklig
revolution [ˌrevə'lu:ʃən] *n* revolution *c;* varv *nt*
revolutionary [ˌrevə'lu:ʃənəri] *adj* revolutionär
revolver [ri'vɔlvə] *n* revolver *c*
revue [ri'vju:] *n* revy *c*
reward [ri'wɔ:d] *n* belöning *c; v* belöna
rheumatism ['ru:mətizəm] *n* reumatism *c*
rhinoceros [rai'nɔsərəs] *n* (pl ~, ~es) noshörning *c*
rhubarb ['ru:bɑ:b] *n* rabarber *c*
rhyme [raim] *n* rim *nt*
rhythm ['riðəm] *n* rytm *c*
rib [rib] *n* revben *nt*
ribbon ['ribən] *n* band *nt*
rice [rais] *n* ris *nt*
rich [ritʃ] *adj* rik
riches ['ritʃiz] *pl* rikedom *c*
riddle ['ridəl] *n* gåta *c*
ride [raid] *n* körning *c*
***ride** [raid] *v* åka; *rida
rider ['raidə] *n* ryttare *c*
ridge [ridʒ] *n* rygg *c,* upphöjning *c,* kam *c*
ridicule ['ridikju:l] *v* förlöjliga
ridiculous [ri'dikjuləs] *adj* löjlig
riding ['raidiŋ] *n* ridning *c*
riding-school ['raidiŋsku:l] *n* ridskola *c*
rifle ['raifəl] *v* gevär *nt*
right [rait] *n* rättighet *c; adj* riktig, rätt; höger; rättvis; **all right!** bra!; * **be** ~ *ha rätt; ~ **of way** förkörsrätt *c*
righteous ['raitʃəs] *adj* rättfärdig
right-hand ['raithænd] *adj* höger
rightly ['raitli] *adv* med rätta
rim [rim] *n* fälg *c;* kant *c*
ring [riŋ] *n* ring *c;* cirkusarena *c*
***ring** [riŋ] *v* ringa; ~ **up** ringa upp
rinse [rins] *v* skölja; *n* sköljning *c*
riot ['raiət] *n* upplopp *nt*
rip [rip] *v* *riva sönder
ripe [raip] *adj* mogen
rise [raiz] *n* löneförhöjning *c;* upphöjning *c;* stigning *c;* uppsving *nt*
***rise** [raiz] *v* *stiga upp; *gå upp; *stiga
rising ['raiziŋ] *n* uppror *nt*
risk [risk] *n* risk *c;* fara *c; v* riskera
risky ['riski] *adj* vågad, riskfylld
rival ['raivəl] *n* rival *c;* konkurrent *c; v* rivalisera, konkurrera
rivalry ['raivəlri] *n* rivalitet *c;* konkurrens *c*
river ['rivə] *n* å *c,* flod *c;* ~ **bank** flodstrand *c*
riverside ['rivəsaid] *n* flodstrand *c*
roach [routʃ] *n* (pl ~) mört *c*
road [roud] *n* gata *c,* väg *c;* ~ **fork** vägskäl *nt;* ~ **map** vägkarta *c;* ~ **system** vägnät *nt;* ~ **up** vägarbete

nt
roadhouse ['roudhaus] *n* värdshus *nt*
roadside ['roudsaid] *n* vägkant *c;* ~ **restaurant** värdshus *nt*
roadway ['roudwei] *nAm* körbana *c*
roam [roum] *v* ströva
roar [rɔ:] *v* *tjuta, *ryta; *n* vrål *nt,* dån *nt*
roast [roust] *v* grilla, halstra
rob [rɔb] *v* råna
robber ['rɔbə] *n* rånare *c*
robbery ['rɔbəri] *n* rån *nt,* stöld *c*
robe [roub] *n* klänning *c;* ämbetsdräkt *c*
robin ['rɔbin] *n* rödhake *c*
robust [rou'bʌst] *adj* robust
rock [rɔk] *n* klippa *c; v* gunga
rocket ['rɔkit] *n* raket *c*
rocky ['rɔki] *adj* klippig
rod [rɔd] *n* stång *c*
roe [rou] *n* rom *c*
roll [roul] *v* rulla; *n* rulle *c;* kuvertbröd *nt*
roller-skating ['roulə,skeitiŋ] *n* rullskridskoåkning *c*
Roman Catholic ['roumən 'kæθəlik] romersk katolsk
romance [rə'mæns] *n* romans *c*
romantic [rə'mæntik] *adj* romantisk
roof [ru:f] *n* tak *nt;* **thatched** ~ halmtak *nt*
room [ru:m] *n* rum *nt;* utrymme *nt,* plats *c;* ~ **and board** mat och logi; ~ **service** rumsbetjäning *c;* ~ **temperature** rumstemperatur *c*
roomy ['ru:mi] *adj* rymlig
root [ru:t] *n* rot *c*
rope [roup] *n* rep *nt*
rosary ['rouzəri] *n* radband *nt*
rose [rouz] *n* ros *c; adj* rosa
rotten ['rɔtən] *adj* rutten
rouge [ru:ʒ] *n* rouge *c*
rough [rʌf] *adj* ojämn, hård
roulette [ru:'let] *n* rulett *c*
round [raund] *adj* rund; *prep* runt om, omkring; *n* rond *c;* ~ **trip** *Am* tur och retur
roundabout ['raundəbaut] *n* rondell *c*
rounded ['raundid] *adj* rundad
route [ru:t] *n* rutt *c*
routine [ru:'ti:n] *n* rutin *c*
row[1] [rou] *n* rad *c; v* ro
row[2] [rau] *n* bråk *nt*
rowdy ['raudi] *adj* busig
rowing-boat ['rouiŋbout] *n* roddbåt *c*
royal ['rɔiəl] *adj* kunglig
rub [rʌb] *v* *gnida
rubber ['rʌbə] *n* gummi *nt;* suddgummi *nt;* ~ **band** gummiband *nt*
rubbish ['rʌbiʃ] *n* skräp *nt;* trams *nt,* strunt *nt;* **talk** ~ prata strunt
rubbish-bin ['rʌbiʃbin] *n* sophink *c*
ruby ['ru:bi] *n* rubin *c*
rucksack ['rʌksæk] *n* ryggsäck *c*
rudder ['rʌdə] *n* roder *nt*
rude [ru:d] *adj* ohövlig
rug [rʌg] *n* liten matta; pläd *c*
ruin ['ru:in] *v* *ödelägga, ruinera; *n* undergång *c;* **ruins** ruin *c*
ruination [,ru:i'neiʃən] *n* ödeläggelse *c*
rule [ru:l] *n* regel *c;* makt *c,* regering *c,* styrelsesätt *nt; v* regera, styra; **as a** ~ vanligen, som regel
ruler ['ru:lə] *n* härskare *c,* regent *c;* linjal *c*
Rumania [ru:'meiniə] Rumänien
Rumanian [ru:'meiniən] *adj* rumänsk; *n* rumän *c*
rumour ['ru:mə] *n* rykte *nt*
***run** [rʌn] *v* *springa; ~ **into** råka träffa
runaway ['rʌnəwei] *n* rymling *c*
rung [rʌn] *v* (pp ring)
runway ['rʌnwei] *n* start-, landningsbana
rural ['ruərəl] *adj* lantlig
ruse [ru:z] *n* list *c*
rush [rʌʃ] *v* rusa; *n* säv *c*

rush-hour [ˈrʌʃauə] *n* rusningstid *c*
Russia [ˈrʌʃə] Ryssland
Russian [ˈrʌʃən] *adj* rysk; *n* ryss *c*
rust [rʌst] *n* rost *c*
rustic [ˈrʌstik] *adj* rustik
rusty [ˈrʌsti] *adj* rostig

S

saccharin [ˈsækərin] *n* sackarin *nt*
sack [sæk] *n* säck *c*
sacred [ˈseikrid] *adj* helig
sacrifice [ˈsækrifais] *n* offer *nt; v* offra
sacrilege [ˈsækrilidʒ] *n* helgerån *nt*
sad [sæd] *adj* sorgsen; vemodig, bedrövad
saddle [ˈsædəl] *n* sadel *c*
sadness [ˈsædnəs] *n* sorgsenhet *c*
safe [seif] *adj* säker; *n* kassaskåp *nt*
safety [ˈseifti] *n* säkerhet *c*
safety-belt [ˈseiftibelt] *n* säkerhetsbälte *nt*
safety-pin [ˈseiftipin] *n* säkerhetsnål *c*
safety-razor [ˈseiftiˌreizə] *n* rakhyvel *c*
sail [seil] *v* segla; *n* segel *nt*
sailing-boat [ˈseiliŋbout] *n* segelbåt *c*
sailor [ˈseilə] *n* sjöman *c*
saint [seint] *n* helgon *nt*
salad [ˈsæləd] *n* sallad *c*
salad-oil [ˈsælədɔil] *n* salladsolja *c*
salary [ˈsæləri] *n* avlöning *c*, lön *c*
sale [seil] *n* försäljning *c;* **clearance** ~ realisation *c;* **for** ~ till salu; **sales** realisation *c*
saleable [ˈseiləbəl] *adj* säljbar
salesgirl [ˈseilzgə:l] *n* försäljerska *c*
salesman [ˈseilzmən] *n* (pl -men) försäljare *c;* expidit *c*
salmon [ˈsæmən] *n* (pl ~) lax *c*
salon [ˈsælɔ̃:] *n* salong *c*
saloon [səˈlu:n] *n* bar *c*
salt [sɔ:lt] *n* salt *nt*
salt-cellar [ˈsɔ:ltˌselə] *n* saltkar *nt*
salty [ˈsɔ:lti] *adj* salt
salute [səˈlu:t] *v* hälsa
salve [sɑ:v] *n* salva *c*
same [seim] *adj* samma
sample [ˈsɑ:mpəl] *n* varuprov *nt*
sanatorium [ˌsænəˈtɔ:riəm] *n* (pl ~s, -ria) sanatorium *nt*
sand [sænd] *n* sand *c*
sandal [ˈsændəl] *n* sandal *c*
sandpaper [ˈsændˌpeipə] *n* sandpapper *nt*
sandwich [ˈsænwidʒ] *n* smörgås *c*
sandy [ˈsændi] *adj* sandig
sanitary [ˈsænitəri] *adj* sanitär; ~ **towel** dambinda *c*
sapphire [ˈsæfaiə] *n* safir *c*
sardine [sɑ:ˈdi:n] *n* sardin *c*
satchel [ˈsætʃəl] *n* skolväska *c*
satellite [ˈsætəlait] *n* satellit *c*
satin [ˈsætin] *n* satäng *c*
satisfaction [ˌsætisˈfækʃən] *n* tillfredsställelse *c*, belåtenhet *c*
satisfy [ˈsætisfai] *v* tillfredsställa; **satisfied** tillfredsställd, belåten
Saturday [ˈsætədi] lördag *c*
sauce [sɔ:s] *n* sås *c*
saucepan [ˈsɔ:spən] *n* kastrull *c*
saucer [ˈsɔ:sə] *n* tefat *nt*
Saudi Arabia [ˌsaudiəˈreibiə] Saudiarabien
Saudi Arabian [ˌsaudiəˈreibiən] *adj* saudiarabisk
sauna [ˈsɔ:nə] *n* bastu *c*
sausage [ˈsɔsidʒ] *n* korv *c*
savage [ˈsævidʒ] *adj* vild
save [seiv] *v* rädda; spara
savings [ˈseiviŋz] *pl* besparingar *pl;* ~ **bank** sparbank *c*
saviour [ˈseivjə] *n* frälsare *c*
savoury [ˈseivəri] *adj* välsmakande
saw¹ [sɔ:] *v* (p see)
saw² [sɔ:] *n* såg *c*

sawdust [ˈsɔ:dʌst] *n* sågspån *nt*
saw-mill [ˈsɔ:mil] *n* sågverk *nt*
***say** [sei] *v* *säga
scaffolding [ˈskæfəldiŋ] *n* byggnadsställning *c*
scale [skeil] *n* skala *c;* tonskala *c;* fiskfjäll *nt;* vågskål *c;* **scales** *pl* våg *c*
scandal [ˈskændəl] *n* skandal *c*
Scandinavia [ˌskændiˈneiviə] Skandinavien
Scandinavian [ˌskændiˈneiviən] *adj* skandinavisk; *n* skandinav *c*
scapegoat [ˈskeipgout] *n* syndabock *c*
scar [skɑ:] *n* ärr *nt*
scarce [skɛəs] *adj* knapp
scarcely [ˈskɛəsli] *adv* knappast
scarcity [ˈskɛəsəti] *n* knapphet *c*
scare [skɛə] *v* skrämma; *n* skräck *c*
scarf [skɑ:f] *n* (pl ~s, scarves) halsduk *c*
scarlet [ˈskɑ:lət] *adj* scharlakansröd
scary [ˈskɛəri] *adj* oroväckande, skrämmande
scatter [ˈskætə] *v* strö, *sprida, skingra
scene [si:n] *n* scen *c*
scenery [ˈsi:nəri] *n* landskap *nt*
scenic [ˈsi:nik] *adj* naturskön
scent [sent] *n* doft *c*
schedule [ˈʃedju:l] *n* tidtabell *c,* tidsschema *nt*
scheme [ski:m] *n* schema *nt;* plan *c*
scholar [ˈskɔlə] *n* lärd *c;* stipendiat *c*
scholarship [ˈskɔləʃip] *n* stipendium *nt*
school [sku:l] *n* skola *c*
schoolboy [ˈsku:lbɔi] *n* skolpojke *c*
schoolgirl [ˈsku:lgə:l] *n* skolflicka *c*
schoolmaster [ˈsku:lˌmɑ:stə] *n* skollärare *c,* lärare *c*
schoolteacher [ˈsku:lˌti:tʃə] *n* lärare *c*
science [ˈsaiəns] *n* vetenskap *c*
scientific [ˌsaiənˈtifik] *adj* vetenskaplig
scientist [ˈsaiəntist] *n* vetenskapsman *c*
scissors [ˈsizəz] *pl* sax *c*
scold [skould] *v* skälla, gräla på; skälla ut
scooter [ˈsku:tə] *n* vespa *c;* sparkcykel *c*
score [skɔ:] *n* poängsumma *c; v* *få poäng
scorn [skɔ:n] *n* hån *nt,* förakt *nt; v* förakta
Scot [skɔt] *n* skotte *c*
Scotch [skɔtʃ] *adj* skotsk
Scotland [ˈskɔtlənd] Skottland
Scottish [ˈskɔtiʃ] *adj* skotsk
scout [skaut] *n* boyscout *c*
scrap [skræp] *n* bit *c*
scrap-book [ˈskræpbuk] *n* klippbok *c*
scrape [skreip] *v* skrapa
scrap-iron [ˈskræpaiən] *n* skrot *nt*
scratch [skrætʃ] *v* rispa, skrapa; *n* repa *c,* skråma *c*
scream [skri:m] *v* *tjuta, *skrika; *n* skrik *nt,* skri *nt*
screen [skri:n] *n* skärm *c;* bildskärm *c,* filmduk *c*
screw [skru:] *n* skruv *c; v* skruva
screw-driver [ˈskru:ˌdraivə] *n* skruvmejsel *c*
scrub [skrʌb] *v* skura; *n* snårmark *c*
sculptor [ˈskʌlptə] *n* skulptör *c*
sculpture [ˈskʌlptʃə] *n* skulptur *c*
sea [si:] *n* hav *nt*
sea-bird [ˈsi:bə:d] *n* sjöfågel *c*
sea-coast [ˈsi:koust] *n* kust *c*
seagull [ˈsi:gʌl] *n* fiskmås *c*
seal [si:l] *n* sigill *nt;* säl *c*
seam [si:m] *n* söm *c*
seaman [ˈsi:mən] *n* (pl -men) matros *c*
seamless [ˈsi:mləs] *adj* utan söm
seaport [ˈsi:pɔ:t] *n* hamnstad *c*
search [sə:tʃ] *v* söka; genomsöka, vi-

sitera; *n* visitering *nt*
searchlight ['sə:tʃlait] *n* strålkastare *c*
seascape ['si:skeip] *n* marinmålning *c*
sea-shell ['si:ʃel] *n* snäcka *c*
seashore ['si:ʃɔ:] *n* havsstrand *c*
seasick ['si:sik] *adj* sjösjuk
seasickness ['si:ˌsiknəs] *n* sjösjuka *c*
seaside ['si:said] *n* kust *c;* ~ **resort** badort *c*
season ['si:zən] *n* årstid *c*, säsong *c;* **high** ~ högsäsong *c;* **low** ~ lågsäsong *c;* **off** ~ lågsäsong *c*
season-ticket ['si:zənˌtikit] *n* abonnemangskort *nt*
seat [si:t] *n* säte *nt;* plats *c*, sittplats *c*
seat-belt ['si:tbelt] *n* säkerhetsbälte *nt*
sea-urchin ['si:ˌə:tʃin] *n* sjöborre *c*
sea-water ['si:ˌwɔ:tə] *n* havsvatten *nt*
second ['sekənd] *num* andra; *n* sekund *c;* ögonblick *nt*
secondary ['sekəndəri] *adj* sekundär; ~ **school** läroverk *nt*
second-hand [ˌsekənd'hænd] *adj* begagnad
secret ['si:krət] *n* hemlighet *c; adj* hemlig
secretary ['sekrətri] *n* sekreterare *c*
section ['sekʃən] *n* sektion *c;* avdelning *c*
secure [si'kjuə] *adj* säker; *v* *göra säker; *binda fast; trygga
security [si'kjuərəti] *n* säkerhet *c;* borgen *c*
sedate [si'deit] *adj* lugn
sedative ['sedətiv] *n* lugnande medel
seduce [si'dju:s] *v* förföra
***see** [si:] *v* *se; *inse, *förstå; ~ **to** sörja för
seed [si:d] *n* frö *nt*
***seek** [si:k] *v* söka
seem [si:m] *v* synas, verka
seen [si:n] *v* (pp see)
seesaw ['si:sɔ:] *n* gungbräda *c*
seize [si:z] *v* *gripa
seldom ['seldəm] *adv* sällan
select [si'lekt] *v* utplocka, *utvälja; *adj* utvald
selection [si'lekʃən] *n* urval *nt*
self-centred [ˌself'sentəd] *adj* självupptagen
self-evident [ˌsel'fevidənt] *adj* självklar
self-government [ˌself'gʌvəmənt] *n* självstyre *nt*
selfish ['selfiʃ] *adj* självisk
selfishness ['selfiʃnəs] *n* egoism *c*
self-service [ˌself'sə:vis] *n* självbetjäning *c;* ~ **restaurant** självservering *c*
***sell** [sel] *v* *sälja
semblance ['sembləns] *n* utseende *nt*
semi- ['semi] halv-
semicircle ['semiˌsə:kəl] *n* halvcirkel *c*
semi-colon [ˌsemi'koulən] *n* semikolon *nt*
senate ['senət] *n* senat *c*
senator ['senətə] *n* senator *c*
***send** [send] *v* skicka, sända; ~ **back** skicka tillbaka, returnera; ~ **for** skicka efter; ~ **off** skicka iväg
senile ['si:nail] *adj* senil
sensation [sen'seiʃən] *n* sensation *c;* känsla *c*, förnimmelse *c*
sensational [sen'seiʃənəl] *adj* sensationell, uppseendeväckande
sense [sens] *n* sinne *nt;* förnuft *nt;* betydelse *c*, mening *c; v* *förnimma, märka; ~ **of honour** hederskänsla *c*
senseless ['sensləs] *adj* vanvettig, orimlig
sensible ['sensəbəl] *adj* förnuftig
sensitive ['sensitiv] *adj* känslig
sentence ['sentəns] *n* mening *c;* dom *c; v* döma
sentimental [ˌsenti'mentəl] *adj* senti-

mental
separate[1] ['sepəreit] *v* skilja
separate[2] ['sepərət] *adj* åtskild, särskild
separately ['sepərətli] *adv* separat
September [sep'tembə] september
septic ['septik] *adj* septisk; ***become** ~ *bli inflammerad
sequel ['si:kwəl] *n* följd *c*
sequence ['si:kwəns] *n* ordningsföljd *c*
serene [sə'ri:n] *adj* fridfull; klar
serial ['siəriəl] *n* följetong *c*
series ['siəri:z] *n* (pl ~) serie *c*
serious ['siəriəs] *adj* allvarlig, seriös
seriousness ['siəriəsnəs] *n* allvar *nt*
sermon ['sə:mən] *n* predikan *c*
serum ['siərəm] *n* serum *nt*
servant ['sə:vənt] *n* betjänt *c*
serve [sə:v] *v* servera
service ['sə:vis] *n* tjänst *c;* betjäning *c;* ~ **charge** betjäningsavgift *c;* ~ **station** bensinstation *c*
serviette [,sə:vi'et] *n* servett *c*
session ['seʃən] *n* session *c*
set [set] *n* grupp *c,* uppsättning *c*
***set** [set] *v* *sätta; ~ **menu** fast meny; ~ **out** *ge sig av
setting ['setiŋ] *n* infattning *c,* omgivning *c;* ~ **lotion** läggningsvätska *c*
settle ['setəl] *v* ordna, *göra upp; ~ **down** *slå sig ned, lugna sig
settlement ['setəlmənt] *n* förlikning *c,* uppgörelse *c,* överenskommelse *c*
seven ['sevən] *num* sju
seventeen [,sevən'ti:n] *num* sjutton
seventeenth [,sevən'ti:nθ] *num* sjuttonde
seventh ['sevənθ] *num* sjunde
seventy ['sevənti] *num* sjuttio
several ['sevərəl] *adj* flera, åtskilliga
severe [si'viə] *adj* sträng, häftig
***sew** [sou] *v* sy; ~ **up** sy ihop
sewer ['su:ə] *n* kloak *c*
sewing-machine ['souiŋmə,ʃi:n] *n* symaskin *c*
sex [seks] *n* kön *nt*
sexton ['sekstən] *n* kyrkvaktmästare *c*
sexual ['sekʃuəl] *adj* sexuell
sexuality [,sekʃu'æləti] *n* sexualitet *c*
shade [ʃeid] *n* skugga *c;* nyans *c*
shadow ['ʃædou] *n* skugga *c*
shady ['ʃeidi] *adj* skuggig
***shake** [ʃeik] *v* skaka
shaky ['ʃeiki] *adj* ostadig, skakig
***shall** [ʃæl] *v* *ska
shallow ['ʃælou] *adj* grund
shame [ʃeim] *n* skam *c;* **shame!** fy!
shampoo [ʃæm'pu:] *n* schampo *nt*
shamrock ['ʃæmrɔk] *n* treklöver *c*
shape [ʃeip] *n* form *c;* *v* forma
share [ʃɛə] *v* dela; *n* del *c;* aktie *c*
shark [ʃɑ:k] *n* haj *c*
sharp [ʃɑ:p] *adj* vass
sharpen ['ʃɑ:pən] *v* vässa, slipa
shave [ʃeiv] *v* raka sig
shaver ['ʃeivə] *n* rakapparat *c*
shaving-brush ['ʃeiviŋbrʌʃ] *n* rakborste *c*
shaving-cream ['ʃeiviŋkri:m] *n* rakkräm *c*
shaving-soap ['ʃeiviŋsoup] *n* raktvål *c*
shawl [ʃɔ:l] *n* schal *c*
she [ʃi:] *pron* hon
shed [ʃed] *n* skjul *nt*
***shed** [ʃed] *v* *utgjuta; *sprida
sheep [ʃi:p] *n* (pl ~) får *nt*
sheer [ʃiə] *adj* pur, ren; genomskinlig, skir, brant
sheet [ʃi:t] *n* lakan *nt;* ark *nt;* plåt *c*
shelf [ʃelf] *n* (pl shelves) hylla *c*
shell [ʃel] *n* snäckskal *nt;* skal *nt*
shellfish ['ʃelfiʃ] *n* skaldjur *nt*
shelter ['ʃeltə] *n* skydd *nt;* *v* skydda
shepherd ['ʃepəd] *n* herde *c*
shift [ʃift] *n* ombyte *nt,* skift *nt,* förändring *c*

***shine** [ʃain] *v* *skina; glänsa, blänka
ship [ʃip] *n* fartyg *nt; v* skeppa; **shipping line** linjerederi *nt*
shipowner [ˈʃiˌpounə] *n* skeppsredare *c*
shipyard [ˈʃipjɑ:d] *n* skeppsvarv *nt*
shirt [ʃə:t] *n* skjorta *c*
shiver [ˈʃivə] *v* huttra, skälva; *n* rysning *c*
shivery [ˈʃivəri] *adj* huttrande
shock [ʃɔk] *n* chock *c; v* chockera; ~ **absorber** stötdämpare *c*
shocking [ˈʃɔkiŋ] *adj* chockerande
shoe [ʃu:] *n* sko *c;* **gym shoes** gymnastikskor *pl;* ~ **polish** skokräm *c*
shoe-lace [ˈʃu:leis] *n* skosnöre *nt*
shoemaker [ˈʃu:ˌmeikə] *n* skomakare *c*
shoe-shop [ˈʃu:ʃɔp] *n* skoaffär *c*
shook [ʃuk] *v* (p shake)
***shoot** [ʃu:t] *v* *skjuta
shop [ʃɔp] *n* butik *c; v* handla; ~ **assistant** affärsbiträde *nt;* **shopping bag** kasse *c;* **shopping centre** affärscentrum *nt*
shopkeeper [ˈʃɔpˌki:pə] *n* affärsinnehavare *c*
shop-window [ˌʃɔpˈwindou] *n* skyltfönster *nt*
shore [ʃɔ:] *n* strand *c*
short [ʃɔ:t] *adj* kort; liten; ~ **circuit** kortslutning *c*
shortage [ˈʃɔ:tidʒ] *n* brist *c*
shortcoming [ˈʃɔ:tˌkʌmiŋ] *n* brist *c;* underskott *nt*
shorten [ˈʃɔ:tən] *v* förkorta
shorthand [ˈʃɔ:thænd] *n* stenografi *c*
shortly [ˈʃɔ:tli] *adv* snart, inom kort
shorts [ʃɔ:ts] *pl* shorts *pl; plAm* kalsonger *pl*
short-sighted [ˌʃɔ:tˈsaitid] *adj* närsynt
shot [ʃɔt] *n* skott *nt;* spruta *c;* bild *c*
***should** [ʃud] *v* borde
shoulder [ˈʃouldə] *n* axel *c*
shout [ʃaut] *v* *skrika; *n* skrik *nt*
shovel [ˈʃʌvəl] *n* skovel *c*
show [ʃou] *n* uppförande *nt,* föreställning *c;* utställning *c*
***show** [ʃou] *v* visa; utställa, framvisa; bevisa
show-case [ˈʃoukeis] *n* monter *c*
shower [ʃauə] *n* dusch *c;* regnskur *c,* störtskur *c*
showroom [ˈʃouru:m] *n* utställningslokal *c*
shriek [ʃri:k] *v* *skrika; *n* illtjut *nt*
shrimp [ʃrimp] *n* räka *c*
shrine [ʃrain] *n* relikskrin *nt,* helgedom *c*
***shrink** [ʃriŋk] *v* krympa
shrinkproof [ˈʃriŋkpru:f] *adj* krympfri
shrub [ʃrʌb] *n* buske *c*
shudder [ˈʃʌdə] *n* rysning *c*
shuffle [ˈʃʌfəl] *v* blanda
***shut** [ʃʌt] *v* stänga; ~ **in** stänga in
shutter [ˈʃʌtə] *n* fönsterlucka *c,* persienn *c*
shy [ʃai] *adj* skygg, blyg
shyness [ˈʃainəs] *n* blyghet *c*
Siam [saiˈæm] Siam
Siamese [ˌsaiəˈmi:z] *adj* siamesisk; *n* siames *c*
sick [sik] *adj* sjuk; illamående
sickness [ˈsiknəs] *n* sjukdom *c;* illamående *nt*
side [said] *n* sida *c;* parti *nt;* **one-sided** *adj* ensidig
sideburns [ˈsaidbə:nz] *pl* polisonger *pl*
sidelight [ˈsaidlait] *n* sidoljus *nt*
side-street [ˈsaidstri:t] *n* sidogata *c*
sidewalk [ˈsaidwɔ:k] *nAm* gångbana *c,* trottoar *c*
sideways [ˈsaidweiz] *adv* åt sidan
siege [si:dʒ] *n* belägring *c*
sieve [siv] *n* sil *c; v* sila
sift [sift] *v* sikta
sight [sait] *n* synhåll *nt;* syn *c,* åsyn *c;* sevärdhet *c*

sign [sain] *n* tecken *nt;* gest *c;* *v* underteckna
signal ['signəl] *n* signal *c;* tecken *nt;* *v* signalera
signature ['signətʃə] *n* signatur *c*
significant [sig'nifikənt] *adj* betydelsefull
signpost ['sainpoust] *n* vägvisare *c*
silence ['sailəns] *n* tystnad *c;* *v* tysta
silencer ['sailənsə] *n* ljuddämpare *c*
silent ['sailənt] *adj* tyst; ***be** ~ *tiga
silk [silk] *n* siden *nt*
silken ['silkən] *adj* siden-
silly ['sili] *adj* dum
silver ['silvə] *n* silver *nt;* silver-
silversmith ['silvəsmiθ] *n* silversmed *c*
silverware ['silvəwɛə] *n* silver *nt*
similar ['similə] *adj* liknande, dylik
similarity [ˌsimi'lærəti] *n* likhet *c*
simple ['simpəl] *adj* enkel, okonstlad; vanlig
simply ['simpli] *adv* enkelt, helt enkelt
simulate ['simjuleit] *v* låtsa
simultaneous [ˌsiməl'teiniəs] *adj* samtidig; **simultaneously** *adv* samtidigt
sin [sin] *n* synd *c*
since [sins] *prep* sedan; *adv* sedan dess; *conj* sedan; eftersom
sincere [sin'siə] *adj* uppriktig
sinew ['sinju:] *n* sena *c*
***sing** [siŋ] *v* *sjunga
singer ['siŋə] *n* sångare *c;* sångerska *c*
single ['siŋgəl] *adj* en enda; ogift; ~ **room** enkelrum *nt*
singular ['siŋgjulə] *n* singularis *nt;* *adj* säregen
sinister ['sinistə] *adj* olycksbådande
sink [siŋk] *n* vask *c*
***sink** [siŋk] *v* *sjunka
sip [sip] *n* liten klunk
siphon ['saifən] *n* sifon *c*
sir [sə:] min herre
siren ['saiərən] *n* siren *c*
sister ['sistə] *n* syster *c*
sister-in-law ['sistərinlɔ:] *n* (pl sisters-) svägerska *c*
***sit** [sit] *v* *sitta; ~ **down** *sätta sig
site [sait] *n* tomt *c;* läge *nt*
sitting-room ['sitiŋru:m] *n* vardagsrum *nt*
situated ['sitʃueitid] *adj* belägen
situation [ˌsitʃu'eiʃən] *n* situation *c;* läge *nt,* anställning *c*
six [siks] *num* sex
sixteen [ˌsiks'ti:n] *num* sexton
sixteenth [ˌsiks'ti:nθ] *num* sextonde
sixth [siksθ] *num* sjätte
sixty ['siksti] *num* sextio
size [saiz] *n* storlek *c,* dimension *c;* format *nt*
skate [skeit] *v* åka skridskor; *n* skridsko *c*
skating ['skeitiŋ] *n* skridskoåkning *c*
skating-rink ['skeitiŋriŋk] *n* skridskobana *c*
skeleton ['skelitən] *n* skelett *nt*
sketch [sketʃ] *n* skiss *c,* teckning *c;* *v* teckna, skissera
sketch-book ['sketʃbuk] *n* skissbok *c*
ski[1] [ski:] *v* åka skidor
ski[2] [ski:] *n* (pl ~, ~s) skida *c;* ~ **boots** pjäxor *pl;* ~ **pants** skidbyxor *pl;* ~ **poles** *Am* skidstavar *pl;* ~ **sticks** skidstavar *pl*
skid [skid] *v* slira, sladda
skier ['ski:ə] *n* skidåkare *c*
skiing ['ski:iŋ] *n* skidåkning *c*
ski-jump ['ski:dʒʌmp] *n* backhoppning *c*
skilful ['skilfəl] *adj* händig, duktig, skicklig
ski-lift ['ski:lift] *n* skidlift *c*
skill [skil] *n* skicklighet *c*
skilled [skild] *adj* skicklig; yrkesutbildad

skin [skin] *n* hud *c*, djurskinn *nt;* skal *nt;* ~ **cream** hudkräm *c*
skip [skip] *v* skutta; hoppa över
skirt [skə:t] *n* kjol *c*
skull [skʌl] *n* skalle *c*
sky [skai] *n* himmel *c;* luft *c*
skyscraper ['skai,skreipə] *n* skyskrapa *c*
slack [slæk] *adj* slak
slacks [slæks] *pl* långbyxor *pl*
slam [slæm] *v* *slå igen
slander ['sla:ndə] *n* förtal *nt*
slant [sla:nt] *v* slutta
slanting ['sla:ntiŋ] *adj* lutande, sned, sluttande
slap [slæp] *v* *slå; *n* örfil *c*
slate [sleit] *n* skiffer *nt*
slave [sleiv] *n* slav *c*
sledge [sledʒ] *n* släde *c*, kälke *c*
sleep [sli:p] *n* sömn *c*
***sleep** [sli:p] *v* *sova
sleeping-bag ['sli:piŋbæg] *n* sovsäck *c*
sleeping-car ['sli:piŋka:] *n* sovvagn *c*
sleeping-pill ['sli:piŋpil] *n* sömntablett *c*
sleepless ['sli:pləs] *adj* sömnlös
sleepy ['sli:pi] *adj* sömnig
sleeve [sli:v] *n* ärm *c;* skivfodral *nt*
sleigh [slei] *n* släde *c*, kälke *c*
slender ['slendə] *adj* slank
slice [slais] *n* skiva *c*
slide [slaid] *n* glidning *c;* rutschbana *c;* diapositiv *nt*
***slide** [slaid] *v* *glida
slight [slait] *adj* lätt; svag
slim [slim] *adj* slank; *v* magra
slip [slip] *v* halka, slira; *n* felsteg *nt;* underklänning *c*
slipper ['slipə] *n* toffel *c*
slippery ['slipəri] *adj* slipprig, hal
slogan ['slougən] *n* slogan *c*, partiparoll *c*
slope [sloup] *n* sluttning *c;* *v* slutta
sloping ['sloupiŋ] *adj* sluttande
sloppy ['slɔpi] *adj* oordentlig
slot [slɔt] *n* myntöppning *c*
slot-machine ['slɔt,məʃi:n] *n* spelautomat *c*
slovenly ['slʌvənli] *adj* slarvig
slow [slou] *adj* trögtänkt, långsam; ~ **down** fördröja, sakta ned
sluice [slu:s] *n* sluss *c*
slum [slʌm] *n* fattigkvarter *nt*
slump [slʌmp] *n* prisfall *nt*
slush [slʌʃ] *n* snöslask *nt*
sly [slai] *adj* slug
smack [smæk] *v* *ge en örfil; *n* klatsch *c*
small [smɔ:l] *adj* liten
smallpox ['smɔ:lpɔks] *n* smittkoppor *pl*
smart [sma:t] *adj* chic; klipsk, duktig
smell [smel] *n* lukt *c*
***smell** [smel] *v* lukta; lukta illa
smelly ['smeli] *adj* illaluktande
smile [smail] *v* *le; *n* leende *nt*
smith [smiθ] *n* smed *c*
smoke [smouk] *v* röka; *n* rök *c;* **no smoking** rökning förbjuden
smoker ['smoukə] *n* rökare *c;* rökkupé *c*
smoking-compartment ['smoukiŋkəm,pa:tmənt] *n* rökkupé *c*
smoking-room ['smoukiŋru:m] *n* rökrum *nt*
smooth [smu:ð] *adj* slät, jämn; mjuk
smuggle ['smʌgəl] *v* smuggla
snack [snæk] *n* mellanmål *nt*
snack-bar ['snækba:] *n* snackbar *c*
snail [sneil] *n* snigel *c*
snake [sneik] *n* orm *c*
snapshot ['snæpʃɔt] *n* ögonblicksbild *c*, kort *nt*
sneakers ['sni:kəz] *plAm* gymnastikskor *pl*
sneeze [sni:z] *v* *nysa
sniper ['snaipə] *n* prickskytt *c*
snooty ['snu:ti] *adj* mallig, överläg-

sen
snore [snɔ:] *v* snarka
snorkel ['snɔ:kəl] *n* snorkel *c*
snout [snaut] *n* nos *c*
snow [snou] *n* snö *c; v* snöa
snowstorm ['snoustɔ:m] *n* snöstorm *c*
snowy ['snoui] *adj* snöig
so [sou] *conj* så; *adv* så, till den grad; **and ~ on** och så vidare; **~ far** hittills; **~ that** så att, så
soak [souk] *v* blöta
soap [soup] *n* tvål *c;* **~ powder** tvåltvättmedel *nt*
sober ['soubə] *adj* nykter; sansad
so-called [ˌsou'kɔ:ld] *adj* så kallad
soccer ['sɔkə] *n* fotboll *c;* **~ team** fotbollslag *nt*
social ['souʃəl] *adj* social, samhälls-
socialism ['souʃəlizəm] *n* socialism *c*
socialist ['souʃəlist] *adj* socialistisk; *n* socialist *c*
society [sə'saiəti] *n* samfund *nt;* sammanslutning *c*, sällskap *nt;* förening *c*
sock [sɔk] *n* socka *c*
socket ['sɔkit] *n* glödlampshållare *c;* urtag *nt*
soda-water ['soudəˌwɔ:tə] *n* sodavatten *nt*, mineralvatten *nt*
sofa ['soufə] *n* soffa *c*
soft [sɔft] *adj* mjuk; **~ drink** alkoholfri dryck
soften ['sɔfən] *v* mjuka upp
soil [sɔil] *n* jord *c;* jordmån *c*
soiled [sɔild] *adj* nedsmutsad
sold [sould] *v* (p, pp sell) ; **~ out** utsåld
solder ['sɔldə] *v* löda
soldering-iron ['sɔldəriŋaiən] *n* lödkolv *c*
soldier ['souldʒə] *n* soldat *c*
sole[1] [soul] *adj* ensam
sole[2] [soul] *n* sula *c;* sjötunga *c*
solely ['soulli] *adv* uteslutande
solemn ['sɔləm] *adj* högtidlig
solicitor [sə'lisitə] *n* advokat *c*, jurist *c*
solid ['sɔlid] *adj* gedigen, massiv; *n* fast kropp
soluble ['sɔljubəl] *adj* löslig
solution [sə'lu:ʃən] *n* lösning *c*
solve [sɔlv] *v* lösa
sombre ['sɔmbə] *adj* dyster
some [sʌm] *adj* några; *pron* somliga; något; **~ day** någon gång; **~ more** lite mer; **~ time** en gång, någon gång
somebody ['sʌmbədi] *pron* någon
somehow ['sʌmhau] *adv* på något sätt
someone ['sʌmwʌn] *pron* någon
something ['sʌmθiŋ] *pron* något
sometimes ['sʌmtaimz] *adv* ibland
somewhat ['sʌmwɔt] *adv* tämligen
somewhere ['sʌmwɛə] *adv* någonstans
son [sʌn] *n* son *c*
song [sɔŋ] *n* sång *c*
son-in-law ['sʌninlɔ:] *n* (pl sons-) svärson *c*
soon [su:n] *adv* inom kort, fort, snart; **as ~ as** så snart som
sooner ['su:nə] *adv* hellre
sore [sɔ:] *adj* öm; *n* ömt ställe; sår *nt;* **~ throat** halsont *nt*
sorrow ['sɔrou] *n* sorg *c*, bedrövelse *c*
sorry ['sɔri] *adj* ledsen; **sorry!** ursäkta!, förlåt!
sort [sɔ:t] *v* ordna, sortera; *n* sort *c*, slag *nt;* **all sorts of** all slags
soul [soul] *n* själ *c*
sound [saund] *n* ljud *nt; v* *låta; *adj* pålitlig
soundproof ['saundpru:f] *adj* ljudisolerad
soup [su:p] *n* soppa *c*
soup-plate ['su:ppleit] *n* sopptallrik *c*
soup-spoon ['su:pspu:n] *n* soppsked *c*

sour [sauə] *adj* sur
source [sɔ:s] *n* källa *c*
south [sauθ] *n* söder *c;* **South Pole** Sydpolen
South Africa [sauθ 'æfrikə] Sydafrika
south-east [ˌsauθ'i:st] *n* sydost *c*
southerly ['sʌðəli] *adj* sydlig
southern ['sʌðən] *adj* södra
south-west [ˌsauθ'west] *n* sydväst *c*
souvenir ['su:vəniə] *n* souvenir *c*
sovereign ['sɔvrin] *n* härskare *c*
Soviet ['souviət] *adj* sovjetisk; ~ **Union** Sovjetunionen
***sow** [sou] *v* så
spa [spɑ:] *n* kurort *c*
space [speis] *n* rum *nt;* rymd *c;* mellanrum *nt,* avstånd *nt; v* *göra mellanrum
spacious ['speiʃəs] *adj* rymlig
spade [speid] *n* spade *c*
Spain [spein] Spanien
Spaniard ['spænjəd] *n* spanjor *c*
Spanish ['spæniʃ] *adj* spansk
spanking ['spæŋkiŋ] *n* smäll *c*
spanner ['spænə] *n* skiftnyckel *c*
spare [spɛə] *adj* reserv-, extra; *v* *vara utan; ~ **part** reservdel *c;* ~ **room** gästrum *nt;* ~ **time** fritid *c;* ~ **tyre** reservdäck *nt;* ~ **wheel** reservhjul *nt*
spark [spɑ:k] *n* gnista *c*
sparking-plug ['spa:kiŋplʌg] *n* tändstift *nt*
sparkling ['spa:kliŋ] *adj* gnistrande; mousserande
sparrow ['spærou] *n* sparv *c*
***speak** [spi:k] *v* tala
spear [spiə] *n* spjut *nt*
special ['speʃəl] *adj* speciell, särskild; ~ **delivery** expressutdelning *c*
specialist ['speʃəlist] *n* specialist *c*
speciality [ˌspeʃi'æləti] *n* specialitet *c*
specialize ['speʃəlaiz] *v* specialisera sig
specially ['speʃəli] *adv* i synnerhet
species ['spi:ʃi:z] *n* (pl ~) art *c*
specific [spə'sifik] *adj* specifik
specimen ['spesimən] *n* exemplar *nt,* specimen *nt*
speck [spek] *n* fläck *c*
spectacle ['spektəkəl] *n* skådespel *nt;* **spectacles** glasögon *pl*
spectator [spek'teitə] *n* åskådare *c*
speculate ['spekjuleit] *v* spekulera
speech [spi:tʃ] *n* talförmåga *c;* anförande *nt,* tal *nt;* språk *nt*
speechless ['spi:tʃləs] *adj* mållös
speed [spi:d] *n* hastighet *c;* fart *c;* **cruising** ~ marschfart *c;* ~ **limit** fartbegränsning *c,* hastighetsbegränsning *c*
***speed** [spi:d] *v* köra (för) fort
speeding ['spi:diŋ] *n* fortkörning *c*
speedometer [spi:'dɔmitə] *n* hastighetsmätare *c*
spell [spel] *n* förtrollning *c*
***spell** [spel] *v* stava
spelling ['speliŋ] *n* stavning *c*
***spend** [spend] *v* förbruka, spendera; tillbringa
sphere [sfiə] *n* klot *nt;* sfär *c*
spice [spais] *n* krydda *c*
spiced [spaist] *adj* kryddad
spicy ['spaisi] *adj* kryddstark
spider ['spaidə] *n* spindel *c;* **spider's web** spindelnät *nt*
***spill** [spil] *v* spilla
***spin** [spin] *v* *spinna; snurra
spinach ['spinidʒ] *n* spenat *c*
spine [spain] *n* ryggrad *c*
spinster ['spinstə] *n* ungmö *c*
spire [spaiə] *n* spira *c*
spirit ['spirit] *n* ande *c;* spöke *nt;* **spirits** spritdrycker *pl;* sinnesstämning *c;* ~ **stove** spritkök *nt*
spiritual ['spiritʃuəl] *adj* andlig
spit [spit] *n* spott *nt,* saliv *c;* spett *nt*
***spit** [spit] *v* spotta

in spite of [in spait ɔv] trots, oaktat
spiteful [ˈspaitfəl] *adj* ondskefull
splash [splæʃ] *v* stänka
splendid [ˈsplendid] *adj* strålande, praktfull
splendour [ˈsplendə] *n* prakt *c*
splint [splint] *n* spjäla *c*
splinter [ˈsplintə] *n* splitter *nt*
***split** [split] *v* *klyva
***spoil** [spɔil] *v* fördärva; skämma bort
spoke[1] [spouk] *v* (p speak)
spoke[2] [spouk] *n* eker *c*
sponge [spʌndʒ] *n* tvättsvamp *c*
spook [spu:k] *n* spöke *nt*
spool [spu:l] *n* spole *c*
spoon [spu:n] *n* sked *c*
spoonful [ˈspu:nful] *n* sked *c*
sport [spɔ:t] *n* sport *c*
sports-car [ˈspɔ:tska:] *n* sportbil *c*
sports-jacket [ˈspɔ:tsˌdʒækit] *n* sportjacka *c*
sportsman [ˈspɔ:tsmən] *n* (pl -men) idrottsman *c*
sportswear [ˈspɔ:tswɛə] *n* sportkläder *pl*
spot [spɔt] *n* fläck *c;* ställe *nt,* plats *c*
spotless [ˈspɔtləs] *adj* fläckfri
spotlight [ˈspɔtlait] *n* strålkastare *c*
spotted [ˈspɔtid] *adj* fläckig
spout [spaut] *n* stråle *c;* pip *c,* ränna *c*
sprain [sprein] *v* stuka; *n* stukning *c*
***spread** [spred] *v* *sprida
spring [spriŋ] *n* vår *c;* fjäder *c;* källa *c*
springtime [ˈspriŋtaim] *n* vår *c*
sprouts [sprauts] *pl* brysselkål *c*
spy [spai] *n* spion *c*
squadron [ˈskwɔdrən] *n* skvadron *c*
square [skwɛə] *adj* kvadratisk; *n* kvadrat *c;* öppen plats, torg *nt*
squash [skwɔʃ] *n* fruktsaft *c;* squash *c*
squirrel [ˈskwirəl] *n* ekorre *c*
squirt [skwə:t] *n* stråle *c*
stable [ˈsteibəl] *adj* stabil; *n* stall *nt*
stack [stæk] *n* stack *c,* stapel *c*
stadium [ˈsteidiəm] *n* stadion *nt*
staff [sta:f] *n* personal *c*
stage [steidʒ] *n* scen *c;* stadium *nt,* fas *c;* etapp *c*
stain [stein] *v* fläcka ned; *n* fläck *c;* **stained glass** färgat glas; ~ **remover** fläckborttagningsmedel *nt*
stainless [ˈsteinləs] *adj* fläckfri; ~ **steel** rostfritt stål
staircase [ˈstɛəkeis] *n* trappa *c*
stairs [stɛəz] *pl* trappa *c*
stale [steil] *adj* gammal
stall [stɔ:l] *n* stånd *nt;* parkett *c*
stamina [ˈstæminə] *n* uthållighet *c*
stamp [stæmp] *n* frimärke *nt;* stämpel *c; v* frankera; stampa; ~ **machine** frimärksautomat *c*
stand [stænd] *n* ställ *nt,* stånd *nt;* läktare *c*
***stand** [stænd] *v* *stå
standard [ˈstændəd] *n* norm *c;* standard-; ~ **of living** levnadsstandard *c*
stanza [ˈstænzə] *n* strof *c*
staple [ˈsteipəl] *n* häftklammer *c;* stapelvara *c*
star [sta:] *n* stjärna *c*
starboard [ˈsta:bəd] *n* styrbord
starch [sta:tʃ] *n* stärkelse *c; v* stärka
stare [stɛə] *v* stirra
starling [ˈsta:liŋ] *n* stare *c*
start [sta:t] *v* börja; *n* början *c;* **starter motor** startmotor *c*
starting-point [ˈsta:tiŋpɔint] *n* utgångspunkt *c*
starve [sta:rv] *v* *svälta
state [steit] *n* stat *c;* tillstånd *nt; v* fastställa
the States [ðə steits] Förenta Staterna

statement ['steitmənt] *n* uppgift *c*, redogörelse *c*
statesman ['steitsmən] *n* (pl -men) statsman *c*
station ['steiʃən] *n* järnvägsstation *c;* position *c*
stationary ['steiʃənəri] *adj* stillastående
stationer's ['steiʃənəz] *n* pappershandel *c*
stationery ['steiʃənəri] *n* kontorsartiklar *pl*
station-master ['steiʃən,ma:stə] *n* stationsinspektor *c*
statistics [stə'tistiks] *pl* statistik *c*
statue ['stætʃu:] *n* staty *c*
stay [stei] *v* *förbli, stanna kvar; vistas, *uppehålla sig; *n* vistelse *c*
steadfast ['stedfɑ:st] *adj* orubblig
steady ['stedi] *adj* stadig
steak [steik] *n* biff *c*
***steal** [sti:l] *v* *stjäla
steam [sti:m] *n* ånga *c*
steamer ['sti:mə] *n* ångare *c*
steel [sti:l] *n* stål *nt*
steep [sti:p] *adj* brant
steeple ['sti:pəl] *n* tornspira *c*
steering-column ['stiəriŋ,kɔləm] *n* rattstång *c*
steering-wheel ['stiəriŋwi:l] *n* ratt *c*
steersman ['stiəzmən] *n* (pl -men) rorsman *c*
stem [stem] *n* stjälk *c*
stenographer [ste'nɔgrəfə] *n* stenograf *c*
step [step] *n* steg *nt; v* trampa
stepchild ['steptʃaild] *n* (pl -children) styvbarn *nt*
stepfather ['step,fa:ðə] *n* styvfar *c*
stepmother ['step,mʌðə] *n* styvmor *c*
sterile ['sterail] *adj* steril
sterilize ['sterilaiz] *v* sterilisera
steward ['stju:əd] *n* steward *c*
stewardess ['stju:ədes] *n* flygvärdinna *c*
stick [stik] *n* pinne *c*, käpp *c*
***stick** [stik] *v* fästa, klistra
sticky ['stiki] *adj* klibbig
stiff [stif] *adj* stel
still [stil] *adv* ännu; likväl; *adj* stilla
stillness ['stilnəs] *n* stillhet *c*
stimulant ['stimjulənt] *n* stimulans *c;* stimulantia *pl*
stimulate ['stimjuleit] *v* stimulera
sting [stiŋ] *n* sting *nt*, stick *nt*
***sting** [stiŋ] *v* *sticka
stingy ['stindʒi] *adj* småaktig
***stink** [stiŋk] *v* *stinka
stipulate ['stipjuleit] *v* stipulera, bestämma
stipulation [,stipju'leiʃən] *n* bestämmelse *c*
stir [stə:] *v* röra sig; röra om
stirrup ['stirəp] *n* stigbygel *c*
stitch [stitʃ] *n* stygn *nt*, håll *nt*
stock [stɔk] *n* lager *nt; v* lagra; ~ **exchange** fondbörs *c;* ~ **market** fondmarknad *c;* **stocks and shares** värdepapper *pl*
stocking ['stɔkiŋ] *n* strumpa *c*
stole[1] [stoul] *v* (p steal)
stole[2] [stoul] *n* stola *c*
stomach ['stʌmək] *n* mage *c*
stomach-ache ['stʌməkeik] *n* magont *nt*
stone [stoun] *n* sten *c;* ädelsten *c;* kärna *c;* sten-; **pumice** ~ pimpsten *c*
stood [stud] *v* (p, pp stand)
stop [stɔp] *v* stoppa, upphöra; *hålla upp med; *n* hållplats *c;* **stop!** stopp!
stopper ['stɔpə] *n* propp *c*
storage ['stɔ:ridʒ] *n* lagring *c*
store [stɔ:] *n* lager *nt;* affär *c; v* lagra
store-house ['stɔ:haus] *n* magasin *nt*
storey ['stɔ:ri] *n* våning *c*
stork [stɔ:k] *n* stork *c*
storm [stɔ:m] *n* storm *c*

stormy ['stɔ:mi] *adj* stormig
story ['stɔ:ri] *n* historia *c*
stout [staut] *adj* korpulent, tjock; kraftig
stove [stouv] *n* ugn *c;* köksspis *c*
straight [streit] *adj* rak; hederlig; *adv* rakt; ~ **ahead** rakt fram; ~ **away** omedelbart, genast; ~ **on** rakt fram
strain [strein] *n* ansträngning *c;* påfrestning *c; v* överanstränga; sila
strainer ['streinə] *n* durkslag *nt*
strange [streindʒ] *adj* främmande; besynnerlig
stranger ['streindʒə] *n* främling *c;* okänd person
strangle ['stræŋgəl] *v* *strypa
strap [stræp] *n* rem *c*
straw [strɔ:] *n* strå *nt*, halm *c;* sugrör *nt*
strawberry ['strɔ:bəri] *n* jordgubbe *c;* **wild** ~ smultron *nt*
stream [stri:m] *n* bäck *c;* ström *c; v* strömma
street [stri:t] *n* gata *c*
streetcar ['stri:tkɑ:] *nAm* spårvagn *c*
street-organ ['stri:ˌtɔ:gən] *n* positiv *nt*
strength [streŋθ] *n* kraft *c*, styrka *c*
stress [stres] *n* stress *c;* betoning *c; v* betona
stretch [stretʃ] *v* tänja; *n* sträcka *c*
stretcher ['stretʃə] *n* bår *c*
strict [strikt] *adj* sträng; strikt
strife [straif] *n* stridighet *c*
strike [straik] *n* strejk *c*
***strike** [straik] *v* *slå; *slå till; strejka
striking ['straikiŋ] *adj* slående, markant, påfallande
string [striŋ] *n* snöre *nt;* sträng *c*
strip [strip] *n* remsa *c*
stripe [straip] *n* rand *c*
striped [straipt] *adj* randig
stroke [strouk] *n* slaganfall *nt*
stroll [stroul] *v* flanera; *n* promenad *c*
strong [strɔŋ] *adj* stark; kraftig
stronghold ['strɔŋhould] *n* fästning *c*
structure ['strʌktʃə] *n* struktur *c;* byggnadsverk *nt*
struggle ['strʌgəl] *n* strid *c*, kamp *c; v* *slåss, kämpa
stub [stʌb] *n* talong *c*
stubborn ['stʌbən] *adj* envis
student ['stju:dənt] *n* student *c;* studentska *c;* studerande *c*
study ['stʌdi] *v* studera; *n* studium *nt;* arbetsrum *nt*
stuff [stʌf] *n* material *nt;* grejor *pl*
stuffed [stʌft] *adj* fylld
stuffing ['stʌfiŋ] *n* fyllning *c*
stuffy ['stʌfi] *adj* kvav
stumble ['stʌmbəl] *v* snubbla
stung [stʌŋ] *v* (p, pp sting)
stupid ['stju:pid] *adj* dum
style [stail] *n* stil *c*
subject[1] ['sʌbdʒikt] *n* subjekt *nt;* undersåte *c;* ~ **to** utsatt för
subject[2] [səb'dʒekt] *v* underkuva
submit [səb'mit] *v* underkasta sig
subordinate [sə'bɔ:dinət] *adj* underordnad
subscriber [səb'skraibə] *n* prenumerant *c*
subscription [səb'skripʃən] *n* prenumeration *c*, abonnemang *nt;* insamling *c*
subsequent ['sʌbsikwənt] *adj* följande
subsidy ['sʌbsidi] *n* understöd *nt*
substance ['sʌbstəns] *n* substans *c*
substantial [səb'stænʃəl] *adj* verklig; ansenlig
substitute ['sʌbstitju:t] *v* *ersätta; *n* surrogat *nt;* ställföreträdare *c*
subtitle ['sʌbˌtaitəl] *n* undertitel *c*
subtle ['sʌtəl] *adj* subtil
subtract [səb'trækt] *v* minska, *dra ifrån
suburb ['sʌbə:b] *n* förstad *c*, förort *c*

suburban [sə'bə:bən] *adj* förstads-
subway ['sʌbwei] *nAm* tunnelbana *c*
succeed [sək'si:d] *v* lyckas; efterträda
success [sək'ses] *n* succé *c*
successful [sək'sesfəl] *adj* framgångsrik
succumb [sə'kʌm] *v* duka under
such [sʌtʃ] *adj* sådan, liknande; *adv* så; ~ **as** sådan som
suck [sʌk] *v* *suga
sudden ['sʌdən] *adj* plötslig
suddenly ['sʌdənli] *adv* plötsligt
suede [sweid] *n* mockaskinn *nt*
suffer ['sʌfə] *v* *lida; tåla
suffering ['sʌfəriŋ] *n* lidande *nt*
suffice [sə'fais] *v* räcka
sufficient [sə'fiʃənt] *adj* tillräcklig
suffrage ['sʌfridʒ] *n* rösträtt *c*
sugar ['ʃugə] *n* socker *nt*
suggest [sə'dʒest] *v* *föreslå
suggestion [sə'dʒestʃən] *n* förslag *nt*
suicide ['su:isaid] *n* självmord *nt*
suit [su:t] *v* passa; avpassa; *n* dräkt *c*, kostym *c*
suitable ['su:təbəl] *adj* passande
suitcase ['su:tkeis] *n* resväska *c*
suite [swi:t] *n* svit *c*
sum [sʌm] *n* summa *c*
summary ['sʌməri] *n* sammandrag *nt*, översikt *c*
summer ['sʌmə] *n* sommar *c*; ~ **time** sommartid *c*
summit ['sʌmit] *n* topp *c*
summons ['sʌmənz] *n* (pl ~es) kallelse *c*, stämning *c*
sun [sʌn] *n* sol *c*
sunbathe ['sʌnbeið] *v* solbada
Sunday ['sʌndi] söndag *c*
sun-glasses ['sʌn,gla:siz] *pl* solglasögon *pl*
sunlight ['sʌnlait] *n* solljus *nt*
sunny ['sʌni] *adj* solig
sunrise ['sʌnraiz] *n* soluppgång *c*
sunset ['sʌnset] *n* solnedgång *c*
sunshade ['sʌnʃeid] *n* solparasoll *nt*
sunshine ['sʌnʃain] *n* solsken *nt*
sunstroke ['sʌnstrouk] *n* solsting *nt*
suntan oil ['sʌntænɔil] sololja *c*
superb [su'pə:b] *adj* storartad, utsökt
superficial [,su:pə'fiʃəl] *adj* ytlig
superfluous [su'pə:fluəs] *adj* överflödig
superior [su'piəriə] *adj* större, bättre, överlägsen
superlative [su'pə:lətiv] *adj* superlativ; *n* superlativ *c*
supermarket ['su:pə,ma:kit] *n* snabbköp *nt*
superstition [,su:pə'stiʃən] *n* vidskepelse *c*
supervise ['su:pəvaiz] *v* övervaka
supervision [,su:pə'viʒən] *n* kontroll *c*, uppsikt *c*
supervisor ['su:pəvaizə] *n* arbetsledare *c*, uppsyningsman *c*
supper ['sʌpə] *n* kvällsmat *c*
supple ['sʌpəl] *adj* böjlig, mjuk, smidig
supplement ['sʌplimənt] *n* tidningsbilaga *c*
supply [sə'plai] *n* leverans *c*; förråd *nt*; utbud *nt*; *v* *förse
support [sə'pɔ:t] *v* *hålla uppe, stödja, understödja; *n* stöd *nt*; ~ **hose** stödstrumpor *pl*
supporter [sə'pɔ:tə] *n* anhängare *c*
suppose [sə'pouz] *v* förmoda, *anta; **supposing that** *anta att
suppository [sə'pɔzitəri] *n* stolpiller *nt*
suppress [sə'pres] *v* undertrycka
surcharge ['sə:tʃa:dʒ] *n* tillägg *nt*; överbelastning *c*
sure [ʃuə] *adj* säker
surely ['ʃuəli] *adv* säkerligen
surface ['sə:fis] *n* yta *c*
surf-board ['sə:fbɔ:d] *n* surfingbräda *c*

surgeon ['sə:dʒən] *n* kirurg *c;* **veterinary ~** veterinär *c*
surgery ['sə:dʒəri] *n* kirurgi *c;* läkarmottagning *c*
surname ['sə:neim] *n* efternamn *nt*
surplus ['sə:pləs] *n* överskott *nt*
surprise [sə'praiz] *n* överraskning *c; v* överraska; förvåna
surrender [sə'rendə] *v* *ge sig; *n* kapitulation *c*
surround [sə'raund] *v* omringa, *omge
surrounding [sə'raundiŋ] *adj* kringliggande
surroundings [sə'raundiŋz] *pl* omgivningar
survey ['sə:vei] *n* översikt *c*
survival [sə'vaivəl] *n* överlevnad *c*
survive [sə'vaiv] *v* överleva
suspect¹ [sə'spekt] *v* misstänka; *anta
suspect² ['sʌspekt] *n* misstänkt *c*
suspend [sə'spend] *v* suspendera
suspenders [sə'spendəz] *plAm* hängslen *pl;* **suspender belt** strumpebandshållare *c*
suspension [sə'spenʃən] *n* upphängningsanordning *nt,* fjädring *c;* **~ bridge** hängbro *c*
suspicion [sə'spiʃən] *n* misstanke *c;* misstänksamhet *c,* misstro *c*
suspicious [sə'spiʃəs] *adj* misstänkt; misstrogen, misstänksam
sustain [sə'stein] *v* *utstå
Swahili [swə'hi:li] *n* swahili
swallow ['swɔlou] *v* sluka, *svälja; *n* svala *c*
swam [swæm] *v* (p swim)
swamp [swɔmp] *n* träsk *nt*
swan [swɔn] *n* svan *c*
swap [swɔp] *v* byta
***swear** [swεə] *v* *svära
sweat [swet] *n* svett *c; v* svettas
sweater ['swetə] *n* tröja *c*
Swede [swi:d] *n* svensk *c*
Sweden ['swi:dən] Sverige
Swedish ['swi:diʃ] *adj* svensk
***sweep** [swi:p] *v* sopa
sweet [swi:t] *adj* söt; snäll; *n* karamell *c;* dessert *c;* **sweets** sötsaker *pl*
sweeten ['swi:tən] *v* söta
sweetheart ['swi:thɑ:t] *n* älskling *c,* raring *c*
sweetshop ['swi:tʃɔp] *n* gottaffär *c*
swell [swel] *adj* tjusig
***swell** [swel] *v* svälla; svullna; öka
swelling ['sweliŋ] *n* svullnad *c*
swift [swift] *adj* rask
***swim** [swim] *v* simma
swimmer ['swimə] *n* simmare *c*
swimming ['swimiŋ] *n* simning *c;* **~ pool** simbassäng *c*
swimming-trunks ['swimiŋtrʌŋks] *pl* badbyxor *pl*
swim-suit ['swimsu:t] *n* baddräkt *c*
swindle ['swindəl] *v* svindla; *n* svindel *c*
swindler ['swindlə] *n* svindlare *c*
swing [swiŋ] *n* gunga *c*
***swing** [swiŋ] *v* svänga; gunga
Swiss [swis] *adj* schweizisk; *n* schweizare *c*
switch [switʃ] *n* växel *c;* strömbrytare *c,* spö *nt; v* växla; **~ off** koppla av, stänga av; **~ on** koppla på
switchboard ['switʃbɔ:d] *n* kopplingsbord *nt*
Switzerland ['switsələnd] Schweiz
sword [sɔ:d] *n* svärd *nt*
swum [swʌm] *v* (pp swim)
syllable ['siləbəl] *n* stavelse *c*
symbol ['simbəl] *n* symbol *c*
sympathetic [ˌsimpə'θetik] *adj* deltagande
sympathy ['simpəθi] *n* sympati *c;* medkänsla *c*
symphony ['simfəni] *n* symfoni *c*

symptom ['simtəm] *n* symptom *nt*
synagogue ['sinəgɔg] *n* synagoga *c*
synonym ['sinənim] *n* synonym *c*
synthetic [sin'θetik] *adj* syntetisk
syphon ['saifən] *n* sifon *c*
Syria ['siriə] Syrien
Syrian ['siriən] *adj* syrisk; *n* syrier *c*
syringe [si'rindʒ] *n* injektionsspruta *c*
syrup ['sirəp] *n* sockerlag *c,* saft *c*
system ['sistəm] *n* system *nt;* **decimal** ~ decimalsystem *nt*
systematic [,sistə'mætik] *adj* systematisk

T

table ['teibəl] *n* bord *nt;* tabell *c;* ~ **of contents** innehållsförteckning *c;* ~ **tennis** bordtennis *c*
table-cloth ['teibəlklɔθ] *n* bordduk *c*
tablespoon ['teibəlspu:n] *n* matsked *c*
tablet ['tæblit] *n* tablett *c*
taboo [tə'bu:] *n* tabu *nt*
tactics ['tæktiks] *pl* taktik *c*
tag [tæg] *n* prislapp *c,* adresslapp *c*
tail [teil] *n* svans *c*
tail-light ['teillait] *n* baklykta *c*
tailor ['teilə] *n* skräddare *c*
tailor-made ['teiləmeid] *adj* skräddarsydd
***take** [teik] *v* *ta; *gripa; *begripa, *förstå, fatta; ~ **away** *ta bort; ~ **off** *ta av; *ge sig iväg; ~ **out** *ta ut; ~ **over** *överta; ~ **place** äga rum; ~ **up** *uppta
take-off ['teikɔf] *n* start *c*
tale [teil] *n* berättelse *c,* saga *c*
talent ['tælənt] *n* talang *c,* begåvning *c*
talented ['tæləntid] *adj* begåvad
talk [tɔ:k] *v* tala, prata; *n* samtal *nt*
talkative ['tɔ:kətiv] *adj* pratsam
tall [tɔ:l] *adj* hög; lång
tame [teim] *adj* tam; *v* tämja
tampon ['tæmpən] *n* tampong *c*
tangerine [,tændʒə'ri:n] *n* mandarin *c*
tangible ['tændʒibəl] *adj* gripbar
tank [tæŋk] *n* tank *c*
tanker ['tæŋkə] *n* tankfartyg *nt*
tanned [tænd] *adj* solbränd
tap [tæp] *n* kran *c;* slag *nt; v* knacka
tape [teip] *n* ljudband *nt;* snöre *nt;* **adhesive** ~ klisterremsa *c,* tejp *c*
tape-measure ['teip,meʒə] *n* måttband *nt*
tape-recorder ['teipri,kɔ:də] *n* bandspelare *c*
tapestry ['tæpistri] *n* gobeläng *c*
tar [ta:] *n* tjära *c*
target ['ta:git] *n* måltavla *c*
tariff ['tærif] *n* tariff *c*
tarpaulin [ta:'pɔ:lin] *n* presenning *c*
task [ta:sk] *n* uppgift *c*
taste [teist] *n* smak *c; v* smaka
tasteless ['teistləs] *adj* smaklös
tasty ['teisti] *adj* välsmakande
taught [tɔ:t] *v* (p, pp teach)
tavern ['tævən] *n* taverna *c*
tax [tæks] *n* skatt *c; v* beskatta
taxation [tæk'seiʃən] *n* beskattning *c*
tax-free ['tæksfri:] *adj* skattefri
taxi ['tæksi] *n* taxi *c;* ~ **rank** taxistation *c;* ~ **stand** *Am* taxistation *c*
taxi-driver ['tæksi,draivə] *n* taxichaufför *c*
taxi-meter ['tæksi,mi:tə] *n* taxameter *c*
tea [ti:] *n* te *nt;* eftermiddagste *nt*
***teach** [ti:tʃ] *v* undervisa, lära
teacher ['ti:tʃə] *n* lärare *c;* lärarinna *c*
teachings ['ti:tʃiŋz] *pl* lära *c*
tea-cloth ['ti:klɔθ] *n* kökshandduk *c*
teacup ['ti:kʌp] *n* tekopp *c*
team [ti:m] *n* lag *nt*
teapot ['ti:pɔt] *n* tekanna *c*

***tear** [tɛə] *v* *riva
tear¹ [tiə] *n* tår *c*
tear² [tɛə] *n* reva *c*
tease [ti:z] *v* reta
tea-set [ˈti:set] *n* teservis *c*
tea-shop [ˈti:ʃɔp] *n* tesalong *c*
teaspoon [ˈti:spu:n] *n* tesked *c*
teaspoonful [ˈti:spu:nˌful] *n* tesked *c*
technical [ˈteknikəl] *adj* teknisk
technician [tekˈniʃən] *n* tekniker *c*
technique [tekˈni:k] *n* teknik *c*
technology [tekˈnɔlədʒi] *n* teknologi *c*
teenager [ˈti:ˌneidʒə] *n* tonåring *c*
teetotaller [ti:ˈtoutələ] *n* absolutist *c*
telegram [ˈteligræm] *n* telegram *nt*
telegraph [ˈteligra:f] *v* telegrafera
telepathy [tiˈlepəθi] *n* telepati *c*
telephone [ˈtelifoun] *n* telefon *c;* ~ **book** *Am* telefonkatalog *c;* ~ **booth** telefonhytt *c;* ~ **call** telefonsamtal *nt;* ~ **directory** telefonkatalog *c;* ~ **exchange** telefonväxel *c;* ~ **operator** telefonist *c*
telephonist [tiˈlefənist] *n* telefonist *c*
television [ˈteliviʒən] *n* television *c;* ~ **set** televisionsapparat *c*
telex [ˈteleks] *n* telex *nt*
***tell** [tel] *v* tala om; berätta, *säga
temper [ˈtempə] *n* humör *nt*
temperature [ˈtemprətʃə] *n* temperatur *c*
tempest [ˈtempist] *n* oväder *nt*
temple [ˈtempəl] *n* tempel *nt;* tinning *c*
temporary [ˈtempərəri] *adj* tillfällig, provisorisk
tempt [tempt] *v* fresta
temptation [tempˈteiʃən] *n* frestelse *c*
ten [ten] *num* tio
tenant [ˈtenənt] *n* hyresgäst *c*
tend [tend] *v* tendera; vårda; ~ **to** tendera åt
tendency [ˈtendənsi] *n* benägenhet *c,* tendens *c*
tender [ˈtendə] *adj* öm; mör
tendon [ˈtendən] *n* sena *c*
tennis [ˈtenis] *n* tennis *c;* ~ **shoes** tennisskor *pl*
tennis-court [ˈteniskɔ:t] *n* tennisplan *c,* tennisbana *c*
tense [tens] *adj* spänd
tension [ˈtenʃən] *n* spänning *c*
tent [tent] *n* tält *nt*
tenth [tenθ] *num* tionde
tepid [ˈtepid] *adj* ljum
term [tə:m] *n* term *c;* period *c,* termin *c;* villkor *nt*
terminal [ˈtə:minəl] *n* ändstation *c*
terrace [ˈterəs] *n* terrass *c*
terrain [teˈrein] *n* terräng *c*
terrible [ˈteribəl] *adj* förskräcklig, hemsk, förfärlig
terrific [təˈrifik] *adj* storartad
terrify [ˈterifai] *v* förskräcka; **terrifying** skrämmande
territory [ˈteritəri] *n* område *nt,* territorium *nt*
terror [ˈterə] *n* skräck *c*
terrorism [ˈterərizəm] *n* terrorism *c,* terror *c*
terrorist [ˈterərist] *n* terrorist *c*
test [test] *n* prov *nt,* prövning *c; v* pröva, testa
testify [ˈtestifai] *v* vittna
text [tekst] *n* text *c*
textbook [ˈteksbuk] *n* lärobok *c*
texture [ˈtekstʃə] *n* struktur *c*
Thai [tai] *adj* thailändsk; *n* thailändare *c*
Thailand [ˈtailænd] Thailand
than [ðæn] *conj* än
thank [θæŋk] *v* tacka; ~ **you** tack *nt*
thankful [ˈθæŋkfəl] *adj* tacksam
that [ðæt] *adj* den, den där; *pron* den där; som; *conj* att
thaw [θɔ:] *v* smälta, töa; *n* töväder *nt*
the [ðəˌði] *art* -en *suf;* **the ... the** ju ... desto

theatre [ˈθiətə] *n* teater *c*
theft [θeft] *n* stöld *c*
their [ðɛə] *adj* deras
them [ðem] *pron* dem
theme [θi:m] *n* tema *nt*, ämne *nt*
themselves [ðəmˈselvz] *pron* sig; själva
then [ðen] *adv* då; sedan, därefter
theology [θiˈɔlədʒi] *n* teologi *c*
theoretical [θiəˈretikəl] *adj* teoretisk
theory [ˈθiəri] *n* teori *c*
therapy [ˈθerəpi] *n* terapi *c*
there [ðɛə] *adv* där; dit
therefore [ˈðɛəfɔ:] *conj* därför
thermometer [θəˈmɔmitə] *n* termometer *c*
thermostat [ˈθə:məstæt] *n* termostat *c*
these [ði:z] *adj* de här
thesis [ˈθi:sis] *n* (pl theses) tes *c*
they [ðei] *pron* de
thick [θik] *adj* tät; tjock
thicken [ˈθikən] *v* tjockna, *göra tjock
thickness [ˈθiknəs] *n* tjocklek *c*
thief [θi:f] *n* (pl thieves) tjuv *c*
thigh [θai] *n* lår *nt*
thimble [ˈθimbəl] *n* fingerborg *c*
thin [θin] *adj* tunn; mager
thing [θiŋ] *n* sak *c*
***think** [θiŋk] *v* tycka; tänka; ~ **of** tänka på; ~ **over** fundera på
thinker [ˈθiŋkə] *n* tänkare *c*
third [θə:d] *num* tredje
thirst [θə:st] *n* törst *c*
thirsty [ˈθə:sti] *adj* törstig
thirteen [ˌθə:ˈti:n] *num* tretton
thirteenth [ˌθə:ˈti:nθ] *num* trettonde
thirty [ˈθə:ti] *num* trettio
this [ðis] *adj* den här; *pron* denna
thistle [ˈθisəl] *n* tistel *c*
thorn [θɔ:n] *n* tagg *c*
thorough [ˈθʌrə] *adj* grundlig, ordentlig
thoroughbred [ˈθʌrəbred] *adj* fullblods-
thoroughfare [ˈθʌrəfɛə] *n* huvudväg *c*, huvudgata *c*
those [ðouz] *pron* de, de där, dessa
though [ðou] *conj* även om, fastän, ehuru; *adv* emellertid
thought[1] [θɔ:t] *v* (p, pp think)
thought[2] [θɔ:t] *n* tanke *c*
thoughtful [ˈθɔ:tfəl] *adj* tankfull; omtänksam
thousand [ˈθauzənd] *num* tusen
thread [θred] *n* tråd *c; v* trä upp
threadbare [ˈθredbɛə] *adj* trådsliten
threat [θret] *n* hot *nt*
threaten [ˈθretən] *v* hota
three [θri:] *num* tre
three-quarter [ˌθri:ˈkwɔ:tə] *adj* trefjärdedels-
threshold [ˈθreʃould] *n* tröskel *c*
threw [θru:] *v* (p throw)
thrifty [ˈθrifti] *adj* ekonomisk
throat [θrout] *n* strupe *c;* hals *c*
throne [θroun] *n* tron *c*
through [θru:] *prep* genom
throughout [θru:ˈaut] *adv* överallt
throw [θrou] *n* kast *nt*
***throw** [θrou] *v* slänga, kasta
thrush [θrʌʃ] *n* trast *c*
thumb [θʌm] *n* tumme *c*
thumbtack [ˈθʌmtæk] *nAm* häftstift *nt*
thump [θʌmp] *v* dunka
thunder [ˈθʌndə] *n* åska *c; v* åska
thunderstorm [ˈθʌndəstɔ:m] *n* åskväder *nt*
thundery [ˈθʌndəri] *adj* åsk-
Thursday [ˈθə:zdi] torsdag *c*
thus [ðʌs] *adv* således
thyme [taim] *n* timjan *c*
tick [tik] *n* bock *c;* ~ **off** pricka av
ticket [ˈtikit] *n* biljett *c;* böter *pl;* ~ **collector** konduktör *c;* ~ **machine** biljettautomat *c*
tickle [ˈtikəl] *v* kittla

tide [taid] *n* tidvatten *nt;* **high ~** högvatten *nt;* **low ~** lågvatten *nt*
tidings ['taidiŋz] *pl* nyheter *pl*
tidy ['taidi] *adj* städad; **~ up** städa
tie [tai] *v* *binda, *knyta; *n* slips *c*
tiger ['taigə] *n* tiger *c*
tight [tait] *adj* stram; trång; *adv* fast
tighten ['taitən] *v* *dra till, *dra åt; åtstrama
tights [taits] *pl* trikåer *pl,* strumpbyxor *pl*
tile [tail] *n* kakel *nt;* tegelpanna *c*
till [til] *prep* tills, till; *conj* till dess att, ända till
timber ['timbə] *n* timmer *nt*
time [taim] *n* tid *c;* gång *c;* **all the ~** hela tiden; **in ~** i tid; **~ of arrival** ankomsttid *c;* **~ of departure** avgångstid *c*
time-saving ['taim,seiviŋ] *adj* tidsbesparande
timetable ['taim,teibəl] *n* tidtabell *c*
timid ['timid] *adj* blyg
timidity [ti'midəti] *n* blyghet *c*
tin [tin] *n* tenn *nt;* konservburk *c,* burk *c;* **tinned food** konserver *pl*
tinfoil ['tinfɔil] *n* folie *c*
tin-opener ['ti,noupənə] *n* konservöppnare *c*
tiny ['taini] *adj* pytteliten
tip [tip] *n* spets *c;* dricks *c*
tire[1] [taiə] *n* däck *nt*
tire[2] [taiə] *v* trötta
tired [taiəd] *adj* trött
tiring ['taiəriŋ] *adj* tröttsam
tissue ['tiʃu:] *n* vävnad *c;* ansiktsservett *c,* pappersnäsduk *c*
title ['taitəl] *n* titel *c*
to [tu:] *prep* till, i; åt; för att
toad [toud] *n* padda *c*
toadstool ['toudstu:l] *n* svamp *c*
toast [toust] *n* rostat bröd; skål *c*
tobacco [tə'bækou] *n* (pl **~**s) tobak *c;* **~ pouch** tobakspung *c*
tobacconist [tə'bækənist] *n* tobakshandlare *c;* **tobacconist's** tobaksaffär *c*
today [tə'dei] *adv* idag
toddler ['tɔdlə] *n* litet barn
toe [tou] *n* tå *c*
toffee ['tɔfi] *n* kola *c*
together [tə'geðə] *adv* tillsammans
toilet ['tɔilət] *n* toalett *c;* **~ case** necessär *c*
toilet-paper ['tɔilət,peipə] *n* toalettpapper *nt*
toiletry ['tɔilətri] *n* toalettartiklar *pl*
token ['toukən] *n* tecken *nt;* bevis *nt;* pollett *c*
told [tould] *v* (p, pp tell)
tolerable ['tɔlərəbəl] *adj* uthärdlig
toll [toul] *n* vägavgift *c*
tomato [tə'mɑ:tou] *n* (pl **~**es) tomat *c*
tomb [tu:m] *n* grav *c*
tombstone ['tu:mstoun] *n* gravsten *c*
tomorrow [tə'mɔrou] *adv* i morgon
ton [tʌn] *n* ton *nt*
tone [toun] *n* ton *c;* klang *c*
tongs [tɔŋz] *pl* tång *c*
tongue [tʌŋ] *n* tunga *c*
tonic ['tɔnik] *n* stärkande medel
tonight [tə'nait] *adv* i natt, i kväll
tonsilitis [,tɔnsə'laitis] *n* halsfluss *c*
tonsils ['tɔnsəlz] *pl* halsmandlar *pl*
too [tu:] *adv* alltför; också
took [tuk] *v* (p take)
tool [tu:l] *n* redskap *nt,* verktyg *nt;* **~ kit** vertygssats *c*
toot [tu:t] *vAm* tuta
tooth [tu:θ] *n* (pl teeth) tand *c*
toothache ['tu:θeik] *n* tandvärk *c*
toothbrush ['tu:θbrʌʃ] *n* tandborste *c*
toothpaste ['tu:θpeist] *n* tandkräm *c*
toothpick ['tu:θpik] *n* tandpetare *c*
toothpowder ['tu:θ,paudə] *n* tandpulver *nt*
top [tɔp] *n* topp *c;* översida *c;* lock *nt;*

övre; **on ~ of** ovanpå; **~ side** översida *c*
topcoat ['tɔpkout] *n* överrock *c*
topic ['tɔpik] *n* samtalsämne *nt*
topical ['tɔpikəl] *adj* aktuell
torch [tɔ:tʃ] *n* fackla *c;* ficklampa *c*
torment[1] [tɔ:'ment] *v* plåga
torment[2] ['tɔ:ment] *n* pina *c*
torture ['tɔ:tʃə] *n* tortyr *c; v* tortera
toss [tɔs] *v* kasta
tot [tɔt] *n* litet barn
total ['toutəl] *adj* total, fullständig; *n* summa *c*
totalitarian [ˌtoutæli'tɛəriən] *adj* totalitär
totalizator ['toutəlaizeitə] *n* totalisator *c*
touch [tʌtʃ] *v* vidröra, röra; beröra; *n* beröring *c;* känsel *c*
touching ['tʌtʃiŋ] *adj* rörande
tough [tʌf] *adj* seg
tour [tuə] *n* rundresa *c*
tourism ['tuərizəm] *n* turism *c*
tourist ['tuərist] *n* turist *c;* **~ class** turistklass *c;* **~ office** turistbyrå *c*
tournament ['tuənəmənt] *n* turnering *c*
tow [tou] *v* *ta på släp, bogsera
towards [tə'wɔ:dz] *prep* mot; gentemot; åt
towel [tauəl] *n* handduk *c*
towelling ['tauəliŋ] *n* handdukstyg *nt*
tower [tauə] *n* torn *nt*
town [taun] *n* stad *c;* **~ centre** stadscentrum *nt;* **~ hall** stadshus *nt*
townspeople ['taunzˌpi:pəl] *pl* stadsbor *pl*
toxic ['tɔksik] *adj* giftig
toy [tɔi] *n* leksak *c*
toyshop ['tɔiʃɔp] *n* leksaksaffär *c*
trace [treis] *n* spår *nt; v* spåra
track [træk] *n* järnvägsspår *nt;* bana *c*
tractor ['træktə] *n* traktor *c*
trade [treid] *n* handel *c;* yrke *nt; v* *driva handel
trademark ['treidma:k] *n* varumärke *nt*
trader ['treidə] *n* affärsman *c*
tradesman ['treidzmən] *n* (pl -men) handelsman *c*
trade-union [ˌtreid'ju:njən] *n* fackförening *c*
tradition [trə'diʃən] *n* tradition *c*
traditional [trə'diʃənəl] *adj* traditionell
traffic ['træfik] *n* trafik *c;* **~ jam** trafikstockning *c;* **~ light** trafikljus *nt*
trafficator ['træfikeitə] *n* körriktningsvisare *c*
tragedy ['trædʒədi] *n* tragedi *c*
tragic ['trædʒik] *adj* tragisk
trail [treil] *n* spår *nt,* stig *c*
trailer ['treilə] *n* släpvagn *c; nAm* husvagn *c*
train [trein] *n* tåg *nt; v* träna, dressera; **stopping ~** persontåg *nt;* **through ~** snälltåg *nt;* **~ ferry** tågfärja *c*
training ['treiniŋ] *n* träning *c*
trait [treit] *n* drag *nt*
traitor ['treitə] *n* förrädare *c*
tram [træm] *n* spårvagn *c*
tramp [træmp] *n* luffare *c; v* vandra
tranquil ['træŋkwil] *adj* lugn
tranquillizer ['træŋkwilaizə] *n* lugnande medel
transaction [træn'zækʃən] *n* transaktion *c*
transatlantic [ˌtrænzət'læntik] *adj* transatlantisk
transfer [træns'fə:] *v* överföra
transform [træns'fɔ:m] *v* förvandla, omvandla
transformer [træns'fɔ:mə] *n* transformator *c*

transition [træn'siʃən] *n* övergång *c*
translate [træns'leit] *v* *översätta
translation [træns'leiʃən] *n* översättning *c*
translator [træns'leitə] *n* översättare *c*
transmission [trænz'miʃən] *n* sändning *c*
transmit [trænz'mit] *v* sända
transmitter [trænz'mitə] *n* sändare *c*
transparent [træn'speərənt] *adj* genomskinlig
transport[1] ['trænspɔ:t] *n* transport *c*
transport[2] [træn'spɔ:t] *v* transportera
transportation [ˌtrænspɔ:'teiʃən] *n* transport *c*
trap [træp] *n* fälla *c*
trash [træʃ] *n* smörja *c;* ~ **can** *Am* soptunna *c*
travel ['trævəl] *v* resa; ~ **agency** resebyrå *c;* ~ **insurance** reseförsäkring *c;* **travelling expenses** resekostnader *pl*
traveller ['trævələ] *n* resenär *c;* **traveller's cheque** resecheck *c*
tray [trei] *n* bricka *c*
treason ['tri:zən] *n* förräderi *nt*
treasure ['treʒə] *n* skatt *c*
treasurer ['treʒərə] *n* skattmästare *c*
treasury ['treʒəri] *n* föreningskassa *c,* skattkammare *c*
treat [tri:t] *v* behandla
treatment ['tri:tmənt] *n* behandling *c*
treaty ['tri:ti] *n* traktat *c*
tree [tri:] *n* träd *nt*
tremble ['trembəl] *v* skälva, darra
tremendous [tri'mendəs] *adj* oerhörd
trespass ['trespəs] *v* inkräkta
trespasser ['trespəsə] *n* inkräktare *c*
trial [traiəl] *n* rättegång *c;* prov *nt*
triangle ['traiæŋgəl] *n* triangel *c*
triangular [trai'æŋgjulə] *adj* trekantig
tribe [traib] *n* stam *c*
tributary ['tribjutəri] *n* biflod *c*
tribute ['tribju:t] *n* hyllning *c*
trick [trik] *n* spratt *nt;* konststycke *nt,* trick *nt*
trigger ['trigə] *n* avtryckare *c*
trim [trim] *v* trimma
trip [trip] *n* tripp *c,* resa *c,* utflykt *c*
triumph ['traiəmf] *n* triumf *c; v* triumfera
triumphant [trai'ʌmfənt] *adj* segerrik
trolley-bus ['trɔlibʌs] *n* trådbuss *c*
troops [tru:ps] *pl* trupper *pl*
tropical ['trɔpikəl] *adj* tropisk
tropics ['trɔpiks] *pl* tropikerna *pl*
trouble ['trʌbəl] *n* möda *c,* besvär *nt,* bekymmer *nt; v* besvära
troublesome ['trʌbəlsəm] *adj* besvärlig
trousers ['trauzəz] *pl* långbyxor *pl*
trout [traut] *n* (pl ~) forell *c*
truck [trʌk] *nAm* lastbil *c*
true [tru:] *adj* sann; äkta, verklig; trofast, trogen
trumpet ['trʌmpit] *n* trumpet *c*
trunk [trʌŋk] *n* koffert *c;* stam *c; nAm* bagageutrymme *nt;* **trunks** gymnastikbyxor *pl*
trunk-call ['trʌŋkkɔ:l] *n* rikssamtal *nt*
trust [trʌst] *v* lita på; *n* förtroende *nt*
trustworthy ['trʌstˌwə:ði] *adj* pålitlig
truth [tru:θ] *n* sanning *c*
truthful ['tru:θfəl] *adj* sannfärdig
try [trai] *v* försöka, bemöda sig; *n* försök *nt;* ~ **on** prova
tube [tju:b] *n* rör *nt;* tub *c*
tuberculosis [tju:ˌbə:kju'lousis] *n* tuberkulos *c*
Tuesday ['tju:zdi] tisdag *c*
tug [tʌg] *v* bogsera; *n* bogserbåt *c;* ryck *nt*
tuition [tju:'iʃən] *n* undervisning *c*
tulip ['tju:lip] *n* tulpan *c*
tumbler ['tʌmblə] *n* bägare *c*
tumour ['tju:mə] *n* tumör *c*
tuna ['tju:nə] *n* (pl ~, ~s) tonfisk *c*
tune [tju:n] *n* melodi *c,* visa *c;* ~ **in**

ställa in
tuneful ['tju:nfəl] *adj* melodisk
tunic ['tju:nik] *n* tunika *c*
Tunisia [tju:'niziə] Tunisien
Tunisian [tju:'niziən] *adj* tunisisk; *n* tunisier *c*
tunnel ['tʌnəl] *n* tunnel *c*
turbine ['tə:bain] *n* turbin *c*
turbojet [ˌtə:bou'dʒet] *n* turbojet *c*
Turk [tə:k] *n* turk *c*
Turkey ['tə:ki] Turkiet
turkey ['tə:ki] *n* kalkon *c*
Turkish ['tə:kiʃ] *adj* turkisk; ~ **bath** turkiskt bad
turn [tə:n] *v* vända, svänga, *vrida om; *n* varv *nt,* vändning *c;* tur *c;* ~ **back** vända tillbaka; ~ **down** förkasta; ~ **into** förvandlas till; ~ **off** stänga av; ~ **on** *sätta på, tända, skruva på; ~ **over** vända upp och ner; ~ **round** vända på; vända sig om
turning ['tə:niŋ] *n* kurva *c*
turning-point ['tə:niŋpɔint] *n* vändpunkt *c*
turnover ['tə:ˌnouvə] *n* omsättning *c;* ~ **tax** omsättningsskatt *c*
turnpike ['tə:npaik] *nAm* motorväg *c*
turpentine ['tə:pəntain] *n* terpentin *nt*
turtle ['tə:təl] *n* sköldpadda *c*
tutor ['tju:tə] *n* informator *c;* förmyndare *c*
tuxedo [tʌk'si:dou] *nAm* (pl ~s, ~es) smoking *c*
tweed [twi:d] *n* tweed *c*
tweezers ['twi:zəz] *pl* pincett *c*
twelfth [twelfθ] *num* tolfte
twelve [twelv] *num* tolv
twentieth ['twentiəθ] *num* tjugonde
twenty ['twenti] *num* tjugo
twice [twais] *adv* två gånger
twig [twig] *n* kvist *c*
twilight ['twailait] *n* skymning *c*
twine [twain] *n* snodd *c*
twins [twinz] *pl* tvillingar *pl;* **twin beds** dubbelsängar *pl*
twist [twist] *v* *vrida; *n* vridning *c*
two [tu:] *num* två
two-piece [ˌtu:'pi:s] *adj* tvådelad
type [taip] *v* *skriva maskin; *n* typ *c*
typewriter ['taipraitə] *n* skrivmaskin *c*
typewritten ['taipritən] maskinskriven
typhoid ['taifɔid] *n* tyfus *c*
typical ['tipikəl] *adj* karakteristisk, typisk
typist ['taipist] *n* maskinskriverska *c*
tyrant ['taiərənt] *n* tyrann *c*
tyre [taiə] *n* däck *nt;* ~ **pressure** slangtryck *nt*

U

ugly ['ʌgli] *adj* ful
ulcer ['ʌlsə] *n* sår *nt*
ultimate ['ʌltimət] *adj* sista
ultraviolet [ˌʌltrə'vaiələt] *adj* ultraviolett
umbrella [ʌm'brelə] *n* paraply *nt*
umpire ['ʌmpaiə] *n* domare *c*
unable [ʌ'neibəl] *adj* oförmögen
unacceptable [ˌʌnək'septəbəl] *adj* oantagbar
unaccountable [ˌʌnə'kauntəbəl] *adj* oförklarlig
unaccustomed [ˌʌnə'kʌstəmd] *adj* ovan
unanimous [ju:'næniməs] *adj* enstämmig
unanswered [ˌʌ'nɑ:nsəd] *adj* obesvarad
unauthorized [ˌʌ'nɔ:θəraizd] *adj* oberättigad
unavoidable [ˌʌnə'vɔidəbəl] *adj* ound-

viklig
unaware [ˌʌnəˈwɛə] *adj* omedveten
unbearable [ʌnˈbɛərəbəl] *adj* outhärdlig
unbreakable [ˌʌnˈbreikəbəl] *adj* okrossbar
unbroken [ˌʌnˈbroukən] *adj* intakt
unbutton [ˌʌnˈbʌtən] *v* knäppa upp
uncertain [ʌnˈsəːtən] *adj* oviss, osäker
uncle [ˈʌŋkəl] *n* farbror *c*, morbror *c*
unclean [ˌʌnˈkliːn] *adj* oren
uncomfortable [ʌnˈkʌmfətəbəl] *adj* obekväm
uncommon [ʌnˈkɔmən] *adj* sällsynt, ovanlig
unconditional [ˌʌnkənˈdiʃənəl] *adj* ovillkorlig
unconscious [ʌnˈkɔnʃəs] *adj* medvetslös
uncork [ˌʌnˈkɔːk] *v* korka upp
uncover [ʌnˈkʌvə] *v* avtäcka
uncultivated [ˌʌnˈkʌltiveitid] *adj* ouppodlad, okultiverad
under [ˈʌndə] *prep* under, nedanför
undercurrent [ˈʌndəˌkʌrənt] *n* underström *c*
underestimate [ˌʌndəˈrestimeit] *v* underskatta
underground [ˈʌndəgraund] *adj* underjordisk; *n* tunnelbana *c*
underline [ˌʌndəˈlain] *v* *stryka under
underneath [ˌʌndəˈniːθ] *adv* under
underpants [ˈʌndəpænts] *plAm* kalsonger *pl*
undershirt [ˈʌndəʃəːt] *n* undertröja *c*
undersigned [ˈʌndəsaind] *n* undertecknad *c*
***understand** [ˌʌndəˈstænd] *v* *förstå
understanding [ˌʌndəˈstændiŋ] *n* förståelse *c*
***undertake** [ˌʌndəˈteik] *v* *företa
undertaking [ˌʌndəˈteikiŋ] *n* företag *nt*
underwater [ˈʌndəˌwɔːtə] *adj* undervattens-
underwear [ˈʌndəwɛə] *n* underkläder *pl*
undesirable [ˌʌndiˈzaiərəbəl] *adj* ovälkommen; ej önskvärd
***undo** [ˌʌnˈduː] *v* lösa upp
undoubtedly [ʌnˈdautidli] *adv* otvivelaktigt
undress [ˌʌnˈdres] *v* klä av sig
undulating [ˈʌndjuleitiŋ] *adj* vågig
unearned [ˌʌˈnəːnd] *adj* oförtjänt
uneasy [ʌˈniːzi] *adj* olustig
uneducated [ˌʌˈnedjukeitid] *adj* obildad
unemployed [ˌʌnimˈplɔid] *adj* arbetslös
unemployment [ˌʌnimˈplɔimənt] *n* arbetslöshet *c*
unequal [ˌʌˈniːkwəl] *adj* olika
uneven [ˌʌˈniːvən] *adj* ojämn
unexpected [ˌʌnikˈspektid] *adj* oanad, oväntad
unfair [ˌʌnˈfɛə] *adj* ojust, orättvis
unfaithful [ˌʌnˈfeiθfəl] *adj* otrogen
unfamiliar [ˌʌnfəˈmiljə] *adj* obekant
unfasten [ˌʌnˈfɑːsən] *v* lossa
unfavourable [ˌʌnˈfeivərəbəl] *adj* ogynnsam
unfit [ˌʌnˈfit] *adj* olämplig
unfold [ʌnˈfould] *v* veckla ut
unfortunate [ʌnˈfɔːtʃənət] *adj* olycklig
unfortunately [ʌnˈfɔːtʃənətli] *adv* tyvärr, dessvärre
unfriendly [ˌʌnˈfrendli] *adj* ovänlig
unfurnished [ˌʌnˈfəːniʃt] *adj* omöblerad
ungrateful [ʌnˈgreitfəl] *adj* otacksam
unhappy [ʌnˈhæpi] *adj* olycklig
unhealthy [ʌnˈhelθi] *adj* ohälsosam
unhurt [ˌʌnˈhəːt] *adj* oskadad
uniform [ˈjuːnifɔːm] *n* uniform *c; adj* likformig, konstant
unimportant [ˌʌnimˈpɔːtənt] *adj* oviktig

uninhabitable [ˌʌninˈhæbitəbəl] *adj* obeboelig
uninhabited [ˌʌninˈhæbitid] *adj* obebodd
unintentional [ˌʌninˈtenʃənəl] *adj* oavsiktlig
union [ˈjuːnjən] *n* fackförening *c;* förening *c;* union *c*
unique [juːˈniːk] *adj* unik
unit [ˈjuːnit] *n* enhet *c*
unite [juːˈnait] *v* förena
United States [juːˈnaitid steits] Förenta Staterna
unity [ˈjuːnəti] *n* enhet *c*
universal [ˌjuːniˈvəːsəl] *adj* universell, allmän
universe [ˈjuːnivəːs] *n* universum *nt*
university [ˌjuːniˈvəːsəti] *n* universitet *nt*
unjust [ˌʌnˈdʒʌst] *adj* orättvis
unkind [ʌnˈkaind] *adj* ovänlig
unknown [ˌʌnˈnoun] *adj* okänd
unlawful [ˌʌnˈlɔːfəl] *adj* olaglig
unlearn [ˌʌnˈləːn] *v* lära sig av med
unless [ənˈles] *conj* såvida inte
unlike [ˌʌnˈlaik] *adj* olik
unlikely [ʌnˈlaikli] *adj* osannolik
unlimited [ʌnˈlimitid] *adj* obegränsad
unload [ˌʌnˈloud] *v* lasta av
unlock [ˌʌnˈlɔk] *v* låsa upp
unlucky [ʌnˈlʌki] *adj* oturlig, olycklig
unnecessary [ʌnˈnesəsəri] *adj* onödig
unoccupied [ˌʌˈnɔkjupaid] *adj* ledig
unofficial [ˌʌnəˈfiʃəl] *adj* inofficiell
unpack [ˌʌnˈpæk] *v* packa upp
unpleasant [ʌnˈplezənt] *adj* otrevlig, obehaglig, oangenäm
unpopular [ˌʌnˈpɔpjulə] *adj* illa omtyckt, impopulär
unprotected [ˌʌnprəˈtektid] *adj* oskyddad
unqualified [ˌʌnˈkwɔlifaid] *adj* okvalificerad
unreal [ˌʌnˈriəl] *adj* overklig
unreasonable [ʌnˈriːzənəbəl] *adj* orimlig, oresonlig
unreliable [ˌʌnriˈlaiəbəl] *adj* opålitlig
unrest [ˌʌnˈrest] *n* oro *c;* rastlöshet *c*
unsafe [ˌʌnˈseif] *adj* riskabel
unsatisfactory [ˌʌnsætisˈfæktəri] *adj* otillfredsställande
unscrew [ˌʌnˈskruː] *v* skruva av
unselfish [ˌʌnˈselfiʃ] *adj* osjälvisk
unsound [ˌʌnˈsaund] *adj* osund
unstable [ˌʌnˈsteibəl] *adj* instabil
unsteady [ˌʌnˈstedi] *adj* ostadig, vacklande; villrådig
unsuccessful [ˌʌnsəkˈsesfəl] *adj* misslyckad
unsuitable [ˌʌnˈsuːtəbəl] *adj* opassande
unsurpassed [ˌʌnsəˈpɑːst] *adj* oöverträffad
untidy [ʌnˈtaidi] *adj* oordentlig
untie [ˌʌnˈtai] *v* *knyta upp
until [ənˈtil] *prep* tills, till
untrue [ˌʌnˈtruː] *adj* osann
untrustworthy [ˌʌnˈtrʌstˌwəːði] *adj* opålitlig
unusual [ʌnˈjuːʒuəl] *adj* ovanlig
unwell [ˌʌnˈwel] *adj* krasslig
unwilling [ˌʌnˈwiliŋ] *adj* ovillig
unwise [ˌʌnˈwaiz] *adj* oförståndig
unwrap [ˌʌnˈræp] *v* veckla upp, öppna
up [ʌp] *adv* upp, uppåt
upholster [ʌpˈhoulstə] *v* stoppa möbler; inreda
upkeep [ˈʌpkiːp] *n* underhåll *nt*
uplands [ˈʌpləndz] *pl* högland *nt*
upon [əˈpɔn] *prep* på
upper [ˈʌpə] *adj* över-, övre
upright [ˈʌprait] *adj* upprätt; *adv* upprätt
upset [ˌʌpˈset] *adj* upprörd
***upset** [ʌpˈset] *v* kullkasta; förvirra, såra
upside-down [ˌʌpsaidˈdaun] *adv* upp och ner

upstairs [ˌʌpˈstɛəz] *adv* upp; uppför trappan; en trappa upp
upstream [ˌʌpˈstriːm] *adv* uppför strömmen
upwards [ˈʌpwədz] *adv* upp, uppåt
urban [ˈəːbən] *adj* stads-
urge [əːdʒ] *v* uppmana; *n* starkt behov
urgency [ˈəːdʒənsi] *n* nödtvång *nt*
urgent [ˈəːdʒənt] *adj* brådskande
urine [ˈjuərin] *n* urin *nt*
Uruguay [ˈjuərəgwai] Uruguay
Uruguayan [ˌjuərəˈgwaiən] *adj* uruguaysk; *n* uruguayare *c*
us [ʌs] *pron* oss
usable [ˈjuːzəbəl] *adj* användbar
usage [ˈjuːzidʒ] *n* sedvänja *c*
use[1] [juːz] *v* använda; ***be used to** *vara van vid; ~ **up** förbruka
use[2] [juːs] *n* användning *c;* nytta *c;* ***be of** ~ *vara till nytta
useful [ˈjuːsfəl] *adj* användbar, nyttig
useless [ˈjuːsləs] *adj* lönlös, oanvändbar, oduglig
user [ˈjuːzə] *n* förbrukare *c*
usher [ˈʌʃə] *n* platsanvisare *c*
usherette [ˌʌʃəˈret] *n* platsanviserska *c*
usual [ˈjuːʒuəl] *adj* vanlig
usually [ˈjuːʒuəli] *adv* vanligtvis
utensil [juːˈtensəl] *n* redskap *nt*, verktyg *nt;* köksredskap *nt*
utility [juːˈtiləti] *n* nyttighet *c*
utilize [ˈjuːtilaiz] *v* utnyttja, använda
utmost [ˈʌtmoust] *adj* yttersta
utter [ˈʌtə] *adj* fullständig, total; *v* yttra

V

vacancy [ˈveikənsi] *n* vakans *c*
vacant [ˈveikənt] *adj* ledig
vacate [vəˈkeit] *v* utrymma
vacation [vəˈkeiʃən] *n* lov *nt*
vaccinate [ˈvæksineit] *v* vaccinera
vaccination [ˌvæksiˈneiʃən] *n* vaccination *c*
vacuum [ˈvækjuəm] *n* vakuum *nt; vAm* *dammsuga; ~ **cleaner** dammsugare *c;* ~ **flask** termosflaska *c*
vagrancy [ˈveigrənsi] *n* lösdriveri *nt*
vague [veig] *adj* vag
vain [vein] *adj* fåfänglig; tom, fruktlös; **in** ~ förgäves
valet [ˈvælit] *n* betjänt *c; v* passa upp
valid [ˈvælid] *adj* giltig
valley [ˈvæli] *n* dal *c*, dalsänka *c*
valuable [ˈvæljubəl] *adj* värdefull, dyrbar; **valuables** *pl* värdesaker *pl*
value [ˈvæljuː] *n* värde *nt; v* värdera
valve [vælv] *n* ventil *c*
van [væn] *n* transportbil *c*
vanilla [vəˈnilə] *n* vanilj *c*
vanish [ˈvæniʃ] *v* *försvinna
vapour [ˈveipə] *n* ånga *c*
variable [ˈvɛəriəbəl] *adj* växlande
variation [ˌvɛəriˈeiʃən] *n* förändring *c*
varied [ˈvɛərid] *adj* varierad
variety [vəˈraiəti] *n* art *c*, omväxling *c;* ~ **show** varietéföreställning *c;* ~ **theatre** varietéteater *c*
various [ˈvɛəriəs] *adj* åtskilliga, olika
varnish [ˈvɑːniʃ] *n* lack *nt*, fernissa *c; v* fernissa, lacka
vary [ˈvɛəri] *v* variera; ändra; *vara olik
vase [vɑːz] *n* vas *c*
vast [vɑːst] *adj* vidsträckt, ofantlig
vault [vɔːlt] *n* valv *nt;* kassavalv *nt*
veal [viːl] *n* kalvkött *nt*
vegetable [ˈvedʒətəbəl] *n* grönsak *c;* ~ **merchant** grönsakshandlare *c*
vegetarian [ˌvedʒiˈtɛəriən] *n* vegetarian *c*

vegetation [ˌvedʒiˈteiʃən] *n* vegetation *c*
vehicle [ˈviːəkəl] *n* fordon *nt*
veil [veil] *n* slöja *c*
vein [vein] *n* åder *c;* **varicose** ~ åderbrock *nt*
velvet [ˈvelvit] *n* sammet *c*
velveteen [ˌvelviˈtiːn] *n* bomullssammet *c*
venerable [ˈvenərəbəl] *adj* vördnadsvärd
venereal disease [viˈniəriəl diˈziːz] könssjukdom *c*
Venezuela [ˌveniˈzweilə] Venezuela
Venezuelan [ˌveniˈzweilən] *adj* venezuelansk; *n* venezuelan *c*
ventilate [ˈventileit] *v* ventilera, lufta, vädra
ventilation [ˌventiˈleiʃən] *n* ventilation *c*
ventilator [ˈventileitə] *n* ventilator *c*
venture [ˈventʃə] *v* våga
veranda [vəˈrændə] *n* veranda *c*
verb [vəːb] *n* verb *nt*
verbal [ˈvəːbəl] *adj* muntlig
verdict [ˈvəːdikt] *n* dom *c,* domslut *nt*
verge [vəːdʒ] *n* kant *c;* gräns *c*
verify [ˈverifai] *v* verifiera, kontrollera; bekräfta
verse [vəːs] *n* vers *c*
version [ˈvəːʃən] *n* version *c;* översättning *c*
versus [ˈvəːsəs] *prep* kontra
vertical [ˈvəːtikəl] *adj* lodrät
vertigo [ˈvəːtigou] *n* svindel *c*
very [ˈveri] *adv* mycket; *adj* verklig, sann; absolut
vessel [ˈvesəl] *n* fartyg *nt;* kärl *nt*
vest [vest] *n* undertröja *c; nAm* väst *c*
veterinary surgeon [ˈvetrinəri ˈsəːdʒən] veterinär *c*
via [vaiə] *prep* via
viaduct [ˈvaiədʌkt] *n* viadukt *c*
vibrate [vaiˈbreit] *v* vibrera
vibration [vaiˈbreiʃən] *n* vibration *c*
vicar [ˈvikə] *n* kyrkoherde *c*
vicarage [ˈvikəridʒ] *n* prästgård *c*
vice-president [ˌvaisˈprezidənt] *n* vice president
vicinity [viˈsinəti] *n* närhet *c,* omgivningar
vicious [ˈviʃəs] *adj* ondskefull
victim [ˈviktim] *n* offer *nt*
victory [ˈviktəri] *n* seger *c*
view [vjuː] *n* utsikt *c;* åsikt *c,* uppfattning *c; v* betrakta
view-finder [ˈvjuːˌfaində] *n* sökare *c*
vigilant [ˈvidʒilənt] *adj* vaksam
villa [ˈvilə] *n* villa *c*
village [ˈvilidʒ] *n* by *c*
villain [ˈvilən] *n* skurk *c*
vine [vain] *n* vinranka *c*
vinegar [ˈvinigə] *n* vinäger *c*
vineyard [ˈvinjəd] *n* vingård *c*
vintage [ˈvintidʒ] *n* vinskörd *c*
violation [vaiəˈleiʃən] *n* kränkning *c*
violence [ˈvaiələns] *n* våld *nt*
violent [ˈvaiələnt] *adj* våldsam, häftig
violet [ˈvaiələt] *n* viol *c; adj* violett
violin [vaiəˈlin] *n* fiol *c*
virgin [ˈvəːdʒin] *n* jungfru *c*
virtue [ˈvəːtʃuː] *n* dygd *c*
visa [ˈviːzə] *n* visum *nt*
visibility [ˌvizəˈbiləti] *n* sikt *c*
visible [ˈvizəbəl] *adj* synlig
vision [ˈviʒən] *n* vision *c*
visit [ˈvizit] *v* besöka; *n* besök *nt,* visit *c;* **visiting hours** besökstid *c*
visiting-card [ˈvizitiŋkaːd] *n* visitkort *nt*
visitor [ˈvizitə] *n* besökare *c*
vital [ˈvaitəl] *adj* livsviktig
vitamin [ˈvitəmin] *n* vitamin *nt*
vivid [ˈvivid] *adj* livlig
vocabulary [vəˈkæbjuləri] *n* ordförråd *nt;* ordlista *c*
vocal [ˈvoukəl] *adj* vokal-
vocalist [ˈvoukəlist] *n* vokalist *c*

voice [vɔis] *n* röst *c*
void [vɔid] *adj* ogiltig
volcano [vɔl'keinou] *n* (pl ~es, ~s) vulkan *c*
volt [voult] *n* volt *c*
voltage ['voultidʒ] *n* spänning *c*
volume ['vɔljum] *n* volym *c;* bokband *nt*
voluntary ['vɔləntəri] *adj* frivillig
volunteer [ˌvɔlən'tiə] *n* frivillig *c*
vomit ['vɔmit] *v* kräkas, spy
vote [vout] *v* rösta; *n* röst *c;* röstning *c*
voucher ['vautʃə] *n* kupong *c*, bong *c*
vow [vau] *n* löfte *nt*, ed *c; v* *svära
vowel [vauəl] *n* vokal *c*
voyage ['vɔiidʒ] *n* resa *c*
vulgar ['vʌlgə] *adj* vulgär, vanlig
vulnerable ['vʌlnərəbəl] *adj* sårbar
vulture ['vʌltʃə] *n* gam *c*

W

wade [weid] *v* vada
wafer ['weifə] *n* rån *nt*
waffle ['wɔfəl] *n* våffla *c*
wages ['weidʒiz] *pl* lön *c*
waggon ['wægən] *n* vagn *c*
waist [weist] *n* midja *c*
waistcoat ['weiskout] *n* väst *c*
wait [weit] *v* vänta; ~ **on** uppassa
waiter ['weitə] *n* kypare *c*, vaktmästare *c*
waiting ['weitiŋ] *n* väntan *c*
waiting-list ['weitiŋlist] *n* väntelista *c*
waiting-room ['weitiŋru:m] *n* väntrum *nt*
waitress ['weitris] *n* servitris *c*
***wake** [weik] *v* väcka; ~ **up** vakna
walk [wɔ:k] *v* *gå; promenera; *n* promenad *c;* sätt att gå; **walking** till fots
walker ['wɔ:kə] *n* vandrare *c*
walking-stick ['wɔ:kiŋstik] *n* promenadkäpp *c*
wall [wɔ:l] *n* mur *c;* vägg *c*
wallet ['wɔlit] *n* plånbok *c*
wallpaper ['wɔ:lˌpeipə] *n* tapet *c*
walnut ['wɔ:lnʌt] *n* valnöt *c*
waltz [wɔ:ls] *n* vals *c*
wander ['wɔndə] *v* ströva omkring, vandra
want [wɔnt] *v* *vilja; önska; *n* behov *nt;* brist *c*
war [wɔ:] *n* krig *nt*
warden ['wɔ:dən] *n* intendent *c*, föreståndare *c*
wardrobe ['wɔ:droub] *n* garderob *c*, klädskåp *nt*
warehouse ['wεəhaus] *n* förrådsbyggnad *c*, magasin *nt*
wares [wεəz] *pl* varor *pl*
warm [wɔ:m] *adj* varm; *v* värma
warmth [wɔ:mθ] *n* värme *c*
warn [wɔ:n] *v* varna
warning ['wɔ:niŋ] *n* varning *c*
wary ['wεəri] *adj* varsam
was [wɔz] *v* (p be)
wash [wɔʃ] *v* tvätta; ~ **and wear** strykfri; ~ **up** diska
washable ['wɔʃəbəl] *adj* tvättbar
wash-basin ['wɔʃˌbeisən] *n* handfat *nt*
washing ['wɔʃiŋ] *n* tvätt *c*
washing-machine ['wɔʃiŋməˌʃi:n] *n* tvättmaskin *c*
washing-powder ['wɔʃiŋˌpaudə] *n* tvättmedel *nt*
washroom ['wɔʃru:m] *nAm* toalett *c*
wash-stand ['wɔʃstænd] *n* tvättställ *nt*
wasp [wɔsp] *n* geting *c*
waste [weist] *v* slösa bort; *n* slöseri *nt; adj* öde
wasteful ['weistfəl] *adj* slösaktig
wastepaper-basket [weist'peipəˌba:skit] *n* papperskorg *c*
watch [wɔtʃ] *v* *iaktta, betrakta;

övervaka; *n* klocka *c;* ~ **for** *hålla utkik; ~ **out** *se upp
watch-maker ['wɔtʃˌmeikə] *n* urmakare *c*
watch-strap ['wɔtʃstræp] *n* klockarmband *nt*
water ['wɔ:tə] *n* vatten *nt;* **iced** ~ isvatten *nt;* **running** ~ rinnande vatten; ~ **pump** vattenpump *c;* ~ **ski** vattenskida *c*
water-colour ['wɔ:təˌkʌlə] *n* vattenfärg *c;* akvarell *c*
watercress ['wɔ:təkres] *n* vattenkrasse *c*
waterfall ['wɔ:təfɔ:l] *n* vattenfall *nt*
watermelon ['wɔ:təˌmelən] *n* vattenmelon *c*
waterproof ['wɔ:təpru:f] *adj* vattentät
water-softener [ˌwɔ:təˌsɔfnə] *n* avkalkningsmedel *nt*
waterway ['wɔ:təwei] *n* farled *c*
watt [wɔt] *n* watt *c*
wave [weiv] *n* våg *c; v* vinka
wave-length ['weivleŋθ] *n* våglängd *c*
wavy ['weivi] *adj* vågig
wax [wæks] *n* vax *nt*
waxworks ['wækswə:ks] *pl* vaxkabinett *nt*
way [wei] *n* vis *nt,* sätt *nt;* väg *c;* håll *nt,* riktning *c;* avstånd *nt;* **any** ~ hur som helst; **by the** ~ förresten; **one-way traffic** enkelriktad trafik; **out of the** ~ avsides; **the other** ~ **round** tvärtom; ~ **back** tillbakaväg *c;* ~ **in** ingång *c;* ~ **out** utgång *c*
wayside ['weisaid] *n* vägkant *c*
we [wi:] *pron* vi
weak [wi:k] *adj* svag; tunn
weakness ['wi:knəs] *n* svaghet *c*
wealth [welθ] *n* rikedom *c*
wealthy ['welθi] *adj* förmögen
weapon ['wepən] *n* vapen *nt*
***wear** [wɛə] *v* *vara klädd i, *bära; ~ **out** *slita ut
weary ['wiəri] *adj* trött, modlös; tröttsam
weather ['weðə] *n* väder *nt;* ~ **forecast** väderleksrapport *c*
***weave** [wi:v] *v* väva
weaver ['wi:və] *n* vävare *c*
wedding ['wediŋ] *n* bröllop *nt*
wedding-ring ['wediŋriŋ] *n* vigselring *c*
wedge [wedʒ] *n* klyfta *c,* kil *c*
Wednesday ['wenzdi] onsdag *c*
weed [wi:d] *n* ogräs *nt*
week [wi:k] *n* vecka *c*
weekday ['wi:kdei] *n* vardag *c*
weekly ['wi:kli] *adj* vecko-
***weep** [wi:p] *v* *gråta
weigh [wei] *v* väga
weighing-machine ['weiiŋməˌʃi:n] *n* våg *c*
weight [weit] *n* vikt *c*
welcome ['welkəm] *adj* välkommen; *n* välkomnande *nt; v* välkomna
weld [weld] *v* svetsa
welfare ['welfɛə] *n* välbefinnande *nt;* socialhjälp *c*
well[1] [wel] *adv* bra; *adj* frisk; **as** ~ likaså; **as** ~ **as** såväl som; **well!** ja ja!
well[2] [wel] *n* brunn *c*
well-founded [ˌwel'faundid] *adj* välgrundad
well-known ['welnoun] *adj* välkänd
well-to-do [ˌweltə'du:] *adj* välbärgad
went [went] *v* (p go)
were [wə:] *v* (p be)
west [west] *n* väst *c,* väster *c*
westerly ['westəli] *adj* västlig
western ['westən] *adj* västlig
wet [wet] *adj* våt
whale [weil] *n* val *c*
wharf [wɔ:f] *n* (pl ~s, wharves) lastkaj *c*
what [wɔt] *pron* vad; ~ **for** varför

whatever [wɔ'tevə] *pron* vad som än
wheat [wi:t] *n* vete *nt*
wheel [wi:l] *n* hjul *nt*
wheelbarrow ['wi:lˌbærou] *n* skottkärra *c*
wheelchair ['wi:ltʃɛə] *n* rullstol *c*
when [wen] *adv* när; *conj* då, när
whenever [we'nevə] *conj* närhelst
where [wɛə] *adv* var; *conj* var
wherever [wɛə'revə] *conj* varhelst
whether ['weðə] *conj* om; **whether ... or** vare sig ... eller
which [witʃ] *pron* vilken; som
whichever [wi'tʃevə] *adj* vilken ... än
while [wail] *conj* medan; *n* stund *c*
whilst [wailst] *conj* medan
whim [wim] *n* nyck *c*, infall *nt*
whip [wip] *n* piska *c*; *v* vispa, piska
whiskers ['wiskəz] *pl* polisonger *pl*
whisper ['wispə] *v* viska; *n* viskning *c*
whistle ['wisəl] *v* vissla; *n* visselpipa *c*
white [wait] *adj* vit
whitebait ['waitbeit] *n* småfisk *pl*
whiting ['waitiŋ] *n* (pl ~) vitling *c*
Whitsun ['witsən] pingst *c*
who [hu:] *pron* vem; som
whoever [hu:'evə] *pron* vem som än
whole [houl] *adj* fullständig, hel; oskadad; *n* helhet *c*
wholesale ['houlseil] *n* grosshandel *c*; ~ **dealer** grossist *c*
wholesome ['houlsəm] *adj* hälsosam
wholly ['houlli] *adv* helt och hållet
whom [hu:m] *pron* till vem
whore [hɔ:] *n* hora *c*
whose [hu:z] *pron* vars; vems
why [wai] *adv* varför
wicked ['wikid] *adj* ond
wide [waid] *adj* vid, bred
widen ['waidən] *v* vidga
widow ['widou] *n* änka *c*
widower ['widouə] *n* änkling *c*
width [widθ] *n* bredd *c*
wife [waif] *n* (pl wives) maka *c*, hustru *c*
wig [wig] *n* peruk *c*
wild [waild] *adj* vild
will [wil] *n* vilja *c*; testamente *nt*
***will** [wil] *v* *vilja; *ska
willing ['wiliŋ] *adj* villig
will-power ['wilpauə] *n* viljekraft *c*
***win** [win] *v* *vinna
wind [wind] *n* vind *c*
***wind** [waind] *v* slingra sig; *vrida, linda, *dra upp
winding ['waindiŋ] *adj* slingrande
windmill ['windmil] *n* väderkvarn *c*
window ['windou] *n* fönster *nt*
window-sill ['windousil] *n* fönsterbräde *nt*
windscreen ['windskri:n] *n* vindruta *c*; ~ **wiper** vindrutetorkare *c*
windshield ['windʃi:ld] *nAm* vindruta *c*; ~ **wiper** *Am* vindrutetorkare *c*
windy ['windi] *adj* blåsig
wine [wain] *n* vin *nt*
wine-cellar ['wainˌselə] *n* vinkällare *c*
wine-list ['wainlist] *n* vinlista *c*
wine-merchant ['wainˌmə:tʃənt] *n* vinhandlare *c*
wine-waiter ['wainˌweitə] *n* vinkypare *c*
wing [wiŋ] *n* vinge *c*
winkle ['wiŋkəl] *n* strandsnäcka *c*
winner ['winə] *n* segrare *c*
winning ['winiŋ] *adj* vinnande; **winnings** *pl* vinst *c*
winter ['wintə] *n* vinter *c*; ~ **sports** vintersport *c*
wipe [waip] *v* torka av, torka bort
wire [waiə] *n* tråd *c*; ståltråd *c*
wireless ['waiələs] *n* radio *c*
wisdom ['wizdəm] *n* visdom *c*
wise [waiz] *adj* vis
wish [wiʃ] *v* önska, *vilja ha; *n* längtan *c*, önskan *c*
witch [witʃ] *n* häxa *c*
with [wið] *prep* med; av

***withdraw** [wið'drɔ:] *v* *dra tillbaka
within [wi'ðin] *prep* inom; *adv* inuti
without [wi'ðaut] *prep* utan
witness ['witnəs] *n* vittne *nt*
wits [wits] *pl* förstånd *nt*
witty ['witi] *adj* spirituell
wolf [wulf] *n* (pl wolves) varg *c*
woman ['wumən] *n* (pl women) kvinna *c*
womb [wu:m] *n* livmoder *c*
won [wʌn] *v* (p, pp win)
wonder ['wʌndə] *n* under *nt;* förundran *c; v* undra
wonderful ['wʌndəfəl] *adj* härlig, underbar
wood [wud] *n* trä *nt;* skog *c*
wood-carving ['wud,ka:viŋ] *n* snideriarbete *nt*
wooded ['wudid] *adj* skogig
wooden ['wudən] *adj* trä-; ~ **shoe** träsko *c*
woodland ['wudlənd] *n* skogstrakt *c*
wool [wul] *n* ull *c;* **darning** ~ stoppgarn *nt*
woollen ['wulən] *adj* ylle-
word [wə:d] *n* ord *nt*
wore [wɔ:] *v* (p wear)
work [wə:k] *n* arbete *nt;* syssla *c; v* arbeta; fungera; **working day** arbetsdag *c;* ~ **of art** konstverk *nt;* ~ **permit** arbetstillstånd *nt*
worker ['wə:kə] *n* arbetare *c*
working ['wə:kiŋ] *n* funktion *c*
workman ['wə:kmən] *n* (pl -men) arbetare *c*
works [wə:ks] *pl* fabrik *c*
workshop ['wə:kʃɔp] *n* verkstad *c*
world [wə:ld] *n* värld *c;* ~ **war** världskrig *nt*
world-famous [,wə:ld'feiməs] *adj* världsberömd
world-wide ['wə:ldwaid] *adj* världsomspännande
worm [wə:m] *n* mask *c*
worn [wɔ:n] *adj* (pp wear) sliten
worn-out [,wɔ:n'aut] *adj* utsliten
worried ['wʌrid] *adj* ängslig
worry ['wʌri] *v* oroa sig; *n* oro *c,* bekymmer *nt*
worse [wə:s] *adj* värre; *adv* värre
worship ['wə:ʃip] *v* dyrka; *n* andakt *c,* gudstjänst *c*
worst [wə:st] *adj* värst; *adv* värst
worsted ['wustid] *n* kamgarn *nt*
worth [wə:θ] *n* värde *nt;* ***be** ~ *vara värd; ***be worth-while** *vara lönande
worthless ['wə:θləs] *adj* värdelös
worthy of ['wə:ði əv] värdig
would [wud] *v* (p will)
wound[1] [wu:nd] *n* sår *nt; v* såra
wound[2] [waund] *v* (p, pp wind)
wrap [ræp] *v* *slå in
wreck [rek] *n* vrak *nt; v* *ödelägga
wrench [rentʃ] *n* skiftnyckel *c;* ryck *nt; v* *vrida
wrinkle ['riŋkəl] *n* rynka *c*
wrist [rist] *n* handled *c*
wrist-watch ['ristwɔtʃ] *n* armbandsur *nt*
***write** [rait] *v* *skriva; **in writing** skriftligen; ~ **down** *skriva ner
writer ['raitə] *n* författare *c*
writing-pad ['raitiŋpæd] *n* skrivblock *nt,* anteckningsblock *nt*
writing-paper ['raitiŋ,peipə] *n* brevpapper *nt*
written ['ritən] *adj* (pp write) skriftlig
wrong [rɔŋ] *adj* orätt, fel; *n* orätt *c; v* *göra orätt; ***be** ~ *ha fel
wrote [rout] *v* (p write)

X

Xmas ['krisməs] jul *c*

X-ray [ˈeksrei] *n* röntgenbild *c; v* röntga

Y

yacht [jɔt] *n* lustjakt *c*
yacht-club [ˈjɔtklʌb] *n* segelsällskap *nt*
yachting [ˈjɔtiŋ] *n* segelsport *c*
yard [jɑ:d] *n* gård *c*
yarn [jɑ:n] *n* garn *nt*
yawn [jɔ:n] *v* gäspa
year [jiə] *n* år *nt*
yearly [ˈjiəli] *adj* årlig
yeast [ji:st] *n* jäst *c*
yell [jel] *v* *tjuta; *n* tjut *nt*
yellow [ˈjelou] *adj* gul
yes [jes] ja
yesterday [ˈjestədi] *adv* igår
yet [jet] *adv* ännu; *conj* dock, likväl
yield [ji:ld] *v* *ge avkastning; *ge efter
yoke [jouk] *n* ok *nt*
yolk [jouk] *n* äggula *c*
you [ju:] *pron* du; dig; Ni; Er; ni; er
young [jʌŋ] *adj* ung
your [jɔ:] *adj* Er; din; era
yourself [jɔ:ˈself] *pron* dig; själv
yourselves [jɔ:ˈselvz] *pron* er; själva
youth [ju:θ] *n* ungdom *c;* ~ **hostel** ungdomshärbärge *nt*
Yugoslav [ˌju:gəˈslɑ:v] *n* jugoslav *c*
Yugoslavia [ˌju:gəˈslɑ:viə] Jugoslavien

Z

zeal [zi:l] *n* iver *c*
zealous [ˈzeləs] *adj* ivrig
zebra [ˈzi:brə] *n* sebra *c*
zenith [ˈzeniθ] *n* zenit; höjdpunkt *c*
zero [ˈziərou] *n* (pl ~s) nolla *c*
zest [zest] *n* lust *c*
zinc [ziŋk] *n* zink *c*
zip [zip] *n* blixtlås *nt;* ~ **code** *Am* postnummer *nt*
zipper [ˈzipə] *n* blixtlås *nt*
zodiac [ˈzoudiæk] *n* djurkretsen
zone [zoun] *n* zon *c;* område *nt*
zoo [zu:] *n* (pl ~s) zoo *nt*
zoology [zouˈɔlədʒi] *n* zoologi *c*

Gastronomisk ordlista

Mat

almond mandel
anchovy sardell
angel food cake sockerkaka gjord på äggvitor
angels on horseback ostron inlindade i bacon och grillade
appetizer aptitretare
apple äpple
~ **charlotte** äppelkaka
~ **dumpling** inbakat äpple, äppelmunk
~ **sauce** äppelmos
apricot aprikos
Arbroath smoky rökt kolja
artichoke kronärtskocka
asparagus sparris
~ **tip** sparrisknopp
aspic aladåb
assorted blandad; urval
aubergine äggplanta
bacon and eggs ägg och bacon
bagel liten brödkrans
baked ugnsbakad
~ **Alaska** glace au four; efterrätt gjord på sockerkaka, glass och maräng, gräddas hastigt i ugn
~ **beans** vita bönor i tomatsås
~ **potato** bakad potatis
Bakewell tart mandelkaka med sylt
baloney typ av mortadellakorv
banana banan
~ **split** bananefterrätt med olika sorters glass, nötter och frukt eller chokladsås
barbecue 1) starkt kryddad köttsås serverad i hamburgerbröd 2) utomhusmåltid med kött från grillen
~ **sauce** starkt kryddad tomatsås
barbecued stekt på utomhusgrill
basil basilika
bass (havs) abborre
bean böna
beef oxkött
~ **olive** oxrulad
beefburger hamburgare gjord på rent oxkött
beet, beetroot rödbeta
bilberry blåbär
bill nota
~ **of fare** matsedel, meny
biscuit kex, kaka
black pudding blodpudding
blackberry björnbär
blackcurrant svart vinbär
bloater lätt saltad, rökt sill
blood sausage blodpudding
blueberry blåbär
boiled kokt
Bologna (sausage) typ av mortadellakorv
bone ben
boned urbenad

Boston baked beans ugnsbakade vita bönor med bacon i tomatsås
Boston cream pie tårta fylld med vaniljkräm eller grädde och täckt med choklad
brains hjärna
braised bräserad, stekt under lock
bramble pudding björnbärspudding med skivade äpplen
braunschweiger rökt leverkorv
bread bröd
breaded panerad
breakfast frukost
breast bröst
brisket bringa
broad bean bondböna
broth buljong
brown Betty slags skånsk äppelkaka
brunch kombinerad frukost och lunch
brussels sprout brysselkål
bubble and squeak slags pyttipanna; vitkål stekt tillsammans med potatis
bun 1) bulle med russin (GB) 2) kuvertbröd (US)
butter smör
buttered smörad
cabbage kål
Caesar salad grönsallad, vitlök, brödkrutonger, hårdkokt ägg, sardeller och riven ost
cake mjuk kaka, tårta
cakes småkakor, bakelser
calf kalvkött
Canadian bacon rökt fläskfilé
canapé liten smörgås, kanapé
cantaloupe slags melon
caper kapris
capercaillie, capercailzie tjäder
caramel karamell, bränt socker
carp karp
carrot morot
cashew acajounöt
casserole gryta, låda
catfish havskatt (fisk)
catsup ketchup
cauliflower blomkål
celery selleri
cereal olika slags frukostflingor (cornflakes)
  hot ~ gröt
chateaubriand oxfilé
check nota
Cheddar (cheese) den vanligaste engelska hårda osten
cheese ost
  ~ **board** ostbricka
  ~ **cake** osttårta
cheeseburger hamburgare med smält ostskiva
chef's salad sallad på skinka, kyckling, ost, tomater och grönsallad
cherry körsbär
chestnut kastanj
chicken kyckling
chicory 1) endiv (GB) 2) cikoriasallad (US)
chili con carne kryddstark köttfärsgryta med rosenbönor
chips 1) pommes frites (GB) 2) chips (US)
chit(ter)lings inälvsmat från gris
chive gräslök
chocolate choklad
  ~ **pudding** 1) olika typer av saftiga kakor med choklad (GB) 2) chokladmousse (US)
choice urval
chop kotlett
  ~ **suey** kött- eller kycklinggryta med grönsaker, serveras med ris
chopped hackad
chowder tjock fisk- eller skal-

djurssoppa med bacon och grönsaker
Christmas pudding ångkokt, mäktig fruktpudding, serveras varm med vaniljsås eller sås av konjak, smör och socker
chutney starkt kryddad, sursöt inläggning av frukt och grönsaker
cinnamon kanel
clam mussla
club sandwich dubbelsmörgås med kyckling, bacon, salladsblad, tomat och majonnäs
cobbler fruktkompott täckt med pajdeg
cock-a-leekie soup kycklingsoppa med purjolök
coconut kokosnöt
cod torsk
Colchester oyster engelskt ostron av hög kvalitet
cold cuts/meat kallskuret
coleslaw sallad på finskuren vitkål
compote kompott
condiment krydda
consommé buljong
cooked kokt, tillagad
cookie kex, kaka
corn 1) vete, havre (GB) 2) majs (US)
~ **on the cob** majskolv
corned beef saltat oxkött
cottage cheese färskost
cottage pie ugnsgräddad köttfärs täckt med potatismos
course (mat)rätt
cover charge kuvertavgift
crab krabba
cracker tunt, salt kex
cranberry tranbär
~ **sauce** tranbärssylt
crayfish, crawfish 1) kräfta 2) langust
cream 1) grädde 2) efterrätt med/av grädde 3) fin soppa
~ **cheese** mjuk ost gjord på grädde
~ **puff** petit-chou
creamed potatoes stuvad potatis
creole kryddstark sås på paprika, tomat och lök
cress krasse
crisps chips
croquette krokett
crumpet mjuk tekaka, äts varm med smör
cucumber gurka
Cumberland ham rökt skinka av hög kvalitet
Cumberland sauce sås på vinbärsgelé som smaksatts med vin, apelsinjuice och kryddor
cupcake muffin
cured konserverad genom saltning, rökning, torkning eller marinering
currant 1) korint 2) vinbär
curried med curry
custard vaniljkräm, vaniljpudding
cutlet kotlett, schnitzel
dab plattfisk, ofta sandskädda
Danish pastry wienerbröd
date dadel
Derby cheese starkt lagrad ost ofta kryddad med salvia
dessert efterrätt
devil(l)ed mycket starkt kryddad
devil's food cake mjuk, mäktig chokladkaka
devils on horseback vinkokta katrinplommon fyllda med mandlar och sardeller, inlindade i bacon och grillade
Devonshire cream mycket tjock grädde
diced i tärningar

diet food dietmat
dinner middag
dish rätt
donut munk
double cream tjock grädde
doughnut munk
Dover sole sjötunga av hög kvalitet
dressing 1) salladssås 2) fyllning i fågel eller kött (US)
Dublin Bay prawn havskräfta
duck anka
duckling ung anka
dumpling 1) inbakad frukt 2) färsbulle, klimp
Dutch apple pie äppeltårta täckt med pudersocker och smör
éclair petit-chou med chokladkräm
eel ål
egg(s) ägg
 boiled ~ kokt
 fried ~ stekt
 hard-boiled ~ hårdkokt
 poached ~ förlorat
 scrambled ~ äggröra
 soft-boiled ~ löskokt
eggplant äggplanta
endive 1) cikoriasallad (GB) 2) endiv (US)
entrée 1) förrätt 2) mellanrätt
fennel fänkål
fig fikon
fillet filé
finnan haddock rökt kolja
fish fisk
 ~ **and chips** friterad fisk och pommes frites
 ~ **cake** fiskkrokett
flan frukttårta
flapjack liten tjock pannkaka
flounder flundra
fool fruktmousse med vispgrädde
forcemeat kryddad köttfärs till fyllning
fowl fågel
frankfurter slags wienerkorv
French beans haricots verts
French bread pain riche, avlångt vitt bröd
French dressing 1) vinägrettsås (GB) 2) salladssås av majonnäs och chilisås (US)
french fries pommes frites
French toast fattiga riddare
fresh färsk
fried stekt
fritter inbakade friterade bitar av kött, skaldjur eller frukt
frogs' legs grodlår
frostning glasyr
fruit frukt
fry rätt bestående av något som frityrkokts
galantine fågel-, fisk- eller kalvköttsaladåb
game vilt
gammon rimmad, rökt skinka
garfish näbbgädda
garlic vitlök
garnish garnering, tillbehör
gherkin salt- eller ättiksgurka
giblets fågelkrås
ginger ingefära
goose gås
 ~**berry** krusbär
grape vindruva
 ~**fruit** grapefrukt
grated riven
gravy sås, steksky
grayling harr (fisk)
green beans haricots verts
green pepper grön paprika
green salad grönsallad
greens grönsaker
grilled grillad, halstrad
grilse unglax
grouse gemensam benämning på

orre, ripa och tjäder
gumbo kreolsk soppa med kött eller skaldjur och grönsaker, redd med okraskott
haddock kolja
haggis hackade inälvor av får, blandade med havregryn och lök
hake kummel
half halv
halibut helgeflundra
ham skinka
~ **and eggs** skinka och ägg
haricot bean grön eller gul böna
hash rätt på finskuret kött
hazelnut hasselnöt
heart hjärta
herbs kryddgrönt
herring sill
home-made hemlagad
hominy grits slags majsgröt
honey honung
honeydew melon söt melon med gröngult fruktkött
hors-d'œuvre kalla eller varma smårätter som inleder en mål-tid
horse-radish pepparrot
hot 1) varm 2) kryddstark
~ **dog** varm korv med bröd
huckleberry slags blåbär
hush puppy flottyrkokt munk av majsmjöl
ice-cream glass
iced 1) iskyld 2) glaserad
icing glasyr
Idaho baked potato bakad potatis (sort som passar särskilt bra för ugnsbakning)
Irish stew fårragu med potatis och lök
Italian dressing vinägrettsås med vitlök och diverse kryddor
jam sylt
jellied i gelé
Jell-O geléefterrätt med olika fruktsmaker
jelly gelé
Jerusalem artichoke jordärt-skocka
John Dory petersfisk
jugged hare harragu
juniper berry enbär
junket slags filbunke
kale grönkål
kedgeree små bitar av kokt fisk varvade med ris, ägg och bechamelsås
kidney njure
kipper rökt sill
lamb lamm
Lancashire hot pot ragu på lammkotletter, lammnjure och lök, täckt med potatis
larded späckad, inlindad i späck-skivor
lean mager
leek purjolök
leg lägg, ben, lårstek
lemon citron
~ **sole** sandskädda
lentil lins
lettuce grönsallad
lima bean limaböna
lime lime, slags grön citron
liver lever
loaf limpa
lobster hummer
loin karré, ytterfilé
Long Island duck anka av hög kvalitet
low-calorie kalorisnål
lox rökt lax
macaroni makaroner
macaroon mandelbakelse, biskvi
mackerel makrill
maize majs
maple syrup lönnsirap

marinated marinerad
marjoram mejram
marmalade marmelad på citrusfrukter
marrow märg
 ~ **bone** märgben
marshmallow mjuk sötsak
mashed potatoes potatismos
mayonnaise majonnäs
meal måltid
meat kött
 ~ **ball** köttbulle
 ~ **loaf** köttfärslimpa
 ~ **pâté** köttpastej
medium ej helt genomstekt (kött)
melted smält
Melton Mowbray pie köttpaj
menu meny, matsedel
meringue maräng
mince 1) malet kött 2) finhacka
 ~ **pie** paj med hackade russin, mandel, äpplen, socker och kryddor
minced finskuret
 ~ **meat** köttfärs
mint mynta
minute steak hastigt stekt, tunn (utplattad) biff
mixed blandad
 ~ **grill** olika sorters kött och grönsaker grillade på spett
molasses sirap
morel murkla
mousse 1) fin färs av fågel, skinka eller fisk 2) efterrätt där vispgrädde, vispad äggvita och smakämne ingår
mulberry mullbär
mullet multe
mulligatawny soup starkt currykryddad kycklingsoppa
mushroom svamp
muskmelon slags melon
mussel mussla
mustard senap
mutton får
noodle nudel
nut nöt
oatmeal havregrynsgröt
oil olja
okra okraskott (grönsak)
onion lök
orange apelsin
ox tongue oxtunga
oxtail oxsvans
oyster ostron
pancake pannkaka
parsley persilja
parsnip palsternacka
partridge rapphöna
pastry bakverk, bakelse
pasty kött- eller fruktpastej
pea ärta
peach persika
peanut jordnöt
 ~ **butter** jordnötssmör
pear päron
pearl barley pärlgryn
pepper peppar
peppermint pepparmynt
perch abborre
pheasant fasan
pickerel ung gädda
pickled inlagd i saltlake eller ättika
pickles 1) grönsak eller frukt i saltlake eller ättika 2) saltgurka
pie paj
pigeon duva
pigs' feet/trotters grisfötter
pike gädda
pineapple ananas
plaice rödspätta
plain utan sås eller fyllning
plate tallrik, assiett
plum plommon
 ~ **pudding** mäktig, flamberad

fruktkaka, serveras till jul
poached pocherad
popcorn rostad majs
popover muffin
pork fläskkött
porridge gröt
porterhouse steak typ av T-ben-stek utan ben, chateaubriand
pot roast grytstek med grönsaker
potato potatis
~ **chips** 1) pommes frites (GB) 2) potatisflarn (US)
~ **in its jacket** skalpotatis
potted shrimps räkor blandade med smält aromsmör, serveras kallt i portionskoppar
poultry fjäderfä, höns
prawn stor räka
prune katrinplommon
ptarmigan snöripa
pudding pudding; efterrätt
pumpkin pumpa
quail vaktel
quince kvitten
rabbit kanin
radish rädisa
rainbow trout regnbågsforell
raisin russin
rare ytterst lite stekt, blodig
raspberry hallon
raw rå
red mullet rödbarb (fisk)
red (sweet) pepper röd paprika
redcurrant rött vinbär
relish kryddstark sås eller grönsaksröra
rhubarb rabarber
rib (of beef) entrecoterev
rib-eye steak entrecote
rice ris
rissole krokett av kött eller fisk
river trout bäcköring
roast 1) stek 2) stekt
Rock Cornish hen specialgödd broiler
roe rom
roll småfranska, kuvertbröd
rollmop herring marinerad sillrulad fylld med lök eller ättiksgurka
round steak bit av lårstek
Rubens sandwich kokt, salt oxkött lagt på rågbröd med surkål, serveras varm
rumpsteak rumpstek (bakre delen av biffraden)
rusk skorpa
rye bread rågbröd
saddle sadel
saffron saffran
sage salvia
salad sallad
~ **bar** sallads- och grönsaksbyffé
~ **cream** majonnäs
salmon lax
~ **trout** laxöring
salted saltad
sandwich smörgås
sardine sardin
sauce sås
sauerkraut surkål
sausage korv
sautéed bräckt
scallop pilgrimsmussla
Scotch broth soppa på ox- eller lammkött med rotfrukter och korngryn
Scotch egg hårdkokt ägg inrullat i korvinkråm och stekt
Scotch woodcock rostat bröd med äggröra och sardellpastej
sea bass havsabborre
sea bream guldbraxen
sea kale strandkål, grönkål
seafood skaldjur och fisk från havet
(in) season (under) säsong(en)

seasoning kryddor
service betjäning
~ **charge** betjäningsavgift
~ **(not) included** betjäningsavgift (ej) inräknad
set menu fastställd meny
shad stamsill
shallot schalottenlök
shellfish skaldjur
sherbet sorbet, isglass
shoulder bog
shredded finstrimlad
~ **wheat** vetekuddar (slags frukostflingor)
shrimp räka
silverside (of beef) lårstycke av oxkött
sirloin steak dubbelbiff
skewer spett
slice skiva
sliced skivad
sloppy Joe köttfärsröra, serveras i ett bröd
smelt nors
smoked rökt
snack lätt måltid, mellanmål
sole sjötunga
soup soppa
sour sur
soused herring inlagd sill
spare-rib revbensspjäll
spice krydda
spinach spenat
spiny lobster langust
(on a) spit (på) spett
sponge cake sockerkaka
sprat skarpsill
squash slags pumpa
starter förrätt
steak-and-kidney pie pajskal fyllt med oxkött och njure
steamed ångkokad
stew stuvning, ragu
Stilton (cheese) lagrad, blåådrig ost
strawberry jordgubbe
string beans haricots verts
stuffed fylld, späckad
stuffing fyllning, färs
suck(l)ing pig spädgris
sugar socker
sugarless sockerfri
sundae glassefterrätt med grädde, nötter och saft
supper middag, supé
swede kålrot
sweet 1) söt 2) efterrätt
~ **corn** majs
~ **potato** sötpotatis
sweetbread (kalv)bräss
Swiss cheese schweizerost
Swiss roll rulltårta
Swiss steak biff bräserad med tomat och lök
table d'hôte fastställd meny
tangerine mandarinliknande apelsin
tarragon dragon
tart efterrättspaj utan lock
tenderloin filé
Thousand Island dressing salladssås med majonnäs, grädde, chilisås, lök och paprika
thyme timjan
toad-in-the-hole köttbitar eller korvinkråm, täckt med pannkakssmet, gräddas i ugn
toast rostat bröd
toasted rostad
~ **cheese** rostat bröd med smält ostskiva
~ **(cheese) sandwich** ost och skinka i rostat bröd
tomato tomat
tongue tunga
treacle sirap
trifle savaräng med sylt, toppad med vinindränkta, söndersmu-

lade mandelbiskvier, serverad med vaniljkräm och grädde
tripe inälvsmat, krås
trout forell
truffle tryffel
tuna, tunny tonfisk
turbot piggvar
turkey kalkon
turnip rova
turnover sylt- eller fruktpirog
turtle soup sköldpaddssoppa
underdone mycket litet stekt (om kött)
vanilla vanilj
veal kalv
~ **bird** kalvrulad
~ **cutlet** kalvschnitzel
vegetable grönsak
~ **marrow** squash
venison viltkött (oftast rådjur)
vichyssoise kall purjolökssoppa
vinegar vinäger, ättika
Virginia baked ham rimsaltad ugnstekt skinka kryddad med nejlikor, serverad med stekt ananas och körsbär
wafer rån
waffle våffla
walnut valnöt
water ice sorbet, isglass
watercress vattenkrasse
watermelon vattenmelon
well-done välstekt
Welsh rabbit/rarebit rostat bröd med smält ost
whelk valthornssnäcka
whipped cream vispgrädde
whitebait småfisk, ofta sill
wine list vinlista
woodcock morkulla
Worcestershire sauce stark kryddsås på ättika och soja
York ham mycket fin, rökt skinka
Yorkshire pudding frasig paj av pannkakssmet, gräddad tillsammans med rostbiffen
zucchini squash
zwieback skorpa

Drycker

ale starkt, något sött öl som jäst vid hög temperatur
bitter ~ aningen beskt öl
brown ~ mörkt, lite sött öl på flaska
light ~ lätt, ljust öl på flaska
mild ~ mörkt, fylligt fatöl
pale ~ lätt, ljust öl på flaska med stark humlesmak
applejack amerikanskt äppelbrännvin
Athol Brose drink på skotsk whisky, vatten, honung och havregryn
Bacardi cocktail drink på rom, grenadinsaft, gin och lime
barley water dryck med olika fruktsmaker gjord på korngryn
barley wine mörkt, mycket starkt öl
beer öl
bottled ~ öl på flaska

draft, draught ~ fatöl
bitters 1) aperitifer med bitter smak 2) beska cocktailingredienser
black velvet lika delar champagne och *stout* (serveras ofta till ostron)
bloody Mary drink på vodka, tomatjuice och kryddor
bourbon amerikansk whisky gjord på majs och åldrad i nya fat, med en framträdande, något söt smak
brandy eau-de-vie, cognac, brandy
~ **Alexander** drink på brandy, cacaolikör och grädde
British wines vin gjort i Storbritannien på importerade druvor
cherry brandy körsbärslikör
chocolate choklad
cider cider, alkoholhaltig äppeldryck
~ **cup** drink på cider, kryddor och is
claret rött bordeauxvin
cobbler vindrink med fruktbitar
coffee kaffe
~ **with cream** med grädde
black ~ utan socker och grädde
caffeine-free ~ koffeinfritt
white ~ med mjölk
Coke Coca-Cola
cordial likörer och cognac
cream grädde
cup 1) kopp 2) vindrink med fruktbitar, spetsad med starksprit eller likör
daiquiri romdrink med limejuice och socker
double dubbel mängd starksprit
dry torr
~ **martini** 1) torr vermouth (GB) 2) cocktail på gin och lite torr vermouth (US)
egg-nog äggtoddy
gin and it drink på gin och (söt) italiensk vermouth
gin-fizz drink på gin, socker, citron och sodavatten
ginger ale läskedryck med ingefärssmak
ginger beer alkoholhaltig dryck med ingefärssmak
grasshopper drink på mintlikör, cacaolikör och grädde
Guinness (stout) mörkt, fylligt öl med stark humlesmak (slags porter)
half pint ungefär 3 dl
highball drink på starksprit med vatten eller läskedryck
iced iskyld
Irish coffee kaffe med irländsk whisky och vispad grädde
Irish Mist irländsk whiskylikör
Irish Whiskey irländsk whisky, mindre sträv i smaken än *scotch* och gjord enbart på irländsk säd
lager lätt, mycket kolsyrehaltigt öl
lemon squash citrondricka
lemonade läskedryck med citronsmak
lime juice juice av lime (slags grön citron)
liqueur likör
liquor starksprit
long drink starksprit blandad med vatten, tonic etc.
malt whisky skotsk whisky enbart gjord på malt
Manhattan cocktail på *bourbon*, söt vermouth och angostura
milk mjölk
~ **shake** kraftigt vispad mjölkdrink med olika sorters glass

mineral water mineralvatten
mulled wine varmt kryddat vin, slags vinglögg
neat utan is och vatten
old-fashioned cocktail på whisky, socker, citron och angostura
on the rocks med isbitar
orange juice apelsinjuice
Ovaltine Ovomaltine (chokladdryck)
Pimm's cup(s) likör gjord på någon av följande spritsorter och utspädd med fruktsaft
~ **No. 1** med gin
~ **No. 2** med whisky
~ **No. 3** med rom
~ **No. 4** med eau-de-vie
pink champagne skär champagne
pink lady cocktail på gin, äppelbrännvin (Calvados), grenadinsaft och vispad äggvita
pint ungefär 6 dl
port (wine) portvin
porter mörkt, beskt öl
punch 1) (vin) bål 2) varm dryck gjord på starksprit, fruktbitar och kryddor
quart mått: 1,14 liter (US 0,95 liter)
root beer läskedryck smaksatt med örter och rötter
rum rom
rye (whiskey) amerikansk whisky gjord på råg, med en tyngre och lite strävare smak än *bourbon*
scotch (whisky) skotsk whisky, blandad korn- och maltwhisky där malten torkats över torveld vilket ger den fina röksmaken
screwdriver drink på vodka och apelsinjuice
shandy öl, *bitter ale*, blandat med *ginger beer* eller läskedryck
short drink outspädd starksprit
shot liten dos alkohol
sloe gin-fizz slånbärsgin med citron, socker och sodavatten
soda water sodavatten
soft drink alkoholfri dryck (saft, läskedryck)
sour 1) sur 2) om en drink där man tillsatt citronsaft
spirits starksprit
stinger drink på eau-de-vie, myntlikör och citron
stout ett starkt, mörkt och fylligt öl
straight oblandad, ren (om starksprit)
sweet söt
tea te
toddy dryck gjord på starksprit, socker, citron, kryddor och varmt vatten
Tom Collins gin, socker, citronsaft och sodavatten
water vatten
whisky sour cocktail på whisky, citronsaft och socker
wine vin
red ~ rödvin
sparkling ~ mousserande
white ~ vitt

Engelska oregelbundna verb

Nedanstående lista innehåller de vanligaste engelska oregelbundna verben. Sammansatta verb och de verb som har en förstavelse (prefix) böjs som de enkla verben: t.ex. *withdraw* böjs som *draw* och *mistake* som *take*.

Infinitiv	*Imperfektum*	*Perfekt particip*	
arise	arose	arisen	*uppstå*
awake	awoke	awoken/awaked	*vakna*
be	was	been	*vara*
bear	bore	borne	*bära*
beat	beat	beaten	*slå*
become	became	become	*bli*
begin	began	begun	*börja*
bend	bent	bent	*böja*
bet	bet	bet	*slå (hålla) vad*
bid	bade/bid	bidden/bid	*bjuda*
bind	bound	bound	*binda*
bite	bit	bitten	*bita*
bleed	bled	bled	*blöda*
blow	blew	blown	*blåsa*
break	broke	broken	*bryta*
breed	bred	bred	*uppföda*
bring	brought	brought	*medföra*
build	built	built	*bygga*
burn	burnt/burned	burnt/burned	*bränna, brinna*
burst	burst	burst	*brista*
buy	bought	bought	*köpa*
can*	could	–	*kunna*
cast	cast	cast	*kasta; gjuta*
catch	caught	caught	*fånga*
choose	chose	chosen	*välja*
cling	clung	clung	*klänga sig fast*
clothe	clothed/clad	clothed/clad	*bekläda*
come	came	come	*komma*
cost	cost	cost	*kosta*
creep	crept	crept	*krypa*
cut	cut	cut	*skära*
deal	dealt	dealt	*handla med; dela ut*
dig	dug	dug	*gräva*
do (he does*)	did	done	*göra*
draw	drew	drawn	*rita; dra*
dream	dreamt/dreamed	dreamt/dreamed	*drömma*
drink	drank	drunk	*dricka*
drive	drove	driven	*köra*
dwell	dwelt	dwelt	*vistas*
eat	ate	eaten	*äta*
fall	fell	fallen	*falla*

* presens indikativ

feed	fed	fed	*(ut)fodra, mata*
feel	felt	felt	*känna (sig)*
fight	fought	fought	*slåss*
find	found	found	*finna*
flee	fled	fled	*fly*
fling	flung	flung	*kasta*
fly	flew	flown	*flyga*
forsake	forsook	forsaken	*överge*
freeze	froze	frozen	*frysa*
get	got	got	*få*
give	gave	given	*ge*
go (he goes*)	went	gone	*resa*
grind	ground	ground	*mala*
grow	grew	grown	*växa*
hang	hung	hung	*hänga*
have (he has*)	had	had	*ha*
hear	heard	heard	*höra*
hew	hewed	hewed/hewn	*hugga*
hide	hid	hidden	*gömma*
hit	hit	hit	*slå*
hold	held	held	*hålla*
hurt	hurt	hurt	*såra; värka*
keep	kept	kept	*behålla*
kneel	knelt	knelt	*knäböja*
knit	knitted/knit	knitted/knit	*sticka*
know	knew	known	*veta; kunna*
lay	laid	laid	*lägga*
lead	led	led	*leda*
lean	leant/leaned	leant/leaned	*luta (sig)*
leap	leapt/leaped	leapt/leaped	*hoppa*
learn	learnt/learned	learnt/learned	*lära sig*
leave	left	left	*lämna*
lend	lent	lent	*låna (ut)*
let	let	let	*(till)låta*
lie	lay	lain	*ligga*
light	lit/lighted	lit/lighted	*tända*
lose	lost	lost	*förlora*
make	made	made	*göra*
may*	might	–	*få, kunna (kanske)*
mean	meant	meant	*mena*
meet	met	met	*möta*
mow	mowed	mowed/mown	*meja*
must*	must	–	*vara tvungen*
ought* (to)	ought	–	*böra*
pay	paid	paid	*betala*
put	put	put	*sätta*
read	read	read	*läsa*
rid	rid	rid	*befria*
ride	rode	ridden	*rida*

* presens indikativ

ring	rang	rung	*ringa*
rise	rose	risen	*stiga upp*
run	ran	run	*springa*
saw	sawed	sawn	*såga*
say	said	said	*säga*
see	saw	seen	*se*
seek	sought	sought	*söka*
sell	sold	sold	*sälja*
send	sent	sent	*sända*
set	set	set	*sätta*
sew	sewed	sewed/sewn	*sy*
shake	shook	shaken	*skaka*
shall*	should	–	*skola*
shed	shed	shed	*fälla*
shine	shone	shone	*skina*
shoot	shot	shot	*skjuta*
show	showed	shown	*visa*
shrink	shrank	shrunk	*krympa*
shut	shut	shut	*stänga*
sing	sang	sung	*sjunga*
sink	sank	sunk	*sjunka*
sit	sat	sat	*sitta*
sleep	slept	slept	*sova*
slide	slid	slid	*glida*
sling	slung	slung	*slunga*
slink	slunk	slunk	*smita*
slit	slit	slit	*sprätta upp*
smell	smelled/smelt	smelled/smelt	*lukta*
sow	sowed	sown/sowed	*så*
speak	spoke	spoken	*tala*
speed	sped/speeded	sped/speeded	*hasta*
spell	spelt/spelled	spelt/spelled	*stava*
spend	spent	spent	*tillbringa; ge ut*
spill	spilt/spilled	spilt/spilled	*spilla*
spin	spun	spun	*spinna*
spit	spat	spat	*spotta*
split	split	split	*klyva*
spoil	spoilt/spoiled	spoilt/spoiled	*skämma (bort); förstöra*
spread	spread	spread	*sprida*
spring	sprang	sprung	*rusa upp*
stand	stood	stood	*stå*
steal	stole	stolen	*stjäla*
stick	stuck	stuck	*fästa*
sting	stung	stung	*sticka, stinga*
stink	stank/stunk	stunk	*stinka*
strew	strewed	strewed/strewn	*strö*
stride	strode	stridden	*kliva*
strike	struck	struck/stricken	*slå (till)*

* presens indikativ

string	strung	strung	*trä (upp)*
strive	strove	striven	*sträva*
swear	swore	sworn	*svär(j)a*
sweep	swept	swept	*sopa*
swell	swelled	swollen/swelled	*svälla*
swim	swam	swum	*simma*
swing	swung	swung	*svänga, gunga*
take	took	taken	*ta*
teach	taught	taught	*lära (ut)*
tear	tore	torn	*slita sönder*
tell	told	told	*berätta*
think	thought	thought	*tänka*
throw	threw	thrown	*kasta*
thrust	thrust	thrust	*stöta*
tread	trod	trodden	*trampa*
wake	woke/waked	woken/waked	*vakna; väcka*
wear	wore	worn	*ha på sig*
weave	wove	woven	*väva*
weep	wept	wept	*gråta*
will *	would	—	*vilja*
win	won	won	*vinna*
wind	wound	wound	*veva (upp)*
wring	wrung	wrung	*vrida (ur)*
write	wrote	written	*skriva*

* presens indikativ

Engelska förkortningar

AA	*Automobile Association*	brittisk motororganisation
AAA	*American Automobile Association*	amerikansk motororganisation
ABC	*American Broadcasting Company*	privat amerikanskt radio- och TV-bolag
A.D.	*anno Domini*	e.Kr.
Am.	*America; American*	Amerika; amerikansk
a.m.	*ante meridiem (before noon)*	för tid mellan kl. 00.00 och 12.00
Amtrak	*American railroad corporation*	sammanslutning av privata amerikanska järnvägar
AT & T	*American Telephone and Telegraph Company*	privat amerikanskt telefonbolag
Ave.	*avenue*	aveny
BBC	*British Broadcasting Corporation*	statligt brittiskt radio- och TV-bolag
B.C.	*before Christ*	f.Kr.
bldg.	*building*	byggnad, hus
Blvd.	*boulevard*	boulevard
B.R.	*British Rail*	Brittiska statsjärnvägarna
Brit.	*Britain; British*	Storbritannien; brittisk
Bros.	*brothers*	bröder (i firmanamn)
¢	*cent*	1/100 dollar
Can.	*Canada; Canadian*	Kanada; kanadensisk
CBS	*Columbia Broadcasting System*	privat amerikanskt radio- och TV-bolag
CID	*Criminal Investigation Department*	kriminalpolisen (Scotland Yard)
CNR	*Canadian National Railway*	Kanadensiska statsjärnvägarna
c/o	*(in) care of*	under adress
Co.	*company*	bolag
Corp.	*corporation*	korporation, bolag
CPR	*Canadian Pacific Railways*	privat kanadensiskt järnvägsbolag
D.C.	*District of Columbia*	Columbiadistriktet (Washington, D.C.)
DDS	*Doctor of Dental Science*	tandläkare
dept.	*department*	departement, avdelning
EEC	*European Economic Community*	EEC

e.g.	*for instance*	t.ex.
Eng.	*England; English*	England; engelsk
excl.	*excluding; exclusive*	ej inräknad, exklusive
ft.	*foot/feet*	fot (mått)
GB	*Great Britain*	Storbritannien
H.E.	*His/Her Excellency; His Eminence*	Hans/Hennes Excellens; Hans Höghet
H.H.	*His Holiness*	Hans Helighet (påven)
H.M.	*His/Her Majesty*	Hans/Hennes Majestät
H.M.S.	*Her Majesty's ship*	Hennes Majestäts fartyg (brittiskt örlogsfartyg)
hp	*horsepower*	hästkrafter
Hwy	*highway*	huvudväg, allmän landsväg
i.e.	*that is to say*	dvs.
in.	*inch*	tum
Inc.	*incorporated*	AB, aktiebolag
incl.	*including, inclusive*	inräknad, inklusive
£	*pound sterling*	brittiskt pund
L.A.	*Los Angeles*	Los Angeles
Ltd.	*limited*	AB, aktiebolag
M.D.	*Doctor of Medicine*	leg. läk.
M.P.	*Member of Parliament*	ledamot av parlamentet
mph	*miles per hour*	miles per timma
Mr.	*Mister*	herr
Mrs.	*Missis*	fru
Ms.	*Missis/Miss*	fru/fröken
nat.	*national*	nationell
NBC	*National Broadcasting Company*	privat amerikanskt radio- och TV-bolag
No.	*number*	nummer
N.Y.C.	*New York City*	New York (staden)
O.B.E.	*Officer (of the Order) of the British Empire*	Riddare av brittiska imperieorden
p.	*page; penny/pence*	sida; 1/100 pund
p.a.	*per annum*	per år
Ph.D.	*Doctor of Philosophy*	fil. dr.
p.m.	*post meridiem (after noon)*	för tid mellan kl. 12.00 och 24.00
PO	*Post Office*	postkontor
POO	*post office order*	postanvisning
pop.	*population*	folkmängd, befolkning
P.T.O.	*please turn over*	var god vänd
RAC	*Royal Automobile Club*	Kungliga Brittiska Automobilklubben

RCMP	*Royal Canadian Mounted Police*	Kanadas ridande polis
Rd.	*road*	väg
ref.	*reference*	referens, hänvisning
Rev.	*reverend*	pastor
RFD	*rural free delivery*	utbärning av post på landsbygden
RR	*railroad*	järnväg
RSVP	*please reply*	o.s.a., om svar anhålles
$	*dollar*	dollar
Soc.	*society*	förening
St.	*saint; street*	sankt(a); gata
STD	*Subscriber Trunk Dialling*	automatisk telefon
UN	*United Nations*	FN
UPS	*United Parcel Service*	privat företag som levererar paket
US	*United States*	Förenta staterna
USS	*United States Ship*	amerikanskt örlogsfartyg
VAT	*value added tax*	moms, mervärdeskatt
VIP	*very important person*	vip, betydelsefull person
Xmas	*Christmas*	jul
yd.	*yard*	yard (mått)
YMCA	*Young Men's Christian Association*	KFUM
YWCA	*Young Women's Christian Association*	KFUK
ZIP	*ZIP code*	postnummer

Räkneord

Grundtal		Ordningstal	
0	zero	1st	first
1	one	2nd	second
2	two	3rd	third
3	three	4th	fourth
4	four	5th	fifth
5	five	6th	sixth
6	six	7th	seventh
7	seven	8th	eighth
8	eight	9th	ninth
9	nine	10th	tenth
10	ten	11th	eleventh
11	eleven	12th	twelfth
12	twelve	13th	thirteenth
13	thirteen	14th	fourteenth
14	fourteen	15th	fifteenth
15	fifteen	16th	sixteenth
16	sixteen	17th	seventeenth
17	seventeen	18th	eighteenth
18	eighteen	19th	nineteenth
19	nineteen	20th	twentieth
20	twenty	21st	twenty-first
21	twenty-one	22nd	twenty-second
22	twenty-two	23rd	twenty-third
23	twenty-three	24th	twenty-fourth
24	twenty-four	25th	twenty-fifth
25	twenty-five	26th	twenty-sixth
30	thirty	27th	twenty-seventh
40	forty	28th	twenty-eighth
50	fifty	29th	twenty-ninth
60	sixty	30th	thirtieth
70	seventy	40th	fortieth
80	eighty	50th	fiftieth
90	ninety	60th	sixtieth
100	a/one hundred	70th	seventieth
230	two hundred and thirty	80th	eightieth
1,000	a/one thousand	90th	ninetieth
10,000	ten thousand	100th	hundredth
100,000	a/one hundred thousand	230th	two hundred and thirtieth
1,000,000	a/one million	1,000th	thousandth

Klockan

Engelsmännen och amerikanerna använder 12-timmarssystemet vid tidsangivelser. För att ange vilken tid på dygnet det är, lägger man till *a.m.* för tiden mellan midnatt och kl. 12 och *p.m.* för tiden mellan kl. 12 och midnatt. I Storbritannien börjar man mer och mer att använda 24-timmarssystemet vid officiella tidsangivelser.

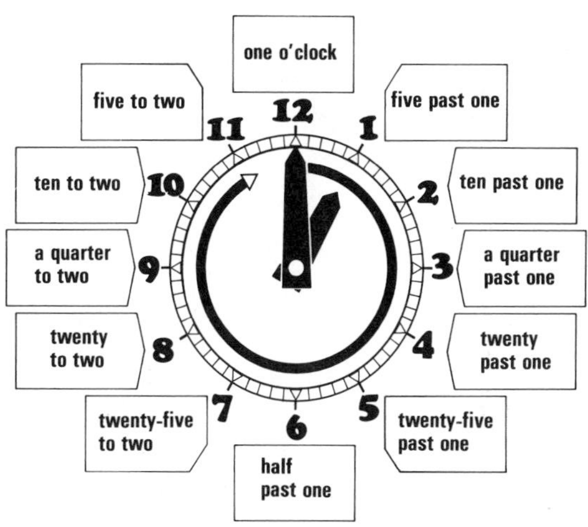

I'll come at seven a.m.	Jag kommer kl. 7 på morgonen.
I'll come at three p.m.	Jag kommer kl. 3 på eftermiddagen
I'll come at eight p.m.	Jag kommer kl. 8 på kvällen.

Veckodagar

Sunday	söndag	*Thursday*	torsdag
Monday	måndag	*Friday*	fredag
Tuesday	tisdag	*Saturday*	lördag
Wednesday	onsdag		

Conversion tables/ Omvandlingstabeller

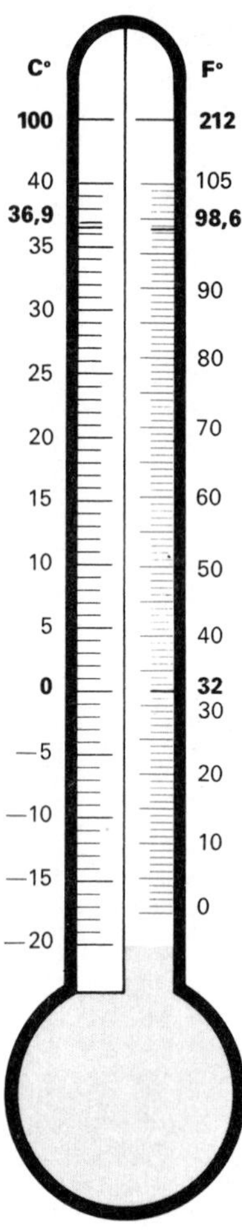

Meter och fot

Siffran i mitten gäller för både meter och fot, dvs. 1 meter = 3,281 fot och 1 fot = 0,30 meter.

Metres and feet

The figure in the middle stands for both metres and feet, e.g. 1 metre = 3.281 ft. and 1 foot = 0.30 m.

Meter/Metres		Fot/Feet
0.30	**1**	3.281
0.61	**2**	6.563
0.91	**3**	9.843
1.22	**4**	13.124
1.52	**5**	16.403
1.83	**6**	19.686
2.13	**7**	22.967
2.44	**8**	26.248
2.74	**9**	29.529
3.05	**10**	32.810
3.66	**12**	39.372
4.27	**14**	45.934
6.10	**20**	65.620
7.62	**25**	82.023
15.24	**50**	164.046
22.86	**75**	246.069
30.48	**100**	328.092

Temperatur

För att räkna om Celsius till Fahrenheit multiplicerar man med 1,8 och lägger till 32. För att räkna om Fahrenheit till Celsius, drar man ifrån 32 och dividerar med 1,8.

Temperature

To convert Centigrade to Fahrenheit, multiply by 1.8 and add 32.
To convert Fahrenheit to Centigrade, subtract 32 from Fahrenheit and divide by 1.8.

Några vanliga uttryck	Some Basic Phrases
Var så god.	Please.
Tack så mycket.	Thank you very much.
Ingen orsak.	Don't mention it.
God morgon.	Good morning.
God dag *(på eftermiddagen)*.	Good afternoon.
God afton.	Good evening.
God natt.	Good night.
Adjö.	Good-bye.
Vi ses.	See you later.
Var är…?	Where is/Where are…?
Vad heter det här?	What do you call this?
Vad betyder det där?	What does that mean?
Talar ni engelska?	Do you speak English?
Talar ni tyska?	Do you speak German?
Talar ni franska?	Do you speak French?
Talar ni spanska?	Do you speak Spanish?
Talar ni italienska?	Do you speak Italian?
Kan ni vara snäll och tala litet långsammare.	Could you speak more slowly, please?
Jag förstår inte.	I don't understand.
Kan jag få…?	Can I have…?
Kan ni visa mig…?	Can you show me…?
Kan ni säga mig…?	Can you tell me…?
Kan ni hjälpa mig?	Can you help me, please?
Jag skulle vilja ha…	I'd like…
Vi skulle vilja ha…	We'd like…
Var snäll och ge mig…	Please give me…
Var snäll och hämta…	Please bring me…
Jag är hungrig.	I'm hungry.
Jag är törstig.	I'm thirsty.
Jag har gått vilse.	I'm lost.
Skynda på!	Hurry up!
Det finns…	There is/There are…
Det finns inte…	There isn't/There aren't…

Ankomst	**Arrival**
Passet, tack.	Your passport, please.
Har ni någonting att förtulla?	Have you anything to declare?
Nej, ingenting alls.	No, nothing at all.
Kan ni vara snäll och hjälpa mig med mitt bagage?	Can you help me with my luggage, please?
Var står den buss som går till centrum?	Where's the bus to the centre of town, please?
Den här vägen.	This way, please.
Var kan jag få tag på en taxi?	Where can I get a taxi?
Vad kostar det till...?	What's the fare to...?
Var snäll och kör mig till den här adressen, tack.	Take me to this address, please.
Jag har bråttom.	I'm in a hurry.

Hotell	**Hotel**
Mitt namn är...	My name is...
Har ni reserverat?	Have you a reservation?
Jag skulle vilja ha ett rum med bad.	I'd like a room with a bath.
Hur mycket kostar det per natt?	What's the price per night?
Kan jag få se på rummet?	May I see the room?
Vilket rumsnummer har jag?	What's my room number, please?
Det finns inget varmvatten.	There's no hot water.
Kan jag få tala med direktören, tack?	May I see the manager, please?
Har någon ringt mig?	Did anyone telephone me?
Finns det någon post till mig?	Is there any mail for me?
Kan jag få räkningen, tack?	May I have my bill (check), please?

Äta ute	**Eating out**
Har ni någon meny?	Do you have a fixed-price menu?
Kan jag få se på matsedeln?	May I see the menu?

Kan vi få en askkopp, tack?	May we have an ashtray, please?
Var är toaletten?	Where's the toilet, please?
Jag skulle vilja ha en förrätt.	I'd like an hors d'œuvre (starter).
Har ni någon soppa?	Have you any soup?
Jag ska be att få fisk.	I'd like some fish.
Vad har ni för fisk?	What kind of fish do you have?
Jag ska be att få en biff.	I'd like a steak.
Vad finns det för grönsaker?	What vegetables have you got?
Ingenting mer, tack.	Nothing more, thanks.
Vad vill ni ha att dricka?	What would you like to drink?
Jag tar en öl, tack.	I'll have a beer, please.
Jag ska be att få en flaska vin.	I'd like a bottle of wine.
Får jag be om notan, tack?	May I have the bill (check), please?
Är betjäningsavgiften inräknad?	Is service included?
Tack, det var mycket gott.	Thank you, that was a very good meal.

På resa	**Travelling**
Var ligger järnvägsstationen?	Where's the railway station, please?
Var är biljettluckan?	Where's the ticket office, please?
Jag ska be att få en biljett till...	I'd like a ticket to...
Första eller andra klass?	First or second class?
Första klass, tack.	First class, please.
Enkel eller tur och retur?	Single or return (one way or roundtrip)?
Måste jag byta tåg?	Do I have to change trains?
Från vilken perrong avgår tåget till...?	What platform does the train for... leave from?
Var ligger närmaste tunnelbane-station?	Where's the nearest underground (subway) station?
Var ligger busstationen?	Where's the bus station, please?
När går första bussen till...?	When's the first bus to...?
Kan ni släppa av mig vid nästa hållplats?	Please let me off at the next stop.

Nöjen	Relaxing
Vad går det på bio?	What's on at the cinema (movies)?
När börjar filmen?	What time does the film begin?
Finns det några biljetter till i kväll?	Are there any tickets for tonight?
Var kan vi gå och dansa?	Where can we go dancing?

Träffa folk	Meeting people
God dag.	How do you do.
Hur står det till?	How are you?
Tack bra. Och ni?	Very well, thank you. And you?
Får jag presentera...?	May I introduce...?
Jag heter...	My name is...
Roligt att träffas.	I'm very pleased to meet you.
Hur länge har ni varit här?	How long have you been here?
Det var trevligt att träffas.	It was nice meeting you.
Har ni något emot att jag röker?	Do you mind if I smoke?
Förlåt, har ni eld?	Do you have a light, please?
Vill ni ha något att dricka?	May I get you a drink?
Får jag bjuda er på middag i kväll?	May I invite you for dinner tonight?
Var ska vi träffas?	Where shall we meet?

Affärer, varuhus etc.	Shops, stores and services
Var ligger närmaste bank?	Where's the nearest bank, please?
Var kan jag lösa in några rese-checker?	Where can I cash some travellers' cheques?
Kan jag få litet växel, tack?	Can you give me some small change, please?
Var finns närmaste apotek?	Where's the nearest chemist's (pharmacy)?
Hur kommer jag dit?	How do I get there?
Kan man gå dit?	Is it within walking distance?
Kan ni hjälpa mig?	Can you help me, please?
Hur mycket kostar den här? Och den där?	How much is this? And that?

Det är inte riktigt vad jag vill ha.	It's not quite what I want.
Den här tycker jag om.	I like it.
Kan ni rekommendera någonting mot solsveda?	Can you recommend something for sunburn?
Jag skulle vilja bli klippt.	I'd like a haircut, please.
Jag skulle vilja ha manikyr.	I'd like a manicure, please.
Frågor om vägen	**Street directions**
Kan ni visa mig på kartan var jag är?	Can you show me on the map where I am?
Ni är på fel väg.	You are on the wrong road.
Kör/Gå rakt fram.	Go/Walk straight ahead.
Det är till vänster/till höger.	It's on the left/on the right.
Nödsituationer	**Emergencies**
Ring genast efter en läkare.	Call a doctor quickly.
Ring efter en ambulans.	Call an ambulance.
Var snäll och ring polisen.	Please call the police.

swedish-english

---

svensk-engelsk

Introduction

This dictionary has been designed to take account of your practical needs. Unnecessary linguistic information has been avoided. The entries are listed in alphabetical order, regardless of whether the entry is printed in a single word or in two or more separate words. As the only exception to this rule, a few idiomatic expressions are listed alphabetically as main entries, according to the most significant word of the expression. When an entry is followed by sub-entries, such as expressions and locutions, these are also listed in alphabetical order.[1]

Each main-entry word is followed by a phonetic transcription (see guide to pronunciation). Following the transcription is the part of speech of the entry word whenever applicable. If an entry word is used as more than one part of speech, the translations are grouped together after the respective part of speech.

Irregular plurals are given in brackets after the part of speech.

Whenever an entry word is repeated in irregular forms or sub-entries, a tilde (~) is used to represent the full word. In plurals of long words, only the part that changes is written out fully, whereas the unchanged part is represented by a hyphen (-).

Entry word:		Plural:
	behållare (pl ~)	behållare
	anställd (pl ~a)	anställda
	antibiotikum (pl -ka)	antibiotika

An asterisk (*) in front of a verb indicates that it is irregular. For more detail, refer to the list of irregular verbs.

Abbreviations

adj	adjective	*pl*	plural
adv	adverb	*plAm*	plural (American)
Am	American	*pp*	past participle
art	article	*pr*	present tense
c	common gender	*pref*	prefix
conj	conjunction	*prep*	preposition
n	noun	*pron*	pronoun
nAm	noun (American)	*suf*	suffix
nt	neuter	*v*	verb
num	numeral	*vAm*	verb (American)
p	past tense		

[1] Note that Swedish alphabetical order differs from our own for three letters: *å*, *ä* and *ö*. These are considered independent characters and come after *z*, in that order.

Guide to Pronunciation

Each main entry in this part of the dictionary is followed by a phonetic transcription which shows you how to pronounce the words. This transcription should be read as if it were English. It is based on Standard British pronunciation, though we have tried to take account of General American pronunciation also. Below, only those letters and symbols are explained which we consider likely to be ambiguous or not immediately understood.

The syllables are separated by hyphens, and stressed syllables are printed in *italics*.

Of course, the sounds of any two languages are never exactly the same, but if you follow carefully our indications, you should be able to pronounce the foreign words in such a way that you'll be understood. To make your task easier, our transcriptions occasionally simplify slightly the sound system of the language while still reflecting the essential sound differences.

Consonants

g	always hard, as in **g**o
s	always hard, as in **s**o
t[y]	more or less as in hi**t y**ou; sometimes rather like **h** in **h**uge

The consonants **d**, **l**, **n**, **s**, **t**, if preceded by **r**, are generally pronounced with the tip of the tongue turned up well behind the front teeth. The **r** then ceases to be pronounced.

Vowels and Diphthongs

aa	long **a**, as in c**a**r, but without any **r**-sound
ah	a short version of **aa**; between **a** in c**a**t and **u** in c**u**t
æ	like **a** in c**a**t
ææ	a long **æ**-sound
ai	as in **ai**r, without any **r**-sound
eh	like **e** in g**e**t
er	as in oth**er**, without any **r**-sound
ew	a "rounded **ee**-sound". Say the vowel sound **ee** (as in s**ee**), and while saying it, round your lips as for **oo** (as in s**oo**n), without moving your tongue; when your lips are in the **oo** position, but your tongue in the **ee** position, you should be pronouncing the correct sound
igh	as in s**igh**
o	as in h**o**t (British pronunciation)
ou	as in l**ou**d
ur	as in f**ur**, but with rounded lips and no **r**-sound

1) A bar over a vowel symbol (e.g. $\overline{\textbf{ew}}$) shows that this sound is long.

2) Raised letters (e.g. [y]**aa**) should be pronounced only fleetingly.

Tones

In Swedish there are two "tones": one is falling, the other consists of two falling pitches, with the second starting higher than the first. As these tones are complex and very hard to copy, we do not indicate them, but mark their position as stressed.

A

abborre (*ah*-bo-rer) *c* bass, perch
abnorm (ahb-*norm*) *adj* abnormal
abonnemang (ah-bo-ner-*mahng*) *nt* subscription
abonnemangskort (ah-bo-ner-*mahngs*-koort) *nt* season-ticket
abort (ah-*bort*) *c* abortion
absolut (ahp-so-*lewt*) *adv* absolutely; *adj* very
absolutist (ahp-so-lew-*tist*) *c* teetotaller
abstrakt (ahp-*strahkt*) *adj* abstract
absurd (ahp-*sewrd*) *adj* absurd
accent (ahk-*sehnt*) *c* accent
acceptera (ahks-ehp-*tāy*-rah) *v* accept
ackompanjera (ah-*kom*-pahn-*ʸāy*-rah) *v* accompany
addera (ah-*dāy*-rah) *v* add
addition (ah-di-*shōōn*) *c* addition
adekvat (ah-der-*kvaat*) *adj* adequate
adel (*aa*-derl) *c* nobility
adjektiv (*ahd*-ʸayk-teev) *nt* adjective
adjö! (ah-*dʸur*) good-bye!
adlig (*aad*-li) *adj* noble
administration (ahd-mi-ni-strah-*shōōn*) *c* administration
administrativ (ahd-mi-ni-strah-*teev*) *adj* administrative
adoptera (ah-doap-*tāy*-rah) *v* adopt
adress (ahd-*rayss*) *c* address
adressat (ahd-ray-*saat*) *c* addressee
adressera (ahd-ray-*sāy*-rah) *v* address
adverb (ahd-*værb*) *nt* adverb
advokat (ahd-voo-*kaat*) *c* lawyer; attorney, barrister, solicitor
affisch (ah-*fish*) *c* poster
affär (ah-*fæær*) *c* store; business
affärer (ah-*fææ*-rerr) *pl* business; ***göra** ~ **med** *deal with; **i** ~ on business
affärsbiträde (ah-*fæærs*-bi-*trai*-der) *nt* shop assistant
affärscentrum (ah-*fæærs-sehnt*-rewm) *nt* (pl -ra, -rer) shopping centre
affärsinnehavare (ah-*fæærs*-i-ner-*haa*-vah-rer) *c* (pl ~) shopkeeper
affärsman (ah-*fæærs*-mahn) *c* (pl -män) businessman
affärsmässig (ah-*fæærs*-meh-si) *adj* business-like
affärsresa (ah-*fæærs*-rāy-sah) *c* business trip
affärstid (ah-*fæærs*-teed) *c* business hours
affärstransaktion (ah-*fæærs*-trahn-sahk-*shōōn*) *c* deal
affärsuppgörelse (ah-*fæærs*-ewp-ʸūr-rayl-ser) *c* deal
affärsverksamhet (ah-*fæærs*-værk-sahm-hāyt) *c* business
Afrika (*aaf*-ri-kah) Africa

afrikan (ahf-ri-*kaan*) *c* African
afrikansk (ahf-ri-*kaansk*) *adj* African
aftonklädsel (*ahf*-ton-klaid-serl) *c* evening dress
agent (ah-*gaynt*) *c* agent; distributor
agentur (ah-gayn-*tewr*) *c* agency
aggressiv (*ahg*-rer-seev) *adj* aggressive
akademi (ah-kah-day-*mee*) *c* academy
akt (ahkt) *c* act; nude
akta (*ahk*-tah) *v* mind; ~ **sig** beware; ~ **sig för** mind
aktie (*ahkt*-si-ay) *c* share
aktiv (*ahk*-teev) *adj* active
aktivitet (ahk-ti-vi-*tayt*) *c* activity
aktning (*ahkt*-ning) *c* esteem, respect
aktningsvärd (*ahkt*-nings-*vææ rd*) *adj* respectable
aktris (ahk-*treess*) *c* actress
aktuell (ahk-tew-*ehl*) *adj* topical
aktör (ahk-*tūrr*) *c* actor
akut (ah-*kewt*) *adj* acute
akvarell (ahk-vah-*rayl*) *c* water-colour
alarm (ah-*lahrm*) *nt* alarm
album (*ahl*-bewm) *nt* album
aldrig (*ahld*-ri) *adv* never
alf (ahlf) *c* elf
alfabet (*ahl*-fah-bāyt) *nt* alphabet
algebra (*ahl*-yer-*brah*) *c* algebra
algerier (ahl-*shāy*-ri-err) *c* (pl ~) Algerian
Algeriet (ahl-shāy-*ree*-ert) Algeria
algerisk (ahl-*shāy*-risk) *adj* Algerian
alkohol (*ahl*-ko-hōāl) *c* alcohol
alkoholhaltig (ahl-ko-*hōāl*-hahl-ti) *adj* alcoholic
all (ahl) *adj* (nt ~t, pl ~a) all; *pron* all
alldaglig (*ahl*-daag-li) *adj* ordinary
alldeles (*ahl*-day-lerss) *adv* quite
allergi (ah-lær-*gee*) *c* allergy
allians (ah-li-*ahns*) *c* alliance
(de) allierade (ah-li-*āy*-rah-der) Allies *pl*
allmän (*ahl*-mehn) *adj* universal, general, public, common; broad
i allmänhet (i *ahl*-mehn-hāyt) in general
allsmäktig (*ahls*-mehk-ti) *adj* omnipotent
alltför (*ahlt*-fūrr) *adv* too
alltid (*ahl*-teed) *adv* ever, always
allting (*ahl*-ting) *pron* everything
allvar (*ahl*-vaar) *nt* seriousness; gravity
allvarlig (*ahl*-vaar-li) *adj* serious; bad, grave
alm (ahlm) *c* elm
almanacka (*ahl*-mah-nah-kah) *c* almanac
alpstuga (*ahlp*-stew-gah) *c* chalet
alstra (*ahlst*-rah) *v* generate
alt (ahlt) *c* alto
altare (*ahl*-tah-rer) *nt* altar
alternativ (ahl-tayr-nah-*teev*) *nt* alternative
alternerande (ahl-tayr-*nāy*-rahn-der) *adj* alternate
ambassad (ahm-bah-*saad*) *c* embassy
ambassadör (ahm-bah-sah-*dūrr*) *c* ambassador
ambulans (ahm-bew-*lahns*) *c* ambulance
Amerika (ah-*māy*-ri-kah) America
amerikan (ah-may-ri-*kaan*) *c* American
amerikansk (ah-māy-ri-*kaansk*) *adj* American
ametist (ah-mer-*tist*) *c* amethyst
amiral (ah-mi-*raal*) *c* admiral
amma (*ahm*-ah) *v* nurse
ammoniak (ah-*mōō*-ni-ahk) *c* ammonia
amnesti (ahm-ner-*stee*) *c* amnesty
amulett (ah-mew-*layt*) *c* charm, lucky charm
analfabet (ahn-ahl-fah-*bāyt*) *c* illiterate

analys (ah-nah-*lewss*) *c* analysis
analysera (ah-nah-lew-*say*-rah) *v* analyse
analytiker (ah-nah-*lew*-ti-kerr) *c* (pl ~) analyst
ananas (*ah*-nah-nahss) *c* (pl ~, ~er) pineapple
anarki (ah-nahr-*kee*) *c* anarchy
anatomi (ah-nah-to-*mee*) *c* anatomy
anbefalla (ahn-ber-*fah*-lah) *v* enjoin, recommend
anda (*ahn*-dah) *c* breath
andas (*ahn*-dahss) *v* breathe
ande (*ahn*-der) *c* spirit, ghost
andedräkt (*ahn*-der-drehkt) *c* breath
andlig (*ahnd*-li) *adj* spiritual
andning (*ahnd*-ning) *c* respiration, breathing
andra (*ahnd*-rah) *num* second
anfall (*ahn*-fahl) *nt* attack; fit
***anfalla** (*ahn*-fah-lah) *v* attack
anförande (*ahn*-fūr-rahn-der) *nt* speech
anförtro (*ahn*-furr-trōō) *v* entrust; commit
***ange** (*ahn*-ʸāy) *v* *give; report
angelägen (*ahn*-ʸay-lai-gern) *adj* urgent; anxious
angelägenhet (*ahn*-ʸay-leh-gayn-hāyt) *c* matter, affair, concern
angenäm (*ahn*-ʸay-naim) *adj* agreeable, pleasant, pleasing
***angripa** (*ahn*-gree-pah) *v* assault
angränsande (*ahn*-grehn-sahn-der) *adj* neighbouring
***angå** (*ahn*-gōā) *v* concern
angående (*ahn*-gōā-ern-der) *prep* concerning; as regards, about, regarding
anhängare (*ahn*-heh-ngah-rer) *c* (pl ~) supporter
aning (*aa*-ning) *c* notion
anka (*ahng*-kah) *c* duck
ankare (*ahng*-kah-rer) *nt* anchor
ankel (*ahng*-kayl) *c* (pl anklar) ankle
anklaga (*ahn*-klaa-gah) *v* accuse; charge; **anklagad person** accused
anklagelse (*ahn*-klaa-gayl-ser) *c* charge
***anknyta** (*ahn*-knēw-tah) *v* connect
anknytning (*ahn*-knēwt-ning) *c* connection
anknytningslinje (*ahn*-knēwt-nings-*lin*-ʸer) *c* extension
ankomst (*ahn*-komst) *c* arrival; coming
ankomsttid (*ahn*-komst-teed) *c* time of arrival
anledning (*ahn*-lāyd-ning) *c* occasion; cause; **med ~ av** owing to
anlända (*ahn*-lehn-dah) *v* arrive
anmäla (*ahn*-mæ-lah) *v* announce; report; **~ sig** report
anmärka (*ahn*-mær-kah) *v* remark
anmärkning (*ahn*-mærk-ning) *c* remark
anmärkningsvärd (*ahn*-mærk-nings-væærd) *adj* remarkable; noticeable
annan (*ahn*-nahn) *pron* other; different; **en ~** another
annars (*ah*-nahrs) *adv* else, otherwise
annektera (ah-nehk-*tāy*-rah) *v* annex
annex (ah-*nayks*) *nt* annex
annons (ah-*nongs*) *c* advertisement
annorlunda (*ahn*-or-lewn-dah) *adv* otherwise
annullera (ah-new-*lāy*-rah) *v* cancel
annullering (ah-new-*lāy*-ring) *c* cancellation
anonym (ah-no-*nēwm*) *adj* anonymous
anordning (*ahn*-ord-ning) *c* apparatus, appliance
anpassa (*ahn*-pah-sah) *v* adapt, adjust
***anse** (*ahn*-sāy) *v* regard, consider, reckon
anseende (*ahn*-sāy-ern-der) *nt* reputation

ansenlig (*ahn*-sa͞yn-li) *adj* substantial
ansikte (*ahn*-sik-ter) *nt* face
ansiktsdrag (*ahn*-sikts-draag) *nt* feature
ansiktskräm (*ahn*-sikts-kraim) *c* face-cream
ansiktsmask (*ahn*-sikts-mahsk) *c* face-pack
ansiktsmassage (*ahn*-sikts-mah-*saash*) *c* face massage
ansiktspuder (*ahn*-sikts-pe͞w-derr) *nt* face-powder
ansjovis (ahn-*sho͞o*-viss) *c* anchovy
anskaffa (*ahn*-skahf-ah) *v* *buy
***ansluta** (*ahn*-sle͞w-tah) *v* connect; plug in; ~ **sig till** join; **ansluten** affiliated, connected
anspråk (*ahn*-spro͞ak) *nt* claim
anspråksfull (*ahn*-spro͞aks-fewl) *adj* presumptuous
anspråkslös (*ahn*-spro͞aks-lu͞rss) *adj* modest
anstalt (*ahn*-stahlt) *c* institute
anstränga sig (*ahn*-strehng-ah) labour
ansträngning (*ahn*-strehng-ning) *c* effort; strain
anställa (*ahn*-stehl-ah) *v* engage; appoint, employ
anställd (*ahn*-stehld) *c* (pl ~a) employee
anställning (*ahn*-stehl-ning) *c* employment; situation
anständig (*ahn*-stehn-di) *adj* decent; proper
anständighet (*ahn*-stehn-di-ha͞yt) *c* decency
anstöt (*ahn*-stu͞rt) *c* offence
anstötlig (*ahn*-stu͞rt-li) *adj* offensive
ansvar (*ahn*-svaar) *nt* responsibility
ansvarig (ahn-*svaa*-ri) *adj* responsible; ~ **för** in charge of
ansvarighet (*ahn*-svaa-ri-ha͞yt) *c* responsibility
ansöka (*ahn*-su͞r-kah) *v* apply
ansökan (*ahn*-su͞r-kahn) *c* (pl -kningar) application
***anta** (*ahn*-taa) *v* assume, suppose; suspect; ~ **att** supposing that
antal (*ahn*-taal) *nt* number, quantity
anteckna (*ahn*-tayk-nah) *v* note; record
anteckning (*ahn*-tehk-ning) *c* note; entry
anteckningsblock (*ahn*-tehk-nings-blok) *nt* writing-pad
anteckningsbok (*ahn*-tehk-nings-bo͞ok) *c* (pl -böcker) notebook
antenn (ahn-*tayn*) *c* aerial
antibiotikum (ahn-ti-bi-*o͞a*-ti-kewm) *nt* (pl -ka) antibiotic
antik (ahn-*teek*) *adj* antique
Antiken (ahn-*tee*-kayn) antiquity
antikvitet (ahn-ti-kvi-*ta͞yt*) *c* antique; **antikviteter** antiquities *pl*
antikvitetshandlare (ahn-ti-kvi-*ta͞yts*-hahnd-lah-rer) *c* (pl ~) antique dealer
antingen ... eller (*ahn*-ting-ern ... *eh*-lerr) either ... or
antipati (ahn-ti-pah-*tee*) *c* dislike
antologi (ahn-to-lo-*gee*) *c* anthology
antyda (*ahn*-te͞w-dah) *v* imply, indicate
antydan (*ahn*-te͞w-dahn) *c* (pl -dningar) indication
anvisning (*ahn*-veess-ning) *c* directions *pl*, instructions *pl*
använda (*ahn*-vehn-der) *v* use; employ; apply
användbar (*ahn*-vehnd-baar) *adj* usable, useful
användning (*ahn*-vehnd-ning) *c* use; application
apa (*aa*-pah) *c* monkey
apelsin (ah-payl-*seen*) *c* orange
aperitif (ah-pay-ri-*tif*) *c* aperitif
apotek (ah-poo-*ta͞yk*) *nt* pharmacy; chemist's; drugstore *nAm*

apotekare (ah-poo-*tay*-kah-rer) *c* (pl ~) chemist, pharmacist
apparat (ah-pah-*raat*) *c* apparatus; machine, appliance
applåd (ahp-*load*) *c* applause
applådera (ahp-lo-*day*-rah) *v* clap, applaud
aprikos (ah-pri-*kooss*) *c* apricot
april (ahp-*ril*) April
aptit (ahp-*teet*) *c* appetite
aptitlig (ahp-*teet*-li) *adj* appetizing
aptitretare (ahp-*teet*-ray-tah-rer) *c* (pl ~) appetizer
arab (ah-*raab*) *c* Arab
arabisk (ah-*raa*-bisk) *adj* Arab
arbeta (*ahr*-bay-tah) *v* work
arbetare (*ahr*-bay-tah-rer) *c* (pl ~) worker; workman; labourer
arbete (*ahr*-bay-ter) *nt* work; employment, labour, job
arbetsbesparande (*ahr*-bayts-bay-*spaa*-rahn-der) *adj* labour-saving
arbetsdag (*ahr*-bayts-daag) *c* working day
arbetsförmedling (*ahr*-bayts-furr-*mayd*-ling) *c* employment exchange
arbetsgivare (*ahr*-bayts-ʸee-vah-rer) *c* (pl ~) employer
arbetskraft (*ahr*-bayts-krahft) *c* manpower
arbetslös (*ahr*-bayts-*lurss*) *adj* unemployed
arbetslöshet (*ahr*-bayts-lurss-*hayt*) *c* unemployment
arbetsrum (*ahr*-bayts-rewm) *nt* study
arbetstillstånd (*ahr*-bayts-til-*stond*) *nt* work permit; labor permit *Am*
arg (ahrʸ) *adj* angry, cross
Argentina (ahr-gehn-*tee*-nah) Argentina
argentinare (ahr-gehn-*tee*-nah-rer) *c* (pl ~) Argentinian
argentinsk (ahr-gehn-*teensk*) *adj* Argentinian
argument (ahr-gew-*mehnt*) *nt* argument
argumentera (ahr-gew-mehn-*tay*-rah) *v* argue
ark (ahrk) *nt* sheet
arkad (ahr-*kaad*) *c* arcade
arkeolog (ahr-kay-o-*loag*) *c* archaeologist
arkeologi (ahr-kay-o-loa-*gee*) *c* archaeology
arkitekt (ahr-ki-*taykt*) *c* architect
arkitektur (ahr-ki-tehk-*tewr*) *c* architecture
arkiv (ahr-*keev*) *nt* archives *pl*
arm (ahrm) *c* arm; **arm i arm** arm-in-arm
armband (*ahrm*-bahnd) *nt* bracelet; bangle
armbandsur (*ahrm*-bahnds-ewr) *nt* wrist-watch
armbåge (*ahrm*-boa-gay) *c* elbow
armé (ahr-*may*) *c* army
armstöd (*ahrm*-sturd) *nt* arm
arom (ah-*roam*) *c* aroma
arrangera (ah-rahn-*shay*-rah) *v* arrange
arrende (ah-*rayn*-der) *nt* lease
arrendera (ah-rern-*dayr*-ah) *v* lease; ~ **ut** lease
arrestera (ah-rayss-*tay*-rah) *v* arrest
arrestering (ah-rayss-*tay*-ring) *c* arrest
art (aart) *c* species; breed
artig (*aar*-ti) *adj* polite; courteous
artikel (ahr-*ti*-kerl) *c* (pl -klar) article
artistisk (ahr-*tiss*-tisk) *adj* artistic
arton (*aar*-ton) *num* eighteen
artonde (*aar*-ton-der) *num* eighteenth
arv (ahrv) *nt* inheritance
arvode (*ahr*-voo-der) *nt* fee
asbest (*ahss*-behst) *c* asbestos
asfalt (*ahss*-fahlt) *c* asphalt
asiat (ah-si-*aat*) *c* Asian
asiatisk (ah-si-*aa*-tisk) *adj* Asian
Asien (*aa*-si-ern) Asia

ask (ahsk) *c* box
aska (*ahss*-kah) *c* ash
askkopp (*ahsk*-kop) *c* ashtray
aspekt (ah-*spehkt*) *c* aspect
assistent (ah-si-*staynt*) *c* assistant
associera (ah-so-si-*ay*-rah) *v* associate
astma (*ahst*-mah) *c* asthma
astronomi (ahss-tro-no-*mee*) *c* astronomy
asyl (ah-*sewl*) *c* asylum
ateist (ah-ter-*ist*) *c* atheist
Atlanten (aht-*lahn*-tern) Atlantic
atlet (aht-*layt*) *c* athlete
atmosfär (aht-moss-*fæær*) *c* atmosphere
atom (ah-*toam*) *c* atom; **atom-** atomic
att (aht) *conj* that; **för** ~ in order to
attest (ah-*tayst*) *c* certificate
attraktion (ah-trahk-*shoon*) *c* attraction
augusti (ah-*gewss*-ti) August
auktion (ouk-*shoon*) *c* auction
auktoritet (ouk-too-ri-*tayt*) *c* authority
auktoritär (ouk-too-ri-*tæær*) *adj* authoritarian
Australien (ou-*straa*-li-ayn) Australia
australier (ou-*straa*-li-err) *c* (pl ~) Australian
australisk (ou-*straa*-lisk) *adj* Australian
autentisk (ou-*tayn*-tisk) *adj* authentic
automat (ou-to-*maat*) *c* vending machine, automat
automatisering (ou-to-mah-ti-*say*-ring) *c* automation
automatisk (ou-to-*maa*-tisk) *adj* automatic
automobilklubb (ou-to-mo-*beel*-klewb) *c* automobile club
autonom (ou-to-*noam*) *adj* autonomous
av (aav) *prep* of, for, with, by, from; *adv* off
avancerad (ah-vahng-*say*-rahd) *adj* advanced
avbeställa (*aav*-ber-stehl-ah) *v* cancel
avbetala (*aav*-ber-taa-lah) *v* *pay on account
avbetalning (*aav*-ber-taal-ning) *c* instalment
avbetalningsköp (*aav*-ber-*taal*-nings-tyurp) *nt* hire-purchase
avbrott (*aav*-brot) *nt* interruption
***avbryta** (*aav*-brewt-ah) *v* interrupt; discontinue
avdelning (*aav*-dayl-ning) *c* division; department, section
avdrag (*aav*-draag) *nt* discount
avdunsta (*aav*-dewns-tah) *v* evaporate
aveny (ah-vay-*new*) *c* avenue
avfall (*aav*-fahl) *nt* garbage, litter
avfatta (*aav*-fah-tah) *v* *draw up
avföringsmedel (*aav*-fur-rings-may-dayl) *nt* laxative
avgaser (*aav*-gaa-serr) *pl* exhaust gases
avgasrör (*aav*-gaass-*rurr*) *nt* exhaust pipe
avgift (*aav*-yift) *c* charge; **avgifter** dues *pl*
avgrund (*aav*-grewnd) *c* abyss
avgud (*aav*-gewd) *c* idol
***avgå** (*aav*-goa) *v* pull out; resign
avgång (*aav*-gong) *c* departure
avgångstid (*aav*-gongs-teed) *c* time of departure
***avgöra** (*aav*-yur-rah) *v* decide
avgörande (*aav*-yur-rahn-der) *nt* decision
avhandling (*aav*-hahn-dling) *c* treatise; thesis
***avhålla sig från** (*aav*-hol-ah) abstain from
avigsida (*aa*-vig-see-dah) *c* reverse
avkalkningsmedel (*aav*-kahlk-nings-*may*-dayl) *nt* water-softener

avkoppling (*aav*-kop-ling) *c* relaxation
avlagring (*aav*-laag-ring) *c* deposit
***avlida** (*aav*-lee-dah) *v* pass away
avlopp (*aav*-lop) *nt* drain
avlång (*aav*-long) *adj* oblong
avlägsen (*aav*-laig-sern) *adj* remote; distant, far-off
avlägsna (*aav*-laigs-nah) *v* remove; ~ **sig** depart
avlämna (*aav*-lehm-nah) *v* deliver
avlöna (*aav*-lūrn-ah) *v* remunerate
avlöning (*aav*-lur-ning) *c* pay, salary
avlösa (*aav*-lur-sah) *v* relieve
avog (*aa*-vōōg) *adj* averse
avpassa (*aav*-pah-sah) *v* suit
avresa (*aav*-rāy-sah) *v* depart; *c* departure
avråda (*aav*-rōā-dah) *v* dissuade from
avrättning (*aav*-reht-ning) *c* execution
***avse** (*aav*-sāy) *v* destine
avsevärd (*aav*-say-væærd) *adj* considerable
avsides (*aav*-see-derss) *adj* remote; out of the way
avsikt (*aav*-sikt) *c* purpose, intention
avsiktlig (*aav*-sikt-li) *adj* intentional
avskaffa (*aav*-skah-fah) *v* abolish
avsked (*aav*-shāyd) *nt* parting; resignation
avskeda (*aav*-shāy-dah) *v* dismiss; fire
avskedsansökan (*aav*-shāyds-ahn-sūr-kahn) *c* (pl -kningar) resignation
avskilja (*aav*-shil-ʸah) *v* detach
***avskjuta** (*aav*-shēw-tah) *v* launch
avskrift (*aav*-skrift) *c* copy
avsky (*aav*-shew) *v* detest, loathe; *c* disgust, loathing
avskyvärd (*aav*-shēw-vææerd) *adj* horrible; hideous
avsluta (*aav*-slēw-tah) *v* finish
avslutning (*aav*-slēwt-ning) *c* conclusion, end
***avslå** (*aav*-slōā) *v* reject
avslöja (*aav*-slur-ʸah) *v* reveal
avslöjande (*aav*-slur-ʸahn-der) *nt* revelation
avsnitt (*aav*-snit) *nt* passage
avspark (*aav*-spahrk) *c* kick-off
avspänd (*aav*-spehnd) *adj* easy-going, relaxed
***avstå från** (*aav*-stōā) abstain from
avstånd (*aav*-stond) *nt* distance; space, way
avståndsmätare (*aav*-stonds-mai-tah-rer) *c* (pl ~) range-finder
avsända (*aav*-sehn-dah) *v* dispatch
avsändning (*aav*-sehnd-ning) *c* dispatch
***avta** (*aav*-taa) *v* decrease
avtal (*aav*-taal) *nt* agreement, treaty
avtryck (*aav*-trewk) *nt* print
avtryckare (*aav*-trew-kah-rer) *c* (pl ~) trigger
avtäcka (*aav*-teh-kah) *v* uncover
avundas (*aav*-ewn-dahss) *v* envy
avundsam (*aav*-ewnd-sahm) *adj* envious
avundsjuk (*aav*-ewnd-shēwk) *adj* envious
avundsjuka (*aa*-vewnd-shēw-kah) *c* envy
***avvika** (*aav*-vee-kah) *v* deviate
avvikelse (*aav*-vee-kerl-ser) *c* aberration
avvisa (*aav*-vee-sah) *v* reject
axel (*ahks*-ayl) *c* (pl axlar) shoulder; axis, axle

B

babord (*baa*-boord) port
baby (*bai*-bi) *c* baby
babykorg (*bai*-bi-korʸ) *c* carry-cot
bacill (bah-*sil*) *c* germ
backa (*bah*-kah) *v* reverse
backe (*bah*-ker) *c* hill; slope

backhoppning (*bahk*-hop-ning) *c* ski-jump
backkrön (*bahk*-krūrn) *nt* hilltop
backväxel (*bahk*-vehks-ayl) *c* (pl-växlar) reverse
bad (baad) *nt* bath
bada (*baa*-dah) *v* bathe
badbyxor (*baad*-bewk-serr) *pl* bathing-suit, swimming-trunks *pl*
badda (*bah*-dah) *v* dab
baddräkt (*baad*-drehkt) *c* bathing-suit; swim-suit
badhandduk (*baad*-hahnd-dēwk) *c* bath towel
badmössa (*baad*-murss-sah) *c* bathing-cap
badort (*baad*-oort) *c* seaside resort
badrock (*baad*-roak) *c* bathrobe
badrum (*baad*-rewm) *nt* bathroom
badsalt (*baad*-sahlt) *nt* bath salts
bagage (bah-*gaash*) *nt* baggage, luggage
bagagehylla (bah-*gaash*-hew-lah) *c* luggage rack
bagageinlämning (bah-*gaash*-in-lehm-ning) *c* left luggage office; baggage deposit office *Am*
bagageutrymme (bah-*gaash*-ēwt-rew-mer) *nt* boot; trunk *nAm*
bagare (*baa*-gah-rer) *c* (pl ~) baker
bageri (baa-ger-*ree*) *nt* bakery
baka (*baa*-kah) *v* bake
bakdel (*baak*-dāyl) *c* bottom
bakelser (*baa*-kerl-serr) *pl* pastry
bakgrund (*baak*-grewnd) *c* background
bakhåll (*baak*-hol) *nt* ambush
baklykta (*baak*-lewk-tah) *c* rear-light; tail-light
bakom (*baak*-om) *prep* behind; *adv* behind
baksida (*baak*-seedah) *c* rear
baksmälla (*baak*-smeh-lah) *c* hangover
bakterie (bahk-*tai*-ri-er) *c* bacterium
bakverk (*baak*-vehrk) *nt* pastry, cake
bakåt (*baa*-kot) *adv* backwards
bal (baal) *c* ball
balansräkning (bah-*lahngs*-raik-ning) *c* balance sheet
balett (bah-*layt*) *c* ballet
balja (*bahl*-ʸah) *c* basin
balkong (bahl-*kong*) *c* balcony; circle
ballong (bah-*long*) *c* balloon
balsal (*baal*-saal) *c* ballroom
bambu (*bahm*-bew) *c* bamboo
bana (*baa*-nah) *c* track
banan (bah-*naan*) *c* banana
band (bahnd) *nt* band; ribbon
bandit (bahn-*deet*) *c* bandit
bandspelare (*bahnd*-spāy-lah-rer) *c* (pl ~) tape-recorder
baner (bah-*nāyr*) *nt* banner
bank (bahngk) *c* bank
bankett (bahng-*keht*) *c* banquet
bankettsal (bahng-*kayt*-saal) *c* banqueting-hall
bankkonto (*bahngk*-kon-too) *nt* bank account
bankrutt (bahng-*krewt*) *adj* bankrupt
bar (baar) *c* bar, saloon; *adj* bare
bara (*baarah*) *adv* only
bark (bahrk) *c* bark
barm (bahrm) *c* bosom
barmhärtig (bahrm-*hær*-ti) *adj* merciful
barmhärtighet (bahrm-*hær*-ti-hāyt) *c* mercy
barn (baarn) *nt* child; kid; **föräldralöst** ~ orphan
barnförlamning (*baarn*-furr-*laam*-ning) *c* polio
barnkammare (*baarn*-kah-mah-rer) *c* (pl ~) nursery
barnmorska (*baarn*-moors-kah) *c* midwife
barnsjukdom (*baarn*-shēwk-doom) *c* children's disease
barnsköterska (*baarn*-shūr-terr-skah) *c*

nurse
barnsäng (*baarn*-sehng) *c* cot
barnvagn (*baarn*-vahngn) *c* pram; baby carriage *Am*
barnvakt (*baarn*-vahkt) *c* babysitter
barock (bah-*rok*) *adj* baroque
barometer (bah-ro-*māy*-terr) *c* (pl -trar) barometer
barriär (bah-ri-*ʸæær*) *c* barrier
barrträd (*bahr*-traid) *nt* conifer, fir-tree
bartender (*baar*-tayn-derr) *c* (pl -drar) barman
baryton (*bah*-ri-ton) *c* baritone
bas (baass) *c* base; bass
baseboll (*bayss*-bol) *c* baseball
basera (bah-*sāy*-rah) *v* base
basilika (bah-*see*-li-kah) *c* basilica
basis (*baa*-siss) *c* basis
basker (*bahss*-kerr) *c* (pl -krar) beret
bastard (bah-*staard*) *c* bastard
bastu (*bahss*-tew) *c* sauna
batteri (bah-tay-*ree*) *nt* (pl ~er) battery
***be** (bāy) *v* ask; beg
beakta (bay-*ahk*-tah) *v* pay attention to
bebo (ber-*bōō*) *v* inhabit
beboelig (ber-*bōō*-ay-li) *adj* habitable; inhabitable
***bedja** (*bāyd*-ʸah) *v* pray
***bedra** (ber-*draa*) *v* deceive; cheat
bedrägeri (ber-drai-ger-*ri*) *nt* (pl ~er) deceit; fraud
bedrövad (ber-*drūr*-vahd) *adj* distressed; sad
bedrövelse (ber-*drūr*-verl-ser) *c* sorrow; grief
bedrövlig (ber-*drūrv*-li) *adj* lamentable
bedårande (ber-*dōā*-rahn-der) *adj* adorable, enchanting
bedöma (ber-*dur*-mah) *v* judge
bedövning (ber-*dūrv*-ning) *c* anaesthesia
bedövningsmedel (ber-*durv*-nings-*māy*-dayl) *nt* anaesthetic
befalla (ber-*fah*-lah) *v* command
befallning (ber-*fahl*-ning) *c* order, command
befatta sig med (ber-*fah*-tah) *deal with, concern oneself with
befolkning (ber-*folk*-ning) *c* population
befordra (ber-*fōō*-drah) *v* promote
befordran (ber-*fōōd*-rahn) *c* (pl -ringar) promotion
befria (ber-*free*-ah) *v* liberate; exempt
befriad (ber-*free*-ahd) *adj* exempt; liberated
befrielse (ber-*free*-erl-ser) *c* liberation; exemption
befruktning (ber-*frewkt*-ning) *c* conception
befälhavare (ber-*fail*-haa-vah-rer) *c* (pl ~) commander
begagnad (ber-*gahng*-nahd) *adj* second-hand
begeistrad (bay-*gighst*-rahd) *adj* enthusiastic
begrava (ber-*graa*-vah) *v* bury
begravning (ber-*graav*-ning) *c* funeral; burial
begravningsplats (bay-*graav*-nings-plahts) *c* cemetery; graveyard
begrepp (ber-*grayp*) *nt* idea, notion
***begripa** (bay-*gree*-pah) *v* grasp, *understand
begränsa (ber-*grehn*-sah) *v* limit
begränsad (ber-*grehn*-sahd) *adj* limited
begränsning (ber-*grehns*-ning) *c* limitation
begynna (ber-*ʸew*-nah) *v* *begin
begynnelse (ber-*ʸew*-nerl-ser) *c* beginning
***begå** (ber-*gōā*) *v* commit
begåvad (ber-*gōā*-vahd) *adj* brilliant,

talented, gifted
begåvning (ber-*goāv*-ning) *c* talent; mind
begär (ber-*yæær*) *nt* desire
begära (ber-*yææ*-rah) *v* ask, demand, request
begäran (ber-*gææ*-rahn) *c* request; demand
behaglig (ber-*haag*-li) *adj* pleasant, delightful
behandla (ber-*hahnd*-lah) *v* treat; handle
behandling (ber-*hahnd*-ling) *c* treatment
behov (ber-*hōōv*) *nt* need, want; **starkt** ~ urge
behå (*bāy*-hoa) *c* bra
***behålla** (ber-*ho*-lah) *v* *keep
behållare (ber-*ho*-lah-rer) *c* (pl ~) container
behändig (ber-*hehn*-di) *adj* handy; sweet
behärska (ber-*hæærs*-kah) *v* master; ~ **sig** control oneself
behöva (ber-*hūr*-vah) *v* need
beige (baish) *adj* beige
bekant (ber-*kahnt*) *c* (pl ~a) acquaintance
beklaga (ber-*klaa*-gah) *v* regret; pity
beklagande (ber-*klaa*-gahn-der) *nt* regret
beklaglig (ber-*klaag*-li) *adj* regrettable
bekräfta (ber-*krehf*-tah) *v* confirm; acknowledge
bekräftelse (ber-*krehf*-tayl-ser) *c* confirmation
bekväm (ber-*kvaim*) *adj* comfortable; convenient; easy
bekvämlighet (ber-*kvaim*-li-hāyt) *c* comfort
bekymmer (ber-*tyew*-merr) *nt* worry; anxiety, care; trouble
bekymrad (ber-*tyewm*-rahd) *adj* concerned
bekämpa (ber-*tyehm*-pah) *v* combat
bekänna (ber-*tyeh*-nah) *v* confess
bekännelse (ber-*tyeh*-nayl-ser) *c* confession
belastning (ber-*lahst*-ning) *c* charge
belgare (*bayl*-gah-rer) *c* (pl ~) Belgian
Belgien (*bayl*-gyayn) Belgium
belgisk (*bayl*-gisk) *adj* Belgian
belopp (ber-*lop*) *nt* amount
belysning (ber-*lewss*-ning) *c* illumination; lighting
belåten (ber-*loa*-tern) *adj* satisfied, happy
belåtenhet (ber-*loa*-tern-hāyt) *c* satisfaction
belägen (ber-*lai*-gern) *adj* situated
belägring (ber-*laig*-ring) *c* siege
belöna (ber-*lūr*-nah) *v* reward
belöning (ber-*lūr*-ning) *c* prize, reward; remuneration
bemästra (ber-*mehst*-rah) *v* master
bemöda sig (ber-*mūr*-dah) try, endeavour
bemötande (beh-*mur*-tahn-der) *nt* treatment; reply
ben (bāyn) *nt* leg; bone
bena (*bāy*-nah) *c* parting
bensin (bayn-*seen*) *c* fuel, petrol; gasoline *nAm*, gas *nAm*
bensindunk (bayn-*seen*-dewngk) *c* jerrycan
bensinmack (bayn-*seen*-mahk) *c* petrol station
bensinpump (bayn-*seen*-pewmp) *c* petrol pump; fuel pump *Am;* gas pump *Am*
bensinstation (bayn-*seen*-stah-*shōōn*) *c* service station, filling station; gas station *Am*
bensintank (bayn-*seen*-tahngk) *c* petrol tank; gas tank *Am*
benådning (ber-*noad*-ning) *c* pardon
benägen (ber-*nai*-gern) *adj* inclined;

***vara** ~ *be inclined to
benägenhet (ber-*nai*-gern-hāyt) *c* tendency; inclination
benämning (ber-*nehm*-ning) *c* denomination
beredd (ber-*rayd*) *adj* prepared
berg (bærʸ) *nt* mountain; mount
bergig (*bær*-ʸi) *adj* mountainous
bergsbestigning (*bær*ʸs-ber-*steeg*-ning) *c* mountaineering
bergskam (*bær*ʸs-kahm) *c* mountain ridge
bergskedja (*bær*ʸs-tʸāyd-ʸah) *c* mountain range
bergsklyfta (*bær*ʸs-klewf-tah) *c* gorge
bergspass (*bær*ʸs-pahss) *nt* mountain pass
bero på (ber-*rōō*) depend on
beroende (ber-*rōō*-ern-der) *adj* dependant
berusad (ber-*rēw*-sahd) *adj* intoxicated; drunk
beryktad (ber-*rewk*-tahd) *adj* notorious
beräkna (ber-*raik*-nah) *v* calculate
beräkning (ber-*raik*-ning) *c* calculation; estimate
berätta (ber-*reh*-tah) *v* *tell; relate
berättelse (ber-*reh*-tayl-ser) *c* tale
berättiga (ber-*reh*-ti-gah) *v* entitle, justify
berättigad (ber-*reh*-ti-gahd) *adj* entitled, justified
beröm (ber-*rurm*) *nt* praise
berömd (ber-*rurmd*) *adj* famous
berömdhet (ber-*rurmd*-hāyt) *c* celebrity
berömma (ber-*rur*-mah) *v* praise
berömmelse (ber-*rur*-mayl-ser) *c* fame; glory
beröra (ber-*rūr*-rah) *v* touch; affect
beröring (ber-*rūr*-ring) *c* touch, contact
beröva (ber-*rūr*-vah) *v* deprive of

besatt (ber-*saht*) *adj* possessed
besatthet (ber-*saht*-hāyt) *c* obsession
besegra (ber-*sāyg*-rah) *v* defeat; *beat, conquer
beskatta (ber-*skah*-tah) *v* tax
beskattning (ber-*skaht*-ning) *c* taxation
besked (ber-*shāyd*) *nt* message
***beskriva** (ber-*skree*-vah) *v* describe
beskrivning (ber-*skreev*-ning) *c* description
beskylla (ber-*shew*-lah) *v* accuse
***beslagta** (ber-*slaag*-taa) *v* impound
beslut (ber-*slēwt*) *nt* decision
***besluta** (ber-*slēw*-tah) *v* decide
beslutsam (ber-*slēwt*-sahm) *adj* determined, resolute
besläktad (ber-*slehk*-tahd) *adj* related
besmitta (ber-*smi*-tah) *v* infect
besparingar (ber-*spaa*-ring-ahr) *pl* savings *pl*
bestick (ber-*stik*) *nt* cutlery
***bestiga** (ber-*stee*-gah) *v* ascend; mount
***bestrida** (ber-*stree*-dah) *v* dispute; deny
***bestå av** (ber-*stoa*) consist of
beståndsdel (ber-*stonds*-dāyl) *c* element
beställa (ber-*steh*-lah) *v* order; reserve
beställning (ber-*stehl*-ning) *c* order; booking; **gjord på** ~ made to order
bestämd (ber-*stehmd*) *adj* definite
bestämma (ber-*steh*-mah) *v* decide; determine, define; designate
bestämmelse (ber-*stehm*-erl-ser) *c* stipulation
bestämmelseort (ber-*steh*-merl-ser-oort) *c* destination
beständig (ber-*stehn*-di) *adj* permanent
besvara (ber-*svaa*-rah) *v* answer
besvikelse (ber-*svee*-kerl-ser) *c* disappointment; ***vara en** ~ *be disap-

pointing
besviken (ber-*svee*-kern) *adj* disappointed; ***göra** ~ disappoint
besvär (ber-*svæær*) *nt* trouble; inconvenience; nuisance; ***göra sig** ~ bother
besvära (ber-*svææ*-rah) *v* trouble; bother
besvärlig (ber-*svæær*-li) *adj* inconvenient, troublesome
besynnerlig (ber-*sewn*-err-li) *adj* strange; queer
***besätta** (ber-*seht*-ah) *v* occupy
besättning (ber-*seht*-ning) *c* crew
besök (ber-*sūrk*) *nt* visit; call
besöka (ber-*sūr*-kah) *v* visit; call on
besökare (ber-*sūr*-kah-rer) *c* (pl ~) visitor
besökstid (ber-*sūrks*-teed) *c* visiting hours
beta (*bāy*-tah) *c* beet; *v* graze
betala (ber-*taa*-lah) *v* *pay
betalbar (ber-*taal*-baar) *adj* due
betalning (ber-*taal*-ning) *c* payment
bete (*bāy*-ter) *nt* bait
betecknande (ber-*tehk*-nahn-der) *adj* characteristic
beteckning (ber-*tehk*-ning) *c* denomination, designation
betesmark (*bāy*-terss-mahrk) *c* pasture
betjäning (ber-*tyai*-ning) *c* service
betjäningsavgift (ber-*tyai*-nings-aav-*yift*) *c* service charge
betjänt (ber-*tyehnt*) *c* valet, servant
betona (ber-*tōō*-nah) *v* stress; emphasize
betong (ber-*tong*) *c* concrete
betoning (ber-*tōō*-ning) *c* stress
betrakta (ber-*trahk*-tah) *v* consider, regard; watch, view
beträda (ber-*trai*-dah) *v* *tread, *set foot on
beträffa (ber-*trehf*-ah) *v* concern
beträffande (ber-*trehf*-ahn-der) *prep* concerning; about, regarding; with reference to
bett (bayt) *nt* bite
betvivla (ber-*tveev*-lah) *v* doubt; query
betyda (ber-*tēw*-dah) *v* *mean
betydande (ber-*tēw*-dahn-der) *adj* considerable
betydelse (ber-*tēw*-derl-ser) *c* importance; sense
betydelsefull (ber-*tēw*-derl-ser-*fewl*) *adj* important; significant
betydlig (ber-*tēwd*-li) *adj* considerable
betyg (ber-*tēwg*) *nt* mark
betänklig (ber-*tængk*-li) *adj* dubious; serious, critical
beundra (ber-*ewnd*-rah) *v* admire
beundran (ber-*ewnd*-rahn) *c* admiration
beundrare (ber-*ewnd*-rah-rer) *c* (pl ~) admirer; fan
bevaka (ber-*vaa*-kah) *v* guard
bevara (ber-*vaa*-rah) *v* *keep; preserve
bevilja (ber-*vil*-yah) *v* grant; allow
beviljande (ber-*vil*-yahn-der) *nt* concession
bevis (ber-*veess*) *nt* proof, evidence; token
bevisa (ber-*vee*-sah) *v* prove; demonstrate; *show
beväpna (ber-*vaip*-nah) *v* arm
beväpnad (ber-*vaip*-nahd) *adj* armed
bi (bee) *nt* bee
***bibehålla** (*bee*-ber-*ho*-lah) *v* *hold, *keep, preserve
bibel (*bee*-berl) *c* (pl biblar) bible
bibetydelse (*bee*-ber-*tēw*-derl-ser) *c* connotation, subordinate sense
bibliotek (bi-bli-oo-*tāyk*) *nt* library
***bidra** (*bee*-draa) *v* contribute
bidrag (*bee*-draag) *nt* contribution; grant
bifall (*bee*-fahl) *nt* approval; consent

biff (bif) *c* steak
biflod (*bee*-flōōd) *c* tributary
bifoga (*bee*-fōō-gah) *v* attach; enclose
bijouterier (*bee*-shoo-ter-ree-err) *pl* costume jewellery
bikt (bikt) *c* confession; **bikta sig** confess
bikupa (*bee*-kēw-pah) *c* beehive
bil (beel) *c* car; automobile, motorcar
bila (*bee*-lah) *v* motor
bilaga (*bee*-laa-gah) *c* enclosure; annex
bild (bild) *c* picture; image
bilda (*bil*-dah) *v* form
bildad (*bil*-dahd) *adj* cultivated
bildskärm (*bild*-shærm) *c* screen
bilist (bi-*list*) *c* motorist
biljard (bil-*ʸaard*) *c* billiards *pl*
biljett (bil-*ʸayt*) *c* ticket; coupon
biljettautomat (bil-*ʸayt*-ou-too-*maat*) *c* ticket machine
biljettkassa (bil-*ʸayt-kah*-sah) *c* box-office
biljettlucka (bil-*ʸayt*-lew-kah) *c* booking-office
biljettpris (bil-*ʸayt*-preess) *nt* (pl ~, ~er) fare
billig (*bil*-i) *adj* inexpensive; cheap
biltur (*beel*-tēwr) *c* drive
biluthyrning (*beel*-ēwt-*hēwr*-ning) *c* car hire; car rental *Am*
***binda** (*bin*-dah) *v* *bind, tie
bindestreck (*bin*-der-strehk) *nt* hyphen
bio (*bee*-oo) *c* pictures; movies *Am*, movie theater *Am*
biograf (beeᵒᵒ-*graaf*) *c* cinema
biologi (bee-o-lo-*gee*) *c* biology
biskop (*biss*-kop) *c* bishop
***bistå** (*bee*-stōā) *v* assist; aid
bistånd (*bee*-stond) *nt* assistance
bit (beet) *c* bit; piece; morsel, lump, scrap
***bita** (*bee*-tah) *v* *bite
bitter (*bi*-terr) *adj* bitter
***bjuda** (*bʸēw*-dah) *v* offer
bjälke (*bʸehl*-ker) *c* beam
björk (bʸurrk) *c* birch
björn (bʸūrrn) *c* bear
björnbär (*bʸūrrn*-bæær) *nt* blackberry
blad (blaad) *nt* leaf; sheet
bladguld (*blaad*-gewld) *nt* gold leaf
bland (blahnd) *prep* among; amid; ~ **annat** among other things
blanda (*blahn*-dah) *v* mix; shuffle; ~ **sig i** interfere with
blandad (*blahn*-dahd) *adj* mixed; miscellaneous
blandning (*blahnd*-ning) *c* mixture
blank (blahngk) *adj* blank; glossy
blazer (*blai*-serr) *c* (pl -zrar) blazer
bleckburk (*blehk*-bewrk) *c* canister
blek (blāyk) *adj* pale
bleka (*blāy*-kah) *v* bleach
blekna (*blāyk*-nah) *v* turn pale; fade
***bli** (blee) *v* *become; *get; *grow, *go
blick (blik) *c* look; glance; **kasta en** ~ glance
blid (bleed) *adj* gentle
blind (blind) *adj* blind
blindtarm (*blin*-tahrm) *c* appendix
blindtarmsinflammation (*blin*-tahrms-in-flah-mah-*shōōn*) *c* appendicitis
blinker (*bling*-kerr) *c* (pl -krar) indicator
blixt (blikst) *c* lightning
blixtlampa (*blikst*-lahm-pah) *c* flash-gun; flashbulb
blixtlås (*blikst*-lōāss) *nt* zip, zipper
block (blok) *nt* pad; pulley
blockera (blo-*kāy*-rah) *v* block
blod (blōōd) *nt* blood
blodbrist (*blōōd*-brist) *c* anaemia
blodcirkulation (*blōōd*-seer-kew-lah-*shōōn*) *c* circulation
blodförgiftning (*blōōd*-fūrr-ʸift-ning) *c*

blood-poisoning
blodkärl (*blood*-tʸæærl) *nt* blood-vessel
blodtryck (*blood*-trewk) *nt* blood pressure
blomkål (*bloom*-koal) *c* cauliflower
blomlök (*bloom*-lurk) *c* bulb
blomma (*bloo*-mah) *c* flower
blomsterhandel (*bloms*-terr-hahn-dayl) *c* flower-shop
blomstrande (*blomst*-rahn-der) *adj* prosperous
blond (blond) *adj* fair
blondin (blon-*deen*) *c* blonde
blott (blot) *adv* only
blus (blewss) *c* blouse
bly (blew) *nt* lead
blyertspenna (*blew*-errts-*peh*-nah) *c* pencil
blyg (blewg) *adj* timid, shy
blyghet (*blewg*-hayt) *c* timidity
blygsam (*blewg*-sahm) *adj* modest
blygsamhet (*blewg*-sahm-*hayt*) *c* modesty
blå (bloa) *adj* blue
blåmussla (*bloa*-mewss-lah) *c* mussel
blåmärke (*bloa*-mær-ker) *nt* bruise
blåsa (*bloa*-sah) *v* *blow; *c* blister; ~ **upp** inflate
blåsig (*bloa*-si) *adj* windy
blåsinstrument (*bloass*-in-strew-*mehnt*) *nt* horn
blåskatarr (*bloass*-kah-*tahr*) *c* cystitis
bläck (blehk) *nt* ink
bläckfisk (*blehk*-fisk) *c* octopus
blända (*blehn*-dah) *v* blind
bländande (*blehn*-dahn-der) *adj* glaring
blänka (*blehng*-kah) *v* *shine
blöda (*blur*-dah) *v* *bleed
blödning (*blurd*-ning) *c* haemorrhage
blöja (*blur*-ʸah) *c* nappy; diaper *nAm*
blöta (*blur*-tah) *v* soak
bo (boo) *v* live; reside; *nt* nest
bock (bok) *c* bow; tick
bocka (*bo*-kah) *v* bow, *bend; tick
bod (bood) *c* booth
bofast (*boo*-fahst) *adj* resident
bofink (*boo*-fingk) *c* finch
bogsera (boog-*say*-rah) *v* tow, tug
bogserbåt (boog-*sayr*-boat) *c* tug
boj (boi) *c* buoy
bok[1] (book) *c* (pl böcker) book
bok[2] (book) *c* beech
boka (*boo*-kah) *v* book
bokband (*book*-bahnd) *nt* volume
boköra (*book*-fur-rah) *v* book
bokhandel (*book*-hahn-dayl) *c* (pl -dlar) bookstore
boklåda (*book*-loa-dah) *c* bookstore
bokomslag (*book*-om-slaag) *nt* jacket; wrapper
bokstav (*book*-staav) *c* (pl-stäver) letter; **stor** ~ capital letter
bokstånd (*book*-stond) *nt* bookstand
bolag (*boo*-laag) *nt* company
Bolivia (boo-*lee*-vʸah) Bolivia
bolivian (boo-li-*vʸaan*) *c* Bolivian
boliviansk (boo-liv-*ʸaansk*) *adj* Bolivian
boll (bol) *c* ball
bollplan (*bol*-plaan) *c* recreation ground
bom (boom) *c* (pl ~mar) barrier
bomb (bomb) *c* bomb
bombardera (bom-bahr-*day*-rah) *v* bomb
bomull (*boo*-mewl) *c* cotton-wool; cotton; **bomulls-** cotton
bomullssammet (*boo*-mewls-sah-mayt) *c* velveteen
bonde (*boon*-der) *c* (pl bönder) peasant
bondgård (*boond*-goard) *c* farmhouse
bong (bong) *c* voucher
bord (boord) *nt* table; **gående** ~ buffet
bordduk (*boord*-dewk) *c* table-cloth

bordell (bor-*dehl*) *c* brothel
bordtennis (*bōōrd-tehn*-iss) *c* ping-pong; table tennis
borg (bor^y^) *c* castle
borgen (*bor*-^y^ern) *c* (pl ~) bail; security
borgensman (*bor*-^y^ayns-mahn) *c* (pl -män) guarantor
borgerlig (*bor*-^y^ehr-li) *adj* middle-class
borgmästare (*bor*^y^-mehss-tah-rer) *c* (pl ~) mayor
borr (bor) *c* drill
borra (*bor*-ah) *v* drill; bore
borsta (*bors*-tah) *v* brush
borste (*bors*-ter) *c* brush
bort (bort) *adv* away
borta (*bor*-tah) *adv* gone
bortkommen (*bort*-ko-mern) *adj* lost
bortom (*bort*-om) *adv* beyond; *prep* beyond
bortsett från (*bort*-sayt) apart from
boskap (*bōō*-skaap) *c* cattle *pl*
bostad (*bōō*-staad) *c* (pl -städer) house; residence
***bosätta sig** (*bōō*-seh-tah) settle down
bota (*bōō*-tah) *v* cure
botanik (boo-tah-*neek*) *c* botany
botemedel (*bōō*-ter-māy-dayl) *nt* remedy
botten (*bo*-tern) *c* bottom
bottenvåning (*bo*-tern-vōā-ning) *c* ground floor
boutique (boo-*tik*) *c* boutique
bowlingbana (*bov*-ling-baa-nah) *c* bowling alley
boxas (*books*-ahss) *v* box
boxningsmatch (*books*-nings-mahch) *c* boxing match
boyscout (*boi*-skahewt) *c* scout
bra (brah) *adv* well; *adj* good; **bra**! all right!
brak (braak) *nt* boom
brandalarm (*brahnd*-ah-*lahrm*) *c* fire-alarm
brandgul (*brahnd*-gewl) *adj* orange
brandkår (*brahnd*-kōār) *c* fire-brigade
brandsläckare (*brahnd*-sleh-kah-rer) *c* (pl ~) fire-extinguisher
brandstege (*brahnd*-stāy-ger) *c* fire-escape
brandsäker (*brahnd*-sai-kerr) *adj* fire-proof
brant (brahnt) *adj* steep
brasilianare (brah-si-li-*aa*-nah-rer) *c* (pl ~) Brazilian
brasiliansk (brah-si-li-*aansk*) *adj* Brazilian
Brasilien (brah-*see*-li-ern) Brazil
braxen (*brahk*-sayn) *c* (pl -xnar) bream
bred (brāyd) *adj* wide, broad
bredd (brayd) *c* breadth; width
breddgrad (*brayd*-graad) *c* latitude
bredvid (*brāy*-veed) *prep* beside; next to
brev (brāyv) *nt* letter; **rekommenderat** ~ registered letter
brevbärare (*brāyv*-bææ-rah-rer) *c* (pl ~) postman
brevkort (*brāyv*-kōōrt) *nt* postcard; card
brevlåda (*brāyv*-lōā-dah) *c* pillar-box, letter-box; mailbox *nAm*
brevlådstömning (*brāyv*-lo-ds-turm-ning) *c* collection
brevpapper (*brāyv*-pah-pahr) *nt* note-paper, writing-paper
brevväxling (*brāyv*-vehks-ling) *c* correspondence
bricka (*bri*-kah) *c* tray
bridge (bridsh) *c* bridge
briljant (bril-^y^*ahnt*) *adj* brilliant
***brinna** (*bri*-nah) *v* *burn
bris (breess) *c* breeze
brist (brist) *c* shortage, lack, want; deficiency

***brista** (*briss*-tah) *v* *burst
bristfällig (*brist*-feh-li) *adj* defective; faulty
britt (brit) *c* Briton
brittisk (*bri*-tisk) *adj* British
bro (broo) *c* bridge
brock (brok) *nt* hernia
broder (*broo*-derr) *c* (pl bröder) brother
brodera (broo-*day*-rah) *v* embroider
broderi (broo-der-*ree*) *nt* (pl ~er) embroidery
broderlighet (*broo*-derr-li-hayt) *c* fraternity
brokig (*broo*-ki) *adj* gay
broms (broms) *c* brake
bromsa (*brom*-sah) *v* brake
bromsljus (*broms*-yewss) *nt* brake lights
bromstrumma (*broms*-trew-mah) *c* brake drum
brons (brons) *c* bronze; **brons-** bronze
bror (broor) *c* (pl bröder) brother
brorsdotter (*broors*-do-tayr) *c* (pl -döttrar) niece
brorson (*broor*-soan) *c* (pl -söner) nephew
brosch (broash) *c* brooch
broschyr (bro-*shewr*) *c* brochure
brosk (brosk) *nt* cartilage
brott (brot) *nt* crime; fracture
brottslig (*brots*-li) *adj* criminal
brottslighet (*brots*-li-*hayt*) *c* criminality
brottsling (*brots*-ling) *c* criminal; convict
brottstycke (*brot*-stew-ker) *nt* fragment
brud (brewd) *c* bride
brudgum (*brewd*-gewm) *c* (pl ~mar) bridegroom
bruk (brewk) *nt* custom
bruka (*brew*-kah) *v* use, employ; cultivate
bruklig (*brewk*-li) *adj* customary
bruksanvisning (*brewks*-ahn-*veess*-ning) *c* directions for use
brun (brewn) *adj* brown
brunett (brew-*nayt*) *c* brunette
brunn (brewn) *c* well
brus (brewss) *nt* fizz
brutal (brew-*taal*) *adj* brutal
brutto- (*brew*-too) gross
bry sig om (brew) care for; mind; care about
brydsam (*brewd*-sahm) *adj* awkward
brygga (*brew*-gah) *v* brew; *c* landing-stage
bryggeri (brew-ger-*ree*) *nt* (pl ~er) brewery
brysselkål (*brew*-serl-koal) *c* Brussels sprouts
***bryta** (*brew*-tah) *v* *break; fracture; ~ **samman** collapse
brytning (*brewt*-ning) *c* breaking, refraction; accent
brådska (*bross*-kah) *c* hurry, haste
brådskande (*bross*-kahn-der) *adj* urgent; pressing
bråk (broak) *nt* row; fuss
bråkdel (*broak*-dayl) *c* fraction
***ha bråttom** (*bro*-tom) *be in a hurry
bräckjärn (*brehk*-yæærn) *nt* crowbar
bräcklig (*brehk*-li) *adj* fragile
bräda (*brai*-dah) *c* board
brädd (brehd) *c* brim
bränna (*breh*-nah) *v* *burn
brännmärke (*brehn*-mær-ker) *nt* brand
brännolja (*brehn*-ol-yah) *c* fuel oil
brännpunkt (*brehn*-pewngkt) *c* focus
brännsår (*brehn*-soar) *nt* burn
bränsle (*brehns*-lay) *nt* fuel
bröd (brurd) *nt* bread; **rostat** ~ toast
brödrost (*brurd*-rost) *c* toaster
bröllop (*brur*-lop) *nt* wedding
bröllopsresa (*brur*-lops-*ray*-sah) *c*

honeymoon
bröst (brurst) *nt* breast; bosom, chest
bröstkorg (*brurst*-kor^y) *c* chest
bröstsim (*brurst*-sim) *nt* breaststroke
bubbla (*bewb*-lah) *c* bubble
buckla (*bewk*-lah) *c* dent
bud (bēwd) *nt* messenger
budget (*bewd*-^{y}ert) *c* budget
buga sig (*bew*-gah) bow
buk (bēwk) *c* belly; abdomen
bukett (bew-*kayt*) *c* bunch, bouquet
bukt (bewkt) *c* gulf
bula (*bēw*-lah) *c* lump
bulgar (bewl-*gaar*) *c* Bulgarian
Bulgarien (bewl-*gaa*-ri-ern) Bulgaria
bulgarisk (bewl-*gaa*-risk) *adj* Bulgarian
bulle (*bewl*-er) *c* bun
buller (*bew*-lerr) *nt* noise
bullrig (*bewl*-ri) *adj* noisy
bult (bewlt) *c* bolt
bundsförvant (*bewnds*-furr-vahnt) *c* associate; ally, confederate
bunt (bewnt) *c* bundle; batch
bunta ihop (*bewn*-tah i-*hōop*) bundle
bur (bēwr) *c* cage
burk (bewrk) *c* tin
busig (*bēw*-si) *adj* rowdy
buske (*bewss*-ker) *c* bush; shrub
buss (bewss) *c* bus; coach
butik (bew-*teek*) *c* shop
by (bēw) *c* village
bygga (*bew*-gah) *v* *build; construct
bygge (*bew*-ger) *nt* construction
byggnad (*bewg*-nahd) *c* building, construction
byggnadskonst (*bewg*-nahds-konst) *c* architecture
byggnadsställning (*bewg*-nahds-stehl-ning) *c* scaffolding
byrå[1] (*bēw*-ro) *c* (pl ~ar) chest of drawers; bureau *nAm*
byrå[2] (*bēw*-ro) *c* (pl ~er) agency
byråkrati (bēw-ro-krah-*tee*) *c* bureaucracy
byrålåda (*bēw*-ro-lōa-dah) *c* drawer
byst (bewst) *c* bust
bysthållare (*bewst*-ho-lah-rer) *c* (pl ~) brassiere
byta (*bēw*-tah) *v* change; swap; ~ **ut** exchange
byte (*bēw*-ter) *nt* exchange; prey
byxdräkt (*bewks*-drehkt) *c* pant-suit
byxor (*bewk*-serr) *pl* trousers *pl*, pants *plAm*
båda (*bōa*-dah) *pron* both, either
både ... och (*bōa*-der ... ok) both ... and
båge (*bōa*-ger) *c* bow
bågformig (*bōag*-for-mi) *adj* arched
bår (bōar) *c* stretcher
båt (bōat) *c* boat
bäck (behk) *c* stream, brook
bäcken (*behk*-ern) *nt* pelvis
bädda (*beh*-dah) *v* *make the bed
bägare (*bai*-gah-rer) *c* (pl ~) tumbler
bälte (*behl*-ter) *nt* belt
bänk (behngk) *c* bench
bär (bæær) *nt* berry
***bära** (*bææ*-rah) *v* carry; *wear, *bear
bärare (*bææ*-rah-rer) *c* (pl ~) porter
bärbar (*bæær*-baar) *adj* portable
bärgningsbil (*bær^y*-nings-beel) *c* breakdown truck
bärnsten (*bæærn*-stāyn) *c* amber
bäst (behst) *adj* best
bättre (*beht*-rer) *adj* superior; better
bäver (*bai*-verr) *c* (pl bävrar) beaver
bödel (*būr*-derl) *c* (pl bödlar) executioner
böja (*bur*-^{y}ah) *v* *bend; ~ **sig** *bend down
böjd (bur^{y}d) *adj* bent; curved
böjlig (*bur^y*-li) *adj* flexible, supple
böjning (*bur^y*-ning) *c* bending; flexion
böld (burld) *c* abscess
bön (būrn) *c* prayer
böna (*būr*-nah) *c* bean

***bönfalla** (*būrn*-fahl-ah) *v* beg

***böra** (*būr*-rah) *v* *ought to

börda (*būrr*-dah) *c* burden, load; charge

börja (*burr*-Yah) *v* *begin; commence, start; ~ **om** recommence

början (*burr*-Yahn) *c* beginning; start; **i** ~ at first

börs (burrs) *c* purse; exchange; **svarta börsen** black market

böter (*būr*-terr) *pl* ticket, fine; penalty

C

cancer (*kahn*-serr) *c* cancer

cape (kāyp) *c* cape; cloak

celibat (seh-li-*baat*) *nt* celibacy

cell (sayl) *c* cell

cellofan (seh-lo-*faan*) *nt* cellophane

cembalo (*tYaym*-bah-lo) *c* (pl ~r, -li) harpsichord

cement (say-*maynt*) *nt* cement

censur (sayn-*sēwr*) *c* censorship

centimeter (sayn-ti-*māy*-terr) *c* (pl ~) centimetre

central (sayn-*traal*) *adj* central

centralisera (sayn-trah-li-*sāy*-rah) *v* centralize

centralstation (sayn-*traal*-stah-*shōōn*) *c* central station

centralvärme (sayn-*traal*-vær-mer) *c* central heating

centrum (*sehnt*-rewm) *nt* centre

cerat (say-*raat*) *nt* lipsalve

ceremoni (say-ray-mo-*nee*) *c* ceremony

certifikat (sehr-ti-fi-*kaat*) *nt* certificate

champagne (shahm-*pahnY*) *c* champagne

champinjon (shahm-pin-*Yōōn*) *c* button mushroom

chans (shahngs) *c* chance

charlatan (shahr-lah-*taan*) *c* quack

charm (shahrm) *c* charm

charmerande (shahr-*māy*-rahn-der) *adj* charming

charterflyg (*tYaar*-terr-flēwg) *nt* charter flight

chassi (*shah*-si) *nt* chassis

chaufför (sho-*fūrr*) *c* chauffeur

check (tYayk) *c* cheque, check *nAm*

checka in (*tYeh*-kah) check in

checkhäfte (*tYayk*-hehf-ter) *nt* cheque-book; check-book *nAm*

chef (shāyf) *c* boss; manager, chief

chic (shik) *adj* smart

Chile (*tYee*-ler) Chile

chilenare (tYi-*lee*-nah-rer) *c* (pl ~) Chilean

chilensk (tYi-*lāynsk*) *adj* Chilean

chock (shok) *c* shock

chockera (sho-*kāy*-rah) *v* shock

chockerande (sho-*kāy*-rahn-der) *adj* shocking

choke (shoak) *c* choke

choklad (shook-*laad*) *c* chocolate

chokladpralin (shook-*laad*-prah-*leen*) *c* chocolate

cigarr (si-*gahr*) *c* cigar

cigarraffär (si-*gahr*-ah-*fæær*) *c* cigar shop

cigarrett (si-gah-*rayt*) *c* cigarette

cigarrettetui (si-gah-*rayt*-ay-tew-*ee*) *nt* cigarette-case

cigarrettmunstycke (si-gah-*rayt*-mewn-stew-ker) *nt* cigarette-holder

cigarrettobak (si-gah-*reht*-*too*-bahk) *c* cigarette tobacco

cigarrettändare (si-gah-*rayt*-tehn-dah-rer) *c* (pl ~) cigarette-lighter

cirka (*seer*-kah) *adv* approximately

cirkel (*seer*-kerl) *c* (pl -klar) circle

cirkulation (seer-kew-lah-*shōōn*) *c* circulation

cirkus (*seer*-kewss) *c* circus

cirkusarena (*seer*-kewss-ah-*r*ay-nah) *c* ring
citat (si-*taat*) *nt* quotation
citationstecken (si-tah-*shoons*-tay-kern) *pl* quotation marks
citera (si-*tay*-rah) *v* quote
citron (si-*troon*) *c* lemon
civil (si-*veel*) *adj* civilian
civilisation (si-vi-li-sah-*shoon*) *c* civilization
civiliserad (si-vi-li-*say*-rahd) *adj* civilized
civilist (si-vi-*list*) *c* civilian
civilrätt (si-*veel*-reht) *c* civil law
clown (kloun) *c* clown
cocktail (*kok*-tayl) *c* cocktail
Colombia (ko-*lom*-bi-ah) Colombia
colombian (ko-lom-bi-*aan*) *c* Colombian
colombiansk (ko-lom-bi-*aansk*) *adj* Colombian
container *c* (pl ~, -nrar) container
crawlsim (*kroal*-sim) *nt* crawl
curry (*kew*-ri) *c* curry
cykel (*sew*-kerl) *c* (pl cyklar) bicycle; cycle
cykla (*sewk*-lah) *v* *ride a bicycle
cyklist (sewk-*list*) *c* cyclist
cylinder (sew-*lin*-derr) *c* (pl -drar) cylinder

D

dadel (*dah*-derl) *c* (pl dadlar) date
dag (daag) *c* day; **om dagen** by day; **per** ~ per day
dagbok (*daag*-book) *c* (pl -böcker) diary
dagbräckning (*daag*-brehk-ning) *c* daybreak
dagg (dahg) *c* dew
daghem (daag-hehm) *nt* day nursery
daglig (*daag*-li) *adj* everyday, daily
dagning (*daag*-ning) *c* dawn
dagordning (*daag*-ord-ning) *c* agenda
dagsljus (*dahgs*-yewss) *nt* daylight
dagsnyheter (*daags*-new-hay-terr) *pl* news
dagstidning (*dahgs*-teed-ning) *c* daily; newspaper
dagsutflykt (*dahgs*-ewt-flewkt) *c* day trip
dal (daal) *c* valley
dalgång (*daal*-gong) *c* glen
dalsänka (*daal*-sehng-kah) *c* depression, valley
dam (daam) *c* lady
dambinda (*daam*-bin-dah) *c* sanitary towel
damfrisör (*daam*-fri-*surr*) *c* hairdresser
damm (dahm) *nt* dust; *c* dam
dammig (*dah*-mi) *adj* dusty
***dammsuga** (*dahm*-sew-gah) *v* hoover; vacuum *vAm*
dammsugare (*dahm*-sew-gah-ray) *c* (pl ~) vacuum cleaner
damspel (*daam*-spayl) *nt* draughts; checkers *plAm*
damspelsbräde (*daam*-spayls-*brai*-der) *nt* draught-board
damtoalett (*daam*-tooah-*layt*) *c* ladies' room; powder-room
damunderkläder (*daam*-ewn-derr-klai-derr) *pl* lingerie
Danmark (*dahn*-mahrk) Denmark
dans (dahns) *c* dance
dansa (*dahn*-sah) *v* dance
dansk (dahnsk) *c* Dane; *adj* Danish
darra (*dah*-rah) *v* tremble
data (*daa*-tah) *pl* data *pl*
datum (*daa*-tewm) *nt* (pl data, ~) date
de (day) *pron* they; ~ **där** those; ~ **här** these
debatt (der-*baht*) *c* debate; discussion

debattera (der-bah-*ta̅y̅*-rah) *v* discuss; argue
debet (*da̅y̅*-bayt) *c* debit
december (der-*saym*-berr) December
decimalsystem (day-si-*maal*-sew-*sta̅y̅m*) *nt* decimal system
defekt (der-*fehkt*) *c* fault
definiera (der-fi-ni-*a̅y̅*-rah) *v* define
definition (der-fi-ni-*sho̅o̅n*) *c* definition
deg (da̅y̅g) *c* dough
deklaration (day-klah-rah-*sho̅o̅n*) *c* declaration; statement
dekoration (day-ko-rah-*sho̅o̅n*) *c* decoration
del (da̅y̅l) *c* part; share
dela (*da̅y̅*-lah) *v* divide; share; ~ **sig** fork; ~ **ut** *deal; administer
delegat (day-ler-*gaat*) *c* delegate
delegation (day-ler-gah-*sho̅o̅n*) *c* delegation
delikatess (day-li-kah-*tayss*) *c* delicacy
delikatessaffär (day-li-kah-*tayss*-ah-*fær*) *c* delicatessen
delning (*da̅y̅l*-ning) *c* division
***delta** (da̅y̅l-taa) *v* participate
deltagande (*da̅y̅l*-taa-gahn-der) *adj* sympathetic; *nt* attendance
deltagare (*da̅y̅l*-taa-gah-rer) *c* (pl ~) participant
delvis (*da̅y̅l*-veess) *adv* partly; *adj* partial
delägare (*da̅y̅l*-ai-gah-rer) *c* (pl ~) associate
dem (dom) *pron* them
demokrati (day-mo-krah-*tee*) *c* democracy
demokratisk (day-moa-*kraa*-tisk) *adj* democratic
demonstration (day-mons-trah-*sho̅o̅n*) *c* demonstration
demonstrera (day-mons-*tra̅y̅*-rah) *v* demonstrate
den (dayn) *pron* (nt det, pl de) that; ~ **där** that; ~ **här** this
denna (*deh*-nah) *pron* (nt detta, pl dessa) this
deodorant (da̅y̅-o-do-*rahnt*) *c* deodorant
departement (der-pahr-ter-*mehnt*) *nt* department; ministry
deponera (der-po-*na̅y̅*-rah) *v* deposit; bank
depression (der-pray-*sho̅o̅n*) *c* depression
deprimera (der-pri-*ma̅y̅*-rah) *v* depress
deprimerad (der-pri-*ma̅y̅*-rahd) *adj* depressed
deputation (der-pew-tah-*sho̅o̅n*) *c* deputation, delegation
deputerad (der-pew-*ta̅y̅*-rahd) *c* (pl ~e) deputy
depå (der-*po̅a̅*) *c* depot
deras (*da̅y̅*-rahss) *pron* their
desertera (der-sehr-*ta̅y̅-rah*) *v* desert
desinfektera (diss-in-fayk-*ta̅y̅*-rah) *v* disinfect
desinfektionsmedel (diss-in-fayk-*sho̅o̅ns*-ma̅y̅-dayl) *nt* disinfectant
desperat (derss-pay-*raat*) *adj* desperate
dessert (der-*sæær*) *c* dessert; sweet
dessförinnan (dehss-fur-*ri*-nahn) *adv* before then
dessutom (dehss-*e̅w̅*-tom) *adv* besides; moreover, also, furthermore
dessvärre (dehss-*væ*-rer) *adv* unfortunately
ju ... desto ([y]e̅w̅ ... *dehss*-too) the ... the
det (da̅y̅) *pron* it
detalj (der-*tahl[y]*) *c* detail
detaljerad (der-tahl-*[y]a̅y̅*-rahd) *adj* detailed
detaljhandel (der-*tahl[y]*-hahn-dayl) *c* retail trade
detaljhandlare (der-*tahl[y]-hahnd*-lah-rer) *c* (pl ~) retailer
detaljist (der-tahl-*[y]ist*) *c* retailer

detektiv (day-tehk-*teev*) *c* detective
detektivroman (day-tehk-*teev*-roo-*maan*) *c* detective story
devalvera (der-vahl-*vāy*-rah) *v* devalue
devalvering (der-vahl-*vāy*-ring) *c* devaluation
diabetes (diah-*bāy*-terss) *c* diabetes
diabetiker (di-ah-*bāy*-ti-kerr) *c* (pl ~) diabetic
diagnos (dee-ahg-*nōass*) *c* diagnosis; **ställa en** ~ diagnose
diagonal (di-ah-go-*naal*) *c* diagonal; *adj* diagonal
diagram (dee-ah-*grahm*) *nt* graph; chart, diagram
dialekt (dee-ah-*laykt*) *c* dialect
diamant (dee-ah-*mahnt*) *c* diamond
diapositiv (*dee*-ah-poo-si-*teev*) *nt* slide
diarré (dee-ah-*rāy*) *c* diarrhoea
diesel (*dee*-serl) *c* diesel
diet (di-*āyt*) *c* diet
difteri (dif-ter-*ree*) *c* diphtheria
dig (day) *pron* you, yourself
dike (*dee*-ker) *nt* ditch
dikt (dikt) *c* poem
diktafon (dik-tah-*fōan*) *c* dictaphone
diktamen (dik-*taa*-mern) *c* (pl ~, -mina) dictation
diktare (*dik*-tah-rer) *c* (pl ~) poet
diktator (dik-*taa*-tor) *c* dictator
diktera (dik-*tāy*-rah) *v* dictate
dimension (di-mehn-*shōōn*) *c* dimension, size
dimlykta (*dim*-lewk-tah) *c* foglamp
dimma (*di*-mah) *c* mist, fog
dimmig (*di*-mi) *adj* foggy
din (din) *pron* (nt ditt, pl dina) your
diplom (di-*plōam*) *nt* diploma; certificate
diplomat (di-plo-*maat*) *c* diplomat
diplomatisk (dip-lo-*maa*-tisk) *adj* diplomatic
direkt (di-*raykt*) *adj* direct
direktion (di-rehk-*shōōn*) *c* direction, management
direktiv (di-rehk-*teev*) *nt* directive
direktör (di-rayk-*tūrr*) *c* director; executive, manager
dirigent (di-ri-*shaynt*) *c* conductor
dirigera (di-ri-*shāy*-rah) *v* conduct
dis (deess) *nt* haze
disciplin (di-si-*pleen*) *c* discipline
disig (*dee*-si) *adj* misty, hazy
disk (disk) *c* counter, bar; washing-up
diska (*diss*-kah) *v* wash up
diskbråck (*disk*-brok) *nt* slipped disc
diskonto (diss-*kon*-too) *nt* bank-rate
diskussion (diss-kew-*shōōn*) *c* discussion; argument
diskutera (diss-kew-*tāy*-rah) *v* argue, discuss
disponibel (diss-poo-*nee*-berl) *adj* available
dispyt (diss-*pēwt*) *c* dispute
distrikt (dist-*rikt*) *nt* district
dit (deet) *adv* there
djungel (*ʸewng*-ayl) *c* (pl djungler) jungle
djup (ʸēwp) *nt* depth; *adj* deep, low
djupsinnig (*ʸēwp*-si-ni) *adj* profound
djur (ʸēwr) *nt* beast, animal
djurkretsen (*ʸēwr*-kreht-sern) zodiac
djurpark (*ʸēwr*-pahrk) *c* zoological gardens
djurreservat (*ʸewr*-ray-sær-*vaat*) *nt* game reserve
djurskinn (*ʸewr*-shin) *nt* skin
djärv (ʸærv) *adj* bold
djävul (*ʸai*-vewl) *c* (pl -vlar) devil
dock (dok) *conj* yet, nevertheless; but, yet
docka[1] (*doa*-kah) *c* doll
docka[2] (*doa*-kah) *c* dock; *v* dock
dockteater (*dok*-tay-*aa*-terr) *c* (pl -trar) puppet-show
doft (doft) *c* scent
doktor (*doak*-toar) *c* doctor

dokumentportfölj (do-kew-*maynt*-port-*furl*ʸ) *c* attaché case
dom (doom) *c* judgment; verdict, sentence; **fällande** ~ conviction
domare (*doo*-mah-rer) (pl ~) judge; *c* umpire, referee
domkraft (*doom*-krahft) *c* jack
domkyrka (*doom*-tʸewr-kah) *c* cathedral
domnad (*dom*-nahd) *adj* numb
domslut (*doom*-slēwt) *nt* verdict
domstol (*doom*-stōōl) *c* court; law court
donation (do-nah-*shōōn*) *c* donation
donator (do-*naa*-tor) *c* donor
donera (do-*nāy*-rah) *v* donate
dop (dōōp) *nt* baptism; christening
doppvärmare (*dop*-vær-mah-rer) *c* (pl ~) immersion heater
dos (dōōss) *c* dose
dotter (*do*-terr) *c* (pl döttrar) daughter
dotterdotter (*do*-terr-do-terr) *c* (pl -döttrar) granddaughter
dotterson (*do*-terr-sōān) *c* (pl -söner) grandson
dov (dōāv) *adj* dull
***dra** (draa) *v* *draw; pull; ~ **av** deduct; ~ **ifrån** subtract; ~ **till** tighten; ~ **tillbaka** *withdraw; ~ **upp** *wind; ~ **ur** disconnect; ~ **åt** tighten
drag (draag) *nt* move; trait; draught
dragning (*draag*-ning) *c* draw; tendency; tinge
drake (*draa*-ker) *c* dragon
drama (*draa*-mah) *nt* (pl -mer) drama
dramatiker (drah-*maa*-ti-kerr) *c* dramatist
dramatisk (drah-*maa*-tisk) *adj* dramatic
dressera (drer-*sāy*-rah) *v* train
***dricka** (*dri*-kah) *v* *drink
drickbar (*drik*-baar) *adj* for drinking
dricks (driks) *c* tip
dricksvatten (*driks*-vah-tern) *nt* drinking-water
drink (drink) *c* drink
***driva** (*dree*-vah) *v* drift; ~ **framåt** propel; ~ **med** kid
drivhus (*dreev*-hēwss) *nt* greenhouse
drivkraft (*dreev*-krahft) *c* driving force
drog (drōāg) *c* drug
droppe (*dro*-per) *c* drop
drottning (*drot*-ning) *c* queen
drunkna (*drewngk*-nah) *v* *be drowned
dryck (drewk) *c* drink; beverage; **alkoholfri** ~ soft drink
dränera (dreh-*nāy*-rah) *v* drain
dränka (drehng-kah) *v* drown
dröm (drurm) *c* (pl ~mar) dream
drömma (*drur*-mah) *v* *dream
du (dēw) *pron* you
dubbdäck (*dewb*-dehk) *nt* spiked tyre
dubbel (*dew*-behl) *adj* double
dubbelsäng (*dew*-berl-sehng) *c* double bed
duggregn (*dewg*-rehngn) *nt* drizzle
duglig (*dēwg*-li) *adj* capable, able
duk (dēwk) *c* table-cloth
duka (*dēw*-kah) *v* *set the table
duka under (*dēw*-kah) succumb
duktig (*dewk*-ti) *adj* capable; skilful, smart
dum (dewm) *adj* silly; foolish, stupid, dumb
dumbom (*dewm*-boom) *c* (pl ~mar) fool
dumdristig (*dewm*-driss-ti) *adj* daring, foolhardy
dumheter (*dewm*-hāy-terr) *pl* nonsense
dun (dēwn) *nt* down
dunka (*dewng*-kah) *v* thump; bump
dunkel (*dewng*-kerl) *adj* obscure; dim
dunkelhet (*dewng*-kerl-hāyt) *c* gloom
duntäcke (*dēwn*-teh-ker) *nt* eider-

down
durkslag (*dewrk*-slaag) *nt* strainer
dusch (dewsh) *c* shower
dussin (*dew*-sin) *nt* dozen
duva (*dew*-vah) *c* pigeon
dvärg (dvær^y) *c* dwarf
dygd (dewgd) *c* virtue
dygn (dewngn) *nt* twenty-four hours
***dyka** (*dew*-kah) *v* dive
dykarglasögon (*dew*-kahr-glaa-sūr-gon) *pl* diving goggles
dylik (*dew*-leek) *adj* such, similar
dyn (dewn) *c* dune
dyna (*dew*-nah) *c* pad
dynamo (*dew*-nah-moo) *c* dynamo
dynga (*dewng*-ah) *c* dung
dyr (dewr) *adj* expensive; dear
dyrbar (*dewr*-baar) *adj* precious; dear, valuable, expensive
dyrka (*dewr*-kah) *v* worship
dysenteri (dew-sayn-ter-*ree*) *c* dysentery
dyster (*dewss*-terr) *adj* gloomy; sombre
då (dōā) *adv* then; *conj* when; **då och då** occasionally; now and then
dålig (*dōā*-li) *adj* bad; ill
dån (dōān) *nt* roar
dåraktig (*dōār*-ahk-ti) *adj* foolish
dåre (*dōā*-rer) *c* fool
däck (dehk) *nt* tire, tyre; deck
däckshytt (*dehks*-hewt) *c* deck cabin
däggdjur (*dehg*-^yewr) *nt* mammal
där (dæær) *adv* there; ~ **borta** over there; ~ **nere** downstairs; down there; ~ **uppe** upstairs; up there
därefter (*dæær*-ayf-terr) *adv* afterwards; then
däremot (dæær-ay-*mōōt*) *adv* on the other hand
därför (*dæær*-fūrr) *adv* therefore; ~ **att** because, as
därifrån (*dæær*-i-frōān) *adv* from there
***dö** (dūr) *v* die
död (dūrd) *c* death; *adj* dead
döda (*dūr*-dah) *v* kill
dödlig (*dūrd*-li) *adj* mortal, fatal
dödsstraff (*durds*-strahf) *nt* death penalty
***dölja** (*durl*-^yah) *v* conceal; *hide
döma (*dur*-mah) *v* judge; sentence
döpa (*dūr*-pah) *v* baptize; christen
dörr (durr) *c* door
dörrklocka (*durr*-klo-kah) *c* doorbell
dörrvaktmästare (*durr*-vahkt-mehss-tah-rer) *c* (pl ~) doorman
döv (dūrv) *adj* deaf

E

ebb (ayb) *c* low tide
ebenholts (*āy*-bayn-holts) *c* ebony
Ecuador (ayk-vah-*dōār*) Ecuador
ecuadorian (ayk-vah-*dōā*-ri-aan) *c* Ecuadorian
ed (āyd) *c* oath, vow
effektförvaring (*ay*-fehkt-furr-vaa-ring) *c* left-luggage office
effektiv (ay-fayk-*teev*) *adj* effective; efficient
efter (*ayf*-terr) *prep* after
efterforska (*ayf*-terr-fors-kah) *v* investigate
efterfrågan (*ayf*-terr-frōā-gahn) *c* demand
efterlikna (*ayf*-terr-leek-nah) *v* imitate
efterlämna (*ayf*-terr-lehm-nah) *v* *leave behind
eftermiddag (*ayf*-terr-mi-daag) *c* afternoon; **i** ~ this afternoon
efternamn (*ayf*-terr-nahmn) *nt* surname; family name
eftersom (*ayf*-terr-som) *conj* because, as, since
eftersträva (*ayf*-terr-strai-vah) *v* pur-

sue; aim at
eftersända (*ayf*-terr-sehn-dah) *v* forward
efterträda (*ayf*-terr-trai-dah) *v* succeed
efteråt (*ayf*-terr-ōāt) *adv* afterwards
egen (āy-gayn) *adj* own
egendom (āy-gayn-doom) *c* property
egendomlig (āy-gern-doom-li) *adj* peculiar
egendomlighet (āy-gern-doom-li-*hāyt*) *c* peculiarity
egenskap (āy-gern-skaap) *c* quality; property
egentligen (ay-*ʸaynt*-li-ern) *adv* really
egoism (ay-goo-*ism*) *c* selfishness
egoistisk (ay-goo-*iss*-tisk) *adj* egoistic
Egypten (ay-*ʸewp*-tern) Egypt
egypter (ay-*ʸewp*-terr) *c* (pl ~) Egyptian
egyptisk (ay-*ʸewp*-tisk) *adj* Egyptian
ehuru (āy-*hēw*-rew) *conj* though
ek (āyk) *c* oak
eker (āy-kerr) *c* (pl ekrar) spoke
ekipage (ay-ki-*paash*) *nt* carriage
eko (āy-koo) *nt* echo
ekollon (*āyk*-o-lon) *nt* acorn
ekonom (ay-ko-*nōām*) *c* economist
ekonomi (ay-ko-no-*mee*) *c* economy
ekonomisk (ay-ko-*nōā*-misk) *adj* economical, economic; thrifty
ekorre (*āyk*-orer) *c* squirrel
eksem (ehk-*sāym*) *nt* eczema
ekvatorn (ayk-*vaa*-torn) equator
elak (āy-lahk) *adj* evil; ill
elakartad (āy-lahk-aar-tahd) *adj* malignant
elasticitet (ay-lahss-ti-si-*tāyt*) *c* elasticity
elastisk (ay-*lahss*-tisk) *adj* elastic
eld (ayld) *c* fire
eldfarlig (*ayld*-faar-li) *adj* inflammable
eldfast (*ayld*-fahst) *adj* fireproof
eldstad (*ayld*-staad) *c* (pl -städer) hearth
eldsvåda (*aylds*-vōā-dah) *c* fire
elefant (ay-lay-*fahnt*) *c* elephant
elegans (ay-lay-*gahns*) *c* elegance
elegant (ay-lay-*gahnt*) *adj* elegant
elektricitet (ay-layk-tri-si-*tāyt*) *c* electricity
elektriker (ay-*layk*-tri-kerr) *c* (pl ~) electrician
elektrisk (ay-*layk*-trisk) *adj* electric
elektronisk (ay-layk-*trōā*-nisk) *adj* electronic
element (ay-lay-*mehnt*) *nt* element
elementär (ay-lay-mehn-*tæær*) *adj* primary
elev (ay-*lāyv*) *c* pupil
elfenben (*ayl*-fayn-bāyn) *nt* ivory
elfte (*aylf*-tay) *num* eleventh
eliminera (ay-li-mi-*nāy*-rah) *v* eliminate
eller (*ayl*-err) *conj* or
elva (*ayl*-vah) *num* eleven
elände (*ay*-lehn-der) *nt* misery
eländig (ay-*lehn*-di) *adj* miserable
emalj (ay-*mahlʸ*) *c* enamel
emaljerad (ay-mahl-*ʸāy*-rahd) *adj* enamelled
embargo (aym-*bahr*-goo) *nt* embargo
embarkering (aym-bahr-*kāy*-ring) *c* embarkation
emblem (aym-*blāym*) *nt* emblem
emellertid (ay-*meh*-lerr-teed) *adv* though, however
emot (ay-*mōōt*) *prep* against; towards; ***ha något** ~ mind
en[1] (ayn) *art* (nt ett) a *art*
en[2] (ayn) *num* one
-en[3] (ayn) *suf* (nt -et) the *art*
enaktare (*āyn*-ahk-tah-rer) *c* (pl ~) one-act play
enastående (āy-nah-stōā-ayn-der) *adj* exceptional
enbart (*āyn*-baart) *adv* exclusively
enda (*ayn*-dah) *pron* only; **en** ~

single
endast (*ayn*-dahst) *adv* alone, only; merely
endera (*ayn*-dāy-rah) *pron* either
endossera (ayn-do-*sāy*-rah) *v* endorse
energi (ay-nær-*shee*) *c* power, energy
energisk (ay-*nær*-gisk) *adj* energetic
engelsk (*ehng*-erlsk) *adj* English
Engelska kanalen (*eh*-ngerls-kah kah-*naa*-lern) English Channel
engelsman (*ehng*-erls-mahn) *c* (pl -män) Englishman
England (*ehng*-lahnd) England; Britain
engångs- (*āyn*-gongs) disposable
engångsflaska (*āyn*-gongs-flahss-kah) *c* no return bottle
enhet (*āyn*-hāyt) *c* unit, unity
***vara enig** (*vaa*-rah *āy*-ni) agree
enighet (*āy*-ni-hāyt) *c* agreement
enkel (*ayng*-kayl) *adj* simple; plain
enkelrum (*ayng*-kayl-rewm) *nt* single room
enkelt (*ayng*-kerlt) *adv* simply; **helt** ~ simply
enligt (*āyn*-lit) *prep* according to
enorm (ay-*norm*) *adj* enormous; immense
ensam (*ayn*-sahm) *adj* lonely; sole
ensidig (*āyn*-see-di) *adj* one-sided
enskild (*āyn*-shild) *adj* individual
enstämmig (*āyn*-stehm-i) *adj* unanimous
entreprenör (ehnt-rer-pray-*nūrr*) *c* contractor
entusiasm (*ayn*-tew-si-*ahsm*) *c* enthusiasm
entusiastisk (*ayn*-tew-si-*ahss*-tisk) *adj* enthusiastic
envar (ayn-*vaar*) *pron* everyone
envis (*āyn*-veess) *adj* stubborn; obstinate; head-strong, dogged
envoyé (ayn-voo-ah-*Yāy*) *c* envoy
epidemi (ay-pi-der-*mee*) *c* epidemic
epilepsi (ay-pi-lehp-*see*) *c* epilepsy
epilog (eh-pi-*lōōg*) *c* epilogue
episk (*āy*-pisk) *adj* epic
episod (eh-pi-*sōōd*) *c* episode
epos (*āy*-poss) *nt* epic
Er (*āyr*) *pron* you; your; yourself
er (*āyr*) *pron* you; your; yourselves
era (*āy*-rah) *pron* your
***erbjuda** (*āyr*-b^{y}ēw-dah) *v* offer; ~ **sig** offer one's services
erbjudande (*āyr*-b^{y}ēw-dahn-der) *nt* offer
***erfara** (*āyr*-faa-rah) *v* experience
erfaren (*ayr*-faa-rern) *adj* experienced
erfarenhet (*ayr*-faa-rern-hāyt) *c* experience
erforderlig (*ayr*-fōōr-derr-li) *adj* requisite
***erhålla** (*āyr*-ho-lah) *v* obtain
erinra sig (*āyr*-in-rah) recall
erkänna (*āyr*-t^{y}eh-nah) *v* admit; confess, acknowledge, recognize
erkännande (*āyr*-t^{y}eh-nahn-der) *nt* recognition
***ersätta** (*āyr*-seh-tah) *v* substitute; replace
ersättning (*āyr*-seht-ning) *c* indemnity; compensation
erövra (*āyr*-ūrv-rah) *v* conquer
erövrare (*āyr*-ūrv-rah-rer) *c* (pl ~) conqueror
erövring (*āyr*-ūrv-ring) *c* conquest; capture
eskort (ayss-*kort*) *c* escort
eskortera (ayss-kor-*tāy*-rah) *v* escort
esplanad (ayss-plah-*naad*) *c* esplanade
essens (ay-*sehns*) *c* essence
essä (ay-*sai*) *c* essay
etablera (ay-tah-*blāy*-rah) *v* establish
etapp (ay-*tahp*) *c* stage, lap
eter (*āy*-terr) *c* ether
etikett (ay-ti-*kayt*) *c* label; tag
etikettera (ayti-keh-*tāy*-rah) *v* label
Etiopien (ay-ti-*ōō*-pi-ern) Ethiopia

etiopier (ay-ti-*o͞o*-pi-err) *c* (pl ~) Ethiopian
etiopisk (ay-ti-*o͞o*-pisk) *adj* Ethiopian
etsning (*ehts*-ning) *c* etching
etui (ay-tew-*ee*) *nt* case
Europa (ā͞y-*ro͞o*-pah) Europe
europé (ā͞y-roo-*pā͞y*) *c* European
europeisk (ā͞y-roo-*pā͞y*-isk) *adj* European
evakuera (ay-vah-kew-*ā͞y*-rah) *v* evacuate
evangelium (ay-vahn-*ʸā͞y*-li-ʸewm) *nt* (pl -lier) gospel
eventuell (ay-vehn-tew-*ayl*) *adj* possible
evig (*ā͞yvi*) *adj* eternal
evighet (*ā͞y*-vi-hā͞yt) *c* eternity
evolution (ay-vo-lew-*sho͞on*) *c* evolution
exakt (ayks-*ahkt*) *adv* exactly; *adj* exact
examen (ayk-*saa*-mern) *c* examination; ***ta** ~ graduate
excentrisk (ayk-*sehnt*-risk) *adj* eccentric
exempel (ayk-*sehm*-perl) *nt* example; instance; **till** ~ for example; for instance
exemplar (ayks-aym-*plaar*) *nt* copy; specimen
existens (ayk-si-*stehns*) *c* existence
existera (ayk-si-*stā͞y*-rah) *v* exist
exklusiv (*ehks*-kloo-*seev*) *adj* exclusive
exotisk (ehk-*so͞a*-tisk) *adj* exotic
expedit (ehks-pay-*deet*) *c* shop assistant
expedition (ayks-pay-di-*sho͞on*) *c* expedition
experiment (ayks-peh-ri-*mehnt*) *nt* experiment
experimentera (ayks-peh-ri-mayn-*tā͞y*-rah) *v* experiment
expert (ayks-*pært*) *c* expert
explodera (ayks-plo-*dā͞y*-rah) *v* explode
explosion (ayks-plo-*sho͞on*) *c* blast, explosion
explosiv (ayks-plo-*seev*) *adj* explosive
exponering (ayks-po-*nā͞y*-ring) *c* exposure
exponeringsmätare (ayks-po-*nā͞y*-rings-*mai*-tah-rer) *c* (pl ~) exposure meter
export (ayk-*sport*) *c* exports *pl*
exportera (ayks-por-*tā͞y*-rah) *v* export
expresståg (ayks-*prayss*-tō͞ag) *nt* express train
expressutdelning (ayks-*prayss*-ewt-*dā͞yl*-ning) *c* special delivery
extas (ayks-*taass*) *c* ecstasy
extra (*aykst*-rah) *adj* extra, additional; spare
extrastorlek (*aykst*-rah-sto͞or-lā͞yk) *c* outsize
extravagant (ayk-strah-vah-*gahnt*) *adj* extravagant
extrem (ehk-*strā͞ym*) *adj* extreme

F

fabel (*faa*-berl) *c* (pl fabler) fable
fabrik (fahb-*reek*) *c* factory; works *pl;* plant, mill
fabrikant (fahb-ri-*kahnt*) *c* manufacturer
fack (fahk) *nt* compartment; trade
fackförening (*fahk*-furr-*ā͞y*-ning) *c* trade-union
fackla (*fahk*-lah) *c* torch
fackman (*fahk*-mahn) *c* (pl -män) expert
fager (*faa*-gerr) *adj* fair
fajans (fah-*ʸahngs*) *c* faience
faktisk (*fahk-tisk*) *adj* actual, factual
faktiskt (*fahk*-tist) *adv* in effect, ac-

tually, as a matter of fact, really
faktor (*fahk*-tor) *c* factor
faktum (*fahk*-tewm) *nt* (pl fakta) fact
faktura (fahk-*tēw*-rah) *c* invoice
fakturera (fahk-tew-*rāyrah*) *v* bill
fakultet (fah-kewl-*tāyt*) *c* faculty
falk (fahlk) *c* hawk
fall (fahl) *nt* fall; case, instance; **i varje ~** at any rate; anyway
***falla** (*fahl*-ah) *v* *fall
fallenhet (*fahl*-ern-hāyt) *c* faculty
fallfärdig (*fahl*-fæær-di) *adj* ramshackle
falsk (fahlsk) *adj* false
familj (fah-*mil*ʸ) *c* family
familjär (fah-mil-ʸ*æær*) *adj* familiar
fanatisk (fah-*naa*-tisk) *adj* fanatical
fantasi (fahn-tah-*see*) *c* imagination, fantasy
fantasilös (fahn-tah-*see*-lūrss) *adj* unimaginative
fantastisk (fahn-*tahss*-tisk) *adj* fantastic
fantom (fahn-*tōām*) *c* phantom
far (faar) *c* (pl fäder) father
fara (*faa*-rah) *c* peril, risk, danger
***fara** (*faa*-rah) *v* *go away; **~ runt om** by-pass
farbror (*fahr*-brōōr) *c* (pl -bröder) uncle
farfar (*fahr*-faar) *c* (pl -fäder) grandfather
farföräldrar (*faar*-furr-*ehld*-rahr) *pl* grandparents *pl*
farlig (*faar*-li) *adj* dangerous
farmakologi (fahr-mah-ko-loo-*gee*) *c* pharmacology
farmor (*fahr*-mōōr) *c* (pl -mödrar) grandmother
fars (fahrs) *c* farce
fart (faart) *c* speed; rate
fartbegränsning (*faart*-bay-*grehns*-ning) *c* speed limit
fartyg (*faar*-tēwg) *nt* ship; vessel

fas (faass) *c* stage, phase
fasa (*faa*-sah) *c* horror
fasad (fah-*saad*) *c* façade
fasan (fah-*saan*) *c* pheasant
fascinera (fah-shi-*nāy*-rah) *v* fascinate
fascism (fah-*shism*) *c* fascism
fascist (fah-*shist*) *c* fascist
fascistisk (fah-*shiss*-tisk) *adj* fascist
fast (fahst) *adj* fixed; firm; permanent; *adv* tight
faster (*fahss*-terr) *c* (pl -trar) aunt
fastighet (fahss-ti-*hāyt*) *c* house, property; premises *pl*
fastighetsmäklare (*fahss*-ti-hāyts-*maik*-lah-rer) *c* (pl ~) house agent
fastland (*fahst*-lahnd) *nt* mainland
fastställa (*fahst*-steh-lah) *v* establish; determine, ascertain, state
fastän (*fahst*-ehn) *conj* though, although
fat (faat) *nt* dish; barrel
fatal (fah-*taal*) *adj* fatal
fatta (*fah*-tah) *v* conceive; *take
fattas (*fah*-tahss) *v* fail
fattig (*fah*-ti) *adj* poor
fattigdom (*fah*-ti-*doom*) *c* poverty
fattigkvarter (*fah*-ti-kvahr-*tāyr*) *nt* slum
favorit (fah-vōō-*reet*) *c* favourite
fe (fāy) *c* fairy
feber (*fāy*-berr) *c* fever
febrig (*fāyb*-ri) *adj* feverish
februari (fayb-rew-*aa*-ri) February
federation (fay-day-rah-*shōōn*) *c* federation
feg (fāyg) *adj* cowardly
fel (fāyl) *nt* mistake, error, fault; *adj* false, wrong; ***ha ~** *be wrong; ***ta ~** err
felaktig (*fāyl*-ahk-ti) *adj* incorrect; mistaken
felfri (*fāyl*-free) *adj* faultless
felsteg (*fāyl*-stāyg) *nt* slip
fem (fehm) *num* five

feminin (*fāy*-mi-neen) *adj* feminine
femte (*fehm*-ter) *num* fifth
femtio (*fehm*-ti) *num* fifty
femton (fehm-ton) *num* fifteen
femtonde (*fehm*-ton-der) *num* fifteenth
feodal (fay-o-*daal*) *adj* feudal
ferieläger (*fāy*-ri-er-lai-gerr) *nt* holiday camp
fernissa (fær-*nee*-sah) *c* varnish; *v* varnish
fest (fehst) *c* party; feast
festival (fayss-ti-*vaal*) *c* festival
festlig (*fayst*-li) *adj* festive
fet (fāyt) *adj* fatty; fat; corpulent
fetma (*feht*-mah) *c* fatness
fett (fayt) *nt* fat, grease
fiber (*fee*-berr) *c* fibre
ficka (*fi*-kah) *c* pocket
fickalmanacka (*fik*-ahl-mah-nah-kah) *c* diary
fickkam (*fik*-kahm) *c* (pl ~mar) pocket-comb
fickkniv (*fik*-kneev) *c* pocket-knife
ficklampa (*fik*-lahm-pah) *c* torch; flash-light
fickur (*fik*-ēwr) *nt* pocket-watch
fiende (*fee*-ayn-der) *c* enemy
fientlig (fi-*ehnt*-li) *adj* hostile
figur (*fi-gēwr*) *c* figure
fikon (*fee*-kon) *nt* fig
fiktion (fik-*shōōn*) *c* fiction
fil (feel) *c* file; row; lane
filial (fil-i-*aal*) *c* branch
filippinare (fi-li-*pee*-nah-rer) *c* (pl ~) Filipino
Filippinerna (fi-li-*pee*-nerr-nah) Philippines *pl*
filippinsk (fi-li-*peensk*) *adj* Philippine
film (film) *c* film; movie; **tecknad** ~ cartoon
filma (*fil*-mah) *v* film
filmduk (*film*-dēwk) *c* screen
filmkamera (*film*-kaa-mer-rah) *c* film camera
filosof (fi-lo-*sōāf*) *c* philosopher
filosofi (fi-lo-so-*fee*) *c* philosophy
filt (filt) *c* blanket; felt
filter (*fil*-terr) *nt* filter
fin (feen) *adj* fine; delicate; **fint**! all right!; okay!
finanser (fi-*nahng*-serr) *pl* finances *pl*
finansiell (fi-nahng-si-*ayl*) *adj* financial
finansiera (fi-nahng-*si*-*āy*-rah) *v* finance
finger (*fing*-err) *nt* (pl fingrar) finger
fingeravtryck (*fing*-err-aav-trewk) *nt* fingerprint
fingerborg (*fing*-er-bor[y]) *c* thimble
finhacka (*feen*-hah-kah) *v* mince
Finland (*fin*-lahnd) Finland
finländare (*fin*-lehn-der-rer) *c* (pl ~) Finn
finmala (*feen*-maa-lah) *v* *grind
***finna** (*fi*-nah) *v* *find
finne (*fi*-ner) *c* pimple; **finnar** acne
finsk (finsk) *adj* Finnish
fiol (fi-*ōōl*) *c* violin
fira (*fee*-rah) *v* celebrate
firande (fee-rahn-der) *nt* celebration
firma (*feer*-mah) *c* firm; company
fisk (fisk) *c* fish
fiska (*fiss*-kah) *v* fish
fiskaffär (*fisk*-ah-*fæær*) *c* fish shop
fiskare (*fiss*-kah-rer) *c* (pl ~) fisherman
fiskben (*fisk*-bāyn) *nt* fishbone; bone
fiskedon (*fiss*-ker-dōōn) *nt* fishing tackle
fiskekort (*fiss*-ker-kōōrt) *nt* fishing licence
fiskerinäring (fiss-ker-*ree*-næ-ring) *c* fishing industry
fiskmås (*fisk*-mōāss) *c* seagull
fisknät (*fisk*-nait) *nt* fishing net
fiskredskap (*fisk*-rāyd-skaap) *nt* fishing gear

fiskrom (*fisk*-rom) *c* roe
fjord (fʸōard) *c* fjord
fjorton (*fʸōōr*-ton) *num* fourteen
fjortonde (*fʸōōr*-ton-der) *num* fourteenth
fjäder (*fʸai*-derr) *c* (pl -drar) feather; spring
fjäderfä (*fʸai*-derr-fai) *nt* poultry; fowl
fjädring (*fʸaid*-ring) *c* suspension
fjäll (fʸehl) *nt* scale; mountain
fjälla (*fʸeh*-lah) *v* peel
fjärde (*fʸæær*-der) *num* fourth
fjäril (*fʸææ*-ril) *c* butterfly
fjärilsim (*fʸææ*-ril-sim) *nt* butterfly stroke
flagga (*flah*-gah) *c* flag
flamingo (*flahm*-ing-goo) *c* flamingo
flanell (flah-*nayl*) *c* flannel
flanera (flah-*nāy*-rah) *v* stroll
flanör (flah-*nūrr*) *c* stroller
flaska (*flahss*-kah) *c* bottle
flaskhals (*flahsk*-hahls) *c* bottleneck
flasköppnare (*flahsk*-urp-nah-rer) *c* (pl ~) bottle opener
flat (flaat) *adj* flat
fler (flāyr) *adj* more; **(de) flesta** most; **flera** several
flicka (*fli*-kah) *c* girl
flicknamn (*flik*-nahmn) *nt* maiden name; girl's name
flickscout (*flik*-skout) *c* girl guide
flin (fleen) *nt* grin
flina (*flee*-nah) *v* grin
flintskallig (*flint*-skah-li) *adj* bald
flintsten (*flint*-stāyn) *c* flint
flisa (*flee*-sah) *c* chip
flit (fleet) *c* diligence
flitig (*flee*-ti) *adj* industrious, diligent
flod (flōōd) *c* river; flood
flodbank (*flōōd*-bahngk) *c* bank
flodmynning (*flōōd*-mew-ning) *c* river mouth, estuary
flodstrand (flōōd-strahnd) *c* (pl -stränder) riverside; river bank
flotta (*flo*-tah) *c* navy; fleet; **flott-** naval
flotte (*flo*-ter) *c* raft
flottig (*flo*-ti) *adj* greasy
flottör (flo-*tūrr*) *c* float
fluga (*flēw*-gah) *c* fly; bow tie
fly (flēw) *v* escape
flyg (*flēwg*) *nt* flight
***flyga** (*flēw*-gah) *v* *fly
flygbolag (*flēwg*-bōō-laag) *nt* airline
flygel (*flēw*-gerl) *c* (pl -glar) grand piano
flygfält (*flēwg*-fehlt) *nt* airfield
flygkapten (*flēwg*-kahp-tāyn) *c* captain
flygmaskin (*flēwg*-mah-*sheen*) *c* aircraft
flygolycka (*flēwg*-oo-*lew*-kah) *c* plane crash
flygplan (*flēwg*-plaan) *nt* aeroplane, aircraft, plane; airplane *nAm*
flygplats (*flēwg*-plahts) *c* airport
flygpost (*flēwg*-post) *c* airmail
flygresa (*flēwg*-rāy-sah) *c* flight
flygsjuka (*flēwg*-shēw-kah) *c* air-sickness
flygvärdinna (*flēwg*-vær-*di*-nah) *c* stewardess
flykt (flewkt) *c* escape
flyktig (*flewk*-ti) *adj* passing; volatile
flykting (*flewk*-ting) *c* refugee
***flyta** (*flēw*-tah) *v* flow; float
flytande (*flēw*-tahn-der) *adj* fluent; liquid, fluid
flytta (*flewt*-ah) *v* move
flyttbar (*flewt*-baar) *adj* movable
flyttning (*flewt*-ning) *c* move
flytväst (*flēwt*-vehst) *c* life-jacket
fläck (flehk) *c* stain, spot; speck, blot; **fläcka ned** stain
fläckborttagningsmedel (*flehk*-boart-taag-nings-*māy*-dayl) *nt* stain remover
fläckfri (*flehk*-free) *adj* spotless, stain-

less
fläckig (*fleh*-ki) *adj* spotted
fläkt (flehkt) *c* breath of air, breeze; fan
fläktrem (*flehkt*-rehm) *c* (pl ~mar) fan belt
flämta (*flehm*-tah) *v* pant
flöjt (flur^y^t) *c* flute
fnittra (*fnit*-rah) *v* giggle
foajé (foo-ah-*^y^ay*) *c* lobby, foyer
fock (fok) *c* foresail
foder (*foo*-derr) *nt* lining; forage
foderbehållare (*foo*-derr-bay-*ho*-lah-rer) *c* (pl ~) manger
fodral (foo-*draal*) *nt* case; cover
fogde (*foog*-der) *c* bailiff
folk (folk) *nt* folk, nation, people; *pl* people *pl;* **folk-** national, popular
folkdans (*folk*-dahns) *c* folk-dance
folklore (*folk*-loar) *c* folklore
folkmassa (*folk*-mah-sah) *c* crowd
folkrik (*folk*-reek) *adj* populous
folkvisa (*folk*-vee-sah) *c* folk song
fond (fond) *c* fund
fondbörs (*fond*-burrs) *c* stock exchange
fondmarknad (*fond*-mahrk-nahd) *c* stock market
fonetisk (fo-*nay*-tisk) *adj* phonetic
fontän (fon-*tain*) *c* fountain
forcera (for-*say*-rah) *v* force
fordon (*foo*-doon) *nt* vehicle
fordra (*food*-rah) *v* demand; claim
fordran (*food*-rahn) *c* (pl -ringar) claim
fordringsägare (*food*-rings-ai-gah-rer) *c* (pl ~) creditor
forell (fo-*rayl*) *c* trout
form (form) *c* form; shape
forma (*for*-mah) *v* form; model, shape
formalitet (for-mah-li-*tayt*) *c* formality
format (for-*maat*) *nt* format; size
formel (*for*-merl) *c* (pl -mler) formula
formell (for-*mehl*) *adj* formal
formulär (for-mew-*læær*) *nt* form
forntida (*foorn*-tee-dah) *adj* ancient
forskning (*forsk*-ning) *c* research
fort[1] (foort) *adv* in a hurry
fort[2] (fort) *nt* fort
***fortgå** (*foort*-goa) *v* continue
fortkörning (*foort*-t^y^urr-ning) *c* speeding
***fortsätta** (*foort*-seh-tah) *v* *keep on; continue; *go on, *go ahead, carry on; proceed
fortsättning (*foort*-seht-ning) *c* continuation
fosterföräldrar (*fooss*-terr-furr-*ehld*-rahr) *pl* foster-parents *pl*
fosterland (*fooss*-terr-lahnd) *nt* (pl -länder) fatherland, native country
fot (foot) *c* (pl fötter) foot; **till fots** on foot; walking
fotboll (*foot*-bol) *c* football; soccer
fotbollslag (*foot*-bols-laag) *nt* soccer team
fotbollsmatch (*foot*-bols-mahch) *c* football match
fotbroms (*foot*-broms) *c* foot-brake
fotgängare (*foot*-^y^ehng-ah-rer) *c* (pl ~) pedestrian
fotnot (*foot*-noot) *c* note
foto (*foo*-too) *nt* photo
fotoaffär (*foo*-too-ah-*fæær*) *c* camera shop
fotogen (fo-to-*shayn*) *c* paraffin; kerosene
fotograf (foo-too-*graaf*) *c* photographer
fotografera (foo-too-grah-*fay*-rah) *v* photograph
fotografering (foo-too-grah-*fay*-ring) *c* photography
fotografi (foo-too-grah-*fee*) *nt* photograph
fotostatkopia (*foo*-too-*staat*-koo-*pee*-ah) *c* photostat
fotpuder (*foot*-pew-derr) *nt* foot pow-

der

fotspecialist (*foot*-spay-si-ah-*list*) *c* chiropodist

fotvård (*foot*-vord) *c* pedicure

frakt (frahkt) *c* freight

fram (frahm) *adv* forward

framför (*frahm*-furr) *prep* before; in front of; *adv* ahead

framföra (*frahm*-fur-rah) *v* present, state

***framgå** (*frahm*-goa) *v* appear

framgång (*frahm*-gong) *c* prosperity

framgångsrik (*frahm*-gongs-reek) *adj* successful

framkalla (*frahm*-kah-lah) *v* develop

***framlägga** (*frahm*-lehg-ah) *v* present

framsida (*frahm*-see-dah) *c* front; face

framsteg (*frahm*-stayg) *nt* progress; advance; ***göra** ~ advance, *make progress; *get on

framstegsvänlig (*frahm*-staygs-vehn-li) *adj* progressive

framstående (*frahm*-stoa-ayn-der) *adj* prominent; distinguished

framställa (*frahm*-steh-lah) *v* produce, represent

framtid (*frahm*-teed) *c* future

framtida (*frahm*-tee-dah) *adj* future

framträda (*frahm*-trai-dah) *v* appear

framträdande (*frahm*-treh-dahn-der) *nt* appearance

framvisa (*frahm*-vee-sah) *v* *show

framåt (*frahm*-oat) *adv* onwards, forward, ahead

framåtsträvande (*frahm*-oat-strai-vahn-der) *adj* progressive

frankera (frahng-*kay*-rah) *v* stamp

franko (*frahng*-koo) *adj* post-paid

Frankrike (*frahngk*-ri-ker) France

frans (frahns) *c* fringe

fransa sig (frahn-sah) fray

fransk (frahnsk) *adj* French

fransman (*frahns*-mahn) *m* (pl -män) Frenchman

fras (fraass) *c* phrase

frasig (*fraa*-si) *adj* crisp

fred (frayd) *c* peace

fredag (*fray*-daag) *c* Friday

frekvens (frer-*kvehns*) *c* frequency

fresta (*frayss*-tah) *v* tempt

frestelse (*frayss*-tayl-ser) *c* temptation

fri (free) *adj* free

fribiljett (*free*-bil-yayt) *c* free ticket

frid (freed) *c* peace

fridfull (*freed*-fewl) *adj* peaceful; serene

***frige** (*fri*-yay) *v* release

frigivande (*free*-yee-vahn-der) *nt* liberation

frigörelse (*free*-yur-rerl-ser) *c* emancipation, liberation

frihet (*free*-hayt) *c* liberty, freedom

friidrott (*free*-ee-drot) *c* athletics *pl*

frikalla (*free*-kah-lah) *v* exempt

frikostig (*free*-koss-ti) *adj* liberal

friktion (frik-*shoon*) *c* friction

frikännande (*free*-tyeh-nahn-der) *nt* acquittal

frimärke (*free*-mær-ker) *nt* postage stamp

frimärksautomat (*free*-mærks-ou-too-*maat*) *c* stamp machine

frisk (frisk) *adj* well, healthy

friskintyg (*frisk*-in-tewg) *nt* health certificate

frisyr (fri-*sewr*) *c* hair-do

***frita** (*free*-taa) *v* exempt; ~ **från** discharge of

fritid (*free*-teed) *c* spare time

fritidscenter (*free*-teeds-sehn-terr) *nt* recreation centre

frivillig[1] (*free*-vi-li) *c* (pl ~a) volunteer

frivillig[2] (*free*-vi-li) *adj* voluntary

frivol (fri-*vol*) *adj* frivolous

from (froom) *adj* pious

frost (frost) *c* frost

frostknöl (*froast*-knurl) *c* chilblain
frostskyddsvätska (*frost*-shewds-vehts-kah) *c* antifreeze
frotté (fro-*tay*) *c* terry cloth
fru (frew) *c* madam
frukost (*frew*-kost) *c* breakfast
frukt (frewkt) *c* fruit
frukta (*frewk*-tah) *v* dread, fear
fruktan (*frewk*-tahn) *c* dread, fright
fruktansvärd (frewk-tahns-væærd) *adj* awful
fruktbar (*frewkt*-baar) *adj* fertile
fruktsaft (*frewkt*-sahft) *c* squash, juice
fruktträdgård (*frewkt*-trai-goard) *c* orchard
frusen (*frew*-sern) *adj* frozen, cold
frys (frewss) *c* deep-freeze
***frysa** (*frew*-sah) *v* *be cold; *freeze
fryspunkt (*frewss*-pewngkt) *c* freezing-point
fråga (*froa*-gah) *c* question; matter, issue; *v* ask
frågesport (*froa*-ger-sport) *c* quiz
frågetecken (*froa*-ger-tay-kern) *nt* question mark
frågvis (*froag*-veess) *adj* inquisitive
från (froan) *prep* from; off, as from, out of; ~ **och med** from; as from
frånstötande (*froan*-stur-tahn-der) *adj* repellent; repulsive
frånvarande (*froan*-vaa-rahn-der) *adj* absent
frånvaro (*froan*-vaa-roo) *c* absence
fräck (frehk) *adj* impertinent, insolent; bold
fräckhet (*frehk*-hayt) *c* nerve
frälsa (*frehl*-sah) *v* redeem; deliver
frälsning (*frehls*-ning) *c* delivery
främling (*frehm*-ling) *c* stranger; alien
främmande (*frehm*-ahn-der) *adj* strange; foreign
frö (frur) *nt* seed
fröjd (frur^yd) *c* joy
fröken (*frur*-kayn) *c* miss; spinster
fukt (fewkt) *c* damp
fukta (*fewk*-tah) *v* moisten; damp
fuktig (*fewk*-ti) *adj* damp; humid, moist
fuktighet (*fewk*-ti-hayt) *c* humidity, moisture
ful (fewl) *adj* ugly
full (fewl) *adj* full; drunk
fullblods- (*fewl*-bloods) thoroughbred
fullborda (*fewl*-boor-dah) *v* accomplish; finish
***fullgöra** (*fewl*-^yur-rah) *v* fulfill; perform
fullkomlig (*fewl*-kom-li) *adj* complete; perfect; **fullkomligt** completely; entirely
fullkomlighet (*fewl*-kom-li-hayt) *c* perfection
fullkornsbröd (*fewl*-koorns-brurd) *nt* wholemeal bread
fullpackad (*fewl*-pahk-ahd) *adj* chockfull; crowded
fullsatt (*fewl*-saht) *adj* full up
fullständig (*fewl*-stehn-di) *adj* complete, total, utter; **fullständigt** completely
fullända (*fewl*-ehn-dah) *v* complete
fundera på (fewn-*day*-rah) *think over, ponder upon
fungera (fewng-*gay*-rah) *v* work; operate
funktion (fewngk-*shoon*) *c* function; working, operation
funktionsoduglig (fewngk-*shoons*-oo-dewg-li) *adj* out of order
fuska (*fewss*-kah) *v* cheat
fy! (few) shame!
fylla (*few*-lah) *v* fill; ~ **i** fill in; fill out *Am*
fylld (fewld) *adj* stuffed
fyllning (*fewl*-ning) *c* filling; stuffing
fynd (fewnd) *nt* discovery, find; bargain

fyr (fewr) *c* lighthouse
fyra (*few*-rah) *num* four
fyrtio (*furr*-ti) *num* forty
fysik (few-*seek*) *c* physics
fysiker (*few*-si-kerr) *c* (pl ~) physicist
fysiologi (few-si-o-lo-*gee*) *c* physiology
fysisk (*few*-sisk) *adj* physical
få (foa) *adj* few
***få** (foa) *v* *get; *may, *have, *be allowed to
fåfänglig (*foa*-fehng-li) *adj* vain
fågel (*foa*-gerl) *c* (pl fåglar) bird
fåll (fol) *c* hem
fånga (*fong*-ah) *v* *catch
fånge (*fong*-er) *c* prisoner
fångenskap (*fong*-ayn-skaap) *c* imprisonment
fångvaktare (*fong*-vahk-tah-rer) *c* (pl ~) jailer
får (foar) *nt* sheep
fåra (*foa*-rah) *c* furrow, groove
fårkött (*foar*-t^{y}urt) *nt* mutton
***få tag i** (faw taag ee) *come across
fåtölj (foa-*turl*^{y}) *c* armchair; easy chair
fäkta (*fehk*-tah) *v* fence
fälg (fehl^{y}) *c* rim
fälla (*fehl*-ah) *c* trap
fält (fehlt) *nt* field
fältkikare (*fehlt*-t^{y}ee-kah-rer) *c* (pl ~) field glasses
fältsäng (*fehlt*-sehng) *c* camp-bed
fängelse (*fehng*-ayl-ser) *nt* prison; gaol, jail
fängsla (*fehngs*-lah) *v* imprison, captivate
färdig (*fæær*-di) *adj* finished; ready
färg (fær^{y}) *c* colour; dye
färga (*fær*-^{y}ah) *v* dye
färgad (*fær*-^{y}ahd) *adj* coloured, dyed
färgblind (*fær*^{y}-blind) *adj* colour-blind
färgfilm (*fær*^{y}-film) *c* colour film
färglåda (*fær*^{y}-loa-dah) *c* paint-box
färgrik (*fær*^{y}-reek) *adj* richly coloured, vivid
färgstark (*fær*^{y}-stahrk) *adj* colourful
färgäkta (*fær*^{y}-ehk-tah) *adj* fast-dyed
färgämne (*fær*^{y}-ehm-ner) *nt* colourant
färja (*fær*-^{y}ah) *c* ferry-boat
färsk (færsk) *adj* fresh
fästa (*fehss*-tah) *v* attach, fasten; *stick; ~ **med nål** pin; **fäst vid** attached to
fästman (*fehst*-mahn) *c* (pl -män) fiancé
fästmö (*fehst*-mur) *c* fiancée
fästning (*fehst*-ning) *c* fortress; stronghold
föda (*fur*-dah) *c* food
född (furd) *adj* born
födelse (*fur*-dayl-ser) *c* birth
födelsedag (*fur*-dayl-ser-daag) *c* birthday
födelseort (*fur*-dayl-ser-oort) *c* place of birth
födsel (*furd*-serl) *c* (pl -slar) birth
föga (*fur*-gah) *adj* little
följa (*furl*-^{y}ah) *v* accompany; follow; ~ **efter** follow
följaktligen (*furl*^{y}-ahkt-li-gayn) *adv* consequently
följande (furl-^{y}ahn-der) *adj* following; next, subsequent
följd (furl^{y}d) *c* consequence; result; succession
följeslagare (furl-^{y}er-slaa-gah-rer) *c* (pl ~) companion
följetong (*furl*-^{y}er-tong) *c* serial
fönster (*furns*-terr) *nt* window
fönsterbräde (*furn*-sterr-braider) *nt* window-sill
fönstergaller (*furns*-terr-gahl-err) *nt* bar
fönsterlucka (*furns*-terr-lew-kah) *c* shutter
för (furr) *prep* for, *conj* for; ~ **att** to

föra (*fūr*-rah) *v* convey, carry
förakt (furr-*ahkt*) *nt* scorn, contempt
förakta (furr-*ahk*-tah) *v* despise; scorn
förare (*fūr*-rah-rer) *c* (pl ~) driver
förarga (furr-*ahr*-ʸah) *v* annoy; displease
förargelse (furr-*ahr*-ʸerl-ser) *c* annoyance
förarglig (furr-*ahr*ʸ-li) *adj* annoying
förband (furr-*bahnd*) *nt* bandage
förbandslåda (furr-*bahnds*-lōā-dah) *c* first-aid kit
förbanna (furr-*bahn*-ah) *v* curse
förbehåll (*fūrr*-ber-hol) *nt* reservation; qualification; **utan** ~ unconditionally
förbereda (*fūrr*-ber-*rāy*-dah) *v* prepare
förberedelse (*fūrr*-ber-*rāy*-dayl-ser) *c* preparation
förbi (furr-*bee*) *prep* past; ***gå** ~ pass by
***förbinda** (furr-*bin*-dah) *v* connect; join; dress
förbindelse (furr-*bin*-dehl-ser) *c* connection
förbipasserande (furr-*bee*-pah-sāy-rahn-der) *c* (pl ~) passer-by
***förbise** (*fūrr*-bi-sāy) *v* overlook
förbiseende (*fūrr*-bi-sāy-ayn-der) *nt* oversight
***förbjuda** (furr-*b*ʸ*ēw*-dah) *v* *forbid; prohibit
förbjuden (furr-*b*ʸ*ēw*-dayn) *adj* prohibited
***förbli** (furr-*blee*) *v* remain; stay
förbluffa (furr-*blew*-fah) *v* amaze
förbruka (furr-*brēw*-kah) *v* consume; *spend; use up
förbrukning (furr-*brēwk*-ning) *c* consumption
förbryllande (furr-*brew*-lahn-der) *adj* puzzling
förbrytare (furr-*brēw*-tah-rer) *c* (pl ~) criminal
förbud (furr-*bēwd*) *nt* prohibition
förbund (furr-*bewnd*) *nt* league; **förbunds-** federal
förbundsstat (furr-*bewnd*-staat) *c* federation
förbättra (furr-*beht*-rah) *v* improve
förbättring (furr-*beht*-ring) *c* improvement
fördel (*fūrr*-dāyl) *c* advantage; profit
fördelaktig (*fūrr*-dāyl-ahk-ti) *adj* advantageous; attractive
fördom (*fūrr*-doom) *c* prejudice
***fördriva** (furr-*dree*-vah) *v* expel, chase
fördröja (furr-*drur*-ʸah) *v* delay; slow down
fördämning (furr-*dehm*-ning) *c* dike
fördärva (furr-*dær*-vah) *v* *spoil
före (*fūr*-rer) *prep* before; ahead of; ~ **detta** former
förebrå (*fūr*-rer-brōā) *v* reproach; blame
förebråelse (*fūr*-rer-brōā-ayl-ser) *c* reproach
förebygga (*fūr*-rer-bewg-ah) *v* prevent
förebyggande (*fūr*-rer-bew-gahn-der) *adj* preventive
***föredra** (*fūr*-rer-draa) *v* prefer
föredrag (*fūr*-rer-draag) *nt* lecture, talk
***föregripa** (*fūr*-rer-gree-pah) *v* anticipate
***föregå** (*fur*-rer-gōā) *v* precede
föregående (*fūr*-rer-gōā-ern-der) *adj* previous; preceding; prior
föregångare (*fūr*-rer-gong-ah-rer) *c* (pl ~) predecessor
***förekomma** (*fūr*-rer-ko-mah) *v* occur; anticipate
förekomst (*fūr*-rer-komst) *c* frequency
föreläsning (fūr-rer-laiss-ning) *c* lecture
föremål (*fūr*-rer-mōāl) *nt* object
förena (furr-*āy*-nah) *v* join, unite

förenad (furr-*ay*-nahd) *adj* united, combined, joint
förening (furr-*ay*-ning) *c* association; society, club; union
Förenta Staterna (fur-*rayn*-tah-*staa*-terr-nah) United States; the States
***föreslå** (*fur*-rer-sloa) *v* propose; suggest
förespråkare (*fur*-rer-sproa-kah-ray) *c* (pl ~) spokesman, advocate
förestående (*fur*-rer-stoa-ayn-der) *adj* oncoming
föreståndarinna (*fur*-rer-ston-dah-*ri*-nah) *c* matron; manageress
föreställa (*fur*-rer-stehl-ah) *v* introduce; represent; ~ **sig** imagine; fancy
föreställning (*fur*-rer-stehl-ning) *c* idea; performance, show
***företa** (*fur*-rer-tah) *v* *undertake
företag (*fur*-rer-taag) *nt* enterprise; undertaking; concern, company
företräde (*fur*-rer-trai-der) *nt* priority
förevisa (*fur*-rer-vee-sah) *v* exhibit
förevändning (*fur*-rer-vehnd-ning) *c* pretence
förfader (*furr*-faa-derr) *c* (pl -fäder) ancestor
förfall (furr-*fahl*) *nt* decay
***förfalla** (furr-*fah*-lah) *v* deteriorate; expire
förfallen (furr-*fahl*-ern) *adj* dilapidated; ~ **till betalning** overdue
förfallodag (furr-*fah*-lo-daag) *c* due date, day of maturity, expiry
förfalska (furr-*fahls*-kah) *v* forge; counterfeit
förfalskning (furr-*fahlsk*-ning) *c* fake, falsification
förfaringssätt (furr-*faa*-rings-seht) *nt* method
författare (furr-*fah*-tah-rer) *c* (pl ~) author; writer
förfluten (furr-*flew*-tayn) *adj* past; **det förflutna** the past
***förflyta** (furr-*flew*-tah) *v* pass
förflyttning (furr-*flewt*-ning) *c* transfer
förfogande (furr-*foog*-ahn-der) *nt* disposal
förfriskning (furr-*frisk*-ning) *c* refreshment
förfråga sig (furr-*froag*-ah) inquire
förfrågan (furr-*froa*-gahn) *c* (pl -gningar) request, inquiry; query
förfärlig (furr-*fæær*-li) *adj* terrible; dreadful, frightful
förfölja (furr-*furl*-[y]ah) *v* pursue; chase
förföra (furr-*fur*-rah) *v* seduce
förförisk (furr-*fur*-risk) *adj* seductive
förgasare (furr-*gaa*-sah-rer) *c* (pl ~) carburettor
förgifta (furr-[y]*if*-tah) *v* poison
förgrenas (furr-*gray*-nahss) *v* fork, ramify
förgrund (*furr*-grewnd) *c* foreground
förgylld (furr-[y]*ewld*) *adj* gilt
***förgå sig** (furr-*goa*) offend
förgäves (furr-[y]*aiv*-erss) *adv* in vain
på förhand (poa *furr*-hahnd) in advance
förhandla (furr-*hahnd*-lah) *v* negotiate
förhandling (furr-*hahnd*-ling) *c* negotiation
förhastad (furr-*hahss*-tahd) *adj* rash; premature
förhindra (furr-*hin*-drah) *v* prevent
förhoppning (furr-*hop*-ning) *c* hope
förhållande (furr-*hol*-ahn-der) *nt* relation; affair
förhäxa (furr-*hehk*-sah) *v* bewitch
förhör (furr-*hurr*) *nt* interrogation; examination
förhöra (furr-*hur*-rah) *v* interrogate; ~ **sig** inquire; enquire
förkasta (furr-*kahss*-tah) *v* reject; turn down
förklara (furr-*klaa*-rah) *v* explain; declare; ~ **skyldig** convict

förklaring (furr-*klaa*-ring) *c* explanation; declaration
förklarlig (furr-*klaar*-li) *adj* accountable
förklä sig (furr-*klai*) disguise
förkläde (*furr*-klai-der) *nt* apron
förklädnad (furr-*klaid*-nahd) *c* disguise
förkorta (furr-*kor*-tah) *v* shorten
förkortning (furr-*kort*-ning) *c* abbreviation
förkylning (furr-*tʸewl*-ning) *c* cold; ***bli förkyld** *catch a cold
förkämpe (*furr*-tʸehm-per) *c* advocate, champion
förkärlek (*furr*-tʸææer-layk) *c* preference
förkörsrätt (*furr*-tʸurrs-reht) *c* right of way
förlag (furr-*laag*) *nt* publishing house
förlamad (furr-*laa*-mahd) *adj* paralyzed; lame
förlikning (furr-*leek*-ning) *c* settlement
förlopp (furr-*lop*) *nt* process
förlora (furr-*loo*-rah) *v* *lose
förlossning (furr-*loss*-ning) *c* delivery; redemption
förlovad (furr-*loa*-vahd) *adj* engaged
förlovning (furr-*loav*-ning) *c* engagement
förlovningsring (furr-*loav*-nings-ring) *c* engagement ring
förlust (furr-*lewst*) *c* loss
***förlåta** (furr-*loa*-tah) *v* *forgive; **förlåt!** sorry!
förlåtelse (furr-*loa*-tayl-ser) *c* pardon
förlägen (furr-*lai*-gern) *adj* embarrassed; ***göra ~** embarrass
***förlägga** (furr-*leh*-gah) *v* place; *mislay
förläggare (furr-*leh*-gah-rer) *c* (pl ~) publisher
förlänga (furr-*lehng*-ah) *v* lengthen; extend; renew
förlängning (furr-*lehng*-ning) *c* extension
förlängningssladd (furr-*lehng*-nings-slahd) *c* extension cord
förlöjliga (furr-*lurʸ*-li-gah) *v* ridicule
förman (*furr*-mahn) *c* (pl -män) foreman
förmedlare (furr-*mayd*-lah-rer) *c* (pl ~) intermediary
förmiddag (*furr*-mi-daag) *c* morning
förminska (furr-*mins*-kah) *v* lessen, reduce
förmoda (furr-*mood*-ah) *v* suppose; guess, reckon, assume
förmodan (furr-*mood*-ahn) *c* (pl ~den) supposition
förmyndare (*furr*-mewn-dah-rer) *c* (pl ~) tutor; guardian
förmynderskap (*furr*-mewn-derr-*skaap*) *nt* custody, guardianship
förmå att (furr-*moa*) *be able to; cause to
förmåga (furr-*moa*-gah) *c* ability; faculty, capacity
förmån (*furr*-moan) *c* benefit; **till ~ för** in favour of ...
förmånlig (*furr*-moan-li) *adj* advantageous
förmögen (furr-*mur*-gern) *adj* wealthy
förmögenhet (furr-*mur*-gern-hayt) *c* fortune
förmörkelse (furr-*murr*-kehl-ser) *c* eclipse
förnamn (*furr*-nahmn) *nt* first name; Christian name
förneka (furr-*nay*-kah) *v* deny
***förnimma** (furr-*nim*-ah) *v* sense, perceive; apprehend
förnimmelse (furr-*nim*-erl-ser) *c* sensation; perception
förnuft (furr-*newft*) *nt* reason; sense
förnuftig (furr-*newf*-ti) *adj* reasonable, sensible
förnya (furr-*new*-ah) *v* renew
förnämst (furr-*naimst*) *adj* leading,

foremost, greatest
förolämpa (*fūrr*-ōō-lehm-pah) *v* insult
förolämpning (*furr*-ōō-lehmp-ning) *c* insult
förorda (*fūrr*-ōōr-dah) *v* recommend
förorening (*fūrr*-oo-*rāy*-ning) *c* pollution
förorsaka (*fūrr*-oor-saa-kah) *v* cause
förort (*furr*-oort) *c* suburb
förpackning (furr-*pahk*-ning) *c* packing; package
förpliktelse (furr-*plik*-terl-ser) *c* obligation; engagement
förr (furr) *adv* formerly
förra (*furr*-ah) *adj* last; past
förresten (furr-*rehss*-tayn) *adv* by the way; besides
i förrgår (ee *furr*-gōār) the day before yesterday
förråd (furr-*rōād*) *nt* supply
förråda (furr-*rōād*-ah) *v* betray; *give away
förrådsbyggnad (fur-*rōāds*-bewg-nahd) *c* warehouse
förrädare (furr-*rai*-dah-rer) *c* traitor
förräderi (furr-aid-er-*ree*) *nt* treason
förrätt (*furr*-reht) *c* hors-d'œuvre; first course
församling (furr-*sahm*-ling) *c* assembly; parish, congregation
***förse** (furr-*sāy*) *v* supply, furnish
förseelse (furr-*sāy*-ayl-ser) *c* offence
försena (furr-*sāy*-nah) *v* delay; **försenad** late; delayed; overdue
försening (furr-*sāy*-ning) *c* delay
försiktig (furr-*sik*-ti) *adj* cautious, careful
försiktighet (furr-*sik*-ti-hāyt) *c* caution; precaution
försiktighetsåtgärd (furr-*sik*-ti-hayts-ōāt-ʸæærd) *c* precaution
förskott (*fūrr*-skot) *nt* advance; **betald i ~** prepaid
förskottera (*fūrr*-sko-*tāy*-rah) *v* advance
förskräcka (furr-*skreh*-kah) *v* terrify; ***bli förskräckt** *be frightened
förskräcklig (furr-*skrehk*-li) *adj* frightful; dreadful, terrible, horrible
förslag (furr-*slaag*) *nt* proposal; suggestion, proposition
försoning (furr-*sōōn*-ing) *c* reconciliation
***försova sig** (furr-*sōā*-vah) *oversleep
försprång (*fūrr*-sprong) *nt* lead, start
först (furrst) *adv* at first
första (*furrs*-tah) *num* first; *adj* foremost, initial, earliest, original
förstad (*fūrr*-staad) *c* (pl -städer) suburb; **förstads-** suburban
förstavelse (*fūrr*-staa-vayl-ser) *c* prefix
förstklassig (*furrst*-klahss-i) *adj* first-class; first-rate
förstoppad (furr-*sto*-pahd) *adj* constipated
förstoppning (furr-*stop*-ning) *c* constipation
förstora (furr-*stōō*-rah) *v* enlarge
förstoring (furr-*stōō*-ring) *c* enlargement
förstoringsglas (furr-*stōō*-rings-glaass) *nt* magnifying glass
förströelse (furr-*strūr*-ayl-ser) *c* amusement; diversion
***förstå** (furr-*stōā*) *v* *understand; *see; comprehend
förståelse (furr-*stōā*-ayl-ser) *c* understanding
förstående (furr-*stōā*-ern-der) *adj* understanding
förstånd (furr-*stond*) *nt* intellect; reason, brain
förstöra (furr-*stūr*-rah) *v* damage, destroy
förstörelse (furr-*stūr*-rayl-ser) *c* destruction
försumlig (furr-*sewm*-li) *adj* neglectful

försumma (furr-*sewm*-ah) *v* neglect; fail
försvar (furr-*svaar*) *nt* defence
försvara (furr-*svaa*-rah) *v* defend, justify
***försvinna** (furr-*svi*-nah) *v* disappear; vanish
försvunnen (furr-*svew*-nayn) *adj* lost; missing
försäkra (furr-*saik*-rah) *v* assure; insure
försäkring (furr-*saik*-ring) *c* insurance
försäkringsbrev (furr-*saik*-rings-brāyv) *nt* insurance policy; policy
försäkringspremie (furr-*saik*-rings-prāy-mi-ay) *c* premium
försäljare (furr-*sehl*-ʸah-rer) *c* (pl ~) salesman
försäljerska (furr-*sehl*-ʸerrs-kah) *c* salesgirl
försäljning (furr-*sehl*ʸ-ning) *c* sale
försändelse (furr-*sehn*-dayl-ser) *c* consignment; item of mail
försök (furr-*sūrk*) *nt* attempt; experiment, try
försöka (furr-*sūr*-kah) *v* try; attempt
förtal (furr-*taal*) *nt* slander, calumny
förteckning (furr-*tayk*-ning) *c* index, list
förtjusande (furr-*t*ʸ*ēwss*-ahn-der) *adj* delightful; lovely
förtjusning (furr-*t*ʸ*ēwss*-ning) *c* delight
förtjust (furr-*t*ʸ*ēwst*) *adj* delighted; joyful
förtjäna (furr-*t*ʸ*ai*-nah) *v* merit, deserve; earn
förtjänst (furr-*t*ʸ*ehnst*) *c* gain; merit
förtret (furr-*trāyt*) *c* annoyance
förtroende (furr-*trōō*-ern-der) *nt* confidence; trust
förtrolig (furr-*trōō*-li) *adj* intimate
förtrollande (furr-*trol*-ahn-der) *adj* enchanting; glamorous
förtrycka (furr-*trew*-kah) *v* oppress
förträfflig (furr-*trehf*-li) *adj* excellent
förtulla (furr-*tew*-ler) *v* declare
förtunna (furr-*tewn*-ah) *v* dilute
förtvivla (furr-*tveev*-lah) *v* despair
förtvivlan (furr-*tveev*-lahn) *c* despair
förundran (furr-*ewnd*-rahn) *c* wonder
förundra sig (furr-*ewnd*-rah) wonder
förut (*fūrr*-ēwt) *adv* before; formerly
förutsatt att (furr-*ēwt*-saht aht) provided that
***förutse** (*fūrr*-ēwt-sāy) *v* anticipate
förutspå (*fūrr*-ēwt-spōā) *v* predict
***förutsäga** (*fūrr*-ēwt-seh-ʸah) *v* forecast
förutsägelse (*fūrr*-ēwt-sayayl-ser) *c* forecast
förutvarande (*fūr*-rēwt-vaa-rahn-der) *adj* former
förvaltande (*fūrr*-vahl-tahn-der) *adj* administrative
förvaltare (furr-*vahl*-tah-rer) *c* (pl ~) administrator; trustee
förvaltning (furr-*vahlt*-ning) *c* administration
förvaltningsrätt (furr-*vahlt*-nings-reht) *c* administrative law
förvandla (furr-*vahnd*-lah) *v* transform; **förvandlas till** turn into
förvaring (furr-*vaa*-ring) *c* custody
förvaringsrum (furr-*vaa*-rings-rewm) *nt* depository
förverkliga (furr-*værk*-li-gah) *v* realize
förvirra (furr-*vi*-rah) *v* confuse; muddle
förvirrad (furr-*vi*-rahd) *adj* confused
förvirring (furr-*vi*-ring) *c* confusion
förvissa sig om (furr-*viss*-ah) ascertain
förvåna (furr-*vōān*-ah) *v* astonish; surprise; amaze
förvånansvärd (furr-*vōā*-nahns-vææ rd) *adj* astonishing
förvåning (furr-*vōāning*) *c* astonish-

ment; amazement
i förväg (ee *furr*-vaig) in advance
förväntan (furr-*vehn*-tahn) *c* (pl -tningar) expectation
förvänta sig (furr-*vehn*-tah) expect
förvärv (furr-*værv*) *nt* acquisition
förväxla (furr-*vehks*-lah) *v* *mistake, confuse, mix up
föråldrad (furr-*old*-rahd) *adj* antiquated, out-of-date
föräldrar (furr-*ehld*-rahr) *pl* parents *pl*
förälskad (furr-*ehls*-kahd) *adj* in love
förändra (furr-*ehnd*-rah) *v* change; alter
förändring (furr-*ehnd*-ring) *c* change, variation, alteration
föröva (furr-*ūrv*-ah) *v* commit

G

gaffel (*gah*-fayl) *c* (pl -flar) fork
gagnlös (*gahngn*-lūrss) *adj* futile, useless, fruitless
galen (*gaa*-lern) *adj* crazy
galge (*gahl*-ʸer) *c* coat-hanger; gallows *pl*
galla (*gahl*-ah) *c* bile; gall
gallblåsa (*gahl*-blōass-ah) *c* gall bladder
galleri (gah-ler-*ree*) *nt* gallery
gallsten (*gahl*-stāyn) *c* gallstone
galopp (gah-*lop*) *c* gallop
gam (gaam) *c* vulture
gammal (*gahm*-ahl) *adj* old; ancient, aged; stale
gammaldags (*gahm*-ahl-dahks) *adj* old-fashioned; quaint
gammalmodig (*gahm*-ahl-mōo-di) *adj* old-fashioned, outmoded
ganska (*gahns*-kah) *adv* fairly; pretty, rather, quite
gap (gaap) *nt* jaws *pl*, mouth
gapa (*gaapah*) *v* open one's mouth
garage (gah-*raash*) *nt* garage
garantera (gah-rahn-*tāy*-rah) *v* guarantee
garanti (gah-rahn-*tee*) *c* guarantee
garderob (gahr-der-*rōab*) *c* wardrobe; closet *nAm;* checkroom *nAm*
gardin (gahr-*deen*) *c* curtain
garn (gaarn) *nt* (pl ~er) yarn
gas (gaass) *c* gas
gaskök (*gaass*-tʸūrk) *nt* gas cooker
gaspedal (*gaass*-pay-*daal*) *c* accelerator
gasspis (*gaass*-speess) *c* gas cooker
gastronom (gahst-ro-*nōam*) *c* gourmet
gasverk (*gaass*-værk) *nt* gasworks
gasväv (*gaass*-vaiv) *c* gauze
gata (gaa-tah) *c* street; road
gatubeläggning (*gaa*-tew-bay-lehg-ning) *c* pavement
gatukorsning (*gaatew*-kors-ning) *c* crossroads
gavel (*gaa*-vayl) *c* (pl gavlar) gable
***ge** (ʸāy) *v* *give; pass; ~ **efter** *give in; indulge; ~ **sig** surrender; ~ **sig av** *set out, *leave; ~ **upp** *give up; quit; ~ **ut** publish
gedigen (ʸay-*dee*-gern) *adj* solid
gelé (shay-*lāy*) *c* jelly
gemen (ʸay-*māyn*) *adj* mean, foul
gemensam (ʸay-*māyn*-sahm) *adj* common; joint, mutual; **gemensamt** jointly; in common
gemenskap (ʸay-*māyn*-skaap) *c* community, fellowship
genast (*ʸāy*-nahst) *adv* immediately, at once, straight away
genera (shay-*nāy*-rah) *v* embarrass
general (ʸay-nay-*raal*) *c* general
generation (ʸay-nay-rah-*shōon*) *c* generation
generator (ʸay-nay-*raa*-tor) *c* generator

generös (shay-nay-*rūrss*) *adj* generous
geni (*ʸāy*-nee) *nt* (pl ~er) genius
genljud (*ʸāyn*-ʸēwd) *nt* echo
genom (*ʸāy*-nom) *prep* through
genomborra (*ʸāy*-nom-bo-rah) *v* pierce
genomföra (*ʸāy*-nom-fūr-rah) *v* carry out
***genomgå** (*ʸāy*-nom-gōa) *v* *go through
genomresa (*ʸāy*-nom-rāy-sah) *c* passage, transit
genomskinlig (*ʸāy*-nom-sheen-li) *adj* transparent; sheer
genomsnitt (*ʸāy*-nom-snit) *nt* average; mean; **i** ~ on the average
genomsnittlig (*ʸāy*-nom-snit-li) *adj* average; medium
genomsöka (*ʸāy*-nom-sūr-kah) *v* search, ransack
genomtränga (*ʸāy*-nom-trehng-ah) *v* penetrate
gentemot (ʸāynt-ay-*mōot*) *prep* towards
genus (*gāy*-newss) *nt* gender
geografi (ʸāy-o-grah-*fee*) *c* geography
geologi (ʸāy-o-lo-*gee*) *c* geology
geometri (ʸāy-o-mayt-*ree*) *c* geometry
gest (shehst) *c* gesture
gestikulera (shehss-ti-kew-*lāyr*-ah) *v* gesticulate
get (ʸāyt) *c* (pl ~ter) goat; **getabock** billy goat
geting (*ʸāy*-ting) *c* wasp
getskinn (*ʸāyt*-shin) *nt* kid
gevär (ʸer-*væær*) *nt* rifle; gun
gift (ʸift) *nt* poison
gifta sig (*ʸif*-tah) marry
giftig (*ʸif*-ti) *adj* poisonous; toxic
gikt (ʸikt) *c* gout
gilla (*ʸi*-lah) *v* like; approve
gillande (*ʸi*-lahn-der) *nt* approval
giltig (*ʸil*-ti) *adj* valid
gips (ʸips) *c* plaster
gissa (*ʸi*-sah) *v* guess
gisslan (*ʸiss*-lahn) *c* hostage
gitarr (ʸi-*tahr*) *c* guitar
givetvis (*ʸee*-vert-veess) *adv* of course
givmild (*ʸeev*-mild) *adj* generous; liberal
givmildhet (*ʸeev*-mild-hāyt) *c* generosity
***gjuta** (*ʸēw*-tah) *v* *cast
gjutjärn (*ʸēwt*-ʸærn) *nt* cast iron
glaciär (glah-si-*ʸæær*) *c* glacier
glad (glaad) *adj* glad; cheerful, joyful
gladlynt (*glaad*-lewnt) *adj* good-humoured
glans (glahns) *c* gloss
glas (glaass) *nt* glass; **färgat** ~ stained glass; **glas-** glass
glasera (glah-*sāy*-rah) *v* glaze
glass (glahss) *c* ice-cream
glasögon (*glaass*-ūr-gon) *pl* glasses; spectacles
***glida** (*glee*-dah) *v* *slide; glide
glidning (*gleed*-ning) *c* slide
glimt (glimt) *c* glimpse; flash
glob (glōob) *c* globe
glupsk (glewpsk) *adj* greedy
***glädja** (*glaid*-ʸah) *v* please, delight
glädje (*glaid*-ʸer) *c* joy, pleasure; gaiety, gladness; **med** ~ gladly
glänsa (*glehn*-sah) *v* *shine
glänsande (*glehn*-sahn-der) *adj* shining, lustrous
glänta (*glehn*-tah) *c* glade
glöd (glūrd) *c* embers *pl;* glow
glöda (*glūr*-dah) *v* glow
glödlampa (*glūrd*-lahm-pah) *c* light bulb
glödlampshållare (*glūrd*-lahmps-*ho*-lah-rer) *c* (pl ~) socket
glömma (*glur*-mah) *v* *forget
glömsk (glurmsk) *adj* forgetful
***gnida** (*gneed*-ah) *v* rub
gnissla (*gniss*-lah) *v* creak
gnista (*gniss*-tah) *c* spark

gnistra (*gnist*-rah) *v* sparkle
gnistrande (*gnist*-rahn-der) *adj* sparkling
gobeläng (goo-ber-*lehng*) *c* tapestry
god (go͞od) *adj* nice; good; kind; **var** ~ please; **var så** ~ here you are
goddag! (*go͞o*-daa) hello!
godis (*go͞od*-iss) *nt* candy *nAm*
godkänna (*go͞od*-t^{y}ehn-ah) *v* approve of
godlynt (*go͞od*-lewnt) *adj* good-tempered
godmodig (*go͞od*-mo͞o-di) *adj* good-natured
gods (goods) *nt* estate
godståg (*goods*-tōag) *nt* goods train; freight-train *nAm*
godsvagn (*goods*-vahngn) *c* waggon
godtrogen (*go͞od*-tro͞o-gern) *adj* credulous
godtycklig (*go͞od*-tewk-li) *adj* arbitrary, fortuitous
golf (golf) *c* golf
golfbana (*golf*-baa-ner) *c* golf-course; golf-links
golv (golv) *nt* floor
gondol (gon-*dōal*) *c* gondola
gosse (*goss*-er) *c* lad
gottaffär (*got*-ah-*fæær*) *c* sweetshop; candy store *Am*
gotter (*got*-err) *pl* sweets
***gottgöra** (*got*-^{y}ūrr-ah) *v* *make good, indemnify
gottgörelse (*got*-^{y}ūr-rerl-ser) *c* indemnity
grabb (grahb) *c* chap
grace (graass) *c* grace
graciös (grah-si-*ūrss*) *adj* graceful
grad (graad) *c* degree; grade; **till den** ~ so
gradvis (*graad*-veess) *adj* gradual
grafisk (*graa*-fisk) *adj* graphic; ~ **framställning** diagram
gram (grahm) *nt* gram
grammatik (grah-mah-*teek*) *c* grammar
grammatisk (grah-*mah*-tisk) *adj* grammatical
grammofon (grah-mo-*fōan*) *c* record-player; gramophone
grammofonskiva (grah-mo-*fōan*-sheevah) *c* record; disc
gran (graan) *c* fir-tree
granit (grah-*neet*) *c* granite
granne (*grah*-ner) *c* neighbour
grannskap (*grahn*-skaap) *nt* neighbourhood
grapefrukt (*graip*-frewkt) *c* grapefruit
gratis (*graa*-tiss) *adj* free; gratis
gratulation (grah-tew-lah-*sho͞on*) *c* congratulation
gratulera (grah-tew-*lāy*-rah) *v* compliment, congratulate
grav (graav) *c* grave; tomb
gravera (grah-*vāy*-rah) *v* engrave
gravid (grah-*veed*) *adj* pregnant
gravsten (*graav*-stāyn) *c* gravestone; tombstone
gravsättning (*graav*-seht-ning) *c* burial
gravyr (grah-*vēwr*) *c* engraving
gravör (grah-*vūrr*) *c* engraver
grej (gray) *c* gadget
grek (grāyk) *c* Greek
grekisk (*grāy*-kisk) *adj* Greek
Grekland (*grāyk*-lahnd) Greece
gren (grāyn) *c* branch; bough
grepp (grayp) *nt* grasp; clutch, grip
greve (*grāy*-ver) *c* count; earl
grevinna (gray-*vi*-nah) *c* countess
grevskap (*grāyv*-skaap) *nt* county
griffeltavla (*gri*-ferl-taav-lah) *c* slate
grilla (*gri*-lah) *v* grill; roast
grillrestaurang (*gril*-rayss-tew-*rahng*) *c* grill-room
grind (grind) *c* gate
***gripa** (*greep*-ah) *v* grasp; *take, grip, seize, *catch

gripbar (*greep*-baar) *adj* tangible
gris (greess) *c* pig
griskött (*greess*-t^yurt) *nt* pork
groda (*grōō*-dah) *c* frog
grodd (grood) *c* germ
grop (grōōp) *c* pit
gropig (*grōō*-pi) *adj* bumpy, rough
gross (gross) *nt* gross
grossist (gro-*sist*) *c* wholesale dealer
grotta (*gro*-tah) *c* grotto; cave
grov (grōōv) *adj* coarse; gross
grund (grewnd) *c* cause; ground; *adj* shallow; **på ~ av** because of; on account of, for
grunda (*grewn*-dah) *v* found; base, ground
grundlag (*grewnd*-laag) *c* constitutional law
grundlig (*grewnd*-li) *adj* thorough
grundläggande (*grewnd*-leh-gahn-der) *adj* fundamental; basic
grundprincip (*grewnd*-prin-*seep*) *c* basis
grundsats (*grewnd*-sahts) *c* fundamental principle
grundval (*grewnd*-vaal) *c* base, foundation
grupp (grewp) *c* group; set
grus (grēwss) *nt* gravel; grit
grusväg (*grēwss*-vaig) *c* gravelled road
gruva (*grew*-vah) *c* mine; pit
gruvarbetare (*grēwv*-ahr-*bāy*-tah-rer) *c* (pl ~) miner
gruvdrift (*grēwv*-drift) *c* mining
grym (grewm) *adj* cruel; harsh
gryning (*grēw*-ning) *c* dawn
gryta (*grēw*-tah) *c* pot, casserole
grå (grōa) *adj* grey
***gråta** (*grōa*-tah) *v* cry; *weep
grädde (*greh*-der) *c* cream
gräddfärgad (*grehd*-fær-^yahd) *adj* cream
gräl (grail) *nt* quarrel; dispute
gräla (*grai*-lah) *v* argue, quarrel; **~ på** scold
gränd (grehnd) *c* alley; lane
gräns (grehns) *c* frontier, border; limit, bound
gränslinje (*grehns*-lin-^yer) *c* boundary
gräs (graiss) *nt* grass
gräshoppa (*graiss*-ho-pah) *c* grasshopper
gräslig (*graiss*-li) *adj* horrible
gräslök (*graiss*-lūrk) *c* chives *pl*
gräsmatta (*graiss*-mah-tah) *c* lawn
grässtrå (*graiss*-strōa) *nt* blade of grass
gräva (*grai*-vah) *v* *dig; **~ ut** excavate
grön (grūrn) *adj* green
grönsak (*grūrn*-saak) *c* vegetable
grönsakshandlare (*grūrn*-saaks-*hahnd*-lah-rer) *c* (pl ~) greengrocer; vegetable merchant
grönsallad (*grūrn*-sahl-ahd) *c* lettuce
gud (gēwd) *c* god
gudfar (*gēwd*-faar) *c* (pl -fäder) godfather
gudinna (gew-*din*-ah) *c* goddess
gudomlig (gew-*doom*-li) *adj* divine
gudstjänst (*gewds*-t^yehnst) *c* worship, divine service
guide (gighd) *c* guide
gul (gēwl) *adj* yellow
guld (gewld) *nt* gold
guldgruva (*gewld*-grēw-vah) *c* goldmine
guldsmed (*gewld*-smāyd) *c* goldsmith
gulsot (*gēwl*-sōōt) *c* jaundice
gummi (*gew*-mi) *nt* rubber; gum
gummiband (*gew*-mi-bahnd) *nt* rubber band
gunga (*gewng*-ah) *c* swing; *v* rock, *swing
gungbräda (*gewng*-brai-dah) *c* seesaw
gunstling (*gewnst*-ling) *c* favourite
gurgla (*gewrg*-lah) *v* gargle

gurka (*gewr*-kah) *c* cucumber
guvernant (*gēw*-verr-*nahnt*) *c* governess
guvernör (gēw-verr-*nūrr*) *c* governor
gylf (ʏewlf) *c* fly
gyllene (*ʏewl*-ler-ner) *adj* golden
gymnast (ʏewm-*nahst*) *c* gymnast
gymnastik (ʏewm-nah-*steek*) *c* gymnastics *pl*
gymnastikbyxor (ʏewm-nah-*steek*-bewk-serr) *pl* trunks *pl*
gymnastiksal (ʏewm-nah-*steek*-saal) *c* gymnasium
gymnastikskor (ʏewm-nah-*steek*-skōōr) *pl* gym shoes; plimsolls *pl;* sneakers *plAm*
gynekolog (ʏew-nay-ko-*lōāg*) *c* gynaecologist
gynna (*ʏewn*-ah) *v* favour
gynnsam (*ʏewn*-sahm) *adj* favourable
gyttja (*ʏewt*-ʏah) *c* mud
***gå** (gōā) *v* *go; walk; ~ **förbi** pass by; ~ **igenom** pass through; ~ **i land** land; ~ **in** enter; ~ **med på** consent to; ~ **ombord** embark; ~ **upp** *rise; ~ **ut** *go out
gång (gong) *c* time; gait; passage, corridor, aisle; **en** ~ once; some time; **en** ~ **till** once more; **gång på gång** again and again; **någon** ~ some day; **två gånger** twice
gångart (*gong*-aart) *c* gait
gångbana (*gong*-baan-ah) *c* sidewalk *nAm*
gångjärn (*gong*-ʏæærn) *nt* hinge
gångstig (*gong*-steeg) *c* footpath
gård (gōārd) *c* farm; yard
gås (gōāss) *c* (pl gäss) goose
gåshud (*gōāss*-hēwd) *c* goose-flesh
gåta (*gōā*-tah) *c* riddle; enigma
gåtfull (*gōāt*-fewl) *adj* mysterious
gåva (*gōā*-vah) *c* gift; present
gädda (*ʏeh*-dah) *c* pike
gäl (ʏail) *c* gill
gäll (ʏehl) *adj* loud
gälla (*ʏehl*-ah) *v* apply
gällande (*ʏehl*-ahn-der) *adj* current, valid
gäng (ʏehng) *nt* gang
gärna (*ʏæær*-nah) *adv* gladly, willingly
gärning (*ʏæær*-ning) *c* deed, act
gäspa (*ʏehss*-pah) *v* yawn
gäst (ʏehst) *c* guest
gästfri (*ʏehst*-free) *adj* hospitable
gästfrihet (*ʏehst*-free-hāyt) *c* hospitality
gästrum (*ʏehst*-rewm) *nt* guest-room; spare room
gödsel (*ʏur*-serl) *c* manure
gödselstack (*ʏur*-serl-stahk) *c* dunghill
gök (ʏūrk) *c* cuckoo
gömma (*ʏur*-mah) *v* *hide
***göra** (*ʏūr*-rah) *v* *do; *make; ~ **illa** harm; ~ **upp** settle; *make up
gördel (*ʏūrr*-dayl) *c* (pl -dlar) girdle

H

***ha** (haa) *v* *have
habegär (*haa*-bay-ʏæær) *nt* greed
hacka (*hahk*-ah) *c* hoe, pick-axe; *v* hoe, chop
hagalen (*haa*-gaa-lern) *adj* greedy
hagel (*haa*-gerl) *nt* hail
haj (high) *c* shark
haka (*haa*-kah) *c* chin
hal (haal) *adj* slippery
halka (*hahl*-kah) *v* slip
hall (hahl) *c* hall
hallon (*hah*-lon) *nt* raspberry
halm (hahlm) *c* straw
halmtak (*hahlm*-taak) *nt* thatched roof
hals (hahls) *c* throat; neck

halsband (*hahls*-bahnd) *nt* necklace; collar
halsbränna (*hahls*-breh-nah) *c* heartburn
halsduk (*hahls*-dēwk) *c* scarf
halsfluss (*hahls*-flewss) *c* tonsilitis
halsmandlar (*hahls*-mahnd-lahr) *pl* tonsils *pl*
halsont (*hahls*-oont) *nt* sore throat
halstra (*hahl*-strah) *v* roast
halt (hahlt) *adj* lame
halta (*hahl*-tah) *v* limp
halv (hahlv) *adj* half
halvcirkel (*hahlv*-seer-kerl) *c* (pl -klar) semicircle
halvera (hahl-*vāy*-rah) *v* halve
halvlek (*hahlv*-lāyk) *c* half-time
halvpension (*hahlv*-pahng-*shōōn*) *c* half board
halvvägs (*hahl*-vaigs) *adv* halfway
halvö (*hahlv*-ūr) *c* peninsula
hammare (*hah*-mah-rer) *c* (pl ~) hammer
hamn (hahmn) *c* port, harbour
hamnarbetare (*hahmn*-ahr-*bāy*-tah-rer) *c* (pl ~) docker
hamnpir (*hahmn*-peer) *c* jetty
hamnstad (*hahmn*-staad) *c* (pl -städer) seaport
hampa (*hahm*-pah) *c* hemp
han (hahn) *pron* he
han- (haan) *pref* male
hand (hahnd) *c* (pl händer) hand; **hand-** manual; ***ta ~ om** look after; *take care of, attend to
handarbete (*hahnd*-ahr-*bāyt*-er) *nt* needlework
handbagage (*hahnd*-bah-*gaash*) *nt* hand luggage; hand baggage *Am*
handbojor (*hahnd*-bo-ʸor) *pl* handcuffs *pl*
handbok (*hahnd*-bōōk) *c* (pl -böcker) handbook
handbroms (*hahnd*-broms) *c* handbrake
handduk (*hahnd*-dēwk) *c* towel
handel (*hahn*-derl) *c* trade; business, commerce; ***driva ~** trade; **handels-** commercial
handelsman (*hahn*-derls-mahn) *c* (pl -män) tradesman
handelsrätt (*hahn*-derls-reht) *c* commercial law
handelsvara (*hahn*-derls-vaa-rah) *c* merchandise
handfat (*hahnd*-faat) *nt* wash-basin
handflata (*hahnd*-flaa-tah) *c* palm
handfull (*hahnd*-fewl) *c* handful
handgjord (*hahnd*-ʸōōrd) *adj* handmade
handikappad (*hahn*-di-kahp-ahd) *adj* handicapped, disabled
handkräm (*hahnd*-kraim) *c* hand cream
handla (*hahnd*-lah) *v* shop; act
-handlare (*hahnd*-lah-rer) dealer
handled (*hahnd*-lāyd) *c* wrist
handling (*hahnd*-ling) *c* action; act, plot, deed; certificate; **handlingar** documents *pl*
handpenning (*hahnd*-pay-ning) *c* down payment, deposit
handske (*hahnd*-sker) *c* glove
handslag (*hahnd*-slaag) *nt* handshake
handstil (*hahnd*-steel) *c* handwriting
handtag (*hahnd*-taag) *nt* knob, handle
handväska (*hahnd*-vehss-kah) *c* handbag; bag
hans (hahns) *pron* his
hantera (hahn-*tāy*-rah) *v* handle
hanterlig (hahn-*tāyr*-li) *adj* manageable
hantverk (*hahnt*-værk) *nt* handicraft
hare (*haa*-rer) *c* hare
harmoni (hahr-mo-*nee*) *c* harmony
harpa (*hahr*-pah) *c* harp
hasselnöt (*hahss*-erl-*nūrt*) *c* (pl ~ter) hazelnut

hetlevrad (*hay*t
tempered
hetta (*hay*-tah)
hicka (*hi*-kah) c
hierarki (hi-err–
himmel (*him*-er
heaven
hinder (*hin*-der
ment
hindra (*hind*-ra
embarrass
hink (hingk) c
hinna (*hin*-ah)
***hinna** (*hin*-ah
hiss (hiss) c lif
hissa (*hiss*-ah)
historia (hiss–
story
historiker (his
historian
historisk (hiss
historical
hitta (*hit*-ah)
hittegods (*hi*–
found
**hittegodsma
gah-seen) nt
hittills (*heet*–t
hjord (Yoord)
hjort (Yoort)
**hjortdjursho
antlers *pl*
hjortkalv (Yo
hjul (Yewl) nt
hjulaxel (Yew
axle
hjälm (Yehlm
hjälp (Yehlp)
relief; help
aid
hjälpa (*Yehl*–
hjälpsam (Y
**hjälpstatio
aid post

hov² (hōōv) *c* hoof
hovmästare (*hōāv*-mehss-tah-rer) *c* (pl ~) head-waiter
hud (hēw̄d) *c* skin
hudkräm (*hēw̄d*-krehm) *c* skin cream
hudutslag (*hēw̄d*-ēw̄t-slaag) *nt* rash
***hugga** (*hew*-gah) *v* *hew
humle (*hewm*-lay) *nt* hop
hummer (*hew*-merr) *c* (pl -mrar) lobster
humor (*hēw̄*-mor) *c* humour
humoristisk (hēw̄-mo-*riss*-tisk) *adj* humorous
humör (hēw̄-*mūrr*) *nt* mood; temper, temperament
hund (hewnd) *c* dog
hundkoja (*hewnd*-ko-ʸah) *c* kennel
hundra (*hewnd*-rah) *num* hundred
hunger (*hewng*-err) *c* hunger
hungrig (*hēw̄ng*-ri) *adj* hungry
hur (hēw̄r) *adv* how; ~ **mycket** how much; ~ **många** how many; ~ **som helst** anyhow; any way
hus (hēw̄ss) *nt* house; home
husblock (*hēw̄ss*-blok) *nt* house block *Am*
husbåt (*hēw̄ss*-bōāt) *c* houseboat
hushåll (*hēw̄ss*-hol) *nt* household
hushållerska (*hēw̄ss*-ho-lerrs-kah) *c* housekeeper
hushållning (*hēw̄ss*-hol-ning) *c* housekeeping; economy
hushållsarbete (*hēw̄ss*-hols-*ahr*-bāy-ter) *nt* housework
hushållssysslor (*hēw̄ss*-hols-sewss-lor) *pl* housekeeping
husmor (*hēw̄ss*-mōōr) *c* (pl -mödrar) mistress
husrum (*hēw̄ss*-rewm) *nt* accommodation; lodging
hustru (*hewst*-rew) *c* wife
husvagn (*hēw̄ss*-vahngn) *c* caravan; trailer *nAm*
huttra (*hewt*-rah) *v* shiver
huttrande (*hewt*-rahn-der) *adj* shivery
huvud (*hēw̄v*-er) *nt* (pl ~, ~en) head; **huvud-** main; chief, cardinal, principal, capital, primary
huvudbry (*hēw̄*-verd-brēw̄) *nt* puzzle
huvudgata (*hēw̄*-verd-gaa-tah) *c* main street; thoroughfare
huvudkudde (*hēw̄*-verd-kew-der) *c* pillow
huvudledning (*hēw̄*-verd-*lāyd*-ning) *c* mains *pl*
huvudlinje (*hēw̄*-verd-*lin*-ʸer) *c* main line
huvudrätt (*hēw̄*-verd-reht) *c* main course
huvudsaklig (*hēw̄*-verd-*saak*-li) *adj* cardinal, capital; **huvudsakligen** mainly
huvudstad (*hēw̄*-verd-*staad*) *c* (pl -städer) capital
huvudväg (*hēw̄*-verd-*vaig*) *c* main road; thoroughfare
huvudvärk (*hēw̄*-verd-*værk*) *c* headache
hy (hēw̄) *c* complexion, skin
hycklande (*hewk*-lahn-der) *adj* hypocritical
hycklare (*hewk*-lah-rer) *c* (pl ~) hypocrite
hyckleri (hewk-ler-*ree*) *nt* (pl ~er) hypocrisy
hydda (*hew*-dah) *c* hut; cabin
hygien (hew-gi-*āyn*) *c* hygiene
hygienisk (hew-gi-*āy*-nisk) *adj* hygienic
hylla (*hew*-lah) *v* congratulate, honour; *c* shelf, rack
hyllning (*hewl*-ning) *c* tribute; homage; congratulations *pl*
hymn (hewmn) *c* hymn, anthem
hypotek (hew-po-*tāyk*) *nt* mortgage
hyra (*hēw̄*-rah) *v* rent, hire; lease; *c* rent; ~ **ut** *let
hyresgäst (*hēw̄*-rerss-ʸehst) *c* tenant

hyreshus (*hew*-*rerss*-*hewss*) *nt* block of flats; apartment house *Am*
hyreskontrakt (*hew*-rerss-kon-*trahkt*) *nt* lease
hyresvärd (*hew*-rerss-vææærd) *c* landlord
hyresvärdinna (*hew*-rerss-vær-*di*-nah) *c* landlady
hysterisk (hewss-*tay*-risk) *adj* hysterical
hytt (hewt) *c* cabin; booth
hyttventil (*hewt*-vehn-*teel*) *c* porthole
hågkomst (*hoag*-komst) *c* remembrance
hål (hoal) *nt* hole; ***göra** ~ pierce
håla (*hoal*-ah) *c* cavern
hålighet (*hoal*-i-hayt) *c* cavity, hollow
håll (hol) *nt* way; stitch
***hålla** (*ho*-lah) *v* *hold; *keep; ~ **av** love; ~ **fast** *hold; ~ **tillbaka** restrain; ~ **uppe** support; *hold up; ~ **upp med** stop; ~ **ut** *keep up
hållning (*hol*-ning) *c* gait, carriage; attitude
hållplats (*hol*-plahts) *c* stop, halt
hån (hoan) *nt* scorn; mockery, derision
håna (*hoa*-nah) *v* mock, deride
hår (hoar) *nt* hair
hårborste (*hoar*-bors-ter) *c* hairbrush
hård (hoard) *adj* hard
hårdnackad (*hoard*-nahk-ahd) *adj* obstinate, stubborn
hårig (*hoar*-i) *adj* hairy
hårklippning (*hoar*-klip-ning) *c* haircut
hårklämma (*hoar*-kleh-mah) *c* bobby pin *Am*
hårkräm (*hoar*-kraim) *c* hair cream
hårnål (*hoar*-noal) *c* hairpin
hårnät (*hoar*-nait) *nt* hair-net
hårolja (*hoar*-ol-yah) *c* hair-oil
hårrullar (*hoar*-rew-lahr) *pl* hair rollers
hårspray (*hoar*-spray) *nt* hair-spray
hårspänne (*hoar*-speh-nay) *nt* hairgrip
hårtork (*hoar*-tork) *c* hair-dryer
hårvatten (*hoar*-vah-tern) *nt* hair tonic
häck (hehk) *c* hedge
hädanefter (*hai*-dahn-*ehf*-terr) *adv* henceforth
häftig (*hehf*-ti) *adj* violent, severe; intense, fierce
häftklammer (*hehft*-klah-merr) *c* (pl ~, -mrar) staple
häftplåster (*hehft*-ploss-terr) *nt* sticking-plaster
häftstift (*hehft*-stift) *nt* drawing-pin; thumbtack *nAm*
häger (*hai*-gerr) *c* heron
häkte (*hehk*-ter) *nt* custody
häl (hail) *c* heel
hälft (hehlft) *c* half; **till hälften** half
hälla (*heh*-lah) *v* pour
hälsa (*hehl*-sah) *v* greet; salute; *c* health
hälsning (*hehls*-ning) *c* greeting
hälsosam (*hehl*-soo-sahm) *adj* wholesome, salubrious
hälsovårdscentral (*hehl*-soo-voards-sehn-*traal*) *c* health centre
hämnd (hehmnd) *c* revenge
hämta (*hehm*-tah) *v* fetch; *get, collect, pick up
hända (*hehn*-dah) *v* happen; occur
händelse (*hehn*-dayl-ser) *c* event, happening; incident; **i** ~ **av** in case of
händig (*hehn*-di) *adj* skilful
hänga (*hehng*-ah) *v* *hang; ~ **med** *keep up with
hängare (*hehng*-ah-rer) *c* (pl ~) peg, hook, hanger
hängbro (*hehng*-broo) *c* suspension bridge
hänglås (*hehng*-loass) *nt* padlock
hängmatta (*hehng*-mah-tah) *c* hammock

hängslen (*hehngs*-lern) *pl* braces *pl;* suspenders *plAm*
hängsmycke (*hehng*-smew-ker) *nt* pendant
hänsyn (*hain*-sewn) *c* regard; **med ~ till** considering; as regards; ***ta ~ till** consider
hänsynsfull (*hain*-sewns-fewl) *adj* considerate
hänsynsfullhet (*hain*-sewns-*fewl*-hayt) *c* consideration
hänvisa till (*hain*-vee-sah) refer to
hänvisning (*hain*-veess-ning) *c* reference
här (hæær) *adv* here
härbärge (*hæær*-bær-ʸah) *nt* hostel
härbärgera (*hær*-bær-*ʸay*-rah) *v* accommodate
härkomst (*hæær*-komst) *c* origin
härleda (*hæær*-layd-ah) *v* deduce
härlig (*hæær*-li) *adj* wonderful; delightful; fine
häromdagen (*hæær*-om-daa-gern) *adv* recently
härskare (*hærs*-kah-rer) *c* (pl ~) ruler; sovereign
härsken (*hærs*-kayn) *adj* rancid
härstamning (*hæær*-stahm-ning) *c* origin
häst (hehst) *c* horse
hästkapplöpning (*hehst*-kahp-lurp-ning) *c* horserace
hästkapplöpningsbana (*hehst*-kahp-lurp-nings-baa-nah) *c* race-course
hästkraft (*hehst*-krahft) *c* horsepower
hästsko (*hehst*-skoo) *c* horseshoe
hävarm (*haiv*-ahrm) *c* lever
hävstång (*haiv*-stong) *c* (pl -stänger) lever
häxa (*hehk*-sah) *c* witch
hö (hur) *nt* hay
höft (hurft) *c* hip
höfthållare (*hurft*-ho-lah-rer) *c* (pl ~) girdle
hög (hurg) *c* lot, heap, pile; *adj* high; tall
högdragen (*hurg*-draa-gern) *adj* haughty
höger (*hur*-gerr) *adj* right, right-hand; **på ~ hand** on the right-hand side; **till ~** to the right
högkvarter (*hurg*-kvahr-*tair*) *nt* headquarters *pl*
högland (*hurg*-lahnd) *nt* (pl -länder) uplands *pl*
högljudd (*hurg*-ʸewd) *adj* loud
högmodig (*hurg*-moo-di) *adj* haughty
högskola (*hurg*-skoo-lah) *c* college
högsäsong (*hurg*-seh-song) *c* peak season; high season
högt (hurkt) *adv* aloud
högtalare (*hurg*-taa-lah-rer) *c* loudspeaker
högtidlig (*hurg*-teed-li) *adj* solemn, ceremonious
högvatten (*hurg*-vah-tern) *nt* high tide
höja (*hur*ʸ-ah) *v* raise; lift
höjd (hurʸd) *c* height; altitude; **på sin ~** at most
höjdpunkt (*hur*ʸ*d*-pewngt) *c* height; peak, climax
hök (hurk) *c* hawk
höna (*hur*-nah) *c* hen
höra (*hur*-rah) *v* *hear
hörbar (*hurr*-baar) *adj* audible
hörn (hurrn) *nt* corner
hörsal (*hurr*-saal) *c* auditorium
hörsel (*hurr*-sayl) *c* hearing
hösnuva (*hur*-snew-vah) *c* hay fever
höst (hurst) *c* autumn; fall *nAm*
hövding (*hurv*-ding) *c* chieftain
hövlig (*hurv*-li) *adj* polite, civil

I

i (ee) *prep* in; at, for, to

***iaktta** (*ee*-ahkt-taa) *v* observe; watch
iakttagelse (*eeahkt*-taa-gerl-ser) *c* observation
ibland (i-*blahnd*) *adv* sometimes; *prep* among
idag (i-*daag*) *adv* today
idé (i-*dāy*) *c* idea
ideal (i-day-*aal*) *nt* ideal
idealisk (i-day-*aal*-isk) *adj* ideal
identifiera (i-dayn-ti-fi-*āyr*-ah) *v* identify
identifiering (i-dayn-ti-fi-*āy*-ring) *c* identification
identisk (i-*dayn*-tisk) *adj* identical
identitet (i-dayn-ti-*tāyt*) *c* identity
identitetskort (i-dayn-ti-*tāyts*-koort) *nt* identity card
idiom (i-di-*ōam*) *nt* idiom
idiomatisk (i-di-o-*maa*-tisk) *adj* idiomatic
idiot (i-di-*ōot*) *c* idiot
idiotisk (i-di-*ōot*-isk) *adj* idiotic
idol (i-*dōal*) *c* idol
idrottsman (*eed*-rots-mahn) *c* (pl -män) sportsman
ifall (i-*fahl*) *conj* if; in case
igelkott (*ee*-gerl-kot) *c* hedgehog
igen (i-*ʸehn*) *adv* again
igenvuxen (i-*ʸn*-vewk-sern) *adj* overgrown
ignorera (ing-noa-*rāy*-rah) *v* ignore
igår (i-*gōar*) *adv* yesterday
ihålig (*ee*-hōa-li) *adj* hollow
ihärdig (*ee*-hæær-di) *adj* persevering, tenacious
ikon (i-*kōan*) *c* icon
illaluktande (*i*-lah-lewk-tahn-der) *adj* smelly
illamående (*i*-lah-mōa-ayn-der) *nt* nausea, sickness; *adj* sick
illegal (il-er-*gaal*) *adj* illegal
illtjut (*il*-tʸēwt) *nt* shriek
illusion (il-ew-*shōon*) *c* illusion
illustration (i-lew-strah-*shōon*) *c* illustration; picture
illustrera (i-lew-*strāy*-rah) *v* illustrate
illvillig (*il*-vi-li) *adj* spiteful, malicious
ilska (*ils*-kah) *c* anger
imitation (i-mi-tah-*shōon*) *c* imitation
imitera (i-mi-*tāy*-rah) *v* imitate
immigrera (i-mi-*grāy*-rah) *v* immigrate
immunisera (i-mēw-ni-*sāy*-rah) *v* immunize
immunitet (i-mēw-ni-*tāyt*) *c* immunity
imperium (im-*pāy*-ri-ewm) *nt* empire; **imperial-** imperial
imponera (im-po-*nāy*-rah) *v* impress
imponerande (im-po-*nāyr*-ahn-der) *adj* impressive; imposing
impopulär (*im*-po-pew-*læær*) *adj* unpopular
import (im-*port*) *c* import
importera (im-por-*tāy*-rah) *v* import
importtull (im-*port*-tewl) *c* import duty
importvara (im-*port*-vaa-rah) *c* import
importör (im-por-*tūrr*) *c* importer
impotens (im-po-*tayns*) *c* impotence
impotent (im-po-*taynt*) *adj* impotent
impregnerad (im-prayng-*nāy*-rahd) *adj* rainproof, impregnated
improvisera (im-pro-vi-*sāyr*-ah) *v* improvise
impuls (im-*pewls*) *c* impulse
impulsiv (im-pewl-*seev*) *adj* impulsive
in (in) *adv* in; ***gå ~** *go in; **~ i** into; inside
inackordering (*in*-ahk-or-*dāyr*-ing) *c* boarder; lodger
inandas (*in*-ahn-dahss) *v* inhale
***inbegripa** (*in*-ber-*gree*-pah) *v* comprise
inberäknad (*in*-ber-*raik*-nahd) *adj* included
inbetalning (*in*-ber-taal-ning) *c* payment, deposit
inbillad (*in*-bi-lahd) *adj* imaginary
inbilla sig (*in*-bi-lah) imagine

inbillning (*in*-bil-ning) *c* imagination
***inbjuda** (*in*-b^y^ew-dah) *v* invite; ask
inbjudan (*in*-b^y^ew-dahn) *c* invitation
inblanda (*in*-blahn-dah) *v* involve
inblandad (*in*-blahn-dahd) *adj* involved; concerned
inblandning (*in*-blahnd-ning) *c* interference
inbrott (*in*-brot) *nt* burglary; ***göra** ~ burgle
inbrottstjuv (*in*-brots-t^y^ewv) *c* burglar
inbördes (*in*-burr-derss) *adj* mutual
indela (*in*-dayl-ah) *v* divide; classify
indian (in-di-*aan*) *c* Indian
indiansk (in-di-*aansk*) *adj* Indian
Indien (*in*-di-ayn) India
indier (*in*-di-^y^err) *c* (pl ~) Indian
indignation (in-ding-nah-*shoon*) *c* indignation
indirekt (*in*-di-raykt) *adj* indirect
indisk (*in*-disk) *adj* Indian
individ (in-di-*veed*) *c* individual
individuell (in-di-vee-dew-*ayl*) *adj* individual
indones (in-doo-*nayss*) *c* Indonesian
Indonesien (in-doo-*nay*-si-^y^ern) Indonesia
indonesisk (in-doo-*nayss*-isk) *adj* Indonesian
industri (in-dewss-*tree*) *c* industry
industriell (in-dewss-tri-*ayl*) *adj* industrial
industriområde (in-dew-*stree*-om-*roa*-der) *nt* industrial area
ineffektiv (*in*-ay-fehk-*teev*) *adj* ineffective; inefficient
infall (*in*-fahl) *nt* whim; idea
infanteri (in-fahn-ter-*ree*) *nt* infantry
infektion (in-fehk-*shoon*) *c* infection
infinitiv (*in*-fi-ni-teev) *c* infinitive
inflammation (in-flah-mah-*shoon*) *c* inflammation; ***bli inflammerad** *become septic

inflation (in-flah-*shoon*) *c* inflation
influensa (in-flew-*ayn*-sah) *c* flu; influenza
inflytelserik (*in*-flew-tayl-say-reek) *adj* influential
infoga (*in*-foo-gah) *v* insert
informator (in-for-*maa*-tor) *c* tutor
informell (in-for-*mayl*) *adj* informal; casual
informera (in-for-*mayr*-ah) *v* inform
infraröd (*in*-frah-rurd) *adj* infra-red
infödd (*in*-furd) *adj* native
inföding (*in*-fur-ding) *c* native
införa (*in*-furr-ah) *v* import; introduce
införsel (*in*-furr-serl) *c* (pl -slar) import
ingefära (*i*-nger-fææ-rah) *c* ginger
ingen (*ing*-ayn) *pron* nobody; none, no one; no
ingendera (*i*-ngayn-day-rah) *pron* neither
ingenjör (in-shayn-*^y^urr*) *c* engineer
ingenstans (*ing*-ayn-stahns) *adv* nowhere
ingenting (*ing*-ayn-ting) *pron* nothing; nil
ingrediens (ing-gray-di-*ayns*) *c* ingredient
***ingripa** (*in*-gree-pah) *v* interfere; intervene
ingång (*in*-gong) *c* entrance; way in, entry
inhemsk (*in*-haymsk) *adj* domestic
initial (i-ni-tsi-*aal*) *c* initial
initiativ (i-nit-si-ah-*teev*) *nt* initiative
injektion (in-^y^ayk-*shoon*) *c* injection
injektionsspruta (in-^y^ehk-*shoons*-sprew-tah) *c* syringe
inkassera (*in*-kah-*say*-rah) *v* cash
inklusive (ing-klew-*see*-ver) *adj* inclusive; **allt inkluderat** all included, all in
inkompetent (in-kom-per-*tehnt*) *adj* incompetent

inkomst (*in*-komst) *c* income; revenue; **inkomster** earnings *pl*
inkomstskatt (*in*-komst-skaht) *c* income-tax
inkräkta (*in*-krehk-tah) *v* trespass
inkräktare (*in*-krehk-tah-rer) *c* (pl ~) trespasser
inkvartera (*in*-kvahr-*tāy*-rah) *v* lodge
inkvartering (*in*-kvahr-tāy-ring) *c* lodgings *pl*
inköpspris (*in*-tʸūrps-preess) *nt* cost price
inledande (*in*-lāyd-ahn-der) *adj* preliminary
inledning (*in*-lāyd-ning) *c* introduction
innan (*i*-nahn) *conj* before; *adv* before
innanför (*in*-ahn-fūrr) *prep* inside
innanmäte (*in*-ahn-mait-er) *nt* entrails, pulp
inne (*i*-ner) *adv* inside, indoors
***innebära** (*i*-ner-bæær-ah) *v* imply
innefatta (*i*-ner-fah-tah) *v* include
innehavare (*i*-ner-haa-vah-rer) *c* (pl ~) owner; occupant
innehåll (*i*-ner-hol) *nt* contents *pl*
***innehålla** (*i*-ner-ho-lah) *v* contain
innehållsförteckning (*i*-ner-hols-furr-*tayk*-ning) *c* table of contents
innerslang (*in*-err-slahng) *c* inner tube
innersta (*in*-ayrs-tah) *nt* heart
innertak (*i*-nerr-taak) *nt* ceiling
***innesluta** (*i*-ner-slēwt-ah) *v* encircle; enclose
inofficiell (*in*-o-fi-si-*ayl*) *adj* unofficial
inom (*in*-om) *prep* within; ~ **kort** soon; shortly
inomhus (*in*-om-hēwss) *adj* indoor; *adv* indoors
inre (*in*-rer) *adj* inner; internal, inside
inringa (*in*-ring-ah) *v* encircle
inrätta (*in*-reh-tah) *v* institute, establish
insats (*in*-sahts) *c* bet, inset; contribution
***inse** (*in*-sāy) *v* realize; *see
insekt (*in*-sehkt) *c* insect; bug *nAm*
insektsgift (*in*-sehkts-ʸift) *nt* insecticide
insektsmedel (*in*-sehkts-māy-dayl) *nt* insect repellent
insida (*in*-seed-ah) *c* inside; interior
insikt (*in*-sikt) *c* insight
insistera (in-si-*stāyr*-ah) *v* insist
inskription (in-skrip-*shōōn*) *c* inscription
***inskriva** (*in*-skree-vah) *v* list, enter, inscribe; ~ **sig** register
inskrivningsblankett (*in*-skreev-nings-blahng-*kayt*) *c* registration form
inskränkning (*in*-skrehngk-ning) *c* restriction, limitation
inskränkt (*in*-skrehngkt) *adj* restricted; limited; narrow-minded
inspektera (in-spayk-*tāy*-rah) *v* inspect
inspektion (in-spayk-*shōōn*) *c* inspection
inspektör (in-spayk-*tūrr*) *c* inspector
inspelning (*in*-spāyl-ning) *c* recording
inspirera (in-spi-*rāyr*-ah) *v* inspire
inspruta (*in*-sprēw-tah) *v* inject
instabil (in-stah-*beel*) *adj* unstable
installation (in-stah-lah-*shōōn*) *c* installation
installera (in-stah-*lāy*-rah) *v* install; induct
instinkt (*in*-stingt) *c* instinct
institut (in-sti-*tēwt*) *nt* institute
institution (in-sti-tew-*shōōn*) *c* institution
instruera (in-strew-*āy*-rah) *v* instruct
instruktion (in-strewk-*shōōn*) *c* direction
instruktör (in-strewk-*tūrr*) *c* instructor
instrument (in-strew-*maynt*) *nt* instrument
instrumentbräda (in-strēw-*maynt*-brai-dah) *c* dashboard
inställning (*in*-stehl-ning) *c* attitude;

position
instämma (*in*-stehm-ah) *v* agree
***inta** (*in*-taa) *v* capture, take
intagning (*in*-taag-ning) *c* admission
intakt (in-*tahkt*) *adj* unbroken; intact
inte (*in*-ter) *adv* not; ~ **alls** by no means; ~ **desto mindre** nevertheless; ~ **ens** not even; ~ **längre** no longer
inteckning (*in*-tayk-ning) *c* mortgage
intellekt (in-ter-*laykt*) *nt* intellect
intellektuell (in-ter-layk-tew-*ayl*) *adj* intellectual
intelligens (in-ter-li-*gayns*) *c* intelligence
intelligent (in-ter-li-*gaynt*) *adj* intelligent; clever
intendent (in-tern-*daynt*) *c* superintendent, curator, controller
intensiv (in-tayn-*seev*) *adj* intense
intern (in-*tææn*) *c* prisoner
internationell (in-terr-naht-shoo-*nayl*) *adj* international
internatskola (in-terr-*naat*-skōō-lah) *c* boarding-school
interrogativ (in-ter-ro-gahteev) *adj* interrogative
intervall (in-terr-*vahl*) *c* interval
intervju (in-terr-*vyew*) *c* interview
intet (in-*tert*) *nt* nothing
intetsägande (*in*-tert-sai-gahn-der) *adj* insignificant
intressant (in-tray-*sahnt*) *adj* interesting
intresse (in-*treh*-ser) *nt* interest
intressera (in-trer-*sāy*-rah) *v* interest
intresserad (in-trer-*sāy*-rahd) *adj* interested
introducera (in-tro-dew-*sāyr*-ah) *v* introduce
intryck (*in*-trewk) *nt* impression; ***göra** ~ **på** impress
inträde (*in*-trai-der) *nt* entrance; admission
inträdesavgift (*in*-traiderss-aav-yift) *c* entrance-fee
intyg (*in*-tēwg) *nt* certificate; document; testimonial
intäkter (*in*-tehk-terr) *pl* earnings *pl*
inuti (*in*-ēw-ti) *adv* within, inside
invadera (in-vah-*dāy*-rah) *v* invade
invalid (in-vah-*leed*) *c* invalid
invalidiserad (*in*-vah-li-di-*sāy*-rahd) *adj* crippled; invalid, disabled
invand (*in*-vaand) *adj* habitual
invandrare (*in*-vahnd-rah-rer) *c* (pl ~) immigrant
invandring (*in*-vahnd-ring) *c* immigration
invasion (in-vah-*shōōn*) *c* invasion
invecklad (*in*-vayk-lahd) *adj* complicated; complex, involved
inventering (in-vayn-*tāy*-ring) *c* inventory
investera (in-vayss-*tāy*-rah) *v* invest
investering (in-vayss-*tāy*-ring) *c* investment
invånare (*in*-vōā-nah-rer) *c* (pl ~) inhabitant; resident
invända (*in*-vehn-dah) *v* object
invändig (*in*-vehn-di) *adj* internal, inside
invändning (*in*-vehnd-ning) *c* objection
inåt (*in*-ōāt) *adv* inwards
inälvor (*in*-ehl-vor) *pl* bowels *pl;* intestines *pl*
Irak (i-*raak*) Iraq
irakier (i-*raa*-ki-err) *c* (pl ~) Iraqi
irakisk (i-*raak*-isk) *adj* Iraqi
Iran (i-*raan*) Iran
iranier (i-*raan*-i-err) *c* (pl ~) Iranian
iransk (i-*raansk*) *adj* Iranian
Irland (*eer*-lahnd) Ireland
irländare (eer-lehn-dah-rer) *c* (pl ~) Irishman
irländsk (*eer*-lehnsk) *adj* Irish
ironi (i-roo-*nee*) *c* irony
ironisk (i-*rōōn*-isk) *adj* ironical

irra (eer-ah) *v* err
irritera (eer-i-*tāyr*-ah) *v* irritate; annoy
is (eess) *c* ice
isblåsa (*eess*-blōā-sah) *c* ice-bag
iskall (*eess*-kahl) *adj* freezing
Island (*eess*-lahnd) Iceland
isländsk (*eess*-lehnsk) *adj* Icelandic
isländing (*eess*-lehn-ing) *c* Icelander
isolator (i-soo-laa-*tor*) *c* insulator, insulant
isolera (i-soo-*lāy*-rah) *v* isolate; insulate
isolerad (i-soo-*lāy*-rahd) *adj* isolated
isolering (i-soo-*lāy*-ring) *c* isolation; insulation
Israel (*eess*-rah-ayl) Israel
israelier (iss-rah-*āy*-li-err) *c* (pl ~) Israeli
israelisk (iss-rah-*āy*-lisk) *adj* Israeli
isvatten (*eess*-vah-tern) *nt* iced water
isär (i-*sæær*) *adv* apart
Italien (i-*taal*-ʸayn) Italy
italienare (i-tahl-*ʸāy*-nah-rer) *c* (pl ~) Italian
italiensk (i-tahl-*ʸaynsk*) *adj* Italian
iver (*ee*-verr) *c* zeal; eagerness
ivrig (*eev*-ri) *adj* eager; anxious
iväg (i-*vaig*) *adv* off

J

ja (ʸaa) yes; **ja ja!** well!
jacka (*ʸah*-kah) *c* jacket
jade (*ʸaa*-der) *c* jade
jag (ʸaa) *pron* I
jaga (*ʸaa*-gah) *v* hunt; ~ **bort** chase; ~ **efter** hunt for
jakande (*ʸaa*-kahn-der) *adj* affirmative
jakt (ʸahkt) *c* hunt; chase
jaktstuga (*ʸahkt*-stēw̄g-ah) *c* lodge
januari (ʸah-new-*aa*-ri) January
Japan (*ʸaa*-pahn) Japan
japan (ʸah-*paan*) *c* Japanese
japansk (ʸah-*paansk*) *adj* Japanese
jerseytyg (*ʸūrr*-si-tēw̄g) *nt* jersey
jetplan (*ʸeht*-plaan) *nt* jet
jobb (ʸob) *nt* job
jod (ʸod) *c* iodine
jolle (*ʸo*-ler) *c* dinghy
jord (ʸōōrd) *c* earth; soil
Jordanien (ʸōōr-*daa*-ni-ern) Jordan
jordanier (ʸōōr-*daa*-ni-err) *c* (pl ~) Jordanian
jordansk (ʸōōr-*daansk*) *adj* Jordanian
jordbruk (*ʸōōrd*-brēw̄k) *nt* agriculture
jordbävning (*ʸōōrd*-behv-ning) *c* earthquake
jordgubbe (*ʸōōrd*-gew-ber) *c* strawberry
jordklot (*ʸōōrd*-klōōt) *nt* globe
jordlott (*ʸōōrd*-lot) *c* allotment, plot
jordmån (*ʸōōrd*-mōān) *c* soil
jordnöt (*ʸōōrd*-nūrt) *c* (pl ~ter) peanut
jordvall (*ʸōōrd*-vahl) *c* dam
journalfilm (shoor-*naal*-film) *c* newsreel
journalism (shoor-nah-*lism*) *c* journalism
journalist (shoor-nah-*list*) *c* journalist
jubileum (ʸew-bi-*lāy*-ewm) *nt* (pl -leer) jubilee
jude (*ʸēw̄*-der) *c* Jew
judisk (*ʸēw̄*-disk) *adj* Jewish
jugoslav (ʸēw̄-goo-*slaav*) *c* Yugoslav
Jugoslavien (ʸēw̄-goo-*slah-vi*-ayn) Yugoslavia
jugoslavisk (ʸew-goo-*slaa*-visk) *adj* Yugoslav
juice (ʸōōss) *c* juice
jul (ʸēw̄l) *c* Christmas; Xmas
juli (*ʸēw̄*-li) July
jumper (*ʸewm*-perr) *c* (pl -prar) jumper

jungfru (*y**ewng*-frew) *c* virgin
juni (*yew*-ni) June
junior (*yew*-ni-or) *adj* junior
juridik (yew-ri-*deek*) *c* law
juridisk (yew-*ree*-disk) *adj* juridical, legal
jurist (yew-*rist*) *c* lawyer
jury (*yewr*-i) *c* jury
just[1] (yewst) *adv* just
just[2] (shewst) *adj* fair
justera (shew-*stayr*-ah) *v* adjust
juvel (yew-*vayl*) *c* gem; **juveler** jewellery
juvelerare (*yew*-ver-lay-rah-rer) *c* (pl ~) jeweller
jägare (*yai*-gah-rer) *c* (pl ~) hunter
jämföra (*yehm*-fur-rah) *v* compare
jämförelse (*yehm*-fur-rayl-say) *c* comparison
jämlikhet (*yehm*-leek-hayt) *c* equality
jämlöpande (*yehm*-lur-pahn-der) *adj* parallel
jämn (yehmn) *adj* even; smooth, level
jämna (*yehm*-nah) *v* level
jämra sig (*yehm*-rah) moan
jämvikt (*yehm*-vikt) *c* balance
järn (yæærn) *nt* iron; **järn-** iron
järnhandel (*yæærn*-hahn-dayl) *c* hardware store
järnvaror (*yæærn*-vaa-ror) *pl* hardware
järnverk (*yæærn*-værk) *nt* ironworks
järnväg (*yæærn*-vaig) *c* railway; railroad *nAm*
järnvägsspår (*yæærn*-vaig-spoar) *nt* track
järnvägsstation (*yæærn*-vaig-stah-*shoon*) *c* station
järnvägsvagn (*yæærn*-vaigs-vahngn) *c* carriage; passenger car *Am*
järnvägsövergång (*yæærn*-vaigs-ur-verr-gong) *c* railway crossing, level crossing
jäsa (*yaiss*-ah) *v* ferment
jäst (yehst) *c* yeast
jätte (*yeht*-er) *c* giant
jättestor (*yeh*-ter-stoor) *adj* huge

K

kabaré (kah-bah-*ray*) *c* cabaret
kabel (*kaab*-erl) *c* (pl kablar) cable
kabin (kah-*been*) *c* cabin
kabinett (kah-bi-*nayt*) *nt* cabinet
kafé (kah-*fay*) *nt* (pl ~er) café
kafeteria (kah-fer-*tay*-ri-ah) *c* cafeteria
kaffe (*kah*-fay) *nt* coffee
kaffebryggare (*kah*-fay-brew-gah-rer) *c* (pl ~) percolator
kagge (*kah*-ger) *c* keg, cask
kaj (kigh) *c* quay; dock
kajuta (kah-*yew*-tah) *c* cabin
kaka (*kaa*-kah) *c* cake
kakel (*kaa*-kerl) *nt* tile
kaki (*kaa*-ki) *c* khaki
kal (kaal) *adj* bare, naked
kalas (kah-*laass*) *nt* party
kalcium (*kahl*-si-ewm) *nt* calcium
kalender (kah-*layn*-derr) *c* (pl -drar) calendar
kalk (kahlk) *c* lime
kalkon (kahl-*koon*) *c* turkey
kall (kahl) *adj* cold
kalla (*kahl*-ah) *v* call; **så kallad** so-called
kalori (kah-loo-*ree*) *c* calorie
kalsonger (kahl-*song*-err) *pl* drawers; briefs *pl;* shorts *plAm;* underpants *plAm*
kalv (kahlv) *c* calf
kalvinism (kahl-vi-*nism*) *c* Calvinism
kalvkött (*kahlv*-tyurt) *nt* veal
kalvskinn (*kahlv*-shin) *nt* calf skin
kam (kahm) *c* (pl ~mar) comb
kamaxel (*kahm*-ahks-erl) *c* (pl -axlar) camshaft

kamé (kah-*māy*) *c* cameo
kamel (kah-*māyl*) *c* camel
kamera (*kaa*-mer-rah) *c* camera
kamgarn (*kahm*-gaarn) *nt* worsted
kamin (kah-*meen*) *c* heater, stove
kamma (*kah*-mah) *v* comb
kammare (*kah*-mah-rer) *c* (pl ~, kamrar) chamber
kammartjänare (*kahm*-ahr-*tʸai*-nah-rer) *c* (pl ~) valet
kamp (kahmp) *c* fight; struggle, combat, battle
kampa (*kahm*-pah) *v* camp
kampanj (kahm-*pahnʸ*) *c* campaign
kampare (*kahm*-pah-rer) *c* (pl ~) camper
kampingplats (*kahm*-ping-plahts) *c* camping site
kamrat (kahm-*raat*) *c* comrade
Kanada (*kah*-nah-dah) Canada
kanadensare (kah-nah-*dayn*-sah-rer) *c* (pl ~) Canadian
kanadensisk (kah-nah-*dayn*-sisk) *adj* Canadian
kanal (kah-*naal*) *c* canal; channel
kanariefågel (kah-*naa*-ri-er-fōa-gerl) *c* (pl -glar) canary
kandelaber (kahn-der-*laa*-berr) *c* (pl -brar) candelabrum
kandidat (kahn-di-*daat*) *c* candidate
kanel (kah-*nāyl*) *c* cinnamon
kanhända (kahn-*hehn*-dah) *adv* perhaps
kanin (kah-*neen*) *c* rabbit
kanon (kah-*nōōn*) *c* gun
kanot (kah-*nōōt*) *c* canoe
kanske (*kahn*-sher) *adv* perhaps; maybe
kant (kahnt) *c* edge; border; verge, rim
kantin (kahn-*teen*) *c* canteen
kaos (*kaa*-oss) *nt* chaos
kaotisk (kah-*ōā*-tisk) *adj* chaotic
kapa (*kaa*-pah) *v* hijack
kapabel (kah-*paa*-berl) *adj* capable
kapacitet (kah-pah-si-*tāyt*) *c* capacity
kapare (*kaa*-pah-rer) *c* (pl ~) hijacker
kapell (kah-*payl*) *nt* chapel
kapital (kah-pi-*taal*) *nt* capital
kapitalism (kah-pi-tah-*lism*) *c* capitalism
kapitalplacering (kah-pi-*taal*-plah-*sāy*-ring) *c* investment
kapitulation (kah-pi-tew-lah-*shōōn*) *c* capitulation, surrender
kaplan (kah-*plaan*) *c* chaplain
kappa (*kah*-pah) *c* coat
kapplöpning (*kahp*-lūrp-ning) *c* race
kapplöpningshäst (*kahp*-lūrp-nings-hehst) *c* race-horse
kapprum (*kahp*-rewm) *nt* cloakroom
kappsegling (*kahp*-sāyg-ling) *c* regatta
kappsäck (*kahp*-sehk) *c* suitcase, grip
kapsyl (kahp-*sēwl*) *c* capsule
kapten (kahp-*tāyn*) *c* captain
kapuschong (kah-pew-*shong*) *c* hood
karaff (kah-*rahf*) *c* carafe
karakterisera (kah-rahk-ter-ri-*sāy*-rah) *v* characterize
karakteristisk (kah-rahk-ter-*riss*-tisk) *adj* characteristic; typical
karaktär (kah-rahk-*tæær*) *c* character
karaktärsdrag (kah-rahk-*tæærs*-draag) *nt* characteristic
karamell (kah-rah-*mayl*) *c* caramel, sweet; candy *nAm*
karantän (kah-rahn-*tain*) *c* quarantine
karat (kah-*raat*) *c* (pl ~) carat
karbonkopia (kahr-*bōān*-koo-*pee*-ah) *c* carbon copy
karbonpapper (kahr-*bōān*-pah-perr) *nt* carbon paper
kardinal (kahr-di-*naal*) *c* cardinal
karg (kahrʸ) *adj* bare
karl (kaar) *c* guy; chap, fellow
karmosinröd (kahr-mo-*seen*-rūrd) *adj* crimson

karneval (kahr-nay-*vaal*) *c* carnival
kaross (kah-*ross*) *c* coach
karosseri (kah-ro-ser-*ree*) *nt* (pl ~er) coachwork; motor body *Am*
karp (kahrp) *c* carp
karriär (kah-ri-*æær*) *c* career
karta (*kaar*-tah) *c* map
kartong (kahr-*tong*) *c* carton
karusell (kah-rew-*sayl*) *c* merry-go-round
kaschmir (kahsh-*meer*) *c* cashmere
kasern (kah-*sæærn*) *c* barracks *pl*
kasino (kah-*see*-no) *nt* casino
kassa (*kah*-sah) *c* cash, fund; pay-desk
kassaskåp (*kah*-sah-skōāp) *nt* safe
kassavalv (*kah*-sah-vahlv) *nt* vault
kasse (*kah*-ser) *c* shopping bag
kassera (kah-*sāy*-rah) *v* discard
kassör (kah-*sūrr*) *c* cashier
kassörska (kah-*sūrrs*-kah) *c* cashier
kast (kahst) *nt* throw; cast
kasta (*kahss*-tah) *v* *throw; toss, *cast; *overcast
kastanj (kahss-*tahn*ʸ) *c* chestnut
kastanjebrun (kah-*stahn*-ʸer-brēwn) *adj* auburn
kastby (*kahst*-bēw) *c* gust
kastrull (kahst-*rewl*) *c* saucepan
katakomb (kah-tah-*komb*) *c* catacomb
katalog (kah-tah-*lōāg*) *c* catalogue
katarr (kah-*tahr*) *c* catarrh
katastrof (kah-tah-*strōāf*) *c* catastrophe; disaster; calamity
katastrofal (kah-tah-stro-*faal*) *adj* disastrous
katedral (kah-ter-*draal*) *c* cathedral
kategori (kah-ter-gōā-*ree*) *c* category
katolsk (kah-*tōōlsk*) *adj* catholic; **romersk** ~ Roman Catholic
katrinplommon (kaht-*reen*-*ploo*-mon) *nt* prune
katt (kaht) *c* cat
kavaj (kah-*vigh*) *c* jacket
kaviar (*kah*-vi-ʸahr) *c* caviar
kedja (*t*ʸ*āyd*-ʸah) *c* chain
kejsardöme (*t*ʸ*ay*-sahr-dūr-mer) *nt* empire
kejsare (*t*ʸ*ay*-sah-rer) *c* (pl ~) emperor
kejsarinna (*t*ʸ*ay*-sah-*ri*-nah) *c* empress
kejserlig (*t*ʸ*ay*-serr-li) *adj* imperial
kelgris (*t*ʸ*āyl*-greess) *c* pet
kemi (tʸay-*mee*) *c* chemistry
kemikalieaffär (tʸay-mi-*kaa*-li-ay-ah-*fær*) *c* chemist's; drugstore *nAm*
kemisk (*t*ʸ*āy*-misk) *adj* chemical
kemtvätt (*t*ʸ*āym*-tveht) *c* dry-cleaner's
kemtvätta (*t*ʸ*āym*-tveh-tah) *v* dry-clean
kennel (*keh*-nerl) *c* (pl -nlar) kennel
Kenya (*kāyn*-i-ah) Kenya
keramik (tʸay-rah-*meek*) *c* ceramics *pl;* pottery
kex (kayks) *nt* biscuit; cookie *nAm;* cracker *nAm*
kika (*t*ʸ*ee*-kah) *v* peep
kikare (*t*ʸ*ee*-kah-rer) *c* (pl ~) binoculars *pl*
kikhosta (*t*ʸ*eek*-hooss-tah) *c* whooping-cough
kil (tʸeel) *c* wedge, gusset
kilo (*t*ʸ*ee*-loo) *nt* kilogram
kilometer (tʸee-loo-*māy*-terr) *c* (pl ~) kilometre
Kina (*t*ʸ*ee*-nah) China
kind (tʸind) *c* cheek
kindben (*t*ʸ*ind*-bāyn) *nt* cheek-bone
kindtand (*t*ʸ*ind*-tahnd) *c* (pl -tänder) molar
kines (tʸi-*nāyss*) *c* Chinese
kinesisk (tʸi-*nāy*-sisk) *adj* Chinese
kinin (tʸi-*neen*) *nt* quinine
kinkig (*t*ʸ*ing*-ki) *adj* difficult
kiosk (tʸi-*osk*) *c* kiosk
kirurg (tʸi-*rewrg*) *c* surgeon
kissekatt (ki-ser-*kaht*) *c* pussy-cat

kista (*t^{y}iss*-tah) *c* chest; coffin
kittel (*t^{y}i*-terl) *c* (pl -tlar) kettle
kittla (*t^{y}it*-lah) *v* tickle
kiv (t^{y}eev) *nt* strife, quarrelling
kivas (*t^{y}eev*-ahss) *v* quarrel
kjol (t^{y}ool) *c* skirt
klack (klahk) *c* heel
klaga (*klaa*-gah) *v* complain
klagomål (*klaa*-goo-moal) *nt* complaint
klander (*klahn*-derr) *nt* blame
klandra (*klahn*-drah) *v* blame
klang (klahng) *c* tone
klar (klaar) *adj* ready; clear, serene
klara sig (*klaa*-rah) manage; get along; pass; **klara sig med** *make do with
***klargöra** (*klaar*-^{y}ur-rah) *v* clarify
***klarlägga** (*klaar*-lehg-ah) *v* elucidate
klass (klahss) *c* class; form
klassificera (klah-si-fi-*say*-rah) *v* classify, grade
klassisk (*klah*-sisk) *adj* classical
klasskamrat (*klahss*-kahm-*raat*) *c* class-mate
klassrum (*klahss*-rewm) *nt* classroom
klatsch (klahch) *c* smack
klausul (klahew-*sewl*) *c* clause
klenod (klay-*nood*) *c* gem
klia (*klee*-ah) *v* itch
klibbig (*kli*-bi) *adj* sticky
klient (kli-*aynt*) *c* client; customer
klimat (kli-*maat*) *nt* climate
klimpig (*klim*-pi) *adj* lumpy
klinik (kli-*neek*) *c* clinic
klippa[1] (*kli*-pah) *v* *cut; ~ **av** *cut off
klippa[2] (*kli*-pah) *c* rock; cliff
klippbok (*klip*-book) *c* (pl -böcker) scrap-book
klippig (*kli*-pi) *adj* rocky
klipsk (klipsk) *adj* smart, shrewd
klister (*kliss*-terr) *nt* gum
klisterremsa (*kliss*-terr-raym-sah) *c* adhesive tape
klistra (*kliss*-trah) *v* paste; *stick
klo (kloo) *c* claw
kloak (kloo-*aak*) *c* sewer
klocka (*klo*-kah) *c* watch; bell; **klockan ...** at ... o'clock; **klockan tolv** noon
klockarmband (*klok*-ahrm-bahnd) *nt* watch-strap
klockspel (*klok*-spayl) *nt* chimes *pl*
klok (klook) *adj* clever
klor (kloar) *c* chlorine
kloss (kloss) *c* block
kloster (*kloss*-terr) *nt* cloister; convent, monastery
klot (kloot) *nt* sphere
klubb (klewb) *c* club
klubba (*klew*-bah) *c* club; mallet; lollipop
klump (klewmp) *c* lump
klumpig (*klewm*-pi) *adj* clumsy; awkward
klumpsumma (*klewmp*-sewm-ah) *c* lump sum
klyfta (*klewf*-tah) *c* cleft; cleavage; segment
***klyva** (*klew*-vah) *v* *split
klåda (*kloa*-dah) *c* itch
klä (klai) *v* *become; clothe; cover; ~ **av sig** undress; ~ **om sig** change; ~ **på** dress; ~ **på sig** *put on; ~ **sig** dress; ***vara klädd i** *wear
klädborste (*klaid*-bors-ter) *c* clothes-brush
kläder (*klai*-derr) *pl* clothes *pl*
klädhängare (*klehd*-hehng-ah-rer) *c* (pl ~) hanger
klädskåp (*klaid*-skoap) *nt* wardrobe
klämma (*klehm*-ah) *c* clamp
klänning (*klehn*-ing) *c* dress; frock, gown
klättra (*kleht*-rah) *v* climb
klättring (*kleht*-ring) *c* climb
klösa (*klur*-sah) *v* scratch
klöver (*klur*-verr) *c* clover

knacka (*knah*-kah) *v* knock; tap
knackning (*knahk*-ning) *c* knock
knapp[1] (knahp) *c* button
knapp[2] (knahp) *adj* scarce; **knappast** scarcely; **knappt** *adv* hardly
knapphet (*knahp*-hāyt) *c* scarcity
knapphål (*knahp*-hōal) *nt* buttonhole
knappnål (*knahp*-nōal) *c* pin
knaprig (*knaap*-ri) *adj* crisp
knekt (knehkt) *c* knave
knep (knāyp) *nt* artifice
***knipa** (*knee*-pah) *v* pinch
kniptång (*kneep*-tong) *c* (pl -tänger) pincers *pl*
kniv (kneev) *c* knife
knivblad (*kneev*-blaad) *nt* blade
knoge (*knōō*-ger) *c* knuckle
knopp (knop) *c* bud
knorra (*kno*-rah) *v* grumble
knubbig (*knewb*-i) *adj* plump
knuff (knewf) *c* push
knut (knēwt) *c* knot
knutpunkt (*knēwt*-pewngkt) *c* junction
***knyta** (*knēw*-tah) *v* tie; knot; ~ **upp** untie
knytnäve (*knēwt*-nai-ver) *c* fist
knytnävsslag (*knēwt*-naivs-slaag) *nt* punch
knä (knai) *nt* knee
knäböja (*knai*-bur-yah) *v* *kneel
knäppa (*knehp*-ah) *v* button; ~ **upp** unbutton
knäskål (*knai*-skōal) *c* kneecap
ko (kōō) *c* cow
koagulera (ko-ah-gew-*lāy*-rah) *v* coagulate
kock (kok) *c* cook
kod (kōad) *c* code
koffein (ko-fer-*een*) *nt* caffeine
koffeinfri (ko-fer-*een*-free) *adj* decaffeinated
koffert (*ko*-ferrt) *c* trunk
kofta (*kof*-tah) *c* cardigan
kofångare (*kōō*-fong-ah-rer) *c* (pl ~) bumper
koj (koi) *c* berth; bunk
koka (*kōō*-kah) *v* boil
kokain (koo-kah-*een*) *nt* cocaine
kokbok (*kōōk*-bōōk) *c* (pl -böcker) cookery-book; cookbook *nAm*
kokosnöt (*koo*-kooss-nūrt) *c* (pl ~ter) coconut
kol (kōal) *nt* coal
kola (*kōa*-lah) *c* toffee
kolja (*kol*-yah) *c* haddock
kolla (*kol*-ah) *v* check
kollapsa (ko-*lahp*-sah) *v* collapse
kollega (ko-*lāy*-gah) *c* colleague
kollektiv (*ko*-lehk-teev) *adj* collective
kollidera (ko-li-*dāy*-rah) *v* collide; crash
kollision (ko-li-*shōōn*) *c* collision; crash
koloni (ko-lo-*nee*) *c* colony
kolonn (ko-*lon*) *c* column
kolossal (ko-lo-*saal*) *adj* huge
koltrast (*kōal*-trahst) *c* blackbird
kolumn (ko-*lewmn*) *c* column
kolv (kolv) *c* piston
kolvring (*kolv*-ring) *c* piston ring
kolvstång (*kolv*-stong) *c* (pl -stänger) piston-rod
koma (*kōa*-mah) *c* coma
kombination (kom-bi-nah-*shōōn*) *c* combination
kombinera (koam-bi-*nāy*-rah) *v* combine
komedi (ko-may-*dee*) *c* comedy; **musikalisk** ~ musical comedy
komfort (kom-*fort*) *c* comfort
komfortabel (kom-for-*taa*-berl) *adj* comfortable
komiker (*kōō*-mi-kerr) *c* (pl ~) comedian
komisk (*kōō*-misk) *adj* comic
***komma** (*ko*-mah) *v* *come; ~ **ihåg** remember; ~ **tillbaka** return; *get

back
kommatecken (*ko*-mah-tay-kern) *nt* comma
kommentar (ko-mayn-*taar*) *c* comment
kommentera (ko-mayn-*tay*-rah) *v* comment
kommersiell (ko-mær-si-*ayl*) *adj* commercial
kommission (ko-mi-*shoon*) *c* commission
kommitté (ko-mi-*tay*) *c* committee
kommun (ko-*mewn*) *c* municipality; commune; **kommunal-** municipal
kommunfullmäktige (ko-*mewn*-fewl-mehk-ti-ger) *pl* municipality council
kommunikation (ko-mew-ni-kah-*shoon*) *c* communication
kommuniké (ko-mew-ni-*kay*) *c* communiqué
kommunism (ko-mew-*nism*) *c* communism
kommunist (ko-mew-*nist*) *c* communist
kompakt (kom-*pahkt*) *adj* compact
kompanjon (koam-pahn-*yoon*) *c* partner; associate
kompass (kom-*pahss*) *c* compass
kompensation (kom-payn-sah-*shoon*) *c* compensation
kompensera (kom-pern-*say*-rah) *v* compensate
kompetent (koam-pay-*taynt*) *adj* qualified
komplett (kom-*playt*) *adj* complete
komplex (kom-*plehks*) *nt* complex
komplicerad (kom-pli-*sayr*-ahd) *adj* complicated
komplimang (kom-pli-*mahng*) *c* compliment
komplimentera (kom-pli-mern-*tayr*-ah) *v* compliment
komplott (kom-*plot*) *c* plot; conspiracy
komponera (kom-poo-*nay*-rah) *v* compose
komposition (kom-po-si-*shoon*) *c* composition
kompositör (kom-po-si-*turr*) *c* composer
kompromiss (kom-pro-*miss*) *c* compromise
koncentration (kon-sayn-trah-*shoon*) *c* concentration
koncentrera (kon-sayn-*tray*-rah) *v* concentrate
koncern (kon-*surrn*) *c* concern
koncession (kon-ser-*shoon*) *c* concession
koncis (kon-*seess*) *adj* concise
kondition (kon-di-*shoon*) *c* condition
konditor (kon-*dee*-toar) *c* confectioner
konditori (kon-di-too-*ree*) *nt* (pl ~er) pastry shop
kondom (kon-*doam*) *c* condom
konduktör (kon-dewk-*turr*) *c* ticket collector
konfektionssydd (kon-fayk-*shoon*-sewd) *adj* ready-made
konferens (kon-fer-*rayns*) *c* conference
konfidentiell (kon-fi-dayn-tsi-*ayl*) *adj* confidential
konfiskera (kon-fi-*skayr*-ah) *v* confiscate
konflikt (kon-*flikt*) *c* conflict
konfrontera (kon-fron-*tay*-rah) *v* confront, face
kongregation (kon-gray-gah-*shoon*) *c* congregation
kongress (kong-*rayss*) *c* congress
konjak (*kon*-yahk) *c* cognac
konkret (kon-*krayt*) *adj* concrete
konkurrens (kon-kew-*rayns*) *c* competition
konkurrent (kon-kew-*raynt*) *c* competitor
konkurrera (kon-kew-*rayr*-ah) *v* com-

pete
konkursmässig (kon-*kewrs*-meh-si) *adj* bankrupt
konsekvens (kon-ser-*kvayns*) *c* consequence; issue
konsert (kon-*sæær*) *c* concert
konsertsal (kon-*sær*-saal) *c* concert hall
konservativ (kon-sær-vah-*teev*) *adj* conservative
konservatorium (kon-*sær*-vah-*tōō*-ri-ewm) *nt* (pl -rier) music academy
konservburk (kon-særv-bewrk) *c* can, tin
konserver (kon-*særv*-err) *pl* tinned food
konservera (kon-sær-*vāy*-rah) *v* preserve
konservering (kon-sær-*vāy*-ring) *c* preservation
konservöppnare (kon-*særv*-urp-nah-rer) *c* (pl ~) can opener, tin-opener
konst (konst) *c* art; **de sköna konsterna** fine arts
konstakademi (*konst*-ah-kah-day-*mee*) *c* art school
konstatera (kons-tah-*tāyr*-ah) *v* ascertain, establish; diagnose
konstgalleri (*konst*-gah-ler-*ri*) *nt* (pl ~er) art gallery; gallery
konstgjord (*konst*-ʏōōrd) *adj* artificial
konsthantverk (*konst*-hahnt-værk) *nt* handicraft
konsthistoria (*konst*-hiss-tōō-ri-ah) *c* art history
konstig (*kons*-ti) *adj* funny, odd; queer
konstindustri (*konst*-in-dew-*stree*) *c* arts and crafts
konstnär (*konst*-nææer) *c* artist
konstnärinna (*konst*-næ-*ri*-nah) *c* artist
konstnärlig (konst-*nææer*-li) *adj* artistic
konstruera (kon-strew-*āyr*-ah) *v* construct
konstruktion (kon-strewk-*shōōn*) *c* construction
konstsamling (*konst*-sahm-ling) *c* art collection
konstsiden (*konst*-see-dern) *c* rayon
konststycke (*konst*-stew-ker) *nt* trick
konstutställning (*konst*-ēwt-stehl-ning) *c* art exhibition
konstverk (*konst*-værk) *nt* work of art
konsul (*kon*-sewl) *c* consul
konsulat (kon-sew-*laat*) *nt* consulate
konsultation (kon-sewl-tah-*shōōn*) *c* consultation
konsument (kon-sew-*maynt*) *c* consumer
kontakt (kon-*tahkt*) *c* contact
kontakta (kon-*tahk*-tah) *v* contact
kontaktlinser (kon-*tahkt*-lin-serr) *pl* contact lenses
kontanter (kon-*tahn*-terr) *pl* cash
kontinent (kon-ti-*naynt*) *c* continent
kontinental (kon-ti-nayn-*taal*) *adj* continental
kontinuerlig (kon-ti-new-*āyr*-li) *adj* continuous
konto (*kon*-too) *nt* account
kontor (kon-*tōōr*) *nt* office
kontorist (kon-too-*rist*) *c* clerk
kontorsartiklar (kon-*tōōrs*-ahr-tik-lahr) *pl* stationery
kontorstid (kon-*tōōrs*-teed) *c* office hours; business hours
kontra (*kont*-rah) *prep* versus
kontrakt (kon-*trahkt*) *nt* contract; agreement
kontrast (kon-*trahst*) *c* contrast
kontroll (kon-*trol*) *c* control; inspection; supervision
kontrollera (kon-tro-*lāy*-rah) *v* control; check, inspect, supervise

kontur (kon-*tewr*) *c* contour
konversation (kon-vær-sah-*shoon*) *c* conversation
kooperation (koo-o-per-rah-*shoon*) *c* co-operative
kooperativ (koo-o-per-rah-*teev*) *adj* co-operative
kopia (ko-*pee*-ah) *c* copy
kopiera (koo-pi-*ayr*-ah) *v* copy
kopp (kop) *c* cup
koppar (*ko*-pahr) *c* copper
koppel (*ko*-payl) *nt* leash; lead
koppla (*kop*-lah) *v* connect; ~ **av** relax; ~ **på** switch on; ~ **till** connect; ~ **ur** disconnect; de-clutch
koppling (*kop*-ling) *c* clutch
kopplingsbord (*kop*-lings-boord) *nt* switchboard
korall (ko-*rahl*) *c* coral
korg (kor[y]) *c* basket; hamper
korint (ko-*rint*) *c* currant
kork (kork) *c* cork
korka upp (*kor*-kah) uncork
korkskruv (*kork*-skrewv) *c* corkscrew
korn (koorn) *nt* grain; corn, barley
korp (korp) *c* raven
korpulent (kor-pew-*laynt*) *adj* corpulent; stout
korrekt (ko-*raykt*) *adj* correct
korrespondens (ko-ray-spon-*dahngs*) *c* correspondence
korrespondent (ko-rayss-pon-*daynt*) *c* correspondent
korrespondera (ko-rayss-pon-*day*-rah) *v* correspond
korridor (ko-ri-*doar*) *c* corridor
korrumpera (ko-rewm-*pay*-rah) *v* corrupt
korrumperad (ko-rewm-*pay*-rahd) *adj* corrupt
korruption (ko-rewp-*shoon*) *c* corruption
kors (kors) *nt* cross
korsett (kor-*sayt*) *c* corset
korsfästa (*kors*-fehss-tah) *v* crucify
korsfästelse (*kors*-fehss-tayl-ser) *c* crucifixion
korsning (*kors*-ning) *c* crossing
korståg (*kors*-toag) *nt* crusade
kort[1] (kort) *adj* short; brief
kort[2] (koort) *nt* card; snapshot; **grönt** ~ green card
kortfattad (*kort*-faht-ahd) *adj* brief; concise
kortslutning (*kort*-slewt-ning) *c* short circuit
korv (korv) *c* sausage
kosmetika (koss-*may*-ti-kah) *pl* cosmetics *pl*
kost (kost) *c* fare
kosta (*koss*-tah) *v* *cost
kostnad (*kost*-nahd) *c* cost
kostnadsfri (*kost*-nahds-free) *adj* free of charge
kostsam (*kost*-sahm) *adj* expensive
kostym (koss-*tewm*) *c* suit
kotlett (kot-*leht*) *c* chop; cutlet
krabba (*krah*-bah) *c* crab
kraft (krahft) *c* force; energy, strength, power
kraftig (*krahf*-ti) *adj* strong, powerful; robust
kraftverk (*krahft*-værk) *nt* power-station
krage (*kraa*-gay) *c* collar
kragknapp (*kraag*-knahp) *c* collar stud
kram (kraam) *c* hug
krama (*kraam*-ah) *v* cuddle, embrace
kramp (krahmp) *c* cramp; convulsion
krampa (*krahm*-pah) *c* clamp
kran (kraan) *c* tap
krasslig (*krahss*-li) *adj* unwell
krater (*kraa*-terr) *c* (pl -trar) crater
kratta (*krah*-tah) *c* rake
krav (kraav) *nt* requirement
kredit (kray-*deet*) *c* credit
kreditera (kray-di-*tay*-rah) *v* credit

kreditiv (kray-*di*-teev) *nt* letter of credit
kreditkort (kray-*deet*-koort) *nt* credit card; charge plate *Am*
kremera (kray-*māyr*-ah) *v* cremate
kremering (kray-*māy*-ring) *c* cremation
krets (krayts) *c* circuit; circle
kretslopp (*krayts*-lop) *nt* circulation, orbit, cycle
kricket (*kri*-kayt) *nt* cricket
krig (kreeg) *nt* war
krigsfånge (*kriks*-fong-er) *c* prisoner of war
krigsmakt (*kriks*-mahkt) *c* military force
kriminell (kri-mi-*nayl*) *adj* criminal
kringliggande (*kring*-li-gahn-der) *adj* surrounding
kris (kreess) *c* crisis
kristall (kriss-*tahl*) *c* crystal; **kristall-** crystal
kristen[1] (*kriss*-tern) *c* (pl -tna) Christian
kristen[2] (*kriss*-tern) *adj* Christian
Kristus (*kriss*-tewss) Christ
krita (*kreet*-ah) *c* chalk
kritik (kri-*teek*) *c* criticism
kritiker (*kree*-ti-kerr) *c* (pl ~) critic
kritisera (kri-ti-*sāy*-rah) *v* criticize
kritisk (*kree*-tisk) *adj* critical
krog (kroog) *c* restaurant
krok (krook) *c* hook
krokig (*krook*-i) *adj* crooked, curved, bent
krokodil (kroo-koo-*deel*) *c* crocodile
krom (kroam) *c* chromium
krona (*kroo*-nah) *c* crown
kronblad (*kroon*-blaad) *nt* petal
kronisk (*kroo*-nisk) *adj* chronic
kronologisk (kroo-noo-*loag*-isk) *adj* chronological
kronärtskocka (*kroon*-ærts-ko-kah) *c* artichoke
kropp (krop) *c* body; **fast** ~ solid
krucifix (krew-si-*fiks*) *nt* crucifix
kruka (*krew*-kah) *c* jar
krus (krewss) *nt* pitcher
krusa (*krew*-sah) *v* curl
krusbär (*krewss*-bæær) *nt* gooseberry
krut (krewt) *nt* gunpowder
krycka (*krew*-kah) *c* crutch
krydda (*krew*-dah) *c* spice; *v* flavour
kryddad (*krew*-dahd) *adj* spiced; spicy
krympa (*krewm*-pah) *v* *shrink
krympfri (*krewmp*-free) *adj* shrinkproof
***krypa** (*krewp*-ah) *v* *creep; crawl
kryssning (*krewss*-ning) *c* cruise
kråka (*kroak*-ah) *c* crow
kräfta (*krehf*-tah) *c* crayfish
kräkas (*krai*-kahss) *v* vomit
kräldjur (*krail*-[y]ewr) *nt* reptile
kräm (kraim) *c* cream
krämpa (*krehm*-pah) *c* ailment
kränka (*krehng*-kah) *v* offend
kränkande (*krehng*-kahn-der) *adj* offensive
kränkning (*krehngk*-ning) *c* offence; violation
kräsen (*krai*-sern) *adj* choosy, fastidious, particular
kräva (*krai*-vah) *v* demand; require, claim
krök (krurk) *c* bend
kröna (*krur*-nah) *v* crown
kub (kewb) *c* cube
Kuba (*kew*-bah) Cuba
kuban (kew-*baan*) *c* Cuban
kubansk (kew-*baansk*) *adj* Cuban
kudde (*kew*-day) *c* cushion; pillow
kuggas (*kewg*-ahss) *v* fail
kula (*kew*-lah) *c* bullet
kull (kewl) *c* litter
kulle (*kew*-lay) *c* hill; mound
kullkasta (*kewl*-kahss-tah) *v* *upset
kulspetspenna (*kewl*-spayts-pay-nah) *c* ballpoint-pen

kultiverad (kewl-ti-*vāy*-rahd) *adj* cultured, refined
kultur (kewl-*tēwr*) *c* culture
kund (kewnd) *c* customer; client
kung (kewng) *c* king
kungarike (*kewng*-ah-ree-ker) *nt* kingdom
kunglig (*kewng*-li) *adj* royal
***kungöra** (*kewn*-^{y}ūrr-ah) *v* proclaim
kungörelse (*kewn*-^{y}ūr-rayl-ser) *c* announcement; proclamation, notice
***kunna** (*kewn*-ah) *v* *can; *may, *be able to
kunskap (*kewn*-skaap) *c* knowledge
kupé (kēw-*pāy*) *c* compartment
kuperad (kēw-*pāy*-rahd) *adj* hilly
kupol (kēw-*pōal*) *c* dome
kupong (kēw-*pong*) *c* coupon; voucher
kur (kēwr) *c* cure
kurort (*kēwr*-oort) *c* spa
kurs (kewrs) *c* course
kursivering (kewr-si-*vāyr*-ing) *c* italics *pl*
kurva (*kewr*-vah) *c* curve, turning, bend
kusin (kew-*seen*) *c* cousin
kuslig (*kēwss*-li) *adj* creepy
kust (kewst) *c* coast; sea-coast, seaside
kuvert (kew-*væær*) *nt* envelope
kuvertavgift (kēw-*væær*-aav-^{y}ift) *c* cover charge
kvacksalvare (*kvahk*-sahl-vah-rer) *c* (pl ~) quack
kvadrat (kvah-*draat*) *c* square
kvadratisk (kvah-*draa*-tisk) *adj* square
kvalificera sig (kvah-li-fi-*sāyr*-ah) qualify
kvalificerad (kvah-li-fi-*sāyr*-ahd) *adj* qualified
kvalifikation (kvah-li-fi-kah-*shōon*) *c* qualification
kvalitet (kvah-li-*tāyt*) *c* quality
kvantitet (kvahn-ti-*tāyt*) *c* quantity
kvar (kvaar) *adv* left
kvarleva (*kvaar*-lāy-vah) *c* remnant
kvarn (kvaarn) *c* mill
kvart (kvahrt) *c* quarter of an hour; quarter
kvartal (kvahr-*taal*) *nt* quarter; **kvartals-** quarterly
kvarter (kvahr-*tāyr*) *nt* block
kvast (kvahst) *c* broom
kvav (kvaav) *adj* stuffy
kvick (kvik) *adj* quick
kvicksilver (*kvik*-sil-vehr) *nt* mercury
kvicktänkt (*kvik*-tehngkt) *adj* bright
kvinna (*kvi*-nah) *c* woman
kvinnlig (*kvin*-li) *adj* feminine
kvist (kvist) *c* twig
kvitto (*kvi*-too) *nt* receipt
kvot (kvōot) *c* quota
kväll (kvehl) *c* evening; night; **i** ~ tonight
kvällsmat (*kvehls*-maat) *c* supper
kväva (*kvai*-vah) *v* choke
kvävas (*kvai*-vahss) *v* choke
kväve (*kvai*-ver) *nt* nitrogen
kyckling (*t^{y}ewk*-ling) *c* chicken
kyla (*t^{y}ēw*-lah) *c* cold
kylig (*t^{y}ēw*-li) *adj* cool; chilly
kylskåp (*t^{y}ēwl*-skōap) *nt* fridge, refrigerator
kylsystem (*t^{y}ēwl*-sew-*stāym*) *nt* cooling system
kypare (*t^{y}ēw*-pah-rer) *c* (pl ~) waiter
kyrka (*t^{y}ewr*-kah) *c* church
kyrkogård (*t^{y}ewr*-koo-gōard) *c* churchyard; cemetery
kyrktorn (*t^{y}ewrk*-toorn) *nt* church tower
kyrkvaktmästare (*t^{y}ewrk*-vahkt-mehss-tah-rer) *c* (pl ~) sexton
kysk (t^{y}ewsk) *adj* chaste
kyss (t^{y}ewss) *c* kiss
kyssa (*t^{y}ew*-sah) *v* kiss
kåda (*kōad*-ah) *c* resin

kål (koal) *c* cabbage
käck (tyehk) *adj* plucky
käft (tyehft) *c* mouth
kägelspel (*tyai*-gerl-spayl) *nt* bowling
käke (*tyai*-ker) *c* jaw
kälkborgerlig (*tyehlk*-bor-yerr-li) *adj* bourgeois
kälke (*tyehl*-ker) *c* sleigh, sledge
källa (*tyehl*-ah) *c* spring; source, fountain
källare (*tyeh*-lah-rer) *c* (pl ~) cellar
källarvåning (*tyeh*-lahr-voa-ning) *c* basement
kämpa (*tyehm*-pah) *v* *fight; struggle, combat, battle
känd (tyehnd) *adj* famous, known, noted
känguru (*tyehng*-gew-rew) *c* kangaroo
känna (*tyehn*-ah) *v* *feel; *know; ~ **igen** recognize
kännare (*tyeh*-nah-rer) *c* (pl ~) connoisseur
kännbar (*tyehn*-baar) *adj* perceptible, noticeable
kännedom (*tyehn*-er-doom) *c* knowledge
kännemärke (*tyehn*-er-mær-ker) *nt* feature
kännetecken (*tyeh*-ner-*tay*-kern) *nt* characteristic
känsel (*tyehn*-serl) *c* touch; feeling; **utan** ~ numb
känsla (*tyehns*-lah) *c* emotion, sensation
känslig (*tyehns*-li) *adj* sensitive; delicate
känslolös (*tyayns*-loo-*lurss*) *adj* insensitive
käpp (tyehp) *c* cane; stick
käpphäst (*tyehp*-hehst) *c* hobby-horse
kär (tyæær) *adj* dear
kärl (tyæærl) *nt* vessel
kärlek (*tyæær*-layk) *c* love
kärleksaffär (*tyæær*-layks-ah-*fæær*) *c* affair
kärleksfull (*tyæær*-layks-fewl) *adj* affectionate
kärlekshistoria (*tyæær*-layks-hiss-*too*-ri-ah) *c* love-story
kärn- (tyæærn) nuclear; atomic
kärna (*tyær*-nah) *c* stone, pip; core, essence; nucleus
kärnhus (*tyæærn*-hewss) *nt* core
kärnkraft (*tyæærn*-krahft) *c* nuclear energy
kärra (*tyæ*-rah) *c* cart; barrow
kö (kur) *c* queue
köa (*kur*-ah) *v* queue; stand in line *Am*
kök (tyurk) *nt* kitchen
kökschef (*tyurks*-shayf) *c* chef
kökshandduk (*tyurks*-hahn-dewk) *c* tea-cloth
köksredskap (*tyurks*-rayd-skaap) *nt* utensil
köksspis (*tyurk*-speess) *c* stove, cooker
köksträdgård (*tyurks*-trai-goard) *c* kitchen garden
köl (tyurl) *c* keel
kön (tyurn) *nt* sex; **köns-** genital
könssjukdom (*tyurns*-shewk-doom) *c* venereal disease
köp (tyurp) *nt* purchase
köpa (*tyur*-pah) *v* *buy; purchase
köpare (*tyur*-pah-rer) *c* (pl ~) buyer; purchaser
köpesumma (*tyur*-per-sew-mah) *c* purchase price
köpman (*tyurp*-mahn) *c* (pl -män) merchant; trader
***köpslå** (*tyurp*-sloa) *v* bargain
kör (kurr) *c* choir
köra (*tyur*-rah) *v* *drive; ~ **för fort** *speed; ~ **om** *overtake; pass *vAm*
körbana (*tyurr*-baan-ah) *c* carriageway; roadway *nAm*

körfil (*tʸūrr*-feel) *c* lane
körkort (*tʸūrr*-koort) *nt* driving licence
körriktningsvisare (*tʸurr*-rikt-nings-vee-sah-rer) *c* (pl ~) trafficator; directional signal *Am*
körsbär (*tʸurrs*-bæær) *nt* cherry
körsnär (tʸurrs-*næær*) *c* furrier
körtel (*tʸurr*-terl) *c* (pl -tlar) gland
kött (tʸurt) *nt* flesh; meat

L

laboratorium (lah-bo-rah-*tōō*-ri-ewm) *nt* (pl -rier) laboratory
labyrint (lah-bew-*rint*) *c* labyrinth; maze
lack (lahk) *nt* lacquer; varnish
lada (*laa*-dah) *c* barn
laddning (*lahd*-ning) *c* charge; cargo
lag (laag) *c* law; *nt* team
laga (*laa*-gah) *v* fix; mend
lager (*laa*-gerr) *nt* store, stock; layer
laglig (*laag*-li) *adj* legal; lawful
lagra (*laag*-rah) *v* store; stock
lagring (*laag*-ring) *c* storage
lagun (lah-*gēwn*) *c* lagoon
lakan (*laa*-kahn) *nt* sheet
lakrits (*laa*-krits) *c* liquorice
lamm (lahm) *nt* lamb
lammkött (*lahm*-tʸurt) *nt* lamb
lampa (*lahm*-pah) *c* lamp
lampskärm (*lahmp*-shærm) *c* lampshade
land (lahnd) *nt* (pl länder) land; country; ***gå i** ~ land, disembark; **i** ~ ashore
landa (*lahn*-dah) *v* land
landgräns (*lahnd*-grehns) *c* boundary
landgång (*lahnd*-gong) *c* gangway
landmärke (*lahnd*-mær-ker) *nt* landmark
landsbygd (*lahnds*-bewgd) *c* countryside; country
landsflykt (*lahnds*-flewkt) *c* exile
landsflykting (*lahnds*-flewk-ting) *c* exile
landskap (*lahnd*-skaap) *nt* province, landscape; scenery
landsman (*lahnds*-mahn) *c* (pl -män) countryman
***landstiga** (*lahnd*-steeg-ah) *v* disembark
landsväg (*lahnds*-vaig) *c* highway
lantbruk (*lahnt*-brēwk) *nt* farm; **lantbruks-** agrarian
lantbrukare (*lahnt*-brēw-kah-rer) *c* (pl ~) farmer
lantegendom (*lahnt*-āy-gayn-doom) *c* estate
lantlig (*lahnt*-li) *adj* rural
lantställe (*lahnt*-steh-ler) *nt* country house
lappa (*lahp*-ah) *v* patch
larma (*lahr*-mah) *v* alarm; clamour
lasarett (lah-sah-*reht*) *nt* hospital
last (lahst) *c* cargo; load, freight; vice
lasta (*lahss*-tah) *v* load; charge; ~ **av** unload
lastbil (*lahst*-beel) *c* lorry; truck *nAm*
lastkaj (*lahst*-kigh) *c* wharf
lastrum (*lahst*-rewm) *nt* hold
lat (laat) *adj* lazy; idle
Latinamerika (lah-*teen*-ah-*māy*-ri-kah) Latin America
latinamerikansk (lah-*teen*-ah-*may*-ri-*kaansk*) *adj* Latin-American
lavin (lah-*veen*) *c* avalanche
lax (lahks) *c* salmon
***le** (lāy) *v* smile
led (lāyd) *c* joint; **ur** ~ dislocated
leda (*lāyd*-ah) *v* *lead; head, direct
ledande (*lāy*-dahn-der) *adj* leading
ledare (*lāy*-dah-rer) *c* (pl ~) leader
ledarhund (*lāyd*-ahr-hewnd) *c* guide-dog

ledarskap (*lāyd*-ahr-skaap) *nt* leadership
ledig (*lāy*-di) *adj* vacant; unoccupied
ledighet (*lāy*-di-hāyt) *c* leave; leisure
ledning (*lāyd*-ning) *c* lead, guidance; management
ledsaga (*lāyd*-saag-ah) *v* accompany; conduct
ledsen (*lay*-sayn) *adj* sad, sorry
ledstång (*lāyd*-stong) *c* (pl -stänger) rail, banister
leende (*lāy*-ern-der) *nt* smile
legal (lay-*gaal*) *adj* legal
legalisering (lay-gah-li-*sāyr*-ing) *c* legalization
legat (lay-*gaat*) *nt* legacy
legation (lay-gah-*shōōn*) *c* legation
legitimation (*lay*-gi-ti-mah-*shōōn*) *c* identification
lejon (*lay*-on) *nt* lion
lek (lāyk) *c* play
leka (*lāyk*-ah) *v* play
lekman (*lāyk*-mahn) *c* (pl -män) layman
lekplats (*lāyk*-plahts) *c* playground
leksak (*lāyk*-saak) *c* toy
leksaksaffär (*lāyk*-sahks-ah-*fæær*) *c* toyshop
lekskola (*lāyk*-skōōl-ah) *c* kindergarten
lektion (lehk-*shōōn*) *c* lesson
lektor (*lehk*-tor) *c* lecturer, senior master
lem (laym) *c* (pl ~mar) limb
len (lāyn) *adj* soft, smooth
lera (*lāy*-rah) *c* clay
lergods (*lair*-goods) *nt* pottery, ceramics *pl;* crockery
lerig (*lāy*-ri) *adj* muddy
leta efter (*lāy*-tah) look for
leva (*lāy*-vah) *v* live
levande (*lāy*-vahn-der) *adj* alive; live
lever (*lāy*-verr) *c* (pl levrar) liver
leverans (lay-vay-*rahns*) *c* delivery; supply
leverera (lay-vay-*rāy*-rah) *v* deliver; furnish
levnadsstandard (*lāyv*-nahds-stahn-dahrd) *c* standard of living
libanes (li-bah-*nāyss*) *c* Lebanese
libanesisk (li-bah-*nāyss*-isk) *adj* Lebanese
Libanon (*lee*-bah-non) Lebanon
liberal (li-bay-*raal*) *adj* liberal
Liberia (li-*bāyri*-ah) Liberia
liberian (li-bay-ri-*aan*) *c* Liberian
liberiansk (li-bay-ri-*aansk*) *adj* Liberian
licens (li-*sayns*) *c* licence
***lida** (*lee*-dah) *v* suffer
lidande (*leed*-ahn-der) *nt* suffering; ailment, affliction
lidelse (*leed*-erl-ser) *c* passion
lidelsefull (*leed*-erl-ser-*fewl*) *adj* passionate
lifta (*lif*-tah) *v* hitchhike
liftare (*lif*-tah-rer) *c* (pl ~) hitchhiker
***ligga** (*li*-gah) *v* *lie; *be situated
lik (leek) *nt* corpse; *adj* alike, like
lika (*lee*-kah) *adj* equal; even; *adv* equally, as; ~ **mycket** as much
likadan (*lee*-kah-*daan*) *adj* alike
likaledes (*lee*-kah-*lāyd*-erss) *adv* likewise
likasinnad (*lee*-kah-*sin*-ahd) *adj* like-minded
likaså (*lee*-kah-*sōā*) *adv* likewise; as well, as much
likformig (*leek*-for-mi) *adj* uniform, homogeneous
likgiltig (*leek*-ʸil-ti) *adj* indifferent
likhet (*leek*-hāyt) *c* resemblance; similarity
likna (*leek*-nah) *v* resemble
liknande (*leek*-nahn-der) *adj* similar, such
liksom (*lik*-som) *conj* as
likström (*leek*-strurm) *c* direct current

liktorn (*leek*-tōārn) *c* corn
likväl (leek-*vail*) *adv* yet; however, still
likvärdig (*leek*-vær-di) *adj* equivalent; ***vara** ~ equal
likör (li-*kūrr*) *c* liqueur
lilja (*lil*-ʸah) *c* lily
lillfinger (*lil*-fing-ayr) *nt* (pl -fingrar) little finger
lim (lim) *nt* glue
limpa (*lim*-pah) *c* loaf; carton of cigarettes
lina (*leen*-ah) *c* cord, line
lind (lind) *c* lime; limetree
linda (*lin*-dah) *v* *wind
lindra (*lind*-rah) *v* relieve, mitigate, soothe
linjal (lin-*ʸaal*) *c* ruler
linje (*leen*-ʸer) *c* line
linjefartyg (*leen*-ʸer-faar-tēwg) *nt* liner
linjerederi (*lin*-ʸer-ray-day-*ree*) *nt* (pl ~er) shipping line
linne (*li*-ner) *nt* linen
lins (lins) *c* lens; lentil
list (list) *c* ruse; artifice; border
lista (*liss*-tah) *c* list
listig (*liss*-ti) *adj* cunning
lita på (*lee*-tah) trust; rely on
liten (*lee*-tern) *adj* (pl små) minor, small; little; petty, short; **ytterst** ~ minute
liter (*lee*-terr) *c* litre
litteratur (li-ter-rah-*tēwr*) *c* literature; **litteratur-** literary
litterär (li-ter-*ræær*) *adj* literary
liv (leev) *nt* life
livbälte (*leev*-behl-ter) *nt* lifebelt
livfull (*leev*-fewl) *adj* lively
livförsäkring (*liv*-furr-*saik*-ring) *c* life insurance
livlig (*leev*-li) *adj* vivid; busy
livmoder (*leev*-mōōd-err) *c* (pl -drar) womb
livräddare (*leev*-reh-dah-rer) *c* (pl ~) life-saver
livsfarlig (*lifs*-faar-li) *adj* perilous
livsmedel (*lifs*-māy-derl) *nt* food
livsmedelsbutik (*lifs*-māy-derls-bew-teek) *c* grocer's
livstid (*lifs*-teed) *c* lifetime
livsviktig (*lifs*-vik-ti) *adj* vital
livvakt (*leev*-vahkt) *c* bodyguard
ljud (ʸēwd) *nt* sound
***ljuda** (ʸēw-dah) *v* sound
ljudband (*ʸēwd*-bahnd) *nt* tape
ljuddämpare (*ʸēwd*-dehm-pah-rer) *c* (pl ~) silencer; muffler *nAm*
ljudisolerad (*ʸēwd*-i-soo-lāy-rahd) *adj* soundproof
***ljuga** (*ʸēwg*-ah) *v* lie
ljum (ʸewm) *adj* lukewarm, tepid
ljumske (*ʸewms*-ker) *c* groin
ljung (ʸewng) *c* heather
ljunghed (*ʸewng*-hāyd) *c* moor
ljus (ʸēwss) *adj* light; *nt* light
ljushårig (*ʸēwss*-hōā-ri) *adj* fair
ljuvlig (*ʸēwv*-li) *adj* lovely
lock (lok) *nt* cover, lid, top; *c* curl
locka (*lok*-ah) *v* curl; entice, tempt
lockelse (*lo*-kayl-ser) *c* attraction
lockig (*lo*-ki) *adj* curly
locktång (*lok*-tong) *c* (pl -tänger) curling-tongs *pl*
lodrät (*lōōd*-rait) *adj* vertical; perpendicular
logera (lo-*shāy*-rah) *v* accommodate
logi (lo-*shee*) *nt* (pl ~er, ~n) accommodation
logik (loo-*geek*) *c* logic
logisk (*lawg*-isk) *adj* logical
lojal (lo-*ʸaal*) *adj* loyal
lok (lōōk) *nt* locomotive
lokal (loo-*kaal*) *adj* local; **lokal-** local
lokalisera (loo-kah-li-*sāy*-rah) *v* locate
lokalsamtal (loo-*kaal*-sahm-taal) *nt* local call
lokaltåg (loo-*kaal*-tōāg) *nt* local train
lokomotiv (loo-koo-moo-*teev*) *nt* en-

gine
longitud (*long*-gi-tēwd) *c* longitude
lopp (lop) *nt* race; course
lort (loort) *c* dirt, filth
lortig (*loort*-i) *adj* filthy, dirty
lossa (*loss*-ah) *v* loosen; unfasten; discharge
lots (loots) *c* pilot
lott (lot) *c* lot; lottery ticket
lotteri (lo-ter-*ree*) *nt* lottery
lov (lōāv) *nt* vacation; permission
lova (*lōā*-vah) *v* promise
LP-skiva (ayl-pay-*shee*-vah) *c* long-playing record
lucka (*lew*-kah) *c* hatch
luffare (*lewf*-ah-rer) *c* (pl ~) tramp
luft (lewft) *c* air; sky; **luft-** air-; pneumatic
lufta (*lewf*-tah) *v* air, ventilate
luftfilter (*lewft*-fil-terr) *nt* (pl ~, -trer) air-filter
luftig (*lewf*-ti) *adj* airy
luftkonditionerad (*lewft*-kon-di-shoo-*nāy*-rahd) *adj* air-conditioned
luftkonditionering (*lewft*-kon-di-shoo-*nāyr*-ing) *c* air-conditioning
luftrörskatarr (*lewft*-rūrrs-kah-*tahr*) *c* bronchitis
lufttryck (*lewft*-trewk) *nt* atmospheric pressure
lufttät (*lewft*-tait) *adj* airtight
lugn (lewngn) *adj* calm; quiet, tranquil; sedate, restful
lugna (*lewng*-nah) *v* calm down; reassure; ~ **sig** calm down
lukt (lewkt) *c* smell; odour
lukta (*lewk*-tah) *v* *smell
lunch (lewnsh) *c* lunch; luncheon
lunga (*lewng*-ah) *c* lung
lunginflammation (*lewng*-in-flah-mah-*shōōn*) *c* pneumonia
lura (*lēwr*-ah) *v* cheat
lus (lēwss) *c* (pl löss) louse
lust (lewst) *c* desire; zest; ***ha** ~ **att** *feel like; fancy
lustig (*lewss*-ti) *adj* funny; amusing, jolly, humorous
lustjakt (*lewst*-ʸahkt) *c* yacht
lustspel (*lewst*-spāyl) *nt* comedy
luta (*lēw*-tah) *v* *lean; ~ **sig** *lean
lutande (*lēw*-tahn-der) *adj* slanting
lutning (*lēwt*-ning) *c* inclination
luxuös (lewk-sew-*ūrss*) *adj* luxurious
lya (*lēw*-ah) *c* den
lycka (*lewk*-ah) *c* happiness; fortune, luck
lyckas (*lewk*-ahss) *v* manage, succeed
lycklig (*lewk*-li) *adj* happy; fortunate
lyckosam (*lew*-ko-sahm) *adj* lucky
lyckönska (*lewk*-urns-kah) *v* congratulate
lyckönskning (*lewk*-urnsk-ning) *c* congratulation
lyda (*lēwd*-ah) *v* obey
lydig (*lēw*-di) *adj* obedient
lydnad (*lēwd*-nahd) *c* obedience
lyfta (*lewf*-tah) *v* lift; *take off
lyftkran (*lewft*-kraan) *c* crane
lykta (*lewk*-tah) *c* lantern
lyktstolpe (*lewkt*-stol-per) *c* lamp-post
lymmel (*lew*-merl) *c* (pl -mlar) rascal
lysande (*lēw*-sahn-der) *adj* luminous
lysa upp (*lēw*-sah) illuminate, light up; brighten
lyssna (*lewss*-nah) *v* listen
lyssnare (*lewss*-nah-rer) *c* (pl ~) listener
lyx (lewks) *c* luxury
låda (*lōā*-dah) *c* drawer
låg (lōāg) *adj* low
låga (*lōā*-gah) *c* flame
lågland (*lōāg*-lahnd) *nt* (pl -länder) lowlands *pl*
lågsäsong (*lōāg*-seh-*song*) *c* low season; off season
lågtryck (*lōāg*-trewk) *nt* depression
lågvatten (*lōāg*-vaht-ern) *nt* low tide

lån (lōan) *nt* loan
låna (*lōa*-nah) *v* borrow; ~ **ut** *lend
lång (long) *adj* long; tall
långbyxor (*long*-bewks-err) *pl* trousers *pl*; slacks *pl*
långsam (*long*-sahm) *adj* slow
långt (longt) *adv* far; ~ **bort** far-away; **längre bort** further away; **längst bort** furthest; **på ~ när** by far
långtråkig (*long*-trōa-ki) *adj* boring; dull
långvarig (*long*-vaar-i) *adj* long, lengthy
lår (lōar) *nt* thigh
lås (lōass) *nt* lock
låsa (*lōa*-sah) *v* lock; ~ **in** lock up; ~ **upp** unlock
***låta** (*lōa*-tah) *v* sound; allow to, *let; *leave
låtsa (*lot*-sah) *v* simulate, pretend
läcka (*leh*-kah) *c* leak; *v* leak
läcker (*lehk*-err) *adj* delicious
läder (*leh*-derr) *nt* leather; **läder-** leather
läge (*lai*-ger) *nt* location; position; situation, site
lägenhet (*lai*-gern-hāyt) *c* flat; apartment *nAm*
läger (*lai*-gerr) *nt* camp
***lägga** (*lehg*-ah) *v* *put; *lay; ~ **på** *put on; apply; add; ~ **sig** *lie down; ~ **till** add
läggningsvätska (*lehg*-nings-vehts-kah) *c* setting lotion
läka (*lai*-kah) *v* heal
läkare (*lai*-kah-rer) *c* (pl ~) doctor; physician; **allmänpraktiserande** ~ general practitioner
läkarmottagning (*lai*-kahr-moot *taag*-ning) *c* surgery
läkarvetenskap (*lai*-kahr-vāy-tern-skaap) *c* medicine
läkemedel (*lai*-ker-*māy*-dayl) *nt* remedy
läktare (*lehk*-tah-rer) *c* (pl ~) stand
lämna (*lehm*-nah) *v* *leave; check out; ~ **i sticket** *let down
lämplig (*lehmp*-li) *adj* appropriate; proper, fit, convenient
län (lain) *nt* province
längd (lehngd) *c* length; **på längden** lengthways
längs (lehngs) *prep* along; past
längta (*lehng*-tah) *v* desire; ~ **efter** long for
längtan (*lehng*-tahn) *c* longing; wish
länk (lehngk) *c* link
läpp (lehp) *c* lip
läppstift (*lehp*-stift) *nt* lipstick
lära (*læær*-ah) *c* teachings *pl*; *v* *teach; ~ **sig** *learn; ~ **sig utan-till** memorize
lärare (*læær*-ah-rer) *c* (pl ~) teacher; master, schoolmaster, schoolteacher
lärarinna (læær-ah-*rin*-ah) *c* teacher
lärd (læærd) *c* scholar
lärka (*lær*-kah) *c* lark
lärobok (*lææ*-roo-bōōk) *c* (pl -böcker) textbook
lärorik (*lææ*-roo-reek) *adj* instructive
läroverk (*lææ*-roo-værk) *nt* secondary school
läsa (*lai*-sah) *v* *read
läsesal (*lai*-ser-saal) *c* reading-room
läskedryck (*lehss*-ker-drewk) *c* lemonade
läskpapper (*lehsk*-pahp-err) *nt* blotting paper
läslampa (*laiss*-lahm-pah) *c* reading-lamp
läslig (*laiss*-li) *adj* legible
läsning (*laiss*-ning) *c* reading
lätt (leht) *adj* easy; light, slight
lätta (*leht*-ah) *v* relieve; lighten, ease
lätthanterlig (*leht*-hahn-tayr-li) *adj* easy to handle

lätthet (*leht*-ha̅y̅t) *c* facility, ease
lättnad (*leht*-nahd) *c* relief
lättretad (*leht*-ra̅y̅-tahd) *adj* irritable
lättretlig (*leht*-ra̅y̅t-li) *adj* irascible, touchy; quick-tempered
lättsmält (*leht*-smehlt) *adj* digestible
läxa (*lehks*-ah) *c* homework, lesson
löda (*lu̅r̅d*-ah) *v* solder
lödder (*lur*-derr) *nt* lather
lödkolv (*lu̅r̅d*-kolv) *c* soldering-iron
löfte (*lurf*-ter) *nt* promise; vow
lögn (lurngn) *c* lie
löjeväckande (*lur*-[y]er-veh-kahn-der) *adj* ludicrous
löjlig (*lur*[y]-li) *adj* ridiculous; ludicrous, foolish
lök (lu̅r̅k) *c* onion
lön (lu̅r̅n) *c* salary; wages *pl*, pay
löna sig (*lu̅r̅n*-ah) *pay
lönande (lu̅r̅n-ahn-der) *adj* paying
löneförhöjning (*lu̅r̅n*-er-furr-*hur*[y]-ning) *c* rise; raise *nAm*
lönlös (*lu̅r̅n*-lu̅r̅ss) *adj* useless, futile
lönn (lurn) *c* maple
lönsam (*lu̅r̅n*-sahm) *adj* profitable
löntagare (*lu̅r̅n*-taa-gah-rer) *c* (pl ~) employee
lördag (*lu̅r̅r*-daag) *c* Saturday
lös (lu̅r̅ss) *adj* loose
lösa (*lu̅r̅*-sah) *v* solve; ~ **in** cash; ~ **upp** *undo
lösdriveri (lu̅r̅ss-dree-ver-*ree*) *nt* vagrancy
lösen (*lu̅r̅*-sern) *c* ransom
lösenord (*lu̅r̅ss*-ern-o̅o̅rd) *nt* password
löshår (*lu̅r̅ss*-ho̅a̅r) *nt* hair piece
löslig (*lu̅r̅ss*-li) *adj* soluble
lösning (*lu̅r̅ss*-ning) *c* solution
löständer (*lu̅r̅ss*-tehn-derr) *pl* false teeth
löv (lu̅r̅v) *nt* leaf

M

madrass (mah-*drahss*) *c* mattress
magasin (mah-gah-*seen*) *nt* storehouse; warehouse
mage (*maa*-ger) *c* stomach; **mag-** gastric
mager (*maa*-gerr) *adj* thin; lean
magisk (*maag*-isk) *adj* magic
magnetapparat (mahng-*na̅y̅t-ah*-pahraat) *c* magneto
magnetisk (mahng-*na̅y̅*-tisk) *adj* magnetic
magnifik (mahng-ni-*feek*) *adj* magnificent
magont (*maag*-oont) *nt* stomach-ache
magplågor (*maag*-plo̅a̅g-or) *pl* stomach-ache
magra (*maag*-rah) *v* slim
magsår (*maag*-so̅a̅r) *nt* gastric ulcer
maj (migh) May
major (mah-*[y]o̅o̅r*) *c* major
majoritet (mah-[y]oo-ri-*ta̅y̅t*) *c* majority
majs (mighss) *c* maize
majskolv (*mighss*-kolv) *c* corn on the cob
maka (*maak*-ah) *c* wife
make (*maak*-er) *c* husband
makrill (*mahk*-ril) *c* mackerel
makt (mahkt) *c* power; might, force; rule
maktbefogenhet (*mahkt*-bay-fo̅o̅-gern-ha̅y̅t) *c* authority
maktlös (*mahkt*-lu̅r̅ss) *adj* powerless
mal (maal) *c* moth
mala (*maa*-lah) *v* *grind
malaria (mah-*laa*-ri-[y]ah) *c* malaria
Malaysia (mah-*ligh*-si-ah) Malaysia
malaysier (mah-*ligh*-si-err) *c* (pl ~) Malay
malaysisk (mah-*ligh*-sisk) *adj* Malaysian
mallig (*mahl*-i) *adj* cocky

malm (mahlm) *c* ore
malplacerad (mahl-plah-*sāyr*-ahd) *adj* misplaced
mammut (*mahm*-ewt) *c* mammoth
man[1] (mahn) *pron* one
man[2] (mahn) *c* (pl män) man
manchester (mahn-*shayss*-terr) *c* corduroy
mandarin (mahn-dah-*reen*) *c* mandarin; tangerine
mandat (mahn-*daat*) *nt* mandate
mandel (*mahn*-dayl) *c* (pl -dlar) almond
manet (mah-*nāyt*) *c* jelly-fish
mani (mah-*nee*) *c* craze
manikyr (mah-ni-*kēwr*) *c* manicure
manikyrera (mah-ni-kew-*rāy*-rah) *v* manicure
manlig (*mahn*-li) *adj* masculine
mannekäng (mah-ner-*kehng*) *c* model
manschett (mahn-*shayt*) *c* cuff
manschettknappar (mahn-*shayt*-knah-pahr) *pl* cuff-links *pl*
manuskript (mah-new-*skript*) *nt* manuscript
mardröm (*maar*-drurm) *c* (pl ~mar) nightmare
margarin (mahr-gah-*reen*) *nt* margarine
marginal (mahr-ʸi-*naal*) *c* margin
marinmålning (mah-*reen*-mōāl-ning) *c* seascape
maritim (mah-ri-*teem*) *adj* maritime
mark (mahrk) *c* ground, earth; grounds
markant (mahr-*kahnt*) *adj* striking
markera (mahr-*kāy*-rah) *v* mark
markis (mahr-*keess*) *c* awning; marquis
marknad (*mahrk*-nahd) *c* fair
marmelad (mahr-may-*laad*) *c* marmalade
marmor (*mahr*-moor) *c* marble
marockan (mah-ro-*kaan*) *c* Moroccan
marockansk (mah-ro-*kaansk*) *adj* Moroccan
Marocko (mah-*rok*-o) Morocco
mars (mahrs) March
marsch (mahrsh) *c* march
marschera (mahr-*shāy*-rah) *v* march
marschfart (*mahrsh*-faart) *c* cruising speed
marsvin (*maar*-sveen) *nt* guinea-pig
martyr (mahr-*tēwr*) *c* martyr
mask (mahsk) *c* worm; mask
maska (*mahss*-kah) *c* mesh; ladder
maskara (mahss-*kaa*-rah) *c* mascara
maskin (mah-*sheen*) *c* engine; machine; ***skriva** ~ type
maskineri (mah-shi-ner-*ree*) *nt* (pl ~er) machinery
maskinskriven (mah-*sheen*-skree-vern) *adj* typewritten
maskinskriverska (mah-*sheen*-skree-vayrs-kah) *c* typist
maskros (*mahsk*-rōōss) *c* dandelion
massa (*mahss*-ah) *c* mass; bulk
massage (mah-*saash*) *c* massage
massera (mah-*sāy*-rah) *v* massage
massiv (mah-*seev*) *adj* solid; massive
massmöte (*mahss*-mūr-ter) *nt* rally
massproduktion (*mahss*-pro-dewk-*shōōn*) *c* mass production
massör (mah-*sūrr*) *c* masseur
mast (mahst) *c* mast
mat (maat) *c* food; fare; **djupfryst** ~ frozen food; **laga** ~ cook; ~ **och logi** bed and board; room and board, board and lodging; **smälta maten** digest
mata (*maa*-tah) *v* *feed
match (mahch) *c* match
matematik (mah-tay-mah-*teek*) *c* mathematics
matematisk (mah-tay-*maat*-isk) *adj* mathematical
materia (mah-*tāy*-ri-ah) *c* matter
material (mah-teh-ri-*aal*) *nt* material

materiell (mah-teh-ri-*ayl*) *adj* material
matförgiftning (*maat*-furr-*yift*-ning) *c* food poisoning
matlust (*maat*-lewst) *c* appetite
matros (mah-*tro̅o̅ss*) *c* seaman
maträtt (*maat*-reht) *c* dish
matsal (*maat*-saal) *c* dining-room
matsedel (*maat*-sa̅y̅-derl) *c* menu
matservis (*maat*-sehr-*veess*) *c* dinner-service
matsked (*maat*-sha̅y̅d) *c* tablespoon
matsmältning (*maat*-smehlt-ning) *c* digestion
matsmältningsbesvär (*maat*-smehlt-nings-bay-svæær) *nt* indigestion
matt (maht) *adj* dim, mat; dull
matta (*mah*-tah) *c* carpet; mat
matvaror (*maat*-vaa-roor) *pl* foodstuffs *pl*
mausoleum (mou-so-*la̅y̅*-ewm) *nt* (pl -leer) mausoleum
med (ma̅y̅d) *prep* with; by; ***ha** ~ **sig** *bring
medalj (may-*dahly*) *c* medal
medan (*ma̅y̅*-dahn) *conj* while; whilst
medarbetare (*ma̅y̅d*-ahr-ba̅y̅-tah-rer) *c* (pl ~) colleague
medborgare (*ma̅y̅d*-bor-yah-rer) *c* (pl ~) citizen; **medborgar-** civic
medborgarskap (*ma̅y̅d*-bor-yahr-skaap) *nt* citizenship
medborgerlig (*ma̅y̅d*-bor-yayr-li) *adj* civil
medbrottsling (*ma̅y̅d*-brots-ling) *c* accessary
meddela (*ma̅y̅d*-da̅y̅-lah) *v* inform; report, communicate, notify
meddelande (*ma̅y̅d*-da̅y̅-lahn-day) *nt* message; information, communication
medel (*ma̅y̅*-derl) *nt* means; **antiseptiskt** ~ antiseptic; **lugnande** ~ sedative; tranquillizer; **smärtstillande** ~ analgesic; **stärkande** ~ tonic
medel- (*ma̅y̅*-derl) medium
Medelhavet (*ma̅y̅*-derl-haa-vert) Mediterranean
medelklass (*ma̅y̅*-derl-klahss) *c* middle class
medelmåttig (*ma̅y̅d*-erl-mot-i) *adj* moderate; medium
medelpunkt (*ma̅y̅d*-erl-pewngt) *c* centre
medeltida (*ma̅y̅*-derl-tee-dah) *adj* mediaeval
Medeltiden (*ma̅y̅*-derl-tee-dern) Middle Ages
medfödd (*ma̅y̅d*-furd) *adj* inborn
medföra (*ma̅y̅d*-fu̅r̅-rah) *v* *bring
***medge** (*ma̅y̅d*-ya̅y̅) *v* admit; grant
medhjälpare (*ma̅y̅d*-yehl-pah-rer) *c* (pl ~) assistant
medicin (may-di-*seen*) *c* medicine; drug
medicinsk (may-di-*seensk*) *adj* medical
meditera (may-di-*ta̅y̅r*-ah) *v* meditate
medkänsla (*ma̅y̅d*-tyehns-lah) *c* sympathy
medla (*ma̅y̅d*-lah) *v* mediate
medlare (*ma̅y̅d*-lah-rer) *c* (pl ~) mediator
medlem (*ma̅y̅d*-laym) *c* (pl ~mar) member; associate
medlemskap (*ma̅y̅d*-laym-skaap) *nt* membership
medlidande (*ma̅y̅d*-lee-dahn-der) *nt* pity; ***ha** ~ **med** pity
medräkna (*ma̅y̅d*-raik-nah) *v* count, include
medströms (*ma̅y̅d*-strurms) *adv* downstream
medtävlare (*ma̅y̅d*-taiv-lah-rer) *c* (pl ~) competitor
medvetande (*ma̅y̅d*-va̅y̅-tahn-der) *nt* consciousness
medveten (*ma̅y̅d*-va̅y̅-tern) *adj* con-

scious; aware
medvetslös (*māyd*-vāyts-lurss) *adj* unconscious
mejeri (may-yay-*ree*) *nt* (pl ~er) dairy
mejsel (*may*-sayl) *c* (pl -slar) chisel
mekaniker (may-*kaa*-ni-kerr) *c* (pl ~) mechanic
mekanisk (may-*kaa*-nisk) *adj* mechanical
mekanism (may-kah-*nism*) *c* mechanism
mellan (*may*-lahn) *prep* between; among
mellanmål (*may*-lahn-mōal) *nt* snack
mellanrum (*may*-lahn-rewm) *nt* space
mellanspel (*may*-lahn-spāyl) *nt* interlude
mellantid (*may*-lahn-teed) *c* interim
mellanvåning (*may*-lahn-*vōa*-ning) *c* mezzanine
mellersta (*may*-lerrs-tah) *adj* middle
melodi (may-lo-*dee*) *c* melody; tune
melodisk (mer-*lōōd*-isk) *adj* melodious
melodrama (may-loo-*draam*-ah) *nt* (pl -mer) melodrama
melon (may-*lōōn*) *c* melon
memorandum (may-moo-*rahn*-dewm) *nt* (pl -da) memo
men (mayn) *conj* but; only
mena (*māyn*-ah) *v* *mean
mened (*māyn*-āyd) *c* perjury
mening (*māy*-ning) *c* sentence; sense; meaning
meningslös (*māy*-nings-lūrss) *adj* meaningless
menstruation (mayn-strew-ah-*shōōn*) *c* menstruation
mental (mayn-*taal*) *adj* mental
mentalsjukhus (mehn-*taal*-shēwk-hēwss) *nt* asylum
meny (mer-*nēw*) *c* menu; **fast** ~ set menu
mer (māyr) *adv* more; **lite** ~ some more
mest av allt (mayst aav ahlt) most of all
för det mesta (furr day *mayss*-tah) mostly
meta (*māyt*-ah) *v* fish; angle
metall (may-*tahl*) *c* metal; **metall-** metal
meter (*māy*-terr) *c* (pl ~) metre
metkrok (*māyt*-krōōk) *c* fishing hook
metod (may-*tōōd*) *c* method
metodisk (may-*tōō*-disk) *adj* methodical
metrev (*māyt*-rāyv) *c* fishing line
metrisk (*māyt*-risk) *adj* metric
metspö (*māyt*-spur) *nt* fishing rod
mexikanare (mayks-i-*kaa*-nah-rer) *c* (pl ~) Mexican
mexikansk (mayks-i-*kaansk*) *adj* Mexican
Mexiko (*mayks*-i-koo) Mexico
middag (*mi*-dah) *c* dinner; ***äta** ~ dine
midja (*meed*-yah) *c* waist
midnatt (*meed*-naht) *c* midnight
midsommar (*mid*-so-mahr) *c* midsummer
mig (may) *pron* me; myself
migrän (mi-*grain*) *c* migraine
mikrofon (mik-ro-*fōan*) *c* microphone
mil (meel) *c* ten kilometres
mild (mild) *adj* mild; gentle
miljon (mil-*yōōn*) *c* million
miljonär (mil-yoo-*næær*) *c* millionaire
miljö (mil-*yūr*) *c* environment; milieu
milstolpe (*meel*-stol-per) *c* milestone
min (min) *pron* (nt mitt, pl mina) my
mindervärdig (*min*-derr-væær-di) *adj* inferior
minderårig (*min*-derr-*ōa*-ri) *adj* under age; *c* minor
mindre (*mind*-rer) *adv* less; *adj* minor
mineral (mi-ner-*raal*) *nt* mineral
mineralvatten (mi-ner-*raal*-vah-tern) *nt*

mineral water; soda-water
miniatyr (mi-ni-ah-*tewr*) *c* miniature
minimum (*mee*-ni-mewm) *nt* (pl ~, -ma) minimum
minister (mi-*niss*-terr) *c* (pl -trar) minister
mink (mingk) *c* mink
minnas (*min*-ahss) *v* remember, recollect
minne (*minah*) *nt* memory; remembrance
minnesfest (*mi*-nayss-fehst) *c* commemoration
minnesmärke (*mi*-nayss-mær-ker) *nt* memorial; monument
minnesvärd (*mi*-nayss-væærd) *adj* memorable
minoritet (mi-noo-ri-*tayt*) *c* minority
minska (*mins*-kah) *v* decrease; subtract; lower
minskning (*minsk*-ning) *c* decrease, reduction
minst (minst) *adj* least
minus (*mee*-newss) *prep* minus
minut (mi-*newt*) *c* minute
mirakel (mi-*raa*-kayl) *nt* (pl -kler) miracle
missa (*miss*-ah) *v* miss
missbelåten (*miss*-ber-*loa*-tern) *adj* discontented
missbruk (*miss*-brewk) *nt* abuse; misuse
missbruka (*miss*-brewkah) *v* abuse
missfall (*miss*-fahl) *nt* miscarriage
missfärgad (*miss*-fær-ʸahd) *adj* discoloured
***missförstå** (*miss*-furr-*stoa*) *v* *misunderstand
missförstånd (*miss*-furr-*stond*) *nt* misunderstanding
misshaga (*miss*-haa-gah) *v* displease
misslyckad (*miss*-lew-kahd) *adj* unsuccessful
misslyckande (*miss*-lew-kahn-der) *nt* failure
misslyckas (*miss*-lew-kahss) *v* fail
missnöjd (*miss*-nurʸd) *adj* dissatisfied
***missta** (*miss*-taa) *be mistaken; err
misstag (*miss*-taag) *nt* mistake; error
misstanke (*miss*-tahng-ker) *c* suspicion
misstro (*miss*-troo) *v* mistrust; *c* distrust
misstrogen (*miss*-troo-gern) *adj* distrustful
misstänka (*miss*-tehng-kah) *v* suspect
misstänksam (*miss*-tehngk-sahm) *adj* suspicious
misstänksamhet (*miss*-tayngk-sahm-hayt) *c* suspicion
misstänkt[1] (*miss*-tehngt) *c* (pl ~a) suspect
misstänkt[2] (*miss*-tehngt) *adj* suspicious, suspected
missunna (*miss*-ewn-ah) *v* grudge
mista (*miss*-tah) *v* *lose
mitt (mit) *c* middle; midst; ~ **i** amid; ~ **ibland** amid
mittemellan (*mit*-ay-may-lahn) *adv* in between
mittemot (mit-ay-*moot*) *prep* opposite; facing
mixer (*miks*-err) *c* (pl ~) mixer
mjuk (mʸewk) *adj* soft; smooth; supple
mjuka upp (mʸew-kah) soften
mjäll (mʸehl) *nt* dandruff; *adj* tender
mjöl (mʸurl) *nt* flour
mjölk (mʸurlk) *c* milk
mjölkbud (*mʸurlk*-bewd) *nt* milkman
mjölkig (*mʸurl*-ki) *adj* milky
mjölnare (*mʸurl*-nah-rer) *c* (pl ~) miller
mockaskinn (*mo*-kah-shin) *nt* suede
mod (mood) *nt* courage; guts
mode (*moo*-der) *nt* fashion
modell (moo-*dayl*) *c* model
modellera (*moo*-day-*layr*-ah) *v* model

moderat (moo-der-*raat*) *adj* moderate
modern (moo-*dæærn*) *adj* modern; fashionable
modersmål (*moo*-derrs-*moal*) *nt* mother tongue; native language
modig (*moo*-di) *adj* brave, courageous
modist (moo-*dist*) *c* milliner
mogen (*moo*-gayn) *adj* mature; ripe
mognad (*moog*-nahd) *c* maturity
mohair (moo-*hæær*) *c* mohair
moln (moaln) *nt* cloud
molnig (*moal*-ni) *adj* cloudy
monark (moo-*nahrk*) *c* monarch
monarki (moo-nahr-*kee*) *c* monarchy
monetär (mo-ner-*tæær*) *adj* monetary
monolog (mo-noo-*loag*) *c* monologue
monopol (mo-no-*poal*) *nt* monopoly
monoton (mo-no-*toan*) *adj* monotonous
monter (*mon*-terr) *c* (pl -trar) showcase
montera (mon-*tay*-rah) *v* assemble
montering (mon-*tay*-ring) *c* assembly
montör (mon-*turr*) *c* fitter, assembler
monument (mo-new-*mehnt*) *nt* monument
moped (moo-*payd*) *c* moped; motorbike *nAm*
mor (moor) *c* (pl mödrar) mother
moral (moo-*raal*) *c* moral
moralisk (moo-*raa*-lisk) *adj* moral
morallära (moo-*raal*-lææ-rah) *c* morality
morbror (*moor*-broor) *c* (pl -bröder) uncle
mord (moord) *nt* murder; assassination
morfar (*moor*-fahr) *c* (pl -fäder) grandfather
morfin (mor-*feen*) *nt* morphine; morphia
morgon (*mor*-on) *c* (pl -gnar) morning; **i** ~ tomorrow
morgonrock (*mo*-ron-rok) *c* dressing-gown
morgontidning (*mo*-ron-teed-ning) *c* morning paper
morgonupplaga (*mor*-on-ewp-laag-ah) *c* morning edition
mormor (*moor*-moor) *c* (pl -mödrar) grandmother
morot (*moo*-root) *c* (pl morötter) carrot
morra (*mor*-ah) *v* growl
i morse (ee *mor*-ser) this morning
mosa (*mooss*-ah) *v* mash
mosaik (moo-sah-*eek*) *c* mosaic
moské (moss-*kay*) *c* mosque
moskit (mo-*skeet*) *c* mosquito
mossa (*moss*-ah) *c* moss
moster (*mooss*-terr) *c* (pl -trar) aunt
mot (moot) *prep* against; towards
motbjudande (*moot*-b^y^ew-dahn-day) *adj* revolting
motell (moo-*tayl*) *nt* motel
motgång (*moot*-gong) *c* adversity
motion (mot-*shoon*) *c* exercise; motion
motiv (moo-*teev*) *nt* motive
motor (*moo*-tor) *c* engine, motor
motorbåt (*moo*-tor-boat) *c* motor-boat
motorcykel (*moo*-tor-sew-kerl) *c* (pl -klar) motor-cycle
motorfartyg (*moo*-tor-*faar*-tewg) *nt* motor vessel
motorhuv (*moo*-tor-hewv) *c* bonnet; hood *nAm*
motorskada (*moo*-tor-skaa-dah) *c* engine failure
motorstopp (*moo*-tor-stop) *nt* breakdown
motorväg (*moo*-tor-vaig) *c* motorway; highway *nAm*
motsats (moot-sahts) *c* contrary; reverse
motsatt (*moot*-saht) *adj* opposite;

contrary
motstående (*mōōt*-stōā-ayn-der) *adj* opposite
motstånd (*mōōt*-stond) *nt* resistance; resistor
motståndare (*mōōt*-ston-dah-rer) *c* (pl ~) opponent
motsvara (*mōōt*-svaar-ah) *v* correspond to
motsvarande (*mōōt*-svaar-ahn-der) *adj* equivalent
motsvarighet (*mōōt*-svaa-ri-hāyt) *c* equivalence
***motsäga** (*mōōt*-say-ah) *v* contradict
motsägande (*mōōt*-say-ahn-der) *adj* contradictory
***motta** (*mōōt*-taa) *v* receive; accept
mottagande (*mōōt*-taag-ahn-der) *nt* reception; receipt
mottagning (*mōōt*-taag-ning) *c* reception; **mottagningstid** consultation hours
mottagningsbevis (*mōōt*-taag-nings-ber-*veess*) *nt* receipt
motto (*mot*-oo) *nt* motto
motvilja (*mōōt*-vil-ʸah) *c* antipathy; dislike; aversion
mousserande (moo-*sāy*-rahn-der) *adj* sparkling
mugg (mewg) *c* mug
mulen (*mēwl*-ern) *adj* overcast, cloudy
mullbär (*mewl*-bæær) *nt* mulberry
multe (*mewl*-ter) *c* mullet
multiplicera (mewl-ti-pli-*sāy*-rah) *v* multiply
multiplikation (mewl-ti-pli-kah-*shōōn*) *c* multiplication
mulåsna (*mēwl*-ōāss-nah) *c* mule
mun (mewn) *c* (pl ~nar) mouth
munk (mewngk) *c* monk
munsbit (*mewns*-beet) *c* bite
munstycke (*mewn*-stew-ker) *nt* nozzle
munter (*mewn*-terr) *adj* merry; gay, cheerful
munterhet (*mewn*-terr-hāyt) *c* gaiety
muntlig (*mewnt*-li) *adj* oral; verbal
muntra upp (*mewnt*-rah) cheer up
munvatten (*mewn*-vah-tern) *nt* mouthwash
mur (mēwr) *c* wall
mura (*mēwr*-ah) *v* *lay bricks
murare (*mēw*-rah-rer) *c* (pl ~) bricklayer
murgröna (*mēwr*-grūr-nah) *c* ivy
mus (mēwss) *c* (pl möss) mouse
museum (mew-*sāy*-ewm) *nt* (pl museer) museum
musik (mēw-*seek*) *c* music
musikal (mēw-si-*kaal*) *c* musical
musikalisk (mēw-si-*kaa*-lisk) *adj* musical
musiker (*mēw*-si-kerr) *c* (pl ~) musician
musikinstrument (mēw-*seek*-in-strēw-*mehnt*) *nt* musical instrument
muskel (*mewss*-kerl) *c* muscle
muskotnöt (*mewss*-kot-*nūrt*) *c* (pl ~ter) nutmeg
muskulös (mewss-kew-*lūrss*) *adj* muscular
muslin (mewss-*leen*) *nt* muslin
mustasch (mewss-*taash*) *c* moustache
muta (*mēwt*-ah) *v* bribe
mutning (*mēwt*-ning) *c* bribery
mutter (*mew*-terr) *c* (pl -trar) nut
mycket (*mew*-ker) *adv* very; much, far
mygga (*mewg*-ah) *c* mosquito
myggnät (*mewg*-nait) *nt* mosquito-net
myndig (*mewn*-di) *adj* of age
myndigheter (*mewn*-di-*hāy*-terr) *pl* authorities *pl*
mynning (*mewn*-ing) *c* mouth
mynt (mewnt) *nt* coin
mynta (*mewn*-tah) *c* mint
myntenhet (*mewnt*-āyn-*hāyt*) *c* monetary unit

myntöppning (*mewnt*-urp-ning) *c* slot
myra (*mēw*-rah) *c* ant
mysig (*mēw*-si) *adj* cosy
mysterium (mewss-*tāy*-ri-ewm) *nt* (pl -rier) mystery
mystisk (*mewss*-tisk) *adj* mysterious
myt (mēwt) *c* myth
myteri (mew-ter-*ree*) *nt* (pl ~er) mutiny
må (mōā) *v* *feel
mål (mōāl) *nt* goal; meal
måla (*mōāl*-ah) *v* paint
målare (*mōā*-lah-rer) *c* (pl ~) painter
målarfärg (*mōā*-lahr-færʸ) *c* paint
mållinje (*mōāl*-lin-ʸer) *c* finish, finishing line
mållös (*mōāl*-lūrss) *adj* speechless
målning (*mōāl*-ning) *c* painting
målsättning (*mōāl*-seht-ning) *c* objective, aim
måltavla (*mōāl*-taav-lah) *c* target
måltid (*mōāl*-teed) *c* meal
målvakt (*mōāl*-vahkt) *c* goalkeeper
månad (*mōā*-nahd) *c* month
månadstidning (*mōā*-nahds-*teed*-ning) *c* monthly magazine
månatlig (*mōā*-naht-li) *adj* monthly
måndag (*mon*-daag) *c* Monday
måne (*mōā*-ner) *c* moon
många (*mong*-ah) *adj* many; much
mångsidig (*mong*-see-di) *adj* allround
månsken (*mōān*-shāyn) *nt* moonlight
mås (mōāss) *c* gull
måste (*moss*-ter) *v* *must; *be obliged to, *have to, need to; *be bound to
mått (mot) *nt* measure
måttband (*mot*-bahnd) *nt* tapemeasure
måttlig (*mot*-li) *adj* moderate
mäklare (*maik*-lah-rer) *c* (pl ~) broker
mäktig (*mehk*-ti) *adj* powerful; mighty
mängd (mehngd) *c* amount; lot
människa (*meh*-ni-shah) *c* human being; man
mänsklig (*mehnsk*-li) *adj* human
mänsklighet (*mehn*-skli-hāyt) *c* humanity; mankind
märg (mæærʸ) *c* marrow
märka (*mæær*-kah) *v* notice, sense; mark
märkbar (*mærk*-baar) *adj* noticeable; perceptible
märke (*mær*-ker) *nt* mark; brand; ***lägga ~ till** notice
märkvärdig (*mærk*-væær-di) *adj* curious
mässa (*meh*-sah) *c* Mass
mässing (*meh*-sing) *c* brass
mässingsorkester (*mehss*-ings-or-*kehss*-terr) *c* (pl -trar) brass band
mässling (*mehss*-ling) *c* measles
mästare (*mayss*-tah-rer) *c* (pl ~) master; champion
mästerverk (*mehss*-terr-værk) *nt* masterpiece
mäta (*mai*-tah) *v* measure
mätare (mait-ah-rer) *c* (pl ~) meter; gauge
möbelben (*mūr*-berl-*bāyn*) *nt* leg
möbler (*mūrb*-lerr) *pl* furniture
möblera (mūr-*blāy*-rah) *v* furnish
möda (*mūrdah*) *c* pains, trouble
mögel (*mūr*-gerl) *nt* mildew
möglig (*mūrg*-li) *adj* mouldy
möjlig (*murʸ*-li) *adj* possible
***möjliggöra** (*murʸ*-li-ʸūr-rah) *v* *make possible; enable
möjlighet (*murʸ*-li-hāyt) *c* possibility
mönster (*murns*-terr) *nt* pattern
mör (mūrr) *adj* tender
mörda (*mūrr*-dah) *v* murder
mördare (*mūrr*-dah-rer) *c* (pl ~) murderer
mörk (murrk) *adj* dark; obscure

mörker (*murr*-kerr) *nt* dark; darkness
mört (murrt) *c* roach
mössa (*mur*-sah) *c* cap
möta (*mūr*-tah) *v* *meet; encounter
mötande (*mūr*-tahn-der) *adj* oncoming
möte (*mūrt*-er) *nt* meeting; **avtalat** ~ appointment; engagement
mötesplats (*mūr*-tayss-plahts) *c* meeting-place

N

nackdel (*nahk*-dāyl) *c* disadvantage
nacke (*nahk*-er) *c* nape of the neck
nagel (*naa*-gayl) *c* (pl naglar) nail
nagelborste (*naa*-gayl-bors-ter) *c* nail-brush
nagelfil (*naa*-gayl-feel) *c* nail-file
nagellack (*naa*-gayl-lahk) *nt* nail-polish
nagelsax (*naa*-gayl-sahks) *c* nail-scissors *pl*
naiv (nah-*eev*) *adj* naïve
naken (*naa*-kern) *adj* naked; nude, bare
nakenstudie (*naa*-kern-*stēw*-di-er) *c* nude
namn (nahmn) *nt* name; **i ... namn** in the name of
narkos (nahr-*kōass*) *c* narcosis
narkotika (nahr-*kōa*-ti-kah) *c* narcotic
nation (naht-*shōon*) *c* nation
nationaldräkt (naht-shoo-*naal*-drehkt) *c* national dress
nationalisera (naht-shoo-nah-li-*sāyr*-ah) *v* nationalize
nationalitet (naht-shoo-nah-li-*tāyt*) *c* nationality
nationalpark (naht-shoo-*naal*-pahrk) *c* national park
nationalsång (naht-shoo-*naal*-song) *c* national anthem
nationell (naht-shoo-*nayl*) *adj* national
natt (naht) *c* (pl nätter) night; **i** ~ tonight; **om natten** by night; **över natten** overnight
nattaxa (*naht*-tahk-sah) *c* night rate
nattflyg (*naht*-flēwg) *nt* night flight
nattklubb (*naht*-klewb) *c* nightclub; cabaret
nattkräm (*naht*-kraim) *c* night-cream
nattlig (*naht*-li) *adj* nightly
nattlinne (*naht*-li-ner) *nt* nightdress
nattåg (*naht*-tōag) *nt* night train
natur (nah-*tēwr*) *c* nature
naturlig (nah-*tēwr*-li) *adj* natural
naturligtvis (nah-*tēwr*-lit-*veess*) *adv* of course; naturally
naturskön (nah-*tēwr*-shūrn) *adj* scenic
naturvetenskap (nah-*tēwr*-vāyt-ern-*skaap*) *c* physics
navel (*naav*-erl) *c* (pl navlar) navel
navigation (nah-vi-gah-*shōon*) *c* navigation
navigera (nah-vi-*gāy*-rah) *v* navigate
necessär (nay-ser-*sær*) *c* toilet case
ned (nāyd) *adv* down
nedan (*nāy*-dahn) *adv* beneath, below
nedanför (*nāy*-dahn-fūrr) *prep* below; under
nederbörd (*nāyd*-err-*būrrd*) *c* precipitation
nederlag (*nāyd*-err-*laag*) *nt* defeat
nederländare (*nāy*-derr-lehn-dah-rer) *c* (pl ~) Dutchman
Nederländerna (*nāy*-derr-lehn-derr-nah) the Netherlands
nederländsk (*nāy*-dayr-lehnsk) *adj* Dutch
nedersta (*nāy*-derr-stah) *adj* bottom, lowest
nedre (*nāyd*-rer) *adj* inferior
nedslående (*nāyd*-slōa-ayn-der) *adj* depressing
nedsmutsad (*nāyd*-smewt-sahd) *adj*

soiled
nedstigning (*nāyd*-steeg-ning) *c* descent
nedstämd (*nāyd*-stehmd) *adj* low; down, down-hearted
nedåt (*nāyd*-ot) *adv* down; downwards
negativ (*nay*-gah-teev) *adj* negative; *nt* negative
neger (*nāy*-gerr) *c* (pl negrer) Negro
negligé (nay-gli-*shāy*) *c* negligee
nej (nay) no
neka (*nāyk*-ah) *v* deny
nekande (*nāyk*-ahn-der) *adj* negative
neon (nay-*ōan*) *nt* neon
ner (nāyr) *adv* down, downstairs
nerv (nærv) *c* nerve
nervös (nær-*vūrss*) *adj* nervous
netto- (*nayt*-oo) net
neuralgi (nayv-rahl-*gee*) *c* neuralgia
neuros (nayv-*rōass*) *c* neurosis
neutral (*nay*ew-*traal*) *adj* neutral
neutrum (*nāy*-ewt-rewm) neuter
Ni (nee) *pron* you
ni (nee) *pron* you
nick (nik) *c* nod
nicka (*nik*-ah) *v* nod
nickel (*nik*-erl) *c* nickel
***niga** (*nee*-gah) *v* curtsy
Nigeria (ni-*gāyr*-i-ah) Nigeria
nigerian (ni-gay-ri-*aan*) *c* Nigerian
nigeriansk (ni-gay-ri-*aansk*) *adj* Nigerian
nikotin (ni-koo-*teen*) *nt* nicotine
nio (*neeoo*) *num* nine
nionde (*nee*-on-der) *num* ninth
nit (neet) *nt* zeal, ardour
nittio (*nit*-i) *num* ninety
nitton (*nit*-on) *num* nineteen
nittonde (*nit*-on-der) *num* nineteenth
nivå (ni-*voa*) *c* level
njure (*n*y*ew*-rer) *c* kidney
***njuta** (*n*y*ew*-tah) *v* enjoy
njutning (*n*y*ewt*-ning) *c* delight
nog (nōōg) *adv* enough; probably
noga (*nōō*-gah) *adj* precise
noggrann (*nōōg*-rahn) *adj* accurate, precise
nolla (*no*-lah) *c* zero; nought
nominell (noo-mi-*nayl*) *adj* nominal
nominera (noo-mi-*nāyr*-ah) *v* nominate
nominering (noo-mi-*nāyr*-ing) *c* nomination
nord (nōōrd) *c* north
nordlig (*nōōrd*-li) *adj* northern; northerly, north
nordost (nōōrd-*oost*) *c* north-east
Nordpolen (*nōōrd*-pōō-lern) North Pole
nordväst (nōōrd-*vehst*) *c* north-west
Norge (*nor*-yer) Norway
norm (norm) *c* norm, standard
normal (nor-*maal*) *adj* normal; regular
norrman (*nor*-mahn) *c* (pl -män) Norwegian
norsk (norsk) *adj* Norwegian
nos (nōōss) *c* snout
noshörning (*nōōss*-hūrr-ning) *c* rhinoceros
nota (*nōōt*-ah) *c* bill; check *nAm*
notera (noo-*tāyr*-ah) *v* note
nougat (noo-*gaat*) *c* nougat
novell (noo-*vehl*) *c* short story
november (noo-*vehm*-berr) November
nu (new) *adv* now
nudistbadstrand (new-*dist*-baad-strahnd) *c* (pl -stränder) nudist beach
nuförtiden (*nēw*-furr-*tee*-dayn) *adv* nowadays
nummer (*newm*-err) *nt* number; act
nummerplåt (*new*-merr-plōāt) *c* registration plate; licence plate *Am*
nunna (*newn*-ah) *c* nun
nunnekloster (*newn*-er-*kloss*-terr) *nt* nunnery

nutid (*new*-teed) *c* present
nutida (*new*-tee-dah) *adj* contemporary
nuvarande (*new*-vaa-rahn-der) *adj* present; current
ny (new) *adj* new; recent; **splitter ~** brand-new
nyans (new-*ahngs*) *c* nuance; shade
Nya Zeeland (*newah say*-lahnd) New Zealand
nybörjare (*new*-burr-ʸah-rer) *c* (pl ~) beginner; learner
nyck (newk) *c* whim; fancy
nyckel (*new*-kerl) *c* (pl -klar) key
nyckelben (*new*-kerl-bayn) *nt* collarbone
nyckelhål (*new*-kerl-hoal) *nt* keyhole
nyfiken (*new*-fee-kern) *adj* curious
nyfikenhet (*new*-fee-kern-hayt) *c* curiosity
nyhet (*new*-hayt) *c* news
nyheter (*new*-hay-terr) *pl* news; tidings *pl*
nykter (*newk*-terr) *adj* sober
nyligen (*new*-li-gayn) *adv* recently; lately
nylon (new-*loan*) *nt* nylon
nynna (*newn*-ah) *v* hum
***nypa** (*new*-pah) *v* pinch
***nysa** (*new*-sah) *v* sneeze
nyss (newss) *adv* a moment ago
nytta (*new*-tah) *c* use; benefit, profit; ***ha ~ av** benefit by, profit by
nyttig (*new*-ti) *adj* useful
nyttighet (*new*-ti-hayt) *c* utility
nyttja (*newt*-ʸah) *v* use, employ
nyår (*new*-oar) *nt* New Year
nå (noa) *v* reach
nåd (noad) *c* grace; mercy
någon (*noa*-gon) *pron* somebody; any, someone
någonsin (*noa*-gon-*sin*) *adv* ever
någonstans (*noa*-gon-stahns) *adv* somewhere
någorlunda (*noa*-goor-lewn-dah) *adv* quite; rather
något (*noa*-got) *pron* something, some
några (*noag*-rah) *pron* some; *adj* some
nål (noal) *c* needle
näbb (nehb) *c* beak
näktergal (*nehk*-terr-*gaal*) *c* nightingale
nämligen (*nehm*-li-gern) *adv* namely
nämna (*nehm*-nah) *v* mention
när (næær) *adv* when; *conj* when
nära (*næær*-ah) *adj* near; close
närande (*næær*-ahn-der) *adj* nourishing; nutritious
närapå (*nææ*-rah-poa) *adv* nearly
närbelägen (*næær*-bay-*laig*-ern) *adj* near
närgången (*næær*-gong-ern) *adj* inquisitive
närhelst (næær-*hehlst*) *conj* whenever
närhet (*næær*-hayt) *c* vicinity
närliggande (*næær*-li-gahn-der) *adj* nearby
närma sig (*nær*-mah) approach
närmast (*nær*-mahst) *adv* closest; nearest
närsynt (*næær*-sewnt) *adj* short-sighted
närvarande (*næær*-vaa-rahn-der) *adj* present; ***vara ~ vid** attend, assist at
närvaro (*næær*-vaa-roo) *c* presence
näs (naiss) *nt* isthmus
näsa (*nai*-sah) *c* nose
näsblod (*naiss*-blood) *nt* nosebleed
näsborre (*naiss*-bo-rer) *c* nostril
näsduk (*naiss*-dewk) *c* handkerchief
nästa (*nehss*-tah) *adj* following, next
nästan (*nehss*-tahn) *adv* practically; almost; nearly
näsvis (*naiss*-veess) *adj* impertinent
näsvishet (*naiss*-veess-hayt) *c* impertinence

nät (nait) *nt* net
näthinna (*nait*-hin-ah) *c* retina
nätverk (*nait*-værk) *nt* network
nöd (nūrd) *c* misery; distress
nödläge (*nūrd*-lai-ger) *nt* emergency
nödsignal (*nūrd*-sing-*naal*) *c* distress signal
nödsituation (*nūrd*-si-tew-ah-*shōōn*) *c* emergency
nödtvång (*nūrd*-tvong) *nt* urgency
nödutgång (*nūrd*-ēwt-gong) *c* emergency exit
nödvändig (*nūrd*-vehn-di) *adj* necessary
nödvändighet (*nūrd*-vehn-di-hāyt) *c* necessity; need
nöja sig (*nur*-^{y}ah) content oneself
nöjd (nur^{y}d) *adj* content; pleased
nöje (*nur*^{y}-er) *nt* pleasure; enjoyment, fun, amusement
nöt (nūrt) *c* (pl ~ter) nut
nötknäppare (*nūrt*-knehp-ah-rer) *c* (pl ~) nutcrackers *pl*
nötskal (*nūrt*-skaal) *nt* nutshell

O

oaktat (*ōō*-ahk-taht) *prep* in spite of
oanad (*ōō*-aan-ahd) *adj* unexpected
oangenäm (*ōō*-ahn-^{y}er-*naim*) *adj* unpleasant
oansenlig (*ōō*-ahn-*sāyn*-li) *adj* insignificant; inconspicuous
oanständig (*ōō*-ahn-stehn-di) *adj* obscene
oantagbar (*ōō*-ahn-taag-baar) *adj* unacceptable
oas (oo-*aass*) *c* oasis
oavbruten (*ōō*-aav-brēw-tern) *adj* continuous; uninterrupted
oavsiktlig (*ōō*-aav-sikt-li) *adj* unintentional
obduktion (ob-dewk-*shōōn*) *c* autopsy
obebodd (*ōō*-ber-*bood*) *adj* uninhabited
obeboelig (*ōō*-ber-*boo*-ay-li) *adj* uninhabitable
obegriplig (*ōō*-ber-greep-li) *adj* incomprehensible
obegränsad (*ōō*-ber-*grehn*-sahd) *adj* unlimited
obehaglig (*ōō*-ber-*haag*-li) *adj* unpleasant; disagreeable
obekant (*ōō*-ber-*kahnt*) *adj* unfamiliar
obekväm (*ōō*-ber-*kvaim*) *adj* uncomfortable, inconvenient
oberoende (*ōō*-ber-rōō-ayn-der) *adj* independent
oberättigad (*ōō*-ber-*reh*-ti-gahd) *adj* unauthorized
obestämd (*ōō*-ber-*stehmd*) *adj* indefinite
obesvarad (*ōō*-ber-*svaa*-rahd) *adj* unanswered
obetydlig (*ōō*-ber-*tēwd*-li) *adj* insignificant; petty
obetänksam (*ōō*-ber-*tehngk*-sahm) *adj* thoughtless, rash
obildad (*ōō*-bil-dahd) *adj* uneducated
objekt (ob-^{y}*aykt*) *nt* object
objektiv (*ob*-^{y}erk-teev) *adj* objective
obligation (ob-li-gah-*shōōn*) *c* bond
obligatorisk (ob-li-gah-*tōō*-risk) *adj* compulsory; obligatory
oblyg (*ōō*-blēwg) *adj* immodest
obotlig (*ōō*-bōōt-li) *adj* incurable
observation (ob-serr-vah-*shōōn*) *c* observation
observatorium (ob-serr-vah-*tōō*-ri-ewm) *nt* (pl-rier) observatory
observera (ob-serr-*vāyr*-ah) *v* observe; note
och (o) *conj* and
också (*ok*-sōā) *adv* also; too
ockupation (o-kew-pah-*shōōn*) *c* occupation

ockupera (o-kew-*pāy*-rah) *v* occupy
odla (*ōōd*-lah) *v* cultivate; *grow, raise
oduglig (ōō-dēwg-li) *adj* incapable, incompetent
odygdig (ōō-dewg-di) *adj* mischievous, naughty
***vara oenig** (*vaa*-rah ōō-āy-ni) disagree
***vara oense** (*vaa*-rah ōō-ayn-say) disagree
oerfaren (ōō-āyr-faa-rern) *adj* inexperienced
oerhörd (ōō-ayr-hūrrd) *adj* immense; tremendous
ofantlig (oo-*fahnt*-li) *adj* vast
ofarlig (ōō-faar-li) *adj* harmless
ofattbar (ōō-faht-baar) *adj* incomprehensible, inconceivable
offensiv (*of*-ern-seev) *adj* offensive; *c* offensive
offentlig (o-*faynt*-li) *adj* public
***offentliggöra** (o-*faynt*-li-*Yūr*-rah) *v* announce; publish
offentliggörande (o-*faynt*-li-Yūr-rahnder) *nt* publication
offer (*o*-ferr) *nt* sacrifice; victim; casualty
officer (o-fi-*sāyr*) *c* officer
officiell (o-fi-si-*ayl*) *adj* official
offra (*of*-rah) *v* sacrifice
ofog (ōō-fōōg) *nt* mischief
oframkomlig (ōō-frahm-kom-li) *adj* impassable
ofta (*of*-tah) *adv* often; frequently
ofullkomlig (ōō-fewl-kom-li) *adj* imperfect
ofullständig (ōō-fewl-stehn-di) *adj* incomplete
ofärdig (ōō-fæær-di) *adj* crippled, disabled
oförarglig (ōō-furr-ahrY-li) *adj* harmless
oförklarlig (ōō-furr-*klaar*-li) *adj* inexplicable, unaccountable
oförmodad (ōō-furr-*mōō*-dahd) *adj* unexpected, casual
oförmögen (ōō-fūrr-mūr-gern) *adj* incapable, unable
oförskämd (ōō-furr-*shehmd*) *adj* impertinent; insolent, impudent
oförskämdhet (ōō-furr-*shehmd*-hāyt) *c* insolence
oförståndig (ōō-furr-*ston*-di) *adj* unwise
oförtjänt (ōō-furr-*tYaint*) *adj* unearned
ogift (ōō-Yift) *adj* single
ogilla (ōō-Yi-lah) *v* disapprove of, dislike
ogiltig (ōō-Yil-ti) *adj* invalid; expired, void
ogräs (ōō-graiss) *nt* weed
ogynnsam (ōō-Yewn-sahm) *adj* unfavourable
ohälsosam (ōō-hehl-soo-sahm) *adj* unhealthy
ohövlig (ōō-hūrv-li) *adj* impolite; rude
ojust (ōō-shewst) *adj* unfair
ojämn (ōō-Yehmn) *adj* uneven; rough
ok (ōōk) *nt* yoke
oklanderlig (oo-*klahn*-derr-li) *adj* faultless
oklar (ōō-klaar) *adj* dim; obscure
okonstlad (ōō-konst-lahd) *adj* simple, ingenious
okrossbar (ōō-kross-baar) *adj* unbreakable
oktober (ok-*tōō*-berr) October
okunnig (ōō-kew-ni) *adj* ignorant
okvalificerad (ōō-kvah-li-fi-*sāy*-rahd) *adj* unqualified
okänd (ōō-tYehnd) *adj* unknown
olaglig (ōō-laag-li) *adj* unlawful; illegal
olik (ōō-leek) *adj* different; distinct, unlike; ***vara** ~ differ; vary
olika (ōō-lee-kah) *adj* different; unequal; various

oliv (o-*leev*) *c* olive
olivolja (o-*leev*-ol-ʸah) *c* olive oil
olja (*ol*-ʸah) *c* oil; *v* lubricate
oljebyte (*ol*-ʸer-bew̄-ter) *nt* oil-change
oljefilter (*ol*-ʸer-*fil*-terr) *nt* (pl -trer, ~) oil filter
oljefyndighet (*ol*-ʸer-fewn-di-hāyt) *c* oil-well
oljekälla (*ol*-ʸer-tʸeh-lah) *c* oil-well
oljemålning (*ol*-ʸer-mōāl-ning) *c* oil-painting
oljeraffinaderi (*ol*-ʸer-rah-fi-nah-der-*ree*) *nt* (pl ~er) oil-refinery
oljetryck (*ol*-ʸer-trewk) *nt* oil pressure
oljig (*ol*-ʸi) *adj* oily; greasy
oljud (*ōō*-ʸew̄d) *nt* noise
olustig (*ōō*-lewss-ti) *adj* uneasy; out of spirits
olycka (*ōō*-lew-kah) *c* accident; misfortune, calamity, disaster
olycklig (*ōō*-lewk-li) *adj* unhappy; miserable, unfortunate
olycksbådande (*ōō*-lewks-*bōād*-ahn-der) *adj* ominous; sinister
olycksfall (*ōō*-lewks-*fahl*) *nt* accident
olägenhet (*ōō*-leh-gern-hāyt) *c* inconvenience
olämplig (*ōō*-lehmp-li) *adj* inconvenient; inappropriate
oläslig (*ōō*-laiss-li) *adj* illegible
om (om) *conj* if; whether; *prep* about, in; **runt ~** round
ombord (om-*bōōrd*) *adv* aboard; ***gå ~** embark
ombordläggning (om-*bōōrd*-lehg-ning) *c* collision
omdirigering (*om*-di-ri-*shāy*-ring) *c* diversion, detour
omdöme (*om*-dur-mer) *nt* judgement
omdömesgill (*om*-dur-merss-ʸil) *adj* judicous
omedelbar (*ōō*-māy-dayl-baar) *adj* immediate; spontaneous; **omedelbart** instantly, immediately, straight away
omedveten (*ōō*-māyd-vāy-tern) *adj* unaware
omelett (o-mer-*layt*) *c* omelette
omfamna (*om*-fahm-nah) *v* embrace; hug
omfamning (*om*-fahm-ning) *c* embrace
omfartsled (*om*-faarts-lāyd) *c* by-pass
omfatta (*om*-fah-tah) *v* comprise; include
omfattande (*om*-faht-ahn-der) *adj* extensive; comprehensive
omfång (*om*-fong) *nt* extent
omfångsrik (*om*-fongs-*reek*) *adj* bulky, big; extensive
***omge** (*om*-gāy) *v* surround; circle
omgivning (*om*-ʸeev-ning) *c* setting; environment
omgående (*om*-gōā-ayn-der) *adj* prompt
***omkomma** (*om*-kom-ah) *v* perish
omkostnader (*om*-kost-nah-derr) *pl* expenses *pl*
omkring (om-*kring*) *prep* round; around; *adv* about
omkull (om-*kewl*) *adv* down, over; ***slå ~** knock down
omkörning förbjuden (*om*-tʸurr-ning furr-*bʸew̄*-dayn) no overtaking; no passing *Am*
omlopp (*om*-lop) *nt* circulation
omnämna (*om*-nehm-nah) *v* mention
omnämnande (*om*-nehm-nahn-der) *nt* mention
omodern (*ōō*-moo-*dææm*) *adj* out of date
omringa (*om*-ring-ah) *v* surround; encircle
område (*om*-rōād-er) *nt* district; region, area, zone
omräkna (*om*-raik-nah) *v* convert
omräkningstabell (*om*-raik-nings-tah-*bayl*) *c* conversion chart
omslagspapper (*om*-slaags-pah-perr)

nt wrapping paper
***omsluta** (*om*-slew-tah) *v* surround; encircle
omsorgsfull (*om*-sor[y]s-fewl) *adj* thorough, careful
omstridd (*om*-strid) *adj* controversial
omständighet (*om*-stehn-di-hayt) *c* circumstance
omsvängning (*om*-svehng-ning) *c* sudden change
omsättning (*om*-seht-ning) *c* turnover
omtvistad (*om*-tviss-tahd) *adj* controversial
omtänksam (*om*-tehngk-sahm) *adj* considerate, thoughtful
omtänksamhet (*om*-tehngk-sahm-hayt) *c* thoughtfulness
omvandla (*om*-vahnd-lah) *v* transform
omväg (*om*-vaig) *c* detour
omvänd (*om*-vehnd) *adj* inverted; converted
omvända (*om*-vehn-dah) *v* convert
omväxlande (*om*-vehks-lahn-der) *adj* varied
omväxling (*om*-vehks-ling) *c* change; variety
omåttlighet (*oo*-mot-li-hayt) *c* immoderation
omöblerad (*oo*-murb-*lay*-rahd) *adj* unfurnished
omöjlig (*oo*-mur[y]-li) *adj* impossible
ond (oond) *adj* evil; wicked
ondska (*oonds*-kah) *c* evil
ondskefull (*oond*-skay-fewl) *adj* vicious; spiteful
onsdag (*oons*-daag) *c* Wednesday
ont (oont) *nt* harm
onyx (*oa*-newks) *c* onyx
onödig (*oo*-nur-di) *adj* unnecessary
oordentlig (*oo*-or-*daynt*-li) *adj* untidy; sloppy
oordning (*oo*-oard-ning) *c* mess
opal (oo-*paal*) *c* opal
opartisk (*oo*-paart-isk) *adj* impartial
opassande (*oo*-pah-sahn-der) *adj* improper; indecent, unsuitable
opera (*oo*-per-rah) *c* opera
operahus (*oo*-per-rah-hewss) *nt* opera house
operation (o-per-rah-*shoon*) *c* operation
operera (o-per-*rayr*-ah) *v* operate
operett (oo-per-*rayt*) *c* operetta
opersonlig (*oo*-pehr-*soon*-li) *adj* impersonal
opponera sig (o-po-*nay*-rah) oppose
opposition (o-po-si-*shoon*) *c* opposition
optiker (*op*-ti-kerr) *c* (pl ~) optician
optimism (op-ti-*mism*) *c* optimism
optimist (op-ti-*mist*) *c* optimist
optimistisk (op-ti-*miss*-tisk) *adj* optimistic
opålitlig (*oo*-poa-leet-li) *adj* unreliable; untrustworthy
ord (oord) *nt* word
ordbok (*oord*-book) *c* (pl -böcker) dictionary
ordentlig (or-*dehnt*-li) *adj* thorough
order (*oar*-derr) *c* (pl ~) order
orderblankett (*oar*-derr-blahng-*keht*) *c* order-form
ordförande (*oord*-fur-rahn-der) *c* (pl ~) chairman; president
ordförråd (*oord*-furr-*road*) *nt* vocabulary
ordinera (oar-di-*nay*-rah) *v* prescribe
ordinär (oar-di-*nær*) *adj* ordinary, common
ordlista (*oord*-liss-tah) *c* vocabulary, wordbook
ordna (*oard*-nah) *v* arrange; settle; sort
ordning (*oard*-ning) *c* order; method; tidiness; ***göra i** ~ prepare; **i** ~ in order
ordningsföljd (*awrd*-nings-furl[y]d) *c* order; sequence

ordspråk (*o͞ord*-spro͞ak) *nt* proverb
ordväxling (*o͞ord*-vehks-ling) *c* argument
oreda (o͞o-ra͞yd-ah) *c* disorder; mess, muddle
oregelbunden (o͞o-ra͞y-gayl-bewn-dayn) *adj* irregular
oren (o͞o-ra͞yn) *adj* unclean
organ (or-*gaan*) *nt* organ
organisation (or-gah-ni-sah-*sho͞on*) *c* organization
organisera (or-gah-ni-*sa͞y*-rah) *v* organize
organisk (or-*gaa*-nisk) *adj* organic
orgel (*or*-yerl) *c* (pl orglar) organ
orientalisk (o-ri-ayn-*taa*-lisk) *adj* oriental
Orienten (o-ri-*ayn*-tayn) the Orient
orientera sig (o-ri-ayn-*ta͞y*-rah) orientate oneself
originell (or-gi-*nayl*) *adj* original
oriktig (o͞o-rik-ti) *adj* incorrect; inaccurate
orimlig (o͞o-rim-li) *adj* unreasonable; absurd
orkan (or-*kaan*) *c* hurricane
orkester (or-*kayss*-terr) *c* (pl -trar) orchestra
orm (oorm) *c* snake
oro (o͞o-ro͞o) *c* concern; disturbance, fear, worry; unrest
oroa (o͞o-ro͞o-ah) *v* alarm; ~ **sig** worry
orolig (o͞o-roo-li) *adj* anxious
oroväckande (o͞o-ro͞o-veh-kahn-der) *adj* alarming
orsak (*o͞or*-saak) *c* cause; reason
orsaka (*o͞or*-saa-kah) *v* cause
ort (oort) *c* place
ortodox (or-to-*doks*) *adj* orthodox
orubblig (o͞o-rewb-li) *adj* steadfast
orätt (o͞o-reht) *c* wrong; *adj* wrong; ***göra** ~ wrong
orättvis (o͞o-reht-veess) *adj* unfair, unjust
orättvisa (o͞o-reht-veesah) *c* injustice
osann (o͞o-sahn) *adj* untrue
osannolik (o͞o-sah-noo-leek) *adj* unlikely
osjälvisk (o͞o-shehl-visk) *adj* unselfish
oskadad (o͞o-skaa-dahd) *adj* unhurt; whole
oskuld (o͞o-skewld) *c* innocence; virgin; virginity
oskyddad (o͞o-shew-dahd) *adj* unprotected
oskyldig (o͞o-shewl-di) *adj* innocent, harmless
osnygg (o͞o-snewg) *adj* slovenly, foul
oss (oss) *pron* us; ourselves
ost (oost) *c* cheese
ostadig (o͞o-staa-di) *adj* unsteady
ostlig (*oost*-li) *adj* easterly, eastern
ostron (*oost*-ron) *nt* oyster
osund (o͞o-sewnd) *adj* unsound
osympatisk (o͞o-sewm-*paat*-isk) *adj* disagreeable
osynlig (o͞o-se͞wn-li) *adj* invisible
osäker (o͞o-sai-kerr) *adj* uncertain
osäkerhet (o͞o-sai-kerr-ha͞yt) *c* insecurity; incertainty
otacksam (o͞o-tahk-sahm) *adj* ungrateful
otillfredsställande (o͞o-til-fra͞yds-*steh*-lahn-der) *adj* unsatisfactory
otillgänglig (o͞o-til-yehng-li) *adj* inaccessible
otillräcklig (o͞o-til-rehk-li) *adj* insufficient; inadequate
otrevlig (o͞o-tra͞yv-li) *adj* unpleasant
otrogen (o͞o-tro͞o-gayn) *adj* unfaithful
otrolig (o͞o-tro͞o-li) *adj* incredible; improbable
otur (o͞o-te͞wr) *c* bad luck; misfortune
oturlig (o͞o-te͞wr-li) *adj* unlucky
otvivelaktigt (o͞o-tveev-erl-ahk-tit) *adv* undoubtedly
otålig (o͞o-to͞al-i) *adj* impatient; eager

otäck (oo-tehk) *adj* nasty
otät (oo-tait) *adj* leaky
oumbärlig (oo-ewm-bææwr-li) *adj* indispensable
oundviklig (oo-ewnd-veek-li) *adj* unavoidable, inevitable
oupphörligen (oo-ewp-hurr-li-ern) *adv* continually
ouppodlad (oo-ewp-ood-lahd) *adj* uncultivated
outhärdlig (oo-ewt-hæærd-li) *adj* unbearable, intolerable
ouvertyr (oo-vær-*tewr*) *c* overture
oval (oo-*vaal*) *adj* oval
ovan[1] (oa-vahn) *adv* above; overhead
ovan[2] (oo-vaan) *adj* unaccustomed
ovanför (oa-vahn-furr) *prep* over; above
ovanlig (oo-vaan-li) *adj* unusual; uncommon; exceptional
ovanpå (oa-vahn-poa) *prep* on top of
overall (oa-ver-*roal*) *c* overalls *pl*
overklig (oo-værk-li) *adj* unreal
overksam (oo-værk-sahm) *adj* idle
oviktig (oo-vik-ti) *adj* unimportant; insignificant
ovillig (oo-vi-li) *adj* unwilling
ovillkorlig (oo-vil-*koar*-li) *adj* unconditional
oviss (oo-viss) *adj* uncertain; vague
oväder (oo-vai-derr) *nt* tempest
ovälkommen (oo-verl-ko-mern) *adj* unwelcome, undesirable
ovänlig (oo-vehn-li) *adj* unkind; unfriendly
oväntad (oo-vehn-tahd) *adj* unexpected
ovärderlig (oo-vær-*dayr*-li) *adj* priceless
oväsen (oo-vai-sayn) *nt* noise; racket
oväsentlig (oo-vai-*sehnt*-li) *adj* petty
oxe (*ooks*-er) *c* ox
oxkött (*ooks*-t^{y}urt) *nt* beef
oåterkallelig (oo-oat-err-*kahl*-er-li) *adj* irrevocable
oäkta (oo-ehk-tah) *adj* false
oändlig (oo-*ehnd*-li) *adj* infinite, endless; immense
oärlig (oo-ææwr-li) *adj* dishonest; crooked
oätbar (oo-ait-baar) *adj* inedible
oöverkomlig (oo-ur-verr-kom-li) *adj* insurmountable; prohibitive
oöverträffad (oo-urv-err-trehf-ahd) *adj* unsurpassed

P

pacifism (pah-si-*fism*) *c* pacifism
pacifist (pah-si-*fist*) *c* pacifist
pacifistisk (pah-si-*fiss*-tisk) *adj* pacifist
packa (*pah*-kah) *v* pack; ~ **in** pack; ~ **upp** unpack
packning (-*pahk*-ning) *c* pack; packing
padda (*pahd*-ah) *c* toad
paddel (*pah*-dayl) *c* (pl -dlar) paddle
paket (pah-*kayt*) *nt* packet; parcel, package
Pakistan (pah-ki-*staan*) Pakistan
pakistanier (pah-ki-*staa*-ni-err) *c* (pl ~) Pakistani
pakistansk (pah-ki-*staansk*) *adj* Pakistani
palats (pah-*lahts*) *nt* palace
palm (pahlm) *c* palm
panel (pah-*nayl*) *c* panel; panelling
panik (pah-*neek*) *c* panic
pank (pahngk) *adj* broke
panna (*pahn*-ah) *c* forehead; pan
pant (pahnt) *c* pledge; security
pantlånare (*pahnt*-loa-nah-ray) *c* (pl ~) pawnbroker
***pantsätta** (*pahnt*-seh-tah) *v* pawn
papegoja (pah-per-*goi*-ah) *c* parakeet, parrot

papiljott (pah-pil-*yot*) *c* curler
papp (pahp) *c* cardboard; **papp-** cardboard
pappa (*pah*-pah) *c* daddy
papper (*pah*-perr) *nt* paper; **pappers-** paper
pappershandel (*pah*-perrs-hahn-dayl) *c* (pl -dlar) stationer's
papperskniv (*pah*-perrs-kneev) *c* paper-knife
papperskorg (*pah*-perrs-kor^y) *c* wastepaper-basket
pappersnäsduk (*pah*-perrs-naiss-dewk) *c* paper hanky, tissue
papperspåse (*pah*-perrs-poa-ser) *c* paper bag
pappersservett (*pah*-perrs-sær-*vayt*) *c* paper napkin
par (paar) *nt* pair; couple; **äkta ~** married couple
parad (pah-*raad*) *c* parade
parafera (pah-rah-*fay*-rah) *v* initial
paragraf (pah-rah-*graaf*) *c* paragraph
parallell (pah-rah-*layl*) *c* parallel, *adj* parallel
paralysera (pah-rah-lew-*say*-rah) *v* paralise
paraply (pah-rah-*plew*) *nt* umbrella
parfym (pahr-*fewm*) *c* perfume
park (pahrk) *c* park; **offentlig ~** public garden
parkera (pahr-*kay*-rah) *v* park
parkering (pahr-*kay*-ring) *c* parking; **~ förbjuden** no parking
parkeringsavgift (pahr-*kay*-rings-*aav*-yift) *c* parking fee
parkeringsljus (pahr-*kay*-rings-yewss) *nt* parking light
parkeringsmätare (pahr-*kay*-rings-mai-tah-rer) *c* (pl ~) parking meter
parkeringsplats (pahr-*kay*-rings-plahts) *c* car park; parking lot *Am*
parkeringszon (pahr-*kay*-rings-soon) *c* parking zone
parkett (pahr-*kayt*) *c* parquet; stall; orchestra seat *Am*
parlament (pahr-lah-*maynt*) *nt* parliament
parlamentarisk (pahr-lah-mayn-*taar*-isk) *adj* parliamentary
parlör (pahr-*lurr*) *c* phrase-book
parti (pahr-*tee*) *nt* (pl ~er) party; side
partisk (*paar*-tisk) *adj* partial
partner (*paart*-nerr) *c* (pl ~) partner
pass (pahss) *nt* passport; pass
passa (*pahss*-ah) *v* fit; suit; look after, match
passage (pah-*saash*) *c* passage
passagerare (pah-sah-*shay*-rah-rer) *c* (pl ~) passenger
passande (*pahss*-ahn-der) *adj* proper, suitable; convenient, adequate
passera (pah-*sayr*-ah) *v* pass
passfoto (*pahss*-foo-too) *nt* passport photograph
passion (pah-*shoon*) *c* passion
passiv (*pah*-seev) *adj* passive
passkontroll (*pahss*-kon-*trol*) *c* passport control
patent (pah-*taynt*) *nt* patent
patentbrev (pah-*taynt*-brayv) *nt* patent
pater (*paa*-terr) *c* (pl patrar) father
patient (pah-si-*ehnt*) *c* patient
patricierhus (paht-*ree*-si-err-hewss) *nt* mansion
patriot (paht-ri-*oot*) *c* patriot
patron (paht-*roon*) *c* cartridge
patrull (paht-*rewl*) *c* patrol
patrullera (pah-trew-*layr*-ah) *v* patrol
paus (pouss) *c* pause; intermission, interval; ***göra ~** pause
paviljong (pah-vil-*yong*) *c* pavilion
pedal (pay-*daal*) *c* pedal
peka (*payk*-ah) *v* point
pekfinger (*payk*-fing-err) *nt* (pl -grar) index finger

pelare (*pāyl*-ah-rer) *c* (pl ~) column; pillar
pelargång (*pāy*-lahr-gong) *c* arcade
pelikan (pay-li-*kaan*) *c* pelican
pendlare (*pehnd*-lah-rer) *c* (pl ~) commuter
pengar (*payng*-ahr) *pl* money; **placera** ~ invest
penicillin (pay-ni-si-*leen*) *nt* penicillin
penna (*peh*-nah) *c* pen
penningförsändelse (*payn*-ing-furr-*sehn*-dayl-ser) *c* remittance
pennkniv (*pehn*-kneev) *c* penknife
pennvässare (*pehn*-veh-sah-rer) *c* (pl ~) pencil-sharpener
pensel (*pehn*-serl) *c* (pl -slar) paint-brush
pension (pahng-*shōōn*) *c* pension; board
pensionat (pahng-shoo-*naat*) *nt* boarding-house; pension; guest-house
pensionerad (pahng-shoo-*nāy*-rahd) *adj* retired
peppar (*pay*-pahr) *c* pepper
pepparmint (*pay*-pahr-mint) *nt* peppermint
pepparrot (*pay*-pahr-rōōt) *c* horse-radish
perfekt (pær-*faykt*) *adj* perfect
period (pay-ri-*ōōd*) *c* period; term
periodisk (pay-ri-*ōō*-disk) *adj* periodical
permanent (pær-mah-*naynt*) *c* permanent wave
permanentveck (pær-mah-*naynt*-vayk) permanent press
perrong (pæ-*rong*) *c* platform
perrongbiljett (pæ-*rong*-bil-*yayt*) *c* platform ticket
perser (*pær*-serr) *c* (pl ~) Persian
Persien (*pær*-si-ern) Persia
persienn (pær-si-*æn*) *c* blind; shutter
persika (*pær*-si-kah) *c* peach
persilja (pær-*sil*-yah) *c* parsley
persisk (*pær*-sisk) *adj* Persian
person (pær-*sōōn*) *c* person; **enskild** ~ individual; **per** ~ per person
personal (pær-soo-*naal*) *c* staff; personnel
personbil (pær-*sōōn*-beel) *c* car
personlig (pær-*sōōn*-li) *adj* personal; private
personlighet (pær-*sōōn*-li-hāyt) *c* personality
persontåg (pær-*sōōn*-tōāg) *nt* slow train
perspektiv (pær-spayk-*teev*) *nt* perspective
peruk (per-*rēwk*) *c* wig
pessimism (pay-si-*mism*) *c* pessimism
pessimist (pay-si-*mist*) *c* pessimist
pessimistisk (pay-si-*miss*-tisk) *adj* pessimistic
petition (pay-ti-*shōōn*) *c* petition
pianist (pi-ah-*nist*) *c* pianist
piano (pi-*aa*-noo) *nt* piano
pickels (*pik*-erls) *pl* pickles *pl*
picknick (*pik*-nik) *c* picnic
picknicka (*pik*-ni-kah) *v* picnic
pigg (pig) *adj* brisk; alert
piggsvin (*pig*-sveen) *nt* porcupine
pikant (pi-*kahnt*) *adj* spicy
pil (peel) *c* arrow; willow
pilgrim (*peel*-grim) *c* pilgrim
pilgrimsfärd (*peel*-grims-fæærd) *c* pilgrimage
piller (*pi*-lerr) *nt* pill
pilot (pi-*lōōt*) *c* pilot
pimpsten (*pimp*-stāyn) *c* pumice stone
pina (*pee*-nah) *c* torment
pincett (pin-*sayt*) *c* tweezers *pl*
pingst (pingst) *c* Whitsun
pingvin (ping-*veen*) *c* penguin
pinsam (*peen*-sahm) *adj* embarrassing
pionjär (pi-on-*yæær*) *c* pioneer

pipa (*pee*-pah) *c* pipe
***pipa** (*pee*-pah) *v* chirp
piprensare (*peep*-rayn-sah-rer) *c* (pl ~) pipe cleaner
piptobak (*peep*-too-bahk) *c* pipe tobacco
pir (peer) *c* pier
piska (*piss*-kah) *c* whip
pistol (piss-*tool*) *c* pistol
pittoresk (pi-to-*raysk*) *adj* picturesque
pjäs (p^{y}aiss) *c* play
pjäxor (*p^{y}ehks*-or) *pl* ski boots
placera (plah-*sayr*-ah) *v* place; *lay, *put
plakat (plah-*kaat*) *nt* placard
plan (plaan) *c* plan; project, scheme, map; *nt* level; *adj* even, level, plane
planera (plah-*nay*-rah) *v* plan
planet (plah-*nayt*) *c* planet
planetarium (plah-nay-*taa*-ri-ewm) *nt* (pl -rier) planetarium
planka (*plahng*-kah) *c* plank
***planlägga** (*plaan*-leh-gah) *v* plan, design
planta (*plahn*-tah) *c* plant
plantage (plahn-*taash*) *c* plantation
plantera (plahn-*tay*-rah) *v* plant
plantskola (*plahnt*-skool-ah) *c* nursery
plast (plahst) *c* plastic; **plast-** plastic
platina (plah-*tee*-nah) *c* platinum
plats (plahts) *c* place; spot; seat; room; job; **ställa på ~** *put away; **öppen ~** square
platsbiljett (*plahts*-bil-*^{y}eht*) seat reservation
platt (plaht) *adj* flat
platta (*plaht*-ah) *c* plate
plattform (*plaht*-form) *c* platform
platå (plah-*toa*) *c* plateau
plikt (plikt) *c* duty
plocka (*plok*-ah) *v* pick; **~ upp** pick up
plog (ploog) *c* plough
plomb (plomb) *c* filling
plommon (*ploom*-on) *nt* plum
plural (*plew*-raal) *c* plural
plus (plewss) *prep* plus
plåga (*ploag*-ah) *c* plague; *v* torment
plånbok (*ploan*-book) *c* (pl -böcker) wallet; pocket-book
plåster (*ploss*-terr) *nt* plaster
plåt (ploat) *c* sheet metal; plate
plåtburk (*ploat*-bewrk) *c* tin, can
plädera (pleh-*dayr*-ah) *v* plead
plöja (*plur^{y}*-ah) *v* plough
plötslig (*plurts*-li) *adj* sudden; **plötsligt** suddenly
pocketbok (*po*-kert-book) *c* (pl -böcker) paperback
poesi (poo-ay-*see*) *c* poetry
pojke (*poi*-ker) *c* boy
pokal (poo-*kaal*) *c* cup
polack (poo-*lahk*) *c* Pole
Polen (*poa*-lern) Poland
polera (poo-*lay*-rah) *v* polish
polio (poo-li-oo) *c* polio
polis (poo-*leess*) *c* police *pl;* policeman
poliskonstapel (poo-*leess*-kon-*staa*-perl) *c* (pl -plar) policeman
polisonger (po-li-*song*-err) *pl* whiskers *pl;* sideburns *pl*
polisstation (poo-*leess*-stah-*shoon*) *c* police-station
politik (poo-li-*teek*) *c* politics; policy
politiker (poo-*lee*-ti-kerr) *c* (pl ~) politician
politisk (poo-*lee*-tisk) *adj* political
pollett (po-*layt*) *c* token
polsk (poalsk) *adj* Polish
pommes frites (pom-*frit*) chips
ponny (*po*-new) *c* (pl -nies, ~er) pony
poplin (pop-*leen*) *nt* poplin
popmusik (*pop*-mew-*seek*) *c* pop music
populär (po-pew-*læær*) *adj* popular

porslin (pors-*leen*) *nt* china; crockery, porcelain
port (poo͞rt) *c* front door, gate
portfölj (port-*furl*ʸ) *c* briefcase
portier (port-ʸāy) *c* hall porter, receptionist
portion (port-*sho͞on*) *c* portion; helping
portmonnä (port-mo-*nai*) *c* purse
portnyckel (*poort*-new-kerl) *c* (pl -klar) latchkey
porto (*por*-too) *nt* postage
portofri (*por*-too-free) *adj* postage paid
porträtt (poort-*reht*) *nt* portrait
Portugal (*por*-tew-gahl) Portugal
portugis (por-tew-*geess*) *c* Portuguese
portugisisk (por-tew-*gee*-sisk) *adj* Portuguese
portvakt (*poort*-vahkt) *c* janitor, concierge
position (po-si-*sho͞on*) *c* position; station
positiv¹ (*poo*-si-teev) *adj* positive
positiv² (poo-si-*teev*) *nt* street-organ
post (post) *c* item; mail; post
posta (*poss*-tah) *v* mail; post
postanvisning (*post*-ahn-veess-ning) *c* postal order; money order; mail order *Am*
poste restante (post rer-*stahnt*) poste restante
postkontor (*post*-kon-*to͞or*) *nt* post-office
postnummer (*post*-new-merr) *nt* zip code *Am*
postväsen (*post*-vai-sern) *nt* postal service
potatis (poo-*taa*-tiss) *c* potato
poäng (po-*ehng*) *c* point; ***få** ~ score
poängsumma (po-*ehng*-sew-mah) *c* score
prakt (prahkt) *c* splendour
praktfull (*prahkt*-fewl) *adj* splendid; magnificent, glorious, gorgeous
praktik (prahk-*teek*) *c* practice
praktisera (prahk-ti-*sāy*-rah) *v* practise
praktisk (*prahk*-tisk) *adj* practical
prat (praat) *nt* chat
prata (*praat*-ah) *v* chat; talk; ~ **strunt** talk rubbish
pratmakare (*praat*-maa-kah-rer) *c* (pl ~) chatterbox
pratsam (*praat*-sahm) *adj* talkative
pratstund (*praat*-stewnd) *c* chat
precis (pray-*seess*) *adj* exact, precise; *adv* exactly, just
predika (pray-*deek*-ah) *v* preach
predikan (pray-*deek*-ahn) *c* sermon
predikstol (*pray*-dik-sto͞ol) *c* pulpit
preliminär (pray-li-mi-*næær*) *adj* preliminary
premiärminister (pray-mi-*ær*-mi-niss-terr) *c* (pl -trar) premier
prenumerant (pray-new-mer-*rahnt*) *c* subscriber
preposition (pray-po-si-*sho͞on*) *c* preposition
presenning (pray-*say*-ning) *c* tarpaulin
present (pray-*saynt*) *c* present
presentation (pray-sayn-tah-*sho͞on*) *c* introduction
presentera (pray-sayn-*tāy*-rah) *v* introduce; present
president (pray-si-*daynt*) *c* president
pressa (*prayss*-ah) *v* press
presskonferens (*prayss*-kon-fer-*rayns*) *c* press conference
prestation (prayss-tah-*sho͞on*) *c* achievement; feat
prestera (pray-*stāy*-rah) *v* achieve
prestige (pray-*steesh*) *c* prestige
preventivmedel (pray-vayn-*teev*-māy-dayl) *nt* contraceptive
pricka av (*prik*-ah) tick off
prickskytt (*prik*-shewt) *c* sniper

primär (pri-*mæær*) *adj* primary
princip (prin-*seep*) *c* principle
prins (prins) *c* prince
prinsessa (prin-*say*-sah) *c* princess
prioritet (pri-o-ri-*tāyt*) *c* priority
pris (preess) *nt* (pl ~,~er) price; cost, rate; award, prize
prisfall (*preess*-fahl) *nt* fall in prices; break; slump
prislista (*preess*-liss-tah) *c* price-list
prisnedsättning (*preess*-nāyd-seht-ning) *c* reduction
***prissätta** (*preess*-seh-tah) *v* price
privat (pri-*vaat*) *adj* private
privatliv (pri-*vaat*-leev) *nt* privacy
privilegiera (pri-vi-lay-gi-*āyr*-ah) *v* privilege, favour
privilegium (pri-vi-*lāy*-gi-ewm) *nt* (pl -gier) privilege
problem (proo-*blāym*) *nt* problem; question
procedur (proo-ser-*dēwr*) *c* procedure
procent (proo-*saynt*) *c* (pl ~) percent
procentsats (proo-*saynt*-sahts) *c* percentage
process (proo-*sayss*) *c* process; lawsuit
procession (proo-seh-*shōōn*) *c* procession
producent (proo-dēw-*sehnt*) *c* producer
produkt (proo-*dewkt*) *c* produce; product
produktion (proo-dewk-*shōōn*) *c* production; output
professor (pro-*fay*-sor) *c* professor
profet (pro-*fāyt*) *c* prophet
program (proo-*grahm*) *nt* programme
projekt (pro-*shaykt*) *nt* project
proklamera (prok-lah-*māy*-rah) *v* proclaim
promenad (pro-mer-*naad*) *c* walk; promenade, stroll
promenadkäpp (pro-mer-*naad*-t^{y}ehp) *c* walking-stick
promenera (pro-mer-*nāy*-rah) *v* walk
pronomen (pro-*nōā*-mayn) *nt* pronoun
propaganda (pro-pah-*gahn*-dah) *c* propaganda
propeller (pro-*pay*-lerr) *c* (pl -lrar) propeller
proportion (pro-por-*shōōn*) *c* proportion
proportionell (pro-por-shōō-*nayl*) *adj* proportional
propp (prop) *c* stopper; fuse
proppfull (*prop*-fewl) *adj* chock-full
prospekt (proo-*spaykt*) *nt* prospectus
prostituerad (pross-ti-tēw-*āy*-rahd) *c* (pl ~e) prostitute
protein (proo-tay-*een*) *nt* protein
protest (proo-*tayst*) *c* protest
protestantisk (proo-tay-*stahn*-tisk) *adj* Protestant
protestera (proo-tay-*stāy*-rah) *v* protest; object; ~ **mot** object to
protokoll (pro-to-*kol*) *nt* record; minutes
prov (prōōv) *nt* test; trial; proof; sample; **skriftligt** ~ written test; exercise
prova (*prōō*-vah) *v* try on
proviant (proo-vi-*ahnt*) *c* provisions *pl*
provinsiell (proo-vin-si-*ayl*) *adj* provincial
provisorisk (proo-vi-*sōōr*-isk) *adj* temporary; provisional
provrum (*prōōv*-rewm) *nt* fitting room
pruta (*prēw*-tah) *v* bargain
prydlig (*prēwd*-li) *adj* neat
präst (prehst) *c* clergyman; parson, minister, rector; **katolsk** ~ priest
prästgård (*prehst*-gōārd) *c* vicarage; rectory, parsonage
pröva (*prūr*-vah) *v* attempt; test
prövning (*prūrv*-ning) *c* test
psalm (sahlm) *c* hymn

psykiater (psew-ki-*aa*-terr) *c* (pl ~) psychiatrist
psykisk (*psew*-kisk) *adj* mental, psychic
psykoanalytiker (psew-ko-ah-nah-*lew*-ti-kerr) *c* (pl ~) analyst; psychoanalyst
psykolog (psew-ko-*loag*) *c* psychologist
psykologi (psew-ko-lo-*gee*) *c* psychology
psykologisk (psew-ko-*loa*-gisk) *adj* psychological
publicera (pewb-li-*say*-rah) *v* publish
publicitet (pewb-li-si-*tayt*) *c* publicity
publik (pew-*bleek*) *c* audience; public
puder (*pew*-derr) *nt* powder
puderdosa (*pew*-derr-doo-sah) *c* powder compact
pudervippa (*pew*-derr-vi-pah) *c* powder-puff
pullover (pew-*loav*-err) *c* pullover
puls (pewls) *c* pulse
pulsåder (*pewls*-oa-derr) *c* (pl -dror) artery
pump (pewmp) *c* pump
pumpa (*pewm*-pah) *v* pump
pund (pewnd) *nt* pound
pung (pewng) *c* pouch
punkt (pewngkt) *c* point; item; full stop, period
punkterad (pewngk-*tay*-rahd) *adj* punctured
punktering (pewngk-*tay*-ring) *c* puncture; flat tyre, blow-out
punktlig (*pewngkt*-li) *adj* punctual
pur (pewr) *adj* sheer
purpur (*pewr*-pewr) *adj* purple
puss (pewss) *c* kiss
pussel (*pewss*-erl) *nt* jigsaw puzzle; puzzle
pyjamas (pew-*yaa*-mahss) *c* (pl ~, ~ar) pyjamas *pl*
pytteliten (*pew*-ter-lee-tern) *adj* tiny

på (poa) *prep* on; upon, at; in
påfallande (*poa*-fahl-ahn-der) *adj* striking
påfrestning (*poa*-frayst-ning) *c* strain
påfyllningsförpackning (*poa*-fewl-nings-furr-*pahk*-ning) *c* refill
påfågel (*poa*-foag-erl) *c* (pl -glar) peacock
***pågå** (*poa*-goa) *v* *be in progress
påhitt (*poa*-hit) *nt* idea, invention
påk (poak) *c* cudgel
påklädningsrum (*poa*-klaid-nings-rewm) *nt* dressing-room
påle (*poa*-ler) *c* pole
pålitlig (*poa*-leet-li) *adj* reliable; sound, trustworthy
***pålägga** (*poa*-leh-gah) *v* impose, inflict
påminna (*poa*-mi-nah) *v* remind
påpeka (*poa*-pay-kah) *v* remark; indicate
påringning (*poa*-ring-ning) *c* call
påse (*poa*-ser) *c* bag
till påseende (til *poa*-say-ayn-der) on approval
påsk (posk) *c* Easter
påsklilja (*posk*-lil-yah) *c* daffodil
påssjuka (*poass*-shew-kah) *c* mumps
***påstå** (*poa*-stoa) *v* claim
påstående (*poa*-stoa-ayn-der) *nt* statement
påtryckning (*poa*-trewk-ning) *c* pressure
påve (*poa*-ver) *c* pope
påverka (*poa*-vær-kah) *v* affect; influence
påverkan (*poa*-vær-kahn) *c* (pl -kningar) influence
päls (pehls) *c* fur coat; fur
pälsverk (*pehls*-værk) *nt* furs
pärla (*pææ*r-lah) *c* pearl; bead
pärlemor (*pæær*-ler-moor) *c* mother-of-pearl
pärlhalsband (*pæærl*-hahls-bahnd) *nt*

pearl necklace, beads *pl*
pärm (pærm) *c* cover
päron (*pææ*-ron) *nt* pear
pöl (pūrl) *c* puddle

R

rabarber (rah-*bahr*-berr) *c* rhubarb
rabatt (rah-*baht*) *c* discount; rebate; flowerbed
rabies (*raa*-bi-erss) *c* rabies
racket (*rah*-kayt) *c* racquet
rad (raad) *c* row; line, file, rank
radband (*raad*-bahnd) *nt* rosary; beads *pl*
radergummi (rah-*dāyr*-gew-mi) *nt* eraser
radie (*raa*-di-ʸer) *c* radius
radikal (rah-di-*kaal*) *adj* radical
radio (*raa*-di-oo) *c* radio; wireless
raffinaderi (rah-fi-nah-der-*ree*) *nt* (pl ~er) refinery
rak (raak) *adj* straight
raka sig (*raa*-kah) shave
rakapparat (*raak*-ah-pah-*raat*) *c* electric razor; shaver
rakblad (*raak*-blaad) *nt* razor-blade
rakborste (*raak*-bors-ter) *c* shaving-brush
raket (rah-*kāyt*) *c* rocket
rakhyvel (*raak*-hēw-verl) *c* (pl-vlar) safety-razor
rakkniv (*raak*-kneev) *c* razor
rakkräm (*raak*-kraim) *c* shaving-cream
rakt (raakt) *adv* straight; ~ **fram** straight ahead; straight on
raktvål (*raak*-tvōal) *c* shaving-soap
rakvatten (*raak*-vah-tern) *nt* after-shave lotion
ram (raam) *c* frame
ramp (rahmp) *c* ramp
rand (rahnd) *c* (pl ränder) stripe
randig (*rahn*-di) *adj* striped
rang (rahng) *c* rank
ranson (rahn-*sōon*) *c* ration
rapphöna (*rahp*-hūrn-ah) *c* partridge
rappning (*rahp*-ning) *c* plaster
rapport (rah-*port*) *c* report
rapportera (rah-por-*tāy*-rah) *v* report
raring (*raa*-ring) *c* sweetheart
raritet (rah-ri-*tāyt*) *c* curio
ras (raass) *c* breed, race; *nt* landslide; **ras-** racial
rasa (*raass*-ah) *v* collapse; rage
rasande (*raass*-ahn-der) *adj* furious; mad; ***vara** ~ rage
raseri (raa-say-*ree*) *nt* fury, rage
rask (rahsk) *adj* swift
rast (rahst) *c* break
rastlös (*rahst*-lūrss) *adj* restless
rastlöshet (*rahst*-lūrss-hāyt) *c* unrest
ratt (raht) *c* steering-wheel
rattstång (*raht*-stong) *c* (pl -stänger) steering-column
reagera (ray-ah-*gāy*-rah) *v* react
reaktion (ray-ahk-*shōon*) *c* reaction
realisation (ray-ah-li-sah-*shōon*) *c* sales; clearance sale
realisera (ray-ah-li-*sāyr*-ah) *v* realize
recension (ray-sayn-*shōon*) *c* review
recept (ray-*saypt*) *nt* prescription; recipe
reception (ray-sayp-*shōon*) *c* reception office
receptionist (ray-sayp-shoo-*nist*) *c* receptionist
redaktör (ray-dahk-*tūrr*) *c* editor
redan (*rāy*-dahn) *adv* already
redigera (ray-di-*shāy*-rah) *v* edit; *write, *draw up
redogörelse (*rāy*-doo-ʸūr-rayl-ser) *c* report; account
redovisa (*rāy*-doo-vee-sah) *v* account for
redskap (*rāyd*-skaap) *nt* tool; imple-

ment, utensil
reducera (ray-dew-*sāy*-rah) *v* reduce
reduktion (ray-dewk-*shōōn*) *c* reduction
referens (ray-fer-*rayns*) *c* reference
reflektera (ray-flayk-*tāy*-rah) *v* reflect
reflektor (ray-*flayk*-tor) *c* reflector
reflex (rayf-*lehks*) *c* reflection
Reformationen (ray-for-mah-*shōō*-nern) reformation
regel[1] (*rāy*-gerl) *c* rule; regulation; **som** ~ as a rule
regel[2] (*rāy*-gerl) *c* bolt
regelbunden (*rāy*-gerl-bewn-dayn) *adj* regular
regelmässig (*rāy*-gerl-mehss-i) *adj* regular
regent (ray-*yehnt*) *c* ruler
regera (ray-*yāy*-rah) *v* rule; govern, reign
regering (ray-*yāy*-ring) *c* government; rule
regeringstid (ray-*yāy*-rings-teed) *c* reign
regi (ray-*shee*) *c* direction
regim (ray-*sheem*) *c* régime
region (ray-gi-*ōōn*) *c* region
regional (ray-gi-oo-*naal*) *adj* regional
regissera (rer-shi-*sāyr*-ah) *v* direct
regissör (ray-shi-*sūrr*) *c* director
register (ray-*yiss*-terr) *nt* index
registrering (ray-yi-*strāy*-ring) *c* registration
registreringsnummer (ray-yi-*strāy*-rings-newm-err) *nt* registration number; licence number *Am*
reglemente (rayg-ler-*mayn*-ter) *nt* regulation
reglera (ray-*glāy*-rah) *v* regulate
reglering (ray-*glāyr*-ing) *c* regulation
regn (rehngn) *nt* rain
regna (*rehng*-nah) *v* rain
regnbåge (*rehngn*-bōā-ger) *c* rainbow
regnig (*rehng*-ni) *adj* rainy
regnrock (*rehng*-rok) *c* mackintosh; raincoat
regnskur (*rehngn*-skēwr) *c* shower
reguljär (ray-gewl-*yæær*) *adj* regular
rehabilitering (ray-hah-bi-li-*tāy*-ring) *c* rehabilitation
reklam (rayk-*laam*) *c* advertising
reklamationsbok (rayk-lah-mah-*shōōns*-bōōk) *c* (pl ~böcker) complaints book
reklamsändning (rayk-*laam*-sehnd-ning) *c* commercial
rekommendation (ray-ko-mayn-dah-*shōōn*) *c* recommendation
rekommendationsbrev (ray-ko-mayn-dah-*shōōns*-brāyv) *nt* letter of recommendation
rekommendera (ray-ko-mayn-*dāy*-rah) *v* recommend; register
rekord (rer-*kord*) *nt* record
rekreation (rayk-rāy-ah-*shōōn*) *c* recreation
rekryt (ray-*krēwt*) *c* recruit
rektangel (rayk-*tahng*-erl) *c* (pl -glar) rectangle; oblong
rektangulär (rayk-tahng-gew-*læær*) *adj* rectangular
rektor (*rayk*-tor) *c* headmaster; principal
relatera (ray-lah-*tāy*-rah) *v* relate
relation (ray-lah-*shōōn*) *c* relation
relativ (*ray*-lahteev) *adj* relative; comparative
relief (ray-li-*ayf*) *c* relief
religion (ray-li-*yōōn*) *c* religion
religiös (ray-li-*shūrss*) *adj* religious
relik (ray-*leek*) *c* relic
relikskrin (ray-*leek*-skreen) *nt* shrine
rem (raym) *c* strap
remsa (*raym*-sah) *c* strip
ren[1] (rāyn) *c* reindeer
ren[2] (rāyn) *adj* pure, neat, clean; sheer
***rengöra** (*rāyn*-yūr-rah) *v* clean

rengöring (*ra̅y̅n*-ʸu̅r̅-ring) *c* cleaning
rengöringsmedel (*ra̅y̅n*-ʸu̅r̅-rings-ma̅y̅-dayl) *nt* cleaning fluid; detergent
renommé (rer-no-*ma̅y̅*) *nt* reputation
rep (ra̅y̅p) *nt* rope; cord
repa (*ra̅y̅p*-ah) *c* scratch
reparation (rer-pah-rah-*sho̅o̅n*) *c* repair; reparation
reparera (rer-pah-*ra̅y̅r*-ah) *v* repair; mend
repertoar (ray-pær-too-*aar*) *c* repertory
repetera (ray-pay-*ta̅y̅r*-ah) *v* rehearse
repetition (ray-pay-ti-*sho̅o̅n*) *c* rehearsal; repetition; revision
reporter (ray-*po̅a̅r*-terr) *c* (pl -trar) reporter
representant (rer-pray-sayn-*tahnt*) *c* representative, agent
representation (rer-pray-sayn-tah-*sho̅o̅n*) *c* representation
representativ (rer-pray-sayn-tah-*teev*) *adj* representative
representera (rer-pray-sayn-*ta̅y̅*-rah) *v* represent
reproducera (rer-pro-dew-*sa̅y̅*-rah) *v* reproduce
reproduktion (rer-pro-dewk-*sho̅o̅n*) *c* reproduction
republik (rer-pew-*bleek*) *c* republic
republikansk (rer-pewb-li-*kaansk*) *adj* republican
resa (*ra̅y̅*-sah) *c* journey; voyage, trip; *v* travel; ~ **bort** *leave; ~ **sig** *get up
resebyrå (*ra̅y̅*-ser-be̅w̅-ro̅a̅) *c* travel agency
resecheck (*ra̅y̅*-ser-tʸayk) *c* traveller's cheque
reseförsäkring (*ra̅y̅*-ser-furr-*saik*-ring) *c* travel insurance
resehandbok (*ra̅y̅*-ser-hahnd-bo̅o̅k) *c* (pl -böcker) guidebook
resekostnader (*ra̅y̅*-ser-kost-nah-derr) *pl* travelling expenses
reseledare (*ra̅y̅*-ser-la̅y̅-dah-rer) *c* (pl ~) guide, tour leader
resenär (ra̅y̅-ser-*næær*) *c* traveller
reserv (rer-*særv*) *c* reserve; **reserv-** spare
reservation (rer-sær-vah-*sho̅o̅n*) *c* reservation; booking
reservdel (rer-*særv*-da̅y̅l) *c* spare part
reservdäck (rer-*særv*-dehk) *nt* spare tyre
reservera (rer-sær-*va̅y̅r*-ah) *v* reserve; book
reserverad (rer-sær-*va̅y̅*-rahd) *adj* reserved
reservhjul (rer-*særv*-ʸe̅w̅l) *nt* spare wheel
reservoar (rer-sær-voo-*aar*) *c* reservoir
reservoarpenna (rer-sær-voo-*aar*-pay-nah) *c* fountain-pen
resgodsfinka (*ra̅y̅ss*-goots-*fin*-kah) *c* luggage van
resolut (rer-so-*le̅w̅t*) *adj* resolute
resonera (rer-so-*na̅y̅r*-ah) *v* reason
respekt (rer-*spaykt*) *c* respect; esteem
respektabel (rer-spayk-*taa*-berl) *adj* respectable
respektera (rer-spayk-*ta̅y̅*-rah) *v* respect
respektfull (rer-*spaykt*-fewl) *adj* respectful
respektive (*rayss*-payk-teev-er) *adj* respective
resplan (*ra̅y̅ss*-plaan) *c* itinerary
resrutt (*ra̅y̅ss*-rewt) *c* itinerary
rest (rayst) *c* rest; remnant, remainder
restaurang (rayss-to-*rahng*) *c* restaurant
restaurangvagn (rayss-to-*rahng*-vahngn) *c* dining-car
resterande (ray-*sta̅y̅r*-ahn-der) *adj* remaining

restriktion (rayst-rik-*shōōn*) *c* restriction
resultat (ray-sewl-*taat*) *nt* result; outcome; issue
resultera (rer-sewl-*tāy*-rah) *v* result
resväska (*rāyss*-vehss-kah) *c* suitcase; case, bag
resårband (ray-*sōār*-bahnd) *nt* elastic band
reta (*rāyt*-ah) *v* tease; annoy, irritate
retsam (*rāyt*-sahm) *adj* teasing, annoying
returflyg (ray-*tewr*-flēwg) *nt* return flight
returnera (ray-tewr-*nāy*-rah) *v* *send back
reumatism (ray-ew-mah-*tism*) *c* rheumatism
rev (rāyv) *nt* reef
reva (*rāy*-vah) *c* tear
revben (*rāyv*-bāyn) *nt* rib
revidera (rer-vi-*dāy*-rah) *v* revise
revision (rer-vi-*shōōn*) *c* revision
revolt (rer-*volt*) *c* revolt
revolution (rer-vo-lew-*shōōn*) *c* revolution
revolutionär (rer-vo-lew-shoo-*næær*) *adj* revolutionary
revolver (rer-*vol*-verr) *c* revolver
revy (rer-*vēw*) *c* revue
revyteater (rer-*vēw*-tay-*aa*-terr) *c* (pl -trar) music-hall
***rida** (*reed*-ah) *v* *ride
riddare (*rid*-ah-rer) *c* (pl ~) knight
ridning (*reed*-ning) *c* riding
ridskola (*reed*-skōōl-ah) *c* riding-school
ridå (ri-*dōa*) *c* curtain
rik (reek) *adj* rich
rike (*reek*-er) *nt* country; kingdom; empire
rikedom (*ree*-ker-doom) *c* wealth; riches *pl*
riklig (*reek*-li) *adj* abundant; plentiful
riklighet (*reek*-li-hāyt) *c* plenty
riksdagsman (*riks*-dahks-mahn) *c* (pl -män) Member of Parliament
rikssamtal (*riks*-sahm-taal) *nt* trunk-call
riksväg (*riks*-vaig) *c* trunk road
rikta (*rik*-tah) *v* direct
riktig (*rik*-ti) *adj* right; just, correct, proper
riktighet (*rik*-ti-hāyt) *c* correctness
riktning (*rikt*-ning) *c* direction; way
riktnummer (*rikt*-new-merr) *nt* area code
rim (rim) *nt* rhyme
rimlig (*rim*-li) *adj* reasonable
ring (ring) *c* ring
ringa (*ring*-ah) *v* call; *ring; ~ **upp** phone, ring up; call up *Am*
ringaktning (*ring*-ahkt-ning) *c* contempt
ringklocka (*ring*-klo-kah) *c* bell
***rinna** (*ri*-nah) *v* *run
ris (reess) *nt* rice
risk (risk) *c* risk; hazard, chance
riskabel (riss-*kaa*-berl) *adj* unsafe
riskera (ri-*skāyr*-ah) *v* risk
riskfylld (*risk*-fewld) *adj* risky
rispa (*riss*-pah) *v* scratch
rita (*ree*-tah) *v* *draw
***riva** (*ree*-vah) *v* *tear, demolish; grate
rival (ri-*vaal*) *c* rival
rivalitet (ri-vah-li-*tāyt*) *c* rivalry
rivjärn (*reev*-ʸæærn) *nt* grater
rivning (*reev*-ning) *c* demolition
ro (rōō) *c* quiet; *v* row
roa (*rōō*-ah) *v* amuse; entertain
roande (*rōō*-ahn-der) *adj* entertaining
robust (ro-*bewst*) *adj* robust
rock (rok) *c* coat
rockslag (*rok*-slaag) *nt* lapel
roddbåt (*rood*-bōat) *c* rowing-boat
roder (*rōō*-derr) *nt* rudder
rodna (*rōad*-nah) *v* blush

rolig (*roo*-li) *adj* funny; enjoyable
rom (rom) *c* roe
roman (roo-*maan*) *c* novel
romanförfattare (roo-*maan*-furr-*fah*-tah-rer) *c* (pl ~) novelist
romans (roo-*mahns*) *c* romance
romantisk (roo-*mahn*-tisk) *adj* romantic
rond (rond) *c* round
rondell (ron-*dayl*) *c* roundabout
rop (roop) *nt* call; cry
ropa (*roo*-pah) *v* call; cry
rorkult (*roor*-kewlt) *c* helm
rorsman (*roors*-mahn) *c* (pl -män) steersman; helmsman
ros (rooss) *c* rose
rosa (*roa*-sah) *adj* rose, pink
rost (rost) *c* rust
rostig (*ross*-ti) *adj* rusty
rot (root) *c* (pl rötter) root
rotting (*rot*-ing) *c* rattan
rouge (roosh) *c* rouge
rovdjur (*roov*-yewr) *nt* beast of prey
rubin (rew-*been*) *c* ruby
rubrik (rew-*breek*) *c* headline, heading
ruin (rew-*een*) *c* ruins
ruinera (rew-ee-*nay*-rah) *v* ruin
rulett (rew-*layt*) *c* roulette
rulla (*rewl*-ah) *v* roll
rulle (*rewl*-er) *c* roll
rullgardin (*rewl*-gahr-*deen*) *c* blind
rullskridskoåkning (*rewl*-skri-skoo-*oak*-ning) *c* roller-skating
rullstol (*rewl*-stool) *c* wheelchair
rulltrappa (*rewl*-trah-pah) *c* escalator
rum (rewm) *nt* room; space; ~ **med frukost** bed and breakfast
rumsbetjäning (*rewms*-ber-t^y*ai*-ning) *c* room service
rumstemperatur (*rewms*-taym-per-rah-*tewr*) *c* room temperature
rumän (rew-*main*) *c* Rumanian
Rumänien (rew-*mai*-ni-ern) Rumania
rumänsk (rew-*mainsk*) *adj* Rumanian
rund (rewnd) *adj* round
rundad (*rewn*-dahd) *adj* rounded
rundhänt (*rewnd*-hehnt) *adj* liberal
rundresa (*rewnd*-ray-sah) *c* tour
runt (rewnt) *adv* around
rusa (*rewss*-ah) *v* rush; dash
rusningstid (*rewss*-nings-*teed*) *c* rush-hour; peak hour
russin (*rewss*-in) *nt* raisin
rustik (rew-*steek*) *adj* rustic
rustning (*rewst*-ning) *c* armour
ruta (*rewt*-ah) *c* square; pane
rutig (*rewt*-i) *adj* chequered
rutin (rew-*teen*) *c* routine
rutschbana (*rewch*-baan-ah) *c* slide
rutt (rewt) *c* route
rutten (*rewt*-ern) *adj* rotten
ryck (rewk) *nt* tug; wrench
rygg (rewg) *c* back
ryggrad (*rewg*-raad) *c* backbone; spine
ryggskott (*rewg*-skot) *nt* lumbago
ryggsäck (*rewg*-sehk) *c* rucksack; knapsack
ryggvärk (*rewg*-værk) *c* backache
***ryka** (*rew*-kah) *v* smoke
ryktbarhet (*rewkt*-baar-hayt) *c* fame
rykte (*rewk*-ter) *nt* rumour; reputation; renown
rymd (rewmd) *c* space
rymlig (*rewm*-li) *adj* spacious; roomy, large
rymling (*rewm*-ling) *c* runaway
rymma (*rewm*-ah) *v* *run away; contain
rynka (*rewng*-kah) *c* wrinkle
rysk (rewsk) *adj* Russian
ryslig (*rewss*-li) *adj* horrible; awful
rysning (*rewss*-ning) *c* shiver; shudder, *nt* chill
ryss (rewss) *c* Russian
Ryssland (*rewss*-lahnd) Russia
***ryta** (*rew*-tah) *v* roar

rytm (rewtm) *c* rhythm
ryttare (*rewt*-ah-rer) *c* (pl ~) rider; horseman
rå (ro̅a̅) *adj* raw
råd (ro̅a̅d) *nt* advice; ***ha ~ med** afford
råda (*ro̅a̅*-dah) *v* advise
rådfråga (*ro̅a̅d*-fro̅a̅-gah) *v* consult
***rådgiva** (*ro̅a̅d*-yee-vah) *v* advise
rådgivare (*ro̅a̅d*-yee-vah-rer) *c* (pl ~) counsellor
rådjurskalv (*ro̅a̅*-ye̅w̅rs-kahlv) *c* fawn
rådman (*ro̅a̅d*-mahn) *c* (pl -män) magistrate
rådsförsamling (*ro̅a̅ds*-furr-*sahm*-ling) *c* council
rådsmedlem (*ro̅a̅ds*-ma̅y̅d-lehm) *c* (pl ~mar) councillor
råmaterial (*ro̅a̅*-mah-tay-ri-*aal*) *nt* raw material
rån[1] (ro̅a̅n) *nt* robbery; **väpnat ~** hold-up
rån[2] (ro̅a̅n) *nt* wafer
råna (*ro̅a̅*-nah) *v* rob
rånare (*ro̅a̅*-nah-reh) *c* (pl ~) robber
råolja (*ro̅a̅*-ol-yah) *c* petroleum
råtta (*ro*-tah) *c* rat
räcka (*rehk*-ah) *v* suffice
räcke (*rehk*-er) *nt* rail; railing
räckhåll (*rehk*-hol) *nt* reach
räckvidd (*rehk*-vid) *c* range
räd (raid) *c* raid
rädd (rehd) *adj* afraid
rädda (*rehd*-ah) *v* save; rescue
räddning (rehd-ning) *c* rescue
rädisa (*rai*-di-sah) *c* radish
rädsla (*raids*-lah) *c* fear
räka (*rai*-kah) *c* shrimp; prawn
räkna (*raik*-nah) *v* reckon, count; **~ ut** calculate
räknemaskin (*raik*-ner-mah-*sheen*) *c* adding-machine
räkneord (*raik*-ner-*o̅o̅rd*) *nt* numeral
räkning (*raik*-ning) *c* bill; arithmetic
rännsten (*rehn*-sta̅y̅n) *c* gutter
ränsel (*rehn*-sayl) *c* (pl -slar) haversack
ränta (*rehn*-tah) *c* interest
rätt[1] (reht) *c* course
rätt[2] (reht) *adj* appropriate, right, correct; *adv* rather; *c* justice; ***ha ~ *** be right; **med rätta** rightly
rätta (*reht*-ah) *v* correct; **~ till** correct, adjust
rättegång (*reh*-ter-gong) *c* trial; lawsuit
rättelse (*reh*-terl-ser) *c* correction
rättfärdig (reht-*fæær*-di) *adj* righteous
rättighet (*reh*-ti-ha̅y̅t) *c* right
rättmätig (*reht*-mai-ti) *adj* legitimate
rättskaffens (*reht*-skahf-erns) *adj* honourable
rättskrivning (*reht*-skreev-ning) *c* dictation
rättvis (*reht*-veess) *adj* just; fair, right
rättvisa (*reht*-vee-sah) *c* justice
räv (raiv) *c* fox
röd (ru̅r̅d) *adj* red
rödbeta (*ru̅r̅d*-ba̅y̅-tah) *c* beetroot
rödhake (*ru̅r̅d*-haa-ker) *c* robin
rödlila (*ru̅r̅d*-lee-lah) *adj* mauve
rödspätta (*ru̅r̅d*-speh-tah) *c* plaice
rök (ru̅r̅k) *c* smoke
röka (*ru̅r̅*-kah) *v* smoke
rökare (*ru̅r̅*-kah-rer) *c* (pl ~) smoker
rökelse (*ru̅r̅k*-erl-ser) *c* incense
rökkupé (*ru̅r̅k*-ke̅w̅-*pa̅y̅*) *c* smoker, smoking-compartment
rökning förbjuden (*ru̅r̅k*-ning furr-*bye̅w̅*-dern) no smoking
rökrum (*ru̅r̅k*-rewm) *nt* smoking-room
röntga (*rurnt*-kah) *v* X-ray
röntgenbild (*rurnt*-kern-bild) *c* X-ray
rör (ru̅r̅r) *nt* pipe; tube; cane
röra[1] (*ru̅r̅r*-ah) *v* touch; move; **~ om** stir; **~ sig** move
röra[2] (*ru̅r̅r*-ah) *c* muddle

rörande (*rūrr*-ahn-der) *adj* touching; *prep* regarding
rörelse (*rūrr*-erl-ser) *c* motion, movement; emotion; ***sätta i** ~ move
rörlig (*rūrr*-li) *adj* mobile
rörmokare (*rūrr*-moo-kah-rer) *c* (pl ~) plumber
röst (rurst) *c* voice; vote
rösta (*rurss*-tah) *v* vote
röstning (*rurst*-ning) *c* vote
rösträtt (*rurst*-reht) *c* franchise; suffrage

S

sackarin (sah-kah-*reen*) *nt* saccharin
sadel (*saa*-dayl) *c* (pl sadlar) saddle
safir (sah-*feer*) *c* sapphire
saft (sahft) *c* syrup
saftig (*sahf*-ti) *adj* juicy
saga (*saa*-gah) *c* fairytale; tale
sak (saak) *c* thing; matter, affair
sakkunnig (*saak*-kewn-i) *adj* expert
saklig (*saak*-li) *adj* matter-of-fact
sakna (*saak*-nah) *v* lack, miss
saknad (*saak*-nahd) *c* lack
sakta ned (*sahk*-tah) slow down
sal (saal) *c* hall
saldo (*sahl*-doo) *nt* balance
saliv (sah-*leev*) *c* saliva, spit
sallad (*sahl*-ahd) *c* salad
salladsolja (*sah*-lahds-ol-ʸah) *c* salad-oil
salong (sah-*long*) *c* drawing-room; salon
salt (sahlt) *nt* salt; *adj* salty
saltkar (*sahlt*-kaar) *nt* salt-cellar
till salu (til *saa*-lew) for sale
saluhall (*saa*-lew-hahl) *c* market
salva (*sahl*-vah) *c* ointment; salve
samarbete (*sahm*-ahr-bāy-ter) *nt* co-operation
samarbetsvillig (*sahm*-ahr-bāyts-vi-li) *adj* co-operative
samband (*sahm*-bahnd) *nt* relation
samfund (*sahm*-fewnd) *nt* society
samhälle (*sahm*-heh-ler) *nt* community; locality; **samhälls-** social
samhällsbevarande (*sahm*-hehls-ber-*vaa*-rahn-der) *adj* conservative
samla (*sahm*-lah) *v* gather; assemble, collect; ~ **ihop** compile; ~ **in** collect
samlag (*sahm*-laag) *nt* sexual intercourse
samlare (*sahm*-lah-rer) *c* (pl ~) collector
samlas (*sahm*-lahss) *v* gather
samling (*sahm*-ling) *c* collection
samma (*sahm*-ah) *adj* same
***sammanbinda** (*sah*-mahn-bin-dah) *v* link
sammandrag (*sah*-mahn-draag) *nt* summary
***sammanfalla** (*sahm*-ahn-fahl-ah) *v* coincide
sammanfatta (*sahm*-ahn-fah-tah) *v* summarize
sammanfattning (*sah*-mahn-faht-ning) *c* summary, résumé
sammanfoga (*sahm*-ahn-*fōog*-ah) *v* join, *put together
sammanhang (*sahm*-ahn-hahng) *nt* connection; coherence, reference
sammankomst (*sahm*-ahn-komst) *c* meeting; assembly
sammanlagd (*sahm*-ahn-lahgd) *adj* overall, total
sammanslagning (*sahm*-ahn-slaag-ning) *c* merger
sammanslutning (*sah*-mahn-slēwt-ning) *c* society; association
sammanställa (*sahm*-ahn-stehl-ah) *v* compose; compile
sammanstöta (*sahm*-ahn-stūr-tah) *v* bump

sammanstötning (*sahm*-ahn-stūrt-ning) *c* collision
***sammansvärja sig** (*sahm*-ahn-*svær*-ʸah) conspire
sammansvärjning (sahm-ahn-*sværʸ*-ning) *c* conspiracy, plot
sammansättning (*sahm*-ahn-seht-ning) *c* composition
sammanträde (*sahm*-ahn-traid-er) *nt* meeting
sammanträffande (*sahm*-ahn-trehf-ahn-der) *nt* concurrence; encounter
sammet (*sah*-mayt) *c* velvet
samordna (*sahm*-ord-nah) *v* co-ordinate
samordning (*sahm*-ord-ning) *c* co-ordination
samtal (*sahm*-taal) *nt* conversation; talk, discussion
samtalsämne (*sahm*-taals-aim-ner) *nt* topic
samtida (*sahm*-tee-dah) *adj* contemporary
samtidig (*sahm*-tee-di) *adj* simultaneous
samtycka (*sahm*-tew-kah) *v* consent
samtycke (*sahm*-tew-ker) *nt* consent
samverkan (*sahm*-vær-kahn) *c* co-operation
samvete (*sahm*-vāy-ter) *nt* conscience
sanatorium (sah-nah-*tōō*-ri-ewm) *nt* (pl -rier) sanatorium
sand (sahnd) *c* sand
sandal (sahn-*daal*) *c* sandal
sandig (*sahn*-di) *adj* sandy
sandpapper (*sahnd*-pahp-err) *nt* sandpaper
sanitär (sah-ni-*tæær*) *adj* sanitary
sann (sahn) *adj* very, true
sannfärdig (*sahn*-fæær-di) *adj* truthful
sanning (*sah*-ning) *c* truth
sannolik (*sahn*-oo-leek) *adj* likely; probable
sansad (*sahns*-ahd) *adj* sober
sardin (sahr-*deen*) *c* sardine
satellit (sah-tay-*leet*) *c* satellite
satäng (sah-*tehng*) *c* satin
Saudiarabien (*sou*-di-ah-*raa*-bi-ern) Saudi Arabia
saudiarabisk (*sou*-di-ah-*raab*-isk) *adj* Saudi Arabian
sax (sahks) *c* scissors *pl*
scen (sāyn) *c* scene, stage
schack (shahk) *nt* chess; **schack!** check!
schackbräde (*shahk*-brai-der) *nt* checkerboard *nAm*
schal (shaal) *c* shawl
schampo (*shahm*-pōō) *nt* shampoo
scharlakansfeber (shahr-*laa*-kahns-*fāy*-berr) *c* scarlet fever
scharlakansröd (shahr-*laa*-kahns-rūrd) *adj* scarlet
schema (*shāy*-mah) *nt* scheme
schlager (*shlaa*-gerr) *c* (pl ~, -rar) hit
Schweiz (shvayts) Switzerland
schweizare (*shvay*-tsah-rer) *c* (pl ~) Swiss
schweizisk (*shvay*-tsisk) *adj* Swiss
scout (skout) *c* boy scout
***se** (sāy) *v* *see; notice; ~ **på** look at; ~ **till** attend to; ~ **upp** look out; watch out; ~ **ut** look
sebra (*sāyb*-rah) *c* zebra
sedan (*sāy*-dahn) *adv* then; afterwards; *conj* since, after; *prep* since; **för ...** ~ ago; ~ **dess** since
sedel (*sāy*-dayl) *c* (pl sedlar) banknote
seder (*sāy*-derr) *pl* customs *pl*
sediment (say-di-*maynt*) *nt* deposit
sedlig (*sāyd*-li) *adj* moral
sedvanlig (*sāyd*-vaan-li) *adj* customary
sedvänja (*sāyd*-vehn-ʸah) *c* usage
seg (sāyg) *adj* tough

segel (*sāy*-gerl) *nt* sail
segelbar (*sāy*-gerl-baar) *adj* navigable
segelbåt (*sāy*-gerl-bōat) *c* sailing-boat
segelflygplan (*sāy*-gerl-flēwg-plaan) *nt* glider
segelsport (*sāy*-gerl-sport) *c* yachting
segelsällskap (*sāy*-gerl-sehl-skaap) *nt* yacht-club
seger (*sāy*-gerr) *c* (pl segrar) victory
segerrik (*sāy*-gerr-reek) *adj* triumphant
segla (*sāyg*-lah) *v* sail; navigate
segra (*sāyg*-rah) *v* *win
segrare (*sāyg*-rah-ray) *c* (pl ~) winner, victor
sekreterare (sayk-ray-*tāy*-rah-rer) *c* (pl ~) secretary; clerk
sektion (sehk-*shōōn*) *c* section
sekund (ser-*kewnd*) *c* second
sekundär (ser-kewn-*dæær*) *adj* secondary
selleri (say-ler-*ree*) *nt* celery
semester (say-*mayss*-terr) *c* holiday
semesterort (say-*mayss*-terr-oort) *c* holiday resort
semikolon (say-mi-*kōō*-lon) *nt* semicolon
sen (sāyn) *adj* late; **för sent** too late
sena (*sāyn*-ah) *c* sinew; tendon
senap (*sāy*-nahp) *c* mustard
senat (ser-*naat*) *c* senate
senator (ser-*naa*-tor) *c* senator
senil (say-*neel*) *adj* senile
sensation (sayn-sah-*shōōn*) *c* sensation
sensationell (sayn-sah-shoo-*nayl*) *adj* sensational
sentimental (sayn-ti-mayn-*taal*) *adj* sentimental
separat (say-pah-*raat*) *adv* separately
september (sayp-*taym*-berr) September
septisk (*sayp*-tisk) *adj* septic
serie (*sāy*-ri-er) *c* series; **tecknad** ~ comics *pl*
seriös (say-ri-*ūrss*) *adj* serious
serum (*sāy*-rewm) *nt* serum
servera (sær-*vāy*-rah) *v* serve
serveringsfat (sær-*vāy*-rings-faat) *nt* dish
servett (sær-*vayt*) *c* napkin; serviette
servitris (sær-vit-*reess*) *c* waitress
servitör (sær-vi-*tūrr*) *c* waiter
session (say-*shōōn*) *c* session
sevärdhet (*sāy*-væærd-hāyt) *c* sight
sex (sayks) *num* six
sextio (*sayks*-ti) *num* sixty
sexton (*sayks*-ton) *num* sixteen
sextonde (*sayks*-ton-der) *num* sixteenth
sexualitet (sayk-sew-ah-li-*tāyt*) *c* sexuality
sexuell (sayk-sew-*ayl*) *adj* sexual
Siam (*see*-ahm) Siam
siames (see-ah-*māyss*) *c* Siamese
siamesisk (see-ah-*māyss*-isk) *adj* Siamese
sida (*see*-dah) *c* side; page; **på andra sidan** across; **på andra sidan om** beyond; **åt sidan** aside; sideways
siden (*see*-dayn) *nt* silk; **siden-** silken
sidogata (*see*-doo-*gaat*-ah) *c* side-street
sidoljus (*see*-doo-*yēwss*) *nt* sidelight
sidoskepp (*see*-doo-*shayp*) *nt* aisle
siffra (*sif*-rah) *c* figure; digit
sifon (si-*fōan*) *c* siphon, syphon
sig (say) *pron* himself, herself; themselves
sigill (si-*yil*) *nt* seal
signal (sing-*naal*) *c* signal
signalement (sing-nah-lay-*maynt*) *nt* description
signalera (sing-nah-*lāyr*-ah) *v* signal
signalhorn (sing-*naal*-hōōrn) *nt* hooter, horn
signatur (sing-nah-*tēwr*) *c* signature
sikt (sikt) *c* visibility

sikta[1] (*sik*-tah) *v* aim at; ~ **på** aim at
sikta[2] (*sik*-tah) *v* sift
sil (seel) *c* strainer
sila (*seel*-ah) *v* strain
sill (sil) *c* herring
silver (*sil*-verr) *nt* silver; silverware
silversmed (*sil*-verr-smāyd) *c* silversmith
simbassäng (*sim*-bah-*sehng*) *c* swimming pool
simma (*sim*-ah) *v* *swim
simmare (*si*-mah-rer) *c* (pl ~) swimmer
simning (*sim*-ning) *c* swimming
simpel (*sim*-perl) *adj* common
simulera (si-mew-*lāyr*-ah) *v* pretend
sin (sin) *pron* (nt sitt, pl sina) his, her, its, one's, their
singularis (*sing*-gēw-laa-riss) *nt* singular
sinne (*si*-ner) *nt* sense
sinnesförvirrad (*si*-nerss-furr-*vi*-rahd) *adj* mad
sinnesrörelse (*si*-nerss-rūr-rayl-ser) *c* emotion
sinnessjuk[1] (*si*-nerss-shēwk) *adj* insane
sinnessjuk[2] (*si*-nerss-shēwk) *c* (pl ~a) lunatic
sinnesstämning (*si*-nerss-stehm-ning) *c* spirits
siren (si-*rāyn*) *c* siren
sist (sist) *adj* last; **till** ~ at last
sista (*siss*-tah) *adj* ultimate
***sitta** (*sit*-ah) *v* *sit
sittplats (*sit*-plahts) *c* seat
situation (si-tew-ah-*shōōn*) *c* situation
sju (shew) *num* seven
sjuk (shēwk) *adj* ill; sick
sjukdom (*shēwk*-doom) *c* illness; sickness, disease
sjukhus (*shēwk*-hēwss) *nt* hospital
sjukledighet (*shēwk*-lāy-di-hāyt) *c* sick-leave
sjuksköterska (*shēwk*-shūrt-err-skah) *c* nurse
sjukvård (*shēwk*-vōārd) *c* public health
sjukvårdsrum (*shēwk*-vōārds-rewm) *nt* infirmary
sjunde (*shewn*-der) *num* seventh
***sjunga** (*shewng*-ah) *v* *sing
***sjunka** (*shewng*-kah) *v* *sink
sjuttio (*shewt*-i) *num* seventy
sjutton (*shewt*-on) *num* seventeen
sjuttonde (*shewt*-on-der) *num* seventeenth
själ (shail) *c* soul
själv (shehlv) *pron* myself, yourself, himself, herself, itself, oneself
själva (*shehl*-vah) *pron* ourselves, yourselves, themselves
självbetjäning (*shehlv*-ber-*tʸai*-ning) *c* self-service
självgod (*shehlv*-gōōd) *adj* self-righteous
självisk (*shehl*-visk) *adj* selfish
självklar (*shehlv*-klaar) *adj* self-evident
självmord (*shehlv*-mōōrd) *nt* suicide
självservering (*shehlv*-sayr-*vāy*-ring) *c* self-service restaurant
självstyre (*shehlv*-stēw-rer) *nt* self-government
självständig (*shehlv*-stehn-di) *adj* independent
självständighet (*shehlv*-stehn-di-hāyt) *c* independence
självupptagen (*shehlv*-ewp-taag-ern) *adj* self-centred
sjätte (*sheh*-ter) *num* sixth
sjö (shūr) *c* lake
sjöborre (*shūr*-bo-rer) *c* sea-urchin
sjöfart (*shūr*-faart) *c* navigation; shipping
sjöfågel (*shūr*-fōā-gayl) *c* (pl -glar) sea-bird
sjöjungfru (*shūr*-ʸewng-frew) *c* mer-

maid
sjökort (*shūr*-koort) *nt* nautical chart
sjöman (*shūr*-mahn) *c* (pl -män) sailor
sjörövare (*shūr*-rūr-vah-rer) *c* (pl ~) pirate
sjösjuk (*shūr*-shēwk) *adj* seasick
sjösjuka (*shūr*-shēw-kah) *c* seasickness
sjösättning (*shūr*-seht-ning) *c* launching
sjötunga (*shūr*-tewng-ah) *c* sole
***ska** (skaa) *v* *shall; *will
skada (*skaa*-dah) *c* injury; damage, mischief, harm; *v* *hurt, injure, harm
skadad (*skaa*-dahd) *adj* injured
skadeersättning (*skaa*-der-āyr-*seht*-ning) *c* compensation; indemnity
skadlig (*skaad*-li) *adj* harmful; hurtful
skaffa (*skahf*-ah) *v* get, procure, provide; ~ **sig** acquire, *v* acquire; obtain
skafferi (skah-fay-*ree*) *nt* (pl ~er) larder
skaft (skahft) *nt* handle
skaka (*skaa*-kah) *v* *shake
skal (skaal) *nt* skin, peel; shell
skala (*skaa*-lah) *c* scale; *v* peel
skalbagge (*skaal*-bahg-er) *c* beetle; bug
skald (skahld) *c* poet
skaldjur (*skaal*-ʸēwr) *nt* shellfish
skalle (*skah*-ler) *c* skull
skam (skahm) *c* shame; disgrace
skamsen (*skahm*-sayn) *adj* ashamed
skandal (skahn-*daal*) *c* scandal
skandinav (skahn-di-*naav*) *c* Scandinavian
Skandinavien (skahn-di-*naav*-i-ern) Scandinavia
skandinavisk (skahn-di-*naav*-isk) *adj* Scandinavian
skapa (*skaa*-pah) *v* create
skarp (skahrp) *adj* sharp; keen; strong
skata (*skaa*-tah) *c* magpie
skatt (skaht) *c* tax; treasure
skattefri (*skah*-ter-free) *adj* tax-free
skattmästare (*skaht*-mehss-tah-rer) *c* (pl ~) treasurer
ske (shāy) *v* happen; occur
sked (shāyd) *c* spoon; spoonful
skelett (skay-*layt*) *nt* skeleton
skelögd (*shāyl*-ūrgd) *adj* cross-eyed
sken (shāyn) *nt* glare
skenhelig (*shāyn*-hāy-li) *adj* hypocritical
skepp (shayp) *nt* boat
skeppa (*shayp*-ah) *v* ship
skeppsredare (*shayps*-rāy-dah-rer) *c* (pl ~) shipowner
skeppsvarv (*shayps*-vahrv) *nt* shipyard
skicka (*shik*-ah) *v* *send; ~ **bort** dismiss; ~ **efter** *send for; ~ **iväg** *send off; ~ **tillbaka** *send back
skicklig (*shik*-li) *adj* skilled, skilful; clever
skicklighet (*shik*-li-hāyt) *c* ability; skill
skida (*shee*-dah) *c* ski; **åka skidor** ski
skidbyxor (*sheed*-bewks-err) *pl* ski pants
skidlift (*sheed*-lift) *c* ski-lift
skidstavar (*sheed*-staa-vahr) *pl* ski sticks; ski poles *Am*
skidåkare (*sheed*-ōa-kah-rer) *c* (pl ~) skier
skidåkning (*sheed*-ōak-ning) *c* skiing
skiffer (*shif*-err) *nt* slating
skift (shift) *nt* gang, shift
skiftnyckel (*shift*-new-kayl) *c* (pl -klar) spanner; wrench
skilja (*shil*-ʸah) *v* separate; part; **skiljas** divorce; ~ **sig** divorce
skiljevägg (*shil*-ʸer-vehg) *c* partition
skillnad (*shil*-nahd) *c* difference; distinction; ***göra** ~ distinguish

skilsmässa (*shils*-meh-sah) *c* divorce
•**skina** (*shee*-nah) *v* *shine
skinka (*shing*-kah) *c* ham; buttock
skinn (shin) *nt* hide; **skinn-** leather
skinna (*shi*-nah) *v* skin, fleece
skir (sheer) *adj* sheer
skiss (skiss) *c* sketch
skissbok (*skiss*-bōōk) *c* (pl -böcker) sketch-book
skissera (ski-*sāy*-rah) *v* sketch
skiva (*sheev*-ah) *c* slice; disc
skivspelare (*shiv*-spāy-lah-rer) *c* (pl ~) record-player
skjorta (*shoor*-tah) *c* shirt
skjul (shēwl) *nt* shed
•**skjuta** (*shēwt*-ah) *v* fire, *shoot; push
skjutdörr (*shēwt*-durr) *c* sliding door
sko (skōō) *c* shoe
skoaffär (*skōō*-ah-*fæær*) *c* shoe-shop
skog (skōōg) *c* forest; wood
skogig (skōōg-i) *adj* wooded
skogsdunge (*skoogs*-dew-nger) *c* grove
skogstrakt (*skoogs*-trahkt) *c* woodland
skogvaktare (*skōōg*-vahk-tah-rer) *c* (pl ~) forester
skoj (skoi) *nt* fun
skoja (*skoi*-ah) *v* joke, fool
skokräm (*skōō*-krehm) *c* shoe polish
skola (*skōōl*-ah) *c* school
skolbänk (*skōōl*-behngk) *c* desk
skolflicka (*skōōl*-fli-kah) *c* schoolgirl
skolka (*skol*-kah) *v* play truant
skollärare (*skōōl*-læær-ah-rer) *c* (pl ~) schoolmaster, schoolteacher
skolpojke (*skōōl*-poi-ker) *c* schoolboy
skolväska (*skōōl*-vehss-kah) *c* satchel
skomakare (*skōō*-maa-kah-rer) *c* (pl ~) shoemaker
skorpa (*skor*-pah) *c* crust; rusk
skorsten (*skors*-tāyn) *c* chimney
skosnöre (*skōō*-snūr-rer) *nt* shoe-lace
skotsk (skotsk) *adj* Scottish; Scotch
skott (skot) *nt* shot
skottavla (*skot*-taav-lah) *c* target
skotte (*sko*-ter) *c* Scot
skottkärra (*skot*-t^{y}ær-ah) *c* wheelbarrow
Skottland (*skot*-lahnd) Scotland
skottår (*skot*-ōār) *nt* leap-year
skovel (*skōā*-verl) *c* (pl -vlar) shovel
skrapa (*skraap*-ah) *v* scrape; scratch
skratt (skraht) *nt* laugh; laughter
skratta (*skrah*-tah) *v* laugh
skreva (*skrāy*-vah) *c* cleft
skri (skree) *nt* scream
skridsko (*skri*-skoo) *c* skate; **åka skridskor** skate
skridskobana (*skri*-skoo-baa-nah) *c* skating-rink
skridskoåkning (*skri*-skoo-ōāk-ning) *c* skating
skriftlig (*skrift*-li) *adj* written
skrik (skreek) *nt* cry; scream, shout
•**skrika** (*skree*-kah) *v* shriek; scream, shout; cry
•**skriva** (*skree*-vah) *v* *write; ~ **in** book; enter; ~ **in sig** check in; ~ **om** *rewrite; ~ **på** endorse; ~ **upp** *write down
skrivblock (*skreev*-blok) *nt* writing-pad
skrivbord (*skreev*-bōōrd) *nt* desk; bureau
skrivmaskin (*skreev*-mah-*sheen*) *c* typewriter
skrivmaskinspapper (*skreev*-mah-*sheens*-pah-perr) *nt* typing paper
skrivpapper (*skreev*-pah-perr) *nt* note-paper
skrot (skrōōt) *nt* scrap-iron
skrovlig (*skrōāv*-li) *adj* hoarse
skrubbsår (*skrewb*-sōār) *nt* graze
skruv (skrēwv) *c* screw
skruva (*skrēw*-vah) *v* screw; ~ **av** unscrew; ~ **på** screw on, turn on

skruvmejsel (*skrēwv*-may-sayl) *c* (pl -slar) screw-driver
skrymmande (*skrewm*-ahn-der) *adj* bulky
skrynkla (*skrewngk*-lah) *c* crease; *v* crease
***skryta** (*skrēwt*-ah) *v* boast
skråma (*skrōā*-mah) *c* scratch
skräck (skrehk) *c* scare; fright; horror, terror
skräddare (*skreh*-dah-rer) *c* (pl ~) tailor
skräddarsydd (*skreh*-dahr-sewd) *adj* tailor-made
skrämd (skrehmd) *adj* frightened
skrämma (*skrehm*-ah) *v* frighten; scare
skrämmande (*skrehm*-ahn-der) *adj* terrifying
skräp (skraip) *nt* rubbish; refuse, junk
skugga (*skewg*-ah) *c* shadow; shade
skuggig (*skewg*-i) *adj* shady
skuld (skewld) *c* guilt, fault; debt
skulptur (skewlp-*tēwr*) *c* sculpture
skulptör (skewlp-*tūrr*) *c* sculptor
skum (skewm) *nt* foam, froth; *adj* obscure
skumgummi (*skewm*-gewm-i) *nt* foam-rubber
skumma (*skewm*-ah) *v* foam
skura (*skēw*-rah) *v* scrub
skurk (skewrk) *c* villain
skutta (*skew*-tah) *v* skip; *leap
skvadron (skvah-*drōōn*) *c* squadron
skvaller (*skvah*-lerr) *nt* gossip
skvallra (*skvahl*-rah) *v* gossip
sky (shēw) *c* sky, cloud; gravy
skydd (shewd) *nt* protection; shelter, cover
skydda (*shewd*-ah) *v* protect; shelter
skyfall (*shēw*-fahl) *nt* cloud-burst
skygg (shewg) *adj* shy
skygghet (*shewg*-hāyt) *c* shyness
skyldig (*shewl*-di) *adj* guilty; ***vara** ~ owe
skyltdocka (*shewlt*-do-kah) *c* dummy, mannequin
skyltfönster (*shewlt*-furns-terr) *nt* shop-window
skymfa (*shewm*-fah) *v* call names
skymning (*shewm*-ning) *c* twilight; dusk
skymt (shewmt) *c* glimpse
skymta (*shewm*-tah) *v* glimpse
skynda sig (*shewn*-dah) hurry; hasten
skyskrapa (*shēw*-skraa-pah) *c* skyscraper
skådespel (*skōā*-der-spāyl) *nt* spectacle; drama
skådespelare (*skōā*-der-spāy-lah-rer) *c* (pl ~) actor; comedian
skådespelerska (*skōā*-der-spāy-lerrs-kah) *c* actress
skådespelsförfattare (*skōā*-der-spāyls-furr-*fah*-tah-rer) *c* (pl ~) playwright
skål (skōāl) *c* bowl; basin; toast
skåp (skōāp) *nt* cupboard; closet
skåpvagn (*skōāp*-vahngn) *c* pick-up van
skägg (shehg) *nt* beard
skäl (shail) *nt* reason
skälla (*shehl*-ah) *v* bark, bay; scold; ~ **ut** scold
skälm (shehlm) *c* rascal
skälva (*shehl*-vah) *v* shiver; tremble
skämma bort (*sheh*-mah bort) *spoil
skämmas (*shehm*-ahss) *v* *be ashamed
skämt (shehmt) *nt* joke
skämtsam (*shehmt*-sahm) *adj* humorous
skär (shæær) *adj* pink
***skära** (*shææ*-rah) *v* *cut; carve; ~ **av** *cut off; ~ **ned** reduce, *cut down; decrease
skärgård (*shæær*-gōārd) *c* archipelago

skärm (shærm) *c* screen
skärmmössa (*shærm*-mur-sah) *c* cap
skärpt (shærpt) *adj* bright
skärsår (*shææər*-sōar) *nt* cut
sköldpadda (*shurld*-pahd-ah) *c* turtle
skölja (*shurl*-^{y}ah) *v* rinse
sköljning (*shurl*^{y}-ning) *c* rinse
skön (shūrn) *adj* beautiful, fine; comfortable
skönhet (*shūrn*-hāyt) *c* beauty
skönhetsmedel (*shūrn*-hāyts-māyd-ayl) *pl* cosmetics *pl*
skönhetssalong (*shūrn*-hāyts-sah-*long*) *c* beauty parlour; beauty salon
skönhetsvård (*shūrn*-hāyts-vōard) *c* beauty treatment
skör (shūrr) *adj* fragile
skörd (shūrrd) *c* harvest; crop
skörda (*shūrr*-dah) *v* reap; harvest; gather
sköta (*shūrt*-ah) *v* look after; ~ **om** *take care of
sladd (slahd) *c* flex, electric cord; skid
slag[1] (slaag) *nt* a sort of, a kind of; **all slags** all sorts of
slag[2] (slaag) *nt* battle; blow, tap; bump
slaganfall (*slaag*-ahn-fahl) *nt* stroke
slagsmål (*slahgs*-mōal) *nt* fight
slaktare (*slahk*-tah-rer) *c* (pl ~) butcher
slangtryck (*slahng*-trewk) *nt* tyre pressure
slank (slahngk) *adj* slender; slim
slant (slahnt) *c* coin
slapp (slahp) *adj* limp
slappna av (*slahp*-nah) relax
slarv (slahrv) *nt* neglect
slarvig (*slahr*-vi) *adj* careless; slovenly
slav (slaav) *c* slave
slicka (*slik*-ah) *v* lick
slingra sig (*sling*-rah) *wind
slingrande (*sling*-rahn-der) *adj* winding
slipa (*slee*-pah) *v* sharpen
***slippa** (*sli*-pah) *v* not *have to
slipprig (*slip*-ri) *adj* slippery
slips (slips) *c* necktie
slira (*slee*-rah) *v* skid; slip
***slita** (*slee*-tah) *v* *tear; ~ **ut** wear out
sliten (*sleet*-ern) *adj* worn
slogan (*slōa*-gahn) *c* (pl ~) slogan
slott (slot) *nt* castle
slug (slēwg) *adj* sly
sluka (*slēw*-kah) *v* swallow
slump (slewmp) *c* chance, luck; **av en** ~ by chance
slumpartad (*slewmp*-ahr-tahd) *adj* accidental
sluss (slewss) *c* lock; sluice
slut (slēwt) *nt* end; finish
till slut at last
sluta (*slēwt*-ah) *v* end; discontinue, finish
***sluta** (*slēwt*-ah) *v* close
slutbetala (*slēwt*-ber-*taa*-lah) *v* *pay off
sluten (*slēwt*-ern) *adj* closed; reserved
slutlig (*slēwt*-li) *adj* final; eventual
slutresultat (*slēwt*-ray-sewl-*taat*) *nt* final result
slutsats (slēwt-sahts) *c* conclusion
slutta (*slewt*-ah) *v* slope; slant
sluttande (*slewt*-ahn-der) *adj* slanting, sloping
sluttning (*slewt*-ning) *c* hillside, slope; incline
***slå** (slōa) *v* *beat; *strike, *hit; slap, punch; ~ **ifrån** switch off; ~ **igen** slam; ~ **ihjäl** kill; ~ **in** wrap; ~ **till** *strike; ~ **upp** look up
slående (*slōa*-ayn-der) *adj* striking
***slåss** (sloss) *v* struggle
släcka (*slehk*-ah) *v* *put out; extinguish

släde (*slai*-der) *c* sleigh, sledge
släkt (slehkt) *c* family
släkting (*slehk*-ting) *c* relative; relation
slänga (*slehng*-ah) *v* *throw
släpa (*slaip*-ah) *v* drag; haul
släppa in (*slehp*-ah) admit; *let in
släpvagn (*slaip*-vahngn) *c* trailer
slät (slait) *adj* smooth; level
slätt (sleht) *c* plain
slätvar (*slait*-vaar) *c* brill
slö (slūr) *adj* blunt, dull
slöja (*slur*-ʸah) *c* veil
slösa bort (*slūr*-sah bort) waste
slösaktig (*slūrss*-ahk-ti) *adj* wasteful; lavish, extravagant
slöseri (slur-ser-*ree*) *nt* waste, wastefulness
smak (smaak) *c* taste; flavour
smaka (*smaa*-kah) *v* taste
smaklig (*smaak*-li) *adj* savoury
smaklös (*smaak*-lūrss) *adj* tasteless
smaksätta (*smaak*-say-tah) *v* flavour
smal (smaal) *adj* narrow
smaragd (smah-*rahgd*) *c* emerald
smed (smāyd) *c* blacksmith; smith
smekmånad (*smāyk*-mōā-nahd) *c* honeymoon
smeknamn (*smāyk*-nahmn) *nt* nickname
smet (smāyt) *c* batter
smidig (*smeed*-i) *adj* supple; flexible
smink (smingk) *c* make-up
***smita** (*smee*-tah) *v* slip away
smitta (*smit*-ah) *v* infect
smittande (*smi*-tahn-der) *adj* contagious
smittkoppor (*smit*-ko-poor) *pl* smallpox
smittosam (*smi*-too-sahm) *adj* infectious; contagious
smoking (*smōā*-king) *c* dinner-jacket; tuxedo *nAm*
smuggla (*smewg*-lah) *v* smuggle
smula (*smēw*-lah) *c* crumb; bit
smultron (*smewlt*-ron) *nt* wild strawberry
smuts (smewts) *c* dirt
smutsig (*smewt*-si) *adj* dirty; filthy
smycke (*smew*-ker) *nt* jewel; **smycken** jewellery
***smyga** (*smēw*-gah) *v* sneak
småaktig (*smōā*-ahk-ti) *adj* stingy
småfranska (*smōā*-frahns-kah) *c* roll
småningom (*smōā*-ning-om) *adv* gradually
småpengar (*smōā*-payng-ahr) *pl* change
småprat (*smōā*-praat) *nt* chat
småprata (*smōā*-praat-ah) *v* chat
småskratta (*smōā*-skraht-ah) *v* chuckle
smäll (smehl) *c* spanking; crack
smälla (*smehl*-ah) *v* spank; crack
smälta (*smehl*-tah) *v* melt, thaw; digest
smärta (*smær*-tah) *c* pain
smärtfri (*smært*-free) *adj* painless
smärting (*smær*-ting) *c* canvas
smärtsam (*smært*-sahm) *adj* painful
smärtstillande (*smært*-sti-lahn-der) *adj* pain-relieving, analgesic
smör (smūrr) *nt* butter
smörgås (*smūrr*-gōāss) *c* sandwich
smörja (*smurr*-ʸah) *c* trash
***smörja** (*smurr*-ʸah) *v* grease, lubricate
smörjning (*smurr*ʸ-ning) *c* lubrication
smörjolja (*smurr*ʸ-ol-ʸah) *c* lubrication oil
smörjsystem (*smurr*ʸ-sew-*stāym*) *nt* lubrication system
snabb (snahb) *adj* rapid; fast
snabbgående (*snahb*-gōā-ayn-der) *adj* express, high-speed
snabbhet (*snahb*-hāyt) *c* rapidity, swiftness
snabbkurs (*snahb*-kewrs) *c* intensive

course
snabbköp (*snahb*-t^yūrp) *nt* supermarket
snackbar (*snahk*-baar) *c* snack-bar
snarare (*snaar*-ah-rer) *adv* rather
snarka (*snahr*-kah) *v* snore
snart (snaart) *adv* soon; presently, shortly; **så ~ som** as soon as
snask (snahsk) *nt* candy *nAm*
sned (snāyd) *adj* slanting
snickare (*snik*-ah-rer) *c* (pl ~) carpenter
snida (*snee*-dah) *v* carve
snideri (snee-der-*ree*) *nt* carving
snideriarbete (snee-der-*ree*-ahr-*bāy*-ter) *nt* wood-carving
snigel (*snee*-gayl) *c* (pl -glar) snail
snilleblixt (*sni*-ler-blikst) *c* brain-wave
snitt (snit) *nt* cut
snodd (snood) *c* twine
snorkel (*snor*-kayl) *c* (pl -klar) snorkel
snubbla (*snewb*-lah) *v* stumble
snurra (*snew*-rah) *v* *spin
snygg (snewg) *adj* good-looking
***snyta sig** (*snēw*-tah) *blow one's nose
snål (snōal) *adj* avaricious
snäcka (*sneh*-kah) *c* sea-shell
snäckskal (*snehk*-skaal) *nt* shell
snäll (snehl) *adj* good; sweet, kind, nice
snälltåg (*snehl*-tōag) *nt* through train, express train
snäv (snaiv) *adj* narrow
snö (snūr) *c* snow
snöa (*snūr*-ah) *v* snow
snöig (*snūr*-i) *adj* snowy
snöre (*snūr*-rer) *nt* string; tape
snöslask (*snūr*-slahsk) *nt* slush
snöstorm (*snūr*-storm) *c* snowstorm; blizzard
social (soo-si-*aal*) *adj* social
socialism (soo-si-ah-*lism*) *c* socialism
socialist (soo-si-ah-*list*) *c* socialist
socialistisk (soo-siah-*liss*-tisk) *adj* socialist
socka (*sok*-ah) *c* sock
socker (*so*-kerr) *nt* sugar
sockerbit (*so*-kerr-beet) *c* lump of sugar
sockerlag (*so*-kerr-laag) *c* syrup
sockersjuk (*so*-kerr-shēwk) *c* (pl ~a) diabetic
sockersjuka (*so*-kerr-shēw-kah) *c* diabetes
sodavatten (*sōō*-dah-vah-tern) *nt* soda-water
soffa (*so*-fah) *c* sofa; couch
sol (sōol) *c* sun
solbada (*sōol*-baa-dah) *v* sunbathe
solbränd (*sōol*-brehnd) *adj* tanned
solbränna (*sōol*-breh-nah) *c* suntan
soldat (sol-*daat*) *c* soldier
solfjäder (*sōol*-f^yeh-derr) *c* fan
solglasögon (*sōol*-glaass-*ūr*-goan) *pl* sun-glasses *pl*
solid (so-*leed*) *adj* firm
solig (*sōō*-li) *adj* sunny
solistframträdande (*soo-list*-frahm-trai-dahn-der) *nt* recital
solljus (*sōol*-^yewss) *nt* sunlight
solnedgång (*sōol*-nāyd-gong) *c* sunset
sololja (*sōol*-ol-^yah) *c* suntan oil
solparasoll (*sōol*-pah-rah-*sol*) *nt* sunshade
solsken (*sōol*-shāyn) *nt* sunshine
solsting (*sōol*-sting) *nt* sunstroke
soluppgång (*sōol*-ewp-gong) *c* sunrise
som (som) *conj* as; *pron* who, that, which; **~ om** as if
somliga (*som*-li-gah) *pron* some
sommar (*so*-mahr) *c* summer
sommartid (*so*-mahr-teed) *c* summer time
son (sōan) *c* (pl söner) son
sondotter (*sōan*-do-terr) *c* (pl -döttrar) granddaughter

sonson (*sōān*-sōān) *c* (pl -söner) grandson
sopa (*sōō*-pah) *v* *sweep
sophink (*sōōp*-hingk) *c* rubbish-bin
sopor (*soo*-por) *pl* garbage
soppa (*sop*-ah) *c* soup
soppsked (*sop*-shāyd) *c* soup-spoon
sopptallrik (*sop*-tahl-rik) *c* soup-plate
soptunna (*sōōp*-tewn-ah) *c* dustbin; trash can *Am*
sorg (sor^y) *c* sorrow; mourning, grief
sorgespel (*sor*-^yer-spāyl) *nt* tragedy
sorglös (*sor*^y-lūrss) *adj* carefree
sorgsen (*sor*^y-sayn) *adj* sad
sort (sort) *c* kind; sort
sortera (sor-*tāyr*-ah) *v* sort; assort
sortiment (sor-ti-*maynt*) *nt* assortment
souvenir (soo-ver-*neer*) *c* souvenir
***sova** (*sōā*-vah) *v* *sleep
sovande (*sōāv*-ahn-der) *adj* asleep
sovbrits (*sōāv*-brits) *c* berth
sovjetisk (sov-*^yāy*-tisk) *adj* Soviet
Sovjetunionen (sov-*^yāyt*-ew-ni-*ōō*-nern) Soviet Union
sovrum (*sōāv*-rewm) *nt* bedroom
sovsal (*sōāv*-saal) *c* dormitory
sovsäck (*sōāv*-sehk) *c* sleeping-bag
sovvagn (*sōāv*-vahngn) *c* sleeping-car; Pullman
spade (*spaa*-der) *c* spade
Spanien (*spah*-ni-ayn) Spain
spanjor (spahn-*^yōōr*) *c* Spaniard
spannmål (*spahn*-mōāl) *c* corn, cereals *pl*
spansk (spahnsk) *adj* Spanish
spara (*spaa*-rah) *v* save; economize
sparbank (*spaar*-bahngk) *c* savings bank
spark (spahrk) *c* kick
sparka (*spahr*-kah) *v* kick
sparkcykel (*spahrk*-sew-kerl) *c* (pl -klar) scooter
sparris (*spahr*-iss) *c* asparagus
sparsam (*spaar*-sahm) *adj* economical
sparv (spahrv) *c* sparrow
speceriaffär (spay-say-*ree*-ah-*fæær*) *c* grocer's
specerier (*spay*-say-*ree*-err) *pl* groceries *pl*
specerihandlare (spay-say-*ree*-hahnd-lah-rer) *c* (pl ~) grocer
specialisera sig (spay-si-ah-li-*sāy*-rah) specialize
specialist (spay-si-ah-*list*) *c* specialist
specialitet (spay-si-ah-li-*tāyt*) *c* speciality
speciell (spay-si-*ayl*) *adj* special
specifik (spay-si-*feek*) *adj* specific
specimen (*spāy*-si-mern) *nt* specimen
spegel (*spāy*-gayl) *c* (pl -glar) mirror; looking-glass
spegelbild (*spāy*-gerl-bild) *c* reflected image, reflection
spekulera (spay-kew-*lāyr*-ah) *v* speculate
spel (spāyl) *nt* game
spela (*spāyl*-ah) *v* play; act
spelare (*spāy*-lah-rer) *c* (pl ~) player
spelkort (*spāyl*-koort) *nt* playing-card
spelkula (*spāyl*-kēwl-ah) *c* marble
spelmark (*spāyl*-mahrk) *c* chip, counter
spenat (spay-*naat*) *c* spinach
spendera (spayn-*dāyr*-ah) *v* *spend
spets (spayts) *c* tip; point; lace
spetsig (*spayt*-si) *adj* pointed
spett (spayt) *nt* spit
spetälska (*spāyt*-ehls-kah) *c* leprosy
spik (speek) *c* nail
spikböld (*speek*-burld) *c* boil
spilla (*spil*-ah) *v* *spill
spindel (*spin*-dayl) *c* (pl -dlar) spider
spindelnät (*spin*-derl-*nait*) *nt* cobweb; spider's web
***spinna** (*spin*-ah) *v* purr; *spin
spion (spi-*ōōn*) *c* spy
spira (*spee*-rah) *c* spire

spirituell (spi-ri-tew-*ayl*) *adj* witty
spis (speess) *c* cooker; **öppen** ~ fireplace
spisgaller (*speess*-gah-lerr) *c* grate
spjut (spʸewt) *nt* spear
spjäla (*spʸai*-lah) *c* lath; bar; splint
spjällåda (*spʸail*-lōad-ah) *c* crate
splitter (*spli*-terr) *nt* splinter
splitterfri (*spli*-terr-free) *adj* shatterproof
spole (spōol-er) *c* spool
spoliera (spoo-li-*ay*-rah) *v* mess up
sporra (*spo*-rah) *v* incite
sport (sport) *c* sport
sportbil (*sport*-beel) *c* sports-car
sportjacka (*sport*-ʸah-kah) *c* sports-jacket
sportkläder (*sport*-klai-derr) *pl* sportswear
spott (spot) *nt* spit
spotta (*spo*-tah) *v* *spit
spratt (spraht) *nt* trick
spray (*spray*) *c* atomizer
sprayflaska (*spray*-flahss-kah) *c* atomizer
spricka (*sprik*-ah) *c* chink, crack
***spricka** (*sprik*-ah) *v* crack; *burst
***sprida** (*spreed*-ah) *v* *spread; *shed
***springa** (*spring*-ah) *v* *run
sprit (spreet) *c* liquor; **denaturerad** ~ methylated spirits
spritdrycker (*spreet*-drewk-err) *pl* spirits
spritkök (*spreet*-tʸūrk) *nt* spirit stove
spritvaror (*spreet*-vaa-ror) *pl* spirits
spruta (*sprewt*-ah) *c* shot
språk (sprōak) *nt* language; speech
språklaboratorium (*sprōak*-lah-bo-rah-*too*-ri-ewm) *nt* (pl -rier) language laboratory
språng (sprong) *nt* jump
spräcka (*spreh*-kah) *v* crack
sprängämne (*sprehng*-ehm-ner) *nt* explosive

spy (spew) *v* vomit
spår (spōar) *nt* trace; trail
spåra (*spōar*-ah) *v* trace
spårvagn (*spōar*-vahngn) *c* tram; streetcar *nAm*
spädbarn (*spaid*-baarn) *nt* infant
spädgris (*spaid*-greess) *c* piglet
spänd (spehnd) *adj* tense
spänna fast (*speh*-nah) fasten
spännande (*spehn*-ahn-der) *adj* exciting
spänne (*speh*-ner) *nt* buckle; fastener
spänning (*speh*-ning) *c* excitement; voltage, tension
spärra (*spæ*-rah) *v* block
spöke (*spūr*-ker) *nt* ghost; spook, spirit
spörsmål (*spurrs*-mōal) *nt* question, problem
stabil (stah-*beel*) *adj* stable
stad (staad) *c* (pl städer) city, town; **stads**- urban
stadig (*staa*-di) *adj* steady
stadigvarande (*staa*-di-vaa-rahn-der) *adj* permanent
stadion (*staad*-ʸon) *nt* stadium
stadium (*staa*-dʸewm) *nt* (pl -dier) stage
stadsbo (*stahds*-bōo) *c* citizen
stadscentrum (*stahds*-saynt-rewm) *nt* town centre
stadsdel (*stahds*-dayl) *c* district
stadshus (*stahds*-hewss) *nt* town hall
staket (stah-*kayt*) *nt* fence
stall (stahl) *nt* stable
stam (stahm) *c* trunk; tribe
stamanställd (*stahm*-ahn-stehld) *c* (pl ~a) cadre, regular
stamma (*stahm*-ah) *v* falter
stampa (*stahm*-pah) *v* stamp
standard- (*stahn*-dahrd) standard
stanna (*stahn*-ah) *v* halt; pull up; ~ **kvar** stay
stapel (*staa*-perl) *c* (pl -plar) pile,

stack
stapla (*staap*-lah) *v* pile, stack
stare (*staar*-er) *c* starling
stark (stahrk) *adj* strong; powerful
start (staart) *c* take-off
starta (*staar*-tah) *v* start
startbana (*stahrt*-baa-nah) *c* runway
startmotor (*stahrt*-mo͞o-tor) *c* starter motor
stat (staat) *c* state; **stats-** national
station (stah-*sho͞on*) *c* depot *nAm*
stationsinspektor (stah-*sho͞ons*-in-spayk-*to͞or*) *c* station-master
statistik (stah-ti-*steek*) *c* statistics *pl*
statskassa (*stahts*-kah-sah) *c* treasury
statsman (*stahts*-mahn) *c* (pl -män) statesman
statsminister (*stahts*-mi-*niss*-terr) *c* (pl -trar) Prime Minister
statstjänsteman (*stahts*-t^yehns-ter-mahn) *c* (pl -män) civil servant
statsöverhuvud (*stahts*-ūr-verr-hēw-vewd) *nt* (pl ~, ~en) head of state
staty (stah-*tēw*) *c* statue
stava (*staa*-vah) *v* *spell
stavelse (*staa*-vayl-ser) *c* syllable
stavning (*staav*-ning) *c* spelling
stearinljus (stāy-ah-*reen*-^yēwss) *nt* candle
steg (stāyg) *nt* step, move; pace
stege (*stāy*-ger) *c* ladder
steka (*stāy*-kah) *v* fry
stekpanna (*stāyk*-pahn-ah) *c* frying-pan
stel (stāyl) *adj* stiff
sten (stāyn) *c* stone; **sten-** stone
stenblock (*stāyn*-blok) *nt* boulder
stenbrott (*stāyn*-brot) *nt* quarry
stengods (*stāyn*-goods) *nt* stoneware
***stenlägga** (*stāyn*-leh-gah) *v* pave
stenograf (stay-noo-*graaf*) *c* stenographer
stenografi (stay-noo-grah-*fee*) *c* shorthand
steril (stay-*reel*) *adj* sterile
sterilisera (stay-ri-li-*sāy*-rah) *v* sterilize
steward (*st^yo͞o*-ahrd) *c* steward
stick (stik) *nt* sting
sticka (*stik*-ah) *v* *knit
***sticka** (*stik*-ah) *v* *sting; prick; ~ **in** plug in
stickkontakt (*stik*-kon-tahkt) *c* plug, socket
stifta (*stif*-tah) *v* found; institute
stiftelse (*stif*-tayl-ser) *c* foundation
stig (steeg) *c* trail, path
***stiga** (*steeg*-ah) *v* *rise; ascend; ~ **av** *get off; ~ **ned** descend; ~ **på** *get on; ~ **upp** *rise; *get up; ~ **uppåt** ascend
stigbygel (*steeg*-bēw-gerl) *c* (pl-glar) stirrup
stigning (*steeg*-ning) *c* ascent
stil (steel) *c* style
stilla (*stil*-ah) *adj* quiet; calm, still
Stilla havet (*sti*-lah-*haa*-vert) Pacific Ocean
stillastående (*sti*-lah-stōa-ayn-der) *adj* stationary, still
stillhet (*stil*-hāyt) *c* quiet, stillness
stillsam (*stil*-sahm) *adj* calm, quiet
stimulans (*sti*-mew-lahngs) *c* stimulant; impulse
stimulera (sti-mew-*lāyr*-ah) *v* stimulate
sting (sting) *nt* sting
***stinka** (*sting*-kah) *v* *stink
stipendium (sti-*payn*-di-ewm) *nt* (pl --dier) grant, scholarship
stipulera (sti-pēw-*lāy*-rah) *v* stipulate
stirra (*sti*-rah) *v* gaze, stare
***stjäla** (*shail*-ah) *v* *steal
stjälk (shehlk) *c* stem
stjärna (*shææ*r-nah) *c* star
stjärt (shært) *c* bottom
sto (sto͞o) *nt* mare
stol (sto͞ol) *c* chair

stola (*stoal*-ah) *c* stole
stolpe (*stol*-per) *c* post; pillar
stolpiller (*stool*-pi-lerr) *nt* suppository
stolt (stolt) *adj* proud
stolthet (*stolt*-hayt) *c* pride
stoppa (*stop*-ah) *v* stop; *put; darn; upholster; **stopp!** stop!
stoppgarn (*stop*-gaarn) *nt* (pl ~er) darning wool
stor (stoor) *adj* large; great, big, major
storartad (*stoor*-aar-tahd) *adj* magnificent, superb, terrific
Storbritannien (*stoor*-bri-*tahn*-yayn) Great Britain
stork (stork) *c* stork
storlek (*stoor*-layk) *c* size
storm (storm) *c* gale, storm
stormig (*stor*-mi) *adj* stormy; gusty
stormlykta (*storm*-lewk-tah) *c* hurricane lamp
storslagen (*stoor*-slaa-gern) *adj* grand
straff (strahf) *nt* punishment; penalty
straffa (*strah*-fah) *v* punish
strafflag (*strahf*-laag) *c* criminal law
straffspark (*strahf*-spahrk) *c* penalty kick
stram (straam) *adj* tight
strama åt (*straa*-mah) tighten
strand (strahnd) *c* (pl stränder) beach; shore
strandsnäcka (*strahnd*-sneh-kah) *c* winkle
strandsten (*strahnd*-stayn) *c* pebble
strax (strahks) *adv* presently
streberaktig (*stray*-berr-ahk-ti) *adj* ambitious
streck (strayk) *nt* line
strejk (strayk) *c* strike
strejka (*stray*-kah) *v* *strike
stress (strayss) *c* stress
strid (streed) *c* fight; combat, strife, struggle
***strida** (*streed*-ah) *v* *fight
strikt (strikt) *adj* strict
strof (stroaf) *c* stanza
struktur (strewk-*tewr*) *c* structure, fabric; texture
strumpa (*strewm*-pah) *c* stocking
strumpbyxor (*strewmp*-bewks-err) *pl* tights *pl;* panty-hose
strumpebandshållare (*strewm*-per-bahnds-ho-lah-rer) *c* (pl ~) suspender belt; garter belt *Am*
strunt (strewnt) *nt* rubbish
strupe (strew-per) *c* throat
strupkatarr (*strewp*-kah-*tahr*) *c* laryngitis
struts (strewts) *c* ostrich
***stryka** (*strew*-kah) *v* iron; ~ **under** underline
strykfri (*strewk*-fri) *adj* drip-dry; wash and wear
strykjärn (*strewk*-yæærn) *nt* iron
***strypa** (*strewp*-ah) *v* strangle; choke
strålande (*stroa*-lahn-der) *adj* splendid, bright
stråle (*stroal*-er) *c* ray, beam; spout, jet, squirt
strålkastare (*stroal*-kahss-tah-rer) *c* (pl ~) searchlight; spotlight, headlamp, headlight
sträcka (*streh*-kah) *c* stretch
sträng (strehng) *adj* severe; strict, harsh; *c* string
sträv (straiv) *adj* harsh
sträva (*straiv*-ah) *v* aspire; ~ **efter** aim at
strö (strur) *v* scatter, strew; sprinkle
ström (strurm) *c* (pl ~mar) stream, current
strömbrytare (*strurm*-brew-tah-rer) *c* (pl ~) switch
strömdrag (*strurm*-draag) *nt* rapids *pl*
strömfördelare (*strurm*-furr-*dayl*-ah-rer) *c* (pl ~) distributor
strömma (*strurm*-ah) *v* stream; flow
ströva (*strurv*-ah) *v* roam

stubintråd (stew-*been*-troād) *c* fuse
student (stew-*daynt*) *c* student
studentska (stew-*daynt*-skah) *c* student
studera (stew-*dayr*-ah) *v* study
studerande (*stew*-dāy-rahn-der) *c* (pl ~) student
studium (*stēw*-di-ewm) *nt* (pl -dier) study
stuga (*stēw*-gah) *c* cottage
stuka (*stēw*-kah) *v* sprain
stukning (*stēwk*-ning) *c* sprain
stum (stewm) *adj* dumb; mute
stund (stewnd) *c* while
stup (stēwp) *nt* precipice
stycke (*stewk*-er) *nt* piece; part, chunk
stygg (stewg) *adj* naughty; bad
stygn (stewngn) *nt* stitch
styra (*stēw*-rah) *v* manage; rule
styrbord (*stēwr*-bōōrd) starboard
styrelse (*stēw*-rayl-ser) *c* government; direction, management; commitee
styrelseordförande (*stew*-rayl-ser-ōōrd-fur-rahn-der) *c* (pl ~) chairman of the board
styrelsesätt (stēw-rayl-ser-seht) *nt* rule
styrka (*stewr*-kah) *c* strength, power; **beväpnade styrkor** armed forces
styvbarn (*stēwv*-baarn) *nt* stepchild
styvfar (*stēwv*-faar) *c* (pl -fäder) stepfather
styvmor (*stēwv*-mōōr) *c* (pl -mödrar) stepmother
***stå** (stoā) *v* *stand; ~ **ut med** endure
stål (stoāl) *nt* steel; **rostfritt** ~ stainless steel
ståltråd (*stoāl*-troād) *c* wire
stånd (stond) *nt* stand; stall; ***vara i ~ till** *be able to
ståndpunkt (*stond*-poongkt) *c* standpoint
stång (stong) *c* (pl stänger) bar; rod
ståtlig (*stoāt*-li) *adj* magnificent
städa (*staid*-ah) *v* clean; tidy up
städad (*stai*-dahd) *adj* tidy
städerska (*stai*-derr-skah) *c* chambermaid, cleaning-woman
ställa (*steh*-lah) *v* *put; ~ **in** tune in; ~ **ut** exhibit
ställe (*steh*-ler) *nt* place; spot
i stället för (ee *steh*-lert furr) instead of
ställföreträdare (*stehl*-fūr-rer-trai-dah-rer) *c* (pl ~) substitute; deputy
ställning (*stehl*-ning) *c* position
stämma överens (*steh*-mah ūrver-*rayns*) agree, tally
stämning (*stehm*-ning) *c* atmosphere; summons
stämpel (*stehm*-perl) *c* (pl -plar) stamp
ständig (*stehn*-di) *adj* constant; permanent, continual
stänga (*stehng*-ah) *v* *shut, close; fasten; ~ **av** turn off; *cut off; ~ **in** *shut in
stängd (stehngd) *adj* closed; shut
stängsel (*stehng*-serl) *nt* fence
stänka (*stehng*-kah) *v* splash
stänkskärm (*stehngk*-shærm) *c* mudguard
stärka (*stær*-kah) *v* starch
stärkelse (*stær*-kayl-ser) *c* starch
stöd (stūrd) *nt* support
stödja (*stūrd*-ʸah) *v* support
stödstrumpor (*stūrd*-strewm-por) *pl* support hose
stöld (sturld) *c* theft; robbery
stöna (*stūrn*-ah) *v* groan
störa (*stūr*-rah) *v* disturb; bother
störning (*stūrr*-ning) *c* disturbance
större (*sturr*-er) *adj* major, superior, bigger
störst (sturrst) *adj* major, main, biggest

störta (*sturr*-tah) *v* crash
störtregn (*sturrt*-rehngn) *nt* downpour
störtskur (*sturrt*-skēwr) *c* shower
stöt (stūrt) *c* bump, thrust
stöta (*stūrt*-ah) *v* bump; ~ **emot** knock against; ~ **på** *come across
stötdämpare (*stūrt*-dehm-pah-rer) *c* (pl ~) shock absorber
stötfångare (*stūrt*-fong-ah-rer) *c* (pl ~) fender
stötta (*stur*-tah) *v* *hold up, prop
stövel (*stur*-verl) *c* (pl -vlar) boot
subjekt (sewb-*Yehkt*) *nt* subject
substans (sewb-*stahns*) *c* substance
substantiv (*sewb*-stahn-teev) *nt* noun
subtil (sewb-*teel*) *adj* subtle
succé (sewk-*sāy*) *c* success
suddgummi (*sewd*-gew-mi) *nt* eraser, rubber
***suga** (*sēw*-gah) *v* suck
sula (*sēw*-lah) *c* sole
summa (*sewm*-ah) *c* sum; total, amount
sumpig (*sewm*-pi) *adj* marshy
sumpmark (*sewmp*-mahrk) *c* marsh
***supa** (*sēw*-pah) *v* booze
superlativ (*sew*-perr-lah-*teev*) *adj* superlative; *c* superlative
sur (sēwr) *adj* sour
surfingbräda (*sewr*-fing-brai-dah) *c* surf-board
surrogat (sew-roo-*gaat*) *nt* substitute
suspendera (sewss-payn-*dāyr*-ah) *v* suspend
svag (svaag) *adj* weak; faint, slight, feeble
svaghet (*svaag*-hāyt) *c* weakness
svala (*svaal*-ah) *c* swallow
svalka (*svahl*-kah) *v* refresh
svamp (svahmp) *c* mushroom; toadstool
svan (svaan) *c* swan
svans (svahns) *c* tail
svar (svaar) *nt* answer; reply
svara (*svaa*-rah) *v* answer; reply
svart (svahrt) *adj* black
svartsjuk (*svahrt*-shēwk) *adj* jealous
svartsjuka (*svahrt*-shēw-kah) *c* jealousy
svensk (svaynsk) *adj* Swedish; *c* Swede
svepskäl (*svāyp*-shail) *nt* pretext
Sverige (*svær*-Yer) Sweden
svetsa (*svayt*-sah) *v* weld
svetsfog (*svayts*-fōōg) *c* welding seam
svett (svayt) *c* sweat; perspiration
svettas (*svay*-tahss) *v* sweat, perspire
svettning (*svayt*-ning) *c* perspiration
***svika** (*svee*-kah) *v* fail; betray
svimma (*svi*-mah) *v* faint
svindel (*svin*-derl) *c* vertigo; swindle
svindla (*svind*-lah) *v* swindle
svindlare (*svind*-lah-rer) *c* (pl ~) swindler
svinläder (*sveen*-lai-derr) *nt* pigskin
svit (sveet) *c* suite
svordom (*svōōr*-doom) *c* curse
svullnad (*svewl*-nahd) *c* swelling
svulst (svewlst) *c* tumour, growth
svåger (*svōā*-gerr) *c* (pl -grar) brother-in-law
svår (svōār) *adj* difficult, hard
svårighet (*svōā*-ri-hāyt) *c* difficulty
svägerska (*svai*-gayr-skah) *c* sister-in-law
***svälja** (*svehl*-Yah) *v* swallow
svälla (*sveh*-lah) *v* *swell
svälta (*svehl*-tah) *v* starve
svänga (*svehng*-ah) *v* turn; *swing
svängdörr (*svehng*-durr) *c* revolving door
***svära** (*svææ*-rah) *v* *swear, curse; vow
svärd (svæærd) *nt* sword
svärdotter (*svæær*-do-terr) (pl -döttrar) daughter-in-law
svärfar (*svæær*-faar) *c* (pl -fäder) fa-

ther-in-law
svärföräldrar (*svæær*-furr-*ehld*-rahr) *pl* parents-in-law *pl*
svärmor (*svæær*-moor) *c* (pl -mödrar) mother-in-law
svärson (*svæær*-soan) *c* (pl -söner) son-in-law
sväva (*svai*-vah) *v* float in the air
swahili (svah-*hee*-li) Swahili
sy (sew) *v* *sew; ~ **ihop** *sew up
sybehörsaffär (*sew*-ber-hurrs-ah-*fæær*) *c* haberdashery
Sydafrika (*sewd*-aaf-ri-kah) South Africa
sydlig (*sewd*-li) *adj* southern; southerly
sydost (sewd-*oost*) *c* south-east
Sydpolen (*sewd*-poo-lern) South Pole
sydväst (sewd-*vehst*) *c* south-west
syfte (*sewf*-ter) *nt* aim; purpose, object
sylt (sewlt) *c* jam
symaskin (*sew*-mah-*sheen*) *c* sewing-machine
symbol (sewm-*boal*) *c* symbol
symfoni (sewm-fo-*nee*) *c* symphony
sympati (sewm-pah-*tee*) *c* sympathy
sympatisk (sewm-*paat*-isk) *adj* nice
symptom (sewmp-*toam*) *nt* symptom
syn (sewn) *c* eyesight; sight; outlook
synagoga (sew-nah-*goo*-gah) *c* synagogue
synas (*sew*-nahss) *v* seem; appear; **det syns att** it is obvious that
synbar (*sewn*-baar) *adj* visible
synbarligen (*sewn*-baar-li-ern) *adv* apparently
synd (sewnd) *c* sin; **så synd!** what a pity!
syndabock (*sewn*-dah-bok) *c* scapegoat
synhåll (*sewn*-hol) *nt* sight
synlig (*sewn*-li) *adj* visible
synnerligen (*sew*-nerr-li-ern) *adj* extremely
synonym (sew-noo-*newm*) *c* synonym
synpunkt (*sewn*-pewngkt) *c* point of view
syntetisk (sewn-*tay*-tisk) *adj* synthetic
syra (*sewr*-ah) *c* acid
syre (*sew*-rer) *nt* oxygen
Syrien (*sewr*-i-ern) Syria
syrier (*sewr*-i-err) *c* Syrian
syrisk (*sewr*-isk) *adj* Syrian
syrsa (*sewr*-sah) *c* cricket
***sysselsätta** (*sew*-serl-seht-ah) *v* occupy, employ; ~ **sig** occupy oneself
sysselsättning (*sew*-sayl-seht-ning) *c* occupation; employment
syssla (*sewss*-lah) *c* work, task
system (sewss-*taym*) *nt* system
systematisk (sewss-tay-*maa*-tisk) *adj* systematic
systembolag (sew-*staym*-boo-*laag*) *nt* off-licence; liquor store
syster (*sewss*-terr) *c* (pl -trar) sister
systerdotter (*sewss*-terr-do-terr) *c* (pl -döttrar) niece
systerson (*sewss*-terr-soan) *c* (pl -söner) nephew
så¹ (soa) *adv* how, so, such; *conj* so that, so; ~ **att** so that
så² (soa) *v* *sow
sådan (*soa*-dahn) *adj* such; ~ **som** such as
såg (soag) *c* saw
sågspån (*soag*-spoan) *nt* sawdust
sågverk (*soag*-værk) *nt* saw-mill
således (*soa*-lay-dayss) *adv* thus
sålla (*sol*-ah) *v* sift
sång (song) *c* song
sångare (*song*-ah-rer) *c* (pl ~) singer
sångerska (*song*-err-skah) *c* singer
sår (soar) *nt* wound; ulcer, sore
såra (*soar*-ah) *v* injure, wound; offend, *hurt

sårbar (*sōār*-baar) *adj* vulnerable
sås (sōāss) *c* sauce
såsom (*sōā*-som) *conj* like
såväl som (*sōā*-vail som) as well as
säck (sehk) *c* sack
säd (said) *c* corn
sädesfält (*sai*-derss-fehlt) *nt* cornfield
sädeskorn (*sai*-derss-kōōrn) *nt* grain
***säga** (*seh*-yah) *v* *say
säker (*sai*-kerr) *adj* sure; certain; safe, secure; **helt säkert** without fail
säkerhet (*sai*-kerr-hāyt) *c* safety, security; guarantee
säkerhetsbälte (*sai*-kerr-hāyts-behl-ter) *nt* safety-belt; seat-belt
säkerhetsnål (*sai*-kerr-hāyts-nōāl) *c* safety-pin
säkerligen (*sai*-kerr-li-ern) *adv* surely
säl (sail) *c* seal
***sälja** (*sehl*-yah) *v* *sell
säljbar (*sehly*-baar) *adj* saleable
sällan (*sehl*-ahn) *adv* seldom, rarely
sällsam (*sehl*-sahm) *adj* strange, singular
sällskap (*sehl*-skaap) *nt* society; company, party
sällskaplig (*sehl*-skaap-li) *adj* sociable
sällskapsdjur (*sehl*-skaaps-yēwr) *nt* pet
sällskapsrum (*sehl*-skaaps-rewm) *nt* lounge
sällsynt (*sehl*-sēwnt) *adj* rare; uncommon, infrequent
sämre (*sehm*-rer) *adj* worse; inferior
sända (*sehn*-dah) *v* *send; transmit
sändare (*sehn*-dah-rer) *c* (pl ~) transmitter
sändning (*sehnd*-ning) *c* transmission
säng (sehng) *c* bed
sängkläder (*sehng*-klai-derr) *pl* bedding
sängöverkast (*sehng*-ūr-verr-kahst) *nt* bedspread, counterpane
sänka (*sehng*-kah) *v* lower
säregen (*sæær*-āy-gern) *adj* peculiar; singular
särskild (*sæær*-shild) *adj* special; particular, separate; **särskilt** especially; in particular
säsong (seh-*song*) *c* season
säte (*sai*-ter) *nt* seat
sätt (seht) *nt* way; fashion, manner; **på samma** ~ alike
***sätta** (*seht*-ah) *v* place; *set; *lay; ~ **ihop** assemble; ~ **in** bank; ~ **på** turn on; ~ **sig** *sit down; ~ **upp** *make up
säv (saiv) *c* rush
söder (*sūr*-derr) *c* south
söka (*sūr*-kah) *v* *seek; search
sökare (*sūr*-kah-rer) *c* (pl ~) viewfinder
söm (surm) *c* (pl ~mar) seam
sömmerska (*surm*-err-skah) *c* seamstress; dressmaker
sömn (surmn) *c* sleep
sömnig (*surm*-ni) *adj* sleepy
sömnlös (*surmn*-lūrss) *adj* sleepless
sömnlöshet (*surmn*-lūrss-hāyt) *c* insomnia
sömntablett (*surmn*-tahb-*layt*) *c* sleeping-pill
söndag (*surn*-daag) *c* Sunday
sönder (*surn*-derr) *adj* broken; ***gå** ~ *break down; ***riva** ~ rip
sörja (*surr*-yah) *v* grieve; ~ **för** see to
söt (sūrt) *adj* sweet; nice, pretty, lovely
söta (*sūr*-tah) *v* sweeten
sötsaker (*sūrt*-saa-kerr) *pl* sweets
sötvatten (*sūrt*-vah-tern) *nt* fresh water

T

***ta** (taa) *v* *take; ~ **bort** *take away; ~ **illa upp** resent; ~ **med** *bring; ~ **reda på** inquire; ~ **upp** *bring up; ~ **ut** *take out; *draw
tabell (tah-*bayl*) *c* table; chart
tablett (tahb-*layt*) *c* tablet
tabu (tah-*bew*) *nt* taboo
tack! (tahk) thank you!
tacka (*tahk*-ah) *v* thank; ***ha att ~ för** owe
tacksam (*tahk*-sahm) *adj* grateful; thankful
tacksamhet (*tahk*-sahm-hayt) *c* gratitude
tagg (tahg) *c* thorn
tak (taak) *nt* roof
takräcke (*taak*-reh-ker) *nt* roof-rack
takt (tahkt) *c* tact; beat
taktik (tahk-*teek*) *c* tactics *pl*
tal (taal) *nt* speech; number
tala (*taa*-lah) *v* *speak; talk; ~ **om** talk about; *tell
talang (tah-*lahng*) *c* gift, talent; faculty
talarstol (*taa*-lahr-stool) *c* pulpit; desk
talförmåga (*taal*-furr-*moa*-gah) *c* speech
talk (tahlk) *c* talc powder
tall (tahl) *c* pine
tallrik (*tahl*-rik) *c* plate; dish
talong (tah-*long*) *c* counterfoil; stub
talrik (*taal*-reek) *adj* numerous
tam (taam) *adj* tame
tampong (tahm-*pong*) *c* tampon
tand (tahnd) *c* (pl tänder) tooth
tandborste (*tahnd*-bors-ter) *c* toothbrush
tandkräm (*tahnd*-kraim) *c* toothpaste
tandkött (*tahnd*-t^y^urt) *nt* gum
tandläkare (*tahnd*-lai-kah-rer) *c* (pl ~) dentist
tandpetare (*tahnd*-pay-tah-rer) *c* (pl ~) toothpick
tandprotes (*tahnd*-proo-*tayss*) *c* denture
tandpulver (*tahnd*-pewl-verr) *nt* toothpowder
tandvärk (*tahnd*-værk) *c* toothache
tank (tahngk) *c* tank
tanka (*tahng*-kah) *v* fill up
tanke (*tahng*-ker) *c* idea, thought
tankfartyg (*tahngk*-faar-tewg) *nt* tanker
tankfull (*tahngk*-fewl) *adj* thoughtful
tanklös (*tahngk*-lurss) *adj* scatterbrained
tankstreck (*tahngk*-strayk) *nt* dash
tant (tahnt) *c* aunt
tapet (tah-*payt*) *c* wallpaper
tappa (*tahp*-ah) *v* drop
tapper (*tahp*-err) *adj* courageous; brave
tapperhet (*tahp*-err-hayt) *c* courage
tariff (tah-*rif*) *c* tariff
tarm (tahrm) *c* intestine; gut; **tarmar** bowels *pl*
tass (tahss) *c* paw
taverna (tah-*vær*-nah) *c* tavern
tavla (taav-lah) *c* picture; board
taxa (*tahk*-sah) *c* rate
taxameter (tahks-ah-*may*-terr) *c* (pl -trar) taxi-meter
taxi (*tahk*-si) *c* (pl ~) taxi; cab
taxichaufför (*tahk*-si-sho-*furr*) *c* cabdriver; taxi-driver
taxistation (*tahks*-i-stah-*shoon*) *c* taxi rank; taxi stand *Am*
te (tay) *nt* tea
teater (tay-*aa*-terr) *c* (pl -trar) theatre
tecken (*tay*-kayn) *nt* sign, indication; token; signal
teckna (*tayk*-nah) *v* sketch
teckning (*tayk*-ning) *c* drawing; sketch

tefat (*tāy*-faat) *nt* saucer
tegelpanna (*tāy*-gerl-pah-nah) *c* tile
tegelsten (*tāy*-gerl-stāyn) *c* brick
tejp (tayp) *c* adhesive tape
tekanna (*tāy*-kah-nah) *c* teapot
teknik (tayk-*neek*) *c* technique
tekniker (*tayk*-ni-kerr) *c* (pl ~) technician
teknisk (*tayk*-nisk) *adj* technical
teknologi (tayk-no-lo-*gee*) *c* technology
tekopp (*tāy*-kop) *c* teacup
telefon (tay-lay-*fōān*) *c* telephone; phone
telefonera (tay-lay-foo-*nāyr*-ah) *v* phone
telefonhytt (tay-lay-*fōān*-hewt) *c* telephone booth
telefonist (tay-lay-fo-*nist*) *c* telephone operator; telephonist
telefonkatalog (tay-lay-*fōān*-kah-tah-*lōāg*) *c* telephone directory; telephone book *Am*
telefonlur (tay-lay-*fōān*-lēwr) *c* receiver
telefonsamtal (tay-lay-*fōān*-sahm-taal) *nt* telephone call
telefonväxel (tay-lay-*fōān*-vehks-ayl) *c* (pl -xlar) telephone exchange, switchboard
telegrafera (tay-ler-grah-*fāy*-rah) *v* telegraph; cable
telegram (tay-ler-*grahm*) *nt* telegram; cable
teleobjektiv (*tāy*-ler-ob-ʸayk-*teev*) *nt* telephoto lens
telepati (tay-ler-pah-*tee*) *c* telepathy
television (tay-ler-vi-*shōōn*) *c* television
televisionsapparat (tay-ler-vi-*shōōns*-ah-pah-*raat*) *c* television set
telex (*tāy*-layks) *nt* telex
tema (*tāy*-mah) *nt* theme
tempel (*taym*-payl) *nt* temple
temperatur (taym-per-rah-*tēwr*) *c* temperature
tempo (*taym*-poo) *nt* pace
tendens (tayn-*dayns*) *c* tendency
tendera (tayn-*dāyr*-ah) *v* tend; ~ **åt** tend to
tenn (tayn) *nt* tin; pewter
tennis (*tayn*-iss) *c* tennis
tennisbana (*tayn*-iss-baa-nah) *c* tennis-court
tennisskor (*tayn*-iss-skōōr) *pl* tennis shoes
teologi (tay-o-lo-*gee*) *c* theology
teoretisk (tay-o-*rāyt*-isk) *adj* theoretical
teori (tay-o-*ree*) *c* theory
terapi (tay-rah-*pee*) *c* therapy
term (tærm) *c* term
termin (tær-*meen*) *c* term
termometer (tær-moo-*māy*-terr) *c* (pl -trar) thermometer
termosflaska (*tær*-mooss-flahss-kah) *c* vacuum flask
termostat (tær-moo-*staat*) *c* thermostat
terpentin (tær-payn-*teen*) *nt* turpentine
terrass (tay-*rahss*) *c* terrace
territorium (tær-i-*tōō*-ri-ewm) *nt* (pl -rier) territory
terror (*teh*-ror) *c* terrorism
terrorism (teh-ro-*rism*) *c* terrorism
terrorist (teh-ro-*rist*) *c* terrorist
terräng (tær-*ehng*) *c* terrain
tes (tāyss) *c* thesis
tesalong (*tāy*-sah-*loang*) *c* tea-shop
teservis (*tāy*-sær-*veess*) *c* tea-set
tesked (*tāy*-shāyd) *c* teaspoon; teaspoonful
testa (*tayss*-tah) *v* test
testamente (tayss-tah-*mayn*-tay) *nt* will
text (taykst) *c* text
textilier (tehk-*stee*-li-ayr) *pl* textiles *pl*

Thailand (*tigh*-lahnd) Thailand
thailändare (*tigh*-lehn-dah-rer) *c* (pl ~) Thai
thailändsk (*tigh*-lehndsk) *adj* Thai
tid (teed) *c* time; **hela tiden** all the time; **i** ~ in time; **på sista tiden** lately
tidig (*tee*-di) *adj* early
tidigare (*tee*-di-gah-rer) *adj* previous
tidning (*teed*-ning) *c* paper
tidningsbilaga (*teed*-nings-bi-*laa*-gah) *c* supplement
tidningsförsäljare (*teed*-nings-furr-*sehl*-yah-rer) *c* (pl ~) newsagent
tidningskiosk (*teed*-nings-tyosk) *c* newsstand
tidningspress (*teed*-nings-prayss) *c* press
tidsbesparande (*teeds*-ber-*spaa*-rahn-der) *adj* time-saving
tidskrift (*teed*-skrift) *c* periodical; magazine, review, journal
tidsschema (*teeds-shāy*-mah) *nt* schedule
tidtabell (*teed*-tah-*bayl*) *c* schedule, timetable
tidvatten (*teed*-vah-tern) *nt* tide
***tiga** (*teeg*-ah) *v* *be silent; *keep quiet
tiger (*teeg*-err) *c* (pl tigrar) tiger
tigga (*tig*-ah) *v* beg
tiggare (*ti*-gah-rer) *c* (pl ~) beggar
tik (teek) *c* bitch
till (til) *prep* to; for, until, till; **en** ~ another; ~ **och med** even
tillaga (*til*-laag-ah) *v* cook
tillbaka (til-*baa*-kah) *adv* back; ***gå** ~ *go back
tillbakagång (til-*baa*-kah-gong) *c* recession; decline
tillbakaväg (til-*baa*-kah-vaig) *c* way back
tillbehör (*til*-bay-*hūrr*) *nt* accessory
tillbringa (*til*-bring-ah) *v* *spend
tillbringare (*til*-bring-ah-rer) *c* (pl ~) jug
tillbörlig (*til*-būrr-li) *adj* proper
tilldela (*til*-dāyl-ah) *v* allot; assign to, award
tilldragande (*til*-draag-ahn-der) *adj* attractive
tilldragelse (*til*-draag-ayl-ser) *c* event, occurrence
***tilldra sig** (*til*-draa) happen, occur; attract
tillfredsställa (*til*-fray-*stehl*-ah) *v* satisfy
tillfredsställd (*til*-fray-*stehld*) *adj* satisfied
tillfredsställelse (*til*-fray-*stehl*-ayl-ser) *c* satisfaction
tillfriskna (*til*-frisk-nah) *v* recover
tillfrisknande (*til*-frisk-nahn-der) *nt* recovery
***tillfångata** (til-*fo*-ngah-taa) *v* capture
tillfångatagande (til-*fong*-ah-taag-ahn-der) *nt* capture
tillfälle (*til*-fehl-er) *nt* opportunity; occasion
tillfällig (*til*-feh-li) *adj* temporary; incidental, momentary
tillfällighet (*til*-feh-li-hāyt) *c* coincidence, chance
tillgiven (*til*-yeev-ern) *adj* affectionate
tillgivenhet (*til*-yeev-ern-hāyt) *c* affection
tillgjord (*til*-yōōrd) *adj* affected
tillgång (*til*-gong) *c* asset; access
tillgänglig (*til*-yehng-li) *adj* accessible; available
tillhöra (*til*-hūr-rah) *v* belong to, belong
tillhörigheter (*til*-hūr-ri-hāy-terr) *pl* belongings *pl*
tillit (*til*-leet) *c* faith
tillitsfull (*til*-leets-fewl) *adj* confident
***tillkännage** (*til*-tyeh-nah-*yāy*) *v* announce

tillkännagivande (*til*-tʸehn-ah-ʸeev-ahn-der) *nt* announcement
tillmötesgående (*til*-mūr-terss-gōā-ayn-der) *adj* obliging
tillråda (*til*-rōā-dah) *v* recommend
tillräcklig (*til*-rehk-li) *adj* sufficient; adequate, enough
tillrättavisa (til-*reht*-ah-*veess*-ah) *v* reprimand
tills (tils) *prep* till; until
tillsammans (til-*sah*-mahns) *adv* together
tillstånd (*til*-stond) *nt* permission, permit; condition, state
tillståndsbevis (*til*-stonds-ber-*veess*) *nt* licence, permit, permission
***tillta** (*til*-taa) *v* increase
tilltagande (*til*-taa-gahn-der) *adj* increasing, progressive
tillträde (*til*-trai-der) *nt* entrance; access, admittance, entry; ~ **förbjudet** no entry, no admittance
tillvaro (*til*-vaa-roo) *c* existence
tillverka (*til*-vær-kah) *v* manufacture
***gå tillväga** (gōā til-*vai*-gah) proceed
tillvägagångssätt (til-*vai*-gah-gongs-seht) *nt* procedure
***tillåta** (*til*-lōā-tah) *v* allow; permit; ***vara tillåten** *be allowed
tillåtelse (*til*-lōāt-ayl-ser) *c* authorization; permission
tillägg (*til*-lehg) *nt* addition; surcharge
***tillägga** (*til*-leh-gah) *v* add
tillämpa (*til*-lehm-pah) *v* apply
timjan (*tim*-ʸahn) *c* thyme
timme (*tim*-er) *c* hour; **varje** ~ hourly
timmer (*tim*-err) *nt* timber
tinning (*tin*-ing) *c* temple
tio (*tee*-oo) *num* ten
tionde (*tee*-on-der) *num* tenth
tisdag (*teess*-daag) *c* Tuesday
tistel (*tiss*-terl) *c* (pl -tlar) thistle
titel (*ti*-tayl) *c* (pl titlar) title
titta (*tit*-ah) *v* look; ~ **på** look at
tjata (*tʸaa*-tah) *v* nag
tjeckoslovak (tʸeh-ko-slo-*vaak*) *c* Czech
Tjeckoslovakien (tʸeh-ko-slo-*vaak*-i-ern) Czechoslovakia
tjeckoslovakisk (tʸeh-ko-slo-*vaak*-isk) *adj* Czech
tjock (tʸok) *adj* fat, big; corpulent, thick, stout; ***göra** ~ thicken
tjocklek (*tʸok*-lāyk) *c* thickness
tjockna (*tʸok*-nah) *v* thicken
tjugo (*tʸēw*-goo) *num* twenty
tjugonde (*tʸēw*-gon-der) *num* twentieth
tjur (tʸēwr) *c* bull
tjurfäktning (*tʸēwr*-fehkt-ning) *c* bullfight
tjurfäktningsarena (*tʸēwr*-fehkt-nings-ah-*rāy*-nah) *c* bullring
tjurskallig (*tʸēwr*-skahl-i) *adj* pigheaded
tjusig (*tʸēw*-si) *adj* charming
tjusning (*tʸēwss*-ning) *c* charm
tjut (tʸēwt) *nt* yell
***tjuta** (*tʸēwt*-ah) *v* yell; scream; roar
tjuv (tʸēwv) *c* thief
tjuvlyssna (*tʸēwv*-lewss-nah) *v* eavesdrop
***tjuvskjuta** (*tʸēwv*-shēwt-ah) *v* poach
tjäder (*tʸai*-derr) *c* (pl -drar) capercailzie
tjäna (*tʸai*-nah) *v* earn; *make; ~ **till** *be of use
tjänare (*tʸain*-ah-rer) *c* (pl ~) domestic; boy
tjänst (tʸehnst) *c* service, favour; post
tjära (*tʸæær*-ah) *c* tar
tjärn (tʸæærn) *nt* tarn
toalett (too-ah-*layt*) *c* toilet, bathroom, lavatory; washroom *nAm*
toalettartiklar (too-ah-*layt*-ahr-tik-lahr) *pl* toiletry

toalettbord (too-ah-*layt*-bōōrd) *nt* dressing-table
toalettpapper (too-ah-*layt*-pahp-err) *nt* toilet-paper
tobak (*too*-bahk) *c* tobacco
tobaksaffär (*too*-bahks-ah-*fæær*) *c* tobacconist's
tobakshandlare (*too*-bahks-*hahnd*-lah-rer) *c* (pl ~) tobacconist
tobakspung (*too*-bahks-*pewng*) *c* tobacco pouch
toffel (*to*-fayl) *c* (pl -flor) slipper
tofsvipa (*tofs*-veep-ah) *c* pewit
tokig (*tōō*-ki) *adj* mad; crazy
tolfte (*tolf*-ter) *num* twelfth
tolk (tolk) *c* interpreter
tolka (*tol*-kah) *v* interpret
tolv (tolv) *num* twelve
tom (toom) *adj* empty
tomat (too-*maat*) *c* tomato
tomt (tomt) *c* site
ton[1] (tōōn) *c* tone, note
ton[2] (ton) *nt* ton
tonfisk (*tōōn*-fisk) *c* tuna
tonskala (*tōōn*-skaa-lah) *c* scale
tonvikt (*tōōn*-vikt) *c* accent
tonåring (*ton*-ōā-ring) *c* teenager
topp (top) *c* top, peak; summit
topplock (*top*-lok) *nt* cylinder head
torg (torʸ) *nt* market-place; square
torka (*tor*-kah) *v* dry; *c* drought; ~ **av** wipe; ~ **bort** wipe
torktumlare (*tork*-tewm-lah-rer) *c* dryer
torn (tōōrn) *nt* tower
torr (tor) *adj* dry
***torrlägga** (*tor*-leh-gah) *v* drain
torsdag (*toors*-daag) *c* Thursday
torsk (torsk) *c* cod
tortera (tor-*tāyr*-ah) *v* torture
tortyr (tor-*tēwr*) *c* torture
total (too-*taal*) *adj* total; utter; **totalt** completely
totalisator (to-tah-li-*saa*-toar) *c* totalizator
totalitär (to-tah-li-*tæær*) *adj* totalitarian
tradition (trah-di-*shōōn*) *c* tradition
traditionell (trah-di-shoo-*nayl*) *adj* traditional
trafik (trah-*feek*) *c* traffic; **enkelriktad** ~ one-way traffic
trafikljus (trah-*feek*-ʸēwss) *nt* traffic light
trafikolycka (trah-*feek*-ōō-lew-kah) *c* traffic accident
trafikomläggning (trah-*feek*-om-lehg-ning) *c* diversion
trafikstockning (trah-*feek*-stok-ning) *c* traffic jam; jam
tragedi (trah-shay-*dee*) *c* tragedy
tragisk (*traa*-gisk) *adj* tragic
trakt (trahkt) *c* area
traktat (trahk-*taat*) *c* treaty
traktor (*trahk*-tor) *c* tractor
trampa (*trahm*-pah) *v* tread, tramp
trams (trahms) *nt* rubbish
transaktion (trahns-ahk-*shōōn*) *c* transaction
transatlantisk (trahns-aht-*lahn*-tisk) *adj* transatlantic
transformator (trahns-for-*maa*-tor) *c* transformer
transpiration (trahn-spi-rah-*shōōn*) *c* perspiration
transpirera (trahn-spi-*rāyr*-ah) *v* perspire
transport (trahns-*port*) *c* transportation; transport
transportbil (trahns-*port*-beel) *c* van
transportera (trahns-por-*tāy*-rah) *v* transport
trappa (*trah*-pah) *c* stairs *pl;* staircase
trappräcke (*trahp*-reh-ker) *nt* banisters *pl*
trasa (*traass*-ah) *c* rag; cloth
trasig (*traass*-i) *adj* broken
trast (trahst) *c* thrush

tratt (traht) *c* funnel
tre (tray̅) *num* three
tredje (*tray̅d*-ʸay) *num* third
trekantig (*tray̅*-kahn-ti) *adj* triangular
treklöver (*tray̅*-klu̅rv-err) *c* shamrock
trettio (*tray*-ti) *num* thirty
tretton (*tray*-ton) *num* thirteen
trettonde (*tray*-ton-der) *num* thirteenth
trevlig (*tray̅v*-li) *adj* enjoyable, pleasant, nice
triangel (tri-*ahng*-erl) *c* (pl -glar) triangle
trick (trik) *nt* trick
trikåvaror (tri-*ko̅a̅*-vaa-ror) *pl* hosiery
trimma (*trim*-ah) *v* trim
tripp (trip) *c* trip
triumf (tri-*ewmf*) *c* triumph
triumfera (tri-ewm-*fa̅y̅r*-ah) *v* triumph
trivsam (*treev*-sahm) *adj* pleasant, comfortable, cosy
tro (tro̅o̅) *c* belief, faith; *v* believe
trofast (*tro̅o̅*-fahst) *adj* true
trogen (*tro̅o̅*-gern) *adj* faithful; true
trolig (*tro̅o̅*-li) *adj* presumable, probable
trolleri (tro-ler-*ree*) *nt* magic
trollkarl (*trol*-kaar) *c* magician
trollkonst (*trol*-konst) *c* magic
tron (tro̅o̅n) *c* throne
tropikerna (tro-*pee*-kerr-nah) *pl* tropics *pl*
tropisk (*tro̅a̅*-pisk) *adj* tropical
trosor (*tro̅o̅*-sor) *pl* panties *pl;* briefs *pl*
trots (trots) *prep* in spite of; despite
trottoar (troo-too-*aar*) *c* pavement; sidewalk *nAm*
trottoarkant (troo-too-*aar*-kahnt) *c* curb
trovärdig (*tro̅o̅*-væær-di) *adj* credible
trubbig (*trewb*-i) *adj* blunt
trumhinna (*trewm*-hin-ah) *c* ear-drum
trumma (*trewm*-ah) *c* drum
trumpet (trewm-*pa̅y̅t*) *c* trumpet
trupper (*trew*-perr) *pl* troops *pl*
tryck (trewk) *nt* pressure; print
trycka (*trewk*-ah) *v* press; print
tryckknapp (*trewk*-knahp) *c* press-stud; push-button
tryckkokare (*trewk*-ko̅o̅-kah-rer) *c* (pl ~) pressure-cooker
trycksak (*trewk*-saak) *c* printed matter
tråd (tro̅a̅d) *c* thread
trådbuss (*tro̅a̅d*-bewss) *c* trolley-bus
trådsliten (*tro̅a̅d*-slee-tern) *adj* threadbare
tråka ut (*tro̅a̅*-kah) bore
tråkig (*tro̅a̅k*-i) *adj* dull; boring
tråkmåns (*tro̅a̅k*-mons) *c* bore
trång (trong) *adj* narrow; tight
trä (trai) *nt* wood; **trä-** wooden
trä upp (trai) thread
träd (traid) *nt* tree
trädgård (*treh*-go̅a̅rd) *c* garden
trädgårdsmästare (*treh*-go̅a̅rds-mehss-tah-rer) *c* (pl ~) gardener
trädgårdsodling (*treh*-go̅a̅rds-o̅o̅d-ling) *c* horticulture
träff (trehf) *c* hit; date; get-together
träffa (*trehf*-ah) *v* encounter, *meet; *hit
träkol (*trai*-ko̅a̅l) *nt* charcoal
träna (*train*-ah) *v* train; drill
tränare (*trai*-nah-rer) *c* (pl ~) coach
tränga sig fram (*trehng*-ah) push one's way
trängande (*trehng*-ahn-der) *adj* pressing
träning (*trai*-ning) *c* training
träsk (trehsk) *nt* swamp; bog
träsko (*treh*-sko̅o̅) *c* clog, wooden shoe
trög (tru̅r̅g) *adj* sluggish; inert
trögtänkt (*tru̅r̅g*-tehngkt) *adj* slow
tröja (*trur*-ʸah) *c* sweater
tröskel (*tru̅r̅ss*-kayl) *c* (pl -klar)

threshold
tröst (trurst) *c* comfort
trösta (*trurss*-tah) *v* comfort
tröstpris (*trurst*-preess) *nt* (pl ~, ~er) consolation prize
trött (trurt) *adj* tired; weary; ~ **på** tired of
trötta (*trurt*-ah) *v* tire
tröttsam (*trurt*-sahm) *adj* tiring
tub (tewb) *c* tube
tuberkulos (tew-behr-kew-*loass*) *c* tuberculosis
tugga (*tewg*-ah) *v* chew
tuggummi (*tewg*-gew-mi) *nt* chewing-gum
tull (tewl) *c* Customs duty; Customs *pl*
tullavgift (*tewl*-aav-^{y}ift) *c* Customs duty; duty
tullfri (*tewl*-free) *adj* duty-free
tullpliktig (*tewl*-plik-ti) *adj* dutiable
tulltjänsteman (*tewl*-t^{y}ehns-ter-mahn) *c* (pl -män) Customs officer
tulpan (tewl-*paan*) *c* tulip
tumme (*tewm*-er) *c* thumb
tumvantar (*tewm*-vahn-tahr) *pl* mittens *pl*
tumör (tew-*murr*) *c* tumour
tung (tewng) *adj* heavy
tunga (*tewng*-ah) *c* tongue
tunika (*tew*-ni-kah) *c* tunic
Tunisien (tew-*nee*-si-ern) Tunisia
tunisier (tew-*nee*-si-err) *c* (pl ~) Tunisian
tunisisk (tew-*nee*-sisk) *adj* Tunisian
tunn (tewn) *adj* thin; weak, light
tunna (*tewn*-ah) *c* barrel; cask
tunnel (*tew*-nayl) *c* (pl -nlar) tunnel
tunnelbana (*tew*-nayl-baa-nah) *c* underground; subway *nAm*
tupp (tewp) *c* cock
tupplur (*tewp*-lewr) *c* nap
tur (tewr) *c* luck; turn; ~ **och retur** round trip *Am*
turbin (tewr-*been*) *c* turbine
turbojet (*tewr*-bo-^{y}eht) *c* turbojet
turism (tew-*rism*) *c* tourism
turist (tew-*rist*) *c* tourist
turistbyrå (tew-*rist*-bew-roa) *c* tourist office
turistklass (tew-*rist*-klahss) *c* tourist class
turistsäng (tew-*rist*-sehng) *c* folding bed, cot *nAm*
turk (tewrk) *c* Turk
Turkiet (tewr-*kee*-ayt) Turkey
turkisk (*tewr*-kisk) *adj* Turkish; **turkiskt bad** Turkish bath
turnering (tewr-*nayr*-ing) *c* tournament
tusen (*tew*-sern) *num* thousand
tuta (*tew*-tah) *v* hoot; honk *vAm*, toot *vAm*
tveka (*tvay*-kah) *v* hesitate
tvekan (*tvay*-kahn) *c* hesitation
tvetydig (*tvay*-tewd-i) *adj* ambiguous
tvillingar (*tvi*-ling-ahr) *pl* twins *pl*
tvinga (*tving*-ah) *v* force; compel
tvist (tvist) *c* dispute
tvista (*tviss*-tah) *v* dispute
tvisteämne (*tviss*-ter-ehm-ner) *nt* controversial issue
tvivel (*tveev*-erl) *nt* doubt
tvivelaktig (*tvee*-verl-*ahk*-ti) *adj* doubtful
tvivla (*tveev*-lah) *v* doubt
två (tvoa) *num* two
tvådelad (*tvoa*-day-lahd) *adj* two-piece
tvål (tvoal) *c* soap
tvåltvättmedel (*tvoal*-tveht-may-dayl) *nt* soap powder
tvång (tvong) *nt* compulsion; **med ~** by force; ***vara tvungen att** *be obliged to
tvåspråkig (*tvoa*-sproak-i) *adj* bilingual
tvärtom (*tvært*-om) *adv* the other

way round, on the contrary
tvätt (tveht) *c* laundry; washing
tvätta (*tveht*-ah) *v* wash
tvättbar (*tveht*-baar) *adj* washable
tvättinrättning (*tveht*-in-*reht*-ning) *c* laundry
tvättmaskin (*tveht*-mah-*sheen*) *c* washing-machine
tvättmedel (*tveht*-may-dayl) *nt* washing-powder
tvättomat (*tveh*-too-*maat*) *c* launderette
tvättställ (*tveht*-stehl) *nt* wash-stand
tvättsvamp (*tveht*-svahmp) *c* sponge
tvättäkta (*tveht*-ehk-tah) *adj* washable, fast-dyed
tycka (*tewk*-ah) *v* *think; **inte ~ om** dislike; **~ illa om** dislike; **~ om** like; fancy, *be fond of
tyckas (*tewk*-ahss) *v* look; appear
tyda (*tew*-dah) *v* decipher
tydlig (*tewd*-li) *adj* clear; obvious, evident, apparent, distinct
tyfus (*tew*-fewss) *c* typhoid
tyg (tewg) *nt* cloth; fabric, material
tygla (*tewg*-lah) *v* curb; restrain
tynga (*tewng*-ah) *v* oppress
tyngdkraft (*tewngd*-krahft) *c* gravity
typ (tewp) *c* type
typisk (*tew*-pisk) *adj* typical
tyrann (tew-*rahn*) *c* tyrant
tysk (tewsk) *adj* German; *c* German
Tyskland (*tewsk*-lahnd) Germany
tyst (tewst) *adj* silent
tysta (*tewss*-tah) *v* silence
tystnad (*tewst*-nahd) *c* silence
tyvärr (tew-*vær*) *adv* unfortunately
tå (toa) *c* toe
tåg (toag) *nt* train
tågfärja (*toag*-fær-yah) *c* train ferry
tåla (*toal*-ah) *v* *bear
tålamod (*toal*-ah-mood) *nt* patience
tålmodig (*toal*-mood-i) *adj* patient
tång (tong) *c* (pl tänger) tongs *pl;* pliers *pl*
tår (toar) *c* tear
tårta (*toar*-tah) *c* cake
täcka (*tehk*-ah) *v* cover
täcke (*tehk*-er) *nt* quilt
tält (tehlt) *nt* tent
tältsäng (*tehlt*-sehng) *c* camp-bed
tämja (*tehm*-yah) *v* tame
tämligen (*tehm*-li-ern) *adv* fairly, rather, pretty
tända (*tehn*-dah) *v* *light; turn on
tändare (*tehn*-dah-rer) *c* (pl ~) lighter
tändning (*tehnd*-ning) *c* ignition; lighting
tändspole (*tehnd*-spool-er) *c* ignition coil
tändsticka (*tehnd*-sti-kah) *c* match
tändsticksask (*tehnd*-stiks-ahsk) *c* match-box
tändstift (*tehnd*-stift) *nt* sparking-plug
tänja (*tehn*-yah) *v* stretch
tänjbar (*tehny*-baar) *adj* elastic
tänka (*tehng*-kah) *v* *think; **~ på** *think of; **~ sig** imagine; fancy; **~ ut** conceive
tärning (*tær*-ning) *c* dice *pl;* cube; **spela ~** play dice
tät (tait) *adj* dense; thick
tätort (*tait*-oort) *c* built-up area
tävla (*taiv*-lah) *v* compete
tävlan (*taiv*-lahn) *c* (pl-lingar) competition
tävling (*taiv*-ling) *c* competition; contest
tävlingsbana (*taiv*-lings-baa-nah) *c* race-track
töa (*tur*-ah) *v* thaw
tölp (turlp) *c* lout, bastard
tömma (*tur*-mah) *v* empty
törst (turrst) *c* thirst
törstig (*turrs*-ti) *adj* thirsty
töväder (*tur*-vai-derr) *nt* thaw

U

udda (*ewd*-ah) *adj* odd
udde (*ewd*-er) *c* headland, cape
uggla (*ewg*-lah) *c* owl
ugn (ewngn) *c* stove; furnace, oven
ull (ewl) *c* wool
ultraviolett (*ewlt*-rah-vi-ōō-*layt*) *adj* ultraviolet
***umgås med** (*ewm*-gōāss) mix with; associate with
undanröjning (*ewn*-dahn-rur ʸ-ning) *c* removal
undantag (*ewn*-dahn-taag) *nt* exception; **med** ~ **av** except
under¹ (*ewn*-derr) *prep* under; beneath, below; during; *adv* underneath; ~ **tiden** meanwhile; in the meantime
under² (*ewn*-derr) *nt* wonder; marvel
underbar (*ewn*-derr-baar) *adj* wonderful; marvellous
underbyxor (*ewn*-derr-*bewks*-err) *pl* pants *pl;* knickers *pl*
undergång (*ewn*-derr-*gong*) *c* ruin; destruction
underhåll (*ewn*-derr-*hol*) *nt* allowance; alimony; maintenance, upkeep
***underhålla** (*ewn*-derr-*hol*-ah) *v* entertain; amuse
underhållande (*ewn*-derr-*hol*-ahn-der) *adj* entertaining
underhållning (*ewn*-derr-*hol*-ning) *c* entertainment
underjordisk (*ewn*-derr-ʸōōr-disk) *adj* underground
underkasta sig (*ewn*-derr-*kahss*-tah) submit
underkläder (*ewn*-derr-klai-derr) *pl* underwear
underklänning (*ewn*-derr-kleh-ning) *c* slip
underkuva (*ewn*-derr-kēw-vah) *v* subdue, subjugate
underlagskräm (*ewn*-derr-laags-kraim) *c* foundation cream
underlig (*ewn*-derr-li) *adj* queer, odd
underlägsen (*ewn*-derr-laig-sern) *adj* inferior
undernäring (*ewn*-derr-næær-ing) *c* malnutrition
underordnad (*ewn*-derr-awrd-nahd) *adj* subordinate; minor
underrätta (*ewn*-derr-*reht*-ah) *v* inform; notify; ~ **sig** enquire
underrättelse (*ewn*-derr-*reht*-erl-ser) *c* notice, information, news
underskatta (*ewn*-derr-skah-tah) *v* underestimate
underskott (*ewn*-derr-skot) *nt* deficit
underström (*ewn*-derr-strurm) *c* (pl ~mar) undercurrent
understöd (*ewn*-derr-stūrd) *nt* subsidy; assistance
understödja (*ewn*-derr-stūrd-ʸah) *v* support
undersåte (*ewn*-derr-sōā-ter) *c* subject
undersöka (*ewn*-derr-sūr-kah) *v* examine; enquire
undersökning (*ewn*-derr-sūrk-ning) *c* inquiry; enquiry, examination; check-up
underteckna (*ewn*-derr-tayk-*nah*) *v* sign
undertecknad (*ewn*-derr-*tayk*-nahd) *c* the undersigned
undertitel (*ewn*-derr-ti-terl) *c* (pl -tlar) subtitle
undertrycka (*ewn*-derr-*trewk*-ah) *v* suppress
undertröja (*ewn*-derr-*trur*-ʸah) *c* vest; undershirt
undervattens- (*ewn*-derr-vah-tayns) underwater
undervisa (*ewn*-derr-vee-sah) *v* *teach
undervisning (*ewn*-derr-veess-ning) *c*

instruction; tuition
***undgå** (*ewnd*-gōā) *v* avoid; escape
undra (*ewnd*-rah) *v* wonder
***undslippa** (*ewnd*-slip-ah) *v* escape
***undvika** (*ewnd*-veek-ah) *v* avoid
ung (ewng) *adj* young
ungdom (*ewng*-doom) *c* youth
ungdomlig (*ewng*-doom-li) *adj* juvenile
ungdomshärbärge (*ewng*-dooms-hæær-bær-ʸer) *nt* youth hostel
unge (*ewng*-er) *c* kid
ungefär (ewn-ʸay-*fæær*) *adv* about; approximately
ungefärlig (*ewn*-ʸay-*fæær*-li) *adj* approximate
Ungern (*ewng*-errn) Hungary
ungersk (*ewng*-ayrsk) *adj* Hungarian
ungkarl (*ewng*-kaar) *c* bachelor
ungmö (ewng-mūr) *c* spinster
ungrare (*ewng*-rah-rer) *c* (pl ~) Hungarian
uniform (ēw-ni-*form*) *c* uniform
unik (ēw-*neek*) *adj* unique
union (ēw-ni-*ōōn*) *c* union
universell (ēw-ni-vær-*sayl*) *adj* universal
universitet (ēw-ni-vær-si-*tāyt*) *nt* university
universum (ēw-ni-*vær*-sewm) *nt* universe
upp (ewp) *adv* up; upwards; upstairs; ~ **och ner** upside-down; up and down
uppassa (*ewp*-pah-sah) *v* attend on, wait on
uppblomstring (*ewp*-blomst-ring) *c* prosperity
uppblåsbar (*ewp*-blōāss-baar) *adj* inflatable
uppbygga (*ewp*-bewg-ah) *v* erect; edify
uppdikta (*ewp*-dik-tah) *v* invent
uppdrag (*ewp*-draag) *nt* assignment
uppehåll (*ew*-pay-hol) *nt* pause; **utan** ~ without stopping
***uppehålla sig** (*ew*-pay-hol-ah) stay
uppehållstillstånd (*ew*-pay-hols-til-stond) *nt* residence permit
uppehälle (*ew*-per-hehl-er) *nt* livelihood
uppenbar (*ewp*-ern-baar) *adj* apparent
uppenbara (*ewp*-ern-baar-ah) *v* reveal
uppenbarelse (*ewp*-ern-baar-erl-ser) *c* apparition
uppfatta (*ewp*-faht-ah) *v* apprehend, *catch
uppfattning (*ewp*-faht-ning) *c* view, opinion; conception
***uppfinna** (*ewp*-fin-ah) *v* invent
uppfinnare (*ewp*-fi-nah-rer) *c* (pl ~) inventor
uppfinning (*ewp*-fi-ning) *c* invention
uppfinningsrik (*ewp*-fi-nings-reek) *adj* inventive
uppfostra (*ewp*-foost-rah) *v* *bring up; rear, educate; raise
uppfostran (*ewp*-foost-rahn) *c* education
uppfriskande (*ewp*-friss-kahn-der) *adj* refreshing
uppföda (*ewp*-fūrd-ah) *v* *breed; raise
uppför (*ewp*-fūrr) *adv* uphill
uppföra (*ewp*-fūrr-ah) *v* construct; ~ **sig** behave; act
uppförande (*ewp*-fūr-rahn-day) *nt* behaviour; manners *pl*, conduct; production; construction
***uppge** (*ewp*-ʸāy) *v* state; declare
uppgift (*ewp*-ʸift) *c* task; information
***uppgå till** (*ewp*-gōā) amount to
uppgörelse (*ewp*-ʸūr-rayl-ser) *c* settlement
upphetsa (*ewp*-hayt-sah) *v* excite
upphängningsanordning (*ewp*-hehng-nings-ahn-*ōārd*-ning) *nt* suspension
upphäva (*ewp*-haiv-ah) *v* nullify; an-

nul
upphöjning (*ewp*-hur ʸ-ning) *c* rise
upphöra (*ewp*-hūr-rah) *v* cease, stop; quit
uppkalla (*ewp*-kah-lah) *v* name
uppköp (*ewp*-t ʸūrp) *nt* purchase
upplaga (*ewp*-laa-gah) *c* edition; issue
uppleva (*ewp*-lāy-vah) *v* experience
upplevelse (*ewp*-lāy-vayl-say) *c* experience
upplopp (*ewp*-lop) *nt* riot
upplysa (*ewp*-lēwss-ah) *v* inform
upplysning (*ewp*-lēwss-ning) *c* information
upplysningsbyrå (*ewp*-lēwss-nings-*bēw*-rōa) *c* information bureau; inquiry office
upplösa (*ewp*-lūrss-ah) *v* dissolve; ~ **sig** dissolve
uppmana (*ewp*-maan-ah) *v* exhort, urge
uppmuntra (*ewp*-mewn-trah) *v* encourage
uppmärksam (*ewp*-mærk-sahm) *adj* attentive
uppmärksamhet (*ewp*-mærk-sahm-hāyt) *c* notice, attention
uppmärksamma (*ewp*-mærk-sahm-ah) *v* attend to, notice, *pay attention to
uppnå (*ewp*-nōa) *v* achieve; attain
uppnåelig (*ewp*-nōa-er-li) *adj* attainable
upprepa (*ewp*-rāy-pah) *v* repeat
upprepning (*ewp*-rāyp-ning) *c* repetition
uppriktig (*ewp*-rik-ti) *adj* sincere; honest
uppror (*ewp*-rōōr) *nt* rebellion; rising; ***göra** ~ revolt
upprätt (*ewp*-reht) *adv* upright; *adj* erect, upright
upprätta (*ewp*-reh-tah) *v* found, establish
***upprätthålla** (*ewp*-reht-ho-lah) *v* maintain
upprättstående (*ewp*-reht-stōa-ayn-der) *adj* upright, erect
upprörande (*ewp*-rūr-rahn-der) *adj* shocking, revolting
upprörd (*ewp*-rūrrd) *adj* upset
uppsats (*ewp*-sahts) *c* essay, paper
uppseendeväckande (*ewp*-sāy-ern-der-*vehk*-ahn-der) *adj* sensational
uppsikt (*ewp*-sikt) *c* supervision
uppskatta (*ewp*-skah-tah) *v* appreciate; esteem
uppskattning (*ewp*-skaht-ning) *c* appreciation
***uppskjuta** (*ewp*-shēw-tah) *v* *put off, adjourn; delay, postpone
uppskov (*ewp*-skōōv) *nt* delay; respite
uppslagsbok (*ewp*-slaags-bōōk) *c* (pl -böcker) encyclopaedia
uppstigning (*ewp*-steeg-ning) *c* rise, ascent
***uppstå** (*ewp*-stōa) *v* *arise
uppståndelse (*ewp*-stond-ayl-ser) *c* commotion, excitement; resurrection
uppsving (*ewp*-sving) *nt* rise
uppsyningsman (*ewp*-sēw-nings-mahn) *c* (pl -män) supervisor
uppsättning (*ewp*-seht-ning) *c* set
***uppta** (*ewp*-taa) *v* *take up; occupy
upptagen (*ewp*-taa-gern) *adj* engaged; busy
uppträda (*ewp*-trææ-dah) *v* act
upptäcka (*ewp*-teh-kah) *v* discover; detect
upptäckt (*ewp*-tehkt) *c* discovery
uppvisa (*ewp*-vee-sah) *v* exhibit
uppvärma (*ewp*-vær-mah) *v* heat
uppvärmning (*ewp*-værm-ning) *c* heating
uppåt (*ewp*-ot) *adv* up
ur (ēwr) *prep* out of; *nt* clock

urbena (ēwr-bāy-nah) *v* bone
urin (ēw-*reen*) *nt* urine
urinblåsa (ēw-*reen*-blōā-sah) *c* bladder
urmakare (ēwr-maa-kah-rer) *c* (pl ~) watch-maker
ursinne (*ewr*-sin-er) *nt* rage; fury
ursinnig (ēwr-si-ni) *adj* furious
urskilja (ēwr-shil-ʸah) *v* distinguish
urskog (*ewr*-skōōg) *c* jungle
ursprung (ēwr-sprewng) *nt* origin
ursprunglig (ēwr-sprewng-li) *adj* original; initial; **ursprungligen** originally
ursäkt (ēwr-sehkt) *c* apology; excuse; ***be om** ~ apologize
ursäkta (ēwr-sehk-tah) *v* excuse; **ursäkta!** sorry!
Uruguay (ew-rew-gew-*igh*) Uruguay
uruguayare (ew-rew-gew-*igh*-ah-rer) *c* (pl ~) Uruguayan
uruguaysk (ew-rew-gew-*ighsk*) *adj* Uruguayan
urval (ēwr-vaal) *nt* choice; selection, assortment
usel (ēw-serl) *adj* poor
ut (ēwt) *adv* out; ~ **och in** inside out
utan (ēw-tahn) *prep* without; ***vara** ~ *be without, spare
utandas (ēwt-ahn-dahss) *v* expire; exhale
utanför (ēw-tahn-*fūrr*) *prep* outside; out of
utantill (ēw-tahn-*til*) *adv* by heart
utarbeta (ēwt-ahr-bāyt-ah) *v* compose, elaborate, prepare
utbetalning (ēwt-bay-taal-ning) *c* payment
utbilda (ēwt-bil-dah) *v* educate
utbildning (ēwt-bild-ning) *c* education, background
utbreda (ēwt-brāyd-ah) *v* *spread; expand
utbrott (ēwt-brot) *nt* outbreak; eruption
utbud (ēwt-bēwd) *nt* supply
utbyta (ēwt-bēwt-ah) *v* exchange
utbyte (ēwt-bēw-ter) *nt* exchange; benefit
utdela (ēwt-dāyl-ah) *v* distribute
***utdra** (ēwt-draa) *v* extract
utdrag (ēwt-draag) *nt* excerpt; extract
ute (ēw-ter) *adv* out
utelämna (ēw-ter-lehm-nah) *v* *leave out; omit
***utesluta** (ēw-ter-slēw-tah) *v* exclude
uteslutande (ēw-ter-slēw-tahn-der) *adv* exclusively; solely
utfart (ēwt-faart) *c* exit
utfattig (ēwt-fah-ti) *adj* destitute
utflykt (ēwt-flewkt) *c* excursion; trip
utforska (ēwt-fors-kah) *v* explore
utföra (ēwt-fūr-rah) *v* perform; execute; carry out
utförbar (ēwt-fūrr-baar) *adj* feasible; realizable
utförlig (ēwt-fūrr-li) *adj* detailed
utförsel (ēwt-furr-serl) *c* exportation
***utge** (ēwt-gāy) *v* issue; publish
utgift (ēwt-ʸift) *c* expense; **utgifter** expenditure
utgivning (ēwt-ʸeev-ning) *c* issue, publication
***utgjuta** (ēwt-ʸēw-tah) *v* *shed
utgrävning (ēwt-graiv-ning) *c* excavation
utgång (ēwt-gong) *c* way out, exit; expiration; result
utgångspunkt (ēwt-gongs-pewngkt) *c* starting-point
till uthyrning (til ēwt-hewr-ning) for hire
uthållighet (ēwt-hol-i-*hāyt*) *c* stamina, perseverance
uthärda (ēwt-hææ̈r-dah) *v* *stand, endure
uthärdlig (ēwt-hæærd-li) *adj* tolerable, endurable

utjämna (ēw̄t-ʸehm-nah) *v* equalize; level
utkant (ēw̄t-kahnt) *c* outskirts *pl*
utkast (ēw̄t-kahst) *nt* draft, design
utled (ewt-lāyd) *adj* fed up
utlämna (ēw̄t-lehm-nah) *v* give out; extradite
utländsk (ēw̄t-lehnsk) *adj* foreign; alien
utlänning (ēw̄t-lehn-ing) *c* foreigner; alien
utlöpa (ēw̄t-lūrp-ah) *v* expire
utmana (ēw̄t-maan-ah) *v* challenge; dare
utmaning (ēw̄t-maan-ing) *c* challenge
utmatta (ēw̄t-maht-ah) *v* exhaust
utmattad (ēw̄t-maht-ahd) *adj* exhausted
utmärka (ēw̄t-mær-kah) *v* mark; ~ **sig** excel
utmärkt (ēw̄t-mærkt) *adj* excellent
utnyttja (ēw̄t-newt-ʸah) *v* exploit; utilize
utnämna (ēw̄t-nehm-nah) *v* appoint
utnämning (ēw̄t-nehm-ning) *c* appointment; nomination
utom (ēw̄t-om) *prep* except; but, besides
utomhus (ēw̄-tom-hēw̄ss) *adv* outdoors; outside
utomlands (ēw̄t-om-lahnds) *adv* abroad
utomordentlig (ēw̄t-om-or-*daynt*-li) *adj* extraordinary
utpeka (ēw̄t-pāy-kah) *v* point out
utplocka (ēw̄t-plo-kah) *v* select
utpressa (ēw̄t-prayss-ah) *v* extort; ~ **pengar** blackmail
utpressning *c* blackmail, extortion
utreda (ēw̄t-rāy-dah) *v* investigate
utredning (ēw̄t-rāyd-ning) *c* investigation
utrop (ēw̄t-rōōp) *nt* exclamation
utropa (ēw̄t-rōō-pah) *v* exclaim
utrusta (ēw̄t-rewss-tah) *v* equip
utrustning (ēw̄t-rewst-ning) *c* outfit, equipment; kit, gear
utrymma (ēw̄t-rew-mah) *v* vacate
utrymme (ēw̄t-rew-mer) *nt* room
utsatt för (ēw̄t-saht) liable to, subject to
utseende (ēw̄t-sāy-ayn-der) *nt* look; semblance, appearance
utsida (ēw̄t-seed-ah) *c* outside
utsikt (ēw̄t-sikt) *c* view; prospect, outlook
utskott (ēw̄t-skot) *nt* committee
***utskära** (ēw̄t-shææ-rah) *v* carve
utsliten (ēw̄t-slee-tern) *adj* worn-out
utsmyckning (ēw̄t-smewk-ning) *c* ornament
utspäda (ēw̄t-spai-dah) *v* dilute
utsträckt (ēw̄t-strehkt) *adj* extended
***utstå** (ēw̄t-stōā) *v* endure, *bear
utställa (ēw̄t-steh-lah) *v* issue; show, exhibit; display
utställning (ēw̄t-stehl-ning) *c* exhibition; exposition, display, show
utställningslokal (ēw̄t-stehl-nings-lo-kaal) *c* showroom
***utsuga** (ēw̄t-sēw̄-gah) *v* exploit
utsåld (ēw̄t-sold) *adj* sold out
utsända (ēw̄t-sehn-dah) *v* *broadcast
utsändning (ēw̄t-sehnd-ning) *c* broadcast
utsökt (ēw̄t-sūrkt) *adj* exquisite; delicious, superb
uttal (ēw̄t-taal) *nt* pronunciation
uttala (ēw̄t-taa-lah) *v* pronounce; ~ **fel** mispronounce
uttorkad (ēw̄t-tor-kahd) *adj* dried-up, parched
uttryck (ēw̄t-trewk) *nt* expression; ***ge** ~ **åt** express
uttrycka (ēw̄t-trew-kah) *v* express
uttrycklig (ēw̄t-trewk-li) *adj* explicit; express
uttröttad (ēw̄t-trur-tahd) *adj* over-

tired
uttänka (*ewt*-tehng-kah) *v* devise
utvald (*ewt*-vaald) *adj* select
utvandra (*ewt*-vahnd-rah) *v* emigrate
utvandrare (*ewt*-vahnd-rah-rer) *c* (pl ~) emigrant
utvandring (*ewt*-vahnd-ring) *c* emigration
utveckla (*ewt*-vayk-lah) *v* develop
utveckling (*ewt*-vayk-ling) *c* development
utvidga (*ewt*-vid-gah) *v* extend; enlarge, expand
utvidgande (*ewt*-vid-gahn-der) *nt* extension
utvisa (*ewt*-vee-sah) *v* expel
utväg (*ewt*-vaig) *c* way out
***utvälja** (*ewt*-vehl-yah) *v* select
utvändig (*ewt*-vehn-di) *adj* external
utåt (*ewt*-ot) *adv* outwards
utöva (*ewt*-urv-ah) *v* exercise
utöver (ewt-*urv*-err) *prep* beyond, besides

V

vaccination (vahk-si-nah-*shoon*) *c* vaccination
vaccinera (vahks-i-*nay*-rah) *v* vaccinate
vacker (*vah*-kerr) *adj* beautiful; pretty
vackla (*vahk*-lah) *v* stagger, waver
vacklande (*vahk*-lahn-der) *adj* tottering, failing
vad[1] (vaad) *pron* what; ~ **som helst** anything; ~ **som än** whatever
vad[2] (vaad) *nt* bet; ***slå** ~ *bet
vad[3] (vaad) *c* calf
vada (*vaa*-dah) *v* wade
vadhållningsagent (*vaad*-hol-nings-ah-*gehnt*) *c* bookmaker
vadställe (*vaad*-steh-ler) *nt* ford
vag (vaag) *adj* faint, vague; dim
vagga (*vah*-gah) *c* cradle
vagn (vahngn) *c* carriage, coach
vakans (vah-*kahns*) *c* vacancy
vaken (*vaa*-kayn) *adj* awake
vakna (*vaak*-nah) *v* *wake up
vaksam (*vaak*-sahm) *adj* vigilant
vakt (vahkt) *c* guard; warden
vaktel (*vahk*-tayl) *c* (pl -tlar) quail
vaktmästare (*vahkt*-mehss-tah-rer) *c* (pl ~) waiter
vakuum (*vaa*-kewm) *nt* vacuum
val (vaal) *nt* election, pick, choice; *c* whale
valfri (*vaal*-free) *adj* optional
valk (vahlk) *c* callus
valkrets (*vaal*-krayts) *c* constituency
vallfartsort (*vahl*-faarts-oort) *c* place of pilgrimage
vallgrav (*vahl*-graav) *c* moat
vallmo (*vahl*-moo) *c* poppy
valnöt (*vaal*-nurt) *c* (pl ~ter) walnut
vals (vahls) *c* waltz
valspråk (*vaal*-sproak) *nt* motto
valuta (vah-*loo*-tah) *c* currency; **utländsk** ~ foreign currency
valutakurs (vah-*lew*-tah-*kewrs*) *c* rate of exchange
valv (vahlv) *nt* vault; arch
valvbåge (*vahlv*-boa-ger) *c* arch
van (vaan) *adj* accustomed; ***vara** ~ **vid** *be used to
vana (*vaa*-nah) *c* habit; custom
vandra (*vahnd*-rah) *v* wander; hike, tramp
vanilj (vah-*nily*) *c* vanilla
vankelmodig (*vahng*-kerl-moo-di) *adj* irresolute
vanlig (*vaan*-li) *adj* usual; normal, ordinary, common, plain; frequent; **vanligen** generally, as a rule
vanligtvis (*vaan*-lit-veess) *adv* usually
vansinne (*vaan*-sin-er) *nt* madness;

lunacy
vansinnig (*vaan*-sin-i) *adj* crazy; lunatic
vanskapt (*vaan*-skaapt) *adj* deformed
vansklig (*vahnsk*-li) *adj* precarious
vanställd (*vaan*-stehld) *adj* deformed, disfigured
vanvettig (*vaan*-vay-ti) *adj* mad; absurd
vapen (*vaap*-ern) *nt* weapon; arm
var[1] (vaar) *conj* where; *adv* where; ~ **som helst** anywhere
var[2] (vaar) *pron* each; ~ **för sig** apart; ~ **och en** everybody, everyone
var[3] (vaar) *nt* pus
vara (*vaar*-ah) *v* last
***vara** (*vaar*-ah) *v* *be
varaktig (*vaar*-ahk-ti) *adj* lasting; permanent
varaktighet (*vaar*-ahk-ti-hayt) *c* duration
varandra (vaar-*ahnd*-rah) *pron* each other
vardag (*vaar*-daag) *c* weekday
vardagsrum (*vaar*-daags-rewm) *nt* living-room; sitting-room
vare sig ... eller (*vaa*-rer say ... *eh*-lerr) whether ... or
varelse (*vaa*-rayl-ser) *c* being; creature
varför (*vahr*-furr) *adv* why; what for
varg (vahr^y) *c* wolf
varhelst (vaar-*hehlst*) *adv* wherever
variation (vah-ri-ah-*shoon*) *c* variation, variety
variera (vah-ri-*ay*-rah) *v* vary
varierad (vah-ri-*ay*-rahd) *adj* varied
varietéföreställning (vah-ri-ay-*tay*-furrer-*stehl*-ning) *c* variety show
varietéteater (vah-ri-ay-*tay*-tay-*aa*-terr) *c* (pl -trar) variety theatre
varifrån (vaar-i-*froan*) *adv* from where
varje (*vahr*-^yer) *pron* every; anyone, each
varken ... eller (*vahr*-kern ... *eh*-lerr) neither ... nor
varm (vahrm) *adj* warm; hot
varmvattensflaska (*vahrm*-vah-ternsflahss-kah) *c* hot-water bottle
varna (*vaar*-nah) *v* warn; caution
varning (*vaar*-ning) *c* warning
varor (*vaar*-or) *pl* goods *pl;* wares *pl*
varsam (*vaar*-sahm) *adj* careful; wary
varubil (*vaa*-rew-beel) *c* delivery van
varuhus (*vaa*-rew-hewss) *nt* department store
varumärke (*vaa*-rew-mær-ker) *nt* trademark
varumässa (*vaa*-rew-meh-sah) *c* trade fair
varuprov (*vaarew*-proov) *nt* sample
varv (vahrv) *nt* revolution; shipyard
vas (vaass) *c* vase
vask (vahsk) *c* sink
vass (vahss) *c* reed; *adj* sharp
vatten (*vah*-tern) *nt* water; **rinnande** ~ running water
vattenblåsa (*vaht*-ern-bloa-sah) *c* blister
vattenfall (*vaht*-ern-fahl) *nt* waterfall
vattenfärg (*vaht*-ern-fær^y) *c* watercolour
vattenkran (*vaht*-ern-kraan) *c* faucet, tap
vattenkrasse (*vaht*-ern-krah-ser) *c* watercress
vattenmelon (*vah*-tern-may-*loon*) *c* watermelon
vattenpass (*vaht*-ern-pahss) *nt* level
vattenpump (*vaht*-ern-pewmp) *c* water pump
vattenskida (*vah*-tern-shee-dah) *c* water ski
vattentät (*vah*-tern-tait) *adj* waterproof
vattkoppor (*vaht*-ko-perr) *pl* chickenpox

vax (vahks) *nt* wax

vaxkabinett (*vahks*-kah-bi-*nayt*) *nt* waxworks *pl*

veck (vayk) *nt* fold; crease

vecka (*vay*-kah) *c* week; **vecko-** weekly

veckla upp (*vayk*-lah) unwrap

veckla ut (*vayk*-lah) unfold

veckopeng (*vay*-koo-pehng) *c* weekly allowance

veckoslut (*vay*-koo-sle̅w̅t) *nt* weekend

veckotidning (*vay*-koo-teed-ning) *c* weekly magazine

vedervärdig (*va̅y̅*-derr-væær-di) *adj* repulsive

vedträ (*va̅y̅d*-trai) *nt* log

vegetarian (vay-ger-tahr-i-*aan*) *c* vegetarian

vegetation (vay-ger-tah-*sho̅o̅n*) *c* vegetation

vem (vaym) *pron* who; **till** ~ to whom; ~ **som helst** anybody; ~ **som än** whoever

vemod (*va̅y̅*-mo̅o̅d) *nt* melancholy; sadness

vemodig (*va̅y̅*-mo̅o̅d-i) *adj* melancholy, sad

Venezuela (vay-nay-tsew-*a̅y̅*-lah) Venezuela

venezuelan (vay-nay-tsew-ay-*laan*) *c* Venezuelan

venezuelansk (vay-nay-tsew-ay-*laansk*) *adj* Venezuelan

ventil (vayn-*teel*) *c* valve

ventilation (vayn-ti-lah-*sho̅o̅n*) *c* ventilation

ventilator (vayn-ti-*laa*-tor) *c* ventilator

ventilera (vayn-ti-*la̅y̅*-rah) *v* ventilate

veranda (vay-*rahn*-dah) *c* veranda

verb (værb) *nt* verb

verifiera (vay-ri-fi-*a̅y̅*-rah) *v* verify

verka (*vær*-kah) *v* appear, seem

verkan (*vær*-kahn) *c* effect; result; consequence

verklig (*værk*-li) *adj* real; actual, true; very; **verkligen** really; indeed

verklighet (*værk*-li-ha̅y̅t) *c* reality; **i verkligheten** in real life; as a matter of fact

verksam (*værk*-sahm) *adj* active, effective

verkstad (*værk*-staad) *c* (pl -städer) workshop; garage

verkställande (*værk*-stehl-ahn-der) *adj* executive

verktyg (*værk*-te̅w̅g) *nt* tool; utensil, implement

verktygslåda (*værk*-te̅w̅gs-*lo̅a̅*-dah) *c* tool box

vers (værs) *c* verse

version (vær-*sho̅o̅n*) *c* version

vespa (*vayss*-pah) *c* scooter

vestibul (vehss-ti-*be̅w̅l*) *c* lobby

***veta** (*va̅y̅*-tah) *v* *know

vete (*va̅y̅*-tay) *nt* wheat

vetemjöl (*va̅y̅*-tay-m^y^u̅r̅l) *nt* flour

vetenskap (*va̅y̅*-tayn-skaap) *c* science

vetenskaplig (*va̅y̅*-tayn-skaap-li) *adj* scientific

vetenskapsman (*va̅y̅*-tayn-skaaps-mahn) *c* (pl -män) scientist

veterinär (vay-tay-ri-*næær*) *c* veterinary surgeon

vetgirig (*va̅y̅t*-^y^ee-ri) *adj* eager to learn

vevaxel (*va̅y̅v*-ahks-ayl) *c* (pl -xlar) crankshaft

vevhus (*va̅y̅v*-he̅w̅ss) *nt* crankcase

vi (vee) *pron* we

via (*vee*-ah) *prep* via

viadukt (vee-ah-*dewkt*) *c* viaduct

vibration (vi-brah-*sho̅o̅n*) *c* vibration

vibrera (vi-*bra̅y̅*-rah) *v* vibrate

vid (veed) *prep* on, by; *adj* wide

vidbränna (*veed*-breh-nah) *v* *burn

vidga (*vid*-gah) *v* widen

***vidhålla** (*veed*-hol-ah) *v* insist

vidrig (*veed*-ri) *adj* disgusting

vidröra (*veed*-rūr-rah) *v* touch
vidskepelse (*veed*-shāy-payl-ser) *c* superstition
vidsträckt (*vid*-strehkt) *adj* broad, vast; extensive
vigselring (*vig*-sehl-ring) *c* wedding-ring
vik (veek) *c* bay; creek
***vika** (*vee*-kah) *v* fold
vikt (vikt) *c* weight
viktig (*vik*-ti) *adj* important, essential; self-important; ***vara viktigt** matter
vila (*veel*-ah) *v* rest; *c* rest
vild (vild) *adj* wild; fierce, savage
vilja (*vil*-yah) *c* will; **med** ~ on purpose
***vilja** (*vil*-yah) *v* want, *will
viljekraft (*vil*-yer-krahft) *c* will-power
vilken (*vil*-kayn) *pron* which
villa (*vi*-lah) *c* villa
villebråd (*vi*-ler-brōād) *nt* game
villfarelse (*vil*-faa-rayl-ser) *c* illusion
villig (*vi*-li) *adj* willing
villkor (*vil*-kōār) *nt* condition; term
villkorlig (*vil*-kōār-li) *adj* conditional
villrådig (*vil*-rōā-di) *adj* irresolute
vilohem (*vee*-loo-haym) *nt* rest-home
vilsegången (*vil*-ser-gong-ern) *adj* lost
vilstol (*veel*-stōōl) *c* deck chair
vilthandlare (*vilt*-hahnd-lah-rer) *c* (pl ~) poulterer
vin (veen) *nt* wine
***vina** (*vee*-nah) *v* howl
vinbär (*veen*-bæær) *nt* currant; **svarta** ~ black-currant
vind (vind) *c* wind; attic
vindbrygga (*vind*-brewg-ah) *c* drawbridge
vindpust (*vind*-pewst) *c* whiff of wind
vindruta (*vind*-rēw-tah) *c* windscreen; windshield *nAm*
vindrutetorkare (*vind*-rēw-ter-tor-kah-rer) *c* (pl ~) windscreen wiper; windshield wiper *Am*
vindruvor (*veen*-drēw-voor) *pl* grapes *pl*
vindsrum (*vinds*-rewm) *nt* attic
vinge (*ving*-er) *c* wing
vingård (*veen*-gōārd) *c* vineyard
vinhandlare (*veen*-hahnd-lah-rer) *c* (pl ~) wine-merchant
vink (vingk) *c* wave; hint
vinka (*ving*-kah) *v* wave
vinkel (*ving*-kerl) *c* (pl -klar) angle
vinkypare (*veen*-tyēw-pah-rer) *c* (pl ~) wine-waiter
vinkällare (*veen*-tyeh-lah-rer) *c* (pl ~) wine-cellar
vinlista (*veen*-liss-tah) *c* wine-list
***vinna** (*vi*-nah) *v* *win; gain
vinnande (*vi*-nahn-der) *adj* winning
vinranka (*veen*-rahn-kah) *c* vine
vinskörd (*veen*-shūrrd) *c* grape harvest, vintage
vinst (vinst) *c* benefit, profit; winnings *pl*
vinstbringande (*vinst*-bring-ahn-der) *adj* profitable
vinter (*vin*-terr) *c* (pl -trar) winter
vintersport (*vin*-terr-sport) *c* winter sports
vinthund (*vint*-hewnd) *c* greyhound
vinäger (*vi*-nai-gerr) *c* vinegar
viol (vi-*ōōl*) *c* violet
violett (vi-ēw-*layt*) *adj* violet
virka (*veer*-kah) *v* crochet
virrvarr (*veer*-vahr) *nt* muddle
vis (veess) *nt* way, manner; *adj* wise
visa[1] (*veess*-ah) *v* *show; indicate, point out, display
visa[2] (*veess*-ah) *c* tune
visdom (*veess*-doom) *c* wisdom
vision (vi-*shōōn*) *c* vision
visit (vi-*seet*) *c* visit
visitera (vi-si-*tāyr*-ah) *v* search
visitering (vi-si-*tāy*-ring) *nt* search
visitkort (vi-*seet*-koort) *nt* visiting-

card
viska (*viss*-kah) *v* whisper
viskning (*visk*-ning) *c* whisper
vispa (*viss*-pah) *v* whip
viss (viss) *adj* certain
visselpipa (*vi*-serl-pee-pah) *c* whistle
vissla (*viss*-lah) *v* whistle
vistas (*viss*-tahss) *v* stay
vistelse (*viss*-tayl-ser) *c* stay
visum (*vee*-sewm) *nt* (pl visa) visa
vit (veet) *adj* white
vitamin (vi-tah-*meen*) *nt* vitamin
vitling (*vit*-ling) *c* whiting
vitlök (*veet*-lūrk) *c* garlic
vits (vits) *c* joke
vittna (*vit*-nah) *v* testify
vittne (*vit*-ner) *nt* witness
vokal (voo-*kaal*) *c* vowel
vokalist (voo-kah-*list*) *c* vocalist
volt (volt) *c* (pl ~) volt
volym (vo-*lēwm*) *c* volume; bulk
vrak (vraak) *nt* wreck
vred (vrāyd) *adj* angry
vrede (*vrāy*-day) *c* anger
vresig (*vrāyss*-i) *adj* cross
***vrida** (*vree*-dah) *v* twist, turn; wrench; ~ **om** turn
vriden (*vreed*-ern) *adj* crooked
vridning (*vreed*-ning) *c* twist
vrål (vrōal) *nt* roar
vulgär (vewl-*gæær*) *adj* vulgar
vulkan (vewl-*kaan*) *c* volcano
vuxen[1] (*vewk*-sern) *adj* adult; grown-up
vuxen[2] (*vewk*-sern) *c* (pl vuxna) grown-up; adult
vykort (*vēw*-koort) *nt* picture post-card
våffla (*vof*-lah) *c* waffle
våg[1] (vōag) *c* (pl ~or) wave
våg[2] (vōag) *c* (pl ~ar) scales *pl;* weighing-machine
våga (*vōa*-gah) *v* dare; venture
vågad (*vōag*-ahd) *adj* risky
vågig (*vōa*-gi) *adj* wavy; undulating
våglängd (*vōag*-lehngd) *c* wave-length
våld (vold) *nt* violence; force
våldsam (*vold*-sahm) *adj* violent
våldsdåd (*volds*-dōad) *nt* act of violence; outrage
***våldta** (*vold*-taa) *v* rape; assault
vålla (*vol*-ah) *v* cause
våning (*vōan*-ing) *c* floor; storey; apartment *nAm*
vår (vōar) *c* spring; springtime; *pron* our
vård (*vōard*) *c* care
vårda (*vōar*-dah) *v* nurse; tend
vårdhem (*vōard*-haym) *nt* nursing home
vårdslös (*vōards*-lūrss) *adj* careless
våt (vōat) *adj* wet
väcka (*veh*-kah) *v* *wake; *awake
väckarklocka (*veh*-kahr-klo-kah) *c* alarm-clock
väder (*vai*-derr) *nt* weather
väderkvarn (*vai*-derr-kvaarn) *c* wind-mill
väderleksrapport (*vai*-derr-lāyks-rah-*port*) *c* weather forecast
vädjan (*vaid*-ʸahn) *c* appeal
vädra (*vaid*-rah) *v* ventilate
väg (vaig) *c* road; drive, way; **på ~ till** bound for
väga (*vai*-gah) *v* weigh
vägarbete (*vaig*-ahr-*bāy*-ter) *nt* road up, road work
vägavgift (*vaig*-aav-ʸift) *c* toll
vägbank (*vaig*-bahngk) *c* embankment
vägg (vehg) *c* wall
vägglus (*vehg*-lēwss) *c* (pl -löss) bug
vägkant (*vaig*-kahnt) *c* roadside; way-side
vägkarta (*vaig*-kaar-tah) *c* road map
vägkorsning (*vaig*-kors-ning) *c* junction, intersection
vägleda (*vaig*-lāyd-ah) *v* direct; guide
vägmärke (*vaig*-mær-ker) *c* road sign

på ... vägnar (pōā *vehng*-nahr) on behalf of
vägnät (*vaig*-nait) *nt* road system
vägra (*vaig*-rah) *v* refuse; deny
vägran (*vaig*-rahn) *c* refusal
vägräcke (*vaig*-rehk-er) *nt* crash barrier
vägskäl (*vaig*-shail) *nt* road fork
vägvisare (*vaig*-vee-sah-rer) *c* (pl ~) signpost
välbefinnande (*vail*-ber-*fin*-ahn-der) *nt* well-being; comfort
välbärgad (*vail*-bær-ʸahd) *adj* well-to-do
väldig (*vehl*-di) *adj* enormous; huge, gigantic
välgrundad (*vail*-grewn-dahd) *adj* well-founded
välgång (*vail*-gong) *c* prosperity
välgörenhet (*vail*-ʸur-rern-*hāyt*) *c* charity
***välja** (*vehl*-ʸah) *v* *choose; elect, pick
välkommen (*vail*-ko-mern) *adj* welcome
välkomna (*vail*-kom-nah) *v* welcome
välkomnande (*vail*-kom-nahn-der) *nt* welcome
välkänd (*vail*-tʸehnd) *adj* well-known; familiar
välsigna (vehl-*sing*-nah) *v* bless
välsignelse (vehl-*sing*-nayl-ser) *c* blessing
välsmakande (*vail*-smaak-ahn-der) *adj* tasty; savoury
välstånd (*vail*-stond) *nt* prosperity
välvilja (*vail*-vil-ʸah) *c* goodwill
välvårdad (*vail*-vōār-dahd) *adj* neat
vämjelig (*vehm*-ʸer-li) nauseous
vän (vehn) *c* (pl ~ner) friend
vända (*vehn*-dah) *v* turn; ~ **bort** avert; ~ **på** turn round; ~ **sig om** turn round; ~ **sig till** address; ~ **tillbaka** turn back; ~ **upp och ner** turn over
vändning (*vehnd*-ning) *c* change, turn
vändpunkt (*vehnd*-pewngkt) *c* turning-point
väninna (veh-*nin*-ah) *c* friend; girlfriend
***vänja** (*vehn*-ʸah) *v* accustom
vänlig (*vehn*-li) *adj* friendly; kind
vänskap (*vehn*-skaap) *c* friendship
vänskaplig (*vehn*-skaap-li) *adj* friendly
vänster (*vehns*-terr) *adj* left; left-hand
vänsterhänt (*vehns*-terr-*hehnt*) *adj* left-handed
vänta (*vehn*-tah) *v* wait; ~ **på** await; ~ **sig** expect; await
väntad (*vehn*-tahd) *adj* due
väntan (*vehn*-tahn) *c* waiting
väntelista (*vehn*-ter-liss-tah) *c* waiting-list
väntrum (*vehnt*-rewm) *nt* waiting-room
värd (væærd) *c* host
värde (*væær*-der) *nt* worth, value; ***vara värd** *be worth
värdefull (*væær*-der-fewl) *adj* valuable
värdelös (*væær*-der-lūrss) *adj* worthless
värdepapper (*væær*-der-pah-perr) *pl* stocks and shares
värdera (vær-*dāyr*-ah) *v* value; estimate, evaluate
värdering (vær-*dāyr*-ing) *c* appraisal
värdesaker (*væær*-der-saa-kerr) *pl* valuables *pl*
***värdesätta** (*væær*-der-seh-tah) *v* value, appreciate
värdig (*væær*-di) *adj* dignified; worthy of
värdinna (vær-*di*-nah) *c* hostess
värdshus (*væærds*-hēwss) *nt* inn; roadhouse; roadside restaurant
värdshusvärd (*væærds*-hēwss-væærd)

c inn-keeper
värk (værk) *c* ache; **värkar** labour pains
värka (*vær*-kah) *v* ache; *hurt
värld (væærd) *c* world
världsberömd (*væærds*-ber-*rurmd*) *adj* world-famous
världsdel (*væærds*-dāyl) *c* continent
världshav (*væærds*-haav) *nt* ocean
världskrig (*væærds*-kreeg) *nt* world war
världsomfattande (*væærds*-om-fah-tahn-der) *adj* global
världsomspännande (*væærds*-om-*speh*-nahn-der) *adj* world-wide
värma (*vær*-mah) *v* warm
värme (*vær*-mer) *c* heat; warmth
värmedyna (*vær*-mer-dēw-nah) *c* heating pad
värmeelement (*vær*-mer-ay-ler-*mehnt*) *nt* radiator
värnpliktig (*væærn*-plik-tig) *c* (pl ~a) conscript
värre (*væ*-rer) *adv* worse; *adj* worse; **värst** worst
väsen (*vaiss*-ern) *nt* essence; noise; fuss
väsentlig (veh-*saynt*-li) *adj* essential; **väsentligen** essentially
väska (*vehss*-kah) *c* bag
vässa (*veh*-sah) *v* sharpen
väst (vehst) *c* waistcoat, vest *nAm;* west
väster (*vehss*-terr) *c* west
västlig (*vehst*-li) *adj* western; westerly
väte (*vai*-ter) *nt* hydrogen
vätesuperoxid (*vai*-ter-sēwp-rok-*seed*) *c* peroxide
vätska (*veht*-skah) *c* fluid
väva (*vai*-vah) *v* *weave
vävare (*vai*-vah-rer) *c* (pl ~) weaver
vävnad (*vaiv*-nahd) *c* tissue
växa (*vehks*-ah) *v* *grow
växel (*vehks*-ayl) *c* (pl växlar) gear; draft
växelkontor (*vehks*-ayl-kon-tōōr) *nt* exchange office; money exchange
växelkurs (*vehks*-ayl-kewrs) *c* exchange rate
växellåda (*vehks*-ayl-lōā-dah) *c* gearbox
växelpengar (*vehks*-ayl-peh-ngahr) *pl* small change
växelspak (*vehks*-ayl-spaak) *c* gear lever
växelström (*vehks*-ayl-strurm) *c* alternating current
växla (*vehks*-lah) *v* change; switch, exchange; change gear
växlande (*vehks*-lahn-der) *adj* variable
växt (vehkst) *c* growth; plant
växthus (*vehkst*-hēwss) *nt* greenhouse
vördnad (*vūrrd*-nahd) *c* veneration, respect
vördnadsvärd (*vūrrd*-nahds-*væærd*) *adj* venerable

W

watt (vaht) *c* (pl ~) watt

Y

ylle- (*ew*-ler) woollen
ylletröja (*ew*-ler-trur-ʸah) *c* jersey
ympa (*ewm*-pah) *v* inoculate; graft
ympning (*ewmp*-ning) *c* grafting
ynkrygg (*ewngk*-rewg) *c* coward
yr (ēwr) *adj* dizzy; giddy
yrke (*rōād*-mahn) *nt* profession; trade; **yrkes-** professional
yrkesutbildad (*ewr*-kerss-ēwt-bil-dahd)

adj skilled, trained
yrsel (*ewr*-serl) *c* dizziness; giddiness
yta (*e̅w̅*-tah) *c* surface; area
ytlig (*e̅w̅t*-li) *adj* superficial
ytterlig (*ewt*-err-li) *adj* extreme
ytterligare (*ewt*-err-li-gah-rer) *adj* further; additional
ytterlighet (*ewt*-err-li-ha̅y̅t) *c* extreme
ytterlinje (*ewt*-err-lin-yer) *c* outline
yttersta (*ew*-terrs-tah) *adj* utmost; extreme
yttra (*ewt*-rah) *v* utter
yttrande (*ewt*-rahn-der) *nt* expression
yttrandefrihet (*ewt*-rahn-der-fri-*ha̅y̅t*) *c* freedom of speech
yttre (*ewt*-rer) *nt* exterior; *adj* outer; exterior
yxa (*ewks*-ah) *c* axe

Z

zenit (*sa̅y̅*-nit) zenith
zigenare (si-*ya̅y̅*-nah-rer) *c* (pl ~) gipsy
zink (singk) *c* zinc
zon (so̅o̅n) *c* zone
zoo (so̅o̅) *nt* zoo
zoologi (so-o-lo-*gee*) *c* zoology
zoomlins (*so̅o̅m*-lins) *c* zoom lens

Å

å (o̅a̅) *c* river, stream
åder (*o̅a̅*-derr) *c* (pl ådror) vein
åderbrock (*o̅a̅*-derr-brok) *nt* varicose vein
***ådraga sig** (*o̅a̅*-draa-gah) contract
åhörare (*o̅a̅*-hu̅r̅r-ah-rer) *c* (pl ~) listener, auditor
åka (*o̅a̅*-kah) *v* *ride, *drive, *go; ~ **bort** *go away; ~ **fort** *speed; ~ **runt om** by-pass; ~ **tillbaka** *go back
åker (*o̅a̅k*-err) *c* (pl åkrar) field
ål (o̅a̅l) *c* eel
ålder (*ol*-derr) *c* (pl åldrar) age
ålderdom (*ol*-derr-doom) *c* age; old age
åldrig (*old*-ri) *adj* aged
***ålägga** (*o̅a̅*-lehg-ah) *v* enjoin
ånga (*ong*-ah) *c* steam; vapour
ångare (*ong*-ah-rer) *c* (pl ~) steamer
ånger (*ong*-err) *c* repentance
ångest (*ong*-erst) *c* anguish; fear
ångra (*ong*-rah) *v* regret, repent
år (o̅a̅r) *nt* year; **per** ~ per annum
åra (*o̅a̅*-rah) *c* oar
årgång (*o̅a̅r*-gong) *c* vintage
århundrade (*o̅a̅r*-hewnd-rah-der) *nt* century
årlig (*o̅a̅r*-li) *adj* annual; yearly
årsbok (*o̅a̅rs*-bo̅o̅k) *c* (pl -böcker) annual
årsdag (*o̅a̅rs*-daag) *c* anniversary
årstid (*o̅a̅rs*-teed) *c* season
åsikt (*o̅a̅*-sikt) *c* opinion; view
åska (*oss*-kah) *c* thunder; *v* thunder; **åsk-** thundery
åskväder (*osk*-vai-derr) *nt* thunderstorm
åskådare (*o̅a̅*-sko̅a̅-dah-rer) *c* (pl ~) spectator
åsna (*o̅a̅ss*-nah) *c* donkey; ass
***åstadkomma** (*o̅a̅*-stah-kom-ah) *v* effect
åsyn (*o̅a̅*-se̅w̅n) *c* sight
åt (o̅a̅t) *prep* to; towards
åtala (*o̅a̅*-taa-lah) *v* prosecute
***åta sig** (*o̅a̅*-taa) *take upon oneself
åter (*o̅a̅t*-err) *adv* again
återbetala (*o̅a̅t*-err-bay-*taal*-ah) *v* *repay; reimburse, refund
återbetalning (*o̅a̅t*-err-bay-*taal*-ning) *c* repayment; refund

***återfå** (*oa*-terr-*foa*) *v* *find again, recover
återföra (*oat*-err-*furr*-ah) *v* *bring back
återförena (*oat*-err-fur-*ray*-nah) *v* reunite
återkalla (*oat*-err-kahl-ah) *v* recall
återkomst (*oat*-err-komst) *c* return
återresa (*oat*-err-ray-sah) *c* return journey
återstod (*oat*-err-stood) *c* remainder
***återstå** (*oat*-err-stoa) *v* remain
***återuppta** (*oat*-err-ewp-tah) *v* resume
återvända (*oat*-err-vehn-dah) *v* return
återvändsgränd (*oat*-err-vehnds-grehnd) *c* cul-de-sac
åtfölja (*oat*-furl-ʸah) *v* accompany
åtgärd (*oat*-ʸærd) *c* measure
åtkomlig (*oat*-kom-li) *adj* attainable
åtminstone (oat-*mins*-to-ner) *adv* at least
åtrå (*oa*-troa) *c* lust
åtråvärd (*oa*-troa-*vææerd*) *adj* desirable
åtskild (*oat*-shild) *adj* separate
åtskilja (*oat*-shil-ʸah) *v* divide; disconnect
åtskilliga (*oat*-shi-li-gah) *adj* several; various
åtstrama (*oat*-straam-ah) *v* tighten
åtta (*o*-tah) *num* eight
åttio (*o*-ti) *num* eighty
åttonde (*o*-ton-der) *num* eighth
åverkan (*oa*-vehr-kahn) *c* damage, mischief

Ä

äcklig (*ehk*-li) *adj* disgusting; revolting
ädel (*ai*-dayl) *adj* noble
ädelsten (*ai*-dayl-stayn) *c* stone; gem
äga (*ai*-gah) *v* own; possess; ~ **rum** *take place
ägare (*ai*-gah-rer) *c* (pl ~) owner; proprietor
ägg (ehg) *nt* egg
äggkopp (*ehg*-kop) *c* egg-cup
äggplanta (*ehg*-plahn-tah) *c* eggplant
äggula (*ehg*-gewl-ah) *c* egg-yolk; yolk
ägna (*ehng*-nah) *v* devote; dedicate
ägodelar (*ai*-goo-dayl-ahr) *pl* property; possessions
äkta (*ehk*-tah) *adj* true; authentic, genuine; ~ **man** husband
äktenskap (*ehk*-tayn-skaap) *nt* marriage; matrimony
äktenskaplig (*ehk*-tayn-skaap-li) *adj* matrimonial
äldre (*ehld*-rer) *adj* elder; elderly; **äldst** eldest
älg (ehlʸ) *c* elk, moose
älska (*ehls*-kah) *v* love
älskad (*ehls*-kahd) *adj* beloved
älskare (*ehls*-kah-rer) *c* (pl ~) lover
älskarinna (ehls-kah-*rin*-ah) *c* mistress
älskling (*ehlsk*-ling) *c* darling; sweetheart; **älsklings-** favourite; pet
älv (ehlv) *c* river
ämbar (*ehm*-baar) *nt* pail
ämbete (*ehm*-bayt-er) *nt* office
ämbetsdräkt (*ehm*-bayts-drehkt) *c* official dress, robe
ämna (*ehm*-nah) *v* intend
ämne (*ehm*-ner) *nt* theme; matter
än (ehn) *conj* than
ända till (*ehn*-dah til) until; as far as
ändamål (*ehn*-dah-moal) *nt* purpose; object
ändamålsenlig (*ehn*-dah-moals-*ayn*-li) *adj* suitable, appropriate
ände (*ehn*-der) *c* end
ändra (*ehnd*-rah) *v* alter; change, vary, modify
ändring (*ehnd*-ring) *c* alteration

ändstation (*ehnd*-stah-shōōn) *c* terminal
ändtarm (*ehnd*-tahrm) *c* rectum
äng (ehng) *c* meadow
ängel (*ehng*-ayl) *c* (pl änglar) angel
ängslig (*ehngs*-li) *adj* afraid; worried
änka (*ehng*-kah) *c* widow
änkling (*ehngk*-ling) *c* widower
ännu (*ehn*-ew) *adv* still; yet; ~ **en gång** once more
äpple (*ehp*-lay) *nt* apple
ära (*æær*-ah) *v* honour; *c* glory
ärelysten (*æær*-er-lewss-tern) *adj* ambitious
ärende (*ææ*-rayn-der) *nt* errand
ärftlig (*ærft*-li) *adj* hereditary
ärkebiskop (*ær*-ker-biss-kop) *c* archbishop
ärlig (*æær*-li) *adj* honest
ärlighet (*æær*-li-hāyt) *c* honesty
ärm (ærm) *c* sleeve
ärofull (*ææ*-roo-fewl) *adj* honourable
ärr (ær) *nt* scar
ärta (*ær*-tah) *c* pea
ärva (*ær*-vah) *v* inherit
***äta** (*ai*-tah) *v* *eat
ätbar (*ait*-baar) *adj* edible
ättling (*eht*-ling) *c* descendant
även (*aiv*-ern) *adv* also; even; likewise; ~ **om** although; though
äventyr (*ai*-vayn-tēwr) *nt* adventure

Ö

ö (ūr) *c* island
öde (*ūrd*-er) *nt* fate; destiny, fortune; *adj* desert; waste
***ödelägga** (*ūr*-day-leh-gah) *v* wreck; ruin
ödeläggelse (*ūr*-day-leh-gerl-ser) *c* ruination
ödesdiger (*ūr*-derss-dee-gerr) *adj* fatal
ödmjuk (*ūrd*-m^yōōk) *adj* humble
öga (*ūr*-gah) *nt* (pl ögon) eye
ögla (*ūrg*-lah) *c* loop
ögonblick (*ūr*-gon-blik) *nt* moment; second, instant
ögonblickligen (*ūr*-gon-*blik*-li-ern) *adv* instantly
ögonblicksbild (*ūr*-gon-bliks-*bild*) *c* snapshot
ögonbryn (*ūr*-gon-brēwn) *nt* eyebrow
ögonbrynspenna (*ūr*-gon-brēwns-peh-nah) *c* eye-pencil
ögonfrans (*ūr*-gon-frahns) *c* eyelash
ögonlock (*ūr*-gon-lok) *nt* eyelid
ögonläkare (*ūr*-gon-lai-kah-rer) *c* (pl ~) eye specialist, oculist
ögonskugga (*ūr*-gon-skew-gah) *c* eye-shadow
ögonvittne (*ūr*-gon-vit-ner) *nt* eye-witness
öka (*ūr*-kah) *v* increase; raise
öken (*ūr*-kern) *c* (pl öknar) desert
ökning (*ūrk*-ning) *c* increase
öl (ūrl) *nt* beer; ale
öm (urm) *adj* tender; sore
ömsesidig (*urm*-say-*seed*-i) *adj* mutual
ömtålig (*urm*-tōā-li) *adj* delicate; perishable
önska (*urns*-kah) *v* wish; desire, want
önskan (*urns*-kahn) *c* (pl -kningar) wish; desire
önskvärd (*urnsk*-vææd) *adj* desirable
öppen (*ur*-payn) *adj* open
öppenhjärtig (*ur*-pern-^yær-ti) *adj* open-hearted, frank
öppna (*urp*-nah) *v* open
öppning (*urp*-ning) *c* breach, gap; opening
öra (*ūr*-rah) *nt* (pl öron) ear
örfil (*ūrr*-feel) *c* slap; blow; ***ge en** ~ smack
örhänge (*urr*-hehng-er) *nt* earring
örlogsfartyg (*ūrr*-logs-faar-tēwg) *nt*

man-of-war
örn (urrn) *c* eagle
örngott (ūrrn-got) *nt* pillow-case
örsprång (ūrr-sprong) *nt* earache
ört (urrt) *c* herb
öst (urst) east
öster (*urss*-terr) *c* east
österrikare (*urss*-terr-ree-kah-rer) *c* (pl ~) Austrian
Österrike (*urss*-terr-ree-ker) Austria
österrikisk (*urss*-terr-ree-kisk) *adj* Austrian
östra (*urst*-rah) *adj* eastern
öva (ūrv-ah) *v* exercise; ~ **sig** practise
över (ūrv-err) *prep* over; across, *adv* over; ***gå** ~ cross, pass; **över-** upper, chief
överallt (ūr-verr-*ahlt*) *adv* everywhere; throughout
överanstränga (ūr-verr-ahn-strehng-ah) *v* strain; ~ **sig** overstrain, overwork
överdrift (ūr-verr-drift) *c* exaggeration
***överdriva** (ūr-verr-dree-vah) *v* exaggerate
överdriven (ūr-verr-dreev-ern) *adj* excessive; extravagant
överdäck (ūr-verr-dehk) *nt* main deck
överenskommelse (ūr-verr-ayns-ko-mayl-ser) *c* settlement, agreement
överensstämma (ūr-verr-ayns-steh-mah) *v* correspond
överfart (ūr-verr-faart) *c* crossing; passage
överflöd (ūr-verr-flūrd) *nt* abundance; plenty; ***finnas i** ~ *be in plenty
överflödig (ūr-verr-flūrd-i) *adj* superfluous; redundant
överfull (ūr-verr-fewl) *adj* overfull, crowded
överföra (ūr-verr-fūr-rah) *v* transfer
***överge** (ūr-verr-ʸāy) *v* desert
övergång (ūr-verr-gong) *c* crossing, change over, transition
övergångsställe (*ur*-verr-gongs-steh-ler) *nt* crossing; crosswalk *nAm*
överlagd (ūr-verr-lahgd) *adj* deliberate, premeditated
överleva (ūr-verr-lāy-vah) *v* survive
överlevnad (ūr-verr-lāyv-nahd) *c* survival
***överlägga** (ūr-verr-lehg-ah) *v* deliberate
överläggning (ūr-verr-lehg-ning) *c* discussion, deliberation
överlägsen (ūr-verr-laig-sern) *adj* superior
överlämna (ūr-verr-lehm-nah) *v* deliver, hand ... over; commit
överlärare (ūr-verr-lææ-rah-rer) *c* (pl ~) head teacher
övermodig (ūr-verr-mōōd-i) *adj* presumptuous, reckless
överraska (ūr-verr-rahss-kah) *v* surprise
överraskning (ūr-verr-rahsk-ning) *c* surprise
överrock (ūr-verr-rok) *c* overcoat; topcoat
överrumpla (ūr-verr-rewmp-lah) *v* surprise
översida (ūr-verr-see-dah) *c* top side; top
översikt (ūr-verr-sikt) *c* survey; summary
överskott (ūr-verr-skot) *nt* surplus
***överskrida** (*ur*-verr-skreed-ah) *v* exceed
överskrift (ūr-verr-skrift) *c* heading; headline
överspänd (ūr-verr-spehnd) *adj* overstrung
överste (ūr-verrs-ter) *c* colonel
översvallande (ūr-verr-svahl-ahn-der) *adj* exuberant
översvämning (ūr-verr-svehm-ning) *c* flood

översända (ūr-verr-sehn-dah) *v* *send, remit

•**översätta** (ūr-verr-seh-tah) *v* translate

översättare (ūr-verr-seh-tah-rer) *c* (pl ~) translator

översättning (ūr-verr-seht-ning) *c* translation

•**överta** (ūr-verr-taa) *v* *take over

övertala (ūr-verr-taa-lah) *v* persuade

överträffa (ūr-verr-trehf-ah) *v* exceed; *outdo

övertyga (ūr-verr-tēw-gah) *v* convince; persuade

övertygelse (ūr-verr-tew-gayl-ser) *c* conviction; persuasion

övervaka (ūr-verr-vaak-ah) *v* supervise; watch

övervikt (ūr-verr-vikt) *c* overweight

•**övervinna** (ūr-verr-vin-ah) *v* *overcome

överväga (ūr-verr-vaig-ah) *v* consider; deliberate

övervägande (ūr-verr-vaig-ahn-der) *nt* consideration

överväldiga (ūr-verr-vehl-di-gah) *v* overwhelm

övning (ūrv-ning) *c* exercise

övre (ūrv-rer) *adj* upper; top

övrig (ūrv-ri) *adj* remaining; **för övrigt** moreover

Menu Reader

Food

abborre perch
aladåb aspic
ananas pineapple
and wild duck
anka duck
ansjovis marinated sprats
apelsin orange
aprikos apricot
aromsmör herb butter
bakad baked
bakelse pastry, fancy cake
banan banana
barnmatsedel children's menu
betjäningsavgift service charge
biff beef steak
~ **à la Lindström** minced beef mixed with pickled beetroot, capers and onions, shaped into patties and fried
~ **Rydberg** fried diced beef and potatoes, served with a light mustard sauce
bit piece
björnbär blackberry
bladspenat spinach
blandad mixed, assorted
blini buckwheat pancake
blodpudding black pudding (US blood sausage)
blomkål cauliflower
blåbär bilberry (US blueberry)
bondbönor broad beans
bruna bönor baked brown beans flavoured with vinegar and syrup
brylépudding caramel blanc-mange (US caramel custard)
brynt browned
brysselkål brussels sprout
bräckkorv smoked pork sausage
bräckt sautéed, fried
bräserad braised
bröd bread
~ **och smör** bread and butter
bröst breast (of fowl)
buljong consommé
bär berry
böckling smoked herring
böna bean
camembert soft, runny cheese with pungent flavour
champinjon button mushroom
choklad chocolate
citron lemon
dagens rätt dish of the day
dietmat diet food
dill dill
~ **kött** stewed lamb or veal served with a sour-sweet dill sauce

dricks tip
duva pigeon (US squab)
efterrätt dessert
enbär juniper berry
endiv chicory (US endive)
enrisrökt smoked over juniper embers
entrecote sirloin steak, rib-eye steak
falukorv lightly smoked pork sausage
fasan pheasant
fastlagsbulle bun filled with almond paste and cream, eaten during Lent
fattiga riddare French toast; bread dipped in batter and fried, served with sugar and jam
femöring med ägg small steak topped with fried egg and served with onions
filbunke junket
filé fillet (US tenderloin)
~ **Oscar** fillets of veal served with bearnaise sauce (vinegar, egg-yolks, butter, shallots and tarragon), asparagus tips and lobster
filmjölk sour milk, type of thin junket
fisk fish
~**bullar** codfish-balls
~**färs** loaf, mousse
~**gratäng** baked casserole
~**pinnar** sticks
flamberad flamed (with liquor)
flundra flounder
fläsk pork
~ **med löksås** slices of thick bacon served with onion sauce
~**filé** fillet (US tenderloin)
~**karré** loin
~**korv** boiled sausage
~**kotlett** chop
~**lägg** boiled, pickled knuckle
~**pannkaka** pancake with diced bacon
~**stek** roast
forell trout
franskbröd white bread
frasvåffla warm (crisp) waffle
frikadell boiled veal meat ball
friterad deep-fried
~ **camembert** deep-fried pieces of *camembert* served with Arctic cloudberry jam
fromage mousse, blancmange
frukost breakfast
~**flingor** dry breakfast cereal, cornflakes
frukt fruit
frusen grädde frozen whipped cream
fylld stuffed, filled
fyllning stuffing, forcemeat
fågel fowl, game bird
får mutton
~ **i kål** Irish stew; mutton (more usually lamb) and cabbage stew
fänkål fennel
färsk fresh, new
färska räkor unshelled fresh shrimps
färskrökt lax slightly smoked salmon
förrätt starter, first course
gelé jelly, aspic
getost a soft, rather sweet whey cheese made from goat's milk
glace au four sponge cake filled with ice-cream, covered with meringue, quickly browned in oven and served flaming (US baked Alaska)
glass ice-cream
~**tårta** ice-cream cake

grapefrukt grapefruit
gratinerad oven-browned
gratäng (au) gratin
gravad lax (gravlax) fresh salmon cured with sugar, sea salt, pepper and dill; served with mustard sauce
gravad strömming marinated Baltic herring
grillad grilled, broiled
grillkorv grilled sausage
gris pork
~**fötter** pigs' trotters (US pigs' feet)
~**hals** scrag
grodlår frogs' legs
grytstek pot roast
grädde cream
gräddfil sour cream
gräddmjölk light cream (half and half)
gräddtårta sponge layer cake with cream and jam filling
gräslök chive
grönkål kale
grönpeppar green peppercorn
grönsak vegetable
grönsakssoppa vegetable soup
grönsallad lettuce
gröt porridge
gurka cucumber, gherkin
gås goose
~**lever** 1) goose liver 2) goose-liver pâté
gädda pike
gäddfärsbullar pike dumplings
gös pike-perch (US walleyed pike)
hackad minced, chopped
~ **biff med lök** hamburger steak with fried onions
hallon raspberry
halstrad grilled over open fire
haricots verts French beans (US green beans)
harstek roast hare
hasselbackspotatis sliced potatoes covered with melted butter, then roasted
hasselnöt hazelnut
havregryn oats
havregrynsgröt oatmeal (porridge)
havskräfta seawater crayfish, Dublin Bay prawn
helgeflundra halibut
helstekt roasted whole
hemlagad home-made
herrgårdsost hard cheese with a mild to slightly strong flavour
hjortron Arctic cloudberry
honung honey
hovdessert meringue with whipped cream and chocolate sauce
hummer lobster
husmanskost home cooking, plain food
hälleflundra halibut
hälsokost organic health food
hökarpanna kidney stew with bacon, potatoes and onions, braised in beer
höna boiling fowl
höns med ris och curry boiled chicken, curry sauce and rice
ingefära ginger
inkokt boiled and served cold
inlagd marinated in vinegar, sugar and spices
is ice
~**glass** water ice (US sherbet)
~**kyld** iced
islandssill Iceland herring
isterband coarse, very tasty pork sausage
Janssons frestelse layers of sliced

potatoes, onions and marinated sprats, baked with cream
jordgubbe strawberry
jordgubbstårta sponge cake with whipped cream and strawberries
jordnöt peanut
jordärtskocka Jerusalem artichoke
jordärtskockspuré purée of Jerusalem artichoke
julbord buffet of Christmas specialities
julskinka baked ham
jultallrik plate of specialities taken from the *julbord*
jägarschnitzel veal cutlet with mushrooms
järpe hazelhen
kaka cake, biscuit (US cookie)
kalkon turkey
kall cold
kallskuret cold meat (US cold cuts)
kalops beef stew flavoured with bay leaves
kalorifattig low calorie
kalv veal, calf
~**bräss** sweetbread
~**filé** fillet (US tenderloin)
~**frikassé** stew
~**järpe** meatball made of minced veal
~**kotlett** chop
~**lever** liver
~**njure** kidney
~**schnitzel** cutlet
~**stek** roast
~**sylta** potted veal
~**tunga** tongue
kanel cinnamon
~**bulle** cinnamon roll
kanin rabbit
kantarell chanterelle mushroom
kapris caper
karljohanssvamp boletus mushroom
kassler lightly smoked loin of pork
kastanj chestnut
kastanjepuré chestnut purée
katrinplommon prune
kaviar caviar
röd ~ cod's roe (red, salted)
svart ~ black caviar, roe from lumpfish
keso a type of cottage cheese
kex biscuit (US cookie)
knyte filled puff pastry (US turnover)
knäckebröd crisp bread (US hardtack)
kokad boiled, cooked
kokos grated coconut
~**kaka** coconut macaroon
kokt boiled, cooked
kolasås caramel sauce
kolja haddock
kompott stewed fruit
korv sausage
krabba crab
krasse cress
kronärtskocka artichoke
kronärtskocksbotten artichoke bottom
kroppkakor potato dumplings stuffed with minced bacon and onions, served with melted butter
krusbär gooseberry
krusbärspaj gooseberry tart/pie
krydda spice
kryddnejlika clove
kryddost hard semi-fat cheese with cumin seeds
kryddpeppar allspice
kryddsmör herb butter
kräftor freshwater crayfish boiled with salt and dill, served cold

(Swedish speciality available only during August and September)
kräm 1) cream, custard 2) stewed fruit or syrup thickened with potato flour
kummin cumin
kuvertavgift cover charge
kuvertbröd French roll
kyckling chicken
~**bröst** breast
~**lever** liver
~**lår** leg
kål cabbage
~**dolmar** cabbage leaves stuffed with minced meat and rice
~**pudding** layers of cabbage leaves and minced meat
~**rot** turnip
käx biscuit (US cookie)
körsbär cherry
körvel chervil
kött meat
~**bullar** meat balls
köttfärs minced meat
~**limpa** meat loaf
~**sås** meat sauce for spaghetti
lagerblad bay leaf
lake burbot (freshwater fish)
lamm lamb
~**bog** shoulder
~**bringa** brisket
~**kotlett** chop
~**sadel** saddle
~**stek** roast
landgång a long, open sandwich with different garnishes
lapskojs lobscouse; casserole of potatoes, meat and vegetables
lax salmon
~**pudding** layers of flaked salmon, potatoes, onions and eggs, baked
laxöring salmon trout
legymsallad blanched vegetables, served in a mayonnaise sauce
lever liver
~**korv** sausage
~**pastej** paste
limpa rye bread; loaf
lingon lingonberry, small cranberry
~**sylt** lingonberry jam
lutfisk specially treated, poached stockfish, served with white sauce (Christmas speciality)
låda casserole
lättstekt underdone (US rare)
löjrom vendace roe often served on toast with onions and sour cream
lök onion
lövbiff thinly sliced beef
majonnäs mayonnaise
majs maize (US corn)
~**kolv** corn on the cob
makaroner macaroni
makrill mackerel
mandel almond
~**biskvi** almond biscuit (US cookie)
marinerad marinated
marmelad marmalade
marsipan marzipan, almond paste
maräng meringue
marängsviss meringue with whipped cream and chocolate sauce
matjessill marinated herring fillets, served with sour cream and chives
matsedel bill of fare
mejram marjoram
meny menu, bill of fare
mesost whey cheese
messmör soft whey cheese
middag dinner

mixed grill pieces of meat, onions, tomatoes and green peppers grilled on a skewer
mjukost soft white cheese
morkulla woodcock
morot (pl **morötter**) carrot
mullbär mulberry
munk doughnut
murkelstuvning creamed morel mushrooms
murkelsås morel mushroom sauce
murkla morel mushroom
muskot nutmeg
mussla mussel, clam
märg marrow
~**ben** marrow bone
njure kidney
nota bill (US check)
nypon rose-hip
~**soppa** rose-hip soup (dessert)
nässelsoppa nettle soup
oliv olive
olja oil
orre black grouse
ost cheese
~**bricka** cheese board
~**gratinerad** oven-browned, with cheese topping
~**kaka** kind of curd cake served with jam
~**stänger** cheese straws
ostron oyster
oxbringa brisket of beef
oxfilé fillet of beef (US tenderloin)
oxjärpe meatball of minced beef
oxkött beef
oxrulad beef olive; slice of beef rolled and braised in gravy
oxstek roast beef
oxsvanssoppa oxtail soup
oxtunga beef tongue
paj pie, tart
palsternacka parsnip
panerad breaded
pannbiff hamburger steak with fried onions
pannkaka pancake
paprika (grön) (green) pepper
parisare minced beef with capers, beetroot and onions served on toast, topped with a fried egg
pastej pie, patty, pâté
peppar pepper
~**kaka** ginger biscuit (US ginger snap)
~**rot** horseradish
~**rotskött** boiled beef with horseradish sauce
persika peach
persilja parsley
persiljesmör parsley butter
piggvar turbot
pilgrimsmussla scallop, coquille St. Jacques
pirog Russian pasty; stuffed pasty (caviar, cheese, fish or vegetables)
plankstek a thin steak served on a wooden platter (US plank steak)
plommon plum
~**späckad fläskkarré** roast loin of pork flavoured with prunes
plättar small, thin pancakes
pommes frites chips (US French fries)
potatis potato
färsk ~ new potatoes
~**mos** mashed potatoes
pressgurka marinated sliced, fresh cucumber
pressylta brawn (US head cheese)
prinsesstårta sponge cake with vanilla custard and whipped cream, covered with green almond paste
prinskorv cocktail sausage, small frankfurter

pudding mould, baked casserole
purjolök leek
pyttipanna kind of bubble and squeak; fried pieces of meat, sausage, onions and potatoes, served with an egg-yolk or a fried egg and pickled beetroot
päron pear
pölsa hash made of boiled pork and barley
rabarber rhubarb
raggmunk med fläsk potato pancake with bacon
rapphöna partridge
ren reindeer
~**sadel** saddle
~**skav** in thin slices
~**stek** roast
revbensspjäll spare-rib
rimmad, rimsaltad slightly salted
ris rice
risgrynsgröt rice pudding served with milk and cinnamon
riven, rivna grated
rom roe
rosmarin rosemary
rostat bröd toast
rostbiff roast beef
rotmos mashed turnips
russin raisin
rysk kaviar caviar
rå raw
~**biff** steak tartare: finely chopped raw beef with egg-yolks, capers, onions, pickled beetroot and seasoning
rådjur venison
rådjurssadel saddle of venison
rådjursstek roast venison
råkost uncooked shredded vegetables
rån small wafer
rårörda lingon lingonberry (small cranberry) jam preserved without cooking
rädisa radish
räka shrimp
räkcocktail shrimp cocktail
rättika black radish
rödbeta beetroot
rödbetssallad beetroot salad
röding char (fish)
rödkål red cabbage
rödspätta plaice
rökt smoked
rönnbär rowanberry (mountain ashberry)
rönnbärsgelé rowanberry jelly
rött (pl **röda**) **vinbär** redcurrant
saffran saffron
saffransbröd sweet saffron loaf or rolls
sallad salad
salta biten salted boiled beef
saltad salted
saltgurka salt-pickled gherkin
sardell anchovy
~**smör** anchovy butter
sardin sardine
schalottenlök shallot
schweizerost Swiss cheese
schweizerschnitzel cordon bleu; veal scallop stuffed with ham and cheese
selleri celery
~**rot** celery root
senap mustard
serveringsavgift service charge
sik whitefish
~**löja** vendace (small whitefish)
~**rom** whitefish roe
sill herring
~**bricka** board of assorted herring
~**bullar** herring dumplings
~**gratäng** baked casserole of herring, onions and potatoes

~**sallad** herring salad with pickled beetroot and gherkins, apples, boiled potatoes, onions and whipped cream
~**tallrik** portion of assorted herring
sirap treacle, molasses
sjömansbiff beef casserole with carrots, onions and potatoes, braised in beer
sjötunga sole
sjötungsfilé fillet of sole
skaldjur shellfish
skarpsås mayonnaise enriched with mustard and herbs
skinka ham
skinklåda ham-and-egg casserole
skinkomelett ham omelet
skiva slice
sky dripping, gravy
sköldpaddssoppa turtle soup
slottsstek pot roast flavoured with brandy, molasses and marinated sprats
slätvar brill
smultron wild strawberry
småfranska French roll
småkaka fancy biscuit (US fancy cookie)
småvarmt small hot dishes (on *smörgåsbord*)
smör butter
smörgås a sandwich
~**bord** a buffet offering a wide variety of appetizers, hot and cold meats, smoked and pickled fish, cheese, salads, relishes, vegetables and desserts
sniglar snails
snöripa ptarmigan
socker sugar
~**kaka** sponge cake
~**ärter** sugar peas
solöga marinated sprats, onions, capers, pickled beetroot and raw egg-yolk
soppa soup
sotare grilled Baltic herring
sparris asparagus
~**knopp** asparagus tip
spenat spinach
spettekaka tall, cone-shaped cake made on a spit
spicken sill salted herring
spritärter green peas
spädgris suck(l)ing pig
stekt fried, roasted
~ **(salt) sill** fried (salt) herring
stenbitssoppa lumpfish soup
strömming fresh Baltic herring
strömmingsflundra fried double fillets of Baltic herring stuffed with dill or parsley
strömmingslåda baked casserole of Baltic herring and potatoes
stuvad cooked in white sauce, creamed
~ **spenat** creamed spinach
sufflé soufflé
supé (late) supper
sur sour
~**kål** sauerkraut
~**stek** marinated roast beef
~**strömming** specially processed, cured and fermented Baltic herring
svamp mushroom
~**stuvning** creamed mushrooms
~**sås** mushroom sauce
svart (pl **svarta**) **vinbär** blackcurrant
svartsoppa soup made of goose blood
svartvinbärsgelé blackcurrant jelly
sveciaost hard cheese with pungent flavour

sylt jam
syltad 1) preserved (fruit) 2) pickled (vegetables)
syltlök pickled pearl onion
sås sauce, dressing, gravy
söt sweet
T-benstek T-bone steak
timjan thyme
tjäder wood-grouse, capercaillie
tomat tomato
tonfisk tunny (US tuna)
torkad frukt dried fruit
torr dry
torsk cod
~**rom** cod's roe
tranbär cranberry
tryffel truffle
tunga tongue
tunnbröd unleavened barley bread
tårta cake
ugnsbakad baked
ugnspannkaka kind of batter pudding
ugnstekt roasted
vaktel quail
valnöt walnut
vanilj vanilla
~**glass** vanilla ice-cream
~**sås** vanilla custard sauce
varm warm
~**rätt** hot dish, main dish
vattenmelon watermelon
vaxbönor butter beans (US wax beans)
vilt game
vinbär currant (black, red or white)
vindruva grape
vinlista wine list
vintersallad salad of grated carrots, apples and cabbage
vinäger vinegar
vinägrettsås vinegar-and-oil dressing
vispgrädde whipped cream
vitkål cabbage
vitling whiting
vitlök garlic
våffla waffle
välling soup made of cereal, gruel
välstekt well-done
västerbottenost pungent, hard cheese, strong when mature
västkustsallad seafood salad
Wallenbergare steak made of minced veal, egg-yolks and cream
wienerbröd Danish pastry
wienerkorv wiener, frankfurter
wienerschnitzel breaded veal cutlet
ål eel
inkokt ~ jellied
ägg egg
förlorat ~ poached
hårdkokt ~ hard-boiled
kokt ~ boiled
löskokt ~ soft-boiled
stekt ~ fried
~**röra** scrambled
~**stanning** baked egg custard
äggplanta aubergine (US egg-plant)
älg elk
~**filé** fillet (US tenderloin)
~**stek** roast
äppelkaka apple charlotte, apple pudding
äppelmos apple sauce
äpple apple
ärter peas
~ **och fläsk** yellow pea soup with diced pork
ättika white vinegar
ättiksgurka pickled gherkin (US pickle)

Drinks

akvavit aquavit, spirits distilled from potatoes or grain, often flavoured with aromatic seeds and spices
alkoholfri(tt) non-alcoholic
apelsinjuice orange juice
apelsinsaft orange squash (US orange drink)
brännvin aquavit
1) **Absolut rent brännvin (Renat)** unflavoured
2) **Bäska droppar** bitter and flavoured with a leaf of wormwood
3) **Herrgårds Aquavit** flavoured with herbs and slightly sweet
4) **O.P. Anderson Aquavit** flavoured with aniseed, caraway and fennel seeds
5) **Skåne Akvavit** less spicy than *O.P. Anderson*
6) **Svart-Vinbärs-Brännvin** flavoured with blackcurrants
choklad chocolate drink
kall ~ cold
varm ~ hot
exportöl beer with high alcoholic content
fatöl draught (US draft) beer
folköl light beer
fruktjuice fruit juice
glögg similar to mulled wine, served with raisins and almonds
grädde cream
Grönstedts French cognac bottled in Sweden
husets vin open wine
härtappning imported wine bottled in Sweden
julmust a foamy, malted drink served at Christmas
julöl beer specially brewed at Christmas
kaffe coffee
~ **med grädde och socker** with cream and sugar
~ **utan grädde och socker** black
koffeinfri(tt) ~ caffeine-free
Kaptenlöjtnant liqueur and brandy
karaffvin wine served in a carafe
Klosterlikör herb liqueur
konjak brandy, cognac
kärnmjölk buttermilk
likör liqueur
lingondricka cranberry drink
läskedryck soft drink, lemonade
~ **med kolsyra** fizzy (US carbonated)
~ **utan kolsyra** flat (US non-carbonated)
lättmjölk skim milk
lättöl beer with low alcoholic content
mjölk milk
kall ~ cold
varm ~ hot
portvin port (wine)
punsch a yellow liqueur on a base of arrack (spirit distilled from rice and sugar) served hot with pea soup or ice-cold as an after-dinner drink with coffee
rom rum
saft squash (US fruit drink)
slottstappning produced and bottled at the château
snaps glass of aquavit

sodavatten soda water
spritdrycker spirits
starksprit spirits
starköl beer with high alcoholic content
te tea
 ~ **med citron** with lemon
 ~ **med mjölk** with milk
 ~ **med socker** with sugar
vatten water
 is~ iced
 mineral~ mineral
vin wine
 mousserande ~ sparkling
 röd~ red
 stark~ fortified
 sött ~ sweet
 torrt ~ dry
 vitt ~ white
vindrinkar wine cobblers, long drinks on a wine base
äppelmust apple juice
öl beer
 ljust ~ light
 mörkt ~ dark
örtte infusion of herbs

Swedish Irregular Verbs

The following list contains the most common irregular Swedish verbs. Only one form of the verb is shown below as the form is conjugated the same for all persons within a given tense. There is a large number of prefixes in Swedish, like *an-*, *av-*, *be-*, *efter-*, *fram-*, *från-*, *för-*, *in-*, *med-*, *ned-*, *ner-*, *om-*, *und-*, *under-*, *upp-*, *ut-*, *vid-*, *åter-*, *över-*, etc. A prefixed verb is conjugated in the same way as the stem verb. The supine form is a special form of the past participle; the past participle itself is only used as an adjective. The perfect tense is formed by using the auxiliary *att ha* (to have) together with the supine.

Infinitive	*Present*	*Imperfect*	*Supine*	
be(dja)	ber	bad	bett	*ask, pray*
binda	binder	band	bundit	*bind, tie*
bita	biter	bet	bitit	*bite*
bjuda	bjuder	bjöd	bjudit	*offer; invite; bid*
bli(va)	blir	blev	blivit	*become; remain*
brinna	brinner	brann	brunnit	*burn*
brista	brister	brast	brustit	*burst*
bryta	bryter	bröt	brutit	*break*
bära	bär	bar	burit	*carry*
böra	bör	borde	bort	*ought to*
dra(ga)	drar	drog	dragit	*pull*
dricka	dricker	drack	druckit	*drink*
driva	driver	drev	drivit	*propel, drive*
dyka	dyker	dök/dykte	dykt	*dive*
dö	dör	dog	dött	*die*
dölja	döljer	dolde	dolt	*conceal*
falla	faller	föll	fallit	*fall*
fara	far	for	farit	*go away, leave*
finna	finner	fann	funnit	*find*
flyga	flyger	flög	flugit	*fly*
flyta	flyter	flöt	flutit	*float, flow*
frysa	fryser	frös	frusit	*be cold; freeze*
få	får	fick	fått	*get, may*
förnimma	förnimmer	förnam	förnummit	*perceive*
försvinna	försvinner	försvann	försvunnit	*disappear*
ge (giva)	ger	gav	gett/givit	*give*
gjuta	gjuter	göt	gjutit	*cast (iron)*
glida	glider	gled	glidit	*glide, slide*
glädja	gläder	gladde	glatt	*delight, please*
gnida	gnider	gned	gnidit	*rub*
gripa	griper	grep	gripit	*seize, grasp*
gråta	gråter	grät	gråtit	*weep, cry*
gå	går	gick	gått	*go, walk*
göra	gör	gjorde	gjort	*do, make*
ha	har	hade	haft	*have*
hinna	hinner	hann	hunnit	*have time, catch*
hugga	hugger	högg	huggit	*hew, cut*
hålla	håller	höll	hållit	*hold, keep*
kliva	kliver	klev	klivit	*stride, climb*

klyva	klyver	klöv	kluvit	*split*
knipa	kniper	knep	knipit	*pinch*
knyta	knyter	knöt	knutit	*tie*
komma	kommer	kom	kommit	*come*
krypa	kryper	kröp	krupit	*crawl, creep*
kunna	kan	kunde	kunnat	*can*
le	ler	log	lett	*smile*
lida	lider	led	lidit	*suffer*
ligga	ligger	låg	legat	*lie*
ljuda	ljuder	ljöd	ljudit	*sound*
ljuga	ljuger	ljög	ljugit	*tell a lie*
låta	låter	lät	låtit	*let; sound*
lägga	lägger	lade	lagt	*lay, put*
måste*	måste	—	—	*must*
niga	niger	neg	nigit	*curtsy*
njuta	njuter	njöt	njutit	*enjoy*
nypa	nyper	nöp	nupit	*pinch someone*
nysa	nyser	nös/nyste	nyst/nysit	*sneeze*
pipa	piper	pep	pipit	*chirp*
rida	rider	red	ridit	*ride*
rinna	rinner	rann	runnit	*run, flow*
riva	river	rev	rivit	*tear; demolish*
ryta	ryter	röt	rutit	*roar*
se	ser	såg	sett	*see*
sitta	sitter	satt	suttit	*sit*
sjuda	sjuder	sjöd	sjudit	*seethe*
sjunga	sjunger	sjöng	sjungit	*sing*
sjunka	sjunker	sjönk	sjunkit	*sink*
ska*	ska	skulle	—	*shall*
skina	skiner	sken	skinit	*shine*
skjuta	skjuter	sköt	skjutit	*shoot; push*
skrida	skrider	skred	skridit	*stride, stalk*
skrika	skriker	skrek	skrikit	*shout*
skriva	skriver	skrev	skrivit	*write*
skryta	skryter	skröt	skrutit	*boast*
skära	skär	skar	skurit	*cut*
slippa	slipper	slapp	sluppit	*not need to*
slita	sliter	slet	slitit	*wear out; tear*
sluta	sluter	slöt	slutit	*close*
slå	slår	slog	slagit	*beat; strike*
smita	smiter	smet	smitit	*slip away*
smyga	smyger	smög	smugit	*sneak, snuggle*
smörja	smörjer	smorde	smort	*grease*
snyta (sig)	snyter	snöt	snutit	*blow one's nose*
sova	sover'	sov	sovit	*sleep*
spinna	spinner	spann	spunnit	*spin; purr*
spricka	spricker	sprack	spruckit	*burst, crack*
sprida	sprider	spred	spritt	*spread*
springa	springer	sprang	sprungit	*run*

* present tense

sticka	sticker	stack	stuckit	*sting*
stiga	stiger	steg	stigit	*rise*
stinka	stinker	stank	—	*stink*
stjäla	stjäl	stal	stulit	*steal*
strida	strider	stred	stridit	*fight*
stryka	stryker	strök	strukit	*iron*
strypa	stryper	ströp/ strypte	strypt	*strangle*
stå	står	stod	stått	*stand*
suga	suger	sög	sugit	*suck*
supa	super	söp	supit	*booze*
svida	svider	sved	svidit	*smart*
svika	sviker	svek	svikit	*betray, let down*
svälja	sväljer	svalde	svalt	*swallow*
svär(j)a	svär	svor	svurit	*swear; curse*
säga	säger	sa(de)	sagt	*say*
sälja	säljer	sålde	sålt	*sell*
sätta	sätter	satte	satt	*place, set*
ta(ga)	tar	tog	tagit	*take*
tiga	tiger	teg	tigit	*be silent*
tjuta	tjuter	tjöt	tjutit	*yell*
tvinga	tvingar	tvingade/ tvang	tvingat/ tvungit	*force*
umgås	umgås	umgicks	umgåtts	*associate with*
vara	är	var	varit	*be*
veta	vet	visste	vetat	*know*
vika	viker	vek	vikit/vikt	*fold*
vilja	vill	ville	velat	*want, will*
vina	viner	ven	vinit	*howl, whine (storm)*
vinna	vinner	vann	vunnit	*win*
vrida	vrider	vred	vridit	*twist, wrench*
välja	väljer	valde	valt	*choose; elect*
vänja	vänjer	vande	vant	*accustom, get used to*
äta	äter	åt	ätit	*eat*

Swedish Abbreviations

AB	*aktiebolag*	Ltd., Inc.
ank.	*ankomst, ankommande*	arrival, arriving
anm.	*anmärkning*	remark
avd.	*avdelning*	department
avg.	*avgång, avgående*	departure, departing
avs.	*avseende; avsändare*	respect; sender
bet.	*betydelse; betalt*	meaning; paid
bil.	*bilaga*	enclosure, enclosed
c./ca	*cirka*	approximately
doc.	*docent*	senior lecturer, associate professor
D.S.	*densamme*	the same (as above)
dvs.	*det vill säga*	i.e.
eftr.	*efterträdare*	successor (firm)
e.Kr.	*efter Kristus*	A.D.
el./elektr.	*elektrisk*	electrical
e.m.	*eftermiddag*	(in the) afternoon
f.d.	*före detta*	former, ex-
f.Kr.	*före Kristus*	B.C.
f.m.	*förmiddag*	(in the) morning
f.n.	*för närvarande*	at present
FN	*Förenta Nationerna*	UN
frk.	*fröken*	Miss
fr.o.m.	*från och med*	as of
f.v.b.	*för vidare befordran*	please forward
HKH	*Hans/Hennes Kunglig Höghet*	His/Her Royal Highness
hr	*herr*	Mr.
ind.omr.	*industriområde*	industrial area
inv.	*invånare*	inhabitants, population
JK	*justitiekansler*	Attorney General
JO	*justitieombudsman*	Ombudsman for the Judiciary and Civil Administration
KAK	*Kungliga Automobilklubben*	Royal Automobile Club
KF	*Kooperativa Förbundet*	Consumers' Cooperative Organization
kl.	*klockan; klass*	o'clock; class
K.M:t/ Kungl. Maj:t	*Kunglig Majestät*	His Royal Majesty (= the government)
kr.	*krona (kronor)*	crown(s) (currency)

LO	*Landsorganisationen*	Association of Swedish Trade Unions
moms	*mervärdeskatt*	VAT, value added tax
n.b.	*nedre botten*	ground floor (exit)
o.s.a.	*om svar anhålles*	please reply
osv.	*och så vidare*	etc.
p.g.a.	*på grund av*	because of
RÅ	*riksåklagare*	Director of Public Prosecutions
sa/s:a	*summa*	the sum, total
SAF	*Svenska Arbetsgivarföreningen*	Swedish Employers' Confederation
sek.	*sekund*	second (clock)
sid.	*sidan*	page
SJ	*Statens Järnvägar*	Swedish National Railways
skr.	*svenska kronor*	Swedish crowns
SR	*Sveriges Radio*	Swedish Broadcasting Corporation
st.	*styck*	piece
STF	*Svenska Turistföreningen*	Swedish Tourist Association
t.h.	*till höger*	to the right
tim.	*timme*	hour
t.o.m.	*till och med*	up to (and including)
tr.	*trappa (trappor)*	stairs; floor
t.v.	*till vänster; tills vidare*	to the left; until further notice
UD	*Utrikesdepartementet*	Swedish Foreign Office
vard.	*vardagar*	working days
VD	*verkställande direktör*	managing director
v.g.	*var god*	please
v.g.v.	*var god vänd*	P.T.O., please turn over
ö.g.	*över gården*	across/in the courtyard
ö.h.	*över havet*	above sea level

Numerals

Cardinal numbers

0	noll
1	en/ett
2	två
3	tre
4	fyra
5	fem
6	sex
7	sju
8	åtta
9	nio
10	tio
11	elva
12	tolv
13	tretton
14	fjorton
15	femton
16	sexton
17	sjutton
18	arton
19	nitton
20	tjugo
21	tjugoen/tjugoett
30	trettio
31	trettioen/trettioett
40	fyrtio
41	fyrtioen/fyrtioett
50	femtio
51	femtioen/femtioett
60	sextio
61	sextioen/sextioett
70	sjuttio
80	åttio
90	nittio
100	hundra
101	hundraen/hundraett
200	två hundra
1 000	tusen
2 000	två tusen
1 000 000	en miljon
2 000 000	två miljoner

Ordinal numbers

1:a	första
2:a	andra
3:e	tredje
4:e	fjärde
5:e	femte
6:e	sjätte
7:e	sjunde
8:e	åttonde
9:e	nionde
10:e	tionde
11:e	elfte
12:e	tolfte
13	trettonde
14	fjortonde
15	femtonde
16	sextonde
17	sjuttonde
18	artonde
19	nittonde
20	tjugonde
21	tjugoförsta
22	tjugoandra
23	tjugotredje
24	tjugofjärde
25	tjugofemte
26	tjugosjätte
27	tjugosjunde
28	tjugoåttonde
29	tjugonionde
30	trettionde
31	trettioförsta
40	fyrtionde
50	femtionde
60	sextionde
70	sjuttionde
80	åttionde
90	nittionde
100	hundrade
1 000	tusende
10 000	tiotusende

Time

Although official time in Sweden is based on the 24-hour clock, the 12-hour system is used in conversation.

If you have to indicate that it is a.m. or p.m., add *på morgonen, på förmiddagen, på eftermiddagen, på kvällen, på natten.*

Thus:

klockan sju på morgonen	7 a.m.
klockan elva på förmiddagen	11 a.m.
klockan två på eftermiddagen	2 p.m.
klockan sju på kvällen	7 p.m.
klockan två på natten	2 a.m.

Days of the Week

söndag	Sunday	*torsdag*	Thursday
måndag	Monday	*fredag*	Friday
tisdag	Tuesday	*lördag*	Saturday
onsdag	Wednesday		

Anteckningar

Anteckningar

Anteckningar

Notes

Notes